从服务社会化到体系能力现代化

——高校后勤改革的“浙大模式”新探

吴红瑛　万春根　姜群瑛　主编

ZHEJIANG UNIVERSITY PRESS
浙江大学出版社
·杭州·

本书编委会

序　言

高校后勤是高等教育体系不可或缺的重要组成部分，是高校实现人才培养、科学研究、社会服务、文化传承创新和国际交流合作的基础和保障。我国高校后勤事业已走过三十多年改革发展历程，尤其是党的十八大以来，全国高校后勤系统按照党中央和国务院的方针政策，积极落实教育部和地方政府的工作部署，以打造新型高校后勤保障体系为目标，努力践行"服务育人"宗旨使命，持续推进体制机制改革和服务管理创新，大力推进后勤现代化建设，提高了服务质量，降低了办学成本，改善了校园环境，取得了新的阶段性成果，不仅推动了自身的高质量发展，同时也为保障高等教育的跨越式发展作出了重要贡献。

浙江大学是我国高校后勤社会化改革的先行者、探索者，始终走在全国高校的前列，其富有特色的改革经验被誉为高校后勤改革的"浙大模式"。2013 年，浙江大学后勤集团总结梳理了其在科学发展观指导下进行的后勤社会化改革的实践探索成就和理论研究成果，汇编出版了《从行政组织到经济组织——高校后勤改革的"浙大模式"探究》一书，在一定程度上揭示了高校后勤改革"浙大模式"的深刻内涵。该书的出版得到了政府主管部门、行业协会组织和业内同行的积极肯定。

党的十八届三中全会对全面深化改革、推进国家治理体系和治理能力现代化作出了重大部署，为深化高校后勤改革进一步指明了方向，也为高校后勤改革再出发开辟了崭新的境界。新时代新征程，高校后勤的主要使命是建设与中国特色世界一流大学相适应的一流后勤服务保障体系，高校后勤改革的主要任务从后勤服务社会化转变为后勤服务保障体系和能力的现代化。根据管办分离原则，后勤服务保障体系既包含后勤服务体系也包含后勤监管体系，后勤服务保障能力则相应体现为服务机构的综合保障力与市场竞争力以及监管机构的综合管理力和应急管理力。

浙江大学是我国高等教育综合改革的试点单位，肩负着新时代建设中国特色世界一流大学"走在前列"的重任。"十三五"以来，浙江大学持续推动后勤改革再探索、再深化，在后勤服务保障领域两端发力，加快推进后勤服务保障体系和能力的现代化建设。一方面，深化大部制改革，将房地产管理处和后勤管理处进行合并优化，成立总务处，进一步突出资源服务管理和校园服务监管功能。另一方面，统筹推进校属企业体制改革和后勤社会化改革，将后勤集团从科技产业体系分离，重新回归公益属性，积极探索可持续发展的模式和路径。在新发展理念引领下，浙江大学总务处和后勤集团坚持不懈深化自身改革和发展，坚定不移推进一流后勤服务保障体系建设，不仅取得了深化管理体制改革、促进服务提质增效的新突破，推动了后勤事业和服务产业高质量发展，为学校加快走向世界一流大学前列作出了新贡献，而且走出了一条后勤深化改革创新、加快转型发展的新路子，开启了推进后勤服务保障体系和能力现代化的新征程，为高校后勤改革的“浙大模式”赋予了新的内涵、新的特点。

在此期间，浙江大学总务处和后勤集团的干部职工始终坚持理论和实践相结合，在实践中探索、在探索中总结、在总结中提升，形成了丰富的后勤管理和服务的理论研究成果，为指导和规范自身后勤工作提供了科学依据，对浙江大学加快走向世界一流大学前列具有重大的现实意义，同时也为高校后勤改革提供了浙大经验，对我国高校后勤战线具有重要的示范效应。

党的二十大吹响了以中国式现代化全面推进中华民族伟大复兴的号角。建设高质量的教育体系是教育领域实现中华民族伟大复兴中国梦的一项重要任务；只有教育的高质量，才能实现发展的高质量；只有教育的现代化，才能实现全面的现代化。作为高等教育的重要组成部分，高校后勤在持续推进后勤服务保障体系和保障能力现代化的进程中，面临新形势、新任务、新机遇和新挑战，需要持续加强实践探索和理论研究。将浙江大学在新阶段推进高校后勤改革的成果和经验集结成册并出版发行，正当其时，意义深远。

最美人间四月天，不负春光与时行。浙江大学是我的母校，在全校上下认真深入开展学习贯彻习近平新时代中国特色社会主义思想主题教育，落实习近平总书记对浙江大学的重要指示精神的重要时期，我回到母校，感受到浙江大学发展的欣欣向荣，感受到学校后勤事业的蒸蒸日上，倍感亲切和振奋。更让我欣喜的是由浙江大学总务处和后勤集团共同编辑、由浙江大学出版社出版发行的《从服务社会化到体系能力现代化——高校后勤改革的“浙大模式”新探》一书即将出版发行。该书以浙江大学总务处深化管理体制改革、后勤集团深化企业体制改革为主线，以“一流管理、一流服务”为目标，以推进后勤服务保障体系和能力现代化为主题，以新挑战、新思路、新探索为重点，总结了浙江大学总务处近年来按照“资源保障促发展、综合服务创一流”新理念，在学校房产资源管理、能源管理、修缮管理、校园管理、后勤服务管理等方面的思路、举措、成效，以及后勤集团围绕“两个发展、两个延伸”新战略，在饮食服务、水电保障、物业和园林绿化、商贸服务、通信邮政和快递、会务与交通服务、幼教服务等各个领域管理服务方面所取得的主要措施、主要成就、主要经验；思考分析了在当前新的历史条件下，对标奋力“走在前列”和对表“更高质量，更加卓越，更受尊敬，更有梦想”战略导向，总务处与后勤集团工作面临的主要问题与对策，充分展现了总务处和后勤集团干部职工在推进后勤服务保障体系和能力现代化进程中取得的思想认识、理论研究和实践探索的新成果。相信该书的出版，能够为广大高校后勤管理和服务战线上的同仁更好地了解党的十八大以来浙江大学后勤改革发展取得的新成就和新经验提供有益的帮助，同时也为大家更好地理解把握新阶段高校后勤社会化改革的主要任务和实现路径提供有价值的参考。

张柳华

2023年4月20日

目　录

上篇　理论新思考

下篇 实践新探索

上篇

理论新思考

新时期高校房产资源保障体系建设研究

——以浙江大学为例

吴红瑛　赵　莹

（浙江大学总务处）

【摘　要】 高校房产资源是高校治理体系现代化过程中十分重要的战略性资源，也是服务学校内涵发展、助推学科高峰建设、吸聚海内外优秀人才的基本支撑条件。必须始终坚持空间资源战略导向，积极推进高校房产资源保障体系建设，以全面提升房产资源使用绩效。

【关键词】 高校；房产资源；保障体系

近年来，随着我国高等教育的迅速发展，高校的房产管理进行了一系列改革，一定程度上提高了房产资源的利用效率，为高校改革发展提供了强有力的空间支撑保障。但随着“双一流”建设的持续推进，学校有限空间资源与师生日益增长需求之间的结构性矛盾愈加凸显，师生对校园美好环境的向往与期待越来越高。本文以浙江大学为例，结合学校房产资源管理服务工作实际，提出构建高校房产资源保障体系的解决思路与若干思考。

一、基本情况

（一）公用房资源概况

截至目前，我校七校区共有公用房资源建筑面积约 380.69 万平方米，包括教学科研用房、行政办公用房、支撑服务用房以及经营服务用房四大类（见图 1 和图 2）。

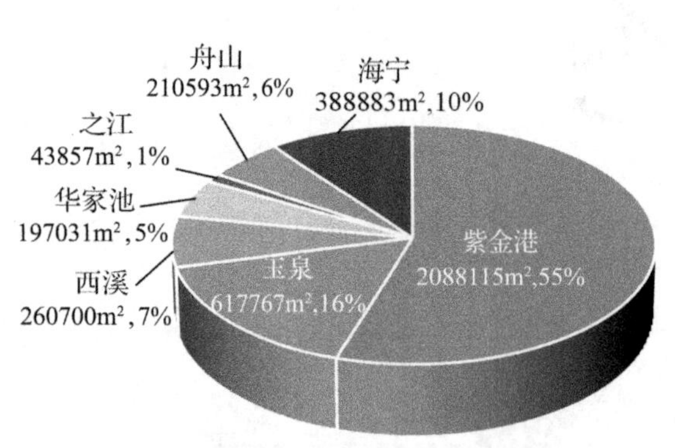

图 1　各校区公用房建筑面积汇总

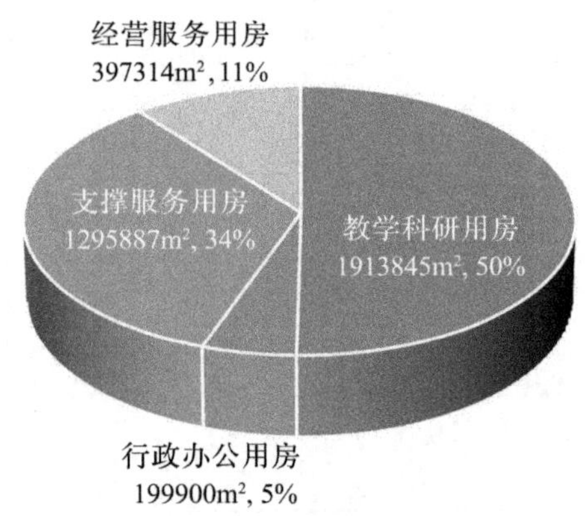

图 2　四大类公用房资源配置情况

［注］ 本文系中国教育后勤协会 2020 年重点课题（ZDKT2020005）的研究成果。

按照“分类管理、定额核算、有偿使用、动态调整”的原则，近年来，学校始终坚持对房产资源的统筹规划与集约利用，进一步加强各校区的总体空间布局与学校储备用房体系建设，重点服务保障学校高层次引进人才的空间需求和重大专项等研究基地的空间需求。通过加强审批管理、强化跟踪检查、落实清理整改等多重举措，切实加强党政机关办公用房、二级单位房产资源出租出借以及校设研究机构用房的规范管理。

(二)住房资源(教师公寓)概况

经过多年发展，目前我校在杭五校区教师公寓总量已达2654余套(间)，建筑面积约12万平方米，其中已装修公寓达2552套(间)，基本形成高层次人才公寓、标准型公寓、经济型公寓、招待所式公寓和简易型公寓等多层次教师公寓保障体系(详见图3)。

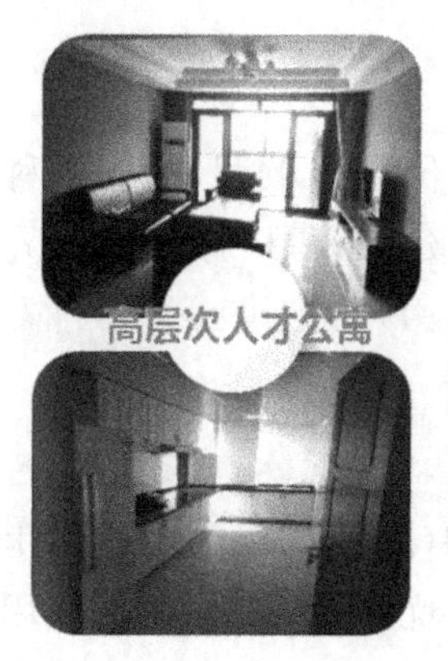

图3　多层次教师公寓保障体系

近年来，学校修订《浙江大学教师公寓管理办法》，出台《浙江大学内部单位借用住房工作管理办法》，以大批量腾空房回收、教师公寓腾退为契机，内部挖潜盘活腾空房利用，整合调整助推教师公寓周转，建立健全了教师公寓退出机制与递进式收费机制，保障多层次教职工住房需求。

二、存在问题

目前，在高校积极推进“双一流”建设的新形势下，教学科研空间资源保障需求不断攀升，引人育才配套房产资源保障需求日趋加大。以浙江大学为例，主要存在以下问题。

(一)校区分布与布局结构不平衡

近年来，学校校舍总面积虽居全国前列，但由于实行多校区办学，新老校区之间存在空间支撑保障条件不均衡、利用效率不一致等情况；不同院系、学科之间的空间受限于学科特点、仪器设备共享情况、空间利用效率等综合因素，空间资源不够平衡。

(二)空间配置与发展需求不匹配

由于学校高层次人才、高精端科研团队引进增长较快，科研体量越来越大，外聘科研人员日益增加，部分学科如理工类、大生命类等学科的“双一流”建设要求越来越高，现有存量资源无法完全满足“四个面向”背景下学校人才引进、学科发展的空间资源保障需求。

(三)住房保障与引才供求不协调

学校教师公寓资源中优质资源占比较小，校区分布与用房需求不均衡，剩余腾空房盘活利用存在一定的局限性，与在校教职工对美好生活的向往存在差距，有限住房资源无法可持续支撑引进人才住房保障。

三、思路举措

围绕新时代浙江大学的办学使命，按照“更高质量、更加卓越、更受尊敬、更有梦想”的总体战略，为更好满足学校各项事业的空间发展需要，“十四五”以来，学校始终坚持从战略的高度不断加强对房产资源的科学管理与精准配置、重点支撑与开拓利用能力，积极构建适应“双一流”建设发展需求的公用房资源配置体系以及多元化住房服务保障体系，全力支撑学校各项事业深内涵、高质量发展。具体而言，主要有以下几方面思路举措。

(一)以服务需求发展为根本点，注重资源盘活利用

1. 优化校园空间布局调整

结合学校悠久历史、地域环境与空间发展需求，对各校区功能定位进行微调，根据学科特点和楼宇性质，进一步明确校区空间功能定位，加快推进校园基本建设；积极探索调研异地校区(研究机构)房地产资源管理模式，逐步加强异地校区(研究机构)与主校区的学科融合，一定程度上实现了跨校区的空间资源共享。

2. 合理调配有限存量资源

以紫金港西区建设搬迁为契机，不断完善校院两级储备公用房保障体系，优化储备用房的校区分布结构，整合院系分散用房利用，实现校区空间布局与功能优化，强化对各类公用房资源的集约共享；积极推进“租售并举、多元支撑”的住房保障体系建设，动态调整现有住房资源，在分析现有房源使用效益的基础上，深入挖掘教师公寓内部潜力并加以充分利用，根据“动态调整、重点保证”总体原则，为教职工提供多层次、多元化的住房安居保障。

3. 积极拓展外部优质资源

整合多方力量，加强校地合作、平台共建与资源共享。坚持服务发展导向，以大数据、人工智能、新型材料、公共卫生健康等学科为引领，通过产学研融合，多措并举加强与企业合作，一定程度上缓解了学校的科研用房缺口；坚持校地联动模式，完善“跳出浙大发展浙大”格局，着力强化与地方政府、企事业单位的交叉合作与资源整合，通过市校合作努力争取属地政府的空间政策支持。

(二)以深化管理改革为着力点，提高资源使用绩效

1. 持续深化公用房管理体制改革

围绕“双一流”建设要求，强化校院两级管理体制，通过放管结合落实二级管理，指导督促院系健全内部用房的动态调整和有偿使用机制；细化公用房配置论证机制，加强部门协同，在对用房需求科学论证的基础上实现精准配置；优化公用房使用考核机制，统筹考虑院系各类指标核算用房的单位面积投入产出，努力探索“亩产论英雄”式资源使用绩效评估模式；落实有偿使用调节机制，进一步加大有偿使用调节力度，提高公用房资源收费标准，拓宽公用房资源使用费的来源与渠道。

2. 全面做好住房服务保障体系建设

突出重点保障，按照聚焦支撑一流学科建设需求，在有限的住房存量资源范围内加大对

高层次人才引进的安居保障力度；共享社会资源，充分利用省市人才住房支撑保障政策，适时收集引入校园周边优质资源支撑教职工安居，同时利用省市公共租赁房货币补贴政策，努力构建多元化全面支撑的住房服务保障体系；注重品质提升，全面改造教师公寓硬件设施，推进教师公寓智能化改造，构建以人为本、引入市场理念的房产运营管理新平台。

（三）以建设智慧总务为创新点，实现资源共享利用

1. 以服务师生为根本，集成身临其境的多维信息展示

以空间资源为主线，全面整合土地、房屋、家具、能耗、维修、交通、绿化等信息资源，依托“智慧大屏”“校园 E 达通”系统构建集展示和服务于一体的分层次、多维度空间资源数据仓库，为师生提供更加全面、便捷、智能的校园服务保障(详见图 4)。

图 4　智慧总务大屏

2. 以数智治理为导向，实现信息聚合的科学智能决策

加快推进房产资源主要业务流程与现有软硬件资源的优化融合，逐步完善多指标体系的房产资源分析统计模型，探索构建科学化、标准化的房产资源配置论证与绩效考核信息化平台，为学校房产资源的优化配置提供更有针对性、系统性的科学决策依据。

3. 以集约共享为目标，提升公共空间的资源利用效率

在不改变管理主体的情况下，充分运用信息化手段整合现有公共空间，搭建“自习一件事”、“公共场馆预约”等一站式公共空间管理服务平台，切实提升公共空间的开放共享力度与集约低碳利用。

4. 以高效便捷为驱动，加快管理服务的移动平台建设

不断建设完善以手机移动端为主的教师公寓远程预订系统、零星维修一站式报修平台等，推进教师公寓一站式服务，努力实现移动端“零跑次”看房、便捷选房、入住、换房和退房等事务，为教职工提供更便利、更安全、更人性的安居体验。

试论高校文物建筑保护和利用的关系

——以浙江大学文物建筑保护利用为例

吴红瑛　蒋菲菲

（浙江大学总务处）

【摘　要】 高校的文物建筑，是办学历史和文化传统的重要载体。处理好文物建筑保护与利用的关系，是高校文物建筑保护管理工作的必然要求。两者是相辅相成的统一体，保护是利用的前提，合理利用是最好的保护方式。这不仅要在观念上加强认识，更需在工作实践中有效落实。

【关键词】 高校文物建筑；保护；利用

高等学校在培养优秀人才、创造知识财富的办学过程中逐步形成了独具特色的校园风貌，尤其是年代久远、建造风格鲜明的文物建筑，见证了学校的发展足迹和一代代学子的成长，也承载着师生对大学生活的美好记忆和精神寄托，已经超越了提供师生活动空间的功能，成为学校历史传统和精神文化的重要载体。

近年来，国家对高校的文物建筑保护管理工作越来越重视，许多高校的文物建筑保护修缮工作取得了一定的成效，随之而来的是保护修缮后对建筑的合理利用问题。处理好文物建筑保护与利用的关系，既是高校文物建筑保护管理工作的职责所在，也是保护学校建筑遗产、传承精神文化的必然要求。本文拟以浙江大学近年来文物建筑、历史建筑保护与利用为例，探讨保护与利用之间的关系，丰富高校文物建筑保护利用的研究与实践，为保护教育建筑遗产、传承高校办学精神作出贡献。

一、历史文物建筑的保护与利用是相辅相成的统一体

文物建筑保护与利用之间的关系，不仅是文物建筑工作的理论课题，也是实际工作会遇到的实践难题。对于高校的文物建筑来说，主要面临保持建筑的“原状”与现代化需求之间的矛盾。高校的文物建筑除供参观之外，主要为教学科研和办公所用。由于年代久远，文物建筑的格局、设施很可能无法满足现代的使用需求，而完全满足现代需求则会与保护文物建筑的原状产生一定的矛盾。但是，不能因为存在现实的矛盾，就将两者对立起来。保护是前提，要利用就必须先保护，离开了保护，利用就失去了基本保证；利用是目的，保护是为了利用，离开了利用，保护就失去了真正意义。因此，保护与利用，是一对矛盾的两个方面，是相辅相成的关系[1]。

在实际工作中，是否能正确处理好两者的关系，随之产生的文物建筑保护成效也是不同的。比如清华大学、北京大学、武汉大学、东南大学等高校的早期建筑，经过保护修缮不仅作为教学科研办公的重要场所，也成为大学精神的重要载体和一道独特的校园风景，并产生了良好的社会效应。反之，利用不当造成保护不力的例子也比比皆是，比如丽江古城于 1997

年被联合国教科文组织列为世界文化遗产，但是在利用过程中过度开发、将商业利益置于遗产保护之上，不仅造成了文物建筑的破坏、古城环境的污染、文化的流失，而且产生了不良的社会效应，最终不利于古城可持续的保护与利用。

关于文物建筑保护与利用，《中华人民共和国文物保护法》规定了“保护为主、抢救第一、合理利用、加强管理”的方针，为我们的工作指明了方向和政策依据，但是需要在实践中不断地加强认识、摸索有益的经验和做法。

二、保护文物建筑是合理利用的前提

“皮之不存，毛将焉附”，保护文物建筑是合理利用的前提。在文物保护法“保护为主、抢救第一”的方针指导下，浙江大学始终把保护文物建筑、历史建筑作为首要任务，并在实践中逐渐形成了适合学校实际的一些有益做法。

（一）分级分类的多层次保护体系为合理利用奠定基础

浙江大学的文物建筑、历史建筑面积共约13.6万平方米，分布于四个老校区，主要包括之江校区的全国重点文物保护单位（保护单位名称为“之江大学旧址”），共22幢文物建筑；玉泉校区和华家池校区共26幢文物建筑属于浙江省文物保护单位，西溪校区及周边共9幢杭州市历史建筑。

根据全国重点文物单位的保护要求，学校设立了专职的保护机构——历史文物建筑保护管理办公室，归口管理全校文物建筑和历史建筑，并根据保护建筑的分级分类情况实行多层次保护。对于之江校区的全国重点文物保护单位，严格按照文物建筑的保护要求实施保护工程，切实遵循“不改变文物原状”的原则，尽量减少干预，只考虑一些必要的设施需求，比如在相对次要隐蔽的位置加建卫生间、一层以上采用整体卫浴、采用VRV空调系统等。对于一些破损的瓦片、构件等，专程下乡搜集或者按原规格定制。同时，对每幢房屋的功能定位进行反复论证，谨慎选择入驻单位，力求使建筑保护和使用功能得到最佳结合。

对于浙江省文物保护单位的建筑，根据国家、省市法律法规的要求进行保护修缮，但是对于一些列入历史文物建筑之前已改造更换过的门窗等不影响结构安全的，暂时保持现状，不再做大规模的复原。同时，对于已有使用单位的建筑，在保护文物建筑的前提下，尽可能尊重当前的使用单位，不做大规模的搬迁和调整。比如玉泉校区的省级文物建筑，大部分是由工科院系作为教学科研使用，学校对其提出二楼及以上不允许放置震动性仪器、大型仪器需对承重进行论证等使用要求，并且通过使用单位的局部调整，逐步达到一幢楼使用单位单一、使用功能单一，便于加强管理。

对于杭州市历史建筑，《杭州市历史建筑保护利用规定》综合考虑建筑的历史文化、保存现状等将历史建筑分为四类进行保护，每一类规定了具体的立面、结构、内部装饰等保护标准，同时据此对每幢历史建筑划定类别、制定保护图则、明确保护要求。我校西溪校区东二教学楼进行改造时，在满足历史建筑保护要求的前提下，对内部进行了改造，采用了保温、隔热的建筑节能技术，增加消防报警设施，提高了利用的舒适度和安全性。

通过归口管理下的分级分类多层次保护体系，学校的各级文物建筑、历史建筑既能实现统一规范管理，又能根据保护级别区别对待保护要求，为合理利用奠定基础。

（二）依靠专家、部门协同的保护管理工作模式为合理利用提供机制保障

浙江大学三个保护级别的文物建筑、历史建筑，是浙江省教育建筑遗产的重要组成部

分，省市相关主管部门、专家对此都非常重视。在保护修缮中，学校充分尊重、依靠专家的指导作用，在保护工程立项、制定修缮方案中，提前请专家提出方向性、原则性的指导意见，并在施工过程中再请专家到现场察看、指导，提高保护修缮的专业水平，巩固保护成效。

从学校内部工作来说，从文物建筑的保护工作实践经验与教训中探索建立了一套部门协同、全流程一致管理的工作模式。对于文物建筑的保护管理，如因具体功能需求不明确，在保护修缮完成之后再次进行装修或功能变更的话，会造成对保护修缮的二次干预，不利于文物建筑的有效保护。因此，学校对于“之江大学旧址”的保护修缮和后续利用，充分发挥各部门协同的作用。首先，对校园内文物建筑进行现状调研，由相关职能部门牵头、多部门充分沟通，综合分析文物建筑的地理位置、房屋格局、保护现状、使用现状等情况进行论证，提出建筑保护利用的总体方案向学校汇报。其次，在保护项目立项、制定修缮方案阶段，由拟安排入驻的使用单位提出具体使用需求，由校区管理、总务管理、安全保卫等部门对立项报告和修缮方案进行讨论，提出修改意见、优化修缮方案，并将文物建筑的保护修缮与装修方案结合进行讨论，统筹考虑建筑周边的环境整治、道路整治以及消防安全控制等。在施工阶段，由相关职能部门与施工单位、监理单位、使用单位等组成微信工作群，实时反馈施工进程和相关问题，不仅提高了工作效率，而且对于施工过程能够进行有效的监管和处理，进一步保障施工质量，甚至通过实时监管提高了施工细节的美化度。保护修缮完成后，由总务部门与使用单位签订使用协议，明确使用过程中的保护要求，加强日常管理。

通过横向的多部门协同、纵向的全流程一致管理，使文物建筑的保护前端和利用终端有效对接，保护工程一气呵成，不会产生二次干预，有效贯彻保护理念、落实保护方案，为合理利用提供了机制保障。

三、合理利用是最好的保护方式

对于文物建筑的保护，“死保”容易，“活保”难。高校的文物建筑保护不仅仅是对建筑进行保护修缮，更要在原来的基础上合理利用，作为历史载体焕发新的光彩。应当根据文物建筑的价值、特征、保存状况、环境条件，综合考虑研究、展示、延续原有功能和赋予文物建筑适当的当代功能的各种利用方式[2]。浙江省文物局对我省的文物建筑利用工作提出的总体设想重点要解决利用“不够”和利用“不当”的问题。根据省文物局的工作要求，浙江大学重点解决“利用不够”的问题，努力避免“利用不当”的问题。

（一）整体规划、合理定位利用功能，能积极推动保护工作

20 年代 60—70 年代起，在校园规划中已越来越重视人们对校园历史文化的需求。老校区作为几代人连续建设的成果，每一部分空间都有它的历史，老校区的校园规划需要我们对校园历史建筑有深入的研究、延续其特有的历史脉络，使之更加丰富而充满意义[3]。

浙江大学充分尊重老校区的历史文化，结合学校空间布局的总体规划，对校园内文物建筑的利用进行整体规划、确定使用功能，重点解决“利用不够”的问题。“之江大学旧址”目前 22 幢文物建筑已全部完成保护修缮投入使用。学校规划对之江校区整体功能定位为教学科研、校设研究院、学术交流等场所。校区规划以保护为主，充分发挥之江校区保护建筑的文化传承作用，通过对校区内总体功能布局进行适当调整，最大限度地满足教学科研单位的使用功能和发展需求。根据“十四五”规划的指导对“之江大学旧址”各幢文物建筑进行功能定位，优先考虑校区内目前两家主要用房单位光华法学院和人文高等研究院长期的发展规划与空间扩展需求，定位主要建筑的使用功能与用房单位；再结合校区内配套的医务服务、

物业服务等需求确定部分房屋的功能定位；最后预留部分房屋作为文科教学科研的储备用房。

对文物建筑利用功能总体定位明确，对保护工作带来明显的积极作用：首先，由于明确了使用功能和使用单位，利用需求清晰，可以更有针对性地制定修缮方案和施工图，减少设计变更、施工变更。学校职能部门可以根据房屋使用的迫切程度，分期分批有计划地安排各项修缮方案的报批工作、明确时间节点。使用单位希望尽快入驻，会提出工作进度要求，大大提高了保护修缮各项工作的推进速度，加快解决利用"不够"问题。其次，针对旧址内建筑体量小、布局分散的难题，通过总体规划，根据地理位置进行成片利用。比如 3 幢中方教授别墅楼，离校园中心区域较远，计划由人文高等研究院整体使用，有利于对文物建筑的成片保护。在其他校区的文物建筑利用中也体现了这一理念。比如华家池校区的几幢省级文物建筑，分布于同一大区域又相对分散、体量较小，结合华家池校区的办学历史，进行成片利用、建设农耕文化基地，展示该校区悠久的农耕历史文化。第三，通过整体规划，文物建筑的保护修缮与校园环境整治、交通道路等相关问题能统筹考虑、一并解决，满足了《威尼斯宪章》提出的"古迹的保护包含着对一定规模环境的保护"的要求。

(二)以价值为导向选择具体用途和使用单位，能最大限度实现保护意义

关于文物建筑的保护价值，英国国际古迹及遗址理事会主席伯纳德·菲尔顿指出："历史建筑具有建筑、美学、历史、记录、考古学、经济、社会甚至政治和精神或象征性的价值，但最初的冲击总是情感上的，因为它是我们文化连续性的象征——我们传统遗产的一部分[4]。"校园内的文物建筑，一方面具有建筑和美学价值，是某一特定时期建筑风格的代表；另一方面还具有历史和记录价值，见证了学校发展历史，或者与学校发展的重大事件、重要人物联系在一起，是大学精神的载体。

保护价值是文物建筑保护和利用的结合点。只有深入理解文物建筑的保护价值，才能合理定位利用过程中的功能用途、使用单位等。合理利用文物建筑，有利于保护好它们的建筑、美学、历史和精神文化价值，并使其焕发新的生机。

近十几年来，对历史文物古迹的价值评价不断推动着文化遗产保护事业的新发展。价值评价使我们加深对文物建筑的理解，是使文物建筑"活起来"的基础[5]。为了避免"利用不当"的问题，浙江大学对文物建筑的保护价值进行分析研判，以此为导向定位功能用途、选择使用单位。

首先，将建筑的文化价值置于经济价值之上。"之江大学旧址"地处西湖风景名胜区、钱塘江畔，属于世界文化景观遗产的一部分。由于校区地理位置优越且建筑风格古朴典雅，在保护修缮资金较为紧张的情况下，一些外单位表示愿意承担保护修缮费用，但保护修缮后由其使用作为高档会所等场地，且愿意向学校缴纳有偿使用费。虽然从国有资产的保值增值、提高房屋效益产出方面是有益的，但是学校认为这些文物建筑的文化价值是应该置于经济价值之上的，对此拒绝了外单位的合作意向。

其次，以保护价值为依据，结合历史文物的历史用途考虑目前的功能用途。"之江大学旧址"虽历经百年、权属屡更，但办学的功能始终未变更，具有宝贵的教育文化遗产价值。因此，文物建筑的利用功能首先定位于延续教育功能、传承办学传统。落实到具体建筑，比如原先作为之江大学图书馆的建筑，保护修缮后仍用作法学院图书馆，甚至借阅台也较好地保持了原状，一代代学生来到图书馆求知若渴的学习精神是一脉相承的。也有一些建筑，曾经作为外籍教授、中方教授的住宿，考虑到保护修缮后仍作为住宿，则当代生活需求和文物建筑保护之间可能存在较大冲突，且对于文物建筑的保护也存在更大的消防安全风险，因此新用途变更作为文科类教学科研办公楼。目前在文物建筑内的一些住宿也全部进行了搬迁。虽然建筑的具体用途有所变更，但是保护价值能得到更好的体现和提升。

最后，提升文化价值，严格选择入驻单位。之江大学是民国时期教会大学的重要组成部分，虽出于宗教目的，但客观上为当时的中国培养了不少人才，著名词人夏丏尊等曾在此任教，莎士比亚作品的翻译者朱生豪就毕业于之江大学。校址归属浙江大学后，无线电系、物理系等也曾在此办学，较高的办学水准是其文化遗产价值的核心内容。目前，校区内最主要的使用单位是创建于1945年的法学院，秉承"求是厚德、明法致公"的院训，入选全国首批卓越法律人才培养教育基地，成为应用型、复合型法律职业人才和涉外法律人才培养的摇篮。近两年入驻的人文高等研究院，是一个涵盖人文科学与社会科学各学科的国际化学术研究机构，立足于开展理论性、基础性和探索性的学术研究，致力于推动原创思想、形成理论发现、汇聚学术中坚、涵育人文风尚。法学院与人文高等研究院相得益彰，使"之江大学旧址"深厚的教育文化底蕴再次焕发新的生命力。后续的建筑利用也主要考虑这两家单位的空间扩展，同时在储备用房的后续分配时也将严格选择入驻单位，使其利用与管理既能保护文物建筑，又能符合"之江大学旧址"的教育文化价值。

可见，以价值为导向的利用，是最好的保护方式，能最大限度实现保护的意义，并对历史文物建筑的内在价值赋予新的生命力。

四、保护与利用在实践中的有效统一是一项系统工程

文物建筑的保护利用是可以有效统一的，这不仅需要在观念上达成共识，也不仅体现在保护利用的某些具体环节，更要在实践中系统地得以落实。对此，浙江大学对文物建筑、历史建筑保护利用现状进行了分析，基本处于等待保护修缮暂时闲置、临时存在安全隐患、正进行保护修缮和完成保护修缮后投入使用四个阶段。针对不同的情况，学校在实践中建立起了一套日常养护、紧急抢修、保护修缮、使用管理的全方位保护利用体系。

《威尼斯宪章》第四条指出："古迹的保护至关重要的一点在于日常的维护。"日常养护，是历史文物建筑保护利用的重要内容。我校"之江大学旧址"22幢文物建筑分期分批进入保护修缮的报批与修缮环节。为了加强这些建筑的日常养护，学校委托物业管理单位专门进行日常管理，主要包括：每日巡查并建立巡查台账、定期开窗开门通风、周边环境清理、人为闯入情况检查、漏水情况检查、安全隐患排查、损毁报修，以及极端天气下的值班轮守和应急处理等。委托管理以来取得了较好的成效，建筑的日常情况得到了有效的监管和跟踪。

对于文物建筑保护利用过程中，遇到屋面严重漏水、白蚁侵蚀、墙面裂缝等存在安全隐患的紧急情况，由维修部门委托有相关资质的设计单位制定抢修方案，由文物建筑职能部门立即报行政主管部门审批，批复同意后学校在抢修资金上予以大力支持，委托有相应资质的施工单位立即进行抢修。

除紧急抢修以外，保护修缮工程是文物建筑保护利用的重要环节。对此，学校制定保护修缮工作计划，严格按照保护级别进行修缮报批，并在具体执行的各环节统筹考虑保护修缮与后期合理利用的有效结合。

文物建筑完成保护修缮后投入使用的具体管理，是"在利用中实现保护"的切实体现，也是建筑是否通过合理利用得到长远保护、并实现保护价值的实践检验。学校非常重视这方面的工作。首先，与用房单位签订公用房使用协议，明确规定"谁使用、谁负责"的管理要求，

使用单位必须落实安全责任制度和安全责任人。其次，为了防止文物建筑完成保护修缮和用房分配后，使用单位仍予以闲置，或者使用效率极低并缺乏日常管理的情况，学校通过有偿使用收费调节手段促使用房单位提高使用效率或者交还用房。第三，对学校的文物建筑、历史建筑保护级别、保护政策等信息公开，使用单位的修缮、使用行为接受全校师生的监督。此外，通过文物建筑图片展览、专家讲座等方式，加强使用单位的保护意识、保护知识和管理能力。

可以说，日常养护、紧急抢修、保护修缮、使用管理的全方位保护利用体系，是文物建筑保护与利用有效统一在实践中的系统落实，也是文物保护法"保护为主、抢救第一、合理利用、加强管理"方针的全面贯彻。

五、结　语

我们要深入贯彻落实习近平总书记关于文物工作主要论述和重要指示批示精神，全面加强文物保护利用和文化遗产保护传承，推动新时代文物事业蓬勃发展，为文化传承发展注入连绵不绝的生机与活力。

近年来，我国文物保护、管理和利用水平不断提高，但文物保护工作依然任重道远。文物承载灿烂文明，传承历史文化，维系民族精神，是老祖宗留给我们的宝贵遗产，是加强社会精神文化建设的深厚滋养。我们要怀着对历史文物的敬畏之心，切实加大文物保护力度，推进文物合理适度利用，使文物保护成果更多惠及人民群众。

为了进一步加强文物保护和管理工作，我们有责任、有义务提高对文物建筑保护与利用的认识，并且在工作实践中处理好两者的关系，将保护建筑遗产与传承办学传统、精神文化落到实处。

参考文献

[1] 张克贵.有效保护合理利用加强管理——故宫文物建筑保护的回顾和展望[J].故宫博物院院刊，2001(4)：89.

[2] 童明康.树立科学保护理念完善保护理论体系[N].中国文物报，2015-04-17(01).

[3] 金运丰.上海高等学校历史建筑保护和利用[D].上海：同济大学，2005.

[4] 温正双.浙江大学历史建筑保护的评价研究[D].杭州：浙江大学，2013.

[5] 晋宏逵.文物建筑的价值评估与有效保护[J].中国文化遗产，2015(3)：15.

关于建设一流后勤服务体系的若干思考

万春根

（浙江大学后勤集团）

【摘　要】 本文围绕新时代我国经济社会发展和世界一流大学建设的客观背景，结合高校后勤特别是浙江大学后勤集团社会化改革20多年来的实践历程，分析了“高校后勤”是什么、从哪里来、往何处去的核心问题，探讨了建设一流后勤服务体系的必要性、现实性，及其面临的挑战和机遇，推进的原则和方略。

【关键词】 高校后勤；一流服务体系；建设方略

党的十九大郑重宣告中国特色社会主义进入新时代，开启了全面建成社会主义现代化强国，实现中华民族伟大复兴的新征程。根据我国经济社会发展新的历史方位和我们党肩负的历史使命，学校第十四次党代会结合学校工作实际，确定了高水平推进“双一流”建设、迈向世界一流大学前列的目标任务。学校第十四次党代会提出的这一目标任务，标志着学校建设世界一流大学进入新时期、开启新征程，必将对学校各方面工作提出新的更高要求，后勤服务工作也将面临新的挑战和考验，迎来新的发展机遇。

一、坚定建设一流后勤服务体系的信心

（一）“高校后勤”是什么？

高校后勤是我国高等教育事业的重要组成部分，是高校教学科研等一切活动顺利开展的基础和保障。后勤是学校办学的基础性、保障性工作，虽然不是核心业务、中心工作，却一天也离不了。高校后勤与学校相伴而生，只要学校存在和发展，就有后勤存在的理由和发展的空间。

后勤的本质是服务。高校后勤包括学生生活、教职工生活以及学校管理、教学、科研等服务性工作。后勤服务是一项非常烦琐、比较辛苦的工作，也是学校的“门面”和“窗口”。后勤做得好不好，关系到师生在校园内生活的品质，关系到师生对学校管理的信任度和归属感。可以说，后勤服务是学校的“民生”工程，做好后勤服务是学校的“民心”工作。

虽然高校后勤本质上是围绕教学、科研和师生生活开展服务的经济活动，也是一项核算成本、讲究效率、追求效益的经营性活动，但是高校后勤坚持“三服务、两育人”的宗旨，服务为主、经营为辅，公益性为主、营利性为辅的工作定位，都决定了高校后勤兼具政治的、经济的、教育的等多重特性。因其所具有的服务育人功能、内在的教育属性正是高校后勤的根本属性，是其区别于其他服务经营活动的基本标志。

做高校后勤很普通，做好高校后勤却并不简单。相对于高校组织开展教学、科研、人才

［注］ 本文系作者2018年5月在后勤集团党委中心组理论学习会议上交流的理论学习文章。

培养等高大上的学术性活动，高校后勤从事的保障服务活动是基础性的、低层次的，但随着经济社会和高校自身的发展，以及师生对美好校园生活的向往，要求高校后勤不断拓展服务内容，创新服务手段，提高服务品质，乃至改革优化服务的组织形式。围绕做好拓展服务内容、创新服务手段、提高服务品质、优化服务组织等多方面的工作，高校后勤面临的挑战和任务也是十分严峻和非常艰巨的。

(二)“高校后勤”从哪里来?

高校后勤和高校相伴而生，也当和高校与时俱进。

不言而喻，高校后勤并不等同于高校后勤服务组织，两者既相互联系，又是具有不同内涵的两个概念。高校后勤是高校运行管理、改革发展必不可少的组成部分，同时随着改革开放的不断深化、经济社会的持续发展和高等教育的大众化发展，以及20世纪80年代以来自上而下推进的高校后勤社会化改革，多种形式的高校后勤服务组织应运而生，不同模式的高校后勤服务管理方兴未艾，高校已经具备了以多种组织形式实现后勤服务保障功能的主客观条件。总之，高校后勤具有多种实现形式，是高校自身改革发展的内在逻辑(打破学校办社会的传统格局)，是高校后勤社会化改革的必然结果，可谓改革开放以来高等教育领域所发生的历史性深刻变革的重要特征之一。

回顾总结三十多年的高校后勤社会化改革，已经积累了一些基本经验，主要包括以下几个方面：一是改革后勤管理体制，实行管办分离、事企分开、经营与服务分开；开放校内市场，引入体制外竞争，实行优胜劣汰；工作重心从“办后勤”向“选后勤、管后勤”转移。二是改革后勤运行机制，校办后勤实体“去行政化”，模拟现代企业制度运行，实行全成本核算，赋予相应的人权财权，建立有效竞争机制，提高劳动生产率和综合效益。三是改革后勤用工制度，彻底废除养人办事、用工终身制、效率低下的事业型用人方式；实行聘用合同制，做到依法用工、公平竞争、同工同酬，缴纳“五险一金”。四是强化后勤“服务育人”宗旨，使之与现代大学“三全育人”要求相适应；根据校情实际，围绕学生全面发展需要，开发利用后勤教育资源，提高服务育人的水平与质量，并不断赋予新的内容。五是坚持后勤“公益性”政策，校办食堂“不以营利为目的”，实行资产“零租赁”，设立价格“平抑基金”，享受平价水电气和长期税收优惠政策；学生公寓住宿费，实行政府限价。

改革之路从来都不是平坦的，后勤社会化改革也不例外。《教育部关于深化高校后勤社会化改革的若干意见(征求意见稿)》指出：“应该看到，由于受多方面制度的制约，这项改革远未完成，体制机制障碍尚未消除，后勤服务社会化、市场化的广度和深度都还不够，部分地区和部分高校后勤服务模式落后、后勤保障的运行效率和服务质量还不能适应形势发展的要求。”改革伊始，与其他领域改革一样，高校后勤社会化改革也是一个“摸着石头过河”式的探索实践过程，缺乏系统化的顶层设计和综合性的配套措施，许多理论和实践问题没有得到根本解决，以致各个学校在推进后勤社会化的理念、方式和程度上都存在差异。前期改革中普遍存在的不彻底性(鼓励“化”出去，忽视“化”进来)，遗留了很大的不确定性，也积累了很多潜在矛盾。随着社会政治环境的变化，高校后勤社会化改革进程中遗留的诸如政策不配套、产权不清晰、体制不完善、管理不规范、队伍不稳定等矛盾逐渐凸显，不但削弱了高校后勤服务组织保障学校、服务社会的能力，也大大增加了自身管理风险，包括党风廉政、劳动用工、市场竞争、经济效益等方面。因此，高校后勤社会化改革遇到了瓶颈，陷入了困境，以致高校后勤社会化开始分化，甚至出现后退。

(三)"高校后勤"往何处去?

在自上而下的高校后勤社会化改革浪潮中,浙江大学积极稳步推进后勤社会化改革,探索形成了具有自身特色的运行模式,受到了广泛关注和好评,获得了诸多褒奖和荣誉,成为勇立后勤社会化改革潮头的"一面旗帜"。后勤服务组织从一个传统的行政事业单位,基本转型成为自主经营、独立核算、自负盈亏的后勤服务实体。这样的实体,兼具事业和企业双重身份,实行中心和公司双轨运行,既背靠学校服务师生,又面向社会角逐市场;既获得服务学校的基本保障,又享有参与竞争的品牌优势,形成了中心、公司协同运行、联运发展、"以外养内"的良好格局,有力支撑保障了学校事业发展。

可以说,后勤的好日子既是后勤社会化改革带来的,当然也是后勤人奋斗创造出来的。党的十八大以来,在推进"五位一体"总体布局和"四个全面"战略布局的新形势下,现阶段"多重性身份、双轨制运行、两条腿走路"的后勤服务管理模式,已明显不能适应党的十八大以来我们党治国理政的新理念新思想新战略,其弊端和风险日益引人注目,其模式和管理愈加难以为继。进一步深化高校后勤社会化改革自然要提上议事日程,成为当前的一项重要任务,这也是学校推进全面深化改革的题中应有之义。

浙江大学后勤集团,无论是进还是退,似乎都是一本难念的经。政策支持不给力,思想观念不开放,体制机制不灵活,市场环境不健全,后勤社会化改革面临许多困难,难以深入推进。所谓"退",就是退回到过去的内部化、福利化、行政化运行管理模式。其实,时过境迁,那样的"过去"已经成为历史,是不可能回去的了。据了解,那些退回去的高校后勤,也没有完全回到过去,他们所谓的"退"也是不彻底的;有些高校则是以退为进,实际上是推进了后勤社会化。

对于浙江大学后勤集团来说,我们有没有退回去的可能?我认为,没有可能。无论是浙江大学,还是浙江大学后勤集团,都是改革的一面旗帜,不存在走回头路的思想基础和主观条件(校内市场越来越开放);并且,现有后勤服务格局(摊子相当大)和经营管理状况(效益过得去),也不具备走回头路的物质基础和客观条件(竞争格局越来越明晰)。

那么,维持现状行不行?实践证明,现有双轨制运行、两条腿走路的模式已不能适应新时代的新要求,多种风险凸显,已经难以为继;现有的体制、管理和队伍状况,也难以适应"安全稳定运行、清廉高效管理和服务质量不断提升"的高标准严要求。学校已经提出了要"过紧日子"(目前学校可自主支配的资金难以适应各项事业快速发展的需要),紧缩日常运行管理开支将成为今后一个时期的新常态,浙江大学后勤集团的日子必将越来越难过。因此,维持现状几乎是个死胡同,行不通。

鉴此,面向未来,我们只有华山一条路:坚持深化改革,进一步推进后勤社会化。正如学校第十四党代会报告明确指出的,"改革是浙江大学的优势和传统,也是浙江大学在新时代必须勇于面对的自我变革"。我们改革起步较早、思想比较开放、条件相对优越、环境略为宽松、基础比较扎实,完全有条件继续探索深化后勤社会化改革之路,按照党的十九大精神和国有企业改革的基本原则、方针,积极改革创新,主动转型创业。进一步深化后勤社会化改革,可谓是进入"深水区"、攻坚克难的后勤改革,也是浙江大学后勤集团的又一次自我革命。

《教育部关于深化高校后勤社会化改革的若干意见(征求意见稿)》对深化后勤社会化改革的总体目标作了如下描述:到 2020 年,在我国大部分地区建立起"市场提供服务、学校自主选择、政府宏观调控、行业自律管理、部门依法监督"比较完善的新型高校后勤保障体系,基本实现高校后勤服务的社会化、市场化、专业化、现代化。在我看来,"新型高校后勤保障体系”与我们正在讨论的“一流后勤服务体系”是同义词，就是以“市场提供服务、学校自主选择、政府宏观调控、行业自律管理、部门依法监督”为基本特征的“社会化、市场化、专业化、现代化”后勤服务。

根据这样的改革目标和要求，当前深化高校后勤社会化改革，主要包括两个方面：一是体制内改革，改革管理体制和运行机制，调整后勤服务组织与学校、社会及其内部利益关系，调动员工积极性，提高服务质量和效率效益；二是体制外改革，即扩大开放校内市场，引入社会企业服务，形成体制外竞争，倒逼后勤改革。

如果这样理解是合理的，下一步必然要着手进行后勤组织产权制度改革，按照国有企业实行混合所有制改革的基本原则，着眼长远发展和全局利益，进行系统规划、顶层设计。循序渐进的变革才会带来稳定有序和谐的局面。我相信，进入新时代，成功的改革一定需要充分的顶层设计，需要相应的政策支持和动力机制，需要创造事物由量变到质变的主客观条件。

2018 年 2 月印发的《浙江大学第十四次党代会报告重点工作任务分工方案》已经明确：“稳步推进校办科技产业和后勤服务产业体制改革，建立中国特色现代国有企业制度。”我们应当以激情昂扬的姿态再一次拥抱改革，积极建言献策，主动谋划发展。

二、认识建设一流后勤服务体系的背景

回首过去，二十多年高校后勤社会化改革的历程，就是一部不断适应高等教育体制改革，满足高等教育发展需求，努力实现高校后勤社会化、市场化、专业化、现代化目标的改革史、创业史。展望未来，面对新一轮世界一流大学和一流学科建设的统筹推进，学校确立高水平推进“双一流”建设、加快迈向世界一流大学前列的目标和战略，我们面临着进一步深化后勤社会化改革、加快建设一流后勤服务体系的新要求。这对浙江大学后勤集团来说，既是严峻挑战，也是重大机遇。

（一）挑　战

一流的大学需要一流的后勤。高水平建设世界一流大学必然要求与之相适应的一流后勤服务体系。

师生对美好校园生活的向往，也对校园后勤服务有所新期待。国际化背景下，大批海归年轻人才云集，留学生规模日益扩大，本土学生也大多具有海外校园生活体验。后勤服务对象的巨大变化，更加凸显建设一流后勤服务体系，打造舒适方便、保障安全、更有品质的校园生活环境的必要性和紧迫性。

对照学校提出的“三个一流”（一流意识、一流目标、一流标准），我们的后勤服务工作，总体上在意识理念、管理体制、运行机制、队伍结构、激励政策、成本核算、风险防控、条件保障、党建工作、文化建设等方面还存在这样或那样的问题和不足，学校和师生员工对高品质后勤服务需求与现有后勤服务供给不平衡、不充分之间的矛盾也将更加突出。如果我们满足于过去 20 年后勤社会化改革取得的成果，流连在已有的经验基础上停滞不前或反应迟缓，就不能适应新时代的新要求，就不能满足学校和师生员工对校园后勤服务的新需求，我们在经济社会和学校不断改革发展的进程中就会陷入被动局面，甚至面临被淘汰出局的危险。

适应学校对一流后勤服务的要求，满足师生对美好生活的向往，这是浙江大学后勤集团的责任和使命。同时，我们还应当认识到，后勤职工也有对美好生活的向往，存在个人价值的合理追求。不断改善他们的生存状态、工作环境和薪酬待遇，也是我们在谋划建设一流后

勤服务体系中必须充分考虑的重要因素。

党的十八大以来，我们党治国理政的新理念新思想新战略，开创了党和国家事业发展的全新局面，推动我国经济社会发生全方位、深层次的历史性变革。这些历史性变革，必然深刻影响高校内部治理体系和治理能力的建设，进而深刻影响后勤服务体系的建构和再造。开放后勤服务市场，转变后勤管理模式，已经成为大势所趋。存量部分保持稳定，增量部分引入竞争，已经成为逐步推进校内服务市场有序开放的基本共识。

让有实力、讲诚信的社会企业有机会参与学校后勤服务，对学校来说肯定是一件好事，对浙江大学后勤集团来说也未必是一件坏事。“狼”真的要来了，我们是否已经做好了“与狼共舞”的各种准备，包括在思想认识、体制机制、内部管理、队伍素质等各个方面的准备。

(二)机　遇

机遇和挑战并存。学校加快建设世界一流大学步伐，也为后勤服务创新发展提供了广阔舞台和良好契机。历史经验表明，学校大发展的时期常常也是后勤大发展的时期。

高水平建设中国特色世界一流大学的目标任务，以及相应实施方案、“路线图”的落实，将极大地促进学校的自我变革，推动办学治校体系和能力的现代化，为我们建设一流后勤服务体系创造前所未有的体制和政策环境。

高标准规划、高水平建设的各个新校区(紫金港西区、海宁国际校区、舟山校区等)，其现代化的基础设施，为提升后勤服务品质奠定了良好的客观条件。

需求是发展的根本动力。师生员工对后勤服务的新要求新期待，越来越多样化、个性化的生活追求，既传导给我们巨大压力，也带给我们新的动力。关键是我们要善于发现新需求，迅速应对新变化。

党的十九大以来，在全面深化改革的大背景下，推进事业单位改革、国有企业改革的步伐已经加快，教育部正在研究制订实施新一轮高校校属企业体制改革方案，推动高校与所属企业剥离工作。可以预见，深化高校后勤社会化改革的相关政策和措施也将得到进一步明晰。

作为学校后勤服务组织，后勤集团已不再是学校的一个直属单位，而是作为学校全资的社会化企业，现阶段后勤服务运行管理模式尚处于“多重性身份、双轨制运行、两条腿走路”的过渡形态，已明显不能适应党的十八大以来我们党治国理政的新理念新思想新战略，其弊端和风险日益引人注目，其模式和管理愈加难以为继。开弓没有回头箭，改革不走回头路。我们只有砥砺前行，主动适应变化，勇敢迎接挑战，更好地把握改革发展机遇，在学校高水平建设世界一流大学的进程中，深入推进后勤社会化改革，进一步做优服务品质，努力在今后若干年内将后勤集团发展成为真正意义上的现代服务企业，做好思想准备，克服体制障碍，奠定物质基础。这应当是我们不变的初心，也是新时代赋予我们这一代后勤人的使命和责任。

三、研讨建设一流后勤服务体系方略

(一)开展大讨论

坚持以习近平新时代中国特色社会主义思想和党的十九大精神为指导，深入贯彻落实学校第十四次党代会精神，结合开展中心组理论学习和“两学一做”学习教育制度化常态化工作，以党员干部和管理骨干为重点，面向广大后勤职工，组织开展“建设一流后勤服务体系”大讨论，围绕“建设一流后勤服务体系”这一主题，深入研讨什么是一流后勤服务体系、怎样建设一流后勤服务体系等重大问题。

通过组织开展“建设一流后勤服务体系”大讨论，充分认识后勤服务在学校高水平建设中国特色世界一流大学中的地位与作用，回顾总结推进后勤社会化改革以来取得的成果和经验以及存在的问题，梳理分析当前后勤集团改革发展面临的挑战和机遇，进一步凝聚“树立一流意识、围绕一流目标、贯彻一流标准”的共识，明确建设一流后勤服务体系的目标和任务、思路和举措，为不断推进后勤社会化改革、推动后勤集团转型发展奠定良好的思想基础，形成强大的工作合力。

（二）把握基本特征

建设一流后勤服务体系，首先，要加深对后勤服务企业国有性质、高校背景这一基本属性的认识，坚持中国特色与世界一流的内在统一，处理好个性与共性的辩证关系。换言之，我们建设的一流后勤服务体系，是中国特色世界一流大学治理体系的有机组成部分，是中国特色世界一流大学治理能力的重要特征之一。

其次，要把握高校后勤服务工作的规律和特点，既要坚持高校后勤社会化改革方向，又不能偏离“三服务、两育人”的根本宗旨，这是高校后勤服务区别于其他类型社会化后勤服务的最显著特点，也是高校后勤服务企业的看家本领、独特优势。

最后，要借鉴国际国内现代服务业发展的先进理念，对标国际顶尖一流大学后勤服务的运行模式和实践标准，积极探索创新适应社会化分工、专业性服务、跨行业协同趋势的“大后勤”服务管理模式。

（三）坚持若干原则

1. 问题导向

问题是客观存在的。人类认识世界、改造世界的过程，就是一个发现问题、解决问题的过程。习近平总书记指出，我们中国共产党人干革命、搞建设、抓改革，从来都是为了解决中国的现实问题。强烈的问题意识贯穿于革命、建设、改革全部实践，成为党和国家事业发展的强大动力。建设一流后勤服务体系，也应当体现共产党人求真务实的科学态度，坚持问题导向，深入调查研究，积极探索实践，着眼解决改革发展中的重点难点焦点问题，以及工作中的薄弱环节，提出具有战略性、前瞻性的理念、思路和方法。这是我们推进改革发展的基本工作方法，也是我们体现责任担当、彰显能力水平的严峻考验。

2. 改革引领

学校第十四次党代会指出，改革是浙江大学的优势和传统，也是浙江大学在新时代必须勇于面对的自我变革。后勤集团现有的良好基础和发展局面，都是在过去 20 年推进高校后勤社会化改革的大潮中不断积累和创造的，实属来之不易。建设一流后勤服务体系，我们仍然要坚持后勤社会化改革方向，将推进后勤服务供给侧结构性改革作为主线，以推进理念创新、制度创新、实践创新为抓手，实现高校后勤服务又一次自我变革和转型发展。建设一流后勤服务体系，既要不忘“老祖宗”，又要开辟“新境界”；既要在坚持高校后勤社会化改革方向上保持战略定力，又要在系统性的顶层设计和具体落实改革措施上把握节奏、循序渐进；既要在重点领域改革上出新出彩，起到示范带动作用，又要统筹协调各方面工作，保持改革发展稳定大局。

3.以人为本

人是一切活动的主体，是发展的根本目的，也是发展的根本动力。建设一流后勤服务体系，根本目的就是为了更好地适应师生员工对美好生活和高品质后勤服务的需要。要坚持全心全意地服务师生员工，深化“创三优争一流”服务竞赛活动，积极引导广大职工牢记“服务育人”宗旨，树立一流意识，围绕一流目标，贯彻一流标准，提升服务品质。要坚持真心诚意地关爱一线职工，保障和改善一线员工的工作生活条件，让广大职工有更多的获得感，为有效提升服务品质创造良好的文化氛围；坚持“依法经营、规范用工”，完善工资协商机制，稳步提高员工收入；积极推进社会保险全覆盖和公积金扩面工作，防范和控制劳动用工风险，保障关键岗位人员队伍稳定。

4.党建原则

充分认识后勤集团国有性质、高校背景这一基本属性，坚持发挥党委政治核心作用，加强和改善党对国有企业的领导。党的领导是具体的，不是抽象的，主要体现在贯彻“把方向、管大局、促落实”的要求，坚持党管干部、党管人才原则，从严管党治党，选对人用好人，树立正确价值观等方面。建设一流后勤服务体系，要确立党建工作和业务工作同等重要、同步谋划、同力落实的理念，形成党建工作与业务工作“两手抓”、全覆盖的共识，构建党政协同、分工负责、齐抓共管的工作格局，努力发挥好“两个作用”，为做优做强学校后勤服务企业，塑造“浙大同力”品牌形象，提供坚强政治和组织保证。

（四）制订工作方案

根据新形势下建设一流后勤服务体系的总要求，按照学校关于“稳步推进校办科技产业和后勤服务产业体制改革，建立中国特色现代国有企业制度”的工作部署，梳理提炼建设一流后勤服务体系大讨论的成果，进一步集中智慧，凝聚共识；成立后勤服务产业体制改革工作小组，围绕深化后勤社会化改革，建设一流后勤服务体系这个主题，深入进行讨论研究，制订工作方案，梳理发展思路，明确基本原则，提出目标任务，落实改革举措，加强组织保障。

高校后勤服务企业内部治理现代化刍议

万春根

（浙江大学后勤集团）

【摘　要】 本文以党的十九届四中全会精神为指导，依据高校后勤服务企业作为校属功能性企业的角色定位，探讨了构建高校后勤服务企业价值体系、组织体系、创新体系、风险管控体系，推动企业高质量发展、高水平服务的基本思路。

【关键词】 高校后勤服务企业；内部治理现代化

党的十九届四中全会审议通过的《中共中央关于坚持和完善中国特色社会主义制度、推进国家治理体系和治理能力现代化若干重大问题的决定》，全面总结党领导人民在我国国家制度建设和国家治理方面取得的成就、积累的经验、形成的原则，从政治上、全局上、战略上系统回答了“坚持和巩固什么、完善和发展什么”这个重大问题，为在新时代坚持和完善国家制度、开辟国家治理新境界规划了奋斗蓝图、制定了行动方案，对决胜全面建成小康社会、全面建设社会主义现代化国家，对巩固党的执政地位、确保党和国家长治久安，具有重大而深远的意义。可以预见，以习近平同志为核心的党中央带领全国各族人民，沿着中国特色社会主义道路迈向强国之治，中国充满活力的制度文明与治理转型，必将成为 21 世纪人类影响最为深远的变革。

认真学习贯彻党的十九届四中全会精神，深刻领会坚持和完善中国特色社会主义制度、推进国家治理体系和治理能力现代化的若干重大问题，对于我们坚持党的领导、加强党的建设，探索构建高校后勤服务企业现代企业制度、推进企业内部治理现代化，具有重要而深远的指导意义。历经 20 多年的后勤社会化改革，浙江大学后勤集团（以下简称“后勤集团”）实现了从行政组织向经济组织的蜕变，新一轮高校企业体制改革进一步明确了后勤集团作为校属功能性企业的角色定位。作为具有国有性质和高校背景、兼具市场主体身份和服务保障功能的后勤企业，我们要充分认识到，完善企业内部治理是关乎企业能否走得稳、走得远的关键之举。我们要坚持围绕建设一流后勤服务体系和推动“两个发展、两个延伸”（后勤集团转型发展、党建和业务融合发展，一流后勤服务体系建设向基层延伸、全面从严治党向基层延伸）的目标任务，贯彻落实高质量发展、高水平服务的核心要求，积极探索适合自身特点的内部治理体系。

一、通过党建引领和文化建设构建企业价值体系

后勤集团是在我国进入改革开放新时期，适应浙江大学迈向建设世界一流大学新征程，伴随高校后勤社会化改革大潮，孕育成长发展起来的后勤服务企业，与生俱来就打上了“国

［注］　本文系作者 2020 年 7 月在后勤集团党委中心管理经验学习会议上交流的理论学习文章。

有性质、高校背景”这一基本属性的深刻烙印，并在长期的后勤社会化改革实践中，淬炼了“三服务、两育人”的初心使命和责任担当，成为其区别于其他社会后勤服务企业的显著特征，彰显其服务学校和师生、参与市场竞争的独特优势。

“国有性质、高校背景”这一基本属性是后勤集团赖以生存和发展的基本依据。这就要求我们牢牢把握后勤集团作为学校所属功能性后勤服务企业的角色定位，坚持围绕建设一流后勤服务体系的目标任务，按照“把方向、管大局、促落实”的工作要求，发挥党委政治核心作用，不断加强党的领导和党的建设，切实推动党建工作和业务工作融合发展，坚持以党的建设为引领，全面推动思想政治建设、纪律作风建设、业务能力建设、文化生态建设强起来，从而为企业管理服务工作赋能，为企业改革发展保驾护航。

“三服务、两育人”是学校后勤服务工作的根本宗旨，也是我们后勤人共同的核心价值观。这就要求我们进一步彰显大学立德树人的根本任务、适应办好人民满意的教育的时代要求，将“三服务、两育人”的初心使命作为后勤服务工作的基本价值追求，坚持以文化建设为抓手，形成党的建设、经营服务、企业文化三位一体、相互促进、协同发展的工作格局，有效将服务育人的核心价值内化为每一位员工的职业精神、价值取向和行为准则，体现在后勤服务工作的各个领域、各个环节、各个方面，达成师生满意、学校放心、社会好评的服务理念和发展愿景。

二、通过体制改革和机构重组完善企业组织体系

近年来自上而下推动实施的高校所属企业体制改革，对于促使高校坚守立德树人根本，聚焦教学科研主业，提升高校治理体系和治理能力现代化水平，促进高等教育内涵式发展具有重大而深远的意义。在新一轮高校所属企业体制改革中，后勤集团清理关闭、脱钩剥离了10多家“低、小、散”的下属企业，保留的“1＋5＋4”组织架构和业务板块更加聚焦后勤服务主业主责，更加贴近教学科研和师生生活，更加紧扣“三个一流”工作要求，为在新时代推进后勤集团内部治理体系和治理能力现代化，实现高水平服务、高质量发展创造了良好条件。

后勤集团具有的“国有性质、高校背景”基本属性，及其担负的“三服务、两育人”宗旨使命，要求我们必须坚持和完善党的领导，强化党组织在企业改革发展和经营管理服务中“把方向、管大局、促落实”的政治核心作用，严格落实党的建设同步谋划、党的组织及工作机构同步设置、党组织负责人及党务工作人员同步配备、党的工作同步开展的“四同步”，体制、机制、制度、工作“四对接”，做到组织落实、干部到位、职责明确、监督严格，确保党的组织体系健全有效，全面从严治党工作要求落细落实。要贯彻党建和业务融合发展的理念，围绕“七个有力”的工作要求，加强基层党组织建设，提高教育管理监督党员的水平，增强宣传动员服务凝聚群众的能力，把企业基层党建工作打造成为中国特色人力资源管理的有机组成部分。

建立现代企业制度是国有企业改革的方向，必须一以贯之。后勤集团作为学校全资、直管的功能性后勤服务企业，兼具市场主体身份和服务保障功能的双重角色，企业化管理、市场化运行是其日常经营管理服务的基本方式。要发挥市场在资源配置中的决定性作用，尊重企业市场主体地位，完善以公司章程为核心的现代企业制度体系，进一步健全各司其职、各负其责、协调运转、有效制衡的企业法人治理结构。要加强党组织在国有企业法人治理结构中的法定地位，明确党组织在企业决策、执行、监督各环节的权责和工作方式。要探索完善符合后勤集团发展战略的管理体制，按照责权利相统一的原则，优化集团公司的组织结构，正确处理好集团内部的集权分权管理，充分发挥集团公司的综合功能和群体优势，充分

调动各下属企业的主动性、积极性和创造性。

三、通过人才汇聚和技术赋能打造企业创新体系

时代在变，服务对象在变，行业环境在变，员工队伍在变……新时代高校后勤社会化改革正迈入新阶段，进一步朝着建立“市场提供服务、学校自主选择、政府宏观调控、行业自律管理、部门依法监督”的社会化、规范化、专业化、现代化新型高校后勤保障体系的总体目标迈进。曾经走在高校后勤社会化改革前列的后勤集团再也不能重复昨天的“故事”，再也不能以过去的经验作为当代的“旋律”，面对高校后勤服务领域更宽广、服务市场更开放、服务标准更规范、技术应用更广泛、行业竞争更激烈等一系列新形势新挑战，唯有不断改革创新、完善内部治理才是我们的生存之道、发展之路，才能经受住各种严峻考验，站稳脚跟、挺立潮头、持续发展。

改革创新是企业可持续发展的不竭动力。企业创新是多层次、全方位的，包括企业战略、模式、结构、流程、标准、产品、管理、技术、装备、观念、文化、制度等各方面的创新。其中，人是生产力中最活跃的因素，是一切创新的主体和源泉。要坚持实施人才强企战略，按照建设知识型、技能型、创新型劳动者的要求，通过引进高学历人才、加强职工教育培训等一系列措施，优化人才队伍结构，提升后勤员工的整体素质，特别是要培养一支能够敬业奉献、坚持创新创业、具有爱心匠心、善于经营管理的青年后备人才队伍。要坚持德才兼备、以德为先的选人用人标准，围绕事业发展配班子用干部聚人才，创新完善招聘录用、教育培训、评价考核、薪酬福利等管理制度，营造既能稳定管理和技术骨干队伍，又要有利于年轻人才成长的文化环境，积极构建适应自身发展需要和学校多元化人力资源开发新要求的人力资源管理和服务体系。

要适应高等教育现代化目标要求，积极推进移动互联网和人工智能新技术的应用，在生产经营、服务管理中引入现代信息化、智能化技术，建设校园大数据的有效利用和服务管理决策支持系统，推进绿色校园和智慧餐饮、智慧物业、智慧能源、智慧物流、智慧交通等建设，形成后勤服务管理精细化、标准化与个性化、多样化有机结合的生动局面，以高品质形象、高水平服务、高质量发展赢得师生青睐，匹配学校发展。要抓住学校高水平建设世界一流大学的历史机遇，积极争取各方面资源加大对后勤的投入和支持，促进校园基础设施和后勤服务设施条件的改善，优化校园环境、楼宇、教室、食堂、宿舍等条件，推进美丽校园、平安校园、绿色校园建设，提升后勤服务的条件保障，为打造现代化一流后勤服务体系奠定良好的物质基础。

四、通过制度约束和监督检查强化风险管控体系

干事创业，风险无处不在、无时不在。作为“国有性质、高校背景”的后勤服务企业，如果在决策、廉政、法律、财务、安全等任何一个方面发生重大风险，都有可能给后勤集团生存和发展带来无法承受的严重后果。特别是党风廉政、财务管理、安全生产的风险管控是我们开展各项工作的底线要求，也是推进企业内部治理体系和治理能力现代化的重要组成部分。古人言“一失足成千古恨”，在后勤集团，说的就是，一旦底线失守，就会面临满盘皆输的局面。

落实全面从严治党要求，打造风清气正的干事创业环境，是企业有效防范风险、实现持续健康发展至关重要的条件。后勤集团过去的经验教训、当前的形势任务、未来的发展愿

景，都要求我们一刻也不能放松党风廉政建设，认真落实“两个责任”，不断通过完善规章制度和议事决策机制，梳理风险点、建设“防火墙”、连接“报警器”、实行“零容忍”等工作机制，夯实党风廉政宣传教育、制度建设和监督检查，构建一体推进不敢腐、不能腐、不想腐的体制机制。要发挥领导干部的表率作用，把标杆立起来，一级做给一级看、一级带着一级干，营造一种风气、提倡一种追求、引导一种方向，形成上行下效的正向效应，凝聚起全面从严治党的强大正能量。

推进企业内部控制体系建设，建立健全以风险管理为导向、合规管理监督为重点，严格、规范、全面、有效的内控体系，是完善企业内部治理结构，构建现代企业制度的必然要求。要进一步树立和强化管理制度化、制度流程化、流程信息化的内控理念，通过“强监管、严问责”和加强信息化管理，严格落实各项规章制度，将风险管理和合规管理要求嵌入业务流程，促使企业依法合规开展各项经营活动，实现强内控、防风险、促合规的管控目标，建成具有组织架构扁平化、业务流程标准化、内部控制责任岗位化、控制手段信息化、监督评价常态化特征的内控体系，形成全面、全员、全过程、全体系的风险防控机制，推动企业实现可持续高质量发展。

回首过去，后勤集团自诞生之日起便承担着推进高校后勤社会化改革的重大使命，始终走在了高校后勤社会化改革的前列。面向未来，后勤集团应当构建一个什么样的内部治理体系、如何构建这样一个内部治理体系，才能有效推进治理体系和治理能力现代化，彰显战略目标、发展愿景、价值追求的有机统一，实现治理效能、竞争实力、服务品质的全面提升，是一个极具挑战性的时代课题。开弓没有回头箭，改革不走回头路。我们只有砥砺前行，主动适应变化，勇敢迎接挑战，才能更好地把握新时代改革发展机遇，不断推进企业内部治理体系和治理能力现代化，展现自身在保障学校、服务社会中的能力和品质，丰富后勤社会化改革“浙大模式”新的内涵，为学校高水平建成世界一流大学作出新的贡献。

面向共同富裕的高校后勤企业文化建设

——以浙江大学后勤集团为例

姚　信

（浙江大学后勤集团）

【摘　要】 企业是推动实现共同富裕的重要力量，企业文化是推动企业改革发展的强大精神力量。共同富裕是高校后勤企业文化建设的应有内容，新时代高校后勤文化建设要服从、服务于共同富裕这个大逻辑，本文以浙江大学后勤集团为例，探析如何塑造共富型的后勤企业文化，让党的领导贯穿于“幸福型”企业的创建，达到“学校放心、师生满意、社会认可、员工幸福”的目标。

【关键词】 共同富裕；文化建设；幸福型企业

党的二十大报告指出实现全体人民共同富裕是中国式现代化的本质要求之一，强调要扎实推进共同富裕。共同富裕是中国特色社会主义的本质要求，也是中国共产党人始终如一的根本价值取向。回顾党的历史，1953 年毛泽东首次提出并倡导“共同富裕”。毛泽东同志说：“这个富，是共同的富，这个强，是共同的强，大家都有份。”改革开放时期，邓小平同志提出贫穷不是社会主义，共同富裕是社会主义的本质特征，鼓励一部分地区一部分人先富起来，先富带动、帮助后富，最终达到共同富裕；江泽民同志强调兼顾效率与公平，在社会主义现代化建设的每一个阶段都必须让广大人民群众共享改革发展的成果；胡锦涛同志提出以人为本，科学发展，更加注重社会公平等重要论述。

中国特色社会主义进入新时代，习近平总书记就实现共同富裕发表了一系列重要论述，强调指出：“实现共同富裕不仅是经济问题，而且是关系党的执政基础的重大政治问题。”企业作为经济活动的主要参与者、就业机会的主要提供者、技术进步的主要推动者，无疑是推动实现共同富裕的重要力量。企业文化是企业员工普遍认同、共同遵循的价值观和行为规范，是企业理想追求、经营思想和治企方略的集中体现，是推动企业改革发展的强大精神力量。因而，新时代企业文化建设必须服从、服务于共同富裕这个大逻辑。

一、准确把握内涵

共同富裕属于经济学的概念，富裕表示拥有的金钱、物资、房屋、土地等的数量多，加上共同表示人民大众最终达到普遍富裕。让社会全体成员都过上富足、美好的生活，是人类古老而长久的向往。在中国，儒家经典《礼记·礼运》就有过“大道之行也天下为公”的“大同”设想。可以说，共同富裕是几千年来历代哲人与千千万万劳苦大众的向往。

共同富裕是消除贫穷和两极分化的普遍富裕。但这种普遍富裕不是平均富裕、同步富裕，而是在普遍基础之上的差别富裕。历史和实践告诉我们，搞平均主义，吃“大锅饭”，实际上是共同落后、共同贫穷。每个社会成员素质不同、对社会的贡献不同，在财富的分配上必然不同。必须承认富裕程度上的差别性，才能调动全体社会成员发展的积极性，才能真正实现高层次的富裕。

共同富裕是物质生活和精神生活双富裕。共同富裕作为社会主义的本质要求，涵盖了人民对美好生活向往的方方面面，既追求物质富裕，又追求精神富裕，并使这二者平衡发展、相得益彰。精神生活富裕是更高层次的追求，内蕴着要实现更高的生活品质，意味着“美好生活需要”已经从过去的物质文化领域拓展到民主、法治、公平、正义、安全、环境等各个方面。只有促进人民物质生活和精神生活都富裕，才能满足人民群众多样化、多层次、多方面的需求，才能实现人民对美好生活的向往。

二、共同富裕是高校后勤企业文化建设的应有内容

共同富裕的前提是发展，是创造更多的社会财富。企业既有经济责任、法律责任，也有社会责任、道德责任。企业的发展空间与责任能力成正比，企业能承担多大社会责任，社会才会给企业多大舞台。浙江大学后勤集团作为浙江大学全资企业，具有“国有性质，高校背景”的基本属性，肩负着为浙江大学高质量高水平建成中国特色世界一流大学提供一流支撑保障服务的使命。身处于新时代发展格局中，后勤集团必须深刻理解“中国式现代化”和“共同富裕”的重大意义和深刻内涵，主动融入学校发展战略，主动在时代方位中找准自身定位，努力打造一流后勤服务体系，助推共同富裕的伟大实践。

浙江大学后勤集团一直倡导“同心协力，和谐共赢”的文化理念，号召全体员工勠力同心、踔厉奋发，共同创造企业发展成果，这与“共同富裕”的理念完全契合。长期以来，后勤集团一直坚持塑造共建共享的企业文化，自 2014 年起，坚持工资集体协商机制，即使出现新冠疫情，绝大多数员工的收入也能在稳中有升。开设员工全日制大专班，广泛鼓励员工持续学习，不断提升学识学历，受过高等教育的员工比例不断提升，员工队伍的整体素质得到提高；高度重视员工职业能力的提升，常年组织技能比武，参与行业技能大赛，积极参与国家技能人才职业等级评价机制改革，员工基本实现了学历和技能的双提升；坚持按劳分配原则，不断完善后勤集团薪酬分配制度，薪酬分配向关键岗位、高层次、高技能人才倾斜，有着较好的多劳者多得、技高者多得的基础；坚持设身处地为员工着想，积极筹建紫金港西区后勤员工宿舍大楼，长期开展员工宿舍安全文明建设行动，员工住宿条件整体逐步改善。

但对照共同富裕的目标还有不小差距，从薪酬分配看，低收入的基层员工仍占大多数，整个薪酬分配结果仍呈现为上小下大的“金字塔”结构；从职业发展看，仍有不少员工对于职业发展路径和职业技能提升不了解；基层员工生活条件仍然较差、员工流动频繁。总体提升的空间仍然很大。

三、融入共富理念的后勤企业文化建设

很多企业都在强调“以人为本”的经营理念，提出了类似于“客户满意是我们追求的目标”等标语，其实这并不完整，企业的良性发展首先要有满意的员工，这些满意的员工才能服务好客户，才能有满意的客户，满意的客户给企业带来长久而丰厚的收益，企业的发展才是长久的。

浙江大学后勤集团一直在努力实现让“学校放心、师生满意、社会认可”这一目标，这一目标的实现实际上有一个隐含前提，就是要让员工感到幸福，员工感到幸福才会全身心投入，才会以单位为家，出好主意，生产好产品，提供好服务。因此，融入共富理念，打造幸福型

企业，是高校后勤企业实现高质量发展的路径。

将共富理念融入企业文化建设中，把共同富裕目标和原则转化为企业的共同价值，构建出共享发展成果的企业愿景，可以消解和协调企业与员工、员工与员工之间的目标冲突，增强企业与员工的双向责任感和使命感，使员工与企业成为不仅是法律意义上的“利益共同体”，更是“命运共同体”，从内激发干事创业的活力，激励员工以高昂的士气为实现企业目标而奋斗。

索尼公司创始人之一盛田昭夫曾说过这样的话，“优秀企业的成功，既不是什么理论，也不是什么计划，更不是政府的政策，而是‘人’。‘人’是一切经营最根本的出发点。”这个表达可能有些绝对，但作为企业领导者和管理者，必须认识到，优秀的员工是最宝贵、最具价值的资产，也是核心竞争力。要建设融入共富理念的后勤企业文化，就必须从劳动、人事、分配制度着手，构建和谐发展的新时代人力资源格局，打造共生共享共富的人力资源生态。

（一）树立科学的人力资源管理理念

中国特色社会主义进入新时代，我国社会主要矛盾已经转化为人民日益增长的美好生活需要和不平衡不充分的发展之间的矛盾。以前简单粗暴的人力资源管理方式，已经不再行得通。对于人力资源管理，应该更加科学地分析研究，充分挖掘人力资源潜力，提高人力资源与岗位的适配性。基于高校后勤人力资源现状，可以将员工按照能力（学历、技能、性格等）分为管理、技术、操作三大类，在不同的岗位上匹配不同类型的员工。让员工能找到适合自己的岗位，做更擅长、更喜欢的事，激发员工的工作兴趣，进一步体现自我价值，提升职业幸福感。

（二）优化形成合理的薪酬分配制度

分配制度是促进共同富裕的基础性制度。要进一步完善工资总额结构和薪酬福利的管理及分配，充分考虑一线员工薪酬待遇的增长；促进薪酬分配的公平性和激励性，进一步实现多劳多得，能者多得，提高员工在后勤工作的获得感。在优化薪酬分配制度时，不仅要充分考虑学校的利益，还要重视员工的利益，要坚持按劳分配的原则，在政策允许范围内，推行更合理的薪酬分配方式，通过一系列扩中、提低的举措将薪酬分配结构优化为橄榄形，让员工共享发展成果。

（三）贯通员工多元的岗位晋升机制

要设身处地思考员工的职业发展，比如打菜、保洁、保育、保安这类一线员工是否也能得到职业发展，要进一步贯通员工多元的岗位晋升机制，设立各类晋升通道，让不管是管理人才、技术人才还是操作人才都能拥有发展空间。对于能力突出、贡献巨大的人才，要给予匹配的职级和有竞争力的薪酬。既要让人才留得住，也要让人才有归属感、获得感。

（四）构建持续高效的教育培训体系

要注重员工专业技能和综合素质的平衡发展，合理构建员工培养体系，设置员工培养档案，长期有针对性地对员工进行培训，多渠道高效提升员工综合素养。开展普惠性职业技能提升行动，广泛组织岗前培训、在岗培训、脱产培训，开展岗位练兵、技能竞赛、在线学习等活动；充分发挥“老带新”和“传帮带”的作用，探索新型学徒制和入职导师制等新员工“点对点”培养模式。

（五）不断全面提升员工福利保障

要顺应时代变化，充分考虑员工对美好生活的向往，逐步提升员工诸如住宿、餐饮、通勤、医疗、教育等各方面的福利保障。同时坚持以人为本，尊重劳动、尊重知识、尊重人才、尊重创造，加强企业思想道德建设和科学文化教育，有效满足员工日益增长的多样化、多层次、多方面的精神文化需求，充分调动和激发广大员工干事创业的积极性和创造性。

塑造共富型的高校后勤企业文化需要有强烈的使命感，进一步深化改革、不断创新，从自身实际出发，脚踏实地、尽力而为、量力而行、循序渐进。要坚持党建引领，把党的领导贯穿于“幸福型”企业的创建，高质量建设一流后勤服务体系。

使命引领下的世界一流大学及其后勤服务保障

——对美国世界一流大学及其后勤服务的认识与思考

姜群瑛

（浙江大学总务处）

【摘　要】 建设世界一流大学是我国高水平大学的共同奋斗目标。对标对表世界一流大学，学习借鉴世界一流大学经验是面向一流、走向一流的重要途径。清晰的使命、先进的理念是世界一流大学的最鲜明特点，社会化、现代化是美国高校最显著的特征。在清晰的使命和先进的理念引领下，加强校园服务设施规划、重视后勤服务发展谋划、建设一流后勤服务体系、推进服务多元化、提高学生参与性是美国世界一流大学及其后勤服务保障对我们的重要启示。

【关键词】 世界一流大学；后勤服务；社会化；现代化

2018年下半年，我有幸参加了“世界一流大学教学改革创新”培训班学习，在美国伊利诺伊大学厄巴纳-香槟校区全球教育与培训中心接受了高质量的主题培训。培训期间，先后听取了“美国公立大学的办学宗旨、战略及指导思想”“美国高等教育的历史沿革及对现代的启示”“创新教学与学习技术创新”“基于提高教学与学习质量的主动性学习机能”“大学专利协调管理”“大学图书馆与档案馆管理”“大学国际合作”“卓越工程教育”“教职工发展及职称评审”“课程发展及学位课程设置”“本科教育体验的策略指导”“研究生教育与档案、学位管理”“高级科研和技术开发”“学生事务管理”“校园安全管理”“综合研究管理”“信息技术服务”“国际学生就业指导”“学术科研管理与多元化”“教师管理和职业发展”“网络教育管理”“教育创新方法”等专题报告，先后参观和访问了伊利诺伊大学厄巴纳-香槟分校、普渡大学西法拉叶校区、西北大学埃文斯顿校区、芝加哥洛约拉大学湖滨校区、芝加哥大学、伊利诺伊大学芝加哥校区等大学，和到访大学的相关部门、学院有关负责人进行了友好交流，对各个大学的校园环境、图书馆、教学楼、实验室、科技园、体育馆、健身中心、学生中心、学生宿舍、学校餐厅等进行了现场考察，对各个大学在围绕教学、科研和师生生活等方面的后勤服务工作的组织、管理情况进行了专门了解、考察，还参观考察了著名的伊利诺伊大学大贝克曼研究所、普渡大学探索公园、西北大学凯洛格管理学院等，其间还赴伊利诺伊州首府斯普林菲尔德市、芝加哥1871创业园等考察了当地政治、经济、文化、教育、科技等方面的主要情况。通过学习、培训、交流、参观、考察，我不仅对美国高等教育的历史、现状有了基本了解，对世界一流大学的教学、科研和管理、服务也有了比较深刻的印象，而且深切地感受到世界一流

［注］　本文系作者于2018年9月在浙江大学后勤集团工作期间参加学校组织的赴美国“世界一流大学教学改革与创新”培训时撰写的关于世界一流大学后勤服务工作的学习体会，原题为《不忘初心抓服务　牢记使命谋发展——关于世界一流大学后勤服务的认识与思考》。

大学确实让人开阔了眼界和视野，无论是在办学理念、大学使命、大学精神的认识和坚守上，还是在制度设计、目标定位、路径选择、措施执行的功夫和水平上都给我留下了极其深刻的印象，特别是在后勤服务的组织、管理方面，深深感受到我们的工作与世界一流大学相比，还有很大的差距。我就美国大学，特别是伊利诺伊大学看到、了解到的后勤服务组织、管理情况和我校的后勤服务组织、管理情况进行相互比较，对世界一流大学主要办学经验，特别是后勤服务组织与管理方面的特点进行了梳理、总结和思考。

一、世界一流大学的主要经验

（一）清晰的使命

伊利诺伊大学的创立源于美国历史上的赠地法案，创办伊大的根本目的就是能够让更多的当地农民孩子上得起大学，同时促进当地的经济、社会发展，改善人民群众生活，这也是当时创办公立大学的初心。几乎所有的培训课程任教老师对伊利诺伊大学的历史都十分了解，对伊利诺伊大学的使命十分清楚，并都能结合自己的工作岗位，围绕这一使命明确职责，这一点让人印象非常深刻。使命就是目标，就是方向，不仅能统一思想，而且能够凝聚力量。对今天伊利诺伊大学任何部门和所有教职员工来说，伊大的使命十分清楚，不仅要让更多的人接受高质量的高等教育服务，为全州经济、社会发展作出贡献，还要为美国教育、科技发展作出自己的贡献，而且要为全球各地各行各业培养一流人才和未来的领导者。

（二）鲜明的理念

与美国高度发达的私立大学不同，伊利诺伊大学自从创办之初就确立了“为公众服务”的鲜明办学理念，这一理念已经成为伊大办学过程中的核心思想和核心价值观，无论在教学课程的设计、师资的培养、教学方法的创新，还是在科学研究的组织、协调、管理，以及在校园环境规划、基础设施建设、后勤服务保障过程中都始终贯穿着这一鲜明而独特的办学理念。伊利诺伊大学是全世界最早全面修建残疾人无障碍通道的大学，其目的就是要让残疾人也能上好大学，并为他们提供专门的行走通道，始终为他们提供良好的服务。正是在这一鲜明办学理念的指导下，今天的伊利诺伊大学成为美国留学生规模最大的世界一流大学，也是在美国大学中中国留学生数最多的世界一流大学，目前在校中国留学生数已经超过了6000人。

（三）科学的规划

无论是走在伊利诺伊大学，还是走在普渡大学、西北大学、洛约拉大学、芝加哥大学的校园里，校园布局讲究、功能完整、设施完善，一幢幢极具特色的建筑、雕像，一处处别具一格的校园景观，一条条整洁畅通的道路，把整个校园装点得十分美丽，为学生学习、教师工作提供了十分优美的校园环境和十分优越的学习生活条件。据了解，美国大学普遍对校园规划十分注重，各个高校不但有完善的长远规划，而且始终严格做到按规划办事，一般在过去规划的基础上每十年完善一次，每过三年可以作一次小的调整。正是有了科学的规划、严格的制度和务实的态度，许多校园建筑虽然都超过了100多年的历史，但多数建筑物依然完好如初，充分展现了大学独特而又厚重的历史文化底蕴，很少出现“建了拆、拆了建”的情况。

（四）先进的设施

在伊利诺伊大学，有极具现代化的教学设施、教学技术，建立了创新教学与学习中心，建有大批创新教学教室。伊大的实验室非常先进，配备了大量最先进的实验技术装备，成为科技创新和跨学科研究的高端平台。贝克曼研究所成立以来，短短几年已经有两位科学家获得了“诺贝尔奖”；健身中心为学生健身、运动提供了条件极其优越的场所，极大地丰富了学生的大学生活。出人意料的是芝加哥洛约拉大学虽然是一所由天主教创办的私立大学，但是学校的教学条件、生活设施非常的优越，甚至在一些方面还超过了我们到过的著名公立大学。

（五）完善的制度

和美国其他大学一样，伊利诺伊大学也建立了极其完善的规章制度，学校一切事务都按制度规章办，对违反规章制度的人进行严肃处理。大到学校管理的各个方面，小到实验室操作规程和规章制度，都有明确的行为规范，行为失范就要受到责任追究，极大地提高师生员工的自律性，为实现校园的高效运营提供了制度保证。不管在学校预算管理、安全管理、交通管理、技术管理等各方面，还是在网络教育、教师职业发展、就业指导等各个领域，都有严格的规章制度。另外，到访的大学都有一个共同的特点就是行政管理人员比较精干高效，诺大的校园很难看见保洁人员和保安人员。因为有完善和严格的制度，美国大学内的师生员工没有随地吐痰、乱扔垃圾等坏习惯，整个校园保持得十分整洁干净，垃圾分类简单可操作，任何一处的垃圾箱连外部都干干净净，所有楼道、厕所和房屋各个角落都十分干净，可以说一尘不染，靠的就是规章制度。遵守规章制度已经成为师生的基本行为规范，文明举止和行为习惯确实达到了相当的高度。

（六）严格的管理

与完善的制度相适应，美国大学的管理十分严格，能够做到令行禁止，学校政令高度畅通。伊利诺伊大学、普渡大学、西北大学、洛约拉大学、芝加哥大学对教师、学生的管理都十分严格，保证教师始终能够保持高水平，保证学生高质量。比如在伊大一名新教师如果六年之内没有被学校聘为副教授，就必须自动离职；教师在努力做好教学工作的同时，必须要完成高水平的科学研究任务，还必须积极参与社区服务。任何一个方面的缺失或不足都将直接影响其职称晋升或职业发展；学生必须严格遵守学校的规定，如果违反校规将会受到严格处理，如在普渡大学虽然没有开除或退学一说，但所谓的停学实际上就是退学，因为复学必须经过申请并得到学校同意，一旦学校不同意复学就无法再回到学校上学。

（七）规范的服务

在伊利诺伊大学图书馆、实验室、教室和健身中心等场所，尽管学生流量十分大，但一切都十分有序，图书馆内非常干净、安静、有序，所有工作人员和学生都必须严格遵守图书馆规章制度和流程规范；实验室是校园安全重地，对进入实验室的新生都经过严格的培训，实验人员必须严格遵守实验室各项操作规范和规定，必须保证实验设备始终整整洁洁、安放有序，工具整理得井井有条，垃圾箱不但外观整洁干净，而且摆放十分有序。每一位实验人员的座椅边上都配备垃圾箱，必须始终保持室内环境整洁干净；教室、实验室和办公大楼内的厕所不仅十分整洁，而且几乎没有令人不愉快的气味。据了解，厕所卫生也有严格的标准和工作规范，每天凌晨到正式上班这一段时间内，保洁人员必须按照卫生标准完成好清扫和维护工作，从而始终做到保洁工作的高标准、高质量；在健身、住宿、餐饮等服务场所，也都有严格的规范，流程清楚、内容简明、操作简便，无论是在伊利诺伊大学健身中心，还是在普渡大学餐厅，都能够切身体会到高水平的校园服务，享受高质量的校园生活。

(八)务实的作风

通过在美国大学里所见、所闻、所思，确实强烈地感受到美国大学非常务实，建筑物的功能、材料都非常实用，讲究质量和实用性，不一定讲究豪华，但一定讲究经久耐用，校园人行道和建筑物前广场、通道很少使用花岗岩、大理石等材料，基本上都是用水泥为原料，但施工质量非常好，虽然历经几十年，甚至上百年，质量仍然保持十分完好。因此，在伊利诺伊大学、普渡大学、西北大学几乎所有的建筑物，都不会因为年久失修而破败失色，反而更加显得有历史感、文化感。教室、实验室、图书馆等所有设施设备、家具等也都非常讲究实用性，重质量、重实用，而不图奢华时髦。在美国大学，能够让人深刻地感受到，他们不仅重建设，而且重维护，非常务实，不做表面文章，不图外观好看，非常讲究工程施工质量，真正做到了以质量为核心。这种务实性也体现在伊利诺伊大学推行的创新教学、卓越工程教育和创新研究等各项策略中，一切以提高教学、科研质量和社会服务水平为核心，不断提升大学的竞争力和创造力。

(九)创新的精神

我们强烈地感受到，到访的几所美国大学都具有很强的活力，十分富有创新精神，这也是这些大学能够成为世界一流大学的共同内在气质。伊利诺伊大学厄巴纳一香槟分校在全美大学排名第37位，获得了30个诺贝尔奖、25个普利策奖；普渡大学也有多名科学家获得过诺贝尔奖和普利策奖，世界排名第74位；西北大学有19位诺贝尔奖获得者和38位普利策奖获得者，世界排名第24位；芝加哥大学有97位诺贝尔奖获得者、9位菲尔兹奖和22位普利策奖获得者，世界排名前10位，是世界著名顶尖研究型大学；芝加哥洛约拉大学也是一所享有盛誉的世界顶级私立研究型大学，曾荣获普利策奖、格莱美奖等，在全美综合大学中排名第89位。上述前四所大学，无论是哪所大学都不仅具有世界顶尖的科学家和顶尖的学科，而且具有强烈的创新意识、创新精神和富有自身特色的创新举措、创新成果，不仅能够始终走在世界教学创新的前列，而且也始终走在全球科技创新的前沿。在伊利诺伊大学我们亲身经历了创新教学与学习中心创新教学和主动学习的体验，亲聆了工程学院的卓越教育成果，目睹了贝克曼研究所的创新研究平台；在普渡大学我们参观学习了探索公园，被一项项创新举措震撼，被一项项创新项目吸引，可以说这些世界一流大学都在创新驱动的轨道上加速奔跑，奋力抢占前沿科技发展的制高点。

(十)开放的思想

美国大学之所以能够有今天这样领先世界的良好局面，很重要的一点就是美国大学普遍有着十分宽阔的视野和开放的办学思想，立足本州或美国，面向全球，都制定了全球战略。伊利诺伊大学早在我国辛亥革命之前就开始招收中国留学生，如今在校中国留学生规模达到了6000人，普渡大学和西北大学的中国留学生数几乎都占到了在校留学生数的50%，近年来还在不断扩大规模，而且这些大学都和我国的一些著名大学建立了合作关系和合作项目。开放办学不但拓宽了美国大学的经济来源，也扩大了美国高等教育的影响力，增强了美国经济、社会、科技发展的动力、实力和活力。在伊利诺伊大学我们还能够充分感受到这所具有150多年办学历史的世界一流大学的包容精神，学校主张思想开放、学术自由、文化多元、生活多样，这种包容精神促进了大学的多元化、国际化发展，也成就了伊利诺伊大学早早地成为世界一流大学。

二、世界一流大学后勤服务的主要特点

美国大学后勤服务组织、管理情况是我这一次学习培训过程中关注、考察、思考的一个重点，经过学习、考察和比较，我认为美国大学后勤服务主要有以下八个特点。

（一）社会化

由于国情、制度、模式不同，相比我国大学后勤服务组织而言，美国大学后勤服务组织的社会化、市场化程度非常高。在伊利诺伊大学，除了一年级的本科学生规定要在校内住宿，并可以在校内学生餐厅就餐外，其他本科生的住宿、餐饮完全由个人自行解决，学生一般都是通过在校外租房子解决住的问题，通过社会企业在校内的连锁店或学校内外周边的餐馆解决吃饭问题，学生普遍反映学校办的餐厅水平一般，不仅味道不好，而且价格太贵，都不太愿意在学校办的餐厅就餐。另外学校的公共交通、自来水等都由城市管理部门直接管理，不需要学校自行组织、管理，很特殊的一点是伊利诺伊大学还建有学校自己的发电厂和垃圾处理厂。后勤服务市场几乎完全开放，整个校园本身就是所在城市的一部分，一个城市因为有了这所大学才充满了活力，促进了城市的扩张和持续发展，城市显然因大学而兴，同时城市也为大学后勤服务在很多方面提供了有力支撑和保障。

（二）现代化

美国大学后勤服务的设施、设备、技术和生产、运行、维护的现代化水平明显比我国要高得多，特别是作为后现代化国家，美国大学后勤服务领域的机械化、信息化、科学化水平远远走在了我国大学的前列，即使像浙江大学这样的好大学都还有很多方面不及美国大学，现代化的路还有很长要走。这些年虽然我国大学后勤领域的设施、设备的机械化、信息化、智能化的水平和管理、经营、服务水平有了显著改善，但是不得不承认，我们的水平、质量还有很大的差距。在美国大学，割草机、扫地机、拖地机、挖土机、洗碗机和浇水车、登高车、清障车等不仅一应俱全，而且技术含量、操作性能明显高于我们现有的各种设施装备。信息化建设也比我们起步早、发展快，特别是技术服务队伍和技术水平总体上也比我们强得多。客观地说，美国大学的后勤服务科学化管理水平也远远比我国大学管理水平高得多，后勤职工文化素养和业务技能也明显高于我国大学后勤服务从业人员。美国毕竟是一个后现代化的国家，而我国还是一个发展中国家，加快后勤现代化建设仍然是我们这一代后勤人的职责和使命。

（三）多元化

美国大学后勤服务由于高度社会化、市场化，后勤服务资源配置完全由市场主导，由于经济条件、文化观念、生活习惯、兴趣爱好等方面的差异，在吃、住、行和学习、生活、工作等各方面呈现多元化的需求，因此在美国大学校园内有各种各样的餐馆服务点，在各个大楼内特别是在高端实验室内都配置了饮料自动售货机，有的还配置简便的厨房设备，充分满足不同层次和不同文化习俗的师生需求。美国大学普遍主张文化多元化，因此在美国大学后勤服务组织、管理中也都处处体现着多样化的特点。

（四）规范化

由于美国社会法治建设高度发达，人们的法治意识、规则意识非常强，这为推进后勤服务规范化提供了天然优良的条件。在美国大学我们看到，校园草坪割草机作业不仅技术十分娴熟，而且安排十分讲究，据了解在修剪草坪方面也有严格的要求，草皮生长不能超过一

定高度,必须在几天之内要开展多少次修剪。垃圾一般按三类来分,除了纸作为单独一类外,其他分为两类:一类是可回收循环利用的,另外一类是不可回收的废弃垃圾,因此办公室、实验室、图书馆等公共场所配置了大量的分类垃圾箱或垃圾桶,严格分类投放,严格分类回收。我仔细观察了大量垃圾箱和垃圾桶,垃圾分类处理做得非常好,没有发现乱扔、乱放的现象。在普渡大学弗雷德—玛丽·福特餐厅我观察到,餐厅工作人员严格按流程规范作业,按质量标准制作食品和饮料,充分体现了良好的技术水平和稳定的食品质量,整个制作过程全部呈现在用餐者面前,餐厅供应始终规范、有序。

(五)精细化

美国大学后勤服务非常注重细节和个性化需求,因此在精细化管理和服务方面做得非常出色。在图书馆、实验室、创新教学教室、健身中心等参观、考察中,我们惊喜地发现美国大学对室内装修设计、材料、工艺、质量以及和周围环境的衔接、匹配几乎都做到了近乎完美的程度,这是非常不容易的,不仅要求设计师完全从需求者出发,设计出近乎完美的方案,而且要求装修师要完全按照设计要求做好每一个环节的工作,始终坚持质量标准,处理好材料、现场和设计之间的误差,把误差减少到微乎其微。在伊利诺伊大学、普渡大学参观中所见、所用的家具,都非常协调、实用,而且极具人体功效,让人感受到无处不用心、无处不精致,处处体现着精细化的管理和服务。

(六)实用性

实用性是美国大学后勤服务设施和服务过程中的一个最显著的特点,实用就是不图表面,讲究实际性能、实际效果、实际寿命、实际成本,做到质量可靠、性能实用、成本合理。我们在美国大学里发现很多百年建筑仍然保持初建时的地面和内墙装饰,大多保存十分完好,一方面是质量过硬,另一方面是维护得当。有的虽然已经落后了,完全可以重新装修一下,但学校没有这样做,能用则用,只要不影响安全和用途,就继续使用,初看有些不可思议,甚至认为有些不协调,但是仔细想想,这就是美国大学的做法,也是美国大学后勤服务组织、管理中的一个鲜明特点,一个最基本的道理就是不能浪费学校每一分钱,还有一个基本的道理是不讲质量就是最大的浪费。美国大学后勤服务管理经验告诉我们,质量有时与材料无关、与观念有别。

(七)融合性

与我国大学宿舍、食堂、教室三点一线的校园学习生活空间轨迹完全不同,美国大学把生活空间、学习空间完全贯通起来,在宿舍也是一个很好的学习场所,有的还配有教授学习辅导室,帮助学生学好功课、提高成绩,宿舍还往往与食堂相连接,方便学生用餐;在食堂,除了用餐,也是学生学习、社交的重要场所,食堂内部结构、装饰、家具、布置,既充满着生活气息,又充满学习氛围,营造出了浓厚的校园文化;在教室、实验室和图书馆,也都有各种品牌和特色的咖啡吧、甜食店,还有到处都是饮料自动售卖机;在校园里的大楼旁、树荫下、草地上等分布着各式各样的椅子、凳子、桌子,供学生、教师休息、学习或交流;在创新研究平台更加注重这种生活、学习、工作空间的融合性,让学生、教师在相互交流中产生思想火花,促进跨学科交叉创新研究。这种空间上的融合性是美国大学的一个重要共同特征,非常值得我们学习借鉴。

(八)大众性

大众参与是美国大学后勤服务给我们的一个特别重要的启示。毫无疑问,大学是人口最密集的地方，在这样的人口密集区域内，任何一件事，只要每一个人重复一次，就是一个极其庞大的数字。也就是说，假设每一个人每天都随地吐一口痰，那么整个校园就会处处都是痰迹；要是每一个人每一天都随地乱扔一张废纸巾，那么整个校园就会处处都是白色垃圾。事实告诉我们，在美国大学由于学校有严格的规定和学生普遍具有良好的素质，在这里很少有人乱吐痰、乱扔垃圾，也根本没有人在实验室、教室里乱扔垃圾，在墙上乱涂乱踢乱画，也没有人在厕所里不注意文明和不遵守良好的卫生习惯，厕所始终能够保持整洁，为清扫、保洁节约了大量人力。美国大学在校园物业服务方面投入的劳动力十分有限，不仅节约了大量的人力资源和学校财力，而且大大提升了校园生活品质。要建设一流的大学必须从建设一流的美丽校园做起，必须从每一件小事做起，美国大学的学生能够做得这么好，为什么我们就做不到？

三、对建设世界一流大学过程中改进后勤服务组织、管理，提高后勤服务质量水平的若干建议

他山之石，可以攻玉。虽然我国与美国的国情大不相同，选择的社会发展道路、制度、模式也有所不同，但是作为同样承担国家人才培养、科学研究、文化传承和社会服务的大学，有着许多的共同点。和我国大学相比，美国大学的这些经验和特点不仅可以帮助我们看到我们实际工作中存在的不足和差距，也可以为我们在建设一流大学过程中提供启示和借鉴，可以为真正“树立一流意识、贯彻一流标准、实现一流目标”铺石问路。为此谨向学校和有关部门提供如下几点建议。

（一）重视校园后勤服务设施规划及管理

一是希望学校进一步加强对校园空间布局的战略规划，在此基础上要着力加强校园后勤服务设施的规划及管理，科学的、符合实际的后勤设施规划是最大的节约，否则就会造成先天不足带来巨大浪费。如建食堂前最好多听听食堂管理部门和专业人士的意见，不要事后再来改造，造成浪费不说，还会因为先天不足带来今后运行困难（紫金港东区临湖、麦香等餐厅都有这个问题）。二是要处理好后勤基础设施建设与维护管理的关系，要坚决克服“重建设、轻管理”的现象，尽量避免建了不久就损坏和“拆了建、建了拆”的现象，从加强日常维护管理入手，确保基础设施的完好性。如应加强校园车辆通行管理和校园人行道路、花岗岩路面和护栏等日常管理维护，避免不及时维护维修造成更大的损坏。也可以选用更加经久耐用的材料，如像美国大学一样就用水泥，价廉物美、经久耐用。

（二）重视后勤服务产业的领导和政策研究

希望学校层面加强对后勤服务产业的领导和政策研究，按照党的十九大精神和中央、国务院有关高校所属企业改革精神，切实推进后勤服务企业改革，促进后勤服务市场开放，增强后勤服务企业的活力和市场竞争力，推动后勤服务向高水平、高质量迈进，适应并保障学校“双一流”建设对后勤服务的需要。如要进一步明确后勤服务改革方向，明确后勤服务企业定位，全面深化后勤改革，确保中央精神得到贯彻落实。

（三）加快推进后勤服务多元化、精细化

希望后勤服务、管理部门开展协作，就推进后勤服务多元化、精细化研究制订行动计划和实施方案。加强后勤服务需求调研，共同携手推动。在紫金港西区建设过程中，以餐饮、商贸服务为突破口，推进服务模式、商业模式创新。积极探索建立多样化、多层次、多功能、

多业态的校园餐饮服务体系，满足不同层次的需求，尽可能在餐饮服务场所创造更多的生活和交流空间，为创新教学、跨学科研究、促进师生交流开辟新的空间和方式；积极推进体验式的校园商业新模式，拓展校园生活新空间，探索具有浙大特点的校园生活新方式，使后勤服务更加多元化，更加适应不同层次的需求，更加精细化。

（四）提高学生在后勤服务组织、管理过程中的参与性和自觉性

一方面引导、支持学生组织、社团和广大学生参与到后勤服务工作中来，充分发挥学生组织、社团的自我管理、自我约束、自我完善的作用，开展创建“文明宿舍”“文明食堂”“文明教室”“文明实验室”“文明道路”“文明楼道”“文明班级”等各种形式的校园文明竞赛活动和校园文明生活倡导活动，引导学生形成良好的生活习惯和公共意识，从我做起、从小事做起，形成讲文明、树新风的良好氛围。另一方面，加强对学生公共意识、社会公德、社会责任的教育，通过签订协约、开展承诺、思想教育等活动，培养、强化学生的公共意识和公共道德水平，培养、形成良好的校园文明生活习惯，爱护校园环境，爱护公共财物，全面深入持续推进校园精神文明建设，建设美丽校园，为“双一流”建设提供一流的校园文化环境。

（五）研究实施“建设一流大学后勤服务体系”战略

建议后勤集团围绕学校“双一流”建设的总体要求，进一步开展“一流大学后勤服务体系”大讨论，进一步明确什么是一流大学后勤服务体系，怎样建设一流大学后勤服务体系，不断增强四个意识，不断坚定四个自信，不忘初心抓服务，牢记使命谋发展，对标一流大学后勤服务组织和管理经验，牢固树立一流意识，全面贯彻一流标准，努力实现一流目标，推进后勤服务体系和保障能力现代化。

国际经验与现代视野：高校后勤服务的日本范式

姜群瑛

（浙江大学总务处）

【摘　要】 通过对日本北海道大学、东北大学参观考察和访问交流，对日本高校后勤服务的先进经验和主要特点作了梳理、总结，并结合工作实际对推进一流后勤服务体系建设提出了若干工作建议，规划设计要以人为本，质量标准要对标一流，队伍建设要学长补短，一流后勤需要外部条件。

【关键词】 日本高校；后勤管理服务；一流服务体系

2019年6月我有幸率考察组赴日本北海道大学、东北大学访问，学习、考察日本高校后勤管理服务先进经验。

一、访问基本情况

（一）北海道大学学习考察情况

北海道大学是日本著名的研究型国立综合大学，曾是日本七所帝国大学之一，本部位于北海道札幌市。其前身是创立于1876年的札幌农学校，是日本最早的高等教育机构，也是日本第一所具有学士学位授予资格的一流高等学府。1907年，农学校改设为东北帝国大学附属农科大学。1918年，更名为北海道帝国大学，成为日本第四所帝国大学。1947年，更名为北海道大学。2014年，学校入选日本"超级国际化大学计划"A类顶尖校。目前，北海道大学设有两个校区、12个本科学院、18个研究生院、3个附属研究所；拥有本科生和研究生共计约18000人，教职员约4000人，有来自近百个国家和地区的1500多名留学生，其中中国留学生约800名。2010年，北海道大学工学部教授铃木章荣获诺贝尔化学奖。根据最新QS世界大学排名，北海道大学位列世界第132名，亚洲第31名，其化学、工程学、农学、林学等学科均位列世界前100。

6月11日上午，北海道大学事务局有关部门负责人在札幌校区接待了考察组，考察组同志与北海道大学同仁作了工作上的交流，就北海道大学后勤事务的组织管理和运行情况进行了详细了解，并就师生餐饮服务、校园环境及物业服务、水电设施设备管理维护、校园楼宇安全巡查、校园商业网点经营管理、校园邮政快递服务、学前教育等工作作了深入了解。在事务局的安排和志愿者的带领下，考察组同志参观了北海道大学札幌校区整个校园内的主要道路、建筑物、景观、后勤服务设施，从东校门起，经第一任校长胸像、中央草坪、古河讲堂、

［注］ 本文系作者于2019年6月在浙江大学后勤集团工作期间率队赴日本高校学习考察后勤管理服务工作的报告，原题为《学习借鉴国际先进经验　开阔拓展后勤现代视野——日本高校后勤管理服务工作考察报告》。

克拉克胸像、旧昆虫学教室、农学部、白杨大道、综合博物馆、理学部、医学部、中央食堂、超市、人工雪诞生纪念碑、大野池塘、北部食堂、银杏大道、工学部、幼儿园等，最后到南门，其间在北部食堂现场体验了北海道大学食堂的饭菜质量、价格与服务全过程。下午，考察组又分头深入校园各个角落了解、参观校园树木绿地养护、校园卫生保洁、道路维修保养、大楼卫生保洁、校园垃圾处理、校园景观建设等情况。

（二）东北大学学习考察情况

东北大学是一所日本顶尖、世界一流的著名研究型国立综合大学，本部位于日本宫城县仙台市。其前身是成立于1907年旧帝国大学之一的东北帝国大学（原名仙台医科大学）。东北帝国大学是继东京帝国大学、京都帝国大学之后的第3所旧制帝国大学。1947年10月，学校改制为东北大学，成为日本第一所接收女学生和外国学生的大学。目前，东北大学是日本超级国际化大学计划A类顶尖校，该校现已涵盖文、理、工、医、农各科。学校下辖10个学部、18个大学院，有专任教员3100多人，各类学生19000余人。2002年，东北大学教授田中耕一先生获得了诺贝尔化学奖。根据最新的QS世界大学排名，东北大学世界排名第82位，亚洲第20位，学校在自然科学领域世界排名第35位，其材料、工程、物理、药学、语言学、社会学等学科均处于世界一流地位。

6月13日上午，考察组成员深入东北大学片平校区（校本部）参观了整个校园，考察了道路建设维护、树木草坪养护、校园景观建设、维修工程现场管理、通信设施和管线建设、大楼保洁现场作业、绿化修剪现场作业、机动车和非机动车停放及秩序维护等后勤服务工作情况。下午，在东北大学总务企划部工作人员的带领下，考察组成员乘车参观了东北大学川内校区校园，考察了青叶校区学生宿舍、图书馆，了解了信函和快递服务，随后又到片平校区校史馆参观了《鲁迅先生在东北大学》专题展览，还参观了鲁迅先生曾经学习过的阶梯教室。参观以后，东北大学事务机构长齐藤仁先生在片平校区会馆接待了考察组一行，总务企划部国际交流课长乳井女士主持了两校后勤服务工作交流会，东北大学学生支援部、财务部、设施部等有关部门负责人向考察组成员介绍了学生宿舍建设与管理、不动产管理、采购管理、设施设备管理、信息化建设及管理等方面的主要情况。考察组向东北大学有关人员深入了解了餐饮管理、物业管理、水电设备管理、超市管理、快递管理等方面的情况。交流结束后，考察组参观了片平校区食堂，对餐厅设施和服务情况进行了现场考察。

二、访问成果——日本高校后勤管理服务的先进经验及其主要特点

这次学习考察虽然时间很紧张，但是在两所大学的支持下，考察组通过交流、访问和考察，基本了解、掌握了两所大学后勤服务组织与管理情况，对日本高校后勤服务管理体制、运行机制、服务质量、保障水平等总体情况有了初步把握，特别是两所大学美丽清洁的校园和务实高效的管理给考察组成员留下了极其深刻的印象。在访问交流期间，主宾双方都认为，考察组的这次访问、考察，不仅加深、增进了中日高校间的友好往来，也拓展了双方相互交流学习的领域和内容，对加强和改进大学服务支撑保障体系建设、推动学校向世界一流大学目标迈进具有积极作用。考察组认为，通过对两所高校后勤管理服务工作的学习、考察，不仅目睹了日本一流大学的后勤服务水平，而且对日本一流大学的办学理念、管理体制、运行机制、后勤模式等都有了粗浅的了解和把握，特别是对日本高校后勤管理服务中的先进经验、主要特点有了比较直观的感受和理性的认识。

(一)日本高校后勤管理服务的先进经验

1.先进的理念

北海道大学从创办之初就把“开拓精神”作为学校办学的核心理念,主张培养具有“开拓精神”的人,这种教育思想成为日本近代教育民主主义的思想基础。开拓精神的实质就是推崇理想主义,崇尚学术自由,推动创新研究。正是这种核心的理念推动了北海道大学历经百年沧桑而永葆青春活力,2010年,铃木教授荣获了诺贝尔化学奖。

东北大学从创立以来就把“研究第一”作为学校的基本理念,大力倡导科学研究,力争培养一流的研究人才,取得一流的研究成果,经过百年发展,“尊重研究”成为学校的优良传统。2002年,东北大学的田中教授荣获诺贝尔化学奖。

两所学校都有着自己鲜明的办学理念,虽历经百年而不曾改变,成为各自学校的核心价值和精神特质,这也充分说明了两所大学办学理念的先进性。正是有这样先进的办学理念,两所大学在办学过程中始终有着清晰的使命、目标和路径。也正是有着这样先进的办学理念,两所大学的后勤服务工作也始终坚持着一流的标准、质量和结果。理念决定结果,没有先进的理念作指导,实际工作中就很难取得一流的成果。

2.科学的规划

无论是北海道大学,还是东北大学,都是日本的百年名校,虽然历经一百多年,但是两个学校的老校园不仅都在,而且保护得十分完好。因此,在北海道大学札幌校区和东北大学片平校区,到处都是百年的老建筑和百年的老树木,老建筑虽然不高,但每一座都历经风雨而风采依旧,建筑设计之美和质量之好,无不令人赞叹;老树木或遮天蔽日,或成排成林,和建筑、景观交相辉映,无不让人称好。在日本高校,随处可见已经使用了几十年的道路和设施,仍然完好如初,很少看见国内高校大拆大建、年年建年年修、重建设轻维护的情况,校园规划、实施确实比国内高校做得好,科学的规划、合理的布局、优质的建筑,让校园成为城市中独特的文化风景。整个校园处处凝结着悠久的文化气息,也时时可见现代的时尚景观。科学的校园规划和可靠的施工质量让日本高校的校园历久弥新、风光无限。

3.先进的设施

日本属于发达资本主义国家,总体上看,校园基础设施建设起步比我国早,标准也比我国高,质量也比我国好,过去建的基础设施比同期国内高校建的基础设施要好得多、也要先进得多。在东北大学青叶校区有成片的新建学生宿舍,也有新建的图书馆,这些新建的建筑群和周围的环境非常和谐,建筑材料和内部装饰都非常讲究,充分体现了以人为本、尊重自然,既壮观、典雅,又经济、集约,更实用、可靠。日本高校的很多设施虽然陈旧,但质量性能完好,而国内高校经常会发生新建设施无法正常使用的尴尬情况,究其原因主要是产品或是施工的质量出现了问题。

4.高效的管理

日本高校非常注重管理效率和运行效益,这一点不仅可以从大学事务局的使命职责、机构设置、人员构成等可以看出,行政机构非常精干,而且也可以从后勤管理服务运行中充分体会到。东北大学事务局的负责人反复强调,作为国立大学,如果把后勤服务直接由学校自己来组织承办,一定会加大学校的行政运行成本,所以东北大学把食堂、物业等后勤服务几乎全部推向社会,引进社会力量为学校提供服务,同时把大量生活服务事务交由师生自己来承担,减少学校的支出。比如,在办公楼、宿舍、教学楼、实验楼通常都会配备一定空间,供师生烧开水、加热食品、冲饮料等,同时配备了充足的垃圾箱,实行严格而又简明的垃圾分类,保证了整个空间的整洁。

5.良好的素质

在日本高校，明显地感觉到后勤服务人员的数量要比我国高校少得多，特别是物业服务中的保洁员、安保员很少看见。其中一个最重要的原因是日本高校师生普遍有良好的公共意识和卫生习惯，几乎没有人会随意乱扔垃圾、随意乱停自行车和机动车，也没有人随意破坏公共财物，校园秩序井然。同时后勤服务人员自身素质良好，不仅统一着装，非常注重形象，而且工作态度非常认真，十分敬业，对工作标准非常清楚，个人工作技能也都训练有素。他们认为，后勤服务工作也是十分体面的工作，同样让人尊重。良好的师生员工素质是日本高校后勤服务做得好、维护得好的一个重要因素。

6.务实的作风

日本高校的办学经费并不宽裕，国立大学也一样。如何用有限的财力和资源，把学校教学、科研做得最好，始终是日本高校运行中的一大现实课题。因此，学校对各方面的开支能省则省，特别是后勤服务设施维护方面，能节约尽量节约，只要还能用就不会搞低水平的重复建设，或者为了好看而加以不必要的改造。无论是在北海道大学，还是在东北大学，草坪养护都是很一般的，大多是普通的草皮和自然生长的杂草，只是作定期的修剪，而不像国内有的高校那样非常精细、讲究。同样，在两所大学，“带补丁、贴膏药”的道路也是随处可见，只要不影响通行，学校也不会进行全面大修。很多人行道边上散落着树叶，不会每天去清扫，片片落叶倒是成了学校独特的风景。据了解，日本高校在后勤服务方面的投入坚持“该用则用，能省则省”的原则，也就是必须投入的一定投入且保证质量，而不影响实用性能的能省就省，不去片面追求豪华，非常务实。另外，由于师生大多住在校外，对后勤服务的依赖性、关联度不是很高，因此很少会对后勤服务方面提出要求和意见，特别是师生对餐饮、保洁、绿化等方面的意见很少，同时对后勤服务人员的工作普遍很尊重。

（二）日本高校后勤管理服务的主要特点

1.高品质

日本高校校园及其后勤服务设施给人的总体感觉就是规划设计非常科学、合理、人性，同时质量非常可靠、坚固、耐用，设计到位和质量优等决定了后勤服务设施的高品质，让人感觉到校园很美、设施很好，用起来很方便、实用。每一座大楼的空间布局都让人觉得十分合理，楼梯、走廊、厕所等都非常整洁，插座安装、垃圾箱摆放都十分整齐有序，这些细节也充分体现了日本高校后勤服务硬件方面的高品质。

2.高素质

日本高校师生员工普遍有着良好的文化素养和较好的业务技能，后勤服务人员也不例外，这为日本高校做好后勤服务起到了关键作用。虽然后勤服务人员很有限，但服务人员十分敬业、业务娴熟，凡是需要后勤服务人员完成的工作一般不会出现差错或打折扣，一方面管理部门有严格的管理考核制度，另一方面工作人员有高度的自觉性和规则意识，高素质是日本高校后勤服务队伍的最大特点。

3.高水平

有了良好的后勤服务设施，又有了良好的后勤服务队伍，再加上服务的高标准，自然就能达到后勤服务、管理服务的高水平。广大师生的良好素质也为提供高水平的服务创造了外部环境。在日本高校，食堂、宿舍、教室、实验室、厕所等一切公共空间都是窗明几净、一尘不染，这完全得益于广大师生和后勤员工的良好素质。高标准带来了高水平，然而高标准的背后是需要现实基础的，没有设施、队伍和外部环境的支持，高标准只能是空中楼阁。

4. 高质量

显然日本高校后勤管理服务是高质量、高效益的，一方面体现在高品质的硬件和高水平的服务上，另一方面还体现在其投入产出上，也就是体现在经济效益和社会效益上。其实，日本高校非常注重后勤方面的投入，应该投入时绝对投足，保证质量，不会出现“豆腐渣工程”，处处是百年建筑和百年树木就是一个鲜明的例证。同时，日本高校是非常开放的，大学校园也是当地的一大景观，成为市民和游客的理想游览地。日本高校同行也都赞同这样的观点，没有一流的后勤服务支撑保障就没有一流的大学，高质量、高效率是一流大学后勤管理服务的重要特征。

三、工作建议——日本高校先进经验对做好后勤管理服务工作启示

参观了两所日本高校，目睹了世界一流大学的后勤服务水平和质量，也更加清醒地看到了我们自己的工作和一流大学之间的差距。他山之石，可以攻玉。考察组认为，这次学习考察对今后做好后勤服务工作主要有以下几点启示。

（一）规划设计要以人为本，这是建设一流后勤服务体系的重要前提

后勤服务规划设计极为重要，科学、合理、人性的设计不仅直接关系使用效果、使用效率，而且直接关系后勤服务水平、服务质量。我们实际工作中，总是免不了设计归设计，使用归使用，很多后勤服务设施不实用、不耐用，直接影响了后勤服务质量，也造成了资源浪费。建议今后在后勤服务设施的设计过程中，设计人员和有关部门的同志要多深入基层、深入群众、深入实际，一方面充分了解师生的需求，满足师生对美好生活的向往，使设计更加贴近师生需求，更加人性化；另一方面要充分听取基层工作人员的意见和建议，把他们的合理建议和科学规范高效的流程相结合，这样设计出来的东西才有生命力。后勤服务设施是长久之计、民生工程，不能沦为设计者的试验品，也不能成为中看不中用的形象工程。

（二）质量标准要对标一流，这是建设一流后勤服务体系的必然要求

建设一流后勤服务体系，究竟什么是“一流”，“一流”的客观标准是什么？其实就是要对标一流，以一流大学的后勤服务作为自己的对照标准，找出自己和一流大学的差距，什么时候差距等于零了，也就是什么时候我们也可以说是一流了。因此，对标一流是建设一流后勤服务体系的必然要求。从完全意义上来说，一流后勤服务体系应该包括后勤服务设施、管理、服务等各个方面，但是对我们来讲，当前更大的差距则是在管理效率、服务质量方面。我们要对标一流大学后勤服务，也要对标一流社会服务企业，不但要找到差距，而且要缩短距离，甚至要超过社会企业，只有这样才能在日益激烈的市场竞争中站得住、立得稳。提供高水平服务、实现高质量发展是我们永恒的工作主题。

（三）队伍建设要学长补短，这是建设一流后勤服务体系的关键之举

建设一流后勤服务体系最关键的还是在于队伍，队伍素质是一流大学后勤服务体系的核心要素，也是能否建成一流后勤服务体系的决定因素。当前和世界一流大学后勤服务相比，最大的差距，也是最根本的差距就是在于队伍的素质，全面提高后勤服务队伍素质是建设一流后勤服务体系的必然选择，也是根本路径。加强队伍建设、提高队伍素质最紧迫的是要开阔管理骨干的眼界、提高员工队伍的技能。首先要着力开阔管理骨干的现代化、国际化视野，通过开展国际交流、走近世界一流大学，学习借鉴世界一流大学的先进经验，树牢一流

意识，贯彻一流标准，推动一流服务体系建设；其次要着力提高全体员工的业务技能，更加注重员工素能培训、加快现代化信息化建设，用先进的理念、装备武装员工队伍，尽快补齐队伍建设中的最大短板，全面提升员工贯彻一流标准、创造一流业绩的能力和水平；再次要着力引进一大批适应未来高校后勤事业发展的专业化人才，队伍专业化水平的高低直接决定未来市场的竞争力，要舍得在专业化队伍上下功夫、花代价，从某种意义上讲，这方面的投入直接影响着我们未来还能走得有多远。

（四）一流后勤需要外部条件，这是建设一流后勤服务体系的客观要求

北海道大学和东北大学之所以有高品质的后勤服务，其中一个重要原因就是得益于良好的师生素质，这种良好的素质不仅表现在师生教学、科研活动中，而且也体现在校园工作、生活中。良好的师生素质为两所大学减少了大量的保洁工，根本不需要保洁工去天天清扫道路、教室、实验室，而是靠师生的共同维护和力所能及的举手之劳。因此，建设一流大学后勤必须依靠广大师生的力量，让广大师生养成良好的生活习惯，维护好共同的学习、工作和生活空间，让美丽的校园永远不会受伤。同时，建设一流大学后勤必须依靠学校各个部门、单位的力量，先进的后勤服务设施设备需要学校各方面共同建设、维护，要从设计、建设、维护等各个方面给予重视，既要充分体现以人为本，也要保证做到质量第一，不断提升设施、设备的人性化、现代化水平。

关于全面从严治党向基层延伸工作的调研报告

姜群瑛

（浙江大学总务处）

【摘　要】 推进全面从严治党向基层延伸、向纵深发展是基层党组织的重大责任，也是摆在基层党组织面前一项重大任务。通过对近两年来后勤集团党委系统党的政治建设、思想建设、组织建设、纪律建设、作风建设，贯彻落实党支部工作条例、落实党风廉政建设两个责任、推进全面从严治党向基层延伸、向纵深发展等工作情况的全面调查，梳理总结了工作中存在的主要问题，提出了进一步推进全面从严治党向基层延伸的主要对策。

【关键词】 全面从严治党；向基层延伸；向纵深发展

一、调研工作简况

根据学校和后勤集团 2019 年暑期工作有关要求，围绕“加强和改进基层组织建设，推动全面从严治党向基层延伸”这一主题，第三调研组（成员均为后勤集团纪委委员）从 7 月 11 日到 7 月 24 日先后到后勤集团下属的 10 家单位和集团机关各个部门，与各单位党政领导班子成员座谈、交流。9 月 6 日以来，调研组成员根据“不忘初心、牢记使命”主题教育有关工作要求，进一步深入基层各单位开展访问、调研，与广大工作在一线的党员、干部、群众进行工作交流、谈话谈心，就后勤集团基层党组织近两年来推进党的政治建设、思想建设、组织建设、纪律建设、作风建设，贯彻落实党支部工作条例、落实党风廉政建设两个责任、推进全面从严治党向基层延伸、向纵深发展等工作情况作了比较全面的调查，对工作存在的主要问题和现象作了概括、分析，对解决这些存在的问题和不足作了比较深入的思考，提出了相应的意见、建议。

二、党建工作概况

近两年来，后勤集团党委以习近平新时代中国特色社会主义思想为指导，不忘初心、牢记使命，结合自身改革发展实际，提出了“两个发展、两个延伸”的工作思路，认真贯彻落实党的十九大精神和学校党委工作部署，着力推进全面从严治党向基层延伸、向纵深发展，着力提升基层党组织的组织力、战斗力，党建工作不仅总体上实现了与后勤工作相融合，而且在不少方面取得了新成效，广大党员心齐、气顺、劲足，积极推进企业加快转型发展，努力建设一流后勤服务体系。

［注］ 本文系作者于 2019 年在浙江大学后勤集团“不忘初心、牢记使命”主题教育中撰写的专题调研报告。

截至2019年9月30日，后勤集团现有党员759名，其中在职党员443名；党委下设5个党总支、38个党支部，其中在职党支部25个，6个为直属党支部。据不完全统计，后勤集团目前有失联党员0名，停薪留职党员3名，失管党员8名，流动党员12名；党员平均年龄52岁，35周岁(不含)以下党员116人。

2018年下半年，后勤集团党委完成了基层党组织换届工作，基层党组织设置基本合理，党支部书记、支委配备基本完整，基层组织活动和组织生活基本正常。

2018年6月，学校党委第六内巡组对后勤集团开展了内巡，对后勤集团党委工作总体上给予了积极评价。2019年1月，第六内巡组对后勤集团内巡整改工作作了充分肯定，各项整改工作任务和措施基本落实。在2018年学校中层班子考核中，后勤集团领导班子被评为先进中层班子；2019年，后勤集团有2个党支部被学校党委列入“全校党建工作样板支部”培育创建单位。

三、全面从严治党向基层延伸工作存在的主要问题

调研组认为，全面从严治党向基层延伸、向纵深发展是全党的一项巨大的系统工程，也是基层党组织的迫切任务。对于基层党组织来讲，全面从严治党向基层延伸、向纵深发展主要包括三个层面的工作要求：

一是《党章》。《党章》要求“以党的政治建设为统领，以坚定理想信念宗旨为根基，以调动全党积极性、主动性、创造性为着力点，全面推进党的政治建设、思想建设、组织建设、作风建设、纪律建设，把制度建设贯穿其中，深入推进反腐斗争，全面提高党的建设科学化水平。”新时代党的建设总要求明确了党的建设主要内容，包括政治、思想、组织、作风、纪律五个方面，同时要把制度建设贯穿其中，把党风廉政建设融入全过程。因此，全面从严治党向基层延伸、向纵深发展要求基层党组织必须扎实推进五方面建设，同时要抓好制度和党风廉政建设。基层党组织推进全面从严治党要体现在“5+2”建设上来，并且要抓出实绩、成效。

二是《中国共产党支部工作条例》。条例以习近平新时代中国特色社会主义思想为指导，贯彻党章要求，对党支部工作作出全面规范，是新时代党支部建设和全面从严治党向基层延伸的基本遵循。党支部是党的基层组织，是党在社会基层组织中的战斗堡垒，是党全部工作和战斗力的基础，担负着直接教育党员、管理党员、监督党员和组织群众、宣传群众、凝聚群众、服务群众的职责。全面从严治党向基层延伸必然要求党支部工作围绕“七个有力”，出实招、办实事、求实效。

三是《后勤集团落实党风廉政建设“两个责任”清单》。按照学校要求并结合后勤集团实际，近年来后勤集团对照“两个责任”清单，不断完善内部各项规章制度和廉政风险防控措施，不断强化制度执行和责任落实，建立了以“三清楚、两落实”(责任、风险和对策三清楚，制度、措施两落实)为主要内容的监督检查工作机制。全面从严治党向基层延伸、向纵深发展就是要努力解决好规章制度、责任措施的落地、落细、落实。

根据上述三个层面的工作要求，经过对各单位实际工作状况反复考量、梳理、研判和评估，认为目前存在的主要问题有以下几个方面。

(一)理想信念方面

理论武装头脑工作不够深入、不够有效。基层党支部组织政治理论学习停留在表面上，没有结合实际开展深入学习，不少党员干部对党的基本理论、基本路线、基本方略的认识和理解不深，对人类社会发展史、科学社会主义及其运动发展普遍缺乏比较深入的了解，对形

势与任务的认识也比较肤浅，看问题、做事情缺乏用马克思主义的立场、观点和方法，在理想信念方面的认知、态度不够清晰，在大是大非问题方面不够灵敏，在政治立场、政治原则、政治道路等问题上认识不够清楚，政治上、思想上离先进性、纯洁性要求仍然有差距，离学懂、弄通、做实有差距，离真学、真信、真用有差距，与增强“四个意识”、坚定“四个自信”、做到“两个维护”的要求有差距。

（二）宗旨意识方面

宗旨意识服务意识不够自觉、不够坚定。由于方方面面的原因，不少基层党员干部的思想认识水平、政治觉悟有一定的局限性，对“人民立场是党的根本政治立场”“党的根本宗旨是全心全意为人民服务”的认识不够入心、入脑，没有真正把群众利益放在最高位置，没有把师生放在工作中最重要的位置，没有真正把工作和服务质量摆在第一位，存在着在政治站位、大局意识方面不够高、不够大，看问题、想办法、做工作的视野、思路不够宽、不够广的现象，在处理学校和后勤、后勤和师生、长远利益和眼前利益、改革发展和稳定等之间的关系时往往会出现一些不应该出现的情况，基层党员在处理公与私、集体和个人、工作和生活等关系方面也偶有偏差。还有的党员维护意识强于宗旨意识，加班只讲工资、不讲奉献。群团工作特别是共青团和青年工作存在薄弱环节，也有的单位群众工作基础比较薄弱，职工思想波动大、进出流动快，基层党员干部对职工思想、工作、生活情况不关心，工作方法简单、粗暴，损害了党在人民群众中的形象，也影响了基层的党群关系。

（三）纪律作风方面

纪律建设作风建设不够严格、不够硬气。后勤集团有7500多名员工，典型的人多、量大、面广、线长，无论是在推进党的纪律建设、作风建设和制度建设、廉政建设过程中，还是在贯彻党支部工作条例、开展“三清楚两落实”督查过程中，基层单位仍然有盲区、盲点，各项工作措施有不落实的情况，有的党员干部思想工作上仍然有自我要求不严格的情况，混同一般群众，缺乏先进性，有的党员为了一点小利益，不按规定办理党员组织关系，有的党员长期失联失管，有的党员干部仍然有参与各种“小搞搞”的现象。有的基层党支部对党员教育、监督、服务工作不够深入扎实具体，工作停留在表面上、形式上，存在一定程度的形式主义，实效性不大；廉政风险分析排查、防范措施制定落实仍然有死角、有断崖；服务窗口作风形象仍然需进一步加强谋划、管理，建立更加有效机制和监督、评价机制；节假日、周末有“服务”打折扣的现象，有的单位、部门有时紧时松现象，监督检查和整改落实须进一步强化，监督执纪要向严紧硬上下功夫，让广大党员干部懂规矩、知敬畏、存戒惧、守底线。

（四）担当精神方面

担当精神革新精神不够强势、不够普遍。后勤工作绝大多数都是日复一日、年复一年的重复劳动，基层广大党员干部也绝大多数都是老实本分的“老黄牛”，因此，绝大多数基层的党员干部往往缺乏主动应对各种新情况、新问题、新矛盾的意识，遇到风险、挑战不知所为，有时甚至也有不敢为、不想为的情况，缺乏担当精神，不敢挑担子、担责任，遇到改革难题不敢迎难而上，遇到困难问题绕道走；也有的党员格局不够大，有本位主义思想；也有的党员明哲保身，“事不关己、高高挂起”的现象也是有的；还有的党员习惯于旧习惯、旧思想、旧观念、旧思维、旧套路，缺乏新理念、新思想、新思维、新视野、新创造，在工作中疲于被动应付，打不开局面，解不开难题，破不了困局，缺乏自我反思、自我批评、自我否定、自我革新的精神和勇气。后勤改革实践证明，敢闯新路才能迎来生机、才能迎来天宽地阔。面对当前企业改革和后勤转型的双重重压，无论是担当精神，还是革新精神都还远远不足，广大党员干部应当振奋精神，敢于担当、敢于革新，要有“新时代新气象新作为”的精神状态，尽快扭转不够强势、不够普遍的局面。

（五）贯彻落实方面

结合实际贯彻落实不够扎实、不够平衡。基层党支部在贯彻落实全面从严治党向基层延伸、向纵深发展过程中，在结合实际方面工作比较薄弱，有单位、支部特色的举措不够多，有些工作不够扎实，浮在表面上，没有很好地与实际工作相结合，“三会一课”重形式、轻内容，融入实际工作有差距。基层党员干部贯彻落实上级工作部署好点子、好办法、好举措不多，支部工作质量总体上离高质量有差距。基层党建工作支部与支部之间不平衡，机构变动快、人员变化多也对基层党建工作造成一定影响；党员平均年龄过大（52 岁），年轻党员比例不足（35 岁以下占党员总数的 15.3%），党员占职工总数比例也十分低（在职职工中党员不到 6%），入党积极分子教育培养、党员发展工作任务十分艰巨，与后勤事业、服务产业发展不协调、不适应、不匹配，离新时代国有企业党建工作的要求仍然有较大差距。在有的基层单位，党建工作存在着时紧时松、上紧下松、前松后紧等现象，主体责任落实不够实、不够紧、不够严，党支部的执行力、组织力、战斗力、创造力有待提高。

四、进一步推进全面从严治党向基层延伸主要对策

调研组认为，后勤集团在推进全面从严治党向基层延伸过程中之所以存在上述几个方面的问题、不足，原因是多方面的，但最主要的原因有以下三个方面：

一是受制于党员队伍整体素质和能力，无论是自身文化素质、科学知识、思想觉悟，还是学习能力、领会能力、应用能力都有较大差距，特别是与全面从严治党的高要求相比，差距更大。要进一步着力解决好党员队伍素能提升问题，有思想教育时间不足的问题，但主要是教育质量不高的问题。

二是受制于基层党建工作水平和质量，除了基层党员干部自身因素以外，组织机构变化多、党员流动变动快，党支部“两学一做”“三会一课”等总体上离高要求普遍有差距，存在质量不高的现象。要进一步解决好党员干部工作水平问题，核心是提高党支部委员结合实际开展工作的能力和水平。

三是受制于基层党建工作机制和保障，党建工作离不开良好的工作条件和思想文化氛围，领导重视、单位支持，条件就会好一些、氛围就会浓起来，党建工作就充满生机活力，相反，党建工作就流于形式，推一推、动一动，只停留在表面上，和实际工作“两张皮”。要进一步解决好党建工作和业务工作关系问题，根本问题是要真正贯彻好融合发展和考核评价体系，重点要抓好“两个责任”落实。

针对全面从严治党向基层延伸工作中存在的主要问题，按照“问题导向、靶向治疗”的整改目标和“缺什么补什么”整改路径，调研组提出如下建议。

（一）补钙铸魂——坚持理想信念教育不松口

要真正把政治建设放在首位，把思想建党作为永恒的主题，更加认真扎实地把理想信念教育开展起来，认真贯彻落实《关于新形势下党内政治生活的若干准则》，以学习领会促进贯彻落实，以贯彻落实深化学习领会。要把抓政治理论学习抓得更紧，党支部要理直气壮抓政治理论工作，支部书记对习近平新时代中国特色社会主义思想要带头真学、真懂、真信，理论

武装工作要不折不扣做细、做实、做好。完善党支部学习制度，强化理论学习效果、丰富理论学习形式、拓宽视野思路路径，在往心里走、往深里走、往实里走上下功夫。

以党委宣传线为责任主体，实施更加具体生动的“补钙铸魂”理论武装计划，通过开展一系列具体生动的活动，把“两学一做”学习教育常态化制度化抓实抓具体抓生动，做到“月月有新意、次次有触动、人人有榜样”，全面提升党员的思想觉悟、增强保持共产党员先进性的自觉性、坚定性。当前重点抓好“不忘初心、牢记使命”主题教育，增强“四个意识”、坚定“四个自信”、做到“两个维护”，矢志初心、牢记宗旨、践行使命，做一名合格的党员和优秀的新时代后勤职工。

(二)壮骨强筋——坚持党员质量标准不松手

要结合实际不断加强党的组织建设，认真贯彻实施《中国共产党支部工作条例》《中国共产党党员教育管理工作条例》，切实加强对党员的教育、管理和监督，把做到“七个有力”、发挥“两个作用”作为党支部建设的根本标准，不断增强党员的组织性、纪律性，不断提高党员骨干的自觉性、主动性，不断提高党组织的先进性、纯洁性，不断增强基层党组织的组织力、创造力。

以党委组织线为责任主体，实施更加鲜活充实的“壮骨强筋”组织创优计划，充分运用各种党组织活动载体和更具个性化的组织活动方式，激活组织功能、增强组织活力、发挥组织优势、提高党建质量。以提高“三会一课”质量为目标，组织打好为期一年的攻坚战，做到会会有作用，课课有质量。以深化“创先争优”和开展“双创”活动为抓手，组织打好长期的持久战，党组织和党员的先进性不能停留在口头上，而是要体现在实际工作中，让“创先进、争优秀”和“争红旗、当标兵”蔚然成风，全面达到“七个有力”要求。以提高党员发展质量和党建工作水平为目标，组织打好分党校保卫战，建立常态化培训机制，探索班级制、讲师制、导师制等培训方式，提升培训质量，促进党员发展质量和党建工作水平。

(三)正风肃纪——坚持从严管党治党不松劲

把纪律规矩挺在前列，认真贯彻实施《中国共产党廉洁自律准则》《中国共产党纪律处分条例》《中国共产党党内监督条例》，不断推进纪律建设、作风建设，不断完善党风廉政规章制度体系和廉政风险防控责任体系。要坚决贯彻党中央全面从严治党向基层延伸的决策部署，把坚决做到“两个维护”作为首要政治纪律，严明政治纪律和政治规矩，强化底线思维，严守纪律底线，让纪律真正成为带电的高压线。坚持思想建党和制度治党相结合，以永远在路上的执着和坚韧，一体推进不敢腐、不能腐、不想腐，营造风清气正的政治生态和思想文化氛围。

以纪检监察线为责任主体，实施更加务实高效的“正风肃纪”监督执纪行动，聚焦纪委监督执纪主责主业，聚焦后勤服务和企业管理薄弱环节，充分发挥纪委监督执纪问责职能，充分调动各级纪检干部积极性、主动性，协同贯通“两个责任”，确保“两个责任”落地、落实。以“关键少数”为重点，以“管住人、看住钱”为关键点，加强对“一把手”的监督，通过签订责任书、主体责任落实情况报告、约谈、中央八项规定精神和三公经费专项督查，确保“第一责任人”和“一岗双责”落到实处。以“四种形态”为主要手段，推进监督执纪更加务实高效，建立健全约谈提醒制度，通过开展批评与自我批评、谈话提醒、红脸出汗等，确保“绝大多数”能够知敬畏、存戒惧、守底线，抓早抓小、防微杜渐，让问题消灭在萌芽状态。以问题为第一信号，聚焦实际问题，组织打好歼灭战，围绕三公经费、固定资产管理、项目管理、窗口服务、举报投诉等方面发生、反映的问题，刀刃向内，加强针对性监督执纪问责，举一反三，坚决严肃查处违规违纪行为。

（四）融合发展——坚持党务业务齐抓不松绑

认真贯彻落实习近平在国有企业党建工作会议上的重要讲话精神，切实加强党对国有企业的领导，切实加强国有企业党组织建设，把方向、管大局、促落实，发挥国有企业基层党组织在企业生产经营中的政治核心、政治监督作用，基层党组织要始终坚持"围绕中心抓党建、抓好党建促发展"工作方针，一方面党建工作要围绕企业实际开展工作，加强党组织自身建设，同时企业要为开展党建工作创造条件、提供支持，坚决克服"重业务、轻党建"的错误思想，坚决克服"一手硬、一手软"和"两张皮"的现象。

以党政领导班子为责任主体，实施更加开放包容的"融合发展"企业发展战略，保证国有企业在党的领导下开展生产经营，保证党建工作融入、服务中心工作，同时，必须坚持"党建工作与业务工作同谋划、同部署、同推进、同考核"，保证党建工作和业务工作融合发展、促进企业转型升级。以基层领导班子建设为核心，不断完善基层单位决策机制，党支部要参与单位生产经营重大决策、发挥政治把关作用。以党支部书记为重点，加强党支部书记能力提升，落实双带头人制度。党支部工作列入各单位业绩考核。党风廉政建设实行一票否决制。

关于建设一流高校后勤服务体系的思考

姜群瑛

（浙江大学总务处）

【摘　要】 随着“双一流”建设推进，建设一流高校后勤服务体系成为高等学校后勤服务企业的发展愿景与目标任务。一流后勤服务体系建设实质上就是推进高校后勤从传统走向现代化的过程，就是推进后勤服务组织体系和保障能力现代化的过程，要正确把握高校后勤企业发展方向，坚定不移地深化综合改革走出发展困局，努力打造一流的高校后勤企业，只要高校后勤企业能够成为一流的企业，就一定能够为高校提供一流的高校后勤服务，就一定能够建成一流水平又具有自身特色的服务体系。

【关键词】 双一流；高质量；后勤服务体系；高校后勤

浙江大学第十四次党代会指出，“根据党的十九大作出的战略部署，根据国家‘两个一百年’的奋斗目标和‘双一流’建设目标，结合学校办学实际，在全校上下实践探索，深入思考的基础上，浙江大学的发展目标进一步明确，即经过三个阶段的努力，高水平建成中国特色世界一流大学。”为了建设中国特色世界一流大学，“当前和今后一个时期，要以全面立德树人为根本，全面聚焦一流为主线，以全面深化改革为动力，以全面开放合作为途径，以全面优化支撑为保障，加快提高学校的核心竞争力、文化影响力、战略执行力、资源保障力，推动学校整体办学水平跃上新台阶。”强调要通过“全面深化综合改革，加强治理体系和治理能力现代化建设。”要求“科学精准配置办学资源”，“稳步推进校办科技产业和后勤服务产业体制改革，建立中国特色现代国有企业制度，更好地支持学校事业发展。”深入学习贯彻党的十九大精神，对于我们来讲，就是要把思想和行动统一到党的十九大确定的“实现社会主义现代化和中华民族伟大复兴”的总任务上来，统一到学校第十四次党代会提出的“高水平建成中国特色世界一流大学”的发展目标和任务上来，统一到后勤集团提出“建设一流后勤服务体系”的企业愿景和任务上来。可以说，建设一流后勤服务体系不仅是我们当前和今后一个时期后勤集团改革发展的核心任务，而且是深化后勤改革、促进后勤发展的根本出路，也是新时代后勤服务产业贯彻新发展理念的必然选择。

要建设一流后勤服务体系，摆在我们面前首要任务是树立一流的意识，真正弄清楚什么是一流、什么是一流的高校后勤？只有弄清了什么是一流和一流的高校后勤，才能围绕一流目标、创造一流成果，建成一流体系。本文对此作了探讨。

一、什么是一流

对于一流，百度的解释是用来形容事物的等级和类别，通常是指最上层或最高的等级，

［注］ 本文系作者在2018年浙江大学后勤集团党委中心组第三次理论学习会上的发言提纲

也就是我们通常认为的第一等级或第一类别。在实际工作中普遍使用的“一流”，通常泛指那些属于同类或同行业中具有最高水平、最高标准的等级，也就是说，一流的东西往往就是最好的东西，简单来说一流就是最好、最强、最优秀、最完美，相当于形容词中的最高级。因此，一流可以说是一个用来表达形容词最高级的概念。

正是因为一流是一个表达最高级的形容词，显然一流是通过比较之后才具有真实的意义，没有比较应该就没有一流，没有比较，一流是极其空洞的、抽象的。因此，一流可以说既具有相对性，也具有绝对性，一流是相对性和绝对性的统一。所谓一流的相对性是指一流既可以通过纵向比较得来、也可以通过横向比较得来，一流是历史的、发展的、变化的，有纵向性和横向性。一流的相对性告诉我们，一流是相对而言的，是比较的结果，一流是历史的、发展变化的，过去一流不代表现在仍然还是一流，今天一流并不等于永远可以一流。所谓一流的绝对性是指通过同类相互比较，事物某些规定性的差别是客观的、内在的、稳定的，一流和非一流的差别是显性的、可分的，一流往往具有现代性和先进性的显著特征。所谓现代性是指一流蕴含着迄今为止的比较结果，代表着迄今为止的事物发展最新成果、最高级形式，反映了人类认识水平和科学技术发展水平的一般规律，一流的往往都是集中了现代认识和现代科技发展的最新成果。所谓先进性其实就是一流的另外一种表述，是经过比较处于相对前列的、优秀的、表率的部分，先进性与现代性一样，反映了任何事物都是从低级向高级、更高级形式不断发展的结果，现代性和先进性构成了一流的绝对性，也可以说，现代性和先进性是一流的两个显著特征。

二、什么是一流的高校后勤

高校后勤是高等学校后勤服务保障系统的简称，狭义的是指为高校教学、科研提供支撑的总务后勤和为师生员工生活服务的生活后勤服务体系。高校后勤是高等学校的有机组成部分，也是高等学校办学的基本条件。高校后勤事业始终伴随着社会经济和高等教育事业的发展而发展。随着中国特色社会主义进入新时代，我国高等教育事业发展也进入了新的历史时期，高校后勤事业和高校后勤服务产业也步入了新的发展阶段。

众所周知，没有一流的后勤就没有一流的高校，“双一流”建设必然要求建设一流的高校后勤。那么什么是一流的高校后勤呢？从传统组织管理的视角来看，一流的高校后勤就是指具有最高水平、最高标准的高校后勤服务保障，包括一流的硬件和一流的软件。一流的硬件主要是指拥有一流水平的环境、设施、设备、技术、装备；一流的软件主要是指具备具有一流水平的生产、经营、管理、服务。只有同时拥有一流的硬件和软件，才能真正称得上是具有一流水平的高校后勤，核心是设施、设备、技术、装备和生产、管理、经营、服务的现代化，不仅具有先进的设施、设备、技术、装备，而且具有先进的生产、经营、管理、服务。现代化是现代高校后勤区别于传统高校后勤的主要特征，机械化、自动化、信息化、智能化、低碳化和规模化、集约化、标准化、社会化、科学化则是现代高校后勤分别在一流硬件和软件方面的主要特点，而新材料、新工艺、新技术和新理念、新理论、新模式则是现代高校后勤发展的物质基础和客观条件。

从现代组织发展的维度来看，一流的高校后勤就是指具有现代化水平的高校后勤，包括一流的现代化高校后勤服务组织体系和一流的现代化高校后勤服务保障能力两个方面。所谓一流的现代化高校后勤服务组织体系就是要求组织内部治理结构完整、精干、高效，组织规模适度、协调、灵活，无论是组织内部管理体制，还是组织内部运行机制都要科学、合理、灵活、高效。所谓一流的现代化高校后勤保障能力就是要求组织规模、力量编成和任务需求高度匹配，不仅能够做到保障质量高，而且能够做到保障效率高，任何时候都能够满足高校不断增长的优质后勤服务需求；当然，一流的现代化高校后勤服务能力必然要求具有充分装备、充分应用现代一切先进技术和手段的能力，只有具备了这些现代化条件下的保障能力，才能承担起“双一流”建设的后勤保障任务。从某种意义上讲，一流后勤服务体系建设实质上就是推进高校后勤从传统走向现代化的过程，就是推进后勤服务组织体系和保障能力现代化的过程。

三、高校后勤的双重属性、本质特征和时代特点

（一）高校后勤的双重属性——教育性、产业性

高校后勤之所以成为高校后勤，是因为高校后勤不仅是从属于高校，而且始终是为高校服务的，高校后勤一旦脱离了高校，或者不再服务于高校，就不再成为高校后勤。自从有高校以来就有高校后勤，不管是什么社会制度，还是什么样的发展阶段，高校后勤始终具有教育和产业的双重属性，既是教育事业的重要组成部分，又是服务产业的重要领域，既要讲究社会效益，也要讲究经济效益，必须正确处理好教育属性和产业属性、社会效益与经济效益、教育规律和经济规律之间的关系，任何否定高校后勤的双重属性或者失之偏颇的、不能正确处理社会效益和经济效益之间关系的，都会受到规律的惩罚，这是不以人的意志为转移的，对于这一点，过去有认识上的不足，导致在实践上走了弯路，现在仍然有认识上的不足，如果不能及时提高、纠偏，必将会受到规律的惩罚，再次陷入实践的泥潭。

（二）高校后勤的本质特征——公益性

正是因为高校后勤的双重属性，使得高校后勤既与一般的社会企业相区别，又与一般的校办科技企业相区别，也与其他一切经济组织相区别。一般的社会企业以营利为目的，追求利润最大化；一般的校办科技企业以产学研相结合为目的，促进高校科技成果的转化；而高校后勤则是以培养社会主义合格建设者和接班人为目标，为高校教学、科研和师生员工生活提供后勤服务保障，从其生产的目的、过程和结果来看，高校后勤都是为生产公共产品服务的，显然具有公益性。高校后勤这种公益性，既与社会企业的营利性相区别，也与计划经济条件下的福利性相区别，既不能完全以营利为目的，只顾赚钱，也不能完全福利化、不计成本。可以说，公益性是市场经济条件下高校后勤的本质特征。只有坚持公益性投入和社会化运营相结合的方式，才能保证高校后勤的公益性，才能提高服务质量和效益。优质、高效是一流高校对后勤服务的本质要求，也是一流的高校后勤服务体系的基本特点。

公益性的本质特征客观上要求对待高校后勤既不能把它等同于一般社会企业，也不能等同于一般的校办企业。同时高校后勤本身也要始终坚守公益性原则，高举公益性鲜明旗帜，走公益性发展道路。不管是谁违背了公益性原则，高校后勤都是走不远的，也都是永远无法抵达一流后勤这个“车站”的。

（三）高校后勤的时代特点——高质量

党的十八大以来，在习近平新时代中国特色社会主义思想指引下，我国解决了许多长期想解决而没有解决的难题，办成了许多过去想办而没有办成的大事，党和国家事业发生了历史性变革。与经济发展相适应，我国高等教育也已经由高速增长阶段转向高质量发展阶段，高校后勤服务事业和高校后勤服务产业也开始由高速增长阶段转向高质量发展阶段，正处

于转变发展方式、优化供需结构、转换增长动力的过渡期、攻关期，建设一流后勤服务体系、推进后勤服务体系和保障能力现代化是实现产业升级、跨越转型发展的迫切要求和必由之路。我们必须以习近平新时代中国特色社会主义思想为指导，坚持“质量第一、效益优先”的发展方针，以提高服务质量和保障能力为核心，以增加优质后勤服务资源供给为着力点，推动经济发展质量变革、效率变革、组织变革，提高全要素生产率，推动产业结构高速和转型发展升级，不断增强综合保障力和市场竞争力。高质量是新时代高校对后勤服务支撑体系的客观需要，是建设一流后勤服务体系的必然要求，也是高校后勤的鲜明时代特点。

高质量的时代特点要求把提高供给体系质量，也就是把提高后勤服务体系和保障能力的现代化水平作为主攻方向，深化内部改革，激发企业活力，显著增强企业质量优势。要坚决以质量和效益为主要标准，淘汰落后企业和劣质项目，发展优质企业和优质项目，不断优化存量资源配置，扩大优质增量供给，补齐持续发展短板，提高风险化解能力，促进传统服务产业优化升级，加快发展现代服务产业。坚持高质量就是抓住了高校对后勤服务的时代呼唤，就是抓住了高校后勤产业发展的灵魂。高校后勤企业任何时候都不能以牺牲服务质量为代价，任何时候都要把质量作为企业的生命线。

四、建设一流的高校后勤服务体系——推进组织体系和保障能力现代化的路径选择

高校后勤企业是高校后勤社会化改革中出现的一种特殊的高校后勤组织形式，既是一种比较特殊的高校内部组织，也是一种比较特殊的国有企业。这种“半事半企”的组织形式是计划经济体制向市场经济体制转变的产物，也一度成为我国高校后勤服务体系的主要组织形式。随着社会主义市场经济体制不断完善，社会第三产业迅猛发展，高校后勤服务市场逐步开放，高校后勤企业逐步陷入困境，即使是改革起步早、综合实力强的高校后勤企业也正面临着十分尴尬的局面。浙江大学于 1989 年在全国高校率先探索后勤社会化改革，把后勤服务体系从学校行政体系中分离出来组建为自负盈亏的公司(即“建公司”)，同时取消后勤行政拨款、实行服务收费(即“拨改收”)，这两大标志性举措曾经作为全国学习的榜样，并成为 1999 年 12 月国务院办公厅召开全国高校后勤社会化改革工作会议时推出的两项最重要举措。如今，这两项改革举措正受到挑战，一是要“收改招”，二是要“清公司”。面对新的政策环境和市场环境，高校后勤企业面临着双重任务，一是要摆脱政策和市场之困，千方百计赢得生机；二是要推进组织体系和保障能力现代化，千锤百炼实现重塑。

(一)正确把握高校后勤企业发展方向

关于国有企业和改革发展，习近平总书记在参加十二届全国人大五次会议辽宁代表团的审议时指出：“国有企业是为克服私人资本的逐利性、盲目性而诞生的，是社会主义公平正义、共同富裕的经济基础。国有企业代表全民的福祉，能够集中力量办大事，能在更优程度、更高层次上配置资源，更利于宏观调控的权威性与控制力。”习近平总书记 2015 年 7 月 17 日在吉林省长春市考察调研时强调：“深化国有企业改革，要沿着符合国情的道路去改，要遵循市场经济规律，也要避免市场的盲目性，推动国有企业不断提高效益和效率，提高竞争力和抗风险能力，完善企业治理结构，在激烈的市场竞争中游刃有余。”2017 年 6 月习近平总书记针对当前高校校办企业存在的问题作出了重要指示，教育部已经就推进高校校办企业剥离工作作出部署，坚决落实总书记提出的对高校校办企业进行整顿、清理和瘦身的要求。

我们要认真学习习近平总书记有关重要讲话精神，认真贯彻落实教育部对校办企业整

顿、清理、瘦身的工作要求，牢牢把握国有企业、高校校办企业和高校后勤企业的工作方针和发展方向，同时要紧密结合学校改革发展的实际需要和后勤集团实际能力，坚持公益性原则、坚持高质量服务，梳理、勾勒出后勤集团新时代改革发展蓝图和路线图，凝心聚力，团结奋进，开拓创新，找到一条符合学校需要又符合自身实际的高校后勤企业发展道路。

（二）坚定不移地深化综合改革走出发展困局

对后勤集团来讲，现在面临两个方面的改革，一是后勤改革，二是企业改革，核心是后勤改革，要害是企业改革。后勤改革是大方向、大格局，改革设计的主体应该是学校层面，后勤改革方向明确则一切都可以明确，现在看这件事由不得我们，主动权不在于我们；而企业改革是活路子、活棋子，改革主框架、主方案应该是在我们手里，意见方案办法主要还依靠我们来提来想来做，只要后勤企业能够走出困境，就会有一片崭新的天地。

无论是后勤改革，还是企业改革，都有一个共同的目标，就是要通过改革来提升企业的综合实力，培育具有较强市场竞争力的一流企业。根据改革开放以来我国国有企业改革的经验和国有企业的历史方位，发展混合所有制经济是一条好经验、好出路。一方面通过实行产权多元化可以改变单纯国有企业的积弊，借助民营经济的活力提高国有资本的利用效率、增强国有经济质量；另一方面通过发展混合所有制经济可以大大地降低改革成本，促进社会经济稳步发展，这对于高校校办企业改革来讲尤为重要，既可以通过产权多元化将企业与学校剥离，又可以将企业员工平稳地转移出去，避免了“关、停”企业可能出现的员工出路风险。发展混合所有制经济是当前国有企业深化改革的主要方向，也是高校后勤企业深化改革、走出困局的主要路径。

（三）努力打造一流的高校后勤企业

对于后勤集团来讲，要打造一流的高质量的高校后勤服务体系，必须紧紧围绕公益性、现代化、高质量下功夫，抓重点、补短板、强弱项，进一步推进后勤服务资源和国有经济优化整合，推动国有资本做强做优做大，提升高校后勤企业核心竞争力，培育更具活力、更有效益的优秀企业。

一是推进资源整合促进资源深度融合。根据高校后勤服务市场需求变化和后勤服务产业发展趋势，加快加大企业战略性重组力度，对后勤集团和其他后勤服务产业板块进行整合，推进横向联合、纵向整合和专业化重组，提高国有资本配置效率，通过资源整合和结构调整，有进有退，促进资源集聚和结构优化，构建企业发展重大战略平台。

二是分类施策推进企业混合所有制改革。要进一步解放思想、拓宽思路，看准方向就要大胆尝试，大力推进混合所有制改革，既要允许包括民营企业在内的非国有资本投资主体通过多种方式参与高校后勤企业改制重组，也要允许国有资本以多种方式入股非国有企业，不能一头热一头冷或者一头开一头关，不利于高校后勤企业自主经营、自主创新。

三是打好企业经营风险保卫战攻坚战。要对所有企业、所有项目进行经济运行质量和经营风险评估，清理退出那些营利能力弱、资产效率低、经营风险大、不具备发展优势的非主营业务，特别是长期亏损、扭亏无望的业务、项目。要健全全面风险管理体系，形成风险管理闭环，坚决去除劳动用工法律风险。要推进企业管理压层压级，通过吸并、注销、整合等方式，将管理层压缩到三级以内，有条件的要压缩到二级。要加快剥离企业办社会职能，妥善解决好历史遗留问题。

四是加快提升企业核心竞争力培育一流企业。要坚守公益性、坚持高质量，做强做优高校后勤服务主业，成为高校后勤服务产业领域的骨干和领军企业。要充分利用和挖掘自身优势，积极发展现代服务产业，培育新的经济增长点，开辟新的产业领域，促进企业转型升级创新发展。要改进完善集团管控模式，提升集团总部战略引领和管控能力。要积极争取上级和有关部门的政策支持，增强各项政策的整体性、完整性、协同性。要加强党对国有企业的领导，发挥好企业党组织的独特优势，推动国有资本做强做优做大。

只要高校后勤企业能够成为一流的企业，就一定能够为高校提供一流的高校后勤服务，就一定能够建成一流水平又具有自身特色的服务体系。

协同贯通“两个责任”　推进全面从严治党

姜群瑛

（浙江大学总务处）

【摘　要】 全面从严治党永远在路上。高校后勤基层党组织只有正确认识全面从严治党的形势任务、充分把握全面从严治党实际工作的主要难点，牢牢把握推进全面从严治党向基层延伸的主要抓手，才能真正把协同贯通“两个责任”落细落实落好。

【关键词】 两个责任；全面从严治党；廉政建设

一、正确认识全面从严治党的形势任务

（一）全国反腐败斗争形势依然严峻复杂

党的十九大以来，全国纪检监察机关按照党中央新时代党的建设总要求，坚持把党的政治建设摆在首位，深化运用监督执纪“四种形态”，夺取了反腐败斗争压倒性胜利。这是党作出的一项重要政治和战略判断。

据中纪委公布，2018 年全国市、县两级共巡察 12.6 万个党组织，发现各类问题 97.5 万个，涉及党员干部违规违纪问题线索 19 万件，推动查处 3.6 万人。到 2018 年底，全国已有 140 个中央和国家机关部门、中管企业和中管金融企业党组（党委）建立巡视制度，23 所党委书记和校长列入中央管理的高校党委建立巡察制度。以上数字说明，一方面，全面从严治党取得新的重大成果，反腐败斗争取得显著成效。另一方面，全面从严治党永远在路上，反腐败斗争形势依然严峻复杂，绝不能有差不多了，该松口气、歇歇脚的想法，必须一以贯之、坚定不移，把全面从严治党长期坚持下去，任何时候都放松不得。从信访举报、巡视巡察、监督检查和审查调查情况看，仍有一些人不收敛不收手、甘于被“围猎”，削减存量、遏制增量的任务繁重。纪检监察工作还存在一些薄弱环节。有的纪检监察机关对履行监督职责认识不到位，存在畏难心理，方法手段不多，不敢监督、不善监督；有的把握合署办公条件下的纪法关系、运用监督执纪“四种形态”不够精准，纪法贯通、法法衔接不够顺畅；有的深化“三转”不够到位，内设机构职能分工不够明确；有的纪检监察干部作风不实，能力不足问题比较突出；有的甚至以案谋私、执纪违纪、执法违法，等等。

（二）高等教育系统“微腐败”问题依然突出

2018 年，教育系统全面从严治党取得新成效，教育部直属系统信访数量虽有下降，但受

［注］ 本文系作者于 2019 年 5 月 24 日在浙江大学后勤集团党委中心组理论学习会议上的发言稿，有删节。

到查处的违纪违规人数则在上升，特别是损害群众利益的不正之风和“微腐败”问题依然突出。

据驻教育部纪检组公布，教育部纪检组全年受理信访举报 2846 件，处置问题线索 477 件，谈话函询 365 人次；全年立案 20 件，组织处理和纪律处分人数均比 2017 年增加 1 倍；对直属系统党的十八大以来 1923 名受处分人员的纪律处分执行情况开展专项检查，对 29 起典型案例进行通报，做好纪律处分“后半篇”文章。对 16 家单位开展新一轮常规巡视，对 14 家单位上一轮巡视整改情况开展督查。事实表明，教育系统党风廉政建设和反腐败斗争形势依然严峻复杂。主要表现在：一是违反政治纪律问题不容忽视，二是形式主义、官僚主义问题突出，三是以权谋私问题频发，四是违反中央八项规定精神问题禁而不绝，五是损害群众利益的不正之风和腐败问题影响恶劣，六是涉嫌严重违法犯罪问题时有发生。有的干部在基建后勤、企业经营等方面搞权钱交易，收受巨额贿赂。有的干部贪污、挪用公款，涉嫌违法犯罪。总体来看，上述问题在直属高校更为突出。从纪检监察队伍看，理念思路、工作方式、人员力量、能力素质还不适应新时代全面从严治党工作需要，不敢监督特别是不善监督的问题还比较突出。

（三）学校重点领域廉政风险犹存

2018 年，学校党风廉政建设和反腐败工作稳中有进、有升、有效，全面从严治党取得新成效。后勤集团纪委对个别党员作了批评教育、提醒谈话，对个别党员干部作了诫勉谈话，对个别党员作了组织调整。

学校党风廉政建设和反腐败工作面临着许多新情况新问题，权力寻租空间仍然存在，滋生腐败的土壤尚未根除，全面从严治党向纵深发展依然任重道远。主要表现在：责任、压力传导机制尚未完全建立，部分领导干部对“一岗双责”认识模糊、缺乏具体行动；少数党员干部纪律和规矩意识不强，违纪违规问题时有发生；重点领域、关键环节廉政风险犹存，巡察整改、日常监督、师德师风建设、四种形态运用还需进一步加强和改进。

学校把强化政治监督、拓展作风建设、贯通“两个责任”、贯彻体制改革、加强监督执纪、深化政治巡察、创新廉洁教育、打造纪检铁军作为 2019 年的工作重点，要求越来越高，越来越严，越来越紧，越来越实。同时就进一步发挥二级单位纪委作用提出了明确要求，明确二级纪委四方面的职责：加强组织协调、抓好纪律建设、落实监督检查、强化执纪问责，突出五项工作重点：强化政治监督、开展正风肃纪、加强风险防控、深化廉洁教育、运用“四种形态”，营造良好的政治生态和发展环境，为学校加快推进“双一流”建设提供坚强政治保证。

中央纪委推进中管高校纪检体制改革对学校纪检监察工作提出了新要求，按照“双重领导”和“两为主”要求，学校纪委要主动接受上级纪委领导，向上级纪委按要求报送有关问题线索处置和案件查办情况，进一步提升纪检工作专业化、规范化水平，实现对行使公权力人员的监察全覆盖。这对党风廉政建设工作提出了新的更高的要求，必须把各项工作做细做实，从集团到基层各单位各部门必须真抓实干，绝对不能掉以轻心，更不能打折扣、走过场、搞变通。

二、充分把握全面从严治党的主要难点

对照形势与任务，虽然我们作了大量的工作，但是党风廉政建设工作还很不平衡，全面从严治党的要求还没有完全融入实际工作中，仍然存在着堵点、痛点、死角，形势不容乐观。主要表现在：

(一)认识不足,思想上仍然有误区

有的党员干部对全面从严治党要求认识严重不足,对党章党规党纪不学习、不领会、不执行,真是"无知者无畏";有的基层党员干部认为党风廉政建设是针对上级领导干部的,和基层、和自己无关,纪律意识、规矩意识淡漠,工作中"公私不分、以权谋私、损公肥私"的事情和各种"微腐败"现象习以为常;有的党员干部则认为现在可以松一松了,风头过去了,想法多起来了,又开始动脑筋了,违反中央八项规定精神的念头回潮反弹;有的以影响经济为借口,对全面从严治党要求从思想上、行动上加以排斥;有的则是明知故犯,想尽办法搞变通,实际工作中确实有个别干部特别"能干",以为只要查不出就可以了,玩尽手法搞变通,最后仍然是害人害己,败坏了党风和党的形象。

这些情况的根源主要是在思想认识上,有的根本没有认识,有的是认识不到位,有的则是认识上出现了偏差,有的甚至是错误的。这在实际工作中都是十分有害的,必须真学、真懂、真做,不能假学、假懂、假做,表面上看问题在党员个人身上,实质上问题出在支部工作上,没有严格教育、管理、监督党员,没有发现党员思想上、工作上出现的问题,对党的工作不负责任,党支部工作宽松软。

(二)能力不足,工作上仍然有盲区

有的党员干部不是主观不努力,而是确实存在能力严重不足,不知道应该如何去对照工作要求结合实际抓落实,很多工作到他手里就断了,没有能够一级一级清晰地往下传导下去、把责任、任务、压力传导下去,因为能力的问题,导致上级的要求没有很好地贯穿到基层实际工作中去,这种情况在基层还是存在的。

路线确定以后,干部是决定因素。在全面从严治党向基层延伸、向纵深发展的过程中,干部能力不足问题尤为突出,因为干部个人能力不足,导致工作要求不落实,有时候一个干部的工作责任区有多大,工作不落实的盲区就会有多大。现在一个最大的问题是最基层的一些管理干部,有很多还不是党员,平时思想教育工作严重不足,党风廉政建设与业务工作发展极其不相适应,权力运行监督不够,不出问题确实有靠运气的成分。加强把对各级干部的廉洁教育和党风廉政建设方面业务培训作为今后管理干部工作中的一项重要内容,抓一抓总比放一放好。

(三)责任不清,防区内仍然有雷区

党风廉政建设有"四张清单",对党委主体责任、纪委监督责任、书记第一责任、班子成员"一岗双责"都作了明确规定,责任主体虽然明确了,但实际工作中仍然存在责任不清的情况,尤其是有的班子成员"一岗双责"的意识模糊、责任不明,平时工作中重业务责任、轻廉政责任,认为可有可无,导致对干部职工廉政教育不落实、廉政风险防控形同虚设,各种廉政风险隐患没有得到及时去除,各种违纪违规现象时有发生,或者禁而不绝。

权利与责任永远是对立统一的,权利有多大、责任就有多大,对分管工作范围内的一切工作,既要对业务负责,也要对廉政责任负责,分管范围内出现廉政问题要承担相应责任。责任不清,就会出现责任不落实,不落实就会出现隐患,隐患积累到一定程度或在一定条件下就会转化成实际风险。有权必有责,有责必担当,失责必追究,问责必严格。党员干部要敬畏权力、敬畏纪律、远离底线、不碰红线。

(四)措施不力,落实上仍然有灾区

有的单位讲起来什么都有,一检查什么都拿不出来,经不起检查,实质上就是实际工作

中做得不实、不力，有的根本没有去做，或没有做到位；有的缺乏针对性、有效性，不解决实际问题、实质问题，做表面文章，流于形式。实际工作中凡是出现问题的，一定与工作措施不力有关，经常出现问题的一定与平时工作不够有关。从我们这几年工作来看，哪个单位工作不力，哪个单位就会出现情况，哪个时候工作不力，哪个时候就会出现灾情。

实践是检验真理的唯一标准，实践也是检验党风廉政工作的最重要标准。党风廉政建设工作需要真抓实干，需要思想重视、精神领会、责任明确，更需要措施得力，关键要有好措施、实措施，没有具体措施落地，只能是在空中飘、风中摇，迟早会出现灾情。我们一定要在措施上下真功夫、下大决心，坚决不能让党风廉政建设的大堤出现重大险情。

三、着力推进全面从严治党的主要抓手

（一）强化教育、提高责任意识

以教育为抓手，坚持把政治建设放在首位，深化廉洁教育，不断提高党员干部对全面从严治党、党风廉政建设的重要性、紧迫性认识，加强对重点岗位、关键岗位人员的教育培训，提高基层管理人员的责任意识、纪律意识、问责意识，严把政治思想素质关，推动重点岗位人员轮岗交流，对风险程度高的岗位实行经常性教育、监督，多措并举整治、根治工作中的不正之风，打好清风正气保卫战。

（二）强化落实、明确责任主体

以落实为抓手，坚持把责任扛在肩上，廉政责任一定要落实到人，进一步完善落实党风廉政建设责任书和廉政承诺书签订工作，把责任一级一级传导下去，进一步严格健全书记抓党建和主体责任述责报告制度，把责任清单落实情况逐项进行对照检查汇报，进一步推进“两落实”情况监督检查全覆盖，不断强化监督检查的频度、力度，形成事前、事中、事后全过程抓落实的工作常态，打好真抓实干组合拳。

（三）强化执纪、严查责任空转

以执纪为抓手，坚持把纪律规矩挺在前面，进一步强化纪委执纪职能、用好纪委问责利器，按规定权限认真受理有关信访举报、处置问题线索，认真开展纪委书记约谈，用好第一种形态，推进谈话提醒、约谈函询，对发生责任问题及时认真启动责任追究工作，严督、严查、严究党风廉政建设责任清单不落实、空转情况，打好风险防范持久战。

面对新形势、新任务，面对实际问题、困难，纪检监察工作要敢于担当、敢于作为、敢于斗争，积极协同贯通“两个责任”，一体推进不敢腐、不能腐、不想腐，聚焦堵点难点问题，聚焦监督执纪问责，不断加力加压加劲，夯实思想基础，筑牢制度防线，铲除腐败现象，推动全面从严治党向基层延伸、向纵深发展，推动后勤集团各项事业健康发展。

关于"聚焦立德树人,强化服务育人"的思考

姜群瑛

(浙江大学总务处)

【摘 要】 初心决定使命,只有不忘初心,才能牢记使命。主题教育和检视整改工作要"突出宗旨与使命教育和服务保障能力建设",聚焦立德树人,强化服务育人,在做优服务、做强保障、做大市场上下功夫,建设一流后勤服务体系,为服务育人作出新的更大贡献。

【关键词】 立德树人;服务育人;高校后勤

主题教育开展以来,围绕整个工作要求,认真学习了三本书,联系实际作了深入思考,也根据选题开展了一些调研活动,反复思考了目前工作中存在的一些主要问题和接下来要整改落实的对策。

一、对于初心和使命的理解

主要有二个层面,一是政治层面的,党的初心和使命,这个比较清楚了,就是为人民谋幸福,为民族谋复兴。初心和使命本质上是宗旨意识的问题,就是做任何事情的根本目的、出发点和落脚点,过去我们讲全心全意为人民服务,道理是同一个道理,意思也是同一个意思,但是,感觉不一样了,效果不一样了,更加平民化、百姓化,更加贴心、暖心,更有感染力、说服力,更加入心、入脑。同时能够更加广泛地凝聚起中国人民、中华民族的人心、力量,话语体系更大了,更多的人听得见、听得懂、听得明,公约数更大了,同心圆更大了,受众更大了,视野更大了,胸怀更大了,能够凝聚起最广泛的力量,充分显现了大有大的样子。

二是现实层面的,实际工作中各行各业的初心和使命,大学有大学的初心使命,企业有企业的初心使命,后勤则有后勤的初心使命,大学后勤也有大学后勤的初心使命。毫无疑问,大学后勤是从属大学、服务大学的,过去主要集中在大学的教学、科研和师生生活三个方面,后勤管理、服务活动是大学整个育人活动(教书、管理、服务)体系中的一部分,所谓"三服务两育人"的后勤宗旨就是这样提出来的。这个提法可以讲经过长期的实践检验,是被普遍认可的。但是,应该看到,随着社会分工的发展和后勤社会化改革的推进,大学后勤职能逐步分化,在一些高校和人们的心目中,大学后勤的育人职能有不同程度弱化、淡化、虚化和边缘化情况,大学后勤尤其是以企业化方式运行的后勤服务实体陷入了定位、职能、权责、关系不清的境地,甚至陷入了"后勤归属产业"这样比较尴尬的局面。

二、关于"聚焦立德树人、强化服务育人"的思考

学校主题教育方案提出,后勤产业党支部党员学习教育和检视整改"要突出宗旨与使命

[注] 本文系作者于 2019 年 9 月 30 日在浙江大学后勤集团党委中心组理论学习会议上的发言提纲。

教育和服务保障能力建设”，通过深入学习习近平总书记关于“不忘初心、牢记使命”重要论述和习近平新时代中国特色社会主义思想学习纲要，深刻认识到主题教育的重要性、必要性和紧迫性，不管走多远、多长，应该经常回头看看来时的路、走过的路，想想到底应该往什么地方去，方向到底正不正，有没有偏、有没有错。

客观地讲，进入新时代，大学对后勤需求已经发生了深刻变化，后勤的矛盾不是后勤服务资源总量的不足，而是优质服务资源的稀缺，过去后勤发展主要靠扩大规模、扩大总量，主要特点是高增长速度，而现在则不同，主要是靠提质增效，通过开展高水平服务，实现高质量发展，高水平、高质量是关键，没有高水平的服务，就无法实现高质量发展，高水平是前提、手段，高质量是结果、目的。高质量发展是新时代经济发展的最鲜明特征，也是最本质要求。

因此，对后勤要“聚焦立德树人、强化服务育人”这样一个命题非常赞同。

后勤必须有“聚焦立德树人”的大局意识和思维定式。立德树人是大学的初心和使命，也是后勤一切活动的根本遵循和价值取向，要解放思想、更新观念，用新发展理念去谋划、推进后勤事业和服务产业的新发展。

一是坚持一切以人民为中心的发展思想，坚持以人为本的理念。一方面，要把师生放在更高位置，以师生需求作为导向，把后勤主动融入师生的学习、工作和生活，真正体现后勤初心、使命和宗旨。另一方面，要坚持走群众路线，一切依靠群众，妥善处理后勤和职工之间的关系，维护好职工的合法利益，回应职工重大关切，树立发展共同体理念，真正体现企业宗旨、精神和价值。

二是坚持以经济建设为中心，坚持发展是硬道理。经济活动是后勤最基本的活动，也是最基础的活动，后勤的一切组织功能都有赖于经济活动，没有了经济活动就失去持续性、失去保障力。后勤必须讲经济，必须讲效益，必须讲质量，后勤改革、发展必须遵循经济规律、市场规律、价值规律，必须通过发展来解决一切发展中的问题，没有发展就没有活力、就没有出路。实践证明，发展是最好的服务。

三是坚持全面从严治党，坚持全面依法治企。像我们这样的后勤服务企业，因为注册资本全部来自学校，基本性质属于国有企业，国有企业有国有企业的规矩和原则，必须体现党对国有企业的领导，同时必须体现国有企业的优势和社会责任。要把加强和改进党的建设作为政治任务，保证企业始终服务学校、服务中国特色社会主义一流大学建设的正确政治方向，把全面从严治党向基层延伸、发展，一体推进“三不”，确保企业走健康发展之路。还要坚持走依法治企之路，通过建立健全现代企业制度，深化内部改革，促进各种要素合理配置，激活内生动力，推进服务转型升级，不能走双轨制的老路，也不能走不规范、不合法的邪路，必须把防风险、去风险作为基本取向。

后勤必须有“强化服务育人”的职业敏感和行动自觉。服务育人是后勤的根本宗旨，也是后勤应有的责任和担当，要始终围绕教学、科研和师生生活做好服务工作，为立德树人提供坚强的后勤服务保障。实现“两个一百年”奋斗目标，大学承担着艰巨的使命，后勤不能有丝毫的懈怠，一流大学必须有一流的后勤。我们比过去任何时候都接近这样一个目标，也比过去任何时候都具有更大的艰巨性和挑战性，各种风险和不确定性都存在。要牢牢以习近平新时代中国特色社会主义思想为指导，统一思想，坚定信心，迎难而上，稳中求进，深化企业改革，加快转型升级，建设一流服务体系，建设现代化后勤。

一是做优服务。服务是后勤的本质。适应经济社会发展，重新占领师生生活服务主战场，以更加宽阔的视野和开放的态度来审视、谋划传统服务业的升级改造。过去，校内领先校外，后来，校外超过校内，现在，到了应该反超的时候了，把后勤领域传统服务业转换到新的以信息科技为主要手段、增强顾客体验感、促进学习生活空间融合的新型后勤服务业。食堂、超市改造体现了这一点，也是能够成为网红的一个重要秘诀。

二是做强保障。后勤的生命在于保障。后勤社会改革有两个转变，一是后勤组织从行政组织到经济组织的转变，二是后勤市场从垄断市场到竞争市场的转变。后勤服务市场开放竞争已经成为现实。市场的竞争最重要的是保障力的竞争，保障力就是满足学校后勤服务需求的能力，最主要的是服务水平、质量。进入新时代，高质量成为大学发展的鲜明导向，加快了后勤服务需求变化和后勤服务供给模式变革。我们要从“三服务”入手，回归初心、回归使命、回归宗旨，除了生活服务外，将教学、科研服务的后勤需求组织合围、精准施策、定向发力，通过提供专业化、高水平的教学、科研事务服务，不断提升对学校的保障力，开辟现代后勤服务新领地。

三是做大市场。企业是鱼，市场是水，没有市场就没有企业。做强做优做大国有企业是习近平总书记对国有企业的殷切期望，也是我们干后勤、办企业的共同愿景。无论是做优，还是做强都需要有一定规模的市场作为支撑，同时，做优做强也为做大创造更加有利条件。后勤服务是一个大市场，后勤服务产业是一个大产业。尽管摆在我们面前的问题和困难不少，但是仍然有广阔的发展空间，关键是要形成核心竞争力，打造能够面向市场竞争和面向一流后勤服务的管理团队和员工队伍。要通过开展主题教育，进一步调动广大干部职工的积极性、创造性，打通校内校外两个市场，促进公司间业务交叉融合，将专业化优势转化为综合优势，同时要补短板、强弱项、去风险，打造真正具有品牌影响力的现代企业，引领后勤服务产业发展，为服务育人作出新的更大的贡献！

不断完善内部监督体系 努力提升监督执纪水平

——党的十九届四中全会精神再学习、再思考

姜群瑛

（浙江大学总务处）

【摘 要】 党的十九届四中全会不仅对坚持和完善中国特色社会主义制度、推进国家治理体系和治理能力现代化具有重大意义，而且对推进高校后勤系统全面从严治党向基层延伸提供了重要遵循。要以加强政治监督、完善监督体系、提高监督效能为着力点，不断增强监督执纪本领、提升监督执纪水平。

【关键词】 党的十九届四中全会；监督体系；监督执纪

深入学习领会党的十九届四中全会精神和习近平总书记关于坚持和完善中国特色社会主义制度、推进国家治理体系和治理能力现代化的重要论述，是浙江大学 2020 年党委中心组理论学习的重点，党委要求全面准确学习习近平总书记在党的十九届四中全会上的重要讲话精神和全会通过的决定，深刻认识中国特色社会主义制度和国家治理体系的科学内涵、本质特征和显著优势，深刻把握坚持和完善中国特色社会主义制度、推进国家治理体系和治理能力现代化的重大意义、总体要求和重点任务，深刻理解党的领导是根本保证，不断强化制度意识，维护制度权威，做制度执行的表率。

一、党的十九届四中全会精神再学习、再认识

今年以来，通过再一次学习《中共中央关于坚持和完善中国特色社会主义制度、推进国家治理体系和治理能力现代化若干重大问题的决定》《习近平谈治国理政》（第三卷）第三部分“完善和发展我国国家制度和治理体系”、《党的十九届四中全会〈决定〉学习辅导百问》以及《人民日报》《光明日报》有关评论员文章等，对党的十九届四中全会背景、议题、决定不仅有了更加深入的了解，而且对这次会议的成果、意义、影响也有了更加深刻的理解。概括地说，党的十九届四中全会是我们党站在“两个一百年”奋斗目标历史交汇点上召开的一次十分重要的会议，是在新中国成立 70 周年之际、我国处于中华民族伟大复兴关键时期召开的一次具有开创性、里程碑意义的会议。无论是党内党外，还是国内国外，一大批有识之士和政治学家普遍认为，这次会议对于当代中国发展进步不仅具有深远意义，而且必将随着时间推移进一步充分展现出来。这次全会重点研究了坚持和完善中国特色社会主义制度、推进国家治理体系和治理能力现代化问题并作出了决定，习近平总书记在全会上发表了重要讲话，提出了一系列新思想新论断新要求，进一步深化了对中国特色社会主义规律的认识，是马克思主义国家制度建设和国家治理理论的创新发展，为坚持和完善中国特色社会主义制

［基金项目］ 本文系作者在 2020 年 10 月浙江大学后勤集团党委中心组理论学习会议时的发言提纲。

度、推进国家治理体系和治理能力现代化提供了科学指南和基本遵循，也为我们增强制度自信提供了强大的底气和勇气。

过去我们讲社会主义制度往往是局限于某一个方面或某一个领域，因此我们对什么是社会主义制度及其优越性的认识，不可避免地带有比较大的局限性，没有做到全面、系统、联系、发展地去看，也没有站在更高的层面、用更远的眼光去看。近年来，我们一直在增强"四个自信"、坚定"四个自信"、做到"两个维护"，其间对道路、理论、文化自信讲得比较多，认识也深刻一些，但是，对制度自信讲得还很不够，研究得也不够深，其主要原因有两个方面：一是一个国家选择什么样的制度不是一件简单的事情，即使选择一种现成的比较成功的制度，也需要一个很长的历史过程；二是一种新的国家制度的产生、发展、完善也需要一个很长的历史过程，没有经过历史的检验，任何制度只能是一种可能。从新中国成立开始，我们党逐步确立了具有社会主义性质的国家制度、社会制度、经济制度，并随着对社会主义建设规律、共产党执政规律认识的不断深化，对社会主义制度进行了不断丰富、完善和发展，特别是经过改革开放，才逐步找到了真正符合中国国情、能够解决中国问题的具有中国特色社会主义道路，在中国特色社会主义理论指导下，形成了比较完善的中国特色社会主义制度。归根到底，一个国家选择什么样的制度是由这个国家的历史文化、社会性质、经济发展水平决定的。70 年前甚至 100 年前，半封建半殖民地的旧中国，要想站起来，注定没有现成的路好走，也没有现成的制度可以照搬照抄，除了中国共产党领导中国人民实行新民主主义革命，直至建立新生的社会主义制度，也注定没有别的能够救国救民的出路。但是，即便同样是社会主义制度，世界社会主义阵营中各国具体的实践也不尽相同，甚至相差甚远，由于没有放之四海皆准的制度，特别是认识上的不够，理论上的不足，我国也曾经在这条路上陷入了迷惘，甚至在什么是社会主义这个问题上陷入了误区，给整个国家和社会都带来了巨大损失。也正因为有了这段曲折的经历和惨痛的教训，我们党开始进一步从思想上反思、政治上觉醒，完成了又一次伟大的历史性转折，开始找到了一条具有中国特色社会主义道路，不再从本本出发，彻底摒弃教条主义，而是坚持实事求是、一切从实际出发，走自己的路，完全走上自主独立探索社会主义建设道路。随着改革开放政策的巨大成功和社会经济、人民生活发生的翻天覆地的变化，我们党不仅对社会主义建设规律的认识由浅入深，实现了重大的思想解放和理论突破，而且对社会主义制度及其优越性的认识也不断深化，进入了马克思主义中国化的崭新境界。从此，中国人民在选择制度、建设国家的问题上，不再盲目迷信外国的经验，也不再受以往理论和过去认识的局限，开始从道路、理论、制度、文化上自信起来。因此，正如习近平总书记所说："中国特色社会主义制度和国家治理体系不是从天上掉下来的，而是在中国的社会土壤中生长起来的，是经过革命、建设、改革长期实践形成的，是马克思主义基本原理同中国具体实际相结合的产物，是理论创新、实践创新、制度创新相统一的成果，凝结着党和人民的智慧，具有深刻的历史逻辑、理论逻辑、实践逻辑。"党的十九届四中全会以全会的形式来研究制度问题，彰显中国人民的制度自信，是历史的必然、实践的必然、认识的必然。

从党的十八届三中全会提出全面深化改革的总目标是坚持和发展中国特色社会主义制度、推进国家治理体系和治理能力现代化，到党的十九届四中全会专题研究坚持和发展中国特色社会主义制度、推进国家治理体系和治理能力现代化，这是以习近平同志为核心的党中央从政治上、全局上、战略上的全面考量，是立足当前、着眼长远、协调推进"四个全面"战略布局作出的重大决策，不仅全面回答了在我国国家制度和国家治理体系上应该坚持和巩固什么、完善和发展什么这个重大政治问题，而且科学阐述了国家制度与国家治理体系、治理能力的关系，不仅对党的十八届三中全会提出的重大问题作了全面回答，而且对马克思主义国家制度和治理理论作出了重大贡献，是一篇马克思主义的纲领性文献，也是一篇马克思主义的政治宣言书。如果说我们过去对我们国家选择的制度还不够自信，一方面的主要原因在于主观对客观事物认识不够充足，另一方面的主要原因在于实践中国家整个治理体系、治理能力的不足，那么，这种不足可以说集中表现在管理体制僵化、管理能力不足，导致政府应该管的没有管好，不应该管的管了不少，导致无论是资源配置效率，还是行政管理效率都十分低下，整个国家治理体系、治理能力和发达国家治理体系、治理能力有着很大的差距。党的十八届三中全会把这种能力差距确定为国家层面全面深化改革的总体目标，并且作为总的国家蓝图，党的十九届四中全会则是沿着这个总体目标和蓝图给出了详细的时间表和施工图，是对总目标的深化和展开。国家要好，制度首先要好，国家要强，治理能力首先要强。这次全会总结概括的我国国家制度、国家治理体系的13个方面的显著优势，不仅是我们党领导人民创造经济快速发展和社会长期稳定“两大奇迹”的根本保障所在，也是“中国之治”的制度“密码”所在，而且是坚定“四个自信”的基本依据所在，充分彰显了中国特色社会主义制度自信和“中国之治”的意义和价值。同时，这次全会还系统描绘了中国特色社会主义的“图谱”，由13个部分组成，其中党的领导制度是国家的根本领导制度，统领和贯穿其他12个方面制度，既阐明了必须牢牢坚持的重大制度和原则，又部署推进制度建设的重大任务和举措，体现了强烈的问题导向和鲜明的实践特点。全会决定让我们既看到了目标，又看到了路径，既看到了问题，又看到了举措，好的国家制度既有赖于好的国家治理体系和好的治理能力，也是好的国家治理体系和治理能力的根本保证。可以说，党的十九届四中全会决定是我们党在新的伟大长征路上实现伟大目标的政治宣言，标志着我们党对中国特色社会主义制度的规律性认识和国家、社会治理现代化认识达到了一个新高度，进入了一个新的境界，引领着我们在实践中向更高的目标不断前进。

二、党的十九届四中全会精神再落实、再思考

习近平总书记在党的十九届四中全会上指出，全党要把思想和行动统一到全会精神上来，把学习贯彻全会精神作为一项重要政治任务抓好抓实。作为一名基层党组织的纪委书记，抓好抓实党的四中全会的学习贯彻落实是当前的一项重要政治责任，要把会议精神贯彻落实到推进全面从严治党向基层延伸、向纵深发展的各项工作任务之中，以全面从严治党向基层延伸的新成效促进企业内部监督体系进一步完善、监督执纪质量水平不断提升。

首先要强化政治监督。纪检工作是政治工作，纪委书记必须做政治上的明白人，必须旗帜鲜明地讲政治、守规矩。必须清醒地认识到，中国共产党的领导是中国特色社会主义最本质的特征，是中国特色社会主义制度的最大优势，党是最高政治领导力量，必须坚持党对一切工作的领导。学习贯彻落实党的四中全会精神，坚持和完善党和国家监督体系，必须紧紧抓住坚持党的领导这个“纲”，牢牢把握坚持以习近平新时代中国特色社会主义思想为指导这个“魂”，深入领会、深刻把握党中央精心设计自我监督为主体的政治考量和政治内涵，不断强化党的全覆盖、全方位、全过程领导，始终坚定地拥护和捍卫党的领导。必须清醒地认识到，新时代党和国家监督具有鲜明的政治属性，最关键最紧要的是增强“四个意识”、坚定“四个自信”、做到“两个维护”。“四个意识”“四个自信”“两个维护”是党中央对纪检监察工作和纪检监察干部在大政方针上的引领，在思想政治层面上的要求，三者是一个有机的整体，增强“四个意识”、坚定“四个自信”，最终都要落实到“两个维护”的具体实践上。坚持和

完善党和国家监督体系，必须守住政治监督的根本定位，把“两个维护”作为根本政治任务，加强对党的理论和路线方针政策以及重大决策部署贯彻落实情况的监督检查。要聚焦政治原则、政治生态、政治担当，着力检查强化思想武装、贯彻党章党规、执行大政方针、遵守政治纪律、履行政治责任、行使公共权力等情况，做到党中央决策部署到哪里，监督检查到哪里，确保党中央政令畅通、全党团结统一。

政治监督是纪检监察工作中最根本、最核心的任务，也是学校党委赋予二级单位纪委最突出的工作重点，要求坚持以政治建设为统领，深入开展政治纪律教育，牢固树立“四个意识”，坚决做到“两个维护”，严肃政治纪律，对本单位落实意识形态工作责任制、党内政治生活准则、“三重一大”集体决策和请求报告制度，落实学校党委重大决策部署以及党支部党建工作情况加强监督检查，决不允许“上有政策、下有对策”。今年，学校纪委提出了进一步加强政治监督的实施意见，要求二级单位纪委进一步强化纪委的政治机关属性，牢牢把握纪委是党内监督的专责机关这个定位，提高政治站位，把坚持和加强党的全面领导作为根本政治原则，把坚决做到“两个维护”作为根本政治责任，敢于、善于从政治上发现、审视和解决问题，强化政治监督，严肃党内政治生活，净化政治生态，推动全面从严治党向纵深发展、向基层延伸，为建设具有中国特色的世界一流大学提供坚强政治保障；进一步明确政治监督的总体要求，纪委政治监督有具体而明确的内涵，要坚持党中央决策部署到哪里，监督检查就跟进到哪里，始终牢记“两个维护”是政治监督的根本任务，是纪检监察机关的根本使命，政治监督的基本依据是党章党规，重点对象是各级党组织和领导干部特别是主要领导干部。近年来，后勤集团纪委始终把强化政治监督作为纪检监察工作的首要任务，通过推动监督党委中心组理论学习、党校党员干部教育培训、党群干部集体学习、党支部理论学习等，不断强化理论武装工作，把深入学习贯彻习近平新时代中国特色社会主义思想这一首要政治任务和学习贯彻习近平总书记系列重要讲话和重要指示精神这一国有企业各级党组织“第一议题”牢牢抓在手上；通过推动监督中央巡视整改、学校内部巡察整改、主题教育整改、财务审计问题整改等，不断强化规范化、制度化建设，不断完善规章制度，坚决把党中央和学校党委方针政策贯彻到实际工作中去；通过推动监督“两学一做”常态化制度化、“三会一课”制度、“两个责任”以及今年以来新冠疫情防控工作、“复工复产”工作等重大工作任务落实情况，充分发挥政治监督的优势，以实际行动坚决做到“党中央决策部署到哪里，监督检查就跟进到哪里”，不敢有丝毫的松懈和怠慢，于无声处显忠诚，确保党中央和学校要求的各项工作任务落细落实。

其次要完善监督体系。从宏观层面上来说，党和国家监督体系在国家治理体系中有着极其重要的地位。党的十九大着眼全面从严治党、提高党的执政能力和领导水平，作出了健全党和国家监督体系的战略部署。党的十九届四中全会贯彻党的十九大精神，确立党和国家监督体系在坚持和完善中国特色社会主义制度、推进国家治理体系、治理能力现代化中的重要支撑地位，将“坚持和完善党和国家监督体系，强化对权力运行的制约和监督”作为第十四部分、单独一章。这是以习近平同志为核心的党中央面对世界百年未有之大变局，立足实现“两个一百年”奋斗目标，总揽全局、审时度势，对党和国家监督体系作出的战略决策，对党和国家监督工作具有十分重大现实意义和深远历史意义。我们必须认识到，一方面，党和国家监督制度是国家制度的重要组成部分，党和国家监督体系是国家治理体系的有机组成部分，监督能力水平是治理能力现代化的重要内容，另一方面，党和国家监督体系的质量和能力在整个国家治理体系和治理能力中有着特殊的作用和地位，党和国家监督体系、监督能力现代化是推进整个国家治理体系、治理能力现代化的重要基础和基本保障,因为推进国家治理的关键是治权,治权离不开监督。习近平总书记指出:“只要公权存在,就必须有制约和监督。不关进笼子,公权力就会被滥用。”有权必有责,用权受监督,这是公权力运行的基本原则。党的十八大以来,我们党在加强对国家机器的监督、切实把公权力关进制度的笼子方面作了大量探索和努力,实现了对公权力监督的全覆盖,强化了党和国家的监督效能,有力增强了国家治理效能。这次全会精神告诉我们,要实现国家治理体系、治理能力现代化的总体目标,必然要求进一步健全党统一领导、全面覆盖、权威高效的监督体系,形成决策科学、执行坚决、监督有力的权力运行机制,确保权力正确行使,坚决杜绝权力任性。

从微观层面来看,任何一个单位和部门的有序高效运行都有赖于一套行之有效的监督制约机制。无论是政府机关、企事业单位、社会团体,还是学校、厂矿、街道、乡村,都不难发现,只要缺乏对公权力的监督,就一定会滋生腐败。党的十八大以来,党中央铁腕反腐,不仅打“虎”、猎“狐”,而且拍“蝇”,重拳打击“微腐败”,始终聚焦、盯紧发生在人民群众身边的最突出最现实的问题,同时狠抓作风建设,驰而不息正风肃纪,推动中央八项规定落地生根,坚决纠正“四风”。近年来,后勤集团纪委坚决贯彻学校党委要求,结合实际积极探索党风廉政建设,聚焦两个责任,围绕四项职能,突出五项重点,一体推进“三不”,探索出了一条具有后勤特色、企业特点的党风廉政建设新路子,受到了学校纪委和有关部门的充分肯定。经过五年多时间的不断总结、完善,基本建立了后勤集团纪检监察工作的组织体系、制度体系、工作体系。我们建立了由纪委委员、纪检委员、党风廉政建设监督员为主体的纪检监察队伍和由纪委、纪检监察室、党支部纪检委员构成的组织体系,和企业内部治理监督、审计监督、群众监督、民主监督等共同构成了后勤集团企业内部监督体系,毫无疑问,其中党内监督处于主导地位,发挥着最重要的作用;我们通过不断完善,已经建立了包括规范纪检监察工作、重大决策制度、人财物权力运行等方面共计100项的企业内部规章制度,基本形成了比较规范的党风廉政建设制度体系;我们通过深入广泛持续的基础性工作,基本形成了具有鲜明特色的后勤集团党风廉政建设责任体系、风险防控体系、廉洁教育体系、惩治与预防腐败体系等工作体系。深入贯彻落实党的四中全会精神,必须要在继续完善企业内部监督体系上下功夫,推动企业内部各类监督有机贯通、相互协调,要让监督无处不在。我们考虑下一步要紧紧围绕党的四中全会的要求,着力消除对企业内部公权力行使的监督空白和盲区,把所有党员干部及所有行使公权力的公职人员、管理人员置于党组织和人民群众监督之下,着力健全内部协作配合机制,以党内监督为主导,推动企业内部各类监督有机贯通,相互协调相互配合,形成对公权力运行的监督合力,让监督的网越织越大、越织越密。

再次要提高监督效能。监督的实质是防止公权力滥用,而防止公权力滥用不能仅仅依靠监督,还必须把权力关进制度的笼子,让权力在阳光下运行。党的十九届四中全会要求,各级党委要鼓励基层大胆创新、大胆探索,及时对基层创造的行之有效的治理理念、治理方式、治理手段进行总结提炼,不断推动各方面制度完善和发展;各单位进行制度创新和治理能力建设既要积极主动,又要遵循党中央统一部署和国家法律制度规定,不能不讲规制,不能不守章法,更不能草率行事;各级领导干部要切实强化制度意识,带头维护制度权威,做制度执行的表率,确保党和国家重大决策部署、重大工作安排都照制度要求落到实处。习近平总书记在党的四中全会上强调要严格遵守和执行制度,在讲话中指出:“制度的生命在于执行。有的人对制度缺乏敬畏,根本不按照制度行事,甚至随意更改制度;有的人千方百计钻制度的空子,打擦边球;有的人不敢也不愿意遵守制度,甚至极力逃避制度的监管,等等。因此，必须强化制度的执行力，加强对制度执行的监督。”从某种意义上讲，纪检监察工作就是对制度执行的监督，监督制度执行是纪检监察工作的基本职责，制度的生命力在于执行，监督的生命力在于效能，监督有的放矢，才能击中要害，才有针对性、有效性，形成监督力，让制度成为刚性约束，而不是“稻草人”。无论是国家制度，还是单位内部制度，都必须得到严格遵守和执行，党员干部特别是领导干部必须言行一致，表里如一，模范地遵守和执行制度，不能说一套、做一套，只有这样，制度才能得到很好的执行，真正把制度的优势转化为治理效能。纪检监察工作使命就是要通过有效的监督方式让制度得到很好的执行，把制度的优势转化为实际治理效能。从全局的高度和政治的层面上来说，这就是党的十九届中央纪委四次全会提出的要以全面从严治党新成效推进国家治理体系、治理能力现代化。

监督检查是学校党委赋予二级单位纪委的重要工作职责，也是二级单位纪委履行全面从严治党监督责任的重要内容，主要对本单位党组织和全体党员遵守党章党纪党规、贯彻执行党的教育方针和上级决策部署情况，党政领导班子及其成员维护政治纪律、执行民主集中制、推进作风建设、行使权力和廉洁自律等情况进行监督检查。后勤集团纪委自成立以来，牢记监督执纪职责，不断强化政治责任和政治监督，严格按照学校党委要求，紧密结合后勤集团实际工作，积极探索、完善监督有效方式方法，不断总结经验和改进不足，形成了有自身工作特色的“三清楚”“两落实”“四到位”的体系化监督机制，纪委监督执纪的效能不断显现增强。贯彻落实党的十九届四中全会精神，必须在进一步提高监督效能上明思路、备足课、下狠劲。一是要压实“两个责任”，盯紧“关键少数”，推进“四责协同”。权力就是责任，责任就是担当，失责必须追究，一级抓一级，层层传导压力，做到守土有责、有方。要坚持抓党员领导干部这个“关键少数”，形成“头雁效应”，领导干部特别是主要领导干部是党内监督的重点对象，按照“管好关键人、管到关键处、管住关键事、管在关键时”的要求，加强对企业关键岗位、重要人员特别是主要负责人的监督，强化对权力集中、资金集中、资源富集、资产聚集的重点部门、单位和岗位的监督，突出“三重一大”决策和重点经营环节的监督，强化对国有资产的监督，领导干部和企业主要负责人必须自觉接受监督，时刻做到“三清楚”。二是要推进监督覆盖，强化制度执行，深化风险防控。监督全面覆盖是管党治党全面从严的重要体现，必须坚持业务发展到哪里，监督就要跟进到哪里的原则，做到项目、业务监督全覆盖，必须将所有基层管理人员和行使公权力的职工纳入监督范围、列入监督对象，做到国家监察对象监督全覆盖。要进一步加强规章制度建设，完善基层规程，强化制度执行，让制度更加符合实际，杜绝制度水土不服、无法落地。要深化廉政责任风险防控工作，加强对重点人、重点岗和关键人、关键岗日常监督和常态化监督，推动基层“两落实”。三是要协同监督力量、创新监督机制、提高监督水平。对公权力的制约和监督是一项十分复杂的系统工程，需要有效推动各类监督有机贯通、相互协调，以增强监督合力，切实将党和国家以及国有企业内部监督的制度优势，转化为国家以及企业内部治理的实际效能。我们要坚持问题导向，借助协同各个方面的力量，进一步加大对重点领域和关键环节的监督，特别是要对物资设备采购、项目招标投标、工程发包承包等领域加强监督，综合运用平时观察、谈心谈话、检查抽查、专项检查、受理信访举报、督促整改落实、提出纪检监察建议等形式，要不断创新监督机制，把日常监督进一步实实在在做起来、严起来，抓早抓小、防微杜渐，坚决抵制各种不正之风，坚决严肃查处违纪违规行为，坚决做到“四到位”。要不断提高纪检干部队伍的综合素质，提高发现问题和处置问题的能力，进一步发挥好上级监督、同级监督、下级监督的作用，不仅要让监督无处不在，而且要让监督更加有形、更加有力、更加有效。

中国共产党百年风华的历史逻辑

姜群瑛

（浙江大学总务处）

【摘　要】 百年正风华。百年党史既是一部马克思主义不断中国化的历史，又是一部不断自我净化自我革命的历史。学史明理，从百年党史中汲取前进的智慧和力量；学史力行，在转型发展中践行后勤的使命与担当。坚持用马克思主义中国化新成果指导实践、推动工作；坚持群众路线，真正依靠群众相信群众推进改革发展；坚持不懈推进全面从严治党向纵深发展、向基层延伸

【关键词】 百年党史；高校后勤；高质量发展

今年是中国共产党成立100周年，是“十四五”规划开局之年，也是后勤集团深化企业改革、推动高质量发展的关键之年。因此，今年后勤集团党委理论学习中心组学习的主题主线是党史、新中国史、改革开放史和社会主义发展史，重点是习近平总书记关于学习党史的重要论述和“七一”重要讲话精神，通过中心组专题学习和深入思考，既要求做到“学史明理、学史增信、学史崇德、学史力行”，又要求做到“学党史、悟思想、办实事、开新局”，能够真正帮助党员干部做到用习近平新时代中国特色社会主义思想武装头脑、指导实践、推动工作。根据党委中心组理论学习计划，我认真学习研读了《习近平新时代中国特色社会主义思想学习问答》《论中国共产党历史》《中国共产党简史》《习近平总书记教育重要论述讲义》《毛泽东邓小平江泽民胡锦涛关于中国共产党历史论述摘编》《中国共产党的历史使命与行动价值》《中华人民共和国简史》，深入学习领会习近平新时代中国特色社会主义思想的基本精神、基本内容、基本要求，深入学习领会总书记关于学习党史和在庆祝中国共产党成立一百周年大会上的重要讲话精神，深入学习领会习近平总书记关于立足新发展阶段、贯彻新发展理念、构建新发展格局和意识形态、全面从严治党、工人阶级和工会工作等重要论述等。通过深入学习和思考，深刻认识到中国共产党成立以来的100年，是始终以马克思主义作为指导思想解决中国革命、建设、改革实际问题的100年，是始终把人民群众利益摆在第一位为人民谋幸福、为民族谋复兴、为世界谋大同的100年，是始终以政治建设为统领在领导推动社会革命中不断实现自我革命的100年，同时也深刻认识到习近平新时代中国特色社会主义思想是从新时代中国特色社会主义全部实践中产生的理论结晶，是百年奋进历程中马克思主义中国化的最新理论成果，是引领中国、影响世界的21世纪中国马克思主义，是开启社会主义现代化国家新征程、实现第二个百年奋斗目标的行动指南，也是浙江大学迈向世界一流前列、后勤集团建设一流后勤服务体系的强大思想武器和根本理论遵循，任何时候我们都要按照真学、真懂、真信和学懂、弄通、做实的要求，知行合一、表里如一、始终如一，从百年党史中汲取前

［注］ 本文系作者在2021年10月29日浙江大学后勤集团党委中心组理论学习会议上的发言提纲。

进的智慧和力量，在改革发展中践行育人的使命与担当。

一、学史明理，从百年党史中汲取前进的智慧和力量

(一)百年党史是一部马克思主义不断中国化的历史

翻开中国近代史，中华民族遭受了前所未有的劫难与屈辱，从1840年鸦片战争开始，帝国主义轰开了中国的大门，中国逐步成为半殖民地半封建社会，帝国主义列强在中国土地上到处横行霸道，封建王朝靠残酷剥削百姓镇压反抗苟延残喘，一代代为拯救民族危亡的仁人志士经过八十年前赴后继的苦苦探寻和不屈抗争最后都失败告终，中国大地和前景一片黑暗。十月革命一声炮响，给中国送来了马克思列宁主义。在中国人民和中华民族的伟大觉醒中，在马克思列宁主义同中国工人运动的紧密结合中，中国共产党应运而生，中国人民和中华民族前途和命运从此产生了深刻改变，所以我们常说中国共产党的诞生是开天辟地的大事变，是历史选择了中国共产党，是人民选择了中国共产党。中华民族近代以来180多年的历史、中国共产党成立以来100年的历史、中华人民共和国成立以来70多年的历史都充分证明，没有中国共产党，就没有新中国，就没有中国特色社会主义。同时，历史也充分说明，没有马克思主义在中国的传播，没有马克思主义与中国工人运动相结合，就没有中国共产党，没有马克思主义中国化，就没有共产党领导的新中国，也就没有今天的中国特色社会主义，也就没有中华民族的伟大复兴。

我们知道，中国共产党一经成立，就把马克思主义作为自己的根本指导思想，并且把马克思主义作为党的灵魂和旗帜。但是，作为无产阶级政党根本指导思想的马克思主义不同于一般的理论观点、学术思想，它的科学性、真理性、革命性不仅在于其理论本身，而且在于与实践的结合上，也就是说，只有马克思主义基本原理同中国具体实际相结合、同中华优秀传统文化相结合，形成马克思主义中国化时代化成果，才能正确指导中国人民不断夺取革命、建设和改革的胜利，不断推进伟大社会革命，实现一次又一次的伟大飞跃。历史也充分证明，马克思主义中国化时代化并非一件轻而易举的事，是需要经过长期探索实践得来的，甚至是需要付出巨大的牺牲和代价得来的。毛泽东思想、邓小平理论、“三个代表”重要思想、科学发展观、习近平新时代中国特色社会主义思想都是一代代中国共产党人集体智慧的结晶，中国共产党人最了不起的贡献在于能够做到不断推进马克思主义中国化时代化，不断用马克思主义基本原理和创新成果回答中国革命、建设和改革的重大现实问题，不断开创中国革命、建设中国特色社会主义新局面，不断从胜利走向胜利。习近平总书记向全世界庄严宣告，中国共产党为什么能，中国特色社会主义为什么好，归根到底是因为马克思主义行！

从某种意义上说，百年党史就是马克思主义不断中国化的历史，不断推进马克思主义中国化是中国共产党永恒不变的历史课题和时代主题。以史为鉴、开创未来，必须推进马克思主义中国化。新的征程上，我们必须坚定不移地坚持马克思主义，全面贯彻习近平新时代中国特色社会主义思想，用马克思主义观察时代、把握时代、引领时代，继续发展当代中国马克思主义、21世纪马克思主义。

(二)百年党史是一部始终为了人民依靠人民的历史

从百年党史中，我们可以清楚地看到，中国共产党确实与中国历史上其他政党、党派有着重大区别，也与其他国家的共产党有着不同，这种区别和不同主要表现在初心使命上，也表现在党与人民群众的关系上。作为无产阶级政党的中国共产党一经诞生，就把为中国人

民谋幸福、为中华民族谋复兴确立为自己的初心使命。一百年来，中国共产党团结带领中国人民进行的一切奋斗、一切牺牲、一切创造，归结起来就是一个主题，这就是实现中华民族伟大复兴，同时归结起来就是一个宗旨，这就是一切为了人民依靠人民。一百年前，一群新青年高举马克思主义思想火炬，在风雨如晦的中国苦苦探寻民族复兴的前途，中国共产党成立时虽然只有 50 多名党员，但是他们的胸中和背后却是饱受剥削和压迫的中国四万万同胞，他们自始至终坚守人民立场，代表着最广大人民根本利益，与人民休戚与共、生死相依，没有自己任何特殊的利益，从来不代表任何利益集团、任何权势团体、任何特权阶层的利益，始终走群众路线，从群众中来，到群众中去，把人民群众答不答应、满不满意作为根本标准，始终把全心全意为人民服务作为宗旨，把人民对美好生活向往作为奋斗目标，历经一百年的奋斗和牺牲，中国共产党不仅赢得了人民的心，而且也守住了人民的心，人民不仅选择了中国共产党，而且成为中国共产党的江山。习近平总书记指出，中国共产党根基在人民、血脉在人民、力量在人民。中国共产党经过一百年的奋斗，如今有着 9500 万党员，代表着 14 亿多中国人民的根本利益，成为世界上最强大的政党。

透过一百年的历史画卷，我们可以清晰地看到，我是谁、为了谁、依靠谁，始终是一切政党和党派无法回避的根本问题，中国共产党从一开始就旗帜鲜明地表明是中国人民和中华民族的先锋队，始终为了中国人民和中华民族而不惜牺牲自己的一切，打江山是为了人民并依靠人民，守江山也是为了人民并依靠人民，人民是中国共产党的天和地。习近平总书记说，江山就是人民，人民就是江山，打江山、守江山，守的是人民的心。无论是民族危亡关头，还是战争年代，也无论是重大灾害面前，还是和平时期，中国共产党始终不忘初心、牢记使命，把人民群众的温暖安危系于心头，为了人民利益所有共产党员都可以牺牲一切。中国共产党用一百年的历史诠释了什么是马克思主义的人民立场和中国共产党的群众路线，这也是一百年来不断从胜利走向胜利的重要法宝。

从一定意义上讲，百年党史也是一部为了人民依靠人民的历史，为了人民依靠人民是中国共产党任何时候都不会改变的坚定信念和制胜法宝。以史为鉴，开创未来，必须始终依靠人民不断实现人民美好生活向往而奋斗。新的征程上，我们必须紧紧依靠人民创造历史，坚持全心全意为人民服务的根本宗旨，贯彻党的群众路线，尊重人民首创精神，践行以人民为中心的发展思想，满腔热情关心关爱人民群众，着力解决好人民群众急难愁盼问题，维护好、实现好、发展好人民群众的根本利益。

（三）百年党史是一部不断自我净化自我革命的历史

中国共产党走过的一百年不是轻轻松松、顺顺当当走过来的，是经过无数革命先烈奋斗牺牲得来的，是经过一次次曲折、坎坷、危机、失败和一次次自我净化、自我完善、自我革新、自我提高一步一步走过来的，从小到大，从弱到强，没有一个政党像中国共产党一样走过那么多的艰险与苦难，这也造就了中国共产党特有的品质——勇于自我革命，这也是中国共产党区别于其他政党的显著标志。一百年来，中国共产党从成立开始，经历了一次又一次生死攸关的时刻，从石库门惊险一幕开始，历经了大革命失败、第五次反"围剿"失利、"文化大革命"内乱等，但是每一次关键时刻都是依靠中国共产党自身的智慧和力量力挽狂澜，中国共产党有着强大的自我纠错和自我修复能力，这也是中国共产党走过百年仍然生机勃勃、风华正茂的重要秘诀。在中国共产党找到适合中国国情的革命、建设和改革道路之前，中国共产党付出了巨大代价，每一次思想上的突破、理论上的创新都是我们党最宝贵的财富。遵义会议和党的十一届三中全会两个不同时期的会议之所以都称之为具有伟大转折意义的会议，就是因为经过遵义会议，结束了"左"倾主义在党内的统治，克服了教条主义的错误，避免了中国革命事业再遭损失，中国工农红军、中国共产党、中国革命从此不断从胜利走向胜利；经过党的十一届三中全会，结束了"文化大革命"这场内乱，克服了"左"的错误，恢复了马克思主义的思想路线，全党的工作中心转移到经济建设这个中心上来，开启了改革开放的序幕，从此中国特色社会主义焕发出了无限生机，迎来了翻天覆地的变化，走出了一条具有中国特色的社会主义康庄大道。

站在中国共产党一百年的历史画卷前面，我们不仅惊叹中国共产党伟大而坚定的理念信念，而且惊叹中国共产党伟大而宽广的胸襟。中国共产党之所以历经千锤百炼而朝气蓬勃，一个很重要的原因就是始终坚持党要管党、全面从严治党，始终对党的自身建设毫不含糊、毫不放松。从战争年代、和平时期到新时代，中国共产党都能够自觉不断应对好自身在各个历史时期面临的风险考验，确保我们党在各种重大挑战和在世界形势深刻变化的历史进程中始终走在时代前列，始终成为全国人民的主心骨。无论是一部新中国史，还是改革开放史，其实都是一部中国共产党带领全国人民艰苦奋斗创造幸福生活走向民族复兴的伟大创业史。在这波澜壮阔的历史进程中，中国共产党不仅善于领导和推进社会革命，取得了中国特色社会主义伟大事业的巨大成就，迎来了中华民族伟大复兴的壮丽前景，而且善于推进自我革命，始终坚持依靠自身力量不断自我净化、自我完善、自我革新、自我提高，永葆党的先进性、纯洁性。党的十八大以来，习近平总书记反复强调，我们正在进行具有许多新的历史特点的伟大斗争，面临的挑战和困难前所未有。发展中国特色社会主义是一项长期的艰巨的历史任务，必须准备进行具有许多新的历史特点的伟大斗争。历史和现实告诉我们，一定要发扬斗争精神，敢于斗争、善于斗争，通过进行具有许多新的历史特点的伟大斗争，来开拓迈向新的征程、走向中华民族伟大复兴。

从一定意义上讲，百年党史也是一部自我净化自我革命的历史，自我净化、自我革命是中国共产党与生俱来的政治品格，从一百年前弱小的革命党到一百年后长期执政的大党，始终依靠自身的力量实现一次次的自我挽救、自我纠正，一步步走向成熟，这种成熟决定了中国共产党永远是一个伟大、光荣、正确的党。以史为鉴、开创未来，必须不断推进党的建设新的伟大工程，不断推进自我净化、自我完善、自我革新、自我提高，自我净化和自我革命是中国共产党永远走在前列、立于不败之地的组织基因和精神密码。新的征程上，我们必须牢记打铁必须自身硬的道理，不断增强"四个意识"、坚定"四个自信"、做到"两个维护"，不断增强全面从严治党永远在路上的政治自觉，以党的政治建设为统领，坚定不移推进党风廉政建设和反腐斗争，坚决清除一切损害党的先进性、纯洁性的因素，清除一切侵蚀党的健康肌体的病毒，确保党不变质、不变色、不变味，确保党在新时代坚持和发展中国特色社会主义的历史进程中始终成为坚强领导核心。

二、学史力行，在转型发展中践行后勤的使命与担当

（一）坚持用马克思主义中国化新成果指导实践、推动工作

当前，全党正在深入开展党史学习教育，学校也正在开展使命和愿景大讨论，后勤集团也正在推进新一轮企业体制改革，我们要把党史学习教育成果及时转化为推进后勤集团改革发展的内在动力和实际成效，开创后勤服务新局面。

一是要加强新理论武装。习近平新时代中国特色社会主义思想是马克思主义中国化最新成果，是坚持和发展新时代中国特色社会主义的行动指导，是做好新时代后勤改革发展工

作、推动后勤高质量发展的指导思想，我们必须始终把思想行动统一到以习近平同志为核心的党中央决策部署上来。要继续坚持党委中心组理论学习制度、纪委委员理论学习制度、工会委员理论学习制度，坚持"三会一课"制度，推进"两学一做"常态化制度化，推进分党校和马克思主义学院合作不断深化，努力推动理论武装工作，确保后勤集团改革始终沿着正确的方向前进。

二是要贯彻新发展理念。新发展理念是立足新阶段、构建新格局，全面建设社会主义现代化国家新征程的根本遵循，也是深化后勤改革、加快转型发展的根本遵循，我们必须完整、准确、全面贯彻新发展理念，在深化后勤改革发展过程中，对不适应、不适合甚至违背新发展理念的认识要立即调整，对不适应、不适合甚至违背新发展理念的行为要坚决纠正，对不适应、不适合甚至违背新发展理念的做法要彻底摒弃，切实抓好统筹疫情防控和后勤服务、改革发展各项工作，推动后勤高质量发展。

三是要确立新使命愿景。使命愿景就是目标、方向，党的十九届五中全会确立了"十四五"发展目标和2035远景目标，学校正在组织开展浙江大学使命愿景大讨论，目的就是立足"两个大局"，胸怀"国之大者"，把全校师生员工的智慧和力量更好凝聚起来，高质量实施"十四五"规划，推动新一轮"双一流"建设，把浙江大学建设成为"更高质量、更加卓越、更受尊敬、更有梦想"的大学，早日迈向世界一流大学前列。按照这一战略导向和奋斗目标，后勤集团必须从现在起进一步解放思想、更新观念，确立起新的使命愿景，如果说立德树人是大学的根本任务，为党育人、为国育才是大学的使命，那么服务育人就是后勤的根本任务，服务师生、保障学校就是后勤的使命，服务是后勤的本质，也是后勤的天职，我们要把抓好服务作为最基本的职责、最基本的本分，后勤集团改革发展的一切目标都围绕提高服务质量和服务水平，服务在后勤集团三大任务中是居第一位的，办好产业和建好文化永远都是从属抓好服务，办好产业和建好文化从根本上讲是为更好抓好服务，要抓好服务离不开办好产业和建好文化。浙江大学后勤改革的历史经验表明，服务是第一位的，社会效益是目的，经济效益是手段。后勤的使命愿景是从属、服务学校的使命愿景的，后勤利益永远从属和服务学校利益，一流的大学必须有一流的后勤服务保障，建设一流后勤服务体系是后勤改革发展的目标，也是后勤的历史责任和时代担当。我们要坚定目标与信心，按照"两个延伸、两个发展"的战略路径和战略目标，把后勤集团改革发展不断引向深入。

（二）坚持群众路线，真正依靠群众相信群众推进改革发展

要建设一流后勤服务体系，首先要搞清楚什么是一流后勤服务体系，怎样建设一流后勤服务体系，谁来建设一流后勤服务体系，毫无疑问，其中最关键的是第三个问题，也就是说关键是人，关键是队伍，关键是干部职工的素质。

一是要树立正确群众观。马克思主义教导我们，人民群众是真正的英雄，群众是真正的历史创造者。党的百年历史告诉我们，人民群众的支持是我们不断从胜利走向胜利的法宝。后勤二十多改革实践也告诉我们，后勤是干出来的，后勤改革是干部职工共同干出来，不是靠哪一个人就可以的，真正起决定作用的是基层广大的干部职工。建设一流后勤服务体系必须依靠广大干部职工，必须建设一支高素质干部职工队伍，必须加快干部职工队伍的专业化职业化改造提升，必须加快培养一支懂现代经营管理的干部队伍和掌握现代化技术、专业化技能的职工队伍，尊重人才，尊重劳动，尊重群众，依靠群众走向未来，真正把群众路线学到家、用到实际工作中去，坚决克服实际工作中漠视群众、不深入群众的官僚主义作风，坚决克服家长式、一言堂、一人说了算的不良风气。群众是最富有智慧的，群众的眼睛是最亮的，

广大干部、职工和后勤集团是一个命运共同体，干部职工是建设一流后勤服务体系的主体力量。

二是要增强群众获得感。坚持以人民为中心、贯彻新发展理念，必然要求在改革发展过程中要实现好、维护好、发展好广大干部职工的根本利益，要从群众最关心最期盼最急需解决的问题入手，把群众赞不赞成、满不满意作为工作的检验标准，不断提高职工群众的获得感、幸福感和对后勤集团的认同感、归属感。无论是工会，还是行政都要把关心、关怀、关爱职工作为改革发展和日常工作的重要内容，高素质的干部职工队伍是喊不来、忽悠不来的，要靠薪资待遇、工作条件、生活福利、制度政策、组织文化等来保障的。后勤集团开展的职工宿舍文明建设不是单纯为了宿舍卫生安全，是一件关系职工身心健康、具有深远意义的大事，我们要从一件件小事做起，真正体现以人民为中心的发展思想，真正体现以职工为本的理念，构建和谐劳动关系，为转型发展凝聚人心、汇聚力量。

三是要调动群众积极性。一流后勤服务体系是一个庞大综合的服务体系和一个巨大的工作网络，每一位干部职工都是这个服务体系的一个点和工作网络的一个结，体系健全、网络完整才保障有力，疏而不漏，只有每一位职工尽心尽责、保质保量、不出差错、不打折扣，一流的工作要求才能不走样，服务才能不变样，才能有真正的一流，铁打的一流，任何一个点上和环节出一点差错，就会被网络舆情放大，我们的工作就会功亏一篑。做后勤工作和搞科研工作不一样，科研工作是一荣俱荣，有一个出色的团队领导人，整个团队跟着争光，而做后勤没有这个福气，我们是一损俱损，只要某个人或某个环节出一点差错，就是会引来质疑一片，常常是一人犯错，全部遭殃。不是我们不可以出差错，只是我们出了差错，谁都可以站出来说不。所以我们现在比过去任何时候工作的要求都高、难度都大，因为我们的目标是一流，师生员工对我们的要求也是一流，而我们确实离一流还有差距，这种差距主要还是在每一个点和每一个结上，这也是我们当前最大的挑战。我们只有充分调动全体干部职工的积极性，没有全体干部满腔的热情、优良的作风、优质的服务和一流的业绩，就不可能有真正的一流服务体系。我们要坚持一流服务体系向基层延伸的战略路径，抓职工思想、抓职工技能、抓职工作风，充分调动基层一线干部职工的积极性、主动性和创造性，一定要让基层干部职工共享改革发展的成果，让基层干部职工成为我们改革发展最强大的力量。

（三）坚持不懈推进全面从严治党向纵深发展、向基层延伸

后勤集团从组织性质来说，既是一个学校直属内部服务保障单位，也是一家学校直属的国有企业，无论从作为高校内部组织来讲，还是从作为一家国有企业来讲，都必须加强党的领导和党的建设，必须落实新时代党的建设总要求，推进全面从严治党不断向纵深发展、向基层延伸。

一是要提高政治领悟力。高校后勤工作不是简单的事务性工作，而是一项具有全局影响的政治工作，不仅直接影响高校后勤工作秩序和服务质量，而且也影响高校的稳定与发展。我们要进一步提高政治站位，以政治建设为统领，不断提高增强“四个意识”、坚定“四个自信”、做到“两个维护”，不断提高政治判断力、政治领悟力、政治执行力，在后勤工作中始终站稳政治立场、坚持正确的政治方向，坚决贯彻落实好党中央和学校决策部署，坚决贯彻落实好新时代党的组织路线，坚决贯彻落实好全面从严治党各项任务，坚决贯彻落实好巡视整改要求和整改措施。要坚持新时代好干部标准，树牢正确的选人用人导向，形成良好的选人用人风气，营造良好的政治生态和干事创业氛围，努力建设一支忠诚干净担当的干部队伍，确保后勤集团各项事业可持续发展。

二是要强化制度执行力。制度的生命力在于执行，一流后勤服务体系的生命力也在于执行。客观地讲，后勤集团根据上级的要求和面临的形势任务，已经制定形成了比较完备的规章制度体系，并根据这些制度建立了比较完善的管理、服务操作流程和规范，这些都是我们建设一流服务体系的基础工程和重要台阶，是我们巩固校内服务市场、开拓校外服务市场的看家本领和重要刷子，也是我们这家国有企业和其他众多竞争对手的重要区别和主要优势。但是，应该看到，我们在制度执行方面还有很大的差距，还有很大的改进空间。一方面是进一步优化制度、简化流程，制度不是越多越好、越严越好，关键是要科学、要实用，不是用来挂在墙上做做样子的，而是用来规范干部职工行为的，要转化为职工的思想认同和行为准则，而不是脱离实际的摆设。另一方面是进一步强化责任、细化落实，每一位干部职工都要严格遵守法律法规，干部要带头遵守规章制度，不做选择、不搞变通、不打折扣，不能把制度形同虚设，不能把制度当稻草人。规章制度也是纪律，要真正把纪律规矩挺在前面，在规章制度面前，每一位干部职工都要负起责任，都要坚决落实。全面从严治党永远在路上，遵守纪律和制度执行没有完成时，只有进行时。对照建设一流后勤服务体系来说，制度建设和制度执行还有很长的路要走。

三是要增强监督保障力。没有监督的权力必然导致腐败，信任不能代替监督，哪里有权力哪里就有监督，哪里有权力空间哪里就有风险，坚持一体推进“三不”、持续推动“四责协同”。必须加强廉政责任体系建设，对照“四张清单”，强化“两个责任”，落实“一岗双责”，坚持不懈抓好“两落实”监督检查。必须加大对一把手和领导班子成员的监督力度，盯紧关键少数，坚持不懈抓好纪委书记约谈，用好第一种形态，真正做到“三清楚”。必须加大对权力集中、资金集中、资源集中的重要岗位人员的监督，盯牢关键节点，加大监督检查力度，积极推进“四到位”。必须加强基层监督体系建设，不断完善党风廉政建设监督员制度，发挥监督员“探头”作用，盯紧“最后一公里”，实现监督全覆盖、无死角。必须加强监督工作、机制创新，把政治监督、日常监督融入后勤服务管理工作之中，融入后勤改革发展进程之中，融入后勤干部职工职业之中，努力构建拒腐防变的思想防线，努力建设反腐倡廉的监督体系，为后勤集团建设一流后勤服务体系提供有力保障。

坚定不移贯彻新发展理念
推动后勤事业高质量发展

姜群瑛

（浙江大学总务处）

【摘　要】 高质量发展是全面建设社会主义现代化国家的首要任务，既是我们党在推动经济建设不断向高级形态迈进过程中形成和取得的重大理论创新，也是全面建设社会主义现代化国家、实现第二个百年奋斗目标的根本路径，既是新发展阶段经济工作的主题，也是包括高校后勤工作在内整个高等教育事业在新发展阶段推进现代化建设的必由之路。推动后勤事业高质量发展，必须完整、准确、全面贯彻新发展理念，必须加快推进后勤服务保障体系和服务保障能力现代化。

【关键词】 新发展理念；高质量发展；高校后勤；现代化

党的二十大报告指出，"高质量发展是全面建设社会主义现代化国家的首要任务。发展是党执政兴国的第一要务。没有坚实的物质技术基础，就不可能全面建成社会主义现代化强国。必须完整、准确、全面贯彻新发展理念，坚持社会主义市场经济改革方向，坚持高水平对外开放，加快构建以国内大循环为主体、国内国际双循环相促进的新发展格局。"这是党中央基于国内外发展环境变化和新时代新征程中国共产党的使命任务作出的重大战略判断和重大战略举措，不仅对于今后一个时期立足新发展阶段、贯彻新发展理念、构建新发展格局，推动高质量发展、全面建设社会主义现代化国家，具有重要意义，而且也为我们进一步深化高校后勤改革、加快构建一流的后勤服务保障新体系、推动后勤事业高质量发展、建设现代化后勤指明了方向，提供了根本遵循。

一、高质量发展是高等教育现代化的必由之路

党的十八大以来，中国特色社会主义进入新时代，我国经济社会发展面临许多前所未有的新变化和新挑战。以习近平同志为核心的党中央不仅及时提出了要适应、把握、引领经济发展新常态，坚定不移贯彻新发展理念，而且根据发展阶段和社会主要矛盾重大变化，经过充分论证，党的十九大明确提出我国经济已由高速增长阶段转向高质量发展阶段。党的二十大进一步指出，高质量发展是全面建设社会主义现代化国家的首要任务。可见，高质量发展不仅是我们党在推动经济建设不断向高级形态迈进过程中形成和取得的重大理论创新，也是全面建设社会主义现代化国家、实现第二个百年奋斗目标的根本路径，既是新发展阶段经济工作的主题，也是包括高校后勤工作在内整个高等教育事业在新发展阶段推进现代化建设的必由之路和工作主线。

（一）高质量发展是高等学校内涵式发展的必然要求

当前，世界百年未有之大变局加速演进，中华民族伟大复兴进入不可逆转的历史进程。

党的二十大报告明确了新时代新征程党和国家所处的历史方位，对以中国式现代化全面推进中华民族伟大复兴作出一系列重大部署。尤其是把教育、科技、人才作为全面建设社会主义现代化国家的基础性、战略性支撑，对深入实施科教兴国战略、人才强国战略、创新驱动发展战略作出了全面部署，强调教育是国之大计、党之大计，坚持以人民为中心发展教育，加快建设高质量教育体系，深化教育领域综合改革，加快建设教育强国，办好人民满意的教育。高等教育是国家发展水平和潜力的重要标志，要顺应社会主要矛盾的变化，以高质量发展为主线，以“双一流”建设为牵引，加快建设中国特色、世界一流大学和优势学科，促进内涵式发展。毫无疑问，人民满意的教育必定是高质量的教育，要让人民对教育工作满意，必须坚持质量生命线，必须走内涵式发展道路，实现高质量发展。可见，高质量发展是内涵式发展的客观要求，而内涵式发展是高质量发展的必然结果，两者相互统一、相辅相成。同样，高等学校要实现内涵式发展必然要求后勤事业高质量发展，没有高水平后勤服务、高质量保障支撑，就没有高等学校真正意义上的内涵式发展，也没有高等教育的现代化。因此，高质量发展是高等学校内涵式发展对后勤事业发展的必然要求，也是高等学校高质量发展的应有之义，高等学校要实现高质量发展决定了后勤事业必须实现高质量发展。

（二）高质量发展是师生对美好生活向往的客观需要

随着经济社会的快速发展和人民生活水平的不断提高，特别是小康社会的全面建成，我国高等学校的办学条件和后勤面貌已经发生了翻天覆地的变化，几乎所有地方的所有高等学校都办成了一些过去想办而没有办成的大事，高等学校后勤事业实现了历史性的跨越式发展，办学条件普遍达到了历史最高水平。但是，这并不意味着高等学校后勤服务保障工作也就顺理成章地达到了一个新的高度，有时甚至恰恰相反。一方面学校后勤服务保障的物质基础条件不断改善，另一方面师生对后勤服务工作不满意的地方却不断增多，让后勤职工普遍感到服务工作越来越难做，这也成为困扰后勤干部职工的新情况、新难题。从后勤服务供给侧来看，总是自觉不自觉地和过去比，不可否认，和过去相比，无论后勤服务保障条件，还是服务多样化、精细化水平确实有了巨大的改善。然而，从师生服务需求一侧来看，师生不会和过去后勤去比，因为他们大多没有经历过后勤干部职工所经历的“过去”，他们只会和目前校园之外的同类社会服务去比，或者同过去自己家庭生活去比，加上如今的学生多数是新世纪出生的，家庭生活条件普遍比较好，基本上都是“衣食无忧、衣来伸手、饭来张口”的一代，进入高等学校后很容易会对集体宿舍、食堂、校内出行产生与之前比较相差比较大的体验感，特别是会对舒适性、便利化等方面通过网络表达或提出五花八门、层出不穷的意见、建议，成为后勤服务工作难做的重要缘由。因此，总体来看，如今的高等学校师生已经不是过去商品稀缺那个年代的师生，他们中不少还有着国外学习、生活的背景和经历，他们不太满意或满足目前后勤服务方面已有的状态，要求越来越多，也越来越高，同时表达需求和诉求的方式也不一样、态度也不一样、感情也不一样，有时甚至会出现对立的情绪。事实上，一些过去一直是后勤服务战线上的“红旗”单位也会遇到师生满意度、认可度不高或逐年下降的尴尬情况。种种后勤服务工作“越来越难现象”的背后，客观上讲，确实并非“后勤服务工作没有过去做得好”那么简单，而往往是“很多靠过去的底子和方式”已经远远适应不了如今新的时代，从一定意义上讲，这也是社会主要矛盾变化在高等学校后勤服务领域的现实生动体现。因此，不断满足师生日益增长美好生活需要始终是高等学校后勤服务工作的奋斗目标和价值追求，为师生和学校提供高水平后勤服务、高质量支撑保障是高等学校后勤系统的天然职责和根本任务，高质量发展既是师生对美好生活向往的迫切需要，也是对高等学校后勤服务管理工作的殷切期待。

(三)高质量发展是深化高校后勤改革的根本出路

我们知道,我国的高等教育事业是在计划经济体制基础上建立起来的,在一个相当长的时期内,整个高等学校后勤领域无论是管理体制,还是运行机制都具有鲜明的计划经济色彩,最典型的就是"学校包办后勤","一户一校办后勤""学校办社会""小而全"或"大而全"是其最主要表现和特点,这种后勤管理体制和运行机制在社会物质资源紧缺的情况下不仅加重了高等学校的负担,也直接影响了高等教育事业的发展。随着社会主义市场经济体制建立和社会经济快速发展,高等学校后勤领域的服务供求矛盾日益突出,一度成为制约整个高等教育事业发展的重要"瓶颈",于是在上世纪末和本世纪初期掀开了一场全国性的高校后勤社会化改革。在党中央和国务院的推动下,通过改革和尝试社会化、市场化的方式,坚决打破"学校包办后勤"模式,探索利用社会资源、社会力量扩大后勤服务资源供给,提高后勤服务资源利用效率。经过十多年坚持不懈的努力,高校后勤社会化改革实现了重大进展,基本解决了长期以来后勤服务资源供给总量不足的问题,后勤的面貌焕然一新,高校后勤事业和后勤服务产业都取得了长足的发展,为进一步深化高校后勤改革、加快后勤事业发展打下了坚实基础。党的十八届三中全会对全面深化改革、推进国家治理体系和治理能力现代化作出了重大部署,为深化高校后勤改革进一步指明了方向,也为高校后勤改革再出发开辟了崭新的境界。浙江大学是我国高等学校后勤战线的一面旗帜,始终走在高校后勤改革的前列,不仅在全国高校率先实现了后勤服务体系与行政体系的分离,成立了高校后勤系统第一个后勤服务总公司,组建了独立核算、自负盈亏的后勤服务企业集团,并率先跨出校门走向社会,成功走出了市场化发展"两步走"最关键的第一步,而且经过多年的持续发展,较好实现了从校内市场向校外市场的转变,平稳实现了后勤服务体系和科技产业体系的规范分离,促进了后勤服务事业和后勤服务产业协调持续发展,成功迈出了市场化发展"两步走"最核心的第二步。近年来,学校按照党中央的决策部署和教育部的总体要求,统筹推进企业管理体制改革和深化后勤社会改革,对后勤服务产业体系进行了清理、整顿、瘦身,为学校后勤服务产业更好更快发展注入了新的动能,创建了新的平台,开辟了新的前景。值得期待的是,从浙江大学后勤体系走出来并已经走向社会市场、融入社会大市场的具有浙江大学背景的后勤服务产业不仅可以走得更远,而且必定可以走得更好,这既是学校对后勤服务产业发展的殷切期望,也是学校深化后勤改革、推进后勤事业高质量发展的根本目的,只有这样,学校才能有更加可靠有力的后勤服务保障,才能有更加广阔的后勤服务产业发展前景。实践证明,对后勤服务保障支撑力量来讲,没有强大的市场竞争力就没有坚强的综合后勤保障力,只有在激烈的竞争市场中具有强大竞争力、生命力的后勤服务力量,才能真正称得上拥有一流水准的服务体系和一流的支撑保障能力。

二、高质量发展必须完整、准确、全面贯彻新发展理念

理念是行动的先导,发展理念从根本上决定着发展的方式和成效。党的十八大以来,以习近平同志为核心的党中央对发展理念和思路及时调整,提出创新、协调、绿色、开放、共享的新发展理念,并把新发展理念作为我国现代化建设的指导原则,有力指导了我国新的发展实践。党的十九届六中全会通过的《中共中央关于党的百年奋斗重大成就和历史经验的决议》强调,必须实现创新成为第一动力、协调成为内生特点、绿色成为普遍形态、开放成为必由之路、共享成为根本目的的高质量发展,推动经济发展质量变革、效率变革、动力变革。由

此可见，高质量发展既是体现新发展理念的发展，又是必须坚持创新、协调、绿色、开放、共享相统一的发展。也就是说，实现高质量发展既是贯彻新发展理念的内在要求，也是贯彻新发展理念的必然结果，实现高质量发展和贯彻新发展理念是我国经济社会发展历史逻辑、实践逻辑和理论逻辑的高度统一，实现高质量发展必须完整、准确、全面贯彻新发展理念。

（一）高质量发展是以人民为中心的发展，必须坚持以师生为本推动后勤事业高质量发展

马克思主义认为，人是社会的人，也是一切经济和社会活动的主体，在经济活动中，人是经济体的基本组成部分，由需求和供给两个方面共同构成，既是消费的主体，又是生产和创新活动的主体，是最具活力的生产要素。不断满足人民生产和生活需要是社会主义生产的根本目的，也是推动高质量发展的根本力量。从某种意义上讲，高质量发展就是要回归发展的本源，实现最大多数人的社会效用最大化，让人民群众最大限度共享改革发展的成果。进入新发展阶段，以习近平同志为核心的党中央把实现全体人民共同富裕摆在了更加重要的位置上，通过推动高质量发展，更好满足人民需要，创造更加美好生活。因此，高等学校后勤工作必须始终坚持以师生为本的理念，以学生成长成才为中心，始终把师生的需求作为导向，把师生的根本利益始终放在谋划后勤工作的第一位，并作为考量一切工作的根本出发点和最终落脚点。只有这样，我们才能根本解决好实际工作中遇到的各种困难和问题，才能切实不断提高师生的获得感、幸福感，才能真正推动后勤事业高质量发展。要坚决克服本位主义、官僚主义、形式主义，坚决摒弃单纯从管理者角度的工作思维，以所谓的专业性要求为幌子或旗号，只考虑管理者工作方便或想当然，不解决实际问题，漠视师生的利益和诉求。做后勤工作，凡是符合学生根本利益的诉求，都要积极地回应、努力去改进，检验后勤服务工作好不好的一个重要标准应该是师生的评价，而不应该是所谓的专业，主要看师生满意不满意，而并非专不专业，即使再专业，只要师生不满意，其实就是徒劳，这是后勤服务工作区别于其他工作的一个重要特征。推动后勤事业高质量发展必须始终牢牢把握以师生为本的工作理念，并作为谋划、推动后勤事业改革发展的基本原则和工作思维，无论后勤改革怎么改，师生都应该是改革的主要受益者，无论发展走到哪一步，师生都应该始终共享到发展的新成果。

（二）高质量发展是切合实际的务实科学发展，必须坚持稳中求进推动后勤事业高质量发展

今天所强调的高质量发展显然不是过去那种主要以 GDP 论英雄、片面追求规模和增长速度的发展，而是更加注重发展的质量、结构、效率是否更加科学、合理、务实，更加注重发展的含金量、实效性、协调性和可持续性，是既讲速度和规模，又讲质量和效率，是更高水平、更加高级的发展方式，因此高质量发展不仅具有较强的稳定性，而且具有一定的增长性，具有更强的防范和化解风险的能力，防止出现大起大落，争取最好的结果，守好最基本的底线。这就客观上要求我们在后勤工作中必须坚持一切从实际出发，坚持稳中求进的工作总基调，正确处理高校后勤改革、发展与稳定的关系，正确处理师生利益、学校利益和后勤利益之间的关系，正确处理教育属性和经济属性、公益性和经营性、社会效益和经济效益、校内服务和校外经营的关系，坚决避免后勤服务工作在推进改革发展过程中出现比较大的起起落落，要始终确保后勤服务工作平稳运行、健康持续发展。在谋划和考虑后勤改革发展大局、后勤服务项目功能布局、服务业态定位结构、市场主体选择等事关整个后勤事业和相关服务产业发展的各个重要环节，必须充分考虑现实情况和历史遗留问题，要始终坚持问题导向和目标导向，坚持底线思维和系统观念，协调好各方面的利益和关系，妥善解决好各种矛盾，确保学校大局安全、稳定、和谐、有序。

（三）高质量发展是内涵式与开放式相结合的发展，必须坚持走市场化法治化道路推动后勤事业高质量发展

改革开放四十多年的实践证明，党的十一届三中全会确立的“以经济建设为中心，坚持四项基本原则、坚持改革开放”的基本路线是完全正确的，随着改革的不断深入，对经济规律、价值规律以及对社会发展规律、社会主义建设规律的认识也逐步深化。自从党的十四大提出建设社会主义市场经济体制的目标以来，对社会主义市场经济经历了实践、认识、再实践、再认识的艰辛探索。党的十八届三中全会提出“使市场在资源配置中起决定性作用”，这标志着我们党对社会主义市场经济的认识达到了一个新的高度，也充分体现了“四个意识”和“四个自信”。实践中，随着社会主义市场经济体制的不断完善，高等学校后勤改革也向着社会化方向不断推进，一方面越来越多的高等学校转变了办学方式，不再自己包办后勤，不求所有、但求所用，向社会开放了后勤服务市场，市场在资源配置中的作用越来越明显；另一方面随着社会第三产业的迅猛发展，在高等学校后勤服务领域培育了一批既熟悉教育规律又具有一定市场运作经验的后勤服务企业，两方面相互作用、相互影响、相互促进、相互提升，孕育和加速了新兴的后勤服务产业的发展，同时有力地促进了整个高等学校后勤事业的转型发展。因此，开放服务市场，发挥市场在后勤服务资源配置中的决定作用不仅是高校后勤改革的本质特征，也是高等学校后勤事业高质量发展的根本之策。众所周知，市场经济是开放经济，也是法治经济。在推进后勤事业高质量发展过程中，在强化内涵式发展的同时，我们必须始终坚持市场化法治化原则，强化市场机制和市场法则，形成良性竞争，降低制度性交易成本，建立统一开放、竞争有序的高标准市场体系和良好的营商环境，加快建设一流后勤服务保障新体系，不断健全后勤服务体系和监管体系，提升市场开放条件下的服务保障能力和监管质量水平。

（四）高质量发展是创新驱动的发展，必须坚持改革创新推动后勤事业高质量发展

创新是一个民族进步的灵魂，是一个国家兴旺发达的不竭动力，也是引领发展的第一动力，没有创新就没有前途、没有未来，当然也就没有高质量发展。习近平总书记强调要坚持创新在我国现代化建设全局中的核心地位，党中央也把创新的重要性提升到前所未有的高度，并且把创新驱动作为高质量发展的第一动力，只有创新驱动才能从根本上推动经济和其他各项社会事业从外延式扩张上升为内涵式发展。从本质上讲，高校后勤改革不是高校不要后勤，也不是不办后勤，而是要把后勤办得更好，是从计划经济向社会主义市场经济体制转变过程中在高校后勤领域的具体体现，是资源配置方式变化的结果，因而这项改革也是前无古人、后无来者的，不用说过去我们没有经历过，就是世界各国也没有遇到过，没有任何现成的经验可学，只有依靠我们自己的智慧和力量，通过改革和创新，走出一条既具有生机活力、又可持续发展的新路来。在新征程上，党中央提出以中国式现代化全面推进社会主义现代化建设、全面推进中华民族伟大复兴，其核心任务就是要通过实施国家创新驱动发展战略、依靠创新驱动解决好我们现代化进程中遇到的各种“卡脖子”技术问题，不断解放和发展生产力，不断提升我国的科技实力和综合国力，实现高质量发展，建设创新型国家。同样，我们今天要建设一流高等学校后勤服务保障体系其实也是一项前所未有的事业，也充满着各方面的挑战，具有很多的不确定因素，必须需要我们发扬改革创新和与时俱进精神，通过工作创新、组织创新、制度创新、体制创新、机制创新、技术创新、文化创新等一系列具有创造性探索实践闯出一条新路来，促进后勤服务从传统服务业向现代服务业转型升级，为实现高质量发展、教育现代化提供有力支撑和强大动能。

（五）高质量发展是生态优先的绿色发展，必须坚持绿色低碳推动后勤事业高质量发展

绿色是高质量发展的底色，也是推进中国式现代化的重大原则，这就要求我们在实际工作中必须牢固树立“绿水青山就是金山银山”的理念，深刻认识绿色发展是现代化建设必须遵循的基本原则，也是实现高质量发展的必由之路。我们知道，人口规模大和现代化的后发性，决定了我国实现现代化将面临更强的资源环境约束和条件限制。我国虽然资源总量丰富，但人均资源占有量远远低于世界平均水平，同时环境承载力与西方发达国家相比也比较弱，这就决定了中国式现代化不可能走西方的老路，必须摒弃西方国家大量消耗资源能源、肆意破坏生态环境的现代化老路子。习近平总书记在党的二十大报告中指出：“中国式现代化是人与自然和谐共生的现代化”。这一重要论断不仅深刻揭示了人与自然的关系，揭示了人、自然和现代化的关系，而且为全面建设社会主义现代化国家提供了根本遵循和行动指南，对实现高质量发展至关重要，决定着发展的根本路径。换句话说，只要偏离了绿色发展方向，就没有高质量发展，就不可能有中国的现代化。中国式现代化是一幅无限广阔、团结奋斗的人类新文明形态图景，毫无疑问，其中也必然包括高等学校后勤战线在内各行各业各项事业向现代化大踏步迈进的壮美画卷。因此，在新征程上，我们必须要把绿色发展理念融入后勤事业发展中，贯穿到后勤工作的全过程，落实到后勤服务和管理工作的方方面面，以实际行动逐步和有序实现生产方式、生活方式全面向绿色低碳转型，这不仅仅是高等学校后勤服务领域的一场深刻变革，而且也是当前一场广泛而又深刻的经济社会系统性变革。绿色低碳不仅是一种时尚趋势，也是一种历史主动和行动自觉。

三、加快推进后勤服务保障体系和服务保障能力现代化

未来五年是全面建设社会主义现代化国家开局起步的关键时期，主要目标任务中要求“经济高质量发展取得新突破，改革开放迈出新步伐，国家治理体系和治理能力现代化深入推进，社会主义市场经济体制更加完善，更高水平开放型经济新体制基本形成”。这一目标任务既进一步为我们深化后勤改革、推动后勤事业高质量发展照亮了前进的方向，又进一步增强、坚定了我们深化后勤改革、加快后勤事业发展的信心。如果说新发展理念是实现后勤事业高质量发展必须遵循的根本指导思想，那么推进后勤服务保障体系和服务保障能力现代化则是实现后勤事业高质量发展必须走好的根本路径。没有后勤服务保障体系和服务保障能力的现代化就没有高校后勤的现代化。建设现代化后勤，实现后勤现代化不仅是高校后勤深化改革的总体目标，也是推动后勤事业高质量发展的核心任务。

随着现代化进程的推进和我们对现代化认识的深化，今天所说的现代化后勤与过去意义上的传统后勤相比，不再仅仅体现在理念、装备、生产、经营、服务、管理等各个方面蕴含和应用了更新更高的现代科学技术成果，具有更高的生产效率和更好的产品体验，而是更多、更加集中地体现在整个后勤服务保障体系和服务保障能力的现代化水平上，是传统服务业持续转型升级、现代服务业不断迭代升级的结果，最大限度地汇集了长期以来高校后勤领域社会化改革、现代化装备、信息化建设、数字化转型、科学化管理、规模化生产、集约化经营、多元化服务、专业化改造、职业化发展等各个方面的最新成果。从承担后勤服务保障任务及

其责任不同侧重点来分，整个后勤服务保障体系一般可以划分为后勤服务体系和后勤监管体系，服务保障能力一般也可以分为综合保障力、市场竞争力和统筹谋划能力、应急管理能力，前者对应后勤服务体系，后者对应后勤监管体系。只有当后勤服务体系和后勤监管体系同时具备了比较完善的组织体系、科学的制度体系、高效的运行机制和较强的后勤服务支撑保障能力，并且率先基本完成了对传统后勤的现代化改造转型，后勤事业高质量发展成为新常态，一般可以认为基本建立了现代化后勤服务保障体系，也可以称之为基本实现了后勤服务保障体系和保障能力现代化。当前，从我国经济社会特别是高等教育事业发展的现状和态势来看，高等学校总体上仍然处于后勤服务保障体系和服务保障能力现代化建设的初级阶段，离基本实现高等学校后勤现代化的目标任务还有较大差距，加快推进后勤服务保障体系和服务保障能力现代化依然是摆在高等学校后勤战线面前的重大历史性课题，也是推动后勤事业高质量发展的艰巨任务。因此，我们要坚持以习近平新时代中国特色社会主义思想为指导，按照党的二十大确定的目标和任务，在高远使命引领下，在后勤管理服务工作中坚定不移贯彻新发展理念，更加自觉贯彻落实"更高质量、更加卓越、更受尊敬、更有梦想"的战略导向，更加自觉贯彻落实"资源保障促发展、综合服务创一流"的工作要求，紧紧围绕学校中心工作，以"建设美丽校园、创造美好生活"为抓手，踔厉奋发，开拓创新，努力探索完善具有浙江大学特色的后勤服务保障新体系，不断提升后勤服务质量和管理水平，推进后勤服务保障体系和服务保障能力现代化，推动后勤事业实现高质量发展。

(一)着力构建更加完善的后勤服务体系

按照教育部全面深化教育综合改革的总体要求，坚持社会主义市场经济改革方向，坚持市场化法治化国际化原则，积极做好后勤服务事业发展的谋划布局工作，加快校园后勤服务市场开放步伐，加速构建"主体多元、业态多样、竞争有序、保障有力"的新型后勤服务体系，为学校推进"双一流"建设和实现高质量发展提供高水平、高质量的后勤服务保障。重点在饮食服务方面加快市场开放步伐，引进优质社会资源、社会力量为学校服务，破解饮食服务面临的困局，调整优化饮食服务业态布局、结构，不断擦亮"吃在浙大"的金名片；在学生住宿方面加大力度推进改善条件、改变模式、改进服务，拓展功能、增强动能、提高质量，不断提升"住在浙大"的获得感；在交通服务方面加快推进紫金港新能源内循环交通建设，打造具有浙大特色的校内交通线和校园风景线，不断增强"行在浙大"的含金量；在师生购物方面持续推进校园生活、商业服务布局优化和业态升级，大力推进校园物流和快递服务信息化、便利化，不断提高"购在浙大"的美誉度。

(二)着力形成更加高效的后勤监管体系

按照"强化服务监管、提高监管质量"的要求，进一步加强后勤服务监管队伍建设，进一步健全监督组织体系、制度体系、工作体系，努力提高后勤服务监督管理专业化科学化水平。重点是进一步构建由政府有关部门、社会第三方机构、学校主管部门多方协同和教职工、学生、退休教职工等多主体共同参与的后勤服务监督管理组织体系、工作体系；进一步修订完善学生宿舍、食品安全、绿化卫生等方面管理制度，促进制度体系更加规范科学完善；进一步探索创新服务监管举措，强化事前服务需求确认、经费测算，细化事中责任落实、合同履行监督检查，深化事后绩效考核、综合评价，建立健全沟通、约谈、整改、问责等监管工作机制；着力推进后勤服务监管领域信息化建设、数字化改革；进一步加强对各支校内后勤服务监督队伍的专业化、职业化培训，提升监督队伍的综合素质和监管能力，切实提高监督检查的针对性、实效性、导向性，推进服务监管工作更加有形、有力、有效，让“强监管促强服务”成为常态。

（三）着力优化改进后勤服务价格监测和绩效评价机制

按照学校对后勤服务经费收支挂钩和“过紧日子”的要求，进一步总结经验、改进不足、补齐短板，切实做好后勤服务经费的价格测算、绩效评价工作，加强后勤服务经费的统筹协调，进一步探索后勤服务经费公益性投入和市场化运行相结合的有效实现方式，更好发挥后勤服务经费在“守底线、保安全”方面的基础性、保障性作用，更好地促进后勤服务事业和服务产业协调发展。重点是深化后勤服务绩效评价机制改革，创新服务经费监管方式，细化对上一轮服务合同履行情况的检查、考核、评价，强化对新一轮后勤服务招标项目服务价格的测算、评估，严格执行合同条款，做细做实服务合同履行、经费管理等各方面工作，不断提升后勤服务监督管理专业化、科学化、规范化、精细化、信息化水平，确保后勤服务质量在“十四五”期间明显提升。

（四）着力构建更高水平的校园环境治理体系

按照“建设高品质美丽校园”的要求，围绕学校“双一流”建设和“三育人”宗旨，坚持以人民为中心的发展思想和以学生成长为中心的工作理念，进一步探索优化有利于提高校园环境管理质量和水平的新体制、新机制，切实发挥好校园环境管理在劳动育人方面的积极作用，推进一流的大学校园环境建设。重点是强化和基建、安保、实验室与设备、教务、学工、宣传、团委、校区等学校有关部门、单位的工作协同联动，创新工作思路和工作机制，聚焦学校发展中校园环境治理方面的难点焦点痛点问题和师生工作学习生活中校园环境管理方面最关心最现实最直接利益问题，办实事解难事做好事，解决好师生的急难愁盼问题，增强师生的获得感、幸福感；探索建立学校“第二课堂”新领地，赋能“立德树人”根本任务，为学校教育教学和人才培养提供新的支撑、开辟新的课堂；着力谋划编制紫金港东区绿化提升规划方案，完善并深入实施紫金港西区行道树调整优化方案，积极探索建立校园环境治理领域校地交流合作新机制，推动校园环境治理高质量发展。

（五）着力推进实施后勤服务质量提升行动计划

按照“综合服务创一流”的要求，围绕“立德树人、服务育人”根本任务，聚焦“安全、健康、优质、高效”，在后勤服务系统全面组织开展以“找差距、补短板、提质增效”为主要内容的常态化制度化服务竞赛活动，不断优美环境、优良作风、优质服务，努力形成为师生创造美好校园生活的良好环境和浓厚氛围。重点是围绕和聚焦师生最关心最直接最现实的问题，持续深化为师生办实事解难事做好事，统筹落实好后勤服务和疫情防控后勤保障工作职责，落实好、完成好学校各项重大活动的服务保障任务，推动后勤服务各行业、各单位始终坚持质量生命线，形成若干具有浙江大学辨识度和服务企业特色的后勤服务新经验、新成果。深入开展爱国卫生月、植树造林、垃圾分类、化废清运、病媒生物防治、光瓶行动、光盘行动、可回收资源利用等专项或系列活动，让校园里的水更清、草更绿、校园更美丽，让校园里的食品更安全、更健康，生活更和谐、更美好。

（六）着力加强和改进学校其他保障性专项管理工作

按照教育部、地方政府有关政策法规和学校相关工作要求，坚持系统观念和底线思维，统筹发展和安全工作，结合实际，认真研究解决学校基础教育合作办学、公务用车、人防工程、疫情防控、减灾救灾等方面面临的新情况、新问题，扎实推进常态化制度化管理工作，不断健全风险防控责任和工作体系，及时有效消除各类安全风险隐患，确保学校相关管理工作合法、合规、有序、有效，把全面从严治党各项工作要求贯穿到后勤服务管理全过程。重点是组织开展好既有基础教育合作办学项目年度自查自纠工作和新增基础教育合作办学项目申请受理和审查把关工作；加强对学校公务车使用管理情况的指导、监督、检查，及时妥善处理好公务车管理中存在的实际问题，认真做好公务车管理和数据的统计和填报工作，保证信息的真实性、完整性、合法性；着力加强和改进学校人防工程管理维护工作，确保人防工程平时好用、战时管用；认真落实疫情防控、减灾救灾各项工作措施，维护学校安全稳定大局和师生健康安全。

“雄关漫道真如铁，而今迈步从头越。”当前，全面建设社会主义现代化国家的新征程已经开启，各条战线都正肩负着推动高质量发展的首要任务。在新征程上，作为使命引领型高等学校后勤系统干部职工必须用习近平新时代中国特色社会主义思想武装头脑、指导工作、推动实践，尤其是要深刻理解这一思想的核心要义、精神实质、丰富内涵、实践要求，深刻把握贯穿其中的马克思主义立场观点方法，不断提高政治判断力、政治领悟力、政治执行力。在新征程上，必须完整、准确、全面贯彻新发展理念，不忘初心、牢记使命，开拓进取，勇毅前行，推动后勤事业高质量发展，推进后勤服务保障体系和服务保障能力现代化，为迈向中国特色世界一流大学前列和走向中华民族伟大复兴作出积极贡献。

参考文献

[1] 习近平.高举中国特色社会主义伟大旗帜为全面建设社会主义现代化国家而努力奋斗[M].北京：人民出版社，2022.

[2] 刘鹤.必须实现高质量发展[C]//本书编写组.党的十九届六中全会《决议》学习辅导百问.北京：党建读物出版社，学习出版社，2021.

[3] 孙春兰.办好人民满意的教育[C]//本书编写组.党的二十大报告学习辅导百问.北京：学习出版社，党建读物出版社，2022.

优化高校后勤企业人才生态的思考

吕　斌　周　伟

（浙江大学后勤集团）

【摘　要】 人才生态环境是影响人才成长的重要因素。本文总结了高校后勤企业在人才生态环境优化方面的一些经验、做法。明确高校后勤服务需要高素质的管理人才、技能人才和一定规模的基层服务人才。通过树立正确的人才观，传承高校后勤服务的情怀和精神，完善人才成长的机制体系，建立以党建引领的具有高校后勤特色的企业文化等方面来全面优化人才生态环境，发挥人才生态效应，建立高素质人才队伍，推动一流后勤服务体系建设。

【关键词】 高校后勤企业；人才生态；人才培养；企业文化

高校后勤作为高校工作的重要组成部分，正面临着传统后勤服务的供给与师生日益增长的对高质量、高水平后勤服务需求之间的矛盾，而解决这一矛盾的关键在于实现后勤服务的高质量发展。科技是第一生产力，人才是第一资源，创新是第一动力。高校后勤企业在高质量发展的道路上离不开高素质的人才队伍，要形成有利于人才成长的培养机制、有利于人尽其才的使用机制、有利于人才各展其能的激励机制、有利于人才脱颖而出的竞争机制，营造识才爱才敬才用才的环境。[1]通过不断优化人才生态环境，发挥人才生态效应，不断满足员工对美好生活的向往，实现发展成果共享，来激发员工干事创业的热情，推动一流后勤服务体系建设，实现高校后勤事业的高质量发展。

一、树立正确的高校后勤企业人才观

高校后勤工作涉及餐饮、物业、水电、会务、商贸、幼儿教育等多个行业。行业管理的标准化、专业化、精细化离不开专业的人才队伍。后勤服务既需要德才兼备、敢于担当，有基层的工作经验和过硬的专业知识背景的管理人才和技能人才，也需要一定规模的基层服务人才。基层服务人才不一定具备高学历、高水平，但肯定是有爱心，有责任心，踏实肯干、吃苦耐劳、始终心系师生的人，在普通岗位上，年复一年，日复一日，能把平凡的事做好的员工，也应该同样是后勤的人才。尊重人才，感恩人才，树立各类人才的主人翁意识，才能营造有利于人才成长的良好环境。

二、传承高校后勤服务的情怀和精神

新时代的伟大成就是党和人民一道拼出来、干出来、奋斗出来的！高校后勤服务工作也是一样，师生的一日三餐、校园物业的 24 小时值班、水电气暖不间断保供……都是靠后勤员工十年如一日艰苦奋斗出来的。高校后勤具有的公益性原则，决定了高校后勤服务人员不可能通过这种勤劳付出发财致富。一些优秀的后勤服务人员往往就是喜欢高校的工作和生活氛围，有着“把学生当孩子”“为状元烧饭”“烧亲情饭”的情怀，展现出了对后勤事业孜孜不倦的追求和舍小家为大家的无私奉献，凝聚成了一种吃苦耐劳、始终心系师生的服务精神。高校后勤企业员工正是凭着这样的情怀和精神，才能保证高校后勤事业始终能根据高校的发展、师生的需求敢于创业、勇于创新、乐于奉献、不断鞭策自身改革发展，为高校培育高素质人才、开展教学科研等提供坚实的支撑保障。为此要让一代代高校后勤企业员工把这种情怀和精神传递下去，努力让国家放心、让师生满意、让员工幸福。

三、完善人才成长的机制体系

目前高校后勤服务行业存在招工难、留人难、优秀人才短缺等困难。为此我们更应该遵循后勤服务管理规律和人才培养规律，进一步完善后勤人才培养、使用、评价、服务、支持、激励等方面的机制体系，通过“两个提升、四个持续”措施，来切实优化人才成长的环境。

（一）提升员工与岗位的匹配度

通过合理的轮岗交流，推动并实现在岗人员的工作能力与岗位需求相匹配。进入新时代，特别是随着60、70年代群体逐步退出劳动力市场，90、00年代的员工择业观已经发生了很大的变化，他们更希望做自己喜欢的工作。对于新入职的员工，轮岗是为了让员工能更快地熟悉企业的环境，了解后勤服务的整体运作，找到适合自身发展的岗位。让员工做更擅长、更喜欢的事，有利于调动员工积极性，实现员工的自我价值。管理、技能人员的定期轮岗交流或有条件的竞争上岗，既是企业管理内部控制的要求，也是员工自身职业发展的需要，俗话说“人挪活，树挪死”，通过轮岗交流，让员工在多部门、多岗位历练，能获得更全面的提升与发展，同时实现企业、部门内部的人才流动和人力资源共享。

（二）提升员工付出与薪酬待遇的匹配度

薪酬待遇往往是员工最关注的方面，要建立与员工付出相匹配的薪酬体系，促进薪酬分配的公平性和激励性，实现多劳多得，能者多得。首先，高校后勤企业可以根据现代企业管理制度，对核心管理人员、高技能人才等实行年薪制，根据每年设定的经济、管理指标进行考核，把考核结果与管理人员、技能人才的薪酬、奖惩及任免等挂钩，能者上，庸者下。其次，后勤服务往往是通过一个个基层的管理团队实施的，为管理团队确定合理的考核指标，用独立核算的方法来运行团队。通过提质增效、减员增效的改善，充分调动团队中每一位员工的主动性、创造性，为完成共同的考核指标而努力。最后，在完善薪酬待遇标准时还应充分考虑一线员工的薪酬待遇增长，将后勤发展的成果更好惠及全体员工。

（三）持续完善员工培训体系

重点培养后勤服务行业一线员工服务意识和专业技能。每一位服务人员都是面对师生的一个窗口，要教育员工认同后勤服务文化，学会换位思考，只要能把师生“当朋友，当亲人”，那么员工所提供的服务质量就不会差。同时教育一线员工要学会改善工作思维，注重经验积累，优化工作流程，每天都学会进步一点，不断追求精益求精。后勤服务企业要持续增加员工培训的投入，给予员工学习成长的平台和机会，如传承“师带徒”“传帮带”的一对一培养方式；根据岗位实际和员工需求，组建企业内训师队伍，着眼具体问题，传授实践经验；开展后勤各服务行业内的技能比武、赛课等活动，“以比促学”，“以赛促练”，拓宽员工视野。打造一批具有鲜明后勤服务特色的大师工作室、名师工作室等，通过高层次研修、课题攻坚，为人才的成长树立榜样的力量。后勤服务行业各级管理骨干重点培养综合素质和创新能力，要在管理干部中弘扬吃苦耐劳、始终心系师生的奉献精神，团结协作、互帮互助的协同精神，勇于担当、敢为人先的创新精神。通过举办青年业务骨干培训班、管理干部研修班等方式，聘请行业内专家、学者集中授课、外出考察、座谈研讨等多种形式给予系统性、专业化培养，建立起一支适应新形势、新要求的高素质管理干部队伍。

(四)持续完善人才晋升的通道

完善人才晋升通道的目标是让每一位后勤岗位的员工都能有通过勤奋劳动实现自身发展的机会。高素质人才更关注在行业、企业内的发展通道，期望在职务、职称等方面的晋升。通过建立健全《管理干部聘任办法》《专业技能岗位聘任办法》等制度，发扬劳模精神、工匠精神，完善人才评价体系，健全人才职业发展机制，来完善管理人才和技能人才的晋升通道。后勤企业通过积极培养、引导人才成长，实现管理骨干人才队伍与专业技术技能骨干人才队伍的“两条腿走路”，为建设一流后勤服务体系提供有力的人力资源支持。基层服务人才，可通过开展“十佳员工”“服务标兵”等评选活动，或授予达到一定工作年限的员工具有特殊意义的个人荣誉或纪念品来肯定他们的辛劳和付出，以多种形式、不同等级的荣誉表彰基层人才的敬业奉献。

(五)持续完善人事管理体系

完善人事管理的各项规章制度，依法为员工缴纳“五险一金”等，保障员工的基本权益。探索为高技能人才设置技能津贴、师带徒津贴等专项津贴，实现技能价值激励导向。通过建立后勤工会组织，召开职工代表大会，健全民主协商、集体协商、公示告知等机制，提高民主决策水平，切实保障员工的知情权和合法权益。通过加强人事管理的信息化建设，帮助员工更快捷、更准确地处理人力资源相关业务，推动企业的规范用工管理，营造和谐用工环境。通过全面的人事数据分析，对人才形成 360 度的考评，协助企业为员工提供更为匹配的岗位。通过人事数据及案例经验的大量积累，形成相应的智库，从人力资源方面提升对企业运营及决策的支撑，为企业发展提供科学建议。

(六)持续保障和改善民生

坚持以人为本的发展思想，持续关心关爱员工，营造真诚关爱的扶助氛围。党的二十大报告指出我们要实现好、维护好、发展好最广大人民根本利益，紧紧抓住人民最关心最直接最现实的利益问题，坚持尽力而为、量力而行，深入群众、深入基层，采取更多惠民生、暖民心举措，着力解决好人民群众急难愁盼问题。关心关爱员工一直是后勤企业的优良传统。要持续有计划地积极投入资金，改善员工的工作、住宿等环境；持续营造关爱、包容、平等、尊重的氛围，倾听员工心声，关心员工切身利益；持续健全改善困难员工生活的政策体系和长效机制，做好困难员工帮扶慰问工作。

四、营造以党建引领的后勤企业文化

当前社会企业招人也已经从依靠“待遇留人”“事业留人”发展到“情感留人”“文化留人”。我们应该发挥高校后勤企业党建与业务深度融合发展的优势，建立以党建引领的具有高校后勤特色的企业文化，营造“同心协力，和谐共赢”的企业氛围，为人才的成长创造有利的环境。

(一)建立学习进取的企业文化

发挥基层党组织的宣传、凝聚作用，通过“三会一课”、党日活动等方式，把优秀年轻骨干、业务人才吸引到党组织周围，学习党的先进思想和理论，不断用马克思主义中国化时代化的成果来武装头脑、指导实践，帮助员工树立正确的人生观、价值观，保持积极向上的工作心态，营造浓厚的企业学习氛围。践行全心全意为人民服务的宗旨，有利于培养后勤员工的奉献意识，增强员工对后勤事业目的和意义的认同感。

(二)建立发扬民主的企业文化

在企业经营决策、生产管理、选人用人、物资采购、工程招投标等重大事项中，保证和落实好员工群众的知情权、参与权、选择权和监督权。在涉及企业发展、职工利益的重大事项决策前，可以前置党组织讨论，广泛听取党员、群众的意见和建议。尊重员工的意见和建议，不仅能让决策更有科学性、民主性，更能增强员工的主人翁意识，激发员工干事创业的热情。

(三)建立崇尚廉洁的企业文化

党管干部，党管人才，不断加强企业的党风廉政建设，运用思想教育、制度规范和监督制约等手段，从思想上绷紧党风廉政建设这根弦，从制度上建立健全惩治和预防腐败体系，从行为上建立起有效的督导巡查机制，把教育、制度、监督三者整合为一个有机的整体，统一于企业治理的全过程，营造出风清气正的用人环境，为人才的成长创造有利条件。

(四)建立团结和谐的企业文化

以"工人先锋号"和"青年文明号"创建工作为抓手，充分发挥工会、团委等组织的积极作用，开展形式多样、健康活泼的群众性活动，丰富员工的业余文化生活，提高团队的凝聚力和团结力，构建和谐共赢的后勤企业氛围。

(五)建立党员干部示范引领的企业文化

发挥基层党支部的战斗堡垒作用和党员的先锋模范作用。在遇到困难、问题时，党员干部敢于担当，勇于担责，不怕脏，不怕累，在后勤基层工作中起到表率和示范作用，树立起年轻骨干、优秀人才的学习榜样。

(六)建立高校后勤特色的企业文化

"三服务二育人"是高校后勤工作的宗旨。后勤岗位是"没有讲台的课堂"，后勤员工是"不上讲台的老师"。后勤员工既是服务者也是教育者，一言一行，也能够对学生起到润物无声的教育作用。积极与师生开展劳动服务、文明共建活动，让优秀的后勤员工登上讲台，以优质的服务和良好的精神风貌感动师生，在师生受教育的同时，让后勤员工也能得获得自身修养和价值提升。

目前，后勤优秀人才的短缺已经成为影响高校后勤企业高质量发展的关键因素。后勤企业只有不断在发展中优化人才生态环境，持续引进人才、培育人才，用好人才，能保证人才队伍的可持续发展。同时优化人才生态环境也不只是高校后勤企业管理人员的事，每一位员工既是共享人才生态的受益者，也是营造人才生态的参与者，要营造党建引领的具有高校后勤特色的企业文化氛围，让每一位员工参与优化人才生态行动，形成尊重人才、爱惜人才、争做人才的良好氛围，才能切实发挥人才生态效应，为建设一流后勤服务体系提供坚实的人才支撑。

参考文献

[1] 习近平. 全面贯彻新时代人才工作新理念新战略新举措[M]. //习近平谈治国理政(第四卷). 北京：外文出版社，2022：539.

推进新时期饮食服务工作高质量发展的思考

——以浙江大学后勤集团饮食服务中心为例

吕 斌 平玉芹 卢挺海

（浙江大学后勤集团）

【摘 要】 通过深入学习贯彻党的二十大精神，本文分析了高质量发展对于学校饮食服务工作的重要性和必要性；阐述饮食服务工作高质量发展的内涵；剖析了推进饮食服务工作高质量发展的工作基础，提出了推进饮食服务工作高质量发展的相关举措。

【关键词】 高质量发展；饮食服务工作；高校食堂；一流饮食服务体系

党的二十大报告指出，高质量发展是全面建设社会主义现代化国家的首要任务[1]。《中共中央关于制定国民经济和社会发展第十四个五年规划和二〇三五年远景目标的建议》第一次明确提出“建设高质量教育体系”[2]。建设高质量教育体系必然需要高质量后勤服务体系支撑，而高质量饮食服务工作是高质量后勤服务体系的重要组成部分。浙江大学提出的走进世界一流大学前列的工作目标，这离不开以高质量发展为核心的一流饮食服务体系作为支撑。学校党委书记任少波在 2022 年 7 月饮食服务工作座谈会上强调指出：“浙江大学迈向世界一流大学前列，迫切需要加快推进学校治理体系和治理能力现代化，饮食服务工作作为学校整个治理体系的有机组成部分，承载着立德树人、为党育人、为国育才重大使命任务，是事关学校改革发展稳定大局的一项基础性、保障性工作。”[3]

面对新形势、新要求、新任务，以高质量发展推进新时期学校饮食服务工作，构建以高质量发展为核心的一流饮食服务体系显得尤为迫切、至关重要。

一、高质量发展对于饮食服务工作的重要性和必要性

建设高质量教育体系为新时代高校后勤改革发展描绘了新蓝图、谋划了新方向、提出了新目标。如何促进高校后勤服务管理体制、模式的创新和质量、效率的提升，是我们共同面对的重大课题[4]。推进高校饮食服务工作高质量发展对于推进高校后勤服务现代化、办好人民满意的教育具有重大意义。

（一）推动高质量发展是坚持以服务师生为中心的必然要求

饮食服务工作办得好不好，关键还要看师生是否满意，能否提升师生的满意度、安全性、获得感。坚持以服务师生为本，践行以师生为中心是学校饮食服务工作的出发点、立脚点。浙江大学后勤集团饮食服务中心承担学校七个校区每天超过十万人次的就餐保障工作，食堂工作涉及师生健康营养、食品安全、伙食质量、服务育人等方方面面，饮食服务质量受到了学校师生广泛的关注，师生对提供多元化、多层次、高水平、高质量饮食服务提出了新的更高的要求。

围绕师生服务需求，不断推进校园饮食服务供应品种、供应方式、服务手段、就餐模式的

迭代升级成为趋势，这就要求饮食服务工作迈入高质量发展的轨道，以更好地适应师生对美好校园生活的向往。

(二)推动高质量发展是主动适应新发展阶段的现实选择

高校后勤社会化改革 30 多年以来，高校后勤服务市场已经发生了很大的变化。随着社会经济发展进入新阶段，高校对餐饮服务实体的高水平服务质量的期待进入了新阶段，期望通过高质量饮食服务工作助力学校后勤服务工作，让师生获得感更强，满意度更高。随着社会主义市场经济的发展和高校后勤服务市场改革的不断深化，由于地区情况、学校情况等差异，自主办伙、通过购买社会服务等诸多模式存在于高校餐饮服务市场中，高校餐饮服务市场的开放进一步增强，竞争日趋激烈。

进入新发展阶段，社会团餐市场发生了较大变化，根据团餐项目发布的《2022 中国团餐行业发展报告》统计分析显示，目前中国团餐业市场规模约 1.8 万亿，预计 2026 年将达到 3.6 万亿左右，复合增速 15%，高于餐饮行业整体[5]。近年来团餐行业数字化、品牌化、连锁化趋势日益明显。团餐行业在采购供应链组织、生产结构重塑、数字化手段应用等方面都进行了大力探索，这些都对校园饮食服务工作提出了挑战。

所以，适应新发展阶段要求，迫切需要以高质量为引领深化供给侧调整，形成多元丰富、优质高效的饮食服务供应体系，不断优化运行管理效能，不断提高产品质量和服务水平，不断增强服务师生的能力和本领。

(三)推进高质量发展是建设一流饮食服务体系的必由之路

2022 年 7 月，浙江大学后勤集团制订了《建设浙江大学一流饮食服务体系工作方案》，提出了加快建设服务功能更加凸显、服务环境更加优美、服务管理更加高效、服务队伍更加优秀、服务品质更加卓越的一流饮食服务体系；提出了“激活组织新动能”“打造美食新天地”“构筑技术新高地”“焕发队伍新活力”“擦亮饮食金名片”等工作目标；推出了“推进党建与业务深度融合”“创设更加优美的就餐环境”“构建更加高效的管理体系”“培育更加优秀的骨干队伍”“塑造更加卓越的服务品质”“数字化赋能一流饮食服务体系建设”等六大高质量发展举措，列出了 69 项建设任务清单。

深入扎实推进学校一流饮食服务体系建设，必然要以高质量发展为引领，深入贯彻新发展理念、推进高质量发展，努力擦亮饮食工作金名片，全面提升师生对饮食服务工作的获得感、幸福感、安全感和认同感。

二、正确理解饮食服务工作高质量发展内涵

推动饮食服务工作高质量发展，既是师生对美好校园生活需求的具体体现，也是支撑学校走在世界一流大学前列的必然要求，这就需要对饮食服务工作高质量发展内涵进行准确的把握并进行多维度分析。饮食服务工作的高质量是安全稳定基础上的高质量，是师生更高满意度基础上的高质量，是运行管理更优质基础上的高质量，是校园市场服务能力更具优势的高质量，是贯彻“创新、协调、绿色、开放、共享”新发展理念的高质量。

(一)推进饮食服务工作高质量发展要符合食堂服务与管理规律，确保发展的稳定性和可持续性

推进学校饮食服务工作高质量发展并不是一味地求新求变，而是在推进高质量发展过程中要遵循学校饮食服务工作的基本规律，确保推进高质量发展中的稳定性和可持续性。

高校学生食堂具有公益服务属性和运行管理属性，公益服务属性集中体现在保供稳价，维护学生利益，承担就餐保障任务。运行管理属性集中体现在食堂运行包含原料、水电、人工、折旧、物耗等全成本要素，饮食服务工作高质量发展必须准确把握两者的关系，以师生满意度为落脚点，扎实做好服务保障工作为前提并实现运行管理的动态平衡，也只有实现自我运行的动态平衡才能实现饮食服务工作的稳定性和可持续性，为高质量发展奠定更好的基础。

（二）推进饮食服务工作高质量发展要有多层次多元化饮食服务供应体系及过硬的办伙条件

中式餐饮的特点是品种丰富、口味多样、热菜热饭。高校餐饮的特点是在中式餐饮的基础上还要满足安全规范为先、相对固定人群服务、承担保供稳价功能、解决快速集中供餐、多种业态服务共存等特点，这就决定了学校饮食服务供应体系的设计十分重要，食堂的差异化定位、多样化就餐服务、稳定的产品质量、优质的就餐环境对师生来说至关重要，只有通过不断完善饮食供应体系才能更好地提升师生的满意度、安全性和获得感。

（三）推进饮食服务工作高质量发展要有一支有情怀、有技术、讲忠诚、甘于奉献的管理技术服务队伍

饮食服务的劳动密集型特点决定了生产过程目前还是以“人”为基础性因素。高校学生食堂具有服务育人属性，这就决定了饮食服务人员要有为师生服务的情怀，心中有师生是做好工作的前提。饮食服务工作又是一项生产性、技术性、服务性工作，这就决定了必须具备过硬的管理技术和服务水平，才能更好满足师生就餐服务需求。毫无疑问，拥有一支具有现代服务素养的专业化饮食服务队伍对于推动饮食服务工作高质量发展具有十分关键的作用。

（四）推进饮食服务工作高质量要跟踪社会餐饮行业的发展，运用新形式、新手段、新模式

学校饮食服务工作要做好必须要有行业视野，借鉴团餐行业、社会餐饮的好经验好做法好模式。加大科技、大数据、AI 对食堂的驱动力，探索适合食堂的新设备、新技术，提升生产的标准流程和生产服务效能。以绿色低碳环保理念为引领，推进生产服务环节的优化。

（五）推进饮食服务工作高质量发展要多方治理、协同发力

学校党委任少波书记在饮食服务工作座谈会上指出：“后勤集团是学校命运共同体的有机组成部分，学校各部门要协同合作，宣传后勤、鼓励后勤，全力支持打造浙大饮食金名片……食堂目前面临着硬件条件、原料物价、招工用工等困难，学校要在基础设施、政策保障上给予更多的关心支持。各部门和学生组织要自觉搭建师生与食堂之间的沟通桥梁，广大师生要立足学校发展，积极为后勤饮食的更好发展建言献策。”由此可见，推进饮食服务工作高质量发展需要学校领导、总务、基建、工会、学工、研工、团委等多部门，以及广大师生共同参与、一起支持、协同发力，才能在政策、硬件、沟通机制等方面为饮食服务高质量发展创造更为有利的条件。

三、推进饮食服务工作高质量发展的工作基础

多年来，饮食服务中心始终不断推进体制改革和机制创新，不断改善办伙条件和就餐环境，不断提高管理水平和服务质量，有效地满足了广大师生日益增长的饮食服务需求，较好地适应了学校快速发展的步伐，有力地促进了学校综合管理水平的提高，成为全国高校后勤

战线上和高校后勤社会化改革中的一面旗帜。2004 年饮食服务中心提出了构建健康安全高效优质的现代高校饮食服务体系的工作目标。

在服务保障中饮食服务中心内挖潜力、推进精细化管理，努力克服物价、用工等多要素成本的上涨，为校园安全稳定、提升饮食服务质量、增强师生获得感作出积极的努力。近年来，饮食服务中心围绕“管理提升、技术提升、服务提升”的工作要求，大力推进管理技术服务队伍建设，大力推进紫金港校区西区食堂建设和老校区食堂硬件改造，为学校“双一流”建设提供了有力的支撑。

围绕新时期新阶段新问题，根据学校“十四五”规划和新一轮“双一流”建设对后勤服务的新要求，围绕“立德树人、服务育人”初心使命，后勤集团制订了《浙江大学建设一流饮食服务体系工作方案》，加快饮食管理服务改革步伐，激发食堂活力，努力办“学校放心，师生满意”的食堂，使食堂成为学校德育共同体、学习共同体、发展共同体的有机组成部分。

当前推进饮食服务工作高质量发展具备七个方面较好的工作基础。

(一)牢固树立了“为状元烧饭”的服务理念

思想是行动的先导，有正确的思想方法才能有正确的工作方法。饮食服务工作承担着“三服务两育人”功能，饮食服务中心把“为状元烧饭”“替代爸爸妈妈烧有温度的亲情饭”作为服务理念，涌现出了多名“三服务两育人”标兵，并将服务情怀、服务理念的教育纳入新员工始业教育第一课，教育饮食员工只有树立全心全意为师生服务的思想才能烧好有亲情的饭菜，才能提供有温度的服务。饮食服务中心围绕“三全育人”“创三优争一流”要求推进服务育人工作，建立了包含“第二课堂”“食堂开放日”等具有自身特色的服务育人体系，有效推进食堂民主管理、学生劳动教育、健康营养宣传等工作。

(二)积极塑造了一支忠诚学校、乐于奉献的专业化服务队伍

学校饮食服务工作能否办得好，基础还在于是否有一支忠诚学校、乐于奉献的专业化服务队伍。浙江大学饮食服务工作与其他很多学校相比的优势之一就是拥有这样的一支队伍。多年来，在学校、后勤集团大力支持下，饮食服务中心不断推进管理、技术和服务队伍的建设，通过事业编制转编、厨师长队伍建设、骨干员工学历提升、开展技能等级鉴定、打通管理技术晋升通道、持续改善住宿条件、精神荣誉奖励等多种形式留住了一批优秀的骨干人才，为学校饮食服务工作的稳定性、延续性奠定了人力资源基础。2009 年以来饮食服务中心大力推进梯队建设，从扬州大学、浙江商业职业技术学院、浙江旅游职业学院等专业技术类院校招收了超过 140 名的毕业生充实到一线骨干队伍，提升骨干员工的学历层次、专业层次。2019 年饮食服务中心与浙江商业职业技术学院合作推进全日制大专学历教育，共有 118 名骨干获得全日制大专学历。当前饮食服务中心三级管理团队从业年龄平均超过 15 年，食堂管理人员从业年龄基本在 5—30 年之间，骨干员工平均年龄约 45 岁。近年来饮食服务中心通过与浙江商业职业技术学院进行技术合作，成功申报“金种平中式烹饪职业技能大师工作室”，全员岗位技能考核，参与行业技能比武，引入专业技能人才，对外参观交流学习等形式进一步提升团队的现代职业素养和技术服务水平。

(三)探索建立了一套运行有效的食品安全管理体系

饮食服务中心于 2005 年率先在全国高校中导入 ISO22000 食品安全管理体系，当前设立了 3 个关键控制点、7 个操作性前提方案、21 个程序文件、27 项操作规程，并逐步开展了体系的完善升级。在生产服务中，饮食服务中心不断健全监控体系，建立了专业化的监控工作队伍，建立了覆盖员工、班组、食堂、餐饮中心、饮食中心五级层面的监控，并建立了第三方食品检测工作机制。在体系建设的基础上不断升级安全管理硬件水平，实现食品操作区等关键点位的监控覆盖，探索了AI技术在食品操作区的运用，在全国高校中率先启用了物联网技术在员工晨检、考勤中的运用。为提升原料验收水平，在食堂投入了金属探测仪，加强了产品采购验收源头把控力度。经过多年的运行，饮食服务中心建立了具有自身特色的食品安全管理体系，大大提升了食品安全管理工作水平。

（四）逐步构建了较为成熟的产品供应体系

在服务布局上，饮食服务中心建立了以基本大伙为基础保障、以风味特色为自主选择、以经营餐厅为调剂补充、以咖啡茶饮为配套支撑的产品供应体系。在基本大伙供餐保障、风味产品专业化经营、西餐日料新业态导入、中西点产品多样化供应、传统特色食品制作上积累了较为成熟的生产供应经验，能够较好支撑学校七个校区的差异化餐饮服务需求。在产品研发上建立了集中统一的数据库，形成了以数据库为基础的标准化培训、集中统一采购等。以大师工作室为载体，积极推进产品研发、技能指导等工作。为积极响应厉行节约、反对浪费工作，饮食服务中心探索了教工餐自助称重、部分产品小份供应等工作。

（五）具备了较强的生产组织和服务保障能力

多年来，饮食服务中心已经形成了较强的生产组织和服务保障能力。在军训、疫情封控、校庆等重要保障活动中积累了较为丰富的经验，尤其是面对急难险重的保障任务，饮食服务中心始终提高政治站位，克服重重困难，有效完成各项任务。2015－2016年饮食服务中心被学校委派到教育部食堂服务，以过硬的管理能力、技术水平和服务质量得到了教育部领导的肯定。

（六）努力打造了走在全国高校前列的办伙硬件

在总务处大力支持下，饮食服务中心通过向教育部申报修缮基金，每年自筹维修经费等形式大力推进食堂硬件设施的改善。近八年是学校食堂新建修建的高峰期，舟山校区食堂、海宁国际校区食堂、紫金港校区东二咖啡吧、玉泉校区二食堂、紫金港校区澄月餐厅、华家池一食堂、紫金港校区玉湖餐厅、紫金港校区东二餐吧、紫金港校区银泉餐厅陆续投入使用，当前玉泉校区怡膳堂正处于工程改造阶段，紫金港校区生命交叉食堂正在施工建设，紫金港校区大健康食堂正启动建设。这些食堂在设计布局、硬件水准等方面在全国高校中处于前列。通过这些年的努力学校办伙条件发生了极大变化，食堂整体就餐环境达到了新的水平，更好地满足了学校“双一流”建设要求。

（七）以党建为引领，构建了党建与业务深度融合的工作机制优势

在多年改革发展中，饮食服务中心高度重视党建工作，以党的建设为引领推进党建与业务相融合，按照后勤集团构建“1234”党建工作体系的要求，坚持以高质量党建引领一流饮食服务体系建设。饮食服务中心现有党员近80名，分布在管理技术服务的关键岗位，服务意识强、思想素质高、业务技能硬，讲忠诚、有担当、能战斗是这支党员队伍的显著特点，他们始终围绕学校饮食服务工作要求，冲锋在服务保障的第一线，带领广大饮食职工完成了军训、疫情防控等重大保障。饮食服务中心落实全面从严治党要求，加强党支部建设，选优配强支部班子，推出了政治指导员等创新性党建举措，基层党支部多次获得学校党委表彰。

四、推进饮食服务工作高质量发展的举措

虽然饮食服务工作推进高质量发展有着良好的工作基础，但是面对学校走进世界一流

大学前列的工作目标，当前饮食服务工作与高质量发展还有一定的差距，主要表现在饮食服务保障水平与师生日益提升的需求之间存在差距；饮食服务的数字化、现代化、品牌化、专业化水平需要进一步提高；校区间饮食服务资源供给存在不平衡不充分。针对上述差距，推进饮食服务工作高质量发展可以采取以下举措。

（一）以师生"满意度、安全性、获得感"为指针，更高水平提升安全保障能力和服务质量水平

安全永远是饮食服务的基础，没有安全就没有一切，高质量发展的基石是安全。饮食服务工作需要持续推进安全管理能力，从硬件水平、体系管理、操作流程、监督机制等方面不断完善。不断提升服务质量水平，以紫金港校区为重点，进一步探索对饮食服务格局的思考和调整，充分考虑生活区和教学区，东区、西区等实际情况，不断调整餐厅功能定位，在产品规划布局、服务链条设计上下功夫。

（二）以现代团餐行业发展为契机，以更高起点推进现代科技在食堂中的应用

物联网、大数据、AI技术、机器人、5G等逐步应用于团餐行业。提升服务效能和运行管理水平需要借助现代科技在食堂中的应用，探索机器代人，探索通过大数据、人工智能等手段提高餐饮运行的信息化水平，让员工"少走路"，让数据"多跑腿"，推进饮食服务的数字化可感知工作，增强师生体验感。

（三）以走进世界一流大学前列的工作目标为引领，更大力度推进食堂硬件投入，增强师生满意度、获得感

持续改进提升食堂硬件环境，建议前瞻性规划未来5—10年学校食堂的整体硬件改造和修缮计划，尤其是加强对老校区食堂的改造力度，努力解决校区之间不平衡的问题。

（四）以一流饮食服务体系建设为抓手，更高水平建设现代化、职业化、高素质饮食服务队伍建设

根据校园饮食服务的变化和高质量发展的要求，努力打造一支高水平高质量的专业化现代化高素质的饮食服务团队，主动适应一流饮食服务体系建设要求，主动匹配学校走在世界一流大学前列的工作目标。

总而言之，推进学校饮食服务工作高质量发展要按照学校饮食服务工作座谈会提出的"始终坚持使命引领、一流定位；始终坚持师生为本、服务至上；始终坚持创新图强、实效为先；始终坚持问题导向、主动担当；始终坚持以人为本、系统治理；始终坚持师生同心、多方聚力"的工作要求，牢牢对照后勤集团提出的一流饮食服务体系建设目标，传承"为状元烧饭"的情怀，以更加务实的举措擦亮饮食"金名片"，为学校建设中国特色世界一流大学奠定更加坚实的饮食服务工作基础。

参考文献

[1] 习近平.高举中国特色社会主义伟大旗帜为全面建设社会主义现代化国家而团结奋斗——在中国共产党第二十次全国代表大会上的报告[EB/OL].(2022-10-16)[2023-02-27].http://cpc.people.com.cn/n1/2022/1026/c64094-32551700.html.

[2] 中华人民共和国中央人民政府.中共中央关于制定国民经济和社会发展第十四个五年规划和二〇三五年远景目标的建议[R/OL].(2020-10-29)[2023-02-27].http://www.gov.cn/zhengce/2020-11/03/content_5556991.htm.

[3] 任少波.在浙江大学饮食服务工作座谈会上的讲话[C].浙江:浙江大学饮食服务中心,2019.

[4] 刘建平.发挥理论高地作用服务后勤高质量发展[J].高校后勤研究,2022(9):1.

[5] 团参谋.2022年中国团餐行业发展报告[R].2022:1-10.

高校服务供给模式下的后勤服务监管体系研究

——以浙江大学为例

刘辉文　张燕青

（浙江大学后勤集团，杭州富阳区文广旅体局）

【摘　要】 后勤社会化改革以来，我国高校后勤服务能力和水平迅速提高，为世界一流大学一流学科的建设提供了基础保障。这一过程中，高校后勤服务供给模式经历了从自产自销的单一型单向度供给模式过渡到购买服务监督落实的多维动态互动供给模式。这种服务供给模式的变迁带来了后勤服务评价方式的更迭，也使得建构一种多维、动态、互动的后勤服务监管体系成为当务之急。本文在探查高校后勤服务供给模式变迁的基础上，以浙江大学为试点，探讨基于新服务供给模式下的后勤服务监管体系建设。

【关键词】 高校；后勤服务；供给模式；监管体系

高校后勤保障工作为学校运转与发展提供基础性支撑，与教学科研活动并驾成为高校平稳前进的车轮之一。20 世纪 80 年代以来，伴随着国家经济体制改革和高等教育的迅猛发展，我国高校后勤社会化改革轰轰烈烈上马。三十余年来，各地高校后勤经历了“小机关、多实体”“小机关、大实体”“甲乙方分离、集团化运作”等多个阶段的发展，整体面貌大为改观，初步理顺了后勤管理体制和运行机制，后勤服务质量和水平大幅提高，后勤资源配置得到优化，打破了高等教育由精英化转向大众化的瓶颈，有力保证和支持了高教事业快速发展。

浙江大学后勤社会化改革启动于 20 世纪 80 年代后期，是全国最早启动的一批高校；随着四校合并、“新浙大”的发展而逐年深化，成为全国后勤社会化改革成效最为显著的高校之一。学校于 1999 年成立替代学校行使后勤管理、监督职能的管理部门作为甲方和实行独立核算、自负盈亏、自我约束、自我发展的后勤企业实体作为乙方，开展后勤服务工作全成本核算，实行后勤甲乙方契约式工作管理模式。至今，不断稳健推进后勤社会化进程；调整、完善后勤服务经费“拨改付”运转模式；调整并执行浙江大学后勤社会化经费核定测算方案，后勤保障实行付费服务，全面招标，强化管理，严格要求，后勤工作质量、规范化、科学化程度有明显的提高。不断开放校内市场，并根据实际情况调整完善后勤服务检查考核体系、行业工作要求和具体考核办法。并实施师生参与服务管理的考核评价机制。目前还在探索成立专门的后勤服务质量监管队伍实施日常全方位监督。

在这一过程中，后勤服务水平的大幅度提升与它的供给模式变迁密不可分，同时也提出了新的服务供给模式下如何建构有效的后勤服务监管体系这一难题。

［注］ 本文系浙江大学高教研究会 2015 年资助课题“基于高校服务供给模式下的后勤服务监管体系建设研究——以浙江大学为例”（G1516）的研究成果，系作者在浙江大学原后勤管理处工作期间发表在《高校后勤研究》2017 年第 1 期（总第 178 期）的理论文章。

一、高校后勤服务供给模式的变迁

基于传统，学校一直是我国高等教育领域中后勤服务的唯一“供货”主体，扮演着大包大揽的“家长”角色，集中所有后勤服务资源实施一切服务事宜。这种既掌舵又划桨的服务供给模式我们在此称为单一型单向度后勤服务供给模式。

这种供给模式，有利于在资源局促的情况下集中优势实现目标，尤其在七八十年代的中国大陆。但随着我国经济社会发展，其弊端也日益明显。首先是供给效率低；学校作为唯一的后勤服务供给者，不存在竞争，也就缺乏主动提高服务效率的强烈意愿。其次是供需匹配度低，存在结构性失衡；该供给模式采用的是一种自上而下的决策机制，提供的后勤服务的内容与数量往往不直接来源于师生切实需求。再者，时代变迁、生活进步使学校有限财力和师生后勤服务需求成为一个渐渐突出的矛盾。

历经三十余年的改革推进，高校后勤服务范围不断扩展，服务质量大幅提高，受到校内师生的广泛好评。与这些好评同时而来的是由于校内师生来源及背景差异性越来越大、后勤服务需求的变迁性越来越强、后勤服务隐性文化需求越来越高且越来越多样等导致的校内师生提出内容更驳杂、要求更高、差异化程度更明显的个性化服务需求。

鉴于传统的单一型单向度后勤服务供给模式存在的问题与弊端，也针对以上个性化服务需求的出现，高校后勤服务供给模式发生了新的变化，渐渐形成一种多维、动态、互动的后勤服务供给模式。首先是高校后勤服务更强调人本化原则，将人与硬件设施、软件服务有机结合、科学相辅，服务维度更为宽泛。其次，新的服务供给更具前瞻性，强调本土化与国际化结合，要求在与时俱进的基础上，根据社会时代变化作出预先研判和科学规划，处于不断的动态调整中。再者，后勤服务供给市场化程度越来越高，不断形成“市场提供服务，学校自主选择，政府宏观调控，行业自律管理，职能部门监管”的高校后勤保障体系。

但这种服务供给模式也存在着它先天的弊端。一是由于历史原因，校内后勤服务市场评价机制相对不健全，后勤服务反馈机制不够通畅、信息交流不够对称与及时有效，享受后勤服务的广大师生很难对服务供给的水平和绩效给予有效的监督。二是校内后勤服务市场的开放化程度越高，服务提供商数量越多，作为学校管理者实施有效监管的难度就越大。这就使建构更为有效的监管体系成为当下高校后勤服务管理工作的重中之重。

二、构建多维动态互动的监管体系

在高校后勤服务供给从单一型单向度模式向多维动态互动模式演进的过程中，高等院校进一步开放现有校内后勤服务市场，积极引入市场竞争机制，整合政府、高校、市场等多方力量，使多方服务力量在公平竞争的环境下，不断拓宽服务思路，实施多样化服务手段，通过经济手段的调节来更好服务教学科研和师生员工，为高等教育的发展提供强有力保障。这就使得高校作为服务购买方，必须持之以恒加大服务监管力度，构建多维动态互动的后勤服务监管体系。

（一）要明确高校在监管体系中的定位

高校是后勤服务监管的上层决策者，要制定后勤服务各阶段发展规划，明确管理部门和服务实体的权力与义务，制定并完善对后勤服务实体的激励约束机制。也是后勤服务监管的具体执行者，要根据具体行业标准，落脚本校实际，制定相应的管理规范和服务准则，实施对具体服务的考核、评估。如浙江大学就形成了包括《浙江大学后勤各行业服务管理考核办法》《浙江大学后勤各行业服务管理量化工作要求》《浙江大学后勤各行业服务管理考核打分办法》等在内的《后勤服务管理量化考核体系》。还是后勤服务监管的具体协调者，负责协调政府、市场、校内师生员工等多方利益关系。

（二）要不断扩展和加强后勤服务监管的途径

首先，要建立高校后勤服务领域的市场准入机制、考核机制和退出机制。准入机制即高校要结合学校所在地市场情况，制定进入高校市场的后勤服务管理企业的准入规范，完善准入流程，如是否具有各类资质，是否通过公开招标方式选择服务供应商等。考核机制指的是要以契约形式明确权利义务关系，并依法根据契约实施全过程监管和考核。如浙江大学即建立了日常考核、月度考核、随机考核和年终考核等多级考核相结合的考核机制，同时在考核过程中加入满意度调查，不断更新调查方式，完善考核机制。退出机制，是建立在健全的考核机制之上的市场退出机制，通过对师生不满意、服务质量不高的企业实行淘汰来优化校内后勤服务市场竞争环境，提高服务水平和质量。

其次，要完善高校后勤监管制度建设。根据调研，目前就总体而言，国内高校在服务质量监管制度建设上仍处于初级阶段，虽有一定量的制度、规定，但缺少系统性。同时，后勤服务质量标准的制定也较为迫切，尤其是与监管具体相关的服务质量标准、经费核算标准、资源资产配置标准等的具体量化。此外，除了制定监管标准，还要注重完善后勤服务监管的具体操作办法，要结合实地查勘、网上调查、第三方监管等多种途径办法。

再者，要加强“N位一体”的后勤服务监管体系建设。这里所谓“N”即是指与高校后勤服务办得好坏有直接或间接关系的“利益相关者”(stake holder)，包括政府、后勤协会等社会组织、高校及代表高校行使具体职权的后勤职能部门、师生，以及可能存在的个人赞助者等。因而要将政府部门依法监管、后勤组织专业监管、高校职能部门合同监管、师生教职员工的民主监督等充分融合，以促进后勤服务质量的提高。

（三）要不断增强后勤监管的力度与效度

有效监管首先要有一个开放、有序、规范、统一的校内后勤服务市场。其次要进一步理顺甲乙方关系。此处乙方包括所有通过准入机制进入校内后勤服务市场的服务提供商。三是要提高契约的信度，严格依法依规办事。四要善于运用经济杠杆，确立明确的奖惩制度和措施，将服务质量测评与后勤乙方单位的经济利益挂钩。

综上所述，随着高校后勤社会化、市场化程度的不断加深，高校后勤服务供给模式已经从单一型单向度模式转变为多维动态互动的模式，且这一变化仍处于加深、加快进程中。高校要根据外部环境市场化程度，引进竞争，优化服务供给模式，扮演好服务供给者到后勤服务产品挑选者、监管者的转变，用好经济杠杆，谋划布局好“N位一体”具有自我管理能力和及时反馈能力的服务监管体系，提高后勤服务质量，确保为学校教学、科研、师生生活提供有力支撑。

参考文献

[1] 许征.复旦大学校园后勤服务市场开放与监管体系建设[J].高校后勤研究，2015(1).

[2] 孙裕金.高校校园公共服务研究综述[J].渭南师范学院院报，2015(08).

[3] 殷飞.高校后勤社会化改革：现状与对策[J].高校后勤研究，2014(06).

[4] 方豪彪.高校后勤服务质量评价体系的构建[J].中国高教研究，2009(08).

[5] 〔美〕珍妮特·V.登哈特，罗伯特·B.登哈特.新公共服务服务，而不是掌舵[M].北京：中国人民大学出版社，2014.

[6] 袁贵仁.以科学发展观为指导　不断深化高校后勤社会化改革[J].中国高等教育，2005(24).

浅议高校后勤数字化建设

——以浙江大学后勤集团为例

程宁佳

（浙江大学后勤集团）

【摘 要】 目前，依托人工智能、云计算等高新技术，高校后勤服务不断转型发展。本文以浙江大学后勤集团为例，围绕"数字化建设在高校后勤的应用"展开论述，分析其优势和问题并提出建议，为高校后勤数字化建设提供一定思路。

【关键词】 高校后勤；浙大后勤；数字化建设

数字化建设是指利用计算机、网络、人工智能等技术，从"数据到业务"，将业务与技术融合并最终实现管理的智能化。高校后勤数字化管理是利用信息化建设手段和精细化管理方法对后勤工作进行管理。浙江大学后勤集团始终践行"同心协力，和谐共赢"文化理念，立足"所有的遇见，都是美好"服务愿景，"不忘初心、牢记使命"，通过数字化技术和智能化设备，努力实现更高品质的转型发展。

一、高校后勤数字化建设的背景

放眼全球，互联网、大数据、云计算、人工智能、区块链等技术加速创新，日益融入经济社会发展各领域和全过程。党的十八大以来，我国加快建设网络强国、数字中国、智慧社会，积极推动数字经济发展，推进中国特色社会主义现代化建设数字化、网络化、智能化。

高校后勤工作是高校工作的重要组成部分，是教学、科研、行政等工作得以顺利开展的重要保障。数字经济时代，为了提升管理效率，增加师生对服务的满意度，各高校都在积极整合现有的资源，探索后勤管理工作数字化、智慧化，不断提高后勤管理水平。

浙江大学是我国高校后勤社会化改革的先行者、探索者。浙江大学后勤集团坚持贯彻学校"更高质量、更加卓越、更受尊敬、更有梦想"的战略导向，坚定不移推进一流后勤服务保障体系建设，坚持"保障学校，服务社会"的发展方针，坚持专业化、规范化、现代化发展道路，加快转型发展，以数字化的技术和智能化的手段全面提升后勤保障能力和服务水平。为学校"双一流"建设提供坚实可靠的支撑保障，为高校后勤改革的"浙大模式"赋予新内涵。

二、浙江大学后勤集团数字化建设实践

后勤企业的发展需要高效的运营，创新的方法。智能化运营可以改造传统业务，实现降本增效，强化核心业务；数字化创新可以培育新业务增长点，催生新技术、新产品、新业态和新模式，引领未来发展。

（一）浙江大学后勤集团数字化建设现状

围绕浙江大学"双一流"建设大背景下对后勤保障服务的新要求和新形势，浙江大学后

勤集团通过新技术、新装备应用实践，不断推动数字化转型，提升校园服务品质，建设美好校园环境，满足广大师生对美好校园生活的需求。如“浙大后勤”微信服务平台不断迭代，订餐、订车、购物、报修等20多个功能模块，实现了师生对后勤服务的无边界触达。智慧食堂融入智能黑科技，智能化设备逐步取代传统人工服务，国内首套“智慧称重计价刷脸结算系统”以及“营养分析与健康管理系统”，提升师生就餐体验，传递“光盘”的节约理念。中央厨房食材集中加工流水线、全自动生产线、阳光厨房数字化台账、扫地机器人、食品安全风险预警和AI智能抓拍等多种现代信息设备和技术提高了生产和服务效率。

商贸系统“求是生活”重构人、货、场，线下扫码购、线上超市购，打造“无人超市”等校园新零售模式；购置90余台自助设备，涵盖饮料机、物料机、咖啡机、橙汁机、打印机、冰淇淋机、商品派样机等品类，为师生提供24小时无间断服务。求是物业采用智能硬件助力水电服务，搭建能耗管理平台，利用能源集中控制系统等各类智能系统远程监测，建设校园能源管理物联网，实现校园节能监管，为师生提供网上充值水电费便捷通道，全方位提升服务品质。邮政快递启用智能机器人派送包裹，采取自助寄递、刷码取件等智能模式提升寄取件的效率。智慧交通实现班车预约和查询。

（二）浙江大学后勤集团数字化建设优势

首先，数字化办公有利于信息畅通。后勤部门多、业务广，通过数字平台，各部门上报统计数据快捷准确，实现资源共享，解决信息闭塞、沟通不畅问题。如超市供应链系统，信息化改造后实现进销分离，实现EDI和Pad手持机收货、订货、盘点，信息处理高效透明。现场购物可手机或自助机扫码买单，自助开发票，学生对这种购物模式接受程度非常高。

其次，信息化产生各类大数据支撑运营，线上线下智能联动，线上商城助力精准扶贫，赋能云南景东农产品销售。数字化建设体现“以人为本”理念，如“大数据帮忙找食堂”，师生通过大数据了解用餐时段各食堂就餐人数，合理选择食堂，减少就餐等待时间，提升就餐体验。采用数字化技术实现双向互动，解决传统单向管理模式弊端。如食堂推出的科技赋能、科学防疫“码上服务”，可在食堂座位上扫码提交意见建议，无接触更放心。

再次，数字化优化资源管理。依靠全球互联网及高校局域网，开发利用后勤服务软件，提升员工管理效率。如“码上防疫”，对员工进行网格化管理，实现一人一码、一车一码、一房一码、一座一码，营造员工归属感、安全感。

（三）浙江大学后勤集团数字化建设存在的问题

目前，高校后勤改革发展面临共性问题。后勤服务保障不平衡不充分，服务设施设备有待更新换代，服务供给结构有待优化，供给体系对校园需求的适配性有待提高等。

数字化建设统一规划未建立、信息化应用设计零散、业务覆盖不全面、信息孤岛未消除、应用场景未实现互联互通，导致后勤各部门、各业务领域信息化系统重复开发，增加信息化工作人员工作量，降低工作效率，浪费资源。思想意识未到位，数据治理不完善，无法合理利用收集到的大数据服务师生需求，数据只是屏幕上的数字，无法推动后勤服务升级。

数字化建设意识薄弱，没有平衡技术改造和流程再造的关系。数字化不仅是技术问题，更需要通过信息化提高后勤管理能力。数字化不是网站、微信服务号、智能终端设备等简单的组合，不能对数字化建设停留在表层阶段，为建设数字化而数字化，更不能对数字化建设产生抵触心态，不愿接受新技术所带来的工作方式变革和人员队伍调整。大部分后勤员工的文化水平不高，平时工作时间长，任务重，不愿主动接触并学习新知识新技术。这就要求后勤组织从上到下，所有员工都要树立数字化意识，转变工作观念。必要时，可与合适的信息化公司合作，开展信息化技能培训，全面提高员工数字化素养。

三、高校后勤未来数字化建设合理建议

（一）坚持党建引领，深入数字化管理

加强党的领导，以党的政治建设统领后勤工作全局，将党的大政方针贯彻到后勤工作中。根据后勤工作特点采取有效措施，将后勤“服务育人”理念纳入学校培养“德智体美劳”全面发展的社会主义建设者和接班人的教育体系中，发挥环境育人优势。

高校应全面贯彻党的教育方针，坚持立德树人，开展劳动教育，努力建设“学校放心、师生满意”的后勤服务保障体系。结合目前社会形势以及自身实际发展需要，发挥党建在高校后勤数字化建设中的积极作用，加强风险防控，不断提升高校后勤服务的质量和效率，为学生提供良好学习保障，为高校持续健康发展保驾护航。

落实“党建引领后勤”，深化“服务育人”理念，培养并组建数字化人才队伍，发挥党员在后勤服务岗位中的先锋模范作用，强化服务意识，提升服务能力，营造美好校园氛围。利用防疫数字化平台和智能化设备，认真落实常态化疫情防控措施，扎实做好校园安全隐患排查整治、食品安全管理等工作，保障师生生命安全和身体健康。

（二）结合数字化技术，赋能转型发展

数字化转型是高校后勤实现转型发展的必由之路。高质量发展需要一流后勤服务保障体系，高校后勤实体的供给从传统后勤服务向新型后勤服务转变。坚持智能化运营和数字化创新，逐步推动新型后勤服务的结构更优化、业态更丰富、品质更精良、运行更高效、校园治理更高效、服务运行更流畅、师生体验更美好。

高校应建立科学的后勤管理体系，以大数据平台建设为载体，革新管理手段，提高管理效率，增进管理效能。坚持需求导向、场景驱动，推进业务系统建设，针对不同业务板块分类指导、分步实施、搭建业务中台。提升业务运行效率和运行能力；搭建数据中台，建设可视化业务数据展示和分析平台，推进业务数据化，实现数字化创新。

高校后勤应加大信息化人才培养力度，通过“传帮带”师徒制模式，完善团队建设，实现人才选拔和培育。通过数据共享、移动办公，提高办公效率；建设智慧监管平台，实现精准定位、智能预警等监管目标；善用新媒体、智能化设备和大数据分析，实现监管数据可比对、过程可溯源、问题可监测，提供更为精准的现场服务，更为科学的设施设备维护管理，减少资源配置不合理和重复劳动。

（三）立足师生需求，提供多元服务

高校后勤负责教学、科研、师生生活的保障与运行管理，应整合服务供应链形成高质量的供给体系，与高校形成服务育人和后勤服务的共同体。创新数智治理和智慧服务，充分运用大数据、人工智能等新技术，落实运行一体化，推动高校后勤治理体系和治理能力现代化，构建“校园大脑”，积累后勤服务大数据，形成师生服务画像。在数据采集和分析基础上，建立多场景实时响应系统，推动科技融入和整合，为后勤发展赋能，打造科技后勤。

坚持需求导向，以教学科研和师生生活服务保障场景为切入点，借助现代装备和信息技术，建设一体化后勤服务保障体系和一站式服务平台。如智慧食堂、智慧公寓、智慧物流链、新零售、智慧快递、智慧交通等，更好地支撑学校教学科研，满足师生多元化校园生活需求。

建立服务育人和服务保障共同体，后勤各业务模块可以开展各种实践活动。如饮食中心的"餐饮文化节"，普及营养健康知识；无人超市"诚信教育"，为扫码购、自助购带来助益。

四、结　语

伴随着高校"双一流"建设的不断深入，高校的精神、制度、行为也在不断进行相应调整，这本身就是高校校园文化不断积淀和升华的过程。高校后勤服务组织应该以学校的发展战略为基本导向，通过现代化的治理、数字化的手段，确保校园环境、资产的安全、保值和增值，更好地服务学科建设、教学科研和人才培养，促进高校现阶段整体管理水平和竞争力的提升，为高校跻身世界一流大学提供优质服务和物质保障。

高校后勤应构建安全、绿色、开放的现代后勤保障体系，推进互联网、人工智能、传感遥控等新技术在校园服务中的应用，促进校园大数据的有效利用和后勤服务管理支撑系统建设，推动校园服务供给体系高质量发展，有效提升师生学习、生活服务的智能化、人性化和便捷化。

智慧服务推动校园生活更美好，数字经营激励业务创新成长，数字治理促使管理运行更高效，通过数字化技术和创新思维，与高校建设相适应的一流后勤服务体系终将形成。

参考文献

[1] 何志祥.浅谈高校后勤数字化建设[J].南昌教育学院学报.2013,28(3).
[2] 叶征.学校后勤数字化管理浅析[J].中国科教创新导刊.2011(15).
[3] 聂荣晶.以高质量党建引领学校高质量发展[J].福建林业.2021(3).
[4] 马壮.高校党建引领下的"大后勤"管理服务模式构建探讨[J].环渤海经济瞭望.2022(4).
[5] 何瑜.高校后勤管理整合模式的数字化道路[J].四川职业技术学院学报.2014,24(3).
[6] 王铁.论高校后勤管理的信息化建设[J].黑龙江高教研究.2016(8).

高校机关党支部组织生活质量保障体系建设研究

赵　莹　吴红瑛

（浙江大学　浙江，杭州　310058）

【摘　要】 高校机关党支部组织生活保障体系建设，既是增强高校机关党支部组织生活实效性、促进高校机关党建工作的必然要求，也是提升高校机关党支部创造力、凝聚力和战斗力的重要举措。本文以浙江大学机关党支部为例，从增强高校机关党支部组织生活实效性的重要意义出发，在实地调研与问卷调查的基础上，深刻分析当前高校机关党支部组织生活存在的问题。并以构建高校机关党支部组织生活质量保障体系为切入点，从丰富组织生活内容、创新组织生活形式、搭建组织生活平台、完善组织生活制度、夯实组织生活保障等方面提出增强机关党支部组织生活实效性的对策和建议。

【关键词】 高校；党支部；组织生活

一、高校机关党支部组织生活质量保障体系建设的重要意义

近年来，随着全面深化改革的推进，高水平建成中国特色世界一流大学任务迫在眉睫。高校综合管理体制改革逐步深入，新的形势和变化对高校机关党建工作产生深刻的影响，对高校机关党支部组织生活提出了更高的要求。

习近平总书记在2018年全国组织工作会议中指出，“提高党的建设质量，是党的十九大总结实践经验、顺应新时代党的建设总要求提出的重大课题。提高党的建设质量，既要坚持和发扬我们党加强自身建设形成的优良传统和成功经验，又要根据党的建设面临的新情况大力推进改革创新，用新的思路、举措、办法解决新矛盾、新问题[1]”。

新思想引领新时代，新时代要有新作为。在新的历史时期，面对“两个一百年”奋斗目标以及“双一流”大学建设的美好愿景，高校机关党建工作同样面临新的机遇与挑战。一流的大学要有一流的管理与服务，一流的机关要求一流的组织保障。为切实加强高校机关党支部建设，强化高校机关党支部在政治示范引领、规范组织生活、团结凝聚师生和促进中心工作等方面的表率作用，就必须全面贯彻落实习近平总书记关于“新时代党的组织路线”讲话精神以及《中共教育部党组关于加强新形势下高校教师党支部建设的意见》（教党〔2017〕41号）文件要求，着力推进高校机关党支部组织生活质量保障体系建设，以更好的状态、更实的作风、更有力的举措，进一步发挥高校机关党支部的政治核心作用，不断促使新时代高校机

［注］　本文为浙江大学2017年度党建研究重点课题“高校机关党支部组织生活实效性研究”项目阶段性成果。

关党支部党建工作高质量、高水平开展。

二、当前高校机关党支部组织生活现状及存在问题

当前，虽然大多数高校机关党支部总体建设情况较好，组织活动开展有序并取得较好成效，但组织生活实效性方面距离机关党员干部的要求仍有差距。通过对部分C9高校以及浙江大学30余个机关党支部的调研发现，当前高校机关党支部组织生活主要存在以下几个问题：

（一）组织生活载体不够创新

调研过程中发现，高校机关党员数量庞大、学历层次较高、基层党组织集中，党建工作具有鲜明特征。虽然目前机关党员普遍认为现在的组织生活形式已有所改进，但对组织生活的内容与形式都有更高的需求。组织生活形式缺少连续性、系统性和创造性，机关党支部组织活动的创新度仍需进一步提高；组织生活的实质性内容有时抓不住机关党员关注的焦点，往往重党务理论知识学习，与业务工作结合不够，缺乏针对性和吸引力。学习型、创新型机关党支部创建需要进一步加强。

（二）组织生活保障不够完善

一方面，高校机关党支部对党员参加组织生活的考核评价机制不健全，组织生活制度的规定过于原则，缺乏对党员参加组织生活的量化评价与考核，未能把党员参加党内组织生活的情况纳入对党员综合考评内容。另一方面，组织生活缺乏有效的制度机制保障，相关制度规定过于原则，没有进一步细化、量化且具体操作性不强。而机关党务工作者往往以兼职为主且不计业务工作量，有效调动和激励党务工作人员积极性的机制办法不够，有限的组织生活经费也难以保障高要求、高标准的组织生活开展。

（三）党员思想认识不够到位

个别党员政治站位不高，对参加党支部组织生活重要性和必要性认识不够，在业务工作与组织生活时间存在冲突时，往往重业务轻党建，导致没有充足的时间和精力保证正常参加组织生活，使组织生活制度得不到很好执行。此外，当前高校机关党支部组织生活中，党员参加组织生活的积极性、主动性普遍不高，习惯于被动接受理论学习、参加组织生活。

三、构建高校机关党支部组织生活质量保障体系的若干建议

习近平总书记在2016年高校思想政治工作会议中强调，“要加强高校党的基层组织建设，创新体制机制，改进工作方式，提高党的基层组织做思想政治工作能力[2]”。

针对目前高校机关党支部组织生活内容、形式、保障等方面存在的普遍问题，高校机关必须结合自身党建特点，努力探索组织生活开展的新思路、新途径，从增强教育性、提升针对性、体现时代性、确保规范性、激发主动性等方面积极构建高校机关党支部组织生活质量保障体系。

（一）丰富组织生活内容，增强组织生活教育性

新形势下，高校机关党支部要在不断坚持落实“三会一课”的基础上，把理论学习与学校中心工作、机关岗位工作有机结合起来，积极推进学习型机关党支部建设。

一方面，要加强政治理论教育，坚持用习近平新时代中国特色社会主义思想武装机关干部头脑，把握理论动向，彰显时代特色，贴近生活实际，实现教育目的，让党的方针政策能够

在机关党员中入脑、入心。

另一方面，要建立定期培训机制，坚持以内部校情校史为基础、以校外红色资源为拓展、以红色社会实践为主题，拓展党员理论学习教育的深度和广度。通过制定组织活动计划，分级、分类、分批开展理想信念和师德师风教育，使党支部理论学习效果真正落到实处。

（二）创新组织活动形式，提升组织生活实效性

创新组织活动形式，就是要全面推行支部主题党日，盘活“规定动作”，创新“自选动作”，努力拓展新形势下高校机关党支部组织生活的有效途径。通过主题式、正反式、开放式等灵活多样的组织生活方式，激发组织生活活力，展示组织活动特色，推动组织功能实现，切实增强高校机关组织生活实效。

一是注重统分结合，在集中专题讲座、辅导报告、观看影像、外出参观等传统形式的基础上，充分发挥党小组的力量。在党支部的指导下，以党小组为单位开展专题理论学习和思想研讨，让每个党员参与组织生活全过程，充分发表意见，切实提高组织生活质量。

二是利用正反对比，通过正面典型的学习和反面教材的剖析，使党员在正反、善恶、美丑的冲击中，切实提升“四个认识”，加强党风廉政教育，深化机关作风建设。

三是加强内外交流，注重开展跨小组、跨部门党支部的联合组织生活。通过与部门不同党小组、机关兄弟部门党支部、校外相关单位党支部之间的有机结合，实现党政联动、资源联动、渠道联动，扩大党员的信息交流范围，激活基层党建工作的创新机制。

（三）构筑网上党建平台，体现党建工作时代性

随着信息时代的到来，将网络互动引入高校机关党组织建设工作中，已经成为新形势下创新高校党建模式的必然选择。高校机关党支部的建设要体现时代性、先进性就必须要紧密结合当下的“互联网＋”，利用互联网快捷、便利的优势，为机关党员搭建覆盖更广阔、使用更方便、时间更灵活、形式更多样的网上“党员之家”信息化平台，以扩大党员学习教育的覆盖面，强化广大党员的理论武装。

一方面，要把党支部挂在“网上”。充分依托机关各支部“党员之家”网站建设，开设网上学习专栏，丰富学习资源，加强宣传引导，推动党务公开，方便党员参与支部建设。

另一方面，要把党员放在“线上”。充分利用“微时代”新媒体优势，建立“党员之家”微信公众平台，加强热点理论宣传教育，方便党员随时随地利用新媒体平台自主学习；成立党支部、党小组学习微信群，通过学习分享，加强分组讨论与交流互动。

（四）完善组织生活制度，确保组织生活规范性

制度建设是高校机关党支部建设的根本保障。加强高校党支部制度建设，就是要结合工作实际，严格规范“三会一课”制度、组织生活会制度、谈心谈话制度以及民主评议党员制度，并通过相关激励保障与考核制度的制定和完善，健全党支部组织生活长效机制，使高校机关党支部开展工作有章法、发挥作用有依据、提高水平有目标，真正成为凝聚人心、服务群众、促进和谐、推动发展的战斗堡垒。

一是要健全党支部组织生活激励评价保障机制。通过加强资源保障、提供经费保障，激发支部工作的创新活力；通过准确定位党支部职责，成立机关部处党政办公室，促使高校机关党务工作专业化；通过探索完善基层党建工作督查制度与机关党支部书记述职评议制度，制定机关党建“五好”评价标准，客观评价党支部工作成效，科学衡量组织生活质量。

二是要建立完善党员组织生活考核制度。根据党员参加组织活动考勤签到与请假情况以及日常学习情况、讨论情况对党员进行考核，考核结果与年终评奖评优挂钩，给予物质、精神奖励，以此充分调动党员参与组织生活的积极性和主动性。

（五）尊重党员主体地位，激发组织生活主动性

为了突出党员在组织生活中的主体作用，保障党员民主权利，支部活动应充分体现基层党员在组织生活中的主人翁地位，广泛听取、征集广大党员好的意见和建议，把解决实际问题、增强归属感作为机关党支部工作的重要落脚点。还可以采取“角色互换”的形式，改变传统党支部主导的组织生活模式，要以党员为“主角”，支部为“主导”，由党员轮流组织、策划、开展，切实提升组织生活的参与性和互动性[3]。

形势催人奋进，创新任重道远。高校机关组织生活质量保障体系建设是一项系统工程，必须不断优化组织生活载体，落实全面从严治党要求，才能促使高校机关党建工作走向新的发展，为坚持和加强党对高校机关工作的全面领导、加快高校“双一流”建设以及全面深化机关作风建设提供强有力的组织保证。

参考文献

[1] 习近平.切实贯彻落实新时代党的组织路线，全党努力把党建设得更加坚强有力[N].人民日报，2018-07-05(01).

[2] 习近平.把思想政治工作贯穿教育教学全过程[EB/OL].(2016-12-08)[2023-01-01].http://www.xinhuanet.com/politics/2016-12/08/c_1120082577.htm.

[3] 李书臣，王君丽，田野.高校基层教工党支部组织生活实效性研究[J].教育教学论坛，2014(39).

浅析高校既有住宅室内品质提升策略

——以浙江大学教师公寓为例

黄梓薇

（浙江大学总务处房产运营与管理办公室）

【摘　要】 随着我国城镇化率的提高，既有建筑改造更新已成为城市建设的重要方向之一。浙江大学教师公寓由学校集中建设房源和既有住宅改造后的房源组成。为更好提升既有住宅改造的教师公寓室内环境品质，建设节能型公寓，本文基于“SI”住宅体系，梳理室内环境改造的目标和要点。同时，结合先进技术和经验，分析改造设计策略在教师公寓中的适用性。

【关键词】 既有住宅；教师公寓；室内品质

当前，我国常住人口城镇化率已达63.9%，城镇住宅面积从2000年的101亿平方米增至2020年的292亿平方米。《“十四五”建设业发展规划》中提到，“十四五”时期是加快建筑业转型发展的关键期，我国城市发展由大规模增量建设转为提质改造和增量结构调整并重，人民群众对住房的要求从有没有转向追求好不好。事实上，我们对既有建筑更新改造的探索由来已久，“十三五”期间持续推进既有居住建筑节能改造，累计完成既有居住建筑节能改造面积5.14亿平方米。与此同时，我国学者对既有居住建筑改造及室内品质提升已进行了大量的研究和探讨，主要围绕维护性再生科学架构[1]、改造技术研究与应用[2]、室内品质提升设计方法[3]等研究方向展开。

当前，全国各地人才引进政策力度不断加强，学校的快速发展离不开教师队伍的建设。高校青年教职工的住房问题也是影响教师队伍壮大的重要因素之一。随着房价的不断攀升，刚入职的教职工无法负担高额的房价，又或者在购买力范围内的房源远离工作地点。学校提供的教师公寓因其较低的租赁价格和较好的地理位置，成了优质的过渡性用房。因此，关注教师公寓室内品质，提高居住体验，从一定程度上促进学校对人才的吸纳。

为积极推动我校“双一流”建设，写好“住有宜居”的文章，探索学校既有住宅室内品质提升策略有助于提升教师公寓的居住条件，更好地满足教职工对高品质生活的需求。本文以“SI住宅”理论为指导基础，分析教师公寓室内品质提升的目标和要点，总结改造设计策略，为未来教师公寓发展提供一些启示。

一、SI住宅理论

“SI住宅”指的是支撑体“Skeleton”和填充体“Infill”分离的住宅体系，由东京大学松村秀一对西方相关理论进行研究并结合日本本土情况发展出理论雏形。“SI体系”的核心思想就是“分离”——结构体与非结构体的分离、设备管线系统与结构体的分离等[4]。

二、学校既有住宅房源现状与改造要点

学校现有教师公寓主要来源于学校集中建设和改造的房源(见图1)。其中，通过既有住宅改造后的教师公寓户型面积较小，户型以单间、一居室套房和二居室套房为主，普遍存在以下问题：

(1)房源多为20世纪80—90年代建成，楼龄较老，大部分无电梯。

(2)室内空间难以扩增，户型设计不合理，空间利用不充分，如有的户型厨卫与居室中间为公共走道，使用便利性差。另外，卫生间面积较小、无法做到干湿分离的情况普遍存在。

(3)部分楼房未采用保温材料或材料性能老化，墙体及窗户保温性能差，无法得到较好的热舒适。位于顶楼的教师公寓在夏季常常出现空调效果不佳的情况。

(4)防水材料老化等问题导致雨水渗漏的情况时有发生，影响居住者使用感受。

(5)教师公寓家具家电齐全，可直接拎包入住，但部分教师对个性化的要求较高，现有家具家电无法满足其需求。有些教师公寓还需适应教职工家庭结构发生转变时的需求，如子女同住、老人同住等情况。

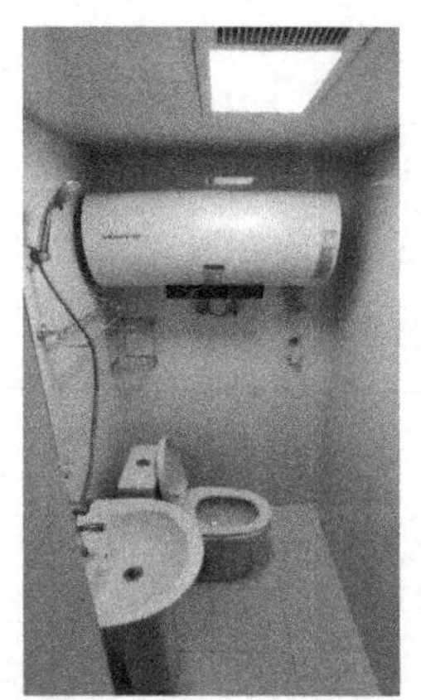

图1 既有住宅改造后的浙江大学教师公寓

综上所述，通过既有住宅改造的教师公寓室内环境舒适度提升要点主要为以下三个方面：①空间面积拓展与利用率提高；②提高室内防水、保温、隔声等物理性能；③家具部品集成化与个性化。根据“SI住宅”体系的核心思想，我们将教师公寓室内环境提升要点分为教师公寓支撑体和可变体，对住宅内要素进行梳理(见图2)。支撑体主要由主体结构、户外公共部分以及设备管井组成，无法进行大范围施工改造。所以，室内环境品质的提升主要围绕“填充体”展开。

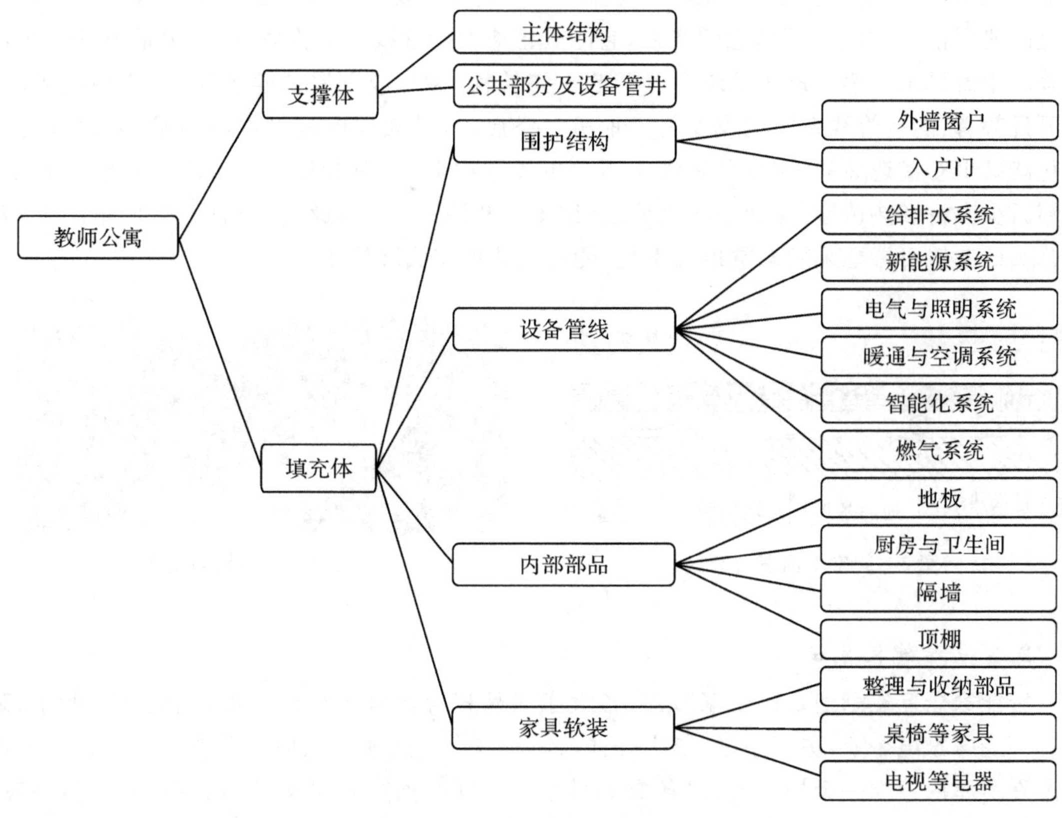

图 2　教师公寓室内环境提升要点

三、室内品质提升设计方法及运用

通过室内品质提升要点梳理，结合实际问题，总结出适合的改造策略。

(一)围护结构

建筑外门窗是整个建筑围护结构中最薄弱的环节之一，最需关注的是门窗气密性和玻璃的热工性能。其中，由于气密性不佳导致空气渗透引起的热损失约占建筑外门窗总热损失的 20%～40%。目前，针对外窗改造的主要技术有以下四个方法：一是将原有窗户整体更换成节能窗户，如断桥铝双层中空玻璃窗；二是提高窗框与墙体、窗框与玻璃等连接处的密封性能；三是在原有窗户上再增设一层窗户，两层玻璃之间形成空气间层有利于提高保温性能；四是在原有玻璃窗上贴节能玻璃膜，如纳米陶瓷节能膜等。

在窗型选择方面，平开窗实际保温效果优于同配置或高配置的推拉窗[5]。因此，在教师公寓改造中将原有外窗整体更换，窗型尽量选择平开窗，并在施工时注重装配质量。无法更换外窗时，可优先考虑在原有窗户上增设密封条来提高其气密性，减少外窗耗能，有条件时可使用节能玻璃贴膜。

(二)设备管线

1. 架空地面系统

既有住宅改造成教师公寓，往往需要对户内管线系统和地面进行全面改造。在传统的施工工艺中，管线系统无法与主体施工脱离，一旦被埋管线产生故障也难以维修。架空地面系统的使用正是“SI住宅”理念的实践，它能真正地做到管线与结构体分离，也是当下装配式装修的主流技术。架空地面系统由可调节支持结构（树脂或金属螺栓支撑）和面层组成，其主要优势有：能将管线系统集成安装于地板架空层中，最大限度减少水泥用量；地面系统轻量化能减少对楼地面的负荷，更有利于延长主体结构寿命；面层和结构层之间有空气间层，能够减少声桥和热传递，有利于建筑节能（见图3和图4）。[6]因此，在条件允许的情况下，教师公寓的改造可考虑采用架空地面系统，能更便捷地完成装修工作。

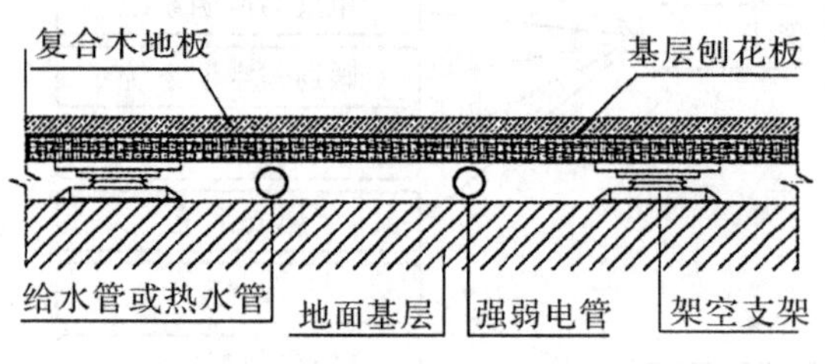

图3　架空地面复合系统

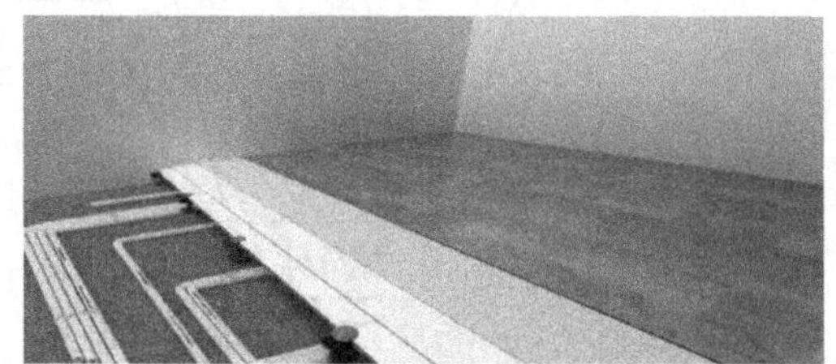

图4　架空地面施工

2. 家居智能化系统

智能家居已逐渐地走进千家万户，各大家居品牌行业风起云涌。不仅有美的、海尔、荣事达等老牌家电企业，更有小米、华为等移动厂商进入智能家居领域。智能家居系统的构建是要在房屋内建立一个局域网，将各类家具家电互联互通。它可实现语音控制、人体感应、远程控制以及室内运行状态监测。居住者可根据自身日常生活规律，通过软件预设指令来实现全屋智能控制。智能家居的使用不仅能为用户提供便捷、舒适、安全的室内环境，更有研究表明，智能家居系统通过对室内热湿环境监测与控制，可降低建筑使用能耗[7]。

（三）内部部品

1. 卫生间改造

在既有住宅改造中，“同层排水系统”因无须将管道穿越楼板且能明显减弱排水噪声而获得肯定，主要的施工方式有以下三种：一是在地面直接敷设管道，施工难度较低，但淋浴空间需加高，影响使用体验；二是采用升板式方式，将卫生间地面整体抬高，施工复杂且产生的高差难以处理；三是排水横管外安装式，此方法需将排水管在建筑外墙上与室外排水管连接，影响建筑外观且容易引起纠纷；四是采用新型超薄型同层排水地漏，配合侧墙排水系统的方式。该新型地漏高3.5cm，可直接安装在地砖的砂垫层中，将管道和坐便器等嵌入至墙体，便可实现不降板同层排水[8]。

另外，卫生间改造还可以用整体卫浴的集成模块化部品直接安装。整体卫浴的优点主要体现在它地盘整体压膜成型，无须进行防水处理；现场只需进行干法施工，无噪声污染，不产生建筑垃圾（见图5）[9]。

因此，在预算允许范围内，且卫生间面积较大时，可采用同层排水系统；若需增设卫生间时，可考虑直接使用整体卫浴产品。

① 顶板
② 壁板
③ 防水底盘
④ 排水管线
⑤ 调节地脚
⑥ 门/门洞型材
⑦ 主体型材

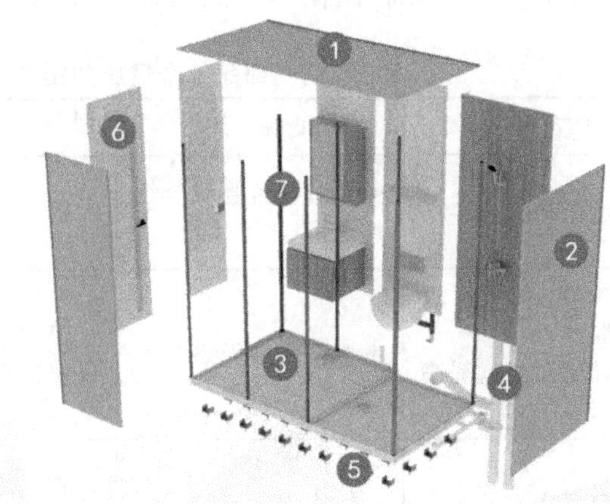

图 5　VCM 整体卫浴系统

2. 墙面改造

在既有住宅建筑改造中可能会涉及室内隔墙的加建或重建，可将管线系统与墙面系统一体化考虑，引入装配式集成墙面。它的优点在于使用干法施工，施工速度快、影响小，且预留检修口能方便后期维护维修。

集成墙面系统主要以轻钢龙骨或树脂螺栓龙骨为结构层，将管线系统置入到墙体架空层中，外挂饰面板（见图 6）。其中，饰面板材料种类繁多，如石塑集成墙板、竹木纤维板、铝合金集成墙板等，各种材料的灵活运用能达到较好的组合效果。

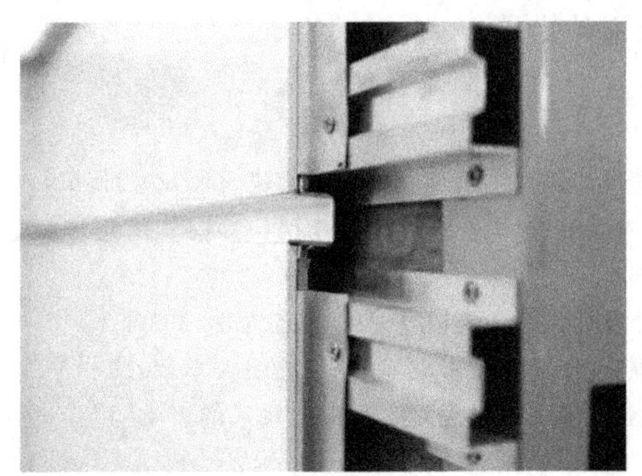

图 6　集成墙面系统

（四）家具软装

由于老旧房改造而成的教师公寓面积较小，居住者多为年轻教师群体，对于家具个性化要求较高。在家具选择上可考虑以下几个原则：一是功能性原则，对家具需更多地考虑收纳功能，如带储藏功能的床、凳子、茶几；增设沙发床，可满足教职工日常招待和家人来访使用。二是个性化原则，以可移动式家具为主，增加已标准化的储物单元，如宜家的储物柜系列组合，住户可适当根据自己的需求对单元任意组合使用。

（五）菜单式改造策略

由于老旧住宅的基础条件不同，教师公寓使用定位不同。根据不同使用需求，将同一部品的提升策略分三个层次：基础、优化和个性化，以便在改造前做好设计规划（见表 1）。

表 1 同一部品三个层次的提升策略

	围护结构	设备管线	内部部品	家具软装
基础	• 墙面更新及美化	• 老旧设备管线修缮更新	• 厨卫设施维修更换	• 可移动式家具
优化	• 原有外窗密封处理，玻璃贴节能膜 • 墙面增设保温材料提高热舒适。	• 架空式地板系统	• 卫浴干湿分离 • 整体厨卫系统	• 功能性强的家具 • 可组合式家具
个性化	• 断桥铝双层中空玻璃窗 • 复核隔墙系统的运用	• 新风系统 • 智能家居系统 • 安防系统 • 地暖系统	• 直饮水系统 • 卫浴同层排水系统 • 卫浴三分离改造	• 个性化定制家具

四、总　结

随着既有建筑改造的深入推进，各类建筑技术不断发展完善，老旧住宅也逐渐往节能改造、低能耗建筑改造甚至是近零能耗建筑改造方向发展。关注既有住宅改造的教师公寓室内品质提升，不仅能提高教职工居住的舒适度，提升其“幸福感”和“获得感”，更能减少能耗，让公寓更加绿色节能。同时，在改造过程中根据不同基础的房源，参考菜单式改造策略，能更精准地明确改造重点和方向。下一步，还需对各项改造技术进行经济性分析，从而为既有住宅改造的教师公寓室内环境品质提升提供更全面的指导。

参考文献

[1] 范悦，李翥彬，张琮. 既有住宅维护性再生的科学体系与知识库系统建构[J]. 时代建筑，2020(1)：6-9.

[2] 董晶涛，杨润斌，王瑶，石砚铭. 既有建筑改造装配式内装的技术选型与优化建议(上)[J]. 住宅与房地产，2020(17)：50-52.

[3] 孔德维. 基于虚拟现实技术的既有住宅室内品质提升设计方法研究[D]. 大连理工大学，2021.

[4] 史言翔. 基于 SI 体系的老旧住宅室内空间改造及功能提升研究[D]. 北京：北京建筑大学，2019.

[5] 刘正权，刘海波，董人文，王娜. 建筑外门窗气密性及空气渗透热损失对实际保温效果的影响[J]. 门窗，2009(5)：25-28.

[6] 梁骁，王洪杰，王超，王瑶. 装配式装修楼地面系统的技术提升与应用——基于长安新村和南菜园新村旧城改建项目的实践验证[J]. 住宅与房地产，2022(14)：52-55.

[7] 刘静蕾. 智能家居室内环境舒适性与节能性优化控制平台研究[D]. 北京：北京建筑大学，2021.

[8] 肖桢. 浅谈同层排水系统在住宅建筑中的应用[J]. 住宅产业，2022(9)：72-75.

[9] 卢瑞东. S 公司装配式整体卫浴产品设计质量改善研究[D]. 杭州：浙江大学，2022.

高校房屋资产管理的优化研究

徐启薇　刘小洁

（浙江大学总务处房地产权属与资产管理办公室）

【摘　要】 房屋资产是高校内涵式发展的基础和保障，也是高校国有资产管理的重难点工作，需要做好应对大体量、多类型、全周期的资产管理机制设计。本文结合浙江大学房屋资产管理相关工作经验，从分类管理、产权管理、财务管理和资源管理等几个方面进行分析研究，为高校房屋资产夯实规范化基础、推进精细化管理、创新个性化服务提供参考。

【关键词】 房屋资产；国有资产；在建工程；产权管理；研究分析；对策建议

一、研究背景

高校国有资产管理工作应科学把脉、精准施策，做到解决实际问题与前瞻规划设计有机统一。在高校国有资产中，房屋资产是高校内涵式发展的前提和保障，是高校提升办学能力、建设发展学科的基础平台和培养一流人才、服务战略布局的基础条件。一直以来，它是高校国有资产管理的重点、难点工作。房屋资产具有体量大、价值高、生命周期长的特点，为保障资产管理有序、权属清晰、维护妥当、利用高效和处置规范，需要做好管理机制体系设计，按多种类型、从多个维度对房屋资产做好科学管理。

目前对于高校房屋资产管理的研究较少，主要为经验泛述，缺乏以问题为导向做有针对性、可复制推广的高校房屋资产管理范式研究。根据调研，高校房屋资产管理在制度建设、日常维护、产权管理和处置核减等工作中普遍存在着共性难题，如房屋附属设施和构筑物的管理、修缮改造工程的资本化处理、历史遗留问题如房地产办证和房地产的核销等。另一个存在的现象是高校资产管理部门的管理职责界限不清[1]，如房屋资产入账时往往包含有设备、家具等资产，导致房屋资产管理部门与设备、家具资产管理部门的职能交错，易给管理造成混乱。所以在高校房屋资产管理中优化管理机制、解决共性难题，是管理部门面临的一个重要的问题。

二、研究内容

（一）房屋资产的分类及管理

随着学校教育事业发展，学科建设趋向于多元化，对房屋资产的使用需求也在不断提高，导致管理难度大幅增加，房屋资产的管理需由粗放型走向精细化[2]。对于教育用房、居住用房以外不断出现的新型类房屋资产，如房屋附属设施、构筑物、集装箱和其他需要确认为固定资产的工程类项目，无法简单地按照房屋资产管理要求进行资产建账及资料维护。

为此，必须做好资产的科学分类和精细化管理，落实管理责任，需要利用制度建设、信息化建设、内控建设等手段，实现科学管理[3]。

（二）房屋资产的交接与办证

由于历史原因，建校年代悠久的高校大多存在房地产方面的历史遗留问题，权属不清会对资产保值增值、资产报废处置、科研项目申报、重点实验室评选和营业用房出租出借等造成不利影响。随着各大高校越来越重视不动产权属管理，房屋资产管理部门应协同基建部门规范房屋、土地的交接程序，及时做好新建项目资料维护及产权办证工作，并在规定时间内完成在建工程转固定资产工作。

（三）房屋资产的增置与处置

在建工程竣工审计时，为了方便往往将房屋整体的工程造价直接全部确认为房屋固定资产，忽略了工程当中包含的设备、家具等其他类型资产，导致各类资产管理部门的管理职能混乱、职责边界不清。必须从增置的源头入手，对在建工程所含的各类资产分别入账、对应管理，后续才能规范履行处置手续。

（四）房屋资产的清查与盘活

通过定期进行资产清查及校园用地分类测绘，容易发现两类问题：一是年代久远、登记模糊、资料不全的基础设施和附属用房等资产无法按常规流程报送处置，造成账实不符和“销账难”问题；二是校园内临时建筑分布杂、数量多，使用和责任单位混乱，有的存在安全隐患未拆除，有的长期闲置无人利用，产生资产管理部门难以掌握和规范管理的死角。

三、各类房屋资产确认与管理的制度优化

高校房地产通常按照土地和房屋两大资产类别进行统计和管理，忽略了对房屋附属设施及构筑物等“类房屋资产”的精细化管理。根据《〈政府会计准则第 3 号——固定资产〉应用指南》（财会〔2017〕4 号）文件规定，房屋及构筑物按资产性质及折旧年限可细分为业务及管理用房、简易房、房屋附属设施和构筑物四个类别；国家标准固定资产分类与代码（GBT14885—2010）分为“土地、海域及无居民海岛”“房屋”“构筑物”三大类型。因此高校房地产管理应按照“土地”“房屋”和“构筑物”三类资产进行管理和建库。其中房屋附属设施虽为房屋子类，但其性质特点、折旧年限类似于构筑物资产，在实际管理与制度建设中可以将房屋附属设施和构筑物合并统筹。

（一）房屋附属设施、构筑物资产的确认

确认为房屋附属设施或构筑物的设施及工程，应符合固定资产分类与代码（GBT14885—2010）房屋附属设施或构筑物类别的对应子项。设计房屋附属设施、构筑物资产增置单和资料移交单，完整记录坐落位置、定位参照物、资产类别、计量方式等区别于房屋资产的信息，避免模糊登记。在信息化管理系统中，房屋附属设施应在房屋资产卡片库建账，构筑物需单独建立资产卡片库。

（二）房屋附属设施、构筑物资产的管理要求

房屋附属设施和构筑物的资产种类多、差别大，没有统一计量标准，在资产增置、资料移交过程中，必须定性、定量、定位描述资产。交接后，必须明确构筑物、房屋附属设施资产的日常维护单位及管理责任人，落实维护工作，配合定期检查，防止资产破坏灭失。

(三)特殊建设项目的固定资产确认

在高校房屋资产发生较大变化时,要对新建、拆建、扩建、装修等变化进行详细归档,及时充实档案[5]。某些基础设施、配套改造等特殊项目因资金来源问题不能计入长期待摊的费用,可按房屋附属设施或构筑物转为学校固定资产进行管理,有效解决国拨资金建设的设施、改造项目资产入账问题。

四、在建工程与房屋资产交接的流程优化

房屋、土地交接的前期工作会对后续权证办理和资产管理产生较大影响,必须前瞻性地做好流程设计、按节点执行。

(一)土地初始登记

高校取得的建设用地一般为划拨性质,需办理宗地确权。可在供地手续与勘测定界完成后办理土地初始登记,或到建设项目竣工后通过用地复核验收程序与房屋一起办理不动产权证,但若房屋登记受阻,土地登记也无法补办。建议在校区范围以外的建设用地,先取得土地初始登记;错过办理土地初始登记阶段的,须做好规范建设和建筑面积的严控严防,保障后续办证工作。土地初始登记确权时,原则要求土地现状为净地,因此学校基建部门在完成勘测定界与供地手续后,应尽快移交土地资料,以便房屋资产管理部门开展测绘并办理土地初始登记。

(二)建筑面积管控

现阶段的规划报批与房屋测量审核隶属不同的政府职能部门,或因设计院和测绘单位使用的面积计算标准理解不同,导致规划批建的建筑面积与实际测量的房屋面积容易产生误差,由此引发的超面积建设问题将为高校带来麻烦及费用。在规划报批到建设过程中,学校基建部门应关注此问题,通过图纸核对、预测绘等手段实施房屋面积的监测和管控,如发现问题,及时调整规划方案或执行批后修改程序,保障后续不动产权证的顺利办理。

(三)房产实测绘

建设项目完成规划竣工验收后,学校基建部门应尽快向房屋资产管理部门移交建设相关资料,以便及时开展房屋实测绘。为避免使用单位装修改造对房屋测绘的影响,该流程应在移交使用单位前完成,同时加强对规范装修意识的宣教。

(四)在建工程转固定资产

根据行政事业单位国有资产管理规定,采用建设方式配置的房屋资产,应当在建设项目竣工验收合格后及时办理资产交付使用手续,并在规定期限内办理竣工财务决算,期限最长不得超过1年。已交付使用但尚未办理竣工财务决算手续的房屋资产,应按照暂估价值入账,暂估价值可参考竣工财务决算报告、结算审核报告金额、投资概算金额等确认,待竣工决算批复后再按批复的实际成本调整原来的暂估价值;已完成竣工财务决算手续的房屋资产,应当及时转为固定资产。因此房屋移交使用单位后,基建部门应尽快按竣工决算实际成本或暂估价办理在建工程转固,增置内容需按工规证或竣工决算报告所含房屋范围进行填报。

(五)不动产权证办理

基建部门与资产管理部门配合完成规划核实、消防人防验收、房屋土地权籍调查、竣工验收备案等环节后,尽快办理不动产权证书,规范做好我校房屋、土地国有资产的权属管理。

五、房屋中设备部件增置与处置的机制优化

(一)明确在建工程分类转固要求

现有的房屋资产价值一般为建设工程的整体造价,未对房屋建造时工程总包的设备、家具与房屋做区分,待房屋资产入账时设备、家具可能已经使用多年或发生损坏。由于设备、家具等折旧年限与房屋相差甚远,房屋资产中的设备、家具损坏报废时未达到该资产卡片的房屋资产报废年限,也造成房屋、设备等资产归口管理部门的职能边界不清,在处置程序上存在一定漏洞和争议。

为从根源上解决问题、加强固定资产管理、规范资产报废处置程序,在建工程(包括目前已暂估入账的工程)转为固定资产时应以经第三方审计的交付使用资产审核明细表为依据,原则按房屋、房屋附属设施、构筑物、设备、家具等类型办理资产增置手续,各类资产入账后由各资产归口管理部门规范进行全生命周期管理。由在建工程转固确认的设备资产应在仪器设备管理系统中建账。对已明确使用单位和存放地点(或房间编号)的设备,由移交单位协调使用单位进行建账、直接登记到使用单位名下;暂未明确的,先登记到移交单位名下,待移交后调拨到使用单位名下。因建设工程中设备资产明细梳理和发票开具等问题存在难点,还有待具体项目试点后总结经验,形成可操作、可复制的方案。

(二)规范房屋内设备、家具处置管理

因历史原因含在房屋资产内的设备、家具,在维修、装修时需要拆除或替换时,应达到该类资产的最低使用年限后申请报废,建议由资产归口部门统一受理,遵循公开、公正、公平和竞争择优的原则,以市场化方式出售。未达年限的应优先在本单位、本部门内部调剂利用,一般不予受理报废处置,并强化责任和节约意识,使用单位擅自拆除或替换设备、家具的需追究责任。

六、房屋资产清查与资源普查的管理优化

在高等教育内涵式发展的背景下,高校新建房屋资产的可能性越来越小。如何挖掘现有房屋资产潜力、优化房屋资产配置方式、提高房屋资产使用的质量和效益、实现高等教育事业的可持续发展是高校资产管理研究的重要内容[5]。房屋资产管理必须以精准掌握学校所有房屋资源信息为目标。

(一)资产清查推进账实相符

定期组织资产清查,梳理历史遗留的已拆除待核减资产、已参加房改的资产,通过查档或走访收集资料,努力推进资产核销工作,并根据国有资产管理的相关规定要求,做好这类资产的账务处理。

(二)资源普查盘活存量用房

定期更新学校用地分类,关注校园内房屋、临时建筑、道路、绿化、水体的变化,重点关注各类临时用房的实际用途、使用单位和使用面积等信息。按年度统计租用校外土地、房屋情况,结合公用房定额分配情况,严格执行审批报送手续,加强存量用房的集约利用。将临时用房面积和租用校外房屋面积纳入各单位公用房指标,统筹考核各学院的公用房绩效,有利于掌握真实用房情况、盘活利用用房存量。

七、结 语

高校资产管理工作应深入学习贯彻习近平总书记重要讲话精神，把握高等教育高质量发展要求，充分认识、积极应对一流大学建设的长期性、复杂性和艰巨性，把发挥主观能动性与按规律办事有机结合，不断思考优化、实践更新。本文立足高校国有资产管理的新发展阶段，从高校房屋资产的分类管理、产权管理、财务管理和资源管理等几个方面进行优化研究，总结近几年浙江大学房屋资产管理的实践成果和工作经验，为高校房屋资产扎实规范化基础、推进精细化管理、创新个性化服务提供参考。

参考文献

[1] 江敏杰，晁炎，张科. 浅谈资产清查对加强高校国有资产使用管理的作用——以中山大学房屋资产专项清查为例[J]. 经济师，2017(12)：225-226.

[2] 宋鑫超. 提高高校资产管理工作效率的途径探析[J]. 行政事业资产与财务，2014(6)：156.

[3] 王希凌. 高校资产与实验室实施精细化管理的探索与实践——以同济大学为例[J]. 知识经济，2019(34)：12-13.

[4] 张欣. 高校房屋资产科学化管理探索[J]. 亚太教育，2016(35)：47.

[5] 侯艳艳，李俊，赵明. 高校房屋资产优化配置的思考[J]. 行政事业资产与财务，2020(1)：13-15.

浙江大学高品质推进美丽校园建设的思考

陈 婧

（浙江大学总务处校园管理办公室）

【摘　要】 高品质建设美丽校园，是深入贯彻落实党的二十大精神和推进“美丽中国”建设的应有之义，是学校迈向中国特色世界一流大学前列新征程的必然要求。本文从美丽校园建设的重要性、必要性以及实现路径等方面进行思考。

【关键词】 高品质；美丽校园；实现路径

党的二十大报告指出，我们要推进美丽中国建设，坚持山水林田湖草沙一体化保护和系统治理，统筹产业结构调整、污染治理、生态保护、应对气候变化，协同推进降碳、减污、扩绿、增长，推进生态优先、节约集约、绿色低碳发展。浙江大学总务处校园管理办公室承担着全校绿化景观、环境卫生、水域治理、饮食安全等管理工作，始终坚持以习近平新时代中国特色社会主义思想为指导，深入贯彻落实党的二十大精神和党中央决策部署，积极对标学校在新时期新征程的高远使命和战略任务，统筹推进校园管理。坚持守正创新、坚持问题导向、坚持系统观念，以师生对美丽校园、美好生活的期待与向往为出发点和落脚点，以制度建设、能力建设、改革创新为抓手，不断推动形成更加绿色、更加美丽、更具活力的校园。

一、高品质推进美丽校园建设是学校双一流发展的必然要求

美丽校园是学校发展的前提和基础，与美丽中国内涵一致。一流大学需要与之匹配的校园环境，通过直观的呈现，传达着学校特有的风格风貌、精神气质和文化底蕴，是学校发展的金名片。“武汉大学，珞伽山麓，东湖之滨，山水相宜，古今和谐，传承中华园林之精妙。厦门大学，滨海风光，秀色可餐，建筑散落于云雾之中，若蓬莱仙境；最妙海塘堤岸，红花绿影，仿佛珍珠翡翠，镶嵌于鹭岛之西。北大之美，在夫燕园一景；燕园之美，存诸未名一湖；畅春园等，则多不复存焉；理科楼群，更是风光难再。”[1]这些美丽的校园风光，无形中成了这些名校的名片。独具特色、传承文化、展现精神应是今后美丽校园建设的目标与追求。

二、高品质推进美丽校园建设是师生对美好生活的向往与期盼

随着经济社会的快速发展和人民生活水平的不断提高，人们的关注点不再局限于吃、住、行，越来越多的师生开始关心校园环境带来的审美享受、精神愉悦，不断涌现的网红打卡点也在提醒和鞭策我们：美丽校园建设，永远在路上。同时，优美、舒适的校园环境能对师生产生陶冶、激励、约束、调适等作用，有助于消除人们精神上的压抑感，让工作紧张、生活节奏快的师生得到片刻精神松弛，从而提高学习工作效率[2]。富有个性化的、人性化的、和谐的绿地和自然景观构成的开放空间，使人的思想和娱乐等获得进一步的自由交流，激发创造的火花，更好地服务于高校的工作学习。

三、高品质推进美丽校园建设是解决现有难点痛点的根本路径

学校的发展使得美丽校园建设不可避免地出现一些急需解决的问题。树木砍伐、迁移等报批程序的复杂困难导致校园部分树木生长过密，影响树木生长以及采光，也导致因交通配套建设、教学科研需求、生活方式改变、审美观念变化等原因需对校园绿地进行更新调整的计划面临极大难度；因经费、人员、技术能力不足等原因造成校园水域治理难有较大的突破和提升，布局分散、业态多样的饮食服务增加了饮食安全风险和监管难度，等等。因此，责任部门必须明目扩胸、转换思路、勇于担当、敢于作为，高品质推进美丽校园建设，满足师生对美好校园生活的向往。

四、高品质推进美丽校园建设几点思考

在高远使命引领下，学校对美丽校园建设工作提出了更高的要求，校园管理工作面临着新的机遇、挑战，需要我们提高站位、压实责任、振奋精神、勇于作为、攻坚克难、开拓奋进，扎实推进各项工作任务，为学校“双一流”建设和高质量发展提供优美的环境氛围，为师生对美好生活向往注入新的动力和活力。

（一）继续着力推动形成共识，提高管理工作成效

理念是行动的先导，决定着发展的方向和成效，高品质推进美丽校园建设必须坚持绿色低碳、师生为本、科学务实、守正创新、服务大局等理念和原则。树立大局观、全局观、系统观，进一步理顺学校校区、基建、安保、实验室与设备、宣传与文化、教务等单位和部门的工作关系，不断完善校园环境管理工作协调联动机制，提高解决校园环境管理中难点、痛点、堵点的能力，确保提质增效。达成“一盘棋”的共识，建立“总务—基建—园林一体化”工作机制，把校园绿化美化总体规划工作前移，统筹解决好前期设计、中期建设和后期管理实际工作中存在的“各管一段”问题。只有大家观念想法相统一，才能凝心聚力、同频共振、同向而行。

（二）继续着力推进美丽校园建设，提升校园环境质量

认真贯彻落实绿色校园建设和可持续发展要求，扎实做好爱卫会、绿委会工作，大力推进校园环境整治、改造提升工作，建设绿色低碳和高品质美丽校园。重点是和西湖区地方政府建立长期合作机制，推进务实合作，扩大合作成果，实现紫金港校区水域河道水质大幅度提升；联合基建处、园林养护单位等持续开展紫金港校区环境整治攻坚战，进一步改善校园整体环境，为校庆、亚运会等大型活动的举办营造良好环境氛围；深入开展爱国卫生月、植树造林、垃圾分类、化废清运、病媒生物防治、光瓶行动、光盘行动、可回收资源利用等专项或系列活动，让校园里的水更清、草更绿、校园更美丽，让校园里的食品更安全、更健康。

（三）继续着力优化校园管理体制，拓展校园管理功能

按照“四个更加”战略导向，围绕学校“双一流”建设和“三育人”宗旨，坚持以人民为中心的发展思想和以“学生为中心”的工作理念，进一步探索优化有利于提高校园环境管理质量和水平的新体制、新机制，切实发挥好校园环境管理在劳动育人方面的积极作用，推进一流的大学校园环境建设。聚焦师生工作学习生活中最关心、最现实、最直接利益问题，如外卖柜、交通难、充电难、垃圾存放难等问题，切实办实事、解难事、做好事，解决好师生的急难愁盼问题，增强师生的获得感、幸福感；探索建立学校“第二课堂”新领地，赋能“立德树人”根本任务，为学校教育教学和人才培养提供新的支撑、开辟新的课堂；筹划编制美丽校园绿化景

观规划方案，谋划举办校地企（产学研）合作论坛——建设高品质美丽校园，把理论问题、政策问题、现实问题相结合，充分利用市校合作契机，探索制度创新，利用方案备案方式来替代行政审批，破解校园绿化景观建设中的实际难题，推动校园绿化景观高质量发展。

（四）继续着力健全饮食安全监管体系，提高监管水平

按照学校提出的“提高监管质量”的要求，进一步改进、调整、优化食品安全监督管理队伍建设，进一步健全监管组织体系、制度体系、工作体系，努力提高监督管理专业化科学化水平。进一步修订完善绿化、卫生、食品安全等方面管理制度，以系统完备、科学规范、运行有效的制度体系促进提升校园管理工作效能，进一步构建由政府有关部门、社会第三方机构、学校主管部门多方面协同和（在职）教职工、学生、退休教职工等多主体共同参与的监督管理组织体系，进一步探索创新服务监管举措如建立健全约谈、整改、问责等监管工作机制，进一步加强对校内各支监督队伍的专业化、职业化培训，提升监督队伍的综合素质和监管能力，确保监督管理工作更加有形、有力、有效，让校园更安全、更健康、更和谐、更美好。

“美丽中国”是社会主义现代化强国应有之义，美丽校园建设任重而道远。新时代新征程，蓝图已绘就，奋进正当时。作为校园管理工作者应深刻学习领会习近平新时代中国特色社会主义思想的要义和内涵，用以指导工作、推动实践，应充分认识高品质美丽校园建设面临的重难点，开拓创新，主动谋划，攻坚克难，久久为功，坚实地走好美丽校园建设的每一步，为学校迈向世界一流大学前列作出贡献。

参考文献

[1] 万安培. 中国排行榜年鉴[M]. 北京：中国财政经济出版社，2005.
[2] 范作闽. 论建设美丽校园的时代价值[J]. 经济与社会发展，2013，8(4)：125-127，130.

构建“校园绿化＋X”全方位育人体系探究

陈 婧

（浙江大学总务处校园管理办公室）

【摘 要】 本文从高校校园绿化的功能出发，结合浙江大学实际，分析当前高校绿化现状及存在的不足，探讨通过对“校园绿化＋X”全方位育人体系的构建，逐步完善校园绿化功能，更高水平、高质量地发挥其应有的价值和意义，为今后高校校园绿化建设和管理提供借鉴和指导。

【关键词】 高校绿化；绿化功能；育人体系

大学校园是师生开展学习与生活的重要场所和空间，校园环境对每一位在其中活动的师生都产生着潜移默化的影响，发挥着无声教育的作用。浙江大学在杭五校区绿地面积约为 170 万平方米，各校区绿地率均超过 35％，绿化植物品种多达 480 余种，其中不乏国家一级、二级保护植物，优渥的环境条件营造了多层次的园林绿化空间，为师生提供了良好的学习、休憩场所。但随着学校“双一流”建设的不断推进，师生对“美丽校园”的需求和期待不断提高，校园绿化的不足逐渐凸显，原有的绿化着重考虑其景观效果、环境品质和生态功能，在校园文化体现、精神彰显、育人功能等方面都有待提升[1]，本文尝试从完善校园绿化功能出发，结合我校校园绿化实例，探索构建“绿化＋X 全方位育人”体系，以期为高等院校校园绿化建设管理提供有效借鉴和指导。

一、校园绿化存在的问题

（一）校园绿化使用功能亟待挖掘

校园绿化景观的一大功用是为师生提供优美、舒适的学习生活环境，使其达到感官愉悦、释放压力、放松心理、迸发灵感[1]。因此景观的建设不仅仅是纯粹地展现美，不能只可远观、不可亵玩，而应该打造“进得去”的园林，为师生提供思想碰撞、高谈阔论的场所[2]。目前校园绿地较为突出的问题在于使用功能不均衡，以浙江大学紫金港校区为例，启真湖畔的草地空间使用率较高，师生在此学习、交流、休闲、思考等，但教学区、图书馆、学院系楼宇等周边配备的小尺度绿地空间都未被有效利用，存在功能缺失、场地浪费等问题，师生的活动空间需求无法得到很好的满足。

（二）校园绿化缺乏科学教育内涵

校园绿地作为教学科研附属用地这一特殊属性和定位，就要求其必须以服务教学科研为主旨，具备育人功效，绿化建设应集“花园、学园、乐园”于一体[3]。前期的校园绿化虽有意识地建设了植物专类园，并进行植物名录挂牌，但专类园数量较少且独立于校园生活之外，散落于校园各处，并没有形成完整的游览导学动线。同时，场地中现有植物品种多样性不足、科学内涵较低，未能与学科教学、科研进行有机结合，建立校园教学科研基地，无法作为教学范例，形成良性循环和长效机制，环境育人功能难以体现。

（三）校园绿化彰显校区特色不够

浙江大学是拥有多校区的综合性大学，各校区各有定位、各具特色，如紫金港校区的现代化、玉泉校区的历史积淀、华家池校区的农耕文化、西溪校区的艺术空间等。根据角色需要、自身情况及生态环境条件，在最大限度尊重和顺应自然的基础上有选择、有追求地将不同校区的特点融入校园环境的设计和建设中，营造出具有鲜明特征和富有个性魅力的校园，应是校园绿化的理想和目标[1][4]。而原有校园规划往往把建筑设施放在首位，忽略校园绿化整体设计，只简单地在建筑周围划拨一些绿地，以“绿起来”为主要目的，或者机械地生搬硬套城市公园绿化模式。尽管也打造得像花园一样，可给人的印象往往总是复制趋同多而缺乏内涵与个性。

（四）校园绿化无法体现文化传承

校园环境风貌直观展现着一所学校的发展历史、办学理念与文化内涵，绿化建设须让历史人文融入校园景观、传统理念渗透空间格局中，让置身于其中的人透过美丽的校园环境及教育理念共同酝酿的内涵去体味所凝聚的学校历史和文化底蕴，从而感受它散发的人文气息和审美意蕴[5]。而当前校园景观雕塑小品的设置缺乏整体规划和布局，在文化内涵的展示上多是分散的点，缺乏整体的关联，且与周围绿地匹配、空间营造相割裂，通过景观雕塑小品去讲好校园故事、传承校园文化的作用难以实现。

二、“校园绿化＋X 全方位育人“体系的实现路径

（一）绿化＋育人空间拓展

落实“师生为本”理念，坚持需求导向、挖掘潜力的原则，在校园绿地情况摸底调研、确定可供改造或急需改造场地的基础上，结合各院系文化特性与功能需求[6]，逐步推进景观提升项目。如紫金港校区医学院的无语良师广场、生命科学学院的于子三爱国教育基地、求是学院的一流学生社区、动物科学学院的交流吧等，通过对现有绿地的改造，梳理绿化结构，创造灵动的师生学习教育空间、休闲活动空间、心灵净化空间等，提高校园环境与师生需求的匹配度，更好地满足师生对美好生活的向往和期待，进一步提升师生获得感、幸福感。

（二）绿化＋劳动教育

坚持立德树人，把劳动教育纳入人才培养全过程，探索特色劳动教育模式，让学生在知行合一中形成正确的世界观、人生观、价值观，绿化则具有天然的劳动功效可充分发挥。试点与求是学院共建“浙江大学劳动育人实践基地”，让学生参与植物生长全过程，如学生通过亲自播种、收割、晾晒、压榨、灌装等工序收获了劳动成果——紫金菜籽油，收获了一份宝贵的校园记忆，真正感悟劳动的意义。后续还将继续拓展植物品种，如向日葵、马鞭草、青稞、大麦等，通过不同劳作过程和劳动成果，持续激发学生的兴趣和动力。此模式还可继续复制创新，与各二级学院单位协同合作，增加劳动教育的受众，拓宽劳动教育的覆盖面，力争把活动做好做实做优，不浮于表面。

学生社团是学生的自治组织，在学生中具有广泛的影响力和号召力，劳动教育依托学生社团开展能达到事半功倍的效果。继续深入开展树木挂牌，使学生持续参与、沉浸其中，在润物无声受到教育和启发；每年结合春播、植树节、校庆、国庆、秋收等重要时间节点，策划组

织爱绿护绿、环境保护等主题活动,通过环境整治、绿化修剪、花卉种植等劳育实践活动丰富育人新形式、新路径,让学生参与学校治理,了解学校、理解学校、爱护学校,增加校园归属感。

(三)绿化+学科教育

充分挖掘校园绿化资源,服务教学实践,构建分层、分类的教书育人体系。

1. 科普教育

丰富现有专类园物种的多样性与专业性,使其更具科普教育内涵。并在梳理原有植物名录挂牌的基础上,丰富科普内容,将受众范围由专业转向业余,最终面向社会公众,让人们走进自然、感受自然,寓教于学。此外,可将现有与未来的"校园口袋植物园"与教学路线、校园跑道、体育项目等多种方式相结合,形成"校园口袋植物园游览路线",将散落于校园各处的碎片化植物园由点连成网,激发每个点的作用,产生"一加一大于二"的景观效益和育人功效。

2. 实践教育

众多实践性较强的专业门类课程需要借助外部环境进行课外作业,校园绿地即可为其提供便利的教育教学场所。如景观优美、独具特色的南华园、华家池畔等都是园林学生极佳的写生地;各校区植物种类丰富,骨干绿化树种多悬挂标有植物学名、特性、用途等的名牌,是认识、了解、学习植物知识的天然场所;启真湖水系及南华园湿地内养育水生动植物,不仅促进水体自身的净化和循环,同时吸引多种野生动物栖息,形成宜人舒适、自然和谐的校园生态,也可依托此设置生物多样性和湿地保护区为环境、生态学等多学科建设科研实践基地。

3. 课程教育

创新探索课程教育模式,立足美丽校园建设,融合植物学、生态学、园林学等课程,充分发挥协同育人效应,助力构建教育教学新生态。在建筑工程学院的《景观规划与设计》课程中,为实现从图纸到真实场地,从设计到动手施工营建等教学目标的深化,围绕安中大楼内庭院景观改造项目,开展课程设计,充分遵循绿化规律、课程规律、成长规律,设计了学生全程参与的小组方案、方案评审、景观建设、绿化养护等课程环节。通过真正的改造案例,让学生在完成课程的同时参与校园建设,将情感与学校相连接、与绿化景观共生长。

(四)绿化+文化传承

浙江大学拥有一百多年的璀璨历史,每个校区依托其地理地形环境、历史年代差异,在校园文化和精神内涵上既有一脉相承的延续,也有各自的特色创新。校园绿化作为重要的载体应通过植物意象、雕塑小品、楹联碑刻等设计使学校精神文化和百年名校风采得到物化和彰显。如华家池校区,可在主轴、主线、主景上运用统一的人文标识,像求是创新、竺校长两问、校歌等,体现各校区的联结和团结;在区域景观上则可突出农耕特色和爱国教育,像中国最早建立的植物园、阡陌之舞、于子三像等,通过挖掘、串联、讲述使得绿色文明与红色文化相互交融、相得益彰;在植物的配置组合上展现更多的田园风光和乡间野趣。紫金港校区作为崭新的现代化校园,在传承历史文化的基础上,校园绿化可更加开阔、大气,雕塑景观小品更具前沿性和科技感,寓意着新时代、新征程上学校新的蓬勃发展。

此外,雕塑景观小品须与周围绿化环境相匹配,植物设置所营造的空间意境和风格要服务于主体,共同阐述校园文化故事,继而通过其蕴涵的丰富教育意义和价值,长期积淀传承为全校师生的共识[7]，而不是单一的雕塑小品突兀地置于绿化环境中。

总之，高校校园绿化建设任重而道远，通过绿化实现“全员育人、全程育人、全方位育人”，让百年学府深厚的人文底蕴和“求是创新”的价值理念在师生中根植并烙印是绿化工作者的不懈追求。以构建“绿化＋X”育人体系为目标导向，打造校园环境建设的“浙大样板”，为其他高校的绿化建设带来启迪，共同为美丽校园建设作出新的贡献。

参考文献

[1] 卞阿娜，甘永洪，方份. 大学校园绿化探析[J]，漳州师范学院学报（自然科学版），2006，54(4)：102-105.

[2] 颜冬. 高校校园环境规划设计的思考[J]. 洛阳师范学院学报，2004(6).

[3] 胡正军. 大学校园绿化探析浅谈高校校园环境绿化建设[J]，高校后勤研究，2009(3)：102-105.

[4] 刘青. 环境育人视角：高校校园绿化建设与科学规划的思考[J]，价值工程，2010(166).

[5] 刘青，罗昂. 基于育人视域的校园绿化与环境优化策略——以湖南第一师范学院新校区为例[J]，湖南第一师范学院学报，2014(32)：98-101.

[6] 张瑶，段广德. 浅谈高校绿色校园景观的构建与应用——以内蒙古农业大学东校区绿色校园景观设计为例[J]. 现代园艺，2021(24)：84-86.

[7] 唐洪流，吴晓龙. 百年厦大，别样景观——厦门大学校园景观探析[J]. 城市建筑，2022，19(9)：178-183.

高校后勤维修廉政风险与防控对策研究

——以浙江大学为例

张　铠　方令超

（浙江大学总务处维修预决算管理办公室）

【摘　要】 近年来，随着教育部中央高校改善基本办学条件专项资金、校修缮经费、学院自筹维修经费等不断增长，高校维修项目数呈几何级增加，随之带来的廉政风险也逐步增大。为预防高校后勤维修工作中腐败现象出现，本文以浙江大学为例，分析高校后勤维修工作中的廉政风险点，探索研究防控对策。

【关键词】 高校后勤；维修工程；廉政风险

一、引　言

随着高校新校区的扩建，老校区的日渐老化，校园维修改造项目逐步增多。如何做好美丽校园建设，是高校后勤人都值得深思的问题。其中，笔者认为维护好高校维修建设行业"风清气正"的环境，不仅有利于推动维修事业的进步，更有利于高校后勤"服务育人"理念的贯彻。本文将举例分析高校后勤维修中常见的风险点，以浙江大学为例，分析研究风险防控对策，提出解决措施，为推动高校后勤领域廉政建设提供思路。

二、高校维修工作的廉政风险点

高校后勤维修项目具有量大面广的特点，维修工作包含项目的计划编制和经费申报、设计需求提出和委托、项目招标、合同管理、现场管理、结算审核、经费支付、资料收集与归档等。各个环节紧密相关，在业务流程、制度政策和外部环境等方面均存在廉政风险点。

(一)思想道德风险

部分高校维修管理工作人员往往认为，只要不贪污受贿、不犯错就是守好了廉政底线。其实，工作思想保守、不思进取、不作为等行为都属于廉政风险，都容易从思想上松懈演变成行为上腐败。具体到高校维修工作上，主要问题有以下几点：

(1)工作上存在畏难情绪，不懂得攻坚克难，碰到"硬骨头"问题时容易向乙方单位"妥协"。

(2)工作方式比较守旧，按照现有模式机制工作，哪怕明知道存在缺陷，也不去克服、创新，存在"只要不犯错就是把工作做好了"的错误思想。

(3)技术能力提高不足，维修工作涉及较多专业技术，技术硬实力不足，容易对工程把控不足，理解片面，从而间接导致方案把控不严、资金浪费。

(4)部分管理人员存在"面子薄"现象，对于熟人办事，碍于"人情""面子"，对乙方单位进行“放水”，碰触一些制度政策底线。

（二）工作机制与机构设置方面风险

高校每年实施各类维修的经费较多，维修项目数以千计，但因为高校编制受限，维修管理工作岗位人员数量有限，管理人员一般同时单独承担多个项目的过程管理，包括设计委托、部门协调、联系单签证、结算审核、资料收集等。许多环节没有能做到“防火墙隔离”，在控制廉政风险的机制上存在不到位的情况。经笔者调研，许多高校只设置一个管理维修工程办公室，往往都是一个科室完成维修工程全过程管理，在明确职责分工、业务流程相互制约和监督方面存在严重缺陷。

（三）岗位职责风险

高校维修工程一般分为小型零修维修、专项维修，具有持续性、不间断性等特点，广泛分布于各个校区中。以浙江大学为例，2022 年维修工程通过公开招标、采购共计 39 项，投资额约 15098 万元，全年与施工单位共签订工程类、服务类等合同 283 份，完成计划内日常修缮项目约 759 项，投入经费约 5634 万元。维修科室管理人员短缺及技术不足导致的廉政风险点主要有以下几处：

(1)高校具有校区多、范围大的特点，维修工程广泛分布于各校区，工程种类多、技术跨度广，而维修管理技术人员少，造成全过程维修监管难度增加，存在监管不足的风险。维修工程现场管理技术力量缺乏，再加上零修工程由各校区分散管理，业务操作自由度大，存在管理不严的风险。

(2)高校零星工程一般不进行招标，由高校相关部门或维修管理部门从入围单位中指定施工单位实施。因此，有部分高校指定施工单位缺乏政策指导及依据，存在随意指派任务，靠关系拿活的廉政风险点。

(3)部分高校存在维修管理人员技术力量薄弱，对修缮内容及范围测算不精确，再加上项目实施过程中不可预见因素较多，存在对工程变更、造价等控制不到位的风险。

(4)维修管理人员存在与施工单位或第三方服务单位走得过近的现象，容易导致项目实施过程中对联系单签证、质量要求进行“放水”或放宽处理，对第三方服务质量要求不严格，使得工程质量不能保证，工程造价增加。

（四）第三方服务单位廉政风险

目前和第三方单位（如监理单位、造价咨询单位、设计单位等）只有合同约束，缺乏针对性的相关管理规定，相关人员职业素养良莠不齐，存在职业廉政风险。

(1)维修改造工程具有小而杂的特点，设计人员往往不愿意投入过多的精力到项目中去，很多小零修项目基本都没有设计图纸。专项改造项目虽然有设计图纸，但是由于设计费用及项目规模等原因，加上改造项目比较复杂，设计人员往往没法做到现场一一核对，完成的设计成果经常和项目实际情况有所出入，导致项目实施过程中增加变更，从而增加项目成本。施工方往往抓住这个空子，与设计人员进行沟通，实施有利于自身经济利益的变更，这是设计服务单位普遍存在的风险点。

(2)监理单位是维修工程项目实施的重要一方，是甲方对项目质量把控的可靠一环。因项目众多及监理人员有限，往往很难对所有项目的隐蔽环节或施工工序监理到位，监理人员与施工企业走得过近，监理人员责任感不强，导致存在监理签证单不实、实际工程量不符、部分材料不达要求等现象。

(3)造价咨询单位主要工作是招标工程的工程量清单编制、维修项目的结算审核等，部分造价咨询人员存在责任心较低、廉政意识不强的情况，往往容易被施工企业腐蚀，如把工程量清单标的透露给施工企业，在结算审核中，存在工程量核实不严、材料单价审核过高等问题。

三、现阶段行业内防范对策

如何应对高校维修工作出现的廉政风险点，寻找风险对策，尽可能规避廉政风险的发生。以浙江大学为例，近年来采取了如下应对措施。

(一)加强党风廉政建设

认真落实岗位反腐倡廉建设和作风建设工作，坚持民主决议、科学决策、公开透明，切实把"一岗双责"落到实际维修工作中；加强廉政学习教育，不断提高宗旨意识、责任意识和廉政意识，筑牢党纪国法和思想道德两道防线，增强拒腐防变和抵御风险能力。同时，加强内部控制关键岗位工作人员的职业道德教育和业务培训，不断提高职业道德水平和综合素质，不断提升专业技能及业务水平。

(二)加强制度建设

建立健全维修工作内部管理制度。全面梳理各个环节可能存在的风险点，规范立项、招标、造价、建设、验收等环节的工作流程，明确相关岗位的职责权限，做到不相容职务相互分离；落实维修工作重大经济决策、重大经济事项等，按照规定的权限和程序实行集体决策或者联签制度，工程款项支付实行"两支笔"会签制度；明确维修合同拟定、审批、执行、登记保管等环节的程序和要求，加强合同信息安全保密工作，切实维护学校的合法权益；完善维修信息管理，强化工程建设全过程的监控，定期检查和评价管理中的薄弱环节，确保工程项目的质量、进度和资金安全。

(三)加强机制体制建设

作为全面负责学校维修管理工作的职能部门，切实履行内控建设的主体责任，实行分事行权、分岗设权、分级授权，定期轮岗，强化内部流程控制，防止权力滥用。

根据维修工作的特点，科学运用内部控制机制原理，按照不相容岗位相互分离、相互制约和相互监督的原则，适时调整原有维修管理办公室，按关键节点的相互分离、制约、监督，重新设立相关科室，分为：维修计划与现场管理办公室、维修预决算管理办公室，如图1所示。

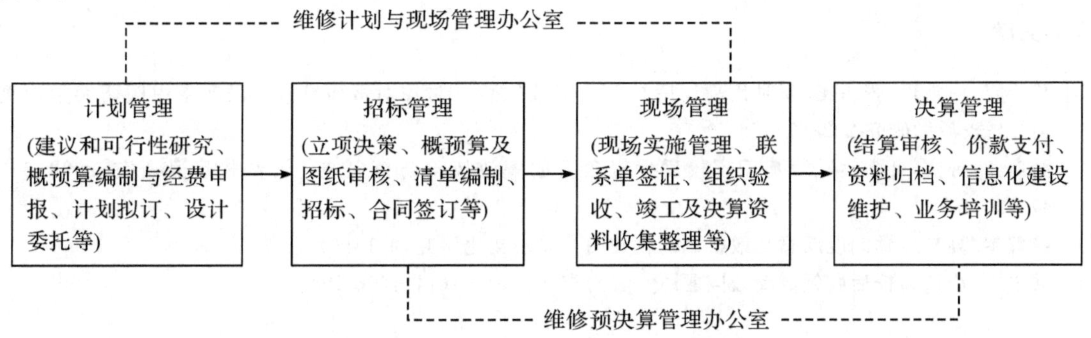

图1 维修工作关键环节与科室设置对照情况

新设立的两个科室独立运行，规避了原来一个科室完成维修项目全过程管理的风险，岗位职责相互分离，维修环节相互衔接，起到相互监督检查的作用，如图 2 所示。

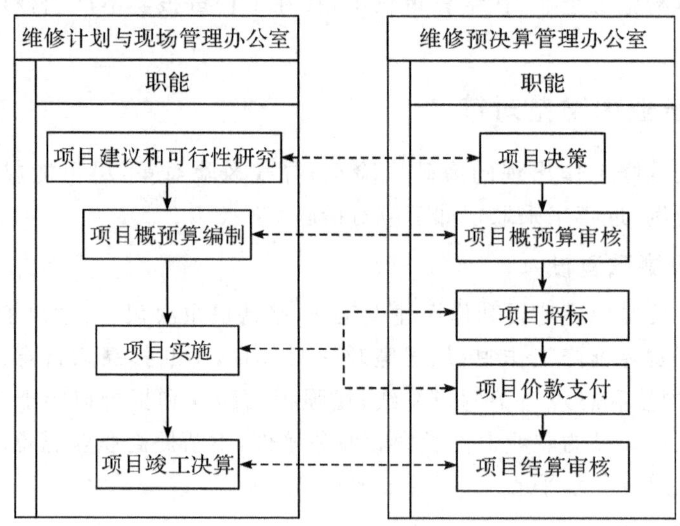

图 2　维修工作不相容岗位设置情况

（四）维修信息化建设

维修信息化平台的搭建，信息和流程的公开，保证了维修相关信息的及时性和准确性、行政决策的科学性和透明性。打通内部信息壁垒，实现融合共享，用信息化手段加大对工程招投标等重点环节的监管，创建有利于廉政责任体系发展的工作平台，接受广大师生的实时、动态监督。探索建立一个全过程维修信息化管理平台，做到千元以上项目的重点节点、重点数据有据可查、有迹可循；一个项目从立项到审计支付实现全过程监管，通过信息透明化、信息共享，来规避廉政风险。

四、结　语

党的二十大报告强调，坚持不敢腐、不能腐、不想腐一体推进，同时发力、同向发力、综合发力。要做好高校维修工作的廉政风险防范，必须筑牢信念之魂、构建廉政体系、严守风险底线、探索数字赋能。奋力打造一个“风清气正”的后勤保障环境，为支撑高校教育事业发展提供强有力的保障。

参考文献

[1] 陈德宝，白雪玲，张占正. 新时代高校后勤系统廉政风险与防控对策研究——以河南中医药大学为例[J]. 高校后勤研究 2022(1)：68-70

[2] 吴启龙，孙文，韩强，张飞. 基于高校后勤视角下的廉政风险防范研究[J]. 高校后勤研究，2022(3)：47-51

[3] 吴慧鋆. 高校后勤制度反腐长效机制的构建[J]. 廉政文化研究，2018(6)：71-77.

[4] 龚水平. 浅议高校后勤领域腐败问题[J]. 法治与社会，2014(14)：206-208.

校园空间建设及改造的思考

——以浙江大学为例

许 敏

（浙江大学总务处家具管理办公室）

【摘 要】 本文站在浙江大学建设者的角度，结合师生生活、学习的实际体验、观察和切实需求，探究大学校园中各个空间建设现状和不足；筛选不同尺度的改造对象，尝试提出相应的解决办法，以期带给同学们更好的学习生活环境，并在有可能的情况下将改造方案与特色成果加以推广。

【关键词】 校园建设；空间改造

对标浙江大学2035跻身世界一流大学前列的战略目标，按照“更高质量、更加卓越、更受尊敬、更有梦想”的战略导向，打造以学生成长为中心的卓越教育体系，坚守“人格、素质、能力、知识融合一体的KAQ2.0教育理念，突出了专业教育与思政教育一体化推进的重要性，从学生成长侧对未来校园学生活动空间规划提出了更高要求。建设面积充足、结构合理、布局科学、友好开放的学生活动空间，是打造以学生成长为中心的卓越教育的应有之义，对以空间为牵引构建一站式、立体式、浸润式的“德育共同体”具有重要意义。

学生的校内活动空间包括宿舍、食堂、教室以及各类型的活动空间，近年来，我们对校内的各类型活动空间进行了大规模的建设和改造，针对上述工作进行总结以及思考。

一、学生宿舍空间的建设及改造

近年来浙江大学紧跟教育部建设“一站式”学生社区综合管理模式要求，不断强化“以学生为中心”的办学治校理念，进一步提升围绕学生、关照学生、服务学生的工作质量，在学生社区逐步探索形成一站式集成、网格化管理、精细化服务、信息化支撑的综合管理模式，构筑学生党建前沿阵地、建设“三全育人”实践园地、打造智慧服务创新基地、争创平安校园样板高地，将高校育人力量和资源整体下沉到学生社区，用最温暖的关爱陪伴学生健康成长。

以学生共同生活区域为基础，以服务学生在课堂以外的成长成才为目标，以共同价值观念为联结的学生教育生活成长共同体，建立“一站式”学生社区。浙江大学总务处在这样的要求指导下，结合学校组团式学生社区建设理念，标准化配备党员之家、多功能室、“毕至居”、互动交流区以及各类生活服务设施。以学生需求为导向，根据现场实际情况，不断优化宿舍内部的建设方案。

学校的宿舍基本实现了本科生四人一间的组合形式，在房间内部，仍然是以上床下桌为主。在近年来的宿舍内部空间建设中，基本实现了研究生两人一间的组合形式，由上床下桌演变成单人空间平面布局，在每间宿舍内部都设置单独卫生间与阳台，甚至做到了部分博士研究生一人一间的形式。在学生居住环境得以改善的同时，我们摸索出了符合当代大学生居住需求的关键要点和属性。

首先,睡觉、学习、储物是宿舍设计必须满足的基本属性,其中良好睡眠与充足的学习空间更是宿舍内部空间设计的核心所在。

2020 年,医学杂志《柳叶刀》(lancet)的研究显示,近 30 年来,中国人的身高越来越高,19 岁中国男性的平均身高为 175.7 厘米,中国女性的平均身高为 163.5 厘米,位列东亚第一。

以紫金港西区生活组团北为例,我们将性别作为宿舍楼划分的主要依据(见图 1),针对不同性别人均身高差异较大的情况,对床的长短作出了区分,在有限的空间内,为学习区域争取了更多的空间,但考虑到个体差异性,仍保留了部分特殊房间作为预留房源提供给有需求的学生。

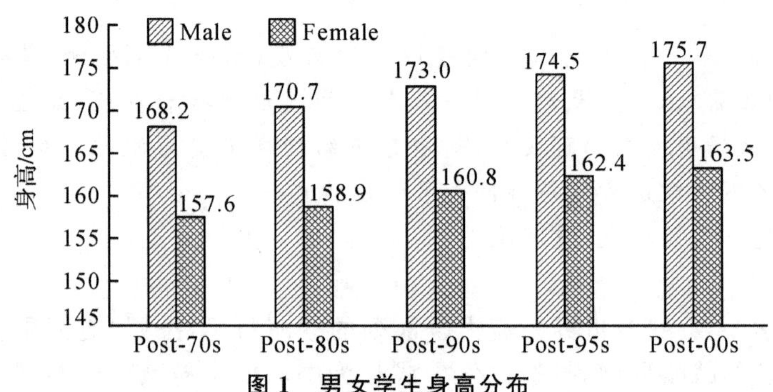

图 1　男女学生身高分布

宿舍建造,除了确保个人学习、作息不受影响之外,还应确保拥有足够的交流空间,这也是宿舍内部空间设计时必须充分考虑的要点之一。宿舍内部空间设计,储物空间设计必不可少,其功能在于对学生存放物品需求的满足,应在设计中划分出独立的储物区域,并对其进行合理布局、设置,提高对宿舍空间的合理利用。同时,我们在这两点设计中需要体现这两部分的隐私空间考虑。在实际设计过程中,做到功能分区明确且动静分开,不但能够确保个人私密性的需求得到满足,而且还能满足人际公共性的要求。

宿舍大厅应适当扩大以满足集中人流需要,在门厅范围内可以通过沙发、座椅布置来增添交流环境的舒适感、亲切感。在宿舍建筑设计中,活动室是发挥宿舍交流空间功能的重要环节,可在宿舍组团的低楼层设置不同的活动空间,结合设计与需求按层进行休息厅、功能性用房、公共厨房等设置,有助于提升学生的社交能力,丰富宿舍生活。另外,为了让学生可以利用课余时间进行学习以及缓解日益紧张的教室资源,我们在宿舍建筑公共空间中规划出一些自习室供他们使用。

二、教学公共空间的建设及改造

20 世纪 50 年代,心理学家皮亚杰(J. Piaget)提出了建构主义教育理论,理论核心强调以学生为中心,鼓励学生对知识的主动探索,力图通过学生之间的合作、交流、讨论,培养他们的思维能力,该理论指明了当代多元化教学的方向。紫金港东、西教学楼公共空间改造遵循着这一理念,目标是将原有的贯穿教学楼的走廊进行改造,在空间中增加小型研讨间以及自由学习区域,从而适应当下大学开放、灵活的多元化教学模式。

作为典型的公共教学楼,紫金港东教学楼和西教学楼不仅承担着教室功能,而且也是一个校园内不同专业学生汇集的公共空间。处在充满陌生人群的场所中,人通常会对空间存在一种天生的疏离感。由此引发的核心议题就在于如何让学生们在公共空间中通过“停留”，产生人与人相识的契机。我们希望为学生创造一个温暖、自由、开放的情景，让他们在其中相遇相识，从而最大限度地发挥公共空间的价值。

一个完整的学习过程不仅发生在课堂，课下的交流与协作更能够有效地促进学生对于知识的巩固、整理和深入研究。同时，在这一过程中也实现了个体间对于知识的彼此分享。传统的大型教室已经不再是当下课堂教学的唯一模式。让教学空间与多元化教学相配合正在成为一种趋势。由此，我们将教学延伸到公共空间中。在西教学楼二至四层，利用各楼层的碎片空间形成了数十个开放式学习区（见图 2）；在东教学区二楼长廊增加了 4 个小型研讨间以及若干开放式学习区，满足学生们在不同时段临时性学习需求（见图 3）。

图 2　西教学楼开放式学习区

图 3　东教学楼开放式学习区

学习是在一个特定情景下，通过学生之间的协作和交流而获得知识的过程。而“情景”不仅是一个心理意向，同时也是一种物理环境，甚至是一种文化氛围。所有情景营造的最终目的，都在于建构学生们对于学习场所的归属感和热情。我们希望紫金港东西教学楼能够成为集课堂教学、交流研讨、小组学习等于一体的多元化的温暖交互场所，融入师生日常校园生活空间中。

三、图书馆的建设与改造

高校图书馆担负着为教学和科研服务的双重任务，是培养人才和开展科学研究的重要基地之一。伴随着学校公用房使用的调整，我们对玉泉图书馆进行空间再造。玉泉图书馆始建于 1979 年，于 2000 年 12 月进行加层施工，自 2021 年起对图书馆六、七层原信息技术中心用房进行改造(见图 4)。本次改造以学生需求为中心，研究学生特点，注重学生体验，依据学生在图书馆的行为倾向，调整空间的附加功能。从安全的角度出发，迎合学生需求增设新型的灵动空间，满足不同学习风格的个人和小组需求，优化图书馆的内部格局，使馆内的自习空间资源布局更合理、场所更舒适、视觉更美观。发挥图书馆空间作为综合资源的重要作用，推动空间功能的转换，变被动单一的服务为主动多元的服务，吸引更多的大学生来到图书馆学习和交流，从而提升图书馆的利用率，拓展其服务功能。

通过对大学图书馆的空间再造和优化设计，除了可以增加图书馆的吸引力、拓展其多元化的服务功能，还可以引导学生科学合理地安排学习时间，引导学生学会时间管理和改进学习方法，增强大学图书馆的育人功能。

图 4　玉泉图书馆的改进

近年来，学校空间改造虽然取得了一定成绩，但也存在缺少调研、改造目标不够明确，规划不足、未来发展考虑不周，发展缓慢、空间智慧化仍有待加强，缺乏创新、创新空间服务有待改善等问题。如果在各类空间改造时多了解使用者需求，明确改造目标，进行长远规划，考虑未来需求，构建新型智慧空间等，相信之后的空间建设会做得越来越好。

浙江大学能源管理和“双碳”工作思考

姜雄晖　王立民

（浙江大学总务处能源管理办公室）

【摘　要】 本文从浙江大学水电等能源管理的现状入手，通过能源消耗趋势研判存在的问题与不足，与国家“双碳”目标进行对标分析，提出适合浙江大学校情的举措与建议。

【关键词】 水电；能源；绿色学校；双碳

为深入贯彻落实党的二十大精神，贯彻落实生态文明思想和习近平总书记关于实现碳达峰碳中和系列重要讲话精神，做好学校“双一流”建设的有力支撑，推进学校高质量内涵式发展，锚定校园碳达峰碳中和目标和可持续校园建设，降低能源消耗水平，作以下思考。

一、现状和问题

习近平总书记指出，实现碳达峰碳中和，是贯彻新发展理念、构建新发展格局、推动高质量发展的内在要求，是党中央统筹国内国际两个大局作出的重大战略决策。此前，浙江大学相继获得校园节能信息化示范高校、节约型高等学校建设示范高校、公共机构能效领跑者等荣誉，并于2022年通过浙江省首批绿色学校创建，但在校园运行的碳达峰碳中和工作中，还存在一定的不足。

（一）现状

“十三五”期间，浙江大学完成教育部第二批节约型校园建筑节能改造示范项目、杭州市建筑节能示范项目，共改造紫金港校区建筑面积25万方，年节能量736吨标准煤，年节约费用214万元。

“十四五”以来，伴随新校区建设及各项事业的高速发展，能源总消耗呈刚性增长趋势。2021年学校全年用电量2.75亿千瓦时，用水量491万吨，天然气用量190万立方米，能源费用总支出1.64亿元。2022年度全年用电量2.81亿千瓦时，增幅2.4%；用水量451万吨，比上年度减少40万吨，降幅8.1%；天然气用量190万立方米，与上年度持平，能源费用总支出1.67亿元。2018—2022年全校及各校区用电量数据如图1所示。

全校用电量除2020年受新冠疫情影响明显下降外，其余年份均呈现上涨趋势。其中紫金港西区因校区建设及院系搬迁因素，呈现快速增长趋势，玉泉校区因院系搬迁略有下降，其余校区用电量基本持平。说明学校未来双碳工作要兼顾新校区与老校区，“两手抓，两手硬”。

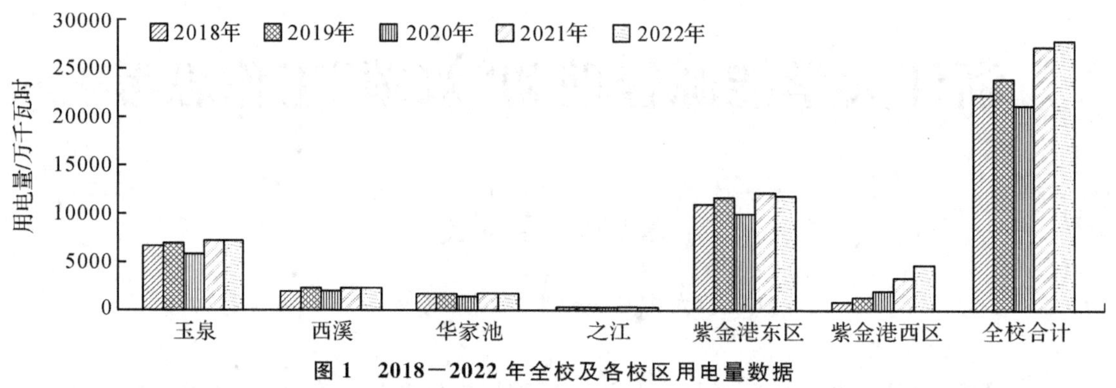

图 1 2018—2022 年全校及各校区用电量数据

2018—2022 年全校及各校区用水量数据如图 2 所示。

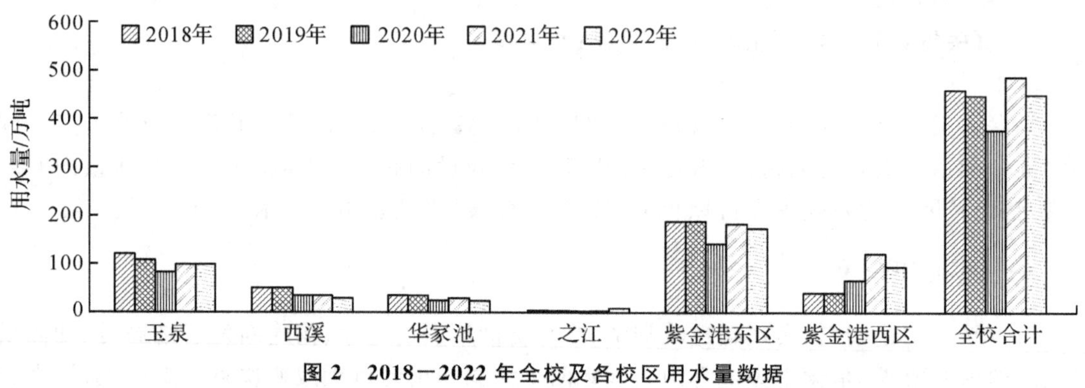

图 2 2018—2022 年全校及各校区用水量数据

可见，全校用水量在 2020 年受疫情影响下降最为明显。但紫金港西区呈现逐年上涨趋势，说明新校区基本建设及搬迁入住带来的用水增量大。剔除紫金港西区，各校区用水量总体均呈现下降趋势，说明学校节水工作重心应转移到紫金港西区新建建筑上。

（二）问题

1. 绿色低碳校园建设与先进高校相比差距逐渐拉大

自习近平总书记提出“2030 碳达峰、2060 碳中和”的目标以来，国内高校纷纷加大投入力度，采取不同举措发力校园双碳工作。我校是发出共同努力实现可持续发展目标倡议的高校之一。2021 年学校发起《全球大学校长关于 2030 年可持续发展议程的联合倡议》，推出《浙江大学可持续发展行动计划》(Global ZJU for Social Good)，为国家落实 2030 议程贡献“浙大智慧”。我校在碳达峰碳中和科技创新和人才培养上已走在前列，却在绿色低碳校园建设方面落后于国内清华大学、同济大学等高校，与“双一流”建设不相匹配。

2. 绿色学校建设机制尚未健全巩固

我校虽通过浙江省首批绿色学校创建，但对标绿色学校创建标准仍有明显短板。存在能源智慧化管理覆盖率、重点和特殊区域三级（智能）水电表配备率、既有建筑绿色改造力度不足等多项指标性问题，能源浪费问题突出。据统计，全校能源浪费约占总能源支出 10%。

3. 建筑节能运行还有待进一步落实

紫金港西区新建建筑按照绿色建筑标准设计，但实际施工工艺、运行管理未达到设计水准，导致西区理工农组团等新建建筑能耗突出。同时老校区既有建筑的低碳、零碳化改造投入力度不足，项目实施较为滞后，随着建筑空调、电梯等用能设施设备老化，能源浪费与师生体验不佳的问题日益突出。

二、思考与建议

探索浙江大学碳达峰碳中和行动方案，系统分步分类向低碳、零碳方向推进，落实公共机构碳达峰碳中和任务。

（一）做好顶层设计，落实长效机制

1.制定浙江大学碳达峰碳中和行动方案

在《2030年前碳达峰行动方案》《"十四五"公共机构节约能源资源工作规划》《深入开展公共机构绿色低碳引领行动促进碳达峰实施方案》等国家政策文件和浙江省普通高等院校能耗定额标准等地方规范性文件的指导下，强化落实《浙江大学能源使用与经费管理办法》，制定浙江大学碳达峰碳中和行动方案，在校内教学科研、校园生活、校内交通等重点领域推进节能降碳专项行动，探索用能定额及节能约束性指标机制，强化用能考核和考核结果运用，为浙江大学校园碳达峰碳中和做好顶层设计规划。

2.推动"双碳校园"与"智慧校园"深度融合发展

做好"智慧校园"总体框架下的能源数字化顶层设计与规划。完成校园新型能源计量网络全覆盖，对院系、校部机关、直属单位、学生宿舍、公共区域等分类分项计量，做好各类"能源用户画像"。同步建立校园关键设备碳排放综合监控体系，利用物联网、大数据等信息化技术提升校园现代化治理水平，实现对重点用能单位和高能耗设备的在线监测及控制，通过技术手段落实公共场所及行政办公区域绿色低碳，降低学校公共水电支出。

3.探索应用合同能源托管、综合能源服务等市场化节能减碳机制

以国家发改委、财政部《关于鼓励和支持公共机构采用能源费用托管服务的意见》文件为指导，进一步探索合同能源托管、合同节水等市场化节能机制，引入社会资本开展节能改造和运维管理，既落实"过紧日子"要求，减轻节能改造对财政资金的依赖，又引入节能专业化服务，提高节能管理专业化水平，助力有序推进学校绿色低碳转型发展。

（二）实施可再生能源替代行动

1.试点实施分布式光伏、校园微电网等绿色新技术应用项目

探索采用直流供电、分布式储能、"光伏＋储能"等模式构建新型校园能源结构，提高可再生能源在校园用能中的占比。充分利用校园既有建筑的屋顶、立面、车棚顶面等适宜场地空间，安装光电转换效率高的光伏发电设施，建设光伏发电、储能设备和充放电设施的微电网系统，推动因地制宜开展地源热泵、水源热泵技术应用。

2.实施公共用能设备更新改造专项，推进终端用能电气化

以电力替代天然气等化石能源直接燃烧和利用，提高教学科研、生活用能的清洁化水平，以电磁灶具替代燃气灶具，推动学校各食堂厨房实施"气改电"。

（三）实施建筑能效提升工程，切实降低建筑能耗水平

1.新建建筑能效后评价与"绿色建筑"标识认证

对移交使用的新建建筑进行建筑能效后评价，对标《绿色建筑评价标准》（GB/T 50378），开展运行指标与申报绿色建筑星级指标比对，对能效未达到设计标准的建筑予以专项整改，对达到绿色建筑一星及以上的建筑，开展星级绿色建筑标识申报认定。确保增量建

筑的“绿色化”，改变“重设计、轻建设、缺评价”的基建局面。

2. 既有建筑维修改造与节能相结合

在既有建筑实施维修改造时充分考虑建筑节能效果，如对建筑屋顶和外墙、门窗进行保温、隔热改造等；对有老旧用能设备的建筑实施改造时，优先考虑更新淘汰低能效用能设施设备及暖通系统节能改造，运用智能管控、气候补偿等技术实现建筑能效提升。

3. 打造智能化建筑标杆

优选条件适宜的一、二幢建筑，整合楼宇自控、能耗监管、分布式发电等新型节能技术，通过大数据与可视化分析，实时优化空调、电梯、室内多媒体等用能设备的控制策略，实现智慧监控和能耗预警，打造节能低碳样板大楼。

4. 推进重点供能设备节能增效

以电机、风机、泵、变压器、换热器、锅炉等设备为重点，全面提升能效标准，淘汰落后低效设备，确保能效标准。推动既有设备绿色升级改造，使用高效制冷、先进通风、余热利用、智能化控制等技术，提高设备设施能效水平。

（四）推广绿色低碳生活方式

1. 探索构建校园生活碳积分体系

围绕校园生活的“衣、食、住、行”以及教学科研“学、研、创”等场景，以光盘行动、绿色出行、无纸办公等个人低碳行为数据为计算基础，从低碳意识、低碳氛围、低碳量化成果等维度，建构校园碳积分账户碳普惠体系，倡导低碳教学、低碳科研、低碳宿舍、低碳会议，引导师生们从思想认知到行为方式践行低碳，助力可持续校园的目标实现。

2. 加强绿色校园宣传体系建设

对标对表“绿色学校”建设各项宣传教育指标任务，联合宣传部、学工部、研工部、团委、学院、总务处等相关部门，打造“绿色浙大”宣传教育体系，积极组织营造低碳校园氛围，持续开展世界地球日、世界环境日、全国节能宣传周、全国低碳日、浙江省节能宣传月等主题宣传活动，增强师生绿色低碳意识。

3. 遏制浪费和不合理消费

加大供水管网的排查，杜绝跑冒漏滴现象；实施“光盘行动”“光瓶行动”，制止餐饮和饮用水浪费行为；在全校倡导节约用能，开展绿色低碳行动示范创建，深入推进绿色生活创建行动，营造绿色低碳生活新风尚。

4. 多元化倡导校内绿色出行

新增或更新公务用车时，加大新能源汽车配备使用力度，合理规划公务用车和班车更新时新能源汽车配备比例。同时提升校园新能源汽车充电保障，配套建设规模合适的充电设施设备，探索应用“共享电动汽车”“共享电单车”等多元化的校园绿色出行方式。

“双碳”视角下的浙江大学绿色校园建设战略与举措研究

王立民

（浙江大学总务处能源管理办公室）

【摘　要】 高等学校是我国社会组成的重要部分，大学生是未来国家建设的生力军，在服务国家碳达峰、碳中和“3060”目标上，开展绿色校园建设，是实现国家“双碳”目标和生态文明建设的重要环节，也是深化高等教育改革的重要途径。

本文围绕国内绿色校园建设发展历程，归纳总结了绿色校园建设的内涵及意义，认真分析了浙江大学绿色校园建设的经验与不足，并从“规划、建设、运行、评价”的全过程管理出发，就浙江大学绿色校园发展战略与建设重点提出若干建议，如做好顶层设计与生态闭环、制定绿色校园建设指南体系、高标准建设新校区智慧能源管理平台、推进绿色校园建设核心工程等。结合浙江大学现状和发展特点，探索浙大特色的绿色校园建设模式，为我国绿色大学建设提供理论基础和实践指导。

【关键词】 绿色校园；“双碳”目标；能源管理

近些年来，我国一直非常重视绿色校园的建设和发展。1996 年，《全国环境宣传教育行动纲要》首次提出“绿色学校”概念；2001 年，原国家环保总局宣传教育中心制定了《绿色学校指南》；2013 年，颁布实施《绿色校园评价标准》（行业标准），并于 2019 年颁布《绿色校园评价标准》（国家标准）；教育部办公厅于 2020 年印发《绿色学校创建行动方案》，明确要求各省市各类学校积极创建。

浙江大学历来重视绿色校园建设工作，并取得了显著成效。2008 年，浙江大学被教育部、住房和城乡建设部列为全国首批 12 所节约型高等学校建设示范高校之一。2009 年，学校被中国高教后勤协会评为“全国高校节能先进单位”，被住建部列为“校园节能信息化示范单位”。浙江大学 2011 年加入“中国绿色大学联盟”，2018 年获评“国家公共机构能效领跑者”，持续引领和推进中国绿色大学的发展。

一、绿色校园的内涵

按照《绿色校园评价标准》（国家标准）定义，绿色校园是指为师生提供安全、健康、适用和高效的学习及使用空间，最大限度地节约资源、保护环境、减少污染，并对学生具有教育意义的和谐校园。

从延伸意义上来讲，学校在实现其基本教育功能的基础上，以可持续发展为导向，通过制定环境管理制度、开展有效的环境教育活动、创设环境保护的文化氛围，促进师生参与环保和可持续发展的实际行动，全面提高师生的环境素养，进而为社会的可持续发展作出贡献。绿色校园不仅仅是“绿化校园”，更主张环境教育从课堂渗透扩展到全校整体性的教育和管理，鼓励师生共同参与学校环境教育活动，加强学校与社区的合作和联系，在实践参与的过程中发展面向可持续发展的基本知识、技能、态度、情感、价值观和道德行为，落实环保行动。

绿色校园建设是新时代国家“生态文明”战略的具体体现。就高校而言，绿色校园建设即是将资源节约与环境保护及可持续发展的原则、指导思想落实到学校工作的全过程，明确绿色发展的定位，将开展绿色教育、推广绿色文化、创新并推广绿色科技、建设绿色校园环境、开展绿色校园运行管理、培育绿色行为等纳入高等教育内涵式发展，使校园成为一个生态良性循环的绿色系统，成为支撑国家绿色发展和绿色人才培养的示范区和孵化器，实现校园内部资源能源的高效利用，辐射社会，构建绿色人才高地。

二、建设绿色校园的目的和意义

绿色发展就是新时代中国特色社会主义新的发展模式，是在原有的模式里发展了绿色特性。绿色发展，就其要义来讲，是要解决好人与自然和谐共生的问题，既要金山银山，又要绿水青山。绿色发展已上升为国家战略，需要全社会的共同参与。校园作为教书育人、为国家提供人才的摇篮和高地，绿色发展理念和绿色发展方式应首先在高校中实行和推广。建设绿色校园，实现校园环境的绿色化，并通过校园环境的绿色化起到良好绿色文化传播和绿色发展社会示范作用，是贯彻和落实国家生态文明发展战略，培养出具有绿色发展理念、意识、知识和技能的绿色人才的有效途径，也是新时代绿色发展对高校建设和管理提出的基本要求。

浙江是“两山”理论的发源地，是习近平新时代中国特色社会主义思想的重要萌发地，同时也是新时代全面展示中国特色社会主义制度优越性的重要窗口。对浙江大学而言，建设绿色校园具有更加深层次的重要意义，不仅要深入贯彻和落实国家生态文明发展战略，更要把学校建成展示生态文明建设成效的重要窗口。

三、浙江大学绿色校园建设的现状和基础

浙江大学围绕生态文明建设，将绿色发展和节能理念融入学校办学全过程，深入推进精细化管理，大力推广信息化手段支撑，围绕绿色校园生态、绿色运行与管理体系、绿色改造与示范推广、绿色宣传育人等方面实施了系列有力举措，取得了显著成效，但对照绿色内涵发展，也存在一些仍待进一步改进的短板与不足。

（一）建设现状

1. 规划建设合理，生态与功能一体化校园初步建成

浙江大学在杭五校区绿地面积约 170 万平方米，各个校区绿地率均超过 35%。特别是紫金港校区在校园建设过程中结合现状地形地貌进行场地设计与建筑布局，保护场地内原有的自然水域、湿地和植被，营造了多层次的园林绿化空间，包括中心水景公园、各功能区间绿地、各组团内部庭院以及建筑单体内部中庭等。校区内现有绿化植物品种 480 种，其中有国家一级保护植物红豆杉、水杉、普陀鹅耳枥、伯乐树、苏铁，国家二级保护植物夏蜡梅、金钱松、榧树、花榈木、凹叶厚朴等。建设和保护了供教学科研使用的植物园 1 处、湿地生态园 1 处。校园规划建设过程中，统筹推进绿色雨水基础设施建设，建成雨水回收与循环利用系统等；紫金港西区建设中，根据校园空间的承载力设计机动车与非机动车停车场，节约土地资

源；各项公用和体育设施向社区提供开放服务，场地与公共交通设施具有便捷的联系等。

2. 维护改造升级，节能与环保成效显著

“十三五”期间，学校每年都安排相应的专项经费，对校区中央空调系统、全校生活水泵、中水处理站、风冷热泵等大型设施进行维护与修缮，完成教育部第二批节约型校园建筑节能改造示范项目、紫金港校区动力中心主机更新等各类节能项目。新校区建设采用节能设备与系统，空调系统能效比、锅炉热效率严格执行现行国家标准《公共建筑节能设计标准》GB 50189 的有关规定。依据紫金港校区的地区气候和自然资源条件，因地制宜，适度应用可再生能源，含学生宿舍生活热水和食堂热水。持续降低管网漏损率，“十三五”期间完成老校区水平衡测试，利用低功耗物联网水监测平台的探测查漏功能，在此基础上制定学校供水管网的更新改造计划。近五年来，共改造紫金港校区建筑 25 万方，人均综合能耗下降 11.07%，单位建筑面积能耗下降 23.91%，人均用水量下降 22.14%，年节能量 736 吨标准煤，年节约费用 214 万元，超额完成国家节能主管部门“十三五”节能目标。

3. 管理运行提质，绿色校园建设体制机制逐步健全

围绕生态文明建设，深入推动精细化管理，出台了《浙江大学关于建设绿色校园的意见》《浙江大学用能指标考核实施细则》等文件，鼓励学生和教工参与校园运行管理，对节能、节地、节水、节材、环保与绿化管理等提出了具体的指导意见。应用信息化手段支撑绿色校园管理，“十三五”期间实施了绿色智慧校园及建筑节能改造系列项目，构建了中央空调动态调适控制、低功耗物联网水监测、标准化无人机房等子系统的“一网三平台”能源信息化体系。推广安装智能电表 1500 多块、智能水表 500 余块，对校园用电、用水、用热、用冷和主要能耗设备进行有效监测，并将数据用于运行管理、诊断和改造。定期对运行管理人员进行绿色校园运行管理培训，组织同行交流。定期进行绿色校园运行管理体系内、外评估审查，建立健全了绿色校园管理激励机制。

4. 教育科研并行，绿色校园建设理念渐入人心

将绿色发展和节能理念融入学校办学全过程，建设绿色课程体系，开设“绿色教育”专业课程 180 余门。以全国节能宣传周、低碳日、世界环境日为主题，开展年度节能减排宣传系列活动，引导学生积极参与校园治理，培养绿色人才。与建筑工程学院共建“建筑设备课程实践教学基地”、承担住建部“中国好建筑”“校园建筑调适项目”，与电气学院、能源学院联合指导本科生、研究生毕业设计，基于能源监管平台海量数据支撑学生教学、科研实训等培养过程；指导学生组建节能减排协会、绿之源协会、学生公寓宿舍管理委员会等学生社团，通过大学生节能减排学科竞赛、校园能耗公示、节能减排宣传活动、暑期社会实践调研等方式，为学生组织提供创新和实践平台，引导大学生参与绿色校园治理。发起成立中国绿色校园社团联盟（指导单位为教育部发展规划中心），并担任第一届秘书处单位，极大提升了学校绿色校园建设的影响力。

（二）存在问题与不足

1. 重硬件设施建设，轻绿色文化普及

绿色发展理念的提出与实施，要求将人与自然和谐相处的绿色教育理念纳入绿色教育体系。而在当下绿色校园建设过程中，学校相对重视建筑的标准与外形，如建筑的节水、节电、节地和节材，对绿色校园环境的绿色育人功能考虑较少。对绿色理念的宣传普及不够，创建节约型机关、绿色学校、绿色社区和绿色出行等绿色理念并没有系统地走进课堂。

2.重绿色科技创新,轻推广示范应用

引领社会生态文明建设是新时代赋予高校的新使命。高校作为绿色科技的高地,应把握自身的优势,将先进的科学技术先于社会进行创新应用,可以通过良好的应用效果带动企业、城市和家庭,使它们更加主动地应用绿色科技进行生产和生活。但是目前学校的绿色科技创新活动仍停留在重科技研发而轻成果应用的阶段。

3.重传统指标考核,轻绿色行为要求

考核是行为引导最有效的管理工具之一,考核内容和考核标准会直接影响人们的行为选择。考核在绿色人才培养、绿色科技创新和绿色社会示范中同样会起到有效的引导作用。当前学校的绿色运行管理考核较为注重节能减排措施和效果,以及传统意义上的绿色产出(发明专利数量、发表论文数量和获得项目级别等)的考核,对绿色行为和社会示范的考核不够。

4.重部门单兵推进,轻业务协同联动

节能减排工作领导小组机制浮于形式,绿色校园建设有关部门总务处、采购处、基建处、实验设备处等部门未形成联动机制,没有形成管理闭环。如前期绿色采购、建筑运行绿色评价、实验室能效提升策略均由各部门分头推进,未形成工作协同效应,导致绿色校园建设事倍功半。

5.重局部绿化建设,轻整体品牌塑造

目前学校绿化建设良好,且局部各有特色,校园绿化过分注重观赏效果,却忽略学校原有的文化、环境和经济等条件,简单地在建筑物周围划拨一些绿地或者机械地照搬照套城市公园绿化规划模式。未充分融合学校人文发展底蕴,没有显示出浙大特色,缺少绿色校园建设品牌。

四、浙江大学建设绿色校园的战略和任务

(一)绿色校园发展战略

浙江大学新时代绿色校园建设,要坚持以“绿色、参与、智慧、示范”的发展理念为引领,以人与自然的和谐发展为核心,更加注重生态、节能、可持续,更加注重师生全员参与,以智能管控、数据可视化为手段,打造全球绿色校园建设的示范标杆。

在绿色校园建设推进过程中,应坚持以人为本、科学发展,以不降低师生的舒适度,不阻碍学校各项事业的发展为前提,合理控制各种资源消耗,追求学校发展和社会发展、学校发展和个人发展的和谐统一;坚持统筹兼顾、协调推进,树立全局意识,协调近期投入与长期回报的关系,协调学校、部门、师生之间的利益关系,稳步进行;坚持过程管理、结果导向,通过加强规划、建设、运行、评价的全过程管理,将绿色校园建设贯穿于学校建设与发展的始终,强调结果的实现。

(二)绿色校园重点建设任务

1.构建绿色校园的顶层设计与闭环生态系统

国家发展改革委办公厅在《绿色学校创建行动方案》中指出,在绿色校园的建设进程中,要坚持“导向鲜明,目标明确;顶层设计,因地制宜;层层落实,全面发动;整合资源,形成合力”的基本原则,将绿色学校创建与长远建设发展紧密结合,将创建工作与学校常规工作有机结合,在学校厚植绿色发展理念,全面发动师生员工参与其中。将绿色校园建设作为学校

绿色发展的物质基础、绿色人才培养的空间基础、绿色科技创新的应用基地、校园文化传播的基地、未来社区和绿色城市的重要节点，构建“绿色发展理念—绿色发展战略—绿色顶层设计—绿色建设体系—绿色运行—绿色管理—绿色后勤—绿色教育—绿色人才培养—绿色科技创新—绿色示范推广”的闭环生态链，做好统一顶层规划、统一平台开发、统一考核评价、统一指标体系等体制机制建设。

2. 制定绿色校园建设指南体系

指南体系带有根本性和全局性的特点，是建设绿色校园的重要保障，应作为绿色校园建设的一项基础性工作抓紧抓好。《绿色校园评价标准》(国标)已经正式出台，要以标准的贯彻落实为抓手，在对标《绿色校园评价标准》、水利部《节水标杆校园评价标准》等指导性文件的基础上，深入推进学校在校园规划设计与建设、校园管理运行、后勤保障服务等方面的绿色校园制度体系建设，以制度建设的科学化、规范化推进绿色校园建设的科学化和规范化，构建有利于绿色服务、绿色消费、生态环保、低碳生活、节能降耗、合理利用资源的精细化管理服务新体系。

立足“重要窗口”的重要论断，将学校打造成“生态公园式大学”，以学校为基点，校城合一，依托山川水系，连通校内外生态空间，建成学校与城市生态命运共同体。以校园为依托，打造休闲园林，通过建设优美校园生态环境，创造浓郁的生态文化氛围，使校园处处渗透人文精神，彰显绿色学习生活方式。以数字校园为抓手，构建绿色校园智慧管控平台，倡导智慧管理、全员参与，培养和引导师生树立低碳环保、节能减排意识。以绿色科研为支点，鼓励绿色科技成果推广与应用，宣传与普及绿色文化，形成绿色创新与绿色发展的良性循环。

3. 打造“求是绿”绿色校园文化＋创新创业长廊

绿色文化强调人与自然协调发展，校园的绿色文化是在生态文明观和可持续发展理念的基础上，将经过长期积淀的大学文化与绿化景观结合，形成备受全校人员普遍认同的价值观。校园景观区别于其他景观在于其丰富的文化内涵，校园作为专门的教书育人场所，育人的意向性要求景观蕴涵丰富的教育意义和价值，使其作为载体承载和映射校园历史和文化，反映一定群体的精神风貌、审美情趣和价值取向。浙江大学校园环境是其一百多年璀璨历史的缩影，也是文化内涵精华之所在。每个校区依托的地理地形环境、建成历史年代差异，融入的精神和文化也各具特色。毋庸置疑的，是都与浙江大学“求是创新”精神一脉相承。绿色校园建设过程中，既要协调绿化、水面、建筑等元素形成丰富的园林景观绿化形态，创造舒适的校园自然环境，形成“自然美感”，又要将浙大历史文化元素充分融入绿色景观，打造“求是创新”绿色文化景观带，构建富有浙大文化底蕴的“人文美感”。

选取适宜的空间地带，将现有绿色校园建设成果、科技创新、育人成果等进行整合归类，建设“求是绿”文化长廊，作为对外重要展示窗口。

4. “绿一钉融合”，推进绿色校园与“浙大钉”的同步建设

数字校园的目标是打造以互联网为基础，物联网为手段，形成工作、学习和生活一体化环境，通过应用服务系统将教学、科研、管理和校园生活进行充分融合。数字校园是教育信息化的重要内容，是现代化校园管理的重要支撑平台，是实现绿色校园管理的重要发展方向。吸收借鉴现阶段“浙大钉”在数字校园建设中的场景化应用，充分利用浙大钉的“数据中台”优势，依托信息中心、总务处的技术经验累积，结合学校双一流建设的发展特点，学校管理部门通过智慧节能、平安校园、智慧教室等信息化平台的功能对能源使用、安防消防、教学

科研进行有效的监控与管理,促进绿色校园管理的精细化。

5. 高标准建设新校区智慧能源管理平台

树立绿色智慧能源理念,以紫金港西区能源管理平台建设为载体,建立完善的、规范的、全方位的能源基础管理数据库,实现信息共享,建立能源管理通信网络,提供稳定安全的数据传输通道,做到事先预测、事中控制、事后反馈。同步考虑制定集信息平台、节能减排、可再生能源、电能替代、智能微电网、绿色建筑等技术于一体的校园电、热等用能系统解决方案,重点对校园公共照明、中央空调系统、供电系统、充电系统、可再生能源热水系统实施智能优化与控制。以节能监管为核心,打造智慧能源管控总平台,构建符合学校用能特征、符合时代发展特点的新型节能监管体系。

6. 开展和推广绿色行为管理

将生态文明建设理念、绿色校园建设意识融入人才培养全过程,重视对师生绿色低碳环保意识、节能减排意识的培养和引导,鼓励开展绿色科研和成果推广。开展形式多样的绿色校园建设宣传活动,如“光盘行动”“绿色创意”“绿色寝室”等主题活动,开展“节能宣传周”“世界环境日”“世界水日”等宣传活动,积极整合校内外资源,组织开展系列环保讲座,将绿色理念教育纳入学生素质教育课程内容。引导支持大学生开展绿色创新创业,打造绿色社团合作交流平台、绿色创新创业指导平台、绿色学生领袖培养基地和绿色校园建设参与基地。通过扩大宣传、完善垃圾分类设施等多种途径,积极推进校园垃圾分类及资源回收。充分发挥二级单位自主性和积极性,及时公示校园景观建设与改造、水电工程建设与改造、部门能耗等信息,将绿色校园管理“重心下移”,构建物业单位、管理部门、师生共同参与的绿色校园建设管理机制,逐步形成全面开展、全员参与的绿色校园建设新常态。

7. 稳步推进绿色校园核心工程实施

结合绿色校园建设降低能源成本、减少运维投资的需求,在深入分析历史运维数据的基础上,以合同能源管理、合同节水服务、社会化托管为切入点,探索采用综合能源服务的创新模式,实施紫金港蒸汽南线能效提升、低碳物联网控制终端等绿色校园核心工程,构建终端一体化多能互补的绿色校园能源供应体系,大幅提升校园能源系统可靠性、后勤治理精细水平,优化绿色校园能源配置、运行经费配置,预计每年可产生上千万元的运维效益。

8. 完善绿色校园建设考核评价机制

加快建设科学完备的绿色校园建设制度体系,建立健全绿色校园建设质量保障和监督反馈机制。厘清绿色校园建设体系建设中各方参与主体的权责关系,明确各方参与绿色校园建设的具体形式和途径,为推动绿色校园建设提供根本保证。加强绿色校园建设管理激励和约束机制建设,开展考核评估和质量监控,充分激发各建设主体开展绿色校园建设的积极性与主动性。

五、建设绿色校园的保障支撑体系

(一)加强组织领导

设立浙江大学绿色校园建设委员会,由校领导兼任委员会主任,整体统筹绿色校园建设资源,加强整体性谋划、战略研究和部署。绿色校园建设委员会下设办公室,挂靠总务处,负责研究和组织实施具体建设任务；总务处处长任办公室主任，负责落实委员会决策部署。绿色校园建设委员会成员单位为党委办公室、校长办公室、党委宣传部、发展规划处、本科生院、研究生院、计划财务处、基本建设处等，形成部门合力。

（二）完善考核评估机制

健全绿色校园建设的责任机制，根据绿色校园建设的总体目标和重点任务，落实各有关部门工作责任，分步骤、分阶段实施规划。定期跟踪检查各项建设任务的推进落实情况，及时发现问题、及时解决问题，强化对绿色校园建设成效的阶段性考核评估。

（三）优化资源配置

统筹优化学校整体资源配置，推进部门、院系绿色校园建设协同合作。探索多元化的资源投入方式，结合绿色校园建设基础，以解决大问题为目标，争取以政府投入、社会捐赠或校企合作等方式，定向支持绿色校园建设。加强绿色校园建设研究文化的条件建设和氛围建设，设置绿色校园研究专题，开办绿色校园建设讲座等，营造浓厚的绿色校园建设文化氛围。

高校实验室废弃物管理的三个关键环节

刘 湛

(浙江大学总务处后勤服务管理办公室)

【摘 要】 通过梳理国内外高校实验室废弃物处置管理经验，结合高校实验室废弃物的特点和工作实际中面临的困难，提出开展实验室废弃物管理工作的关键在于“建立明确的分工和责任体系”“制定科学统一的废弃物分类标准”“执行可溯源的标签管理体系及权威的事故责任认定机制”。同时，管理部门应牢记服务初衷，竭力帮助师生解决实际困难，才能真正确保实验室废弃物处置安全、有序。

【关键词】 高校；废弃物处置；环保；实验室安全

高校实验室废弃物具有“量少、质杂、毒性强”[1]的特点，高校实验室废弃物管理是一个校园安全工作，也是一个环境保护工作。同时，实验室废弃物管理过程也是高校落实环保教育的过程，对学生及社会都将起到示范作用，因此做好高校实验废弃物管理工作意义深远。

一、高校实验室废弃物管理面临的挑战和机遇

高校涉化类实验室往往分散分布在不同校区或校园内的不同区域，又隶属于不同的院系、研究机构，因此管理难度很大；高校里交叉学科丰富，实验室废弃物往往种类繁多、组成成分复杂，处置难度也很大；高校实验室废弃物总量规模不大，导致偶发事故后果往往并不显著、不易察觉，其危害具有隐蔽性、间断性、长期性等特点[2]，因此实验室废弃物的风险评估难度也很大。这些难度给从事高校废弃物处置管理的工作人员带来了巨大挑战。即使面临重重挑战，高校开展废弃物处置管理工作也具有一些优势。高校实验室的研究人员都接受过基础生物、化学知识训练，对于实验室废弃物的危险性具有一定了解，有的甚至能开展废弃物处置相关实验技术和方法的研究并贡献先进经验。同时，大部分研究人员具有良好的实验室安全意识和环境保护责任感，这些都为高校做好废弃物管理工作奠定了基础。

二、当前国内高校实验室废弃物管理的有益探索

《中华人民共和国固体废物污染环境防治法》规定，我国的固体废物污染环境防治主要遵循“减量化、资源化和无害化”的原则[3]，国际上也称为“3R 原则”(Recycle, Reduce and Reuse)。根据“减量化”的防治原则，许多高校都在探索减少实验室废弃物产生的途径。比如北京大学本科生有机化学基础实验一律不适用剧毒试剂，而采用低毒试剂替代[4]；南京理工大学邓吉平等[5]建议推广微型化学实验和计算机模拟化学仿真实验；钱小明等[6]建议在建设中将化学类实验室相对集中，建立综合排污系统，对实验排放物集中处理。根据“资源化和无害化”的防治原则，大部分高校实验室会在废弃物产生初期对废弃物进行预处理，降

低其毒性从而减小处置难度。比如上海海洋大学张曼曼等[7]（2013年）针对如何对实验室废液进行无害化处理开展了研究；扬州大学[8]建立了自己的校级实验室废液集中存储和处理场，由校车队进行废液转运、学校环境学院教学实验中心管理处置设施，自行处置实验室废液，此举减少了贮存时间、提高了废液处理效率、缩短了废弃物转移距离、降低了运输风险，具有一定借鉴意义。

同时，我国高校研究人员也在积极借鉴国际知名高校的实验室废弃物处置经验。比如北京大学徐烜峰等[3]研究了美国休斯敦大学实验室废弃物的处置思路，包括成立"极具权威"的第三方管理机构，规定"细致到极点"的操作办法等。武汉大学包容等[9]介绍了部分北美大学的生物废弃物由环卫员工直接进实验室收取，不需要研究人员自己处理。中国计量大学蒋晗等[10]介绍了荷兰高校收集处理实验室废弃物的安全管理体系。这些经验也为我们开展废弃物管理工作带来了有益参考。

三、做好实验室废弃物处置管理的三个关键环节

我校实验室废弃物管理工作主要由学校实验室与设备管理处、总务处负责。实验室与设备管理处主要负责《国家危险废物名录（2021版）》中废物类别为HW01的废弃物处置，总务处主要负责HW01以外的废弃物处置。除了做好责任体系建设、管理制度建设、中转站硬件建设、安全意识宣传培训等工作之外，我们总结了做好实验室废弃物处置管理的三个关键环节。

高校实验室废弃物处置管理的第一个关键环节是建立明确的分工和责任体系。《中华人民共和国固体废物污染环境防治法》第五条规定了废弃物生命周期的六个环节"产生、收集、贮存、运输、利用、处置"，高校涉及最多的是前三个环节"产生、收集、贮存"。作为废弃物产生单位，实验室责无旁贷，必须承担废弃物减量化任务，另外还要负责废弃物源头的分类收集和短期安全贮存工作；院级职能部门（一般为院系或研究院所的实验室安全管理科室）负责对实验室生产、收集和贮存行为进行监督、管理，校级职能部门（一般为实验室与设备管理处、总务处或后勤处、安保处等部门）负责制定相应的管理制度，规定统一的废弃物分类包装标准，管理废弃物处置经费，建设废弃物中转站，招标有资质的处置公司，记录废弃物转移台账、填写运输联单等；处置公司负责前往学校指定地点接收废弃物并将其转运至校外。实验室、院系或研究院所、校级职能部门三者分工明确、职责清晰是做好实验室废弃物处置工作的基础。

高校实验室废弃物处置管理的第二个关键环节是制定科学、统一的废弃物分类标准。高校实验室废弃物具有种类繁多的特点，如果分类太粗会增加后期贮存和运输风险，但如果分类太细也不利于研究人员记忆和遵守，耗用的人力物力也更大。当前国内许多研究人员针对废弃物分类方法开展了研究，比如熊顺子等[11]对生物实验室废弃物按照化学类、生物类、放射性、器械与耗材四大类进行了分类，张曼曼[7]等对废弃物根据污染程度、污染物成分和特性进行了分类，包容等[9]介绍了北美部分大学实验室废弃物的分类与包装标准，蒋晗等[10]介绍了荷兰高校实验室废弃物分类收集处理方法等。我校主要依据《国家危险废物名录（2021版）》，结合废弃物的形态、成分和处置单位的处置工艺进行分类，一般分成实验室固体废弃物、实验室废液、其他废弃物等三大类，每个大类又细分2～4个小类，不同类别废弃物使用不同的标签和包装容器收集（详见表1）。学校还针对不同类型废弃物安排了不同的收集时间、收集地点，最大限度帮助研究人员记忆废弃物分类方法，提高废弃物收集效率。

高校实验室废弃物处置管理的第三个关键环节是建立可溯源的标签管理体系及权威的事故责任认定机制。我校自2015年起建设“化学品全程管理平台”，于2018年上线“浙江大学材料与化学品采购平台”，并对库存化学品进行盘点。从此校内每瓶化学品都贴上了唯一的二维码标签[12]，标签中记录着研究人员和实验室房间号等信息，形成电子信息档案，实现了对危险化学品采购、保管、使用和处置的全流程信息化管理。与此同时，校内的废弃物中转站也安装了高清监控，对师生员工移交废弃物的行为进行记录，一旦发生事故便可根据二维码标签和监控影像定位到责任人，并根据学校规定进行责任认定和处理。

表1　实验室废弃物分类标准

一级分类	二级分类	三级分类
1.实验室固体废弃物	1.1 生化固废(HW01)	1.1.1 普通生化固废
		1.1.2 锐器/利器(如污染的刀片、注射器、玻璃吸管、移液器枪头、牙签、一次性吸管、玻璃等)
		1.1.3 动物尸体
	1.2 其他实验室固废	1.2.1 年代久远、不再使用的瓶装废试剂(须每瓶具有明确的标签和危险标识、写有研究人员姓名、手机号、所在单位等信息。)
		1.2.2 废试剂空瓶(实验器皿耗材)、废灯管、废弃重金属等分类收集
		1.2.3 含汞废弃物、剧毒品、爆炸品、放射性废弃物等
2.实验室废液	2.1 有机废液 废液中不能含有手套、抹布、试管、玻璃针头等杂物；如出现分层，水层不得超过50%；废液pH值应在5～8。	
	2.2 无机废液、重金属废液、重油废液送出前应尽量中和处理。	
3.其他废弃物	如实验室废气体钢瓶、被污染的仪器、设备、家具等，可联系原厂家商议处理事宜或向校内职能部门咨询。	

四、总结和展望

明确的分工和责任体系，科学、统一的废弃物分类标准，可溯源的标签管理体系及权威的事故责任认定机制，都是做好废弃物处置管理工作的关键。然而管理的尽头是服务，高校实验室废弃物处置工作的最终目的是为学校“双一流”建设创建安全环境、为科研和教学工作提供服务保障，切忌本末倒置、墨守成规而牺牲师生利益。我们在从事废弃物处置管理中发现师生处理高危、含汞、不明瓶装废试剂的需求大量增加，因此专门建设了“瓶装废弃物处置申报系统”，简化申报流程，为师生提供方便。个别实验室提出处理低温保存的易燃易爆类废弃物需求后，我们邀请了专业废弃物处理人员上门对废弃物状态进行评估、对包装和转移工作进行指导，并安排了专车进行低温运输，最大限度避免爆炸等事故发生。针对部分处置需求较大，废弃物危险性较高的院系，我们为其开设“绿色通道”，专场接收该院系的废弃物等。高校废弃物处置工作实际情况往往更加复杂，我们既要抓好关键工作又应竭力帮助师生解决实际困难，才能真正确保废弃物处置安全、有序。

展望未来，高校在减少实验室废弃物产生、提高管理队伍专业能力、健全规章制度、开展深入人心的环保教育等方面依然任重道远。在各级教育行政部门和环境保护行政主管部门的指导和支持下，我们在实验室废弃物处置管理方面的探索和实践仍将继续。

参考文献

[1] 彭实.关于一些高校实验室废液管理现状的调研报告[J].实验技术与管理，2010，27(2)：153－157.

[2] 徐烜峰，李维红，边磊，等.高等院校化学实验室废弃物问题的思考[J].大学化学，2018，33(4)：41-45.

[3] 中华人民共和国固体废物污染环境防治法[EB/OL].(2020-04-30)[2023-01-01].http://www.gov.cn/xinwen/2020-04/30/content_5507561.htm

[4] 徐烜峰，李维红，边磊，等.高等院校化学实验室废弃物问题的思考[J].大学化学，2018，33(4)：41-45.

[5] 邓吉平，李羽让，李勤华，等.实验室化学废弃物安全管理的探索与实践[J].实验室研究与探索，2014，33(1)：283-286.

[6] 钱小明.高校实验室化学废弃物的处理与思考[J].实验技术与管理，2010，27(2)：158-160.

[7] 张曼曼，张饮江，张乐婷，等.实验室废液分类及处理方法研究进展[J].实验室研究与探索，2013，32(7)：234-240.

[8] 张键，周骥平，周俊，等.高校实验室废液处置体系的初步建构[J].实验技术与管理，2014，31(8)：232-235.

[9] 包容，饶艳，代明.北美大学实验室废弃物的分类与管理[J].实验技术与管理，2022，39(11)：248-252.

[10] 蒋晗，方结红，李红亮，等.荷兰高校实验室废弃物分类收集处理的研究及启示[J].实验室研究与探索，2018，37(2)：246-250.

[11] 熊顺子，秦敏君，徐毅，等.高校生物实验室废弃物分类处理研究与实践[J].实验技术与管理，2019，36(2)：171-174.

[12] 林森，张建英，史舟.“双一流”高校环境与资源类实验室化学品管理实践[J].实验技术与管理，2020，37(6)：263-265，272.

以“四个融合”推动党建引领的探索与实践

洪雅文 姚 信

（浙江大学后勤集团）

【摘 要】 近年来，浙江大学后勤集团党委围绕“党建引领，双融共促”进行了有力探索，并取得了一定成效。通过打造“1234”党建工作体系，积极探索党建引融工作的有效手段，逐步形成了以政治建设为统领，从功能、机制、力量、载体四方面寻找深度融合的结合点，持续推进“四大行动”的工作模式。本文就浙江大学后勤集团党建引融的内涵及实现路径作了初步探讨和总结。

【关键词】 高校后勤企业；党建引融；融合发展

党的十八大以来，以习近平同志为核心的党中央高度重视国企国资改革发展和党的建设。中国特色现代国有企业制度，“特”就特在把党的领导融入公司治理各环节，把企业党组织内嵌到公司治理结构之中，明确和落实党组织在公司法人治理结构中的法定地位。浙江大学后勤集团作为具有“国有性质，高校背景”的学校保障型功能性企业，既坚持党对国有企业的领导又坚持国有企业的改革方向，实现“党建引领，双融共促”，是新时代新形势下的新要求。

一、实施党建引融的必要性

高校校属企业具有鲜明政治性，同时“企业”属性决定了其经济性。[1]“推进党的领导全面融入公司治理，推动党建工作与生产经营融合”这一实践课题，实施“引融行动”，是适应新时代建设一流后勤服务体系、推动后勤集团转型发展的必然要求和应有之义。

融合是协同发展的内在诉求。党建工作与业务工作有机统一，党建工作抓好了可以为业务工作提供坚强政治保证，而反过来，业务工作可以检验党建工作的成效，可以避免党建工作“弱化、虚化”。如果不能认识到党建和业务有机统一相辅相成的关系，就会容易出现“两张皮”问题。

融合才能实现党建对业务工作的全面引领作用。党建工作是业务工作的“北斗星”和职工群众干事创业的“指南针”，基层治理涵盖广泛，离不开党的坚强有力领导，《中共中央、国务院关于加强基层治理体系和治理能力现代化建设的意见》也明确了“要坚持党对基层治理的全面领导，把党的领导贯穿基层治理全过程、各方面。”[2]实践证明，无论是业务发展还是服务提升，无论是队伍建设还是廉洁作风建设，无论是在急难险重任务面前发挥组织优势还是让师生员工更有获得感、幸福感，都需要发挥党建引领带动作用。构建以党建为引领，统筹推进各项工作的科学机制，才能画好党建工作与主责主业相融合的“同心圆”。

二、党建引融的实施路径

（一）使命愿景引领，推动功能融合

以使命愿景引领一流后勤服务体系建设。围绕学校扎根中国大地迈向世界一流大学前

列的目标和立德树人的根本任务，围绕浙江大学后勤集团新发展阶段“如何建设一流后勤服务体系”，组织领导班子成员、全体党委中心组成员、全体党团员及各单位员工分不同主题共开展了89次新发展阶段使命愿景大讨论活动，后续又以“凝心聚力再出发，真抓实干创一流”“什么是好幼儿园”等为主题多次开展深化使命愿景大讨论活动，集团党委及各党支部将学习贯彻习近平新时代中国特色社会主义思想和习近平总书记对浙江大学系列重要指示精神作为会议的“第一议题”，能够深刻理解新发展阶段学校使命愿景对后勤工作提出的新任务新要求，结合各自单位实际讨论研究服务质量提升、工作效率提升、安全风险管控、信息化建设等重要事项，为后勤集团改革发展建言献策，“党建引领，双融共促”的理念得到广泛认同，形成正向增强回路。

（二）夯实基层党建，推动机制融合

以组织建设推动工作落实。建立党组织及时覆盖、适时优化工作机制，坚持建强基本制度、基本组织、基本队伍，按照支部标准化建设要求规范党组织生活、党员教育管理等基础性党务工作，全面提升基层党组织的政治功能和服务功能。结合集团下属中心和公司规范运行的新形势，适应党建工作新要求，结合体制改革机构重组情况，对下属党支部架构及时进行调整，撤销部分党总支下属支部，成立下属公司直属党支部。依托不同单位、不同行业、不同部门、不同校区、不同项目部等纵向设置党支部，横向设置党小组，确保每个项目、每个食堂至少有一名党员，将党支部真正建在后勤服务一线。

（三）强化“一岗双责”，推动力量融合

以党建人才保障事业发展。为加强党建和业务融合发展，提升党支部的组织力，落实班子配置强、运行机制强、激励支撑强、资源保障强、作用发挥强的工作要求，浙江大学后勤集团现有的42个党总支、党支部均以2018年及2022年的两次换届选举为契机，适配体制改革和机构重组，对各党支部的结构进行了调整。调整后的各支部党员从年龄结构、业务结构、知识结构上都更加均衡，职能部门党员和各单位班子成员也按照贴近管理、贴近服务的要求编入到调整后的各党支部中，选优配强党支部班子，有条件的支部全部实现支部书记党建业务“双带头”。

（四）融入治理体系，推动载体融合

构建相互嵌入、深度融合的工作机制。浙江大学后勤集团党委贯彻落实学校党委有关要求，不断加强党的建设，充分发挥党委政治核心作用，坚持“把方向、管大局、促落实”的要求，完善领导班子沟通协调和“三重一大”议事决策机制，按照新修订的党委会议事规则讨论和决定集团重大事项，推动“党委前置”程序落到实处，把党的领导落实到集团管理各方面、各环节。各单位以党的建设为统领，坚持党建工作与业务工作同谋划、同部署、同检查、同考核、同总结，坚持党支部参与各单位重大问题决策，修订完善党组织相关议事规则，加强工作流程融合，让党建工作有效带动业务发展。坚持党建业务双向考评，强化考在平时、干在日常的鲜明导向，把落实党建责任工作情况纳入各单位经营管理业绩考核内容，探索建立党建工作绩效考核评价体系。

三、党建引融的工作成效

浙江大学后勤集团党委通过推进功能、机制、力量、载体四个融合，破除“党建业务两张皮”“上热中温下凉”等现象，并将其作为强化党建引领的重要抓手，为后勤集团在建设一流后勤服务体系过程中提供坚强的思想保证、政治保证、组织保证。

(一)党建引领不断强化,发展合力有效凝聚

根据学校党委工作要求,推进了具有后勤特色的、与后勤业务工作深度融合的“1234”党建工作体系扎实落地。即遵循“一个目标”,努力推动一流后勤服务体系建设;紧扣“两条主线”,积极推进“两个发展、两个延伸”工作思路;夯实“三大基础”,抓好基本的组织、基本的队伍、基本的制度;推进“四大行动”,深入实施红色根脉强基行动、人才生态优化行动、服务品质提升行动、文化品牌塑造行动,通过进一步压实责任、统筹推进、创新方法,让党建与集团生产经营更加深度融合,不断增强了引领力、融合力、保障力。通过切实加强党组织对群团工作的领导,2022 年后勤集团工会喜获“2018—2021 年浙江大学工会工作先进集体”,以“工人先锋号”“青年文明号”创建工作为抓手,带领广大职工立足本职岗位建功立业,结合献礼党的二十大开展了以“爱党报国、爱校荣校、敬业奉献、服务师生”为主题的大型技能比武活动,以“职工业校、匠心后勤”为主题的文化品牌建设活动入围学校第四届教职工“一院一品”文化品牌培育项目。

(二)人才生态不断优化,培养机制不断健全

坚持党管人才,探索基层党组织做好党管人才工作的路径,做好引才育才用才,提高队伍整体素质,有效保证服务品质持续提升。水电保障中心第二党支部组织党员和施工班组人员开展“平安夜校”系列培训课,定期安排集中学习,一般安排在晚上开课,课程主要以安全生产为中心,包括安全用电、现场管理、后勤服务与管理等内容。饮食中心 2022 年申报获批建立中式烹饪技能大师工作室,设“青苗”“金鹰”“优厨”“金管家”项目,推进“工匠精神”特训班,授课时长 380 课时,覆盖学员 8744 人次,118 名技术骨干拿到烹饪专业全日制大专文凭。求是物业开展了“赋能培训周”“点亮计划”等,开发了 41 门内训课程,打造了具备工程实训、技能考场等功能的培训基地。幼教中心组建了名师工作室 3 个,名师工作坊 4 个,构建层级式教师培养体系,推进创新型团队建设。完善管理干部培养机制,合理规划技术、管理序列人员培养路径;通过不断优化管理骨干队伍结构,明确了 197 个核心岗位,449 个关键岗位,为抓好年轻干部培养、高技能人才队伍建设打好基础。

(三)服务品质不断提高,保障作用有力发挥

面对复杂多变的内外部环境,浙江大学后勤集团围绕学校的中心任务和发展需要,通过党建业务互融互促,以一流后勤服务体系建设为统领,发挥统筹协调优势,全力稳定后勤服务秩序,聚焦校内服务保障,建设美丽校园,围绕师生对后勤服务工作提出的新期待、新要求,主动适应环境之变、需求之变,积极谋划“解题”新思路,持续提升师生对后勤的满意度与获得感。后勤集团所属各单位结合“1234”党建工作体系建设,聚焦党建业务深度融合,聚焦师生员工急难愁盼,聚焦稳进提质激发动能,以“增强服务意识,改善服务环境,改进服务作风,提升服务品质”为主线,每年持续开展“创三优争一流”服务质量提升活动,取得了一系列新成绩、涌现了一批新成果。在面临新冠疫情来袭和校园重大活动保障等重要考验时,部分党团员在做好本职工作的同时,迅速补充到后勤一线生产及服务岗位中,充分发挥了党支部的战斗堡垒和党员的先锋模范作用。

(四)发展定位更加清晰,育人作用不断凸显

浙江大学后勤集团目前通过新一轮改革,更好地适应了高校后勤行业新发展态势和高校后勤市场的新变化,后勤集团作为学校功能性保障型企业的定位更加清晰,发展目标和任务更加清晰。在做好校内服务保障工作基础上，集聚优质资源和核心能力，充分发挥餐饮服务、物业服务、水电工程、超市商贸、学前教育、科教服务等产业集群优势，推进各业务板块融合发展。同时不断理顺内部运行机制，有效推进了中心公司的规范分离，形成了校内校外融合发展，共同提升的良好局面。坚持“三服务，两育人”的宗旨使命和“保障学校，服务师生”的根本职责，主动融入学校立德树人的根本任务，紧贴学校教学科研需要，紧贴师生生活需要，积极创造服务育人场景。搭建与学生沟通的渠道，保持与浙江大学学生会、研究生会、博士生会、学生社团的良好互动态势；大力推进“第二课堂”建设，让学生担任食堂大堂副经理、物业引导管理、食堂秩序维护、食堂宣传员等岗位，进一步培养学生“勤创”精神；紧贴教学科研，创新服务育人机制，将劳动教育融入学校“第一课堂”，探索“后勤＋思政”新模式，共建德育共同体。

（五）推进“清廉后勤”创建，全面从严治党向基层延伸

在业务发展的同时，后勤集团坚持党建引领，加强党的基层组织建设，将党风廉政建设的“工作链”形成体系，将构建不敢腐、不能腐、不想腐一体推进理念延伸到后勤服务各方面、各领域、各环节。推动清廉后勤建设与企业改革发展同步对接，与生产经营深度融合，通过梳理和排查后勤集团各单位各部门领导岗位、重点岗位和关键岗位的主要职责、工作流程、制度机制和外部环境等方面可能发生腐败行为的风险点，制订完善全过程、全方位的廉政风险防控措施，实行廉政责任防控措施挂牌制度和党风廉政建设监督员制度。目前求是物业、同力教育校外项目部共 164 个岗位已完成责任牌挂牌，并在各单位、各部门特别是校外项目部设立党风廉政建设监督员，有力推动了“一岗双责”落实，同时有效推动了基层监督创新，从组织上、制度上补齐基层权力运行监督不到位的短板。

浙江大学后勤集团作为具有“国有性质、高校背景”的校属服务企业，既具有国有企业的共性，应当遵照国有企业党建的一般要求加强党的建设，也存在不同于央企等其他国企的特殊个性，需要在党建工作的具体落实层面体现自身特点，探索具有针对性、现实性和可操作性的思路和办法。近年来，后勤集团党委通过“党建引领，双融共促”的探索与实践，取得了阶段性成果。下一步，后勤集团党委将继续加强党建统领，提高党的领导力、组织力，以高质量党建引领后勤集团高质量发展，加快建设服务更加优质、环境更加优美、队伍更加卓越、保障更加有力的一流后勤服务体系。

参考文献

[1] 杨丽，葛祥艳. 新时代高校校属企业党建业务融合机制研究——以同济大学建筑设计院为例[J]，高校后勤研究，2023(1)：51.

[2] 中共中央 国务院关于加强基层治理体系和治理能力现代化建设的意见[N]. 人民日报，2021-07-12(01).

共同富裕目标下高校后勤人力资源管理初探

——以浙江大学后勤集团为例

曹　惠

（浙江大学后勤集团）

【摘　要】 党的二十大报告指出，中国式现代化是全体人民共同富裕的现代化。共同富裕既是社会主义的本质要求，也是人民群众的共同期盼。高校后勤企业作为人民群众实现就业的基本单元，同时也是国有性质的企业，必须坚决贯彻习近平新时代中国特色社会主义思想，按照党中央关于扎实推进共同富裕的决策部署，正确处理效率和公平的关系，在高质量发展中努力为职工的全面发展提供平台和引导，为实现共同富裕作出应有的贡献。

【关键词】 共同富裕；人的全面发展；高质量发展；劳动权益

习近平总书记在党的二十大报告中指出，中国式现代化是全体人民共同富裕的现代化，并且多次强调共同富裕是社会主义的本质要求，是中国式现代化的重要特征。要坚持以人民为中心的发展思想，在高质量发展中促进共同富裕。共同富裕是全体人民的富裕，是人民群众物质生活和精神生活都富裕，不是少数人的富裕，也不是整齐划一的平均主义，要分阶段促进共同富裕。

共同富裕既是社会主义的本质要求，也是人民群众的共同期盼。2021 年度人力资源和社会保障事业发展统计公报显示，2021 年末全国就业人员 74652 万人，2021 年全国农民工总量 29251 万人。幸福不是"等靠要"，而是奋斗出来的。人民群众通过就业、打工实现劳动致富，劳动是人民和国家之间连接的纽带，是人民群众积极奋斗的实践载体。促使人民群众通过劳动实现共同富裕的国家战略目标，基层用人单位作为初次分配的主体无疑占据着其中的重要一环。国有企业是中国特色社会主义的重要物质基础和政治基础，是我们党执政兴国的重要支柱和依靠力量，在破解发展不平衡不充分问题、扎实推进共同富裕中发挥着重要作用。

高校后勤企业作为人民群众实现就业的基层单位，同时也是国有性质的企业，必须坚决贯彻习近平新时代中国特色社会主义思想，按照党中央关于扎实推进共同富裕的决策部署，正确处理效率和公平的关系，在高质量发展中努力为职工的发展提供平台和引导，为实现共同富裕作出应有的贡献。

一、浙江大学后勤集团发展区位分析

浙江大学后勤集团业务范围基本分布在浙江省内，主要集中于杭州地区，作为中国最为富裕的地区之一，其区位优势也相应承载着它的使命担当。

(一)浙江省作为中国特色社会主义共同富裕示范区

2021 年 6 月 10 日,《中共中央、国务院关于支持浙江高质量发展建设共同富裕示范区的意见》发布,中国特色社会主义共同富裕示范区由此起始在经济相对发达的浙江省建设。浙江把扎实推动共同富裕示范区建设作为新时代全面展示中国特色社会主义制度优越性重要窗口的生动实践。2021 年,浙江省人均 GDP 达到 11.88 万元,城乡居民收入分别 21 年、37 年居全国省区第一位。

(二)杭州市奋力打造人才生态最优市,建设共同富裕示范区城市范例

近年来,杭州市不断加大力度,出台应届毕业生生活补贴、大学生生活补贴、创新发展专项资金政策等文件,为引才育才提供政策动能。制定"人才生态"37 条,连续出台"名城工匠培养生态建设""技能提升行动实施方案"等系列政策,同时给予政策红利的支持。开展"企校双制、工学一体"为主要内容的企业青年技能人才培养模式,凸显企业主体作用。

(三)浙江大学后勤集团职工主要来源地

浙江省占 50.3%,安徽省占 13.9%,江西省占 6.6%,河南省占 5.8%,江苏省占 3.8%。以上省份职工占总职工比例达 80%以上,主要来源于中东部省份。

(四)劳动报酬主要数据对比

2021 年,浙江省非私营单位就业人员年平均工资为 122309 元(居全国第五位),比上年增加 13664 元;浙江省私营单位就业人员年平均工资为 69228 元(居全国第四位),比上年增加 8707 元,非私营和私营单位就业人员加权平均工资为 89240 元。与全国平均工资较高和主要来源地的省(区、市)比较数据如表 1 所示。

表 1　浙江省与全国平均工资的对比　　(单位:元)

省(区、市)	非私营单位平均工资	私营单位平均工资	全口径平均工资	社保基数下限
全国	106837	62884	/	/
北京	194651	100011	/	5869
上海	191844	96011	136757	6520
天津	123528	65272	89736	4400
浙江	122309	69228	89240	3957
广东	118133	73231	99720	4588
江苏	115133	68868	/	4250
安徽	93861	56154	76642.92	3832
江西	83766	52667	70560	3528
河南	74872	48117	68172	3409

通过以上分析,浙江大学后勤集团所具有的地域优势决定了它具有较好的人才引力,同时也肩负着共同富裕示范区建设的相应责任。

二、共同富裕目标对高校后勤企业的战略要求

(一)思想上树立新时代共同富裕观,共同富裕是高校后勤企业在新时代履行社会责任的应有使命

在共同富裕新发展目标下,高校后勤企业需要同步实施社会责任战略更新,价值目标面临着结构性调整。调整基于新发展目标的重点工作领域,探索实践管理新模式。在价值理

念、战略导向、经营活动中统筹实现企业、职工、服务对象、学校、生态环境等企业所有利益相关者的利益最大化，夯实共同富裕的微观基础。

（二）行动上主动适应共同富裕目标下公共环境发生的重大变化

随着浙江省对于共同富裕发展目标的探索落地，来自地方政府的管理要求、导向措施必然会朝着价值共享方面倾斜，人力资源发展环境必然也会发生渐进式的变化。这也要求我们未雨绸缪，考虑在前，主动适应，勇于担责。

（三）更加公平更加科学地谋划初次分配体制机制

进一步完善符合新时代发展要求的科学的薪酬分配体系，深入探索企业改革发展成果共享的制度保证，更好带动企业和职工的共同发展。通过人的发展实现缩小收入差距的目标，更加主动、更有作为地满足职工群众对美好生活的需要。

三、浙江大学后勤集团实现共同富裕的现有基础及薄弱环节

（一）树立正确的高校后勤服务人才观，持续推进专业化高素质一流保障人才队伍建设，为实现共同富裕积累了人才动力

（1）形成了三支队伍分层培养的人才发展理念。围绕“一流后勤服务体系”建设目标，在职工队伍建设方面不断完善素质培养、知事识人、选拔任用、从严管理、激励创新的人才工作体系，重视高素质人才储备、战略发现培养、科学培养规划，形成了经营管理人才、专业技术人才、一线服务人才等三支队伍分层培养的人才发展理念，确定了分层培养的目标任务，努力建设一支政治素质过硬、管理能力全面，专业技能高强，服务水平一流的专业化高素质一流保障人才队伍，为后勤事业的高质量可持续发展提供了人力资源保障和人才动力。

（2）创新人才成长机制，完善职工职业发展通道。加大管理干部岗位轮换力度，进一步拓宽管理干部交流轮岗渠道，更好促进管理干部成长，使他们在不同岗位中锻炼、在不同压力中成长，新提任的管理人员基本具有 2 个不同岗位工作经验。完善管理干部考核和聘任机制，推进干部队伍年轻化、知识化、专业化，中层管理人员平均年龄大幅下降。对于完全市场化的岗位，提高管理队伍市场化竞争意识和服务标准。鼓励具有技术特长的业务骨干走专业技术发展通道，持续完善集团专业技术岗位聘任管理的相关规定，以此不断提升专业技术人员、一线技能工人的职业发展通道。通过制定有针对性的职业发展规划，为职工的不断成长提供制度保证，让职工的职业发展有奔头、有目标。

（二）丰富职业培训内容，创新职业培训形式，形成了多渠道、多层次的培训体系，促进职工全面发展，为实现共同富裕提供了基本前提

共同富裕是建立在职工能力全面提升的基础上的，实现人的全面发展也是共同富裕的价值旨归。

（1）后勤集团形成了多渠道、多层次的培训体系，拓宽培训广度。管理人员以更新理念，开阔眼界为主，以中心组理论学习、干部研讨班、外派交流调研等形式开展培训工作。专业技术人员注重技术的提升培训，鼓励参与各种技能大赛和技术创新研发，创建“技术大师工作室”，带动集团整体技术水平的提升。一线服务人员以提升技能等级为基础，以“工人先锋号”为载体，开展了形式丰富的技能人才培养培训和技能比武，有着较为成熟的培养手段和实践经验。

（2）切实增强培训的针对性，适时开展专项培训，挖掘培训深度。为了增强培训的针对

性，集团在内部选拔各领域的业务骨干组建内训师团队，定期开展业务内训；组建了管理干部研修班，聘请校内管理学大咖定期授课解惑；开设了青年业务骨干培训班，集团领导担任培训讲师；各基层单位开设了具有行业特色和岗位特征的培训班，促进基层管理骨干和专业人才成长。

通过不同层次、不同形式的培训学习，既搭建了职工成长成才的平台，又调动了企业的学习氛围，经营管理创新和一流服务理念深入人心。对于职工的成长成才具有不可替代的作用，为职工的终身发展奠定了良好的基础。

（三）坚持依法经营，营造和谐的劳动用工环境，重视职工权益的实现，为实现共同富裕落实了有效保障

（1）完善规章制度，规范用工管理，保障员工权益。高校后勤属于典型劳动密集型行业，随着国家劳动用工法律法规日益完善，给劳动用工管理带来了极大的挑战，集中表现为招工难、用工贵、流动快等问题。集团建立人事主管负责制和单位负责人问责机制，不断规范职工的全流程管理和跟踪服务。为构建和谐用工关系，提升职工权益水平，集团以制度为抓手，建立社会保险、公积金建缴、特殊工时制度等相应的制度规范，制度管理成为和谐用工和保障职工权益的屏障。

（2）建立劳动争议调解组织，及时化解劳动纠纷。随着劳动者维权意识逐步增强，劳动关系市场化、法治化、多元化、复杂化，后勤集团一些历史性、深层次用工关系问题逐渐显现，情况复杂、诉求多样。集团按照“预防为主、基层为主、调解为主”的工作方针，建立了后勤集团及下属各级工会的劳动争议调解委员会组织，切实保证企业劳动争议调解效能充分发挥，最大限度地将劳动争议通过调解方式快捷、平稳化解，促进劳动关系的和谐稳定。

（四）坚持共享成果、有效调控理念，不断完善薪酬分配体系，能者多劳、多劳多得，通过结构性调整缩小收入差距，为实现共同富裕奠定了制度基础

（1）全体后勤职工共享改革发展的成果。在成果共享、有效调控等工作方针的指导下，集团适时对薪酬分配制度作出调整。在对各单位职工薪酬情况和工资结构进行全面调研和分析的基础上，按照缩短收入差距、向一线职工倾斜的指导思想，对职工的工资进行结构性调整。大幅度提高一线员工的固定工资，合理掌控员工绩效工资，进一步缩小一线员工和管理人员之间的收入差距，同时将一线职工收入作为所属单位班子经营业绩考核的指标之一，让全体后勤职工共享改革发展的成果。

（2）各岗位工资持续稳定增长。虽然经历长时间疫情的不利影响，后勤集团各岗位职工的收入仍然维持每年都有一定幅度增长的良好势头，进一步巩固了后勤集团改革发展的成果。

（3）关心关爱职工，提供人性化的福利待遇。秉承以人为本的管理理念，采取多项措施保障外来务工人员权益，多方面、多角度关心职工的工作和业余生活，组织各类文体活动丰富职工业余文化生活，筹建职工宿舍大楼改善他们的住宿条件。积极推行工资集体协商制度，形成民主管理的良好氛围，同时将相应的工资待遇、福利待遇以集体协议加以约束，确保各项权益落实到位。

综上，浙江大学后勤集团在思想观念、组织保证、人才培养、薪酬分配等方面为实现共同富裕目标积累了人才动力、提供了基本前提、落实了有效保障、奠定了制度基础。但是也存在一些薄弱环节，比如职工队伍素质还存在一定短板，管理精英和高技能人才还有一定短缺；职工发展通道存在一定的瓶颈，管理人员上升慢、技术人才通道窄；薪酬福利待遇还存在一定不科学的因素;管理效能还需要进一步提高等。

四、对高校后勤企业扎实推进共同富裕的思考

(一)高质量发展是推动共同富裕的必然要求

高质量发展的根本目的是实现共同富裕,共同富裕的根本基础是高质量发展,二者互为因果、相辅相成。实现共同富裕的前提是做大“蛋糕”,关键是分好“蛋糕”,这两点都离不开高质量谋划。高质量发展要求我们必须要认清高校后勤企业改革的深刻内涵,在改革中解决各方面产品和服务供给从“有没有”“大不大”“足不足”转向“好不好”“优不优”“美不美”的问题,促进产品和服务的迭代升级,更好地满足新时代师生对美好生活的需要。

(二)推动人的全面发展作为共同富裕的中心议题

习近平总书记明确指出,“促进共同富裕与促进人的全面发展是高度统一的”。步入新时代,共同富裕以它丰富的内涵和广泛的特性愈发展现出与人的发展的紧密关联性。人的全面发展离不开职业能力的提升,如何全面提升职工素质也将是高校人力资源管理面临的重要课题。

(三)依法维护劳动者权益为共同富裕保驾护航

共同富裕需要健全的法律法规进行兜底和保障。完善的社会保障制度,能够兜底保障低收入群体的基本生活,提高社会平等程度。同样在国有性质的企业中,保障一线务工人员的合法权益,兜牢他们的生活底线、养老底线、医疗底线等,是维护校园和谐稳定、促进社会公平、增进职工福祉的基本制度保障,是落实共同富裕重大决策部署的重要制度安排。

(四)提升职工幸福感作为共同富裕的价值追求

共同富裕既是经济发展命题,更是社会价值命题,是职工群众物质生活的富裕和精神生活的富足。作为企业,不仅要为职工提供劳动创造财富的物质基础,还要发挥精神富足对物质富裕的促进、引导作用。教育引导职工弘扬劳动精神、工匠精神、奉献精神,在扎实推动共同富裕中以积极向上的企业文化激励职工干事创业的正向能量,促使职工和企业同频共振,拥有共同的符合时代特征的价值追求。

“我们实现了第一个百年奋斗目标,在中华大地上全面建成了小康社会,历史性地解决了绝对贫困问题,正在意气风发向着全面建成社会主义现代化强国的第二个百年奋斗目标迈进。”实现共同富裕的重要基础已经具备,在全面建设社会主义现代化国家新征程上,作为高校独资的后勤企业,更应该主动利用发展区位的战略性有利条件,进一步巩固高校后勤改革发展取得的实践成果,在扎实推进共同富裕中肩负起新时代赋予的崇高责任和光荣使命。

参考文献

[1] 习近平.高举中国特色社会主义伟大旗帜为全面建设社会主义现代化国家而团结奋斗——在中国共产党第二十次全国代表大会上的报告[N].人民日报,2022-10-26(01).

[2] 贺汉魂.劳动正义:人民共同富裕市场经济体制的伦理基石[J].甘肃社会科学,2023(2).

[3] 王震.共同富裕目标下促进公共服务高质量发展的重点问题.经济纵横,2023(2)

[4] 姚肖雅.马克思主义分配公平视域下推进共同富裕路径探究[J].沈阳工业大学学报(社会科学版),2023(2)

[5] 赵笑蕾.在推动共同富裕中促进人的全面发展[J].兰州学刊,2023(2).

浅议后勤企业“用人难”及其解决对策

郑龙海

（浙江大学后勤集团水电保障与修建工程中心）

【摘　要】 当前，高校后勤企业面临着招工难、用人难的困难。本文根据人的需求理论，剖析员工的真实需求，提出以“用心管理、用情服务”的工作思路营造员工内心的向往，来破解“用工难”的问题。

【关键词】 后勤企业；用工难；需求层次；用心管理；内心向往

一、学校后勤用工的现状

学校后勤工作涉及的点多面广，后勤提供的服务各式各样，决定了其用工形式的多样性。有的是“纯劳力”付出就可以，有的是“劳力＋技术”才能完成，还有一些技术性较强的……后勤企业（中心）需要很多岗位的员工。后勤工作的结果属性是依靠人员干出来，最终落在一线员工的操作上。如何让后勤服务对象满意？不仅在于后勤所提供的具体服务内容，还在于后勤一线员工提供服务时的技能熟练度、肢体语言表现得体与否、情绪控制等。一句话，后勤企业需要一定劳动素质的员工。现实中，各种各样的原因，导致后勤企业出现了“用工荒”，存在招工难、留人更难的实际问题，更有高素质员工经常性流失的问题，如何化解这些问题？笔者试从员工个体需求方面做一些管理上的探讨。

二、需求是人类劳动的不竭动力

“人民对美好生活的向往，就是我们的奋斗目标”。“人民对美好生活的向往”其实质就是一种需求，每个人对“美好生活”的憧憬与需要都会有不一样的追求。准确了解员工的需求，是应用需求层次理论对员工进行激励的一个重要前提。在不同组织中、不同时期的员工以及同一组织中不同员工的需求都充满着差异性，且经常变化着。因此，管理者应该经常性地进行调研，弄清员工未得到满足的需求是什么，然后有针对性地进行激励。多年来，通过后勤不同层级管理员的努力，来校从事后勤工作的一线员工，其物质满足、安全保障、归属有爱等需求基本实现，但更贴心的举措仍需增强——把暖民心的工作做到员工心坎上，才能更好促进他们工作的能动性。

三、需求层次理论在后勤用工管理中的实践

（一）人类低层次的需求容易满足

众所周知，薪酬的高低决定了招工的难易。人的生理需求是人最重要的需求，一线员工及其家庭的生活来源高度依赖于工作的薪酬。这几年，国家通过实施乡村振兴、产业扶持等政策，让劳务输出地的人员有了更多的就业选择，薪酬的高低必然是一线员工外出打工最主

要的考量指标。套用“重赏之下必有勇夫”的原理,似乎仅“提高薪资待遇”一招就能解决“用工荒”的问题?由于校方的服务经费有限,单凭服务经费来提高工资,无疑是困难重重。因此,后勤企业必须加强管理——除了要积极改善劳动条件、给予较多的带薪休假、提高福利待遇外,需要想方设法开源节流,通过多频次的专业培训(让员工喜欢上后勤工作——做喜欢的事才有激情,才可持续)、传帮带提升劳动技能,制定企业作业标准、明确作业目标,进而提高后勤服务的劳动效率,才能具备增加工资的能力。企业有了这样的能力,还要有“年年有增薪”的举动(年年“增加工资”,也是对员工一种很好的激励与尊重),以吸引更多的人加入后勤大家庭。破解招工难,还需充分依靠现有员工,发动员工带动其家乡的人员来校务工,并给予一定的奖励。

(二)一个安全有保障的工作岗位,无疑是人们外出务工的基本需要

人们需要一个安全稳定、保护有力、规范有序、能免除恐惧和焦虑的工作环境。有些后勤工作岗位需要进行机械作业、高空作业,操作不当会引起人身伤害;有些后勤工作岗位需要一定的身体素质和良好的行为习惯,才能确保食品安全、消防安全、交通安全等。除了通过招工面试筛选,在岗前培训中告知校情校况等基本情况、工作目标、职业风险,并提供必要的技能训练外,还需要强调规章制度、职业保障、职业规划(明确每一年的评定等)、住宿福利等;按章按规发出作业指令,避免员工因受到双重或多重的指令而导致工作心理混乱;按章按规缴纳社保基金,解决员工就业后顾之忧;就近提供住宿,避免员工长途跋涉、到岗后容易疲劳犯困……

满足上述两个基础需求,后勤企业“招人难”的问题就能迎刃而解。目前这一难题大多数后勤企业都已基本解决,但想要留住人、用好人,还需要在员工的归属有爱、尊重认同等需求上持续发力,以解决“留人难”的问题。

(三)创造内心的向往,用心满足高阶位的需求

通过梳理,离开后勤岗位的主要有两类人。一类是因为工作环境问题离开的,这样的员工在后勤企业较少。环境因素是多元的,有客观因素也有主观因素。如有的人能力很强,在后勤感觉缺少发展机会,一旦遇到一个可获得更高职位的机会,便利选择离开,这类情况应该是管理上出了问题。员工的流动是合理的,但在这个过程中要找到员工流动的因素。如果因为环境的客观因素而走人,那就下决心提升环境魅力,如提高薪金,改善住房,加大培训投入,依照具体行业特点增加特色福利等,这类人员流失问题容易解决。另一类是员工心理的承受力欠缺导致的。这类员工占很大的比例,他因为心理失衡而离开,他觉得不受部门领导重视,或觉得部门缺乏公平;他会受困于“不自洽”(觉得“应该”做,却不是真的“想”做,甚至产生“分裂感”,便是不自洽),内外需求不一致,引起心里内卷而离开。人终究要面对自己真实的内心,真实的内心是以喜欢的方式做有意义的事情,这往往也是一个人的追求,内心不舒服了,肯定体现在“脚”的行动上。

一个人需要与其他人建立情感的联系或关系,这是归属有爱的需要。三年来各种疫情防控要求造成了人际交往的缺失,自然也影响着一线员工的心理情绪;员工渴望有一定量的社会交往,需要结交朋友。特别是新进员工,在新的工作场景里,个人心灵的承受力是不同的,能否在第一时间融入集体,是很多人能否留下来的关键。做好员工工作,就要关注员工内心,需要把话说进员工心窝子、把事办进员工心头上、把情送进员工心里头。基层管理员经常性地关注他,适时进行沟通交流,倾听心理需求,解除心中“疙瘩”,心情就会得到放松。安排友善的老员工进行传帮带,建立一个友好的工作氛围和环境,让新员工尽快融入岗位角色并喜欢上日常的后勤工作，强化他继续留下来的决心。每一个人成长前行的过程中都会遇到“疙瘩”，不厌其烦地帮助其解决前行的“疙瘩”，员工长留的可能性就会大大增强，企业高劳动素养的员工也会越来越多（老员工的熟能生巧，多年培养也提高了劳动技能）。20多年前，园林中心一位“方”姓一线员工，遇到了“孩子因病而无力治疗”的困难，后勤企业第一时间帮助其联系医院、进行募捐等，既帮助了方师傅，又通过这样的形式营造了单位“大家庭”的氛围，员工的归属感自然增强。果真，后续有不少单位高薪挖聘他，方师傅不为所动，至今仍坚持在校服务（类似的员工还有很多）。归属感强的员工队伍，其稳定性也一定高。归属感的营造还有其他措施，如单位有专人关注并告知员工当地政府有关外来务工人员的优惠政策（廉租房的出租、最低工资的上涨等），有人帮助员工解决子女入学，或改善厌学，或高考志愿填报等事宜，有人为员工提供孩子的成长成才经验，有人帮助化解员工的家庭矛盾，有人引导员工进行情绪管理，有人关心青年员工的感情问题等。

以员工需求为导向，不同层级的管理员应该有不同的管理举措。高阶管理人员可以通过抓作风、优服务、强实效，建立健全基层的“立体网格”治理机制，提拔愿意“换位思考”的人员为基层管理员，并引导基层管理员增强共情能力、增强服务员工的本领。将基层管理者的作风建设转化成为员工服务的实效，推动资源、管理、服务下沉，实现服务在一线体现、矛盾在一线化解、风险在一线消除，真正把暖民心、顺民意的工作做到员工心坎上。基层管理员，首先从思想上强化员工观点、摆正员工位置，打心底里感恩员工（有感恩的心态，这决定管理员能“玩”多久，因为这些员工是用时间与生命和后勤“玩”的人）、尊重员工、重视员工，愿意积极主动地去了解员工、关心员工、理解员工，增强做好员工工作的责任感和主动性。其次，在增进同员工的感情和创新员工工作方式方法上加强修养和锻炼，善于同员工打交道，勤于实践、务实有为，多抽时间走进基层、深入员工，多频次与员工沟通交流，既“身入”更“心入”，多看看员工难在哪里，多听听员工困在何方，多问问员工想要什么，准确理解和把握员工的情感和情绪；在全方位了解员工现实状况的基础上，更加科学准确地换位思考、实现共情，真正做到想员工之所想、急员工之所急。再次，能狠抓落实、解决问题，在共情基础上持续听取员工意见建议，不断校正工作方向和标准，让每一项工作从立项推出到推动进程到呈现结果，都符合员工期待，从而真正将员工的难事、急事、闹心事解决好，让员工对工作更加满意、对生活更有信心。每一位管理员都愿意创造同事间社交往来的机会（开展有组织的体育比赛、围桌夜谈、春秋游等），支持与赞许员工寻找及建立和谐温馨的人际关系，员工的安全感会更有保障、获得感成色会更足、幸福感会更可持续。所以笔者认为，将“员工吃得好不好，住得暖不暖，心气顺不顺，身心健不健康”成为基层管理员日常牵挂的事，其大部分精力应该倾注在员工这些“归属有爱”上，而不是专注于具体的事务上，对于员工需要解决的问题要特别细心，员工想不到的地方基层管理员能及时想到，养成“马上就办、办就办好”的工作习惯，为员工服务需要按下加速键，如此“用情服务”，员工的主人翁意识和劳动积极性就会激发得更好。至于社会企业那套“末位淘汰制”，它缺乏爱意，并不适合在后勤企业里应用，因为后勤服务需要“有爱”服务（“有爱”传递“感动”，“感动”必会“满意”）。爱的关怀越多，越有聚合力，这就是为何家里穷人们仍然回去的原因——这是内心的向往。

参考文献

[1] 刘政.做好群众工作要提高共情能力[N].陕西日报，2020-11-27.

基于党建视角下高校后勤人才培养路径研究

杨竹清

（浙江同力教育后勤管理有限公司）

【摘　要】 加强基层社会治理是完善社会治理体系、提高社会治理效能的重要内容，而其中人才是推进治理能力现代化的重要支撑。然而，当前高校后勤人才培养中普遍存在目标不清晰、路径不明确等问题，究其根本，是党建与人才培养脱钩。基于此，本文以高校后勤企业为例，探讨了党建视角下基层企业人才培养的路径。通过分析党建引领高校后勤企业人才培养的必要性，进而梳理了现阶段影响高校后勤中党组织在人才培养方面作用发挥的关键因素，并最终提出了相应的人才培养对策，希望能为高校后勤发挥党建在深化社会化改革、促进服务提质增效等方面提供经验启示。

【关键词】 党建视角；人才培养；高校后勤；基层社会治理

一、引　言

党的二十大指出“人才是第一资源，全面提高人才自主培养质量是推进中国式现代化建设的关键举措”。作为推动社会进步的基础性要素，人才培养也是高校后勤社会化改革的重要组成部分，是推进一流后勤服务保障体系建设的核心内容。然而，作为基层社会治理的基本业务单元，现阶段高校后勤社会化改革已逐渐进入深水区，高校后勤队伍中出现了较为普遍的人才匮乏现象，人才不够用、人才不适用和人才没用好成为高校后勤队伍人才培养青黄不接的重要表现，而这很显然与建设一流后勤的内在要求严重不匹配。究其缘由，一个重要的因素就是党建保障机制不健全，忽视了党建引领下的人才培养模式。实际上，基层党组织不仅应当做好企业员工的思想政治教育工作，同时还应当肩负起人才培养的重任。高校后勤的党建工作，有利于让基层党组织参与到技能人才的培养过程中，助力后勤企业培养出思想端正、技术突出的技能人才，从而推动后勤服务现代化到体系能力现代化的变革。因此，本文以高校后勤企业为研究对象，通过论述人才培养理论和实践价值，探讨在习近平新时代中国特色社会主义思想背景下，坚持党管人才原则、做好基层组织人才培养的重要性，并进一步分析可能的人才培养路径。

二、党建引领高校后勤人才培养的必要性

“兵马未动，粮草先行”，作为高校发展的四个基本面之一，后勤提供了高校发展的基础性保障服务。随着高水平大学建设的不断深化，新型高校后勤保障体系的建立也迫在眉睫，一流的大学需要一流的后勤作为保障，一流的后勤则需要一流的人才作为支撑，可以说后勤人才的水平直接决定了后勤保障能力的高低。然而，在高校后勤社会化改革的进程中，人才

的匮乏这一根本性问题日益凸显。

第一,高学历后勤员工占比相对较少。根据笔者的调查,以后勤下属餐饮企业为例,其人员构成中,拥有本科及以上学历的员工占比仅为3%,其中拥有研究生学历的员工更是凤毛麟角,学历为大专的也仅占9.3%,学历为高中及以下的员工占比达到87.79%。从员工的分布上来看,高学历员工主要集中在管理人员,餐厅服务员等基层员工学历普遍较低,而这些员工却身处餐饮服务的第一线,往往直接与企事业单位用餐人员以及学生群体相接触,其一言一行往往直接体现了高校后勤人员的基本素养。

第二,拥有职称证书以及职业资格的员工较为稀缺。以餐饮企业为例,现阶段通过职业技能鉴定的员工占比不到30%,能工巧匠和经验丰富者更是少之又少。尤其是考虑到近年来高校后勤中一部分优秀的老职工面临年龄逐步偏大并陆续到龄退休,更是加剧了高校后勤人才荒的境地,进而影响到后勤实体的资质水平和服务水平的提高。

第三,对社会优秀人才的吸引力不强。一方面,与高校同等职位相比,高校后勤的待遇水平相对更低,且增长空间相对有限,因而不仅很难引进优秀人才,同时也很难留住优秀人才;另一方面,员工自身职业生涯成长路径不够清晰,部分部门对于管理制度的理解不到位,不重视对员工的培训,导致优秀后勤人才对于所从事的工作幸福感和获得感不高,对于未来的迷茫造成了较高的人才流失率。

第四,管理制度不清晰,管理执行效力低下。与其他公司制企业以及事业单位相比,高校后勤企业的地位属性不够清晰,部分部门对于依法用工和规范用工认识不到位,导致劳动纠纷频发,从而极大地影响了员工工作的积极性。

综合来看,高校后勤人才的培养面临困境,但最根本的原因则是思想认识问题。因此非常有必要加强党建视角下的人才培养,坚持党的全面领导,将党建工作贯彻落实到人才培养的方方面面,通过以政领才实现党的组织体系在横向层面的延展,进而为高校后勤企业输送更多的优秀人才。

三、影响高校后勤党组织发挥作用的因素

要建立与中国特色大学制度相适应的新型后勤保障体系,需要重点加强后勤职工队伍建设。在社会化改革的过程中,后勤企业中党员队伍的建设显得尤为关键,只有将党建工作与人才培养工作结合起来,方能获得极大的人才培养优势。但很显然,现阶段不少后勤企业的党组织在人才培养过程中的角色不清晰,作用不明显。主要原因在于以下四个方面:

首先,后勤企业的运营管理过程中容易呈现出“重业务,轻思想”的特点。作为一个企业,后勤企业的最终的目标是“生存、发展、获利”,重视业务工作、提升企业价值本身无可厚非,但需要强调的是,只有思想统一,员工才能心往一处想、劲往一处使,后勤企业才能行稳致远。可以说,对思想政治教育工作的重视程度不够,在一定程度上限制了基层党组织人才培养作用的发挥。从外部环境层面来看,当今的社会是信息高度发达的社会,网络上的各种新闻报道不断冲击着企业员工的价值观,社会上的负面情绪也会影响到高校后勤人才的心理状态和价值取向。思想认识不到位,人心就会浮在工作外,这就对高校后勤企业的党建工作提出了更高的要求。

其次,行动偏差,表现为党建工作与人才培养工作存在“两张皮”现象。基层党组织是开展思想政治教育的桥头堡,同时也应是培养人才过程中的尖刀连。然而,具体到当前高校后勤党组织的工作内容,找不准共识点成为制约党组织人才培养功能发挥的重要因素。具体

来看，党建工作和高校后勤企业人才培养工作的工作对象、工作载体、工作性质存在较为明显的差异，进而导致了党建与企业业务脱节、党建与企业人才培养相脱节，最终表现出来的是党建工作的固化、形式单一，以及与高校后勤企业发展契合度不高，难以满足高校后勤企业对于高质量人才的迫切需求。

再次，专业偏差，表现为基层党务人员在高校后勤人才培养上的精力有限。一方面，现阶段高校后勤企业中的党务工作者多为关键部门的管理人员和重要岗位的技术人员，缺乏系统的基层党组织人才培养的培训，并导致党建视角下的高校后勤人才培养工作的开展把握不住焦点，难以达到培养人才的目的；另一方面，高校后勤中的党组织成员依然具有本职工作。尤其是随着本职工作量的增加，以及党建工作压力的同步加大，这对大多数业务、党建双肩挑的党务人员的时间和精力提出了很大的挑战，党务人员身兼多职，既要做好业务工作，又要保障党务工作的质量，这就往往会出现心有余而力不足的问题。

最后，未能紧密结合时代发展特征，党建方式传统固化，对新时代人才的感召力不强。保持先进性是中国共产党成为伟大光荣正确的党的重要保证，作为基层党组织，也应当做到与时俱进，开拓创新。然而，随着社会化改革的推进，高质量发展要求下高校后勤企业的内部工作内容、工作形式，甚至组织架构都发生了一定的变化，但企业基层党组织的创新度却远远没有跟上，党建方式和思想政治教育理念却多还停留在传统的“讲授”模式，对于人才的发现、发掘、培养乃至提升已经远远不能适应新发展格局下高校后勤企业对于人才的迫切需求，这也严重制约了企业对于人才的吸引力和凝聚力。

四、党建视角下高校后勤人才培养对策

党建工作与人才培养相辅相成，相互成就，通过将两者结合起来，可以获得极大的人才培养优势。基层党支部作为后勤集团党建工作的载体和平台之一，是党建方针政策的具体实施者和落实者，与人才培养有着休戚与共的紧密联系。因此，要充分发挥高校后勤企业基层党组织在管理人才和技能人才培养中的作用。

其一，是要坚持以习近平新时代中国特色社会主义思想为指导，牢固树立以人为本的先进理念培养后勤人才。具体地，要充分利用“党管人才”的原则，一方面，要充分发挥党员干部先锋模范的作用，以坚定的思想信念感召身边的同事，党支部要通过积极的调研，充分了解包括管理人才和技能人才在内的广大员工的诉求，及时梳理人才培养过程中存在的问题，找准聚焦点，形成正反馈，并探索以 1234 党建体系为引领，通过丰富多彩的党建活动，吸引更多的优秀员工参与到基层党组织的工作中来，以实际行动将群众的需求与自身的党建工作相结合；另一方面，在高校后勤企业高质量发展的过程中，基层党组织应当坚持以人为本的人才培养理念，确立人才在企业发展的核心地位，在尊重人才普遍性要求的同时，又尊重人才的个性和多样化的要求，不仅要培育优秀员工的管理才能和技术水平，还要注重提升专技人员的思想水平，对于特别优秀的管理人员骨干和技术员工，党组织应当积极考察，在机会合适的时候为其提供入党机会，进一步帮助其提高思想政治觉悟水平，激励优秀人才敢于担当、勇于作为，以人才向党组织的积极靠拢反哺高校后勤企业的高质量发展。

第二，坚持德才兼备、以德为先、五湖四海、任人唯贤，树立选人用人正确导向，营造优良的环境氛围培养后勤人才。企业的高质量发展，人才是基础；人才能否被发现以及被留住，关键在于环境氛围。从选人用人上看，基层党组织要把握好德才兼备、以德为先的用人观，风清方能气正，德高才能名显，因此对于在后勤岗位上表现优秀的党员及党务工作者，要重

点表彰与宣传，通过优秀事迹风采展等形式树立人才典型；对于消极怠工、违反企业制度的员工，要做到及时提醒、按规惩戒并监督改正，最终通过赏罚分明的激励环境为优秀后勤人才提供大有作为的宽阔舞台。从工作保障上看，在党组织的领导下，一方面，后勤企业领导干部要敢于放权，有计划有意识地通过一些棘手的任务去锻炼优秀人才，帮助其早日成长为后勤企业的栋梁之材；另一方面，基层党组织要深入了解一线员工的声音，想其所想，急人所急，通过切实帮助优秀人才解决住房、家属就业、子女就学等生活中所面临的现实困难，使他们能解除后顾之忧，最终营造出拴心留人的生活环境。

第三，建立高校后勤人才培养的长效机制，畅通人才晋升路径。十年育树，百年育人，人才的培养是一个长期过程，必须以长期的保障机制确保人才的持续涌现。其中，一是要制定贴合员工发展的职业规划，这对基层党组织也提出了更高的要求，不仅要多与优秀人才开展谈心谈话工作，了解其思想动态和职业需求，帮助其进行职业生涯规划，还要与企业管理者进行积极反馈，加大对人才业务水平的深化培训，协调完善后勤人才晋升渠道。二是要主动建立人才资源资料库，基层党组织通过对后勤人才的品格、能力、业绩等详细动态记录，形成人才评聘的重要依据，并最终确保人才与岗位的兼容。

五、结　语

随着高校后勤社会化改革的不断深入，对高质量服务水平的需求越来越彰显后勤人才的不足，因此清晰化高校后勤人才培养路径成为众多高校后勤企业的当务之急。党的二十大报告强调“全面建设社会主义现代化国家、全面推进中华民族伟大复兴，关键在党”。作为社会组成中的基层组织，自然也不例外，高校后勤企业的人才培养工作，也离不开党组织的主导作用。为进一步促进高校后勤中人才的发掘和培养，推动高校后勤招贤纳士，基层党组织应当坚持以习近平新时代中国特色社会主义思想为指导，牢固树立以人为本的先进理念培养后勤人才、树立正确的选人用人观、建立健全人才培养的长效机制，并最终促进高校后勤服务水平的提升。

参考文献

[1] 陆恩.浅析高职院校后勤服务型党组织建设[J].管理观察，2016(3)：142-144.

[2] 吕守华，张春英，宋洪艳.新形势下高校后勤党建工作的思考[J].高校后勤研究，2016(5)：98-100.

[3] 毛波杰，项同虎，吕继双，韦广全.论高校后勤企业的红色管理[J].高校后勤研究，2011(5)：27-29.

[4] 徐维锋，谢少军，胡爱艳.后勤基层党组织落实立德树人根本任务的思考[J].现代企业，2020(9)：144-145.

[5] 张黎，崔乃伦.高校后勤党支部工作与业务工作的相关性探究——以清华大学学生公寓区事务科党支部为例[J].高校后勤研究，2018(7)：25-27.

[6] 张梅.国企党建与人力资源人才培养有机结合方法[J].现代企业，2022(7)：64-65.

[7] 曾镰.“党建＋”模式推动党建工作与中心工作深度融合研究实践[J].活力，2022(21)：73-75.

浅谈中小企业的育人与留人

倪敏芝

（浙江同力信息科技有限公司）

【摘　要】 本文主要以中小企业人力资源管理存在的问题为中心尤其是在“育人”和“留人”方面存在的一些问题进行论述，对中小企业在育人与留人中的不足和疏忽之处进行了剖析，并针对存在的问题和不足，提出了自己的观点和看法。本文旨在对中小企业如何“育人”“留人”工作在理论上做一番探讨，为中小企业负责人提供正确对待企业在“育好人”“留住人”方面的方法。

【关键词】 中小企业；人力资源；育人；留人

人是最大的战略资源，企业之间的竞争归根结底是人的竞争。因此，作为人才聚集效应相对不足的中小企业，加强人力资源建设就有着更为重要的现实意义。目前，大多数的中小企业已经认识到了“人”对企业发展的重大意义，但在这方面，仅有认识还是远远不够的，关键在于能根据中小企业的实际，建立一套较为完善又切实可行的人力资源建设体系。

一、中小企业人力资源现状

(一)缺乏相对完善的人力资源规划体系

在人力资源管理上缺乏深入分析，许多中小型企业完全是凭借着一种感觉和冲动或者一些临时性的需求进行人才使用。而且普遍存在重管理、轻培养的现象，企业负责人大多数信奉“人治”的观点，认为员工关键在于“控制”，这样就能够将企业管理好。诚然，在企业创业的初期，这一套做法能有效地进行沟通和激励，然而随着企业经营规模的逐步扩大，这种人力资源使用管理模式，严重地忽视了现代企业管理运作中人力资源使用的科学性。

(二)工资水平和社会福利在人才市场上缺乏竞争力

许多大型企业在设备、技术、管理、资金等方面较中小企业都有绝对的优势。这样一来，中小企业中较优秀的技术或管理人才往往成为这些大企业“挖墙脚”的主要对象。而另一方面，绝大多数的中小企业很少会关注公司的设备、技术和员工技术培训的投入。这也正是中国中小企业无法做大、形成品牌的根本原因。中小企业在这方面的不足也必然会使企业在对人才的吸引力上大打折扣，从而使企业的盈利能力和竞争优势大打折扣。

(三)选才理念相对陈旧，择才面过窄

许多中小企业在人才的选聘和人力资源的使用上存在着“先天不足”，许多中小企业甚至还停留在“上场父子兵”的观念上，在一些重要的岗位，如采供、财务、销售、技术研发等部门基本上都由“自己人”担任，很少选用外人。此种用人方式的结果一方面导致了人力资源来源的枯竭；另一方面，这些部门或岗位往往成为制约企业进一步发展的瓶颈。

(四)人事激励机制不健全

许多的中小企业单纯以物质刺激为主,过分强调员工工作的动机就是为了获取物质报酬这一实用主义观念。不可否认,在现阶段物质利益仍然是调动员工工作积极性的重要手段,但如果采用单一的物质激励,显然是无视员工在需求上的个性差异,也与在市场经济和现代企业制度下的激励机制相悖。中小企业在激励机制上的忽视,使得员工在中小企业工作的忠诚度显得不够。

(五)中小企业人力资源流动过于频繁

造成这个问题一方面可能是由于中小企业员工的流动限制少,流动性较强;另一方面是一些企业的不健康思想作怪,为了降低眼前人力资源的使用成本,采取了不正当的手段,频繁更换员工。事实上,这种做法从长远看,风险很大,首先它无法形成一支训练有素的熟练程度较高的职工队伍,其次也有损于企业的社会形象,一些中小企业的"短视"行为,也给企业的最终很好的用人留人造成了困难。

二、中小企业如何育人

育人是一件长期的、重要的事,企业也负有培养人才的责任和义务。人力资源发展与培训是企业为了提高员工在执行某项特定工作或任务时所必需的知识、技能及态度或培养其解决问题的能力所采取的一系列活动。每一个企业都需要受过良好训练并具有丰富经验的人去运作,以维持企业生存所必需的活动。所以,对于一个企业来说,做好对企业员工的"育人"工作,于情于理于企业未来发展都负有无可推卸的责任,"育人"工作的成功与否,直接关系到一个企业能否拥有一批独当一面的员工去合理、熟练地运作企业的每一个环节。

如果一个企业员工跳槽的现象比较频繁,那么对于这个企业的负责人首先要认真检查自己,了解员工为什么跳槽,认真分析企业自身原因,拿出更好的育人方案,创造更好的工作环境。中小企业在与大型企业同台竞争过程中,本身就存在着一些无法改变的"先天不足",本来对人员的吸引力就无法与那些大型企业或知名企业相比,如何使中小型企业的员工"能者尽其才,贤者效其忠",是一个很大的学问。

现阶段在愿意实施人力资源建设与管理的中小企业中,有相当一部分的中小企业负责人是想在员工的"育人"上有所收获的,纷纷参与制订了本企业的一系列育人方案,并取得了一定的实效,也尝到了重视"育人"工作而得到的甜头。但客观地说,目前国内相当多的中小企业在员工"育人"这方面做得还是不够的,其所带来的作用远没有得到应有的重视,"育人"工作中表现出来的缺乏制度性、系统性和针对性等问题依然存在,切实做好中小企业的"育人"工作还有一段很长的路要走。

(一)要在企业内部做好育人工作,首先要为企业选好人

顾名思义,企业育人,花费大量的人力、物力和财力,主要的目的是希望他们能为企业的发展发挥更大的作用。所以,这里可以确定的一点是,企业育人的对象是对企业自身发展有用的员工。既然如此,那么我们企业的育人工作也是有倾向性和一定针对性的。这就要求企业的人力资源部门在引进人员时要注意招入适合企业发展的人员,要提倡"门当户对"的用人方式。试想一下,如果招聘的人员与企业发展的规划不相符,与企业所需的人员要求不相符,或者招聘的人员只是来企业过渡,并无长远在本企业发展的意向,那么,要对这些群体进行培育工作,无论如何都是无法开展好的,只能停留在"单相思"或"育而不成才"的状态。

由此可知，一个企业要做好育人工作，选人是关键，只有对那些与企业发展相匹配的人员进行育人，才能把这项工作落到实处，取得实效，否则任何的育人工作都将是徒劳的。

（二）建立企业专门的人力资源管理机构是开展企业“育人”工作的重要基础

目前相当一部分的中小企业存在严重的“两无”现象：无专业的人力资源管理员，无专门的人力资源管理机构。育人是一项长期而系统的工作，如果一个企业缺少这两个“硬件”指标，那么可以想象这样的育人工作是存在很大的随意性和非专业性的，在这种状况下培育出来的人员在当今市场中有多大的竞争力是值得疑虑的。而不容忽视的一个现象是，目前中小企业的培训工作在很大程度上存在企业负责人“一言堂”的现象，没有一个严谨的育人方案，而许多企业所谓的“人力资源部”其实是由原先的企业人事机构甚至是企业办公室简单演变而来的，把现代的人力资源工作简单地等同于原先的人事管理，这种偷换概念的做法给企业育人工作的专业化和实际效果打上了一个大大的问号。

（三）加强员工的培训工作

毫无疑问，加强企业员工的培训工作是做好育人工作的重中之重，是企业整体育人体系的重要组成部分。如前所述，激烈的竞争，迅猛的技术变革，生产率水平的要求，以及满足员工进步的愿望，都促使管理者增加培训投资。但是，由于一些特定原因，使得一些中小企业对全面实施现代化的培训体制仍然顾虑重重，徘徊不前。这就在通过培训提高竞争力的需求与企业的不规范或缺乏效率和效果的员工培训之间造成了矛盾。这种矛盾不仅会造成职员对公司不满意程度的提升，而且还会影响企业竞争力水平的提高。因此，建立适合中小企业的员工培训机制成为企业“育人”的当务之急。

（四）企业其他育人方式

（1）在活动中育人。中小企业应计划一些群体性活动，让所有的员工都参与。员工在活动中会潜移默化地领悟企业的特质。通过各种活动有针对性地培养企业急需的人性特质。活动形式要多种多样，不拘一格，目的是既让员工主动参与、改善心情，同时又能使员工有所体会和感悟。

（2）在会议中熏陶。会议的形式也要多样，集体会议、小组会议、管理讲座都可以。会议形式不管怎样，关键的是要对员工积极人性特质进行熏陶。而且，会议气氛一定要轻松愉快，既要传达会议精神，又要鼓励员工提意见、发表看法，只有在轻松愉快中会议精神才能被更好地消化吸收。

（3）在工作中教育。一是企业管理者发现员工有某方面的过错时能及时进行教育，这是管理者义不容辞的责任。二是鼓励员工互帮教育，即当某员工有过失时，其他员工能主动教育该员工。只要管理者和大多数员工对有过失的员工进行随时随地的教育，时间久了也就成为习惯，员工的行为就总会朝着企业既定的目标实施与转变，员工就会少犯错误，员工之间也就会建立互信、互帮、互让的良好氛围，员工之间的团结协作就会得到加强。

（4）在企业文化上倡导。培养员工的积极人性，实则是培育一种积极向上的企业精神。这种精神是建立在员工基础上的，是一种充满积极人性的企业精神。企业在文化建设上就应把这种积极的人性特质培育、激发作为建设和设计的重点，从人的本质特性上提炼企业精神。

（5）在困难中鼓励。当员工处在人性的消极一面时，企业管理者和其他员工要主动帮助，像兄弟姐妹一样为其摆脱阴影，走出人性的消极领域，重塑人性的积极特质。人性的教育基础人人都有，只要及时相劝和帮助，身处人性消极一面的员工就会很快实现转变，融入企业大家庭中，与兄弟姐妹并肩作战。

三、如何更好地留住人才

（一）把好招聘关，确保招聘人员与本企业的适合性

做好企业的人才招聘，首先要明确本企业需要招聘什么样的人才，什么样的人才是最适合企业发展的。企业招聘的基本原则应是"不求最优秀，只求最适合"。在企业人才招聘前首先做好人才的需求分析，根据企业发展的实际情况对招聘需求和招聘计划进行实时调整。

（二）切实加强入职培训

员工上班的第一天，企业留住骨干人才的努力就已经开始了，而最具体的体现就是为他们提供有效的入职培训。目前，有一些人力资源建设相对较好的中小企业根据多年的经验，推出了一种符合企业自身特点的"入职培训包"。事实证明，这样做的效果是显而易见的。

（三）相关制度要进一步健全

严格遵循公平合理，言出必行，诚信为先的工作作风。众所周知，企业员工的利益和价值要靠薪酬激励回报来体现。因此，企业在这方面的制度建设至关重要。绝对不能只想着企业自己一方，或老板自己一方，双赢思维要有实际体现。总的原则是薪酬激励制度要公平合理，利益分享。企业老板尤其要警惕"员工是工具"的思想，简单地把员工当作实现自己企业目标的工具，而应把他们看作是自己事业团队中的一员，把他们当作企业整体中不可或缺的工作伙伴，认同他们的工作价值。尤其要说话算数，许诺的激励措施一定要兑现。不讲诚信的后果是员工也开始算计企业或企业的负责人了。互相算计的产物是劳资矛盾激化，其结果往往是两败俱伤。

（四）做好人才规划，提前实施留人计划

正如商场的竞争一样，如果作了有条不紊的规划，毫无疑问企业就会在争夺人才的竞争中掌握更多的主动权。要做好人才规划，必须了解员工为什么要换工作。然后根据掌握的原因，有针对性地制订保留人才策略，弄清员工流失所造成的损失和后果是什么，企业要根据由此得出的结论，有的放矢，做好人才的挽留工作。

（五）明确职业规划，给予关键人才必要的信任和事业发展空间

中小企业如果想长久留住优秀人才，那么给予这些人以足够的信任和个人事业发展空间是很有必要的。对于优秀的人才，或者专业人才，甚至于能力平平的一般员工，无论其职位高低，人人其实都需要一个事业感和空间感。企业如果能给关键人才做个完善的职业生涯规划，给予他们一个能够展示其才华、实现其人生价值的大舞台，必然有助于企业留住人才。

（六）用企业文化留人

企业文化要得到有效实施，必须建立在信任的基础上，让员工对企业文化有最大限度的认同感。建立信任的企业文化，意味着企业为员工提供了最大限度的保障，使员工明白今天的付出是为明天的成功铺路，这也是企业文化深入人心，企业保持持续发展的重要因素。对那些工作时间不长的新手而言，若不加强管理和文化灌输，不注重早期培养的话，对他们的"尽快成型"和员工队伍的稳定都会产生不利影响。企业文化必须渗透在员工的工作行为当

中，才能发挥它的价值和作用。企业对员工的重视和锻炼，给予及时的指导、肯定和规范，意义不仅在于促进员工工作技能和成就感的提升，还在于强化、促进员工对企业文化精神理解和贯彻，使企业文化成为潜移默化的力量影响员工的工作和成长。

（七）建立激励制度

良好的激励制度，是留住员工内心的必备手段。在企业管理中，激励可以理解为企业通过创造满足企业人员各种需要的条件，激发企业人员的各种潜能及努力动机，使之产生实现组织目标的特定行为的过程。主要包括物质激励和非物质激励。

（八）注重与员工的沟通，增强团队凝聚力

在企业的发展进程中，沟通是一个重要环节，比较畅通的沟通渠道、频繁的信息交流，使团队的每个成员间不会有压抑的感觉，工作就容易出成效，目标就能顺利实现，员工也不会因意见、建议无法得到及时沟通而"身在曹营心在汉"。同时，企业要留住员工，要使自身处于最佳发展状态，团队精神是必不可少的。培养一支充满团队精神的高绩效团队，是企业决策层的管理目标之一。要尽可能使该支队伍趋向于有着共同的目标和期望，有着相近或类似的观念、信念、价值和行为规则，以致得以形成一种共同的行为模式，团结共进。

（九）处理好"流"与"留"的关系有利于更好地留住企业需要的人才

留住人才要从有利于企业发展、有利于企业全体员工素质的提高和人力资源利用、有利于企业经营生产管理工作效率等全方位、全过程去研究、实施。企业负责人也完全没有必要因为怕留不住人而不敢"流"人。一个与社会没有或较少人才流动的企业，也是没有希望的企业，根据企业发展需求必要的人才流动是可取的，企业一方面要最大限度地引导企业最需要的合适人才流动进入企业，另一方面要随着企业的自然发展，对一部分不适应、跟不上企业发展的人员通过岗位的竞争机制与适当的压力增强他们的进取精神，必要时将其淘汰。这样的用人环境，非但不会造成企业真正需要人才的流失，而且还会使那些有利于企业发展的人才意识到企业良好的用人机制，更加坚定他们为企业服务的信念。而没有适当的人员流动，反而会让员工感觉到企业的"死气沉沉"，缺乏活力，最终造成适合企业发展人才的流失。因此，辩证认识与处理人才的"流"与"留"之间的关系对最终留住企业需要的人才大有帮助。

人是生产力中第一要素。如何培育和留住企业发展需要的员工是摆在现阶段企业尤其是中小企业面前一个实实在在的问题。目前许多中小企业在企业逐步做大做强的进程中，也认识到了这一制约"瓶颈"，也采取了许多符合企业自身实际的育人、留人措施，也取得了一定的效果。但要真正克服这个"瓶颈"制约，真正调动企业中人的积极性，最大限度地发挥人的作用，留住能为企业发展的员工，还有很长的路要走。

浅析 PDCA 循环在后勤固定资产管理中的应用

——以浙江大学后勤集团为例

毛曼芸

（浙江大学后勤集团）

【摘　要】 高校后勤固定资产管理旨在加强后勤服务的保障能力、提高高校后勤资产资源配置的科学性和提升高校后勤资产经营管理水平。本文浅析了PDCA循环在高校后勤固定资产管理中的应用，以期有效提升单位资产使用效率，降低办公成本，提高高校后勤服务质量和效益。

【关键词】 PDCA 循环；固定资产；管理应用

在当前社会主义市场经济体制下，为使得高校的后勤管理服务资源得到最大化程度的优化配置，并提升其效能，有关部门就进行高校后勤社会化改革提出了一些意见和建议。建议逐步将后勤服务系统从学校行政管理职能中剥离开来，形成自己的业务实体。以社会主义市场经济理论为指导，组织社会力量，动员社会资源，把现有的后勤服务机构转变为具有法人资格的企业和社会经济实体，逐步融入社会服务系统中，实现企业化管理、自主经营、自负盈亏的模式，形成多元化产业、多样化服务和市场化经营的新型后勤管理服务体系。

高校固定资产管理工作的重点之一便是高校后勤固定资产管理，它是高校保证教育、学习、科研、生活的物质基础，是一个非常关键的环节。

在我国高校后勤社会化改革过程中，要不断地改进和完善后勤固定资产的管理制度和架构，以促进高校后勤固定资产的高效利用和管理，推动未来的发展。

一、高校后勤固定资产管理目标定位

通常来说，高校后勤固定资产管理的核心是管理、运作和监督资产。加强对高校后勤固定资产管理，其目标定位主要体现在以下几个方面：

（一）加强后勤服务的保障能力

高校后勤目前的主要服务对象是校内师生，目标是为校内师生在生活、学习、工作等方面提供后勤保障服务，后勤资产管理也应该在这一主责上发挥效能。特别是在水电保障、餐饮服务、教研危化品管理等方面加强高校后勤资产的配置、调整、使用和维护等方面的能力，提高高校后勤的服务保障水平。

（二）提高高校后勤资产资源配置的科学性

随着高校办学规模的不断扩大，资产规模也稳步提升。但出于国家对高校经费使用的专用性和局限性，往往不能在后勤资源上大额投入经费。如何在有限的经费控制下，实现后勤资产资源的最优化分配，这不仅是高校后勤资产管理的基本目标，也是维护高校正常有序

运行的关键。为实现这一基本目标，就要求高校后勤运用合理的资产管理手段，提高后勤资产资源配置的科学性。

（三）提升高校后勤资产经营管理水平

在高校后勤社会化改革背景下，后勤服务也逐渐形成了具有法人资格的经济实体，后勤固定资产隶属于国有资产行列。为防止国有资产流失，高校后勤需要在资产管理上提升经营管理水平。一方面，要通过规范资产管理制度，减少存量资产的不良损失率；另一方面，后勤也要增强对资产的运营能力，通过合理的营运手段，最终实现国有资产的保值增值。

基于以上三个方面的目标定位，高校后勤固定资产管理亟须一套行之有效的管理模式，下文将详细介绍 PDCA 循环在高校后勤固定资产管理中的运用。

二、PDCA 循环模型是一种行之有效的提高后勤资产管理的方式

PDCA 分别是单词 Plan（计划）、Do（执行）、Check（检查）和 Act（处理）的第一个字母，PDCA 循环是一种按这样顺序进行质量管理的全过程，并且是一项不断循环进行下去的科学程序。在四个步骤里，要针对资产管理工作的目标、职责、方式、经营思想、业绩考核等几个方面进行界定和评价，并将各项指标和度量体系具体落实。

(1)计划阶段。要通过调查、访谈等方式，确定管理的政策制度、想要达到的目标和制定的相关计划等。包括针对管理现状考察分析，确定要因以及制定执行计划。

(2)设计和执行阶段。将上一阶段所规定的内容实施落地。包含了根据相关要求和标准进行试验设计以及计划执行前人员的各类培训等。

(3)检查阶段。主要是在实施计划的期间或实施之后，对总体执行情况进行审查，建立考核指标，形成标准体系。

(4)处理阶段。主要是针对检查阶段的情况，进行针对性的处理。巩固成果，将成功的经验融入标准中，并将其标准化，将本循环剩余未解决的问题转入到下一个 PDCA 周期循环中。

三、高校后勤在新时期下固定资产管理中存在的问题

（一）固定资产管理系统的功能有待加强

现阶段，大多数单位为了更有效地对繁杂的固定资产进行管理，采用了信息化管理模式。但是，由于没有独立、自主地建设信息化资产管理系统的能力，单位往往通过采购方式向供应商采购，从而实现信息化管理的目的。在这一过程中，尽管供应商会根据不同单位和部门在固定资产管理方面提出的要求，提供多项管理功能，但是在信息的传输方面，仍然存在一些缺陷。

一般来说，目前信息化建设的首要目标就是解决“信息孤岛”问题，但实际情况却是，单位拥有的固定资产数量和种类普遍多而杂，而技术人才短缺，单位往往不能将财务管理系统与固定资产管理系统相桥接，使单位的固定资产管理系统变成了一个“信息孤岛”。由于“信息孤岛”问题存在，在信息传递中更易出错或出现遗漏，与此同时，财务人员仍需要在财务系统中录入相关资产卡片，且财务系统中同一资产编号与资产管理系统编号不一定一致，降低了相关工作的效果和效率。信息化系统建设中存在的“信息孤岛”现象是影响单位内部资产经营管理能力发展的重要因素之一。

（二）资产管理人员专业能力有待提升

随着信息技术的应用，由于固定资产管理的工作负荷大大降低，因此，有些单位可能会将固定资产管理工作职能仍旧划分给财务部门，认为财务人员管理固定资产可以保证资产账账相符、账实一致。在此情况下，财务人员在资产管理工作上可能会出现身兼数职无法兼顾等问题，造成工作人员专业能力参差不齐，不仅影响了固定资产信息化管理的执行，而且对单位内部控制的实施也产生了不利影响。

此外，一些单位为了满足人力资源成本的需要，往往会降低入职的门槛，使得部分专业素质不高的人员进入企业，由此在今后的固定资产管理工作中埋下隐患，从而影响到固定资产信息系统综合运用的效果。

（三）部门管理人员资产管理意识有待提高

一些单位的部门主管人员对固定资产权责意识还没有形成清晰的认识。他们不清楚产权和责任的划分，部分主管人员甚至认为高校后勤固定资产是由单位出资的，反正也不掏自己的"腰包"，所以高校后勤固定资产与自己所属部门并没有多大关系。出现了不爱护、不定期维护部门使用的固定资产，也不关心别人是否损坏、毁损了固定资产的乱象。其次，部分后勤部门缺乏绩效管理意识，在开展相关工作的过程中，存在重复采购不驳回、违规使用不管理等问题，对高校后勤固定资产进行的预算考核与管理流于形式。

（四）固定资产管理信息化建设工作有待推进

在社会经济高速发展的新形势下，随着信息技术的不断迭代，固定资产管理软件更新也越来越频繁。而在这一背景下，部分单位尽管引进了信息化管理技术，但仍然存在着以业务为主而轻视管理的现象，致使单位信息化管理观念不强，无法及时地引入能够提高工作效率的管理软件，从而造成单位信息化建设工作处于滞后的状态。此外，在实施信息化管理的同时，因管理者的管理观念落后，导致单位在实践中忽视了对管理系统的升级换代，使得信息化设备先进性不够，致使单位在信息化管理工作方面难以有进一步的发展。

总体来说，相关管理者对信息化管理的认识不足，主要是由于其对信息化技术知识的欠缺，使他们无法正确认识到信息化对减轻工作负荷的作用。与此同时，由于部分员工年龄偏大，可能缺少对新鲜知识的接纳能力，这会影响到工作队伍整体的信息化建设意识，进而严重制约了单位资产管理信息化的发展。

四、PDCA循环模式在固定资产管理中的应用

（一）P：计划阶段

对目前的状况进行分析，并找到问题的根源，寻找最佳的解决方案并制定目标。在当前的资产管理过程中，导致固定资产管理不到位，出现账实不符的原因有以下几种。

1.缺少固定资产管理协调机制

高校后勤固定资产的数量和品类繁杂，资产流转过程中涉及的各个管理部门也很多，有的单位没有专门设立资产管理部门，缺少统筹领导和协调机制。固定资产购买、调动、报废、残值回收等环节较多且全过程周期较长，通常都超过5年，可能会出现固定资产报损报废流程不严谨的情况。

2.缺乏专门的资产管理人员

多数单位的资产使用部门未设置专职固定资产管理员，录入和管理资产的员工往往是

兼职了资产管理工作，一方面他们缺乏系统的资产管理知识；另一方面频繁更换工作人员又可能使得这些员工缺少实践操作经验。对于资产管理工作，往往不知从何处着手，容易造成入库信息错误、发生变动不调账、无法使用的资产不能及时报废甚至出现随意丢弃造成实物丢失等问题。

3. 资产管理监督与奖惩机制缺失

由于在单位内部缺少对资产的监管和奖惩措施，致使使用部门资产管理人员的职责观念薄弱。部门间实物资产的转移、使用资产的工作人员变动、各单位之间资产调动后未及时调账，资产损坏后未下账就弃置不用直接重新采购作为替换等，上述问题极易造成固定资产账实不符。

为解决以上问题，要加强对固定资产的科学化管理，健全固定资产管理的协调机制，在基于全面清查固定资产，解决历史遗留问题的前提下，引进现代化信息技术，疏通各环节的资产管理，制定与固定资产管理制度相配套的流程管理工作手册，改进针对固定资产管理不善的奖惩机制。

(二)D:设计和执行阶段

针对目前我国高校后勤固定资产管理中普遍存在的问题，浙江大学后勤集团结合自身资产管理的实际情况，提出相关的整改措施，并将整改措施真正落实到固定资产管理工作中。

1. 加强固定资产管理体系科学性，完善制度建设

后勤集团为进一步加强固定资产管理，明确固定资产管理职责，提高固定资产使用效率，确保固定资产的安全完整，防止国有资产流失，根据学校有关规定，结合后勤集团实际情况，制定了《浙江大学后勤集团固定资产管理办法》。

《办法》要求各单位领导班子对本单位固定资产管理负总责，明确一位班子成员分管固定资产管理工作，负责领导及组织本单位的资产管理工作。各资产使用部门负责人为本部门资产管理工作第一责任人，实行“统一领导、归口管理、分级负责、责任到人、管用结合、物尽其用”的管理机制。各单位设立固定资产管理员，负责本单位固定资产的管理、协调及维护工作。

另外，为明确固定资产管理员岗位职责，集团制定并出台了《固定资产岗位实施细则》，同时还为各单位固定资产管理员开展了现场理论和实操培训。

2. 建立信息化管理平台，实时更新资产数据

后勤集团在办公系统 OA 一体化管理平台接入了“资产管理”模块。单机版的资产管理软件容易出现资产管理混乱的状况，而一体化管理平台中的“资产管理”模块为联网模式，便于资产管理员及部门负责人监管和统筹。资产管理系统的核心是资产安全、资金占用及转移过程清晰化；关键手段是“账＝卡＝物”，以卡记物，以账管物，实现固定资产的全员化应用和流程化管理。

资产管理系统分为资产申请、资产盘点以及其他操作三大板块。其中资产申请板块可划分为资产申购、资产领用、资产归还、资产采购、资产入账、资产出租、资产调拨、资产维修、资产变更、资产处置，包含了对固定资产全生命周期的过程管理，方便资产管理员对资产的流向进行跟踪和监管。而资产盘点板块则是包含了资产卡片、盘点任务以及资产盘点三个项目，资产管理员可以利用资产管理系统进行盘点任务的创建、下拨、审核，便于本公司或部门资产管理员掌握和盘点其所管辖的固定资产。

3. 搭建内部控制体系，规范固定资产管理流程

后勤集团于2021年启动内部控制体系搭建工作，2022年度发布《浙江大学后勤集团内部控制手册》。内控手册中明确了资产管理业务流程，包括固定资产入账流程、固定资产报修维修流程、固定资产内部调拨流程、固定资产报废流程、固定资产盘点流程等。有效的资产管理通过对资产的入账、调拨、维修、盘点、处置等环节进行规范，有助于加强对单位国有资产的保护。

4. 将资产丢失损坏赔偿工作落实到位

后勤集团建立了《浙江大学后勤集团固定资产使用和管理责任清单》，由资产保管人签署，资产管理员定期根据实际情况进行修改，重新联系对应保管人签署，做到责任到人。

在年度资产清查及资产管理员到部门不定期抽查时，对发生遗失、毁损的资产，将根据资产的折旧年限及相关赔偿制度，承担部门或个人的赔偿责任，若资产属个人保管则个人应承担相应赔偿责任，若资产属于部门公共资产，则由相关部门承担相应的赔偿责任。通过建立健全的惩戒机制，使各部门工作人员在资产管理中形成全面的认识，提高对资产管理工作的责任感。

(三)C:检查阶段

以评估、检查的形式，确定实施方案的执行情况，并对方案进行调整改进。

各单位财务部应与资产管理部门进行定期或不定期的对账，掌握资产账和财务账是否一致，对发现的问题进行反馈并提出相应的对策。各单位应合理采用资产使用部门定期自我检查和资产管理部门不定期抽查的工作方式，对固定资产进行摸底，掌握资产账和实物账相符情况。针对个别固定资产在账实方面仍有出入的现象，对其产生的原因进行细致的剖析，并加强与各部门的沟通，探析是否存在管理上的缺陷，针对检查中发现的问题和提出的建议，及时进行整改，以实现持续改善资产管理体系的目的。根据单位的资产管理整体发展目标，确定下一阶段要做的工作，并提出相应的工作方案。

(四)A:处理阶段

处理阶段为下一轮PDCA周期的启动打下了坚实的基础，通过对单位固定资产管理取得的成功经验进行总结，实现单位固定资产管理工作标准化、规范化。与此同时，要认真分析当前单位固定资产管理工作中存在的问题，旨在建立更优化的流程，实施科学化管理，持续提高单位的社会效益和经济效益。

五、结束语

PDCA循环理论是一种科学的管理思想和处理方式，它就像是在攀登一座又一座的高山，一圈又一圈地往上走，一步一步地进步，不断前进，不断提高。运用PDCA循环理论对高校后勤固定资产进行管理，可以有效提升单位资产使用效率，降低了办公成本，提高高校后勤服务质量和效益。

参考文献

[1] 杨梅蓉. PDCA循环在高校固定资产账账与账实管理中的应用[J]. 实验技术与管理，2019，36(5)：294-297.

[2] 康丽珍. PDCA循环理论在高校国有资产管理中的运用[J]. 科技创新与生产力，2022(9)：70-72.

浅谈高校校园绿地改造

周 伟

（浙江大学后勤集团）

【摘 要】 随着广大高校师生日益增长的对美好生活的向往，以及新时代赋予校园环境更高的育人要求。高校校园，特别是一些老校园环境质量有待提升。校园绿地作为高校校园环境的重要组成部分，目前存在植物退化，黄土露天，绿化形式单一，空间层次单调、功能单一，建设、养护管理不足等问题。本文从校园绿化改造的思路，改造步骤，提升建议等方面总结了校园绿地改造的经验，为校园绿化改造提供借鉴。

【关键词】 高校校园；绿地改造

高校校园是高校师生工作、学习、生活的重要场所。随着广大师生日益增长的对美好生活的向往，以及新时代赋予校园环境更高的育人要求。高校校园，特别是一些老校园环境质量有待提升。校园绿地作为高校校园环境的重要组成部分，在营造优美生态环境、创造师生互动场所、传播知识和文化等方面发挥着重要的作用。国内很多高校已经经历了大规模建设大学城、新校区的发展阶段，新校园绿地建设中存在的问题以及老校园内广大师生对户外互动交流空间的迫切需求等，是需要通过绿地改造提升来解决的。

一、目前高校校园绿地存在的问题

（一）植被退化，黄土露天

目前很多高校校园绿地大部分都是“师夷自然”，人为创造的户外环境，受植物群落自然演化的规律影响，对于一些设计不合理、施工质量差或养护不到位的绿地，常常会出现植物退化、硬质景观破损、黄土露天的问题。

（二）绿化形式单一

很多校园绿地由于经济造价、设计施工等因素影响，或沦为简单的植树造林，景观效果差，师生体验差；或是一味地种植大树、草坪、花境，追求短期效果，浪费严重。

（三）空间层次单调、功能单一

很多高校新校园绿地设计追求几何对称，平面美感，缺少竖向设计，大面积的灌木色块、空旷的大广场，功能单一，维护成本高，更缺少人本化的设计。老校园绿地内树木茂密，林下郁闭高，地被长势差，缺少师生互动交流的场所。

（四）建设、养护管理不足

很多校园绿地在前期建设过程中，为了方便管理，纳入了建筑总承包施工，结果层层分包，在施工质量、景观效果方面达不到设计的意图。后期养护管理交给非专业的绿化养护公司，植物长势差，达不到绿地的功能要求，需要改造提升。

二、绿地改造的思路

（一）要充分尊重绿地的现状，因地制宜，因时制宜

绿地改造要在满足交通、休憩等使用功能需求的前提下，充分利用现有的绿地条件，创造出与周边环境相协调的户外空间。如可以根据师生在绿地上踏出的路，设计改造园路的走向；广场硬质铺装时保留一些广玉兰等大树的裸露根，更能烘托出一种校园历史的沧桑感；抬高地形或是建立亭台，开辟远眺的视线通道，更好地用于绿地的观景、借景；一些绿地内常常存在大量的检查井影响了美观，单个的检查井可以降低高度，采购生态井盖覆绿；数量集中的检查井群可以考虑在上面铺设木平台既提供了休憩场所，解决美观问题，还方便了地下道线的检查。

（二）学会做减法

光照、雨水是影响高校校园绿地改造的主要因素。一些老校园的绿地改造往往是在郁闭度较高的林下进行，林下郁闭度高，雨水少，植物生长比较困难。在绿地改造中，尽可能地考虑"开树窗"，去掉一些顶层的乔木，把阳光和雨水引到林下。对于构树等速生树种或长势较差的树木建议报批迁移；对保留的有价值的乔灌木进行适度的修剪；清除一些木质化严重的灌木；适量地补充适合本地区种植的耐阴植物如鸡爪槭、山茶、石蒜、常春藤等。

（三）建设节约型校园

绿地改造要达到目标效果不能操之过急，要营造节约型校园的良好环境。各种时花、造型球灌木、时尚花境植物虽然在短时间内会让绿地焕然一新，但种植及后期的维护成本较高，一次高温或一场寒潮甚至就会导致植物死亡，更无法支撑起校园绿地的长期发展。相反一些老校园，一棵参天大树也许就承载了几代莘莘学子对校园生活的美好回忆，校园绿地改造更应该多考虑选择适合本地区的乡土树种、特色树种，给大树生长创造更好的生存环境。

（四）以人为本，营造户外空间

高校校园户外交流空间少，常常是一些老校区普遍存在的问题。进入新时代，面对师生对美好生活的向往，校园绿地改造不应是简单地补绿、植绿，应该为师生创造一种轻松自然相互交流的机会与场所。户外绿地空间可分为开敞式、半开敞式、密闭空间。校园里开敞式绿地空间四周没有视线阻挡，多见于草坪、广场、湖岸边等，开敞式空间适合作为师生开展各类团体活动的场所。半开敞式空间多见于开敞式与密闭空间的过渡空间，有地形、植物或建筑物部分遮挡视线，在这样的空间里地形、植物变化丰富，往往给人以新奇感和安全感，更适合作为师生休憩的场所，如有坡度的草坪，有大树遮阴的广场座椅等。密闭空间校园里多见于一些林下、树丛，阴暗、压抑，是蛇蚊虫蚁滋生的地方，给人以不安全感，用于空间隔离或发挥绿地的生态价值。密闭空间内的绿地改造应考虑提供充足的夜间照明，以保证师生的安全。

营造户外空间，要充分重视竖向设计，理解户外交流空间的尺度和人与人交往的社会距离。凯文.林奇在《场地规划》一书中把 25m 左右的空间尺度作为在社会环境中最舒适和得当的尺度。在《隐匿的尺度》一书中定义了一系列的社会距离，如社会距离（1.3～3.75m）是朋友、熟人、邻居、同事等之间日常交谈的距离。公共距离（大于 3.75m）是用于单向交流的

集会、演讲，或者人们只愿旁观而无意参与这样的一些较拘谨场合的距离。观看活动的最大距离(70～100m)；看清面部表情的最大距离(20～25m)。绿地改造中充分考虑这些空间尺度和距离，利用地形或植物群落，创造适宜师生活动的户外场所。

三、高校校园绿地的改造步骤

(一)绿地改造前的现场调研

一项优秀的绿地改造，离不开前期对绿地的基本情况的调查，调查内容包括：绿地长度、宽度、坡度、土质情况、原有植被情况(树种及标注乔灌木在绿地的位置)、景观小品情况、地下管网情况(包括管道走向、埋入深度、各类检查井、设备井分布)、地上管线情况，周边道路交通情况，如在架空层上还要考虑架空层承载能力、土层厚度等，并拍摄原始照片。

改造面积较大的绿地前可以使用全站仪等测量设备精准测量绿地上的相关数据，为下一步方案设计、工程施工做好准备。

(二)明确绿地改造的目标

与业主方进行沟通，了解绿地改造的目的，明确绿地的功能需求。根据现场调研的绿地基本情况，与业主单位探讨实现绿地改造目的的可行性。优先考虑绿地的功能需求，再从园林生态、美观、节约等方面给予业主专业化的建议。如明确绿地改造的主题，建设主题纪念园、植物专类园等；或为了增加室外交流互动场所，铺设休憩平台、扩大以草坪为主的开敞式空间等。或为了绿地的亮化、美化，增加樱花、美人梅等春、秋两季色叶开花树种等。

根据沟通的结果，借助 photoshop 等电脑软件或手绘效果图，向业主单位更好地表达设计意图，获得业主方的认可。进一步深化施工图纸，编制绿地改造预算书，报业主方审核。

(三)绿地改造施工前准备

(1)改造前公示。校园内公共绿地的改造一般应按相关流程到行政部门进行备案审批后方可进行施工。施工前应进行校园内公示。校园的一草一木看似平淡无奇，但与广大师生、校友都可能有着千丝万缕的情结，甚至有着某些特殊的意义，为此在绿地改造前一定要对施工方案广而告之，听取相关师生的意见、建议。

(2)原有植被的保护。对原有绿地内大乔木可采用包布、草绳卷干等措施，防止机械作业时刮伤树皮，损伤枝干。原有大乔木附近不易堆填土方，一定要抬高地势的，可事前在大树根部四周埋设通气管、采取加填掺杂珍珠岩、泥炭等轻质土壤或覆盖陶粒等措施。部分小乔木、灌木可采取临时迁移等办法。

(3)了解施工现场。在机械开挖、堆填土方作业前，应向校园水电、通信等主管单位了解地下管网及地上管线情况，防止机械开挖造成管线破损等不良影响和经济损失。

(四)土方工程施工

绿地改造往往会涉及土方工程。土方工程是绿地改造的基础性内容，构成了绿地的基本骨架，不仅直接影响绿地的功能和美感，种植土的质量更会影响植物今后的长势，应该引起足够的重视。土方工程要动用机械车辆，会产生尘土、噪声等环境污染，要充分考虑施工时段，避开师生工作、学习时间。土方进场施工前要充分考虑土壤的松散系数，一般为1.1～1.3，根据预计加土量进土，添加土方作业要一次性到位，宁多勿少。根据改造绿地硬质铺装或道路设计位置，规划好合理的车辆进出施工便道；种植土方应避免多次机械捣翻、碾压；不使用透气、排水差的淤泥或淤泥质土；在碱性土地区，可采购红、黄壤土等酸性土壤，局部改良种植穴位置的土壤；可以提前采购粉砂土或细砂，用于覆盖土壤表面，铺植出更为平整的草坪。

（五）园林景观施工

绿地改造中常常会有园路、小广场铺装、园林小品等景观施工。园林景观的施工细节决定工程改造质量的成败。各种硬质铺装、景观小品的选材、拼接、安装、收尾都要事先考虑到各种细节的处理。高校校园绿地不同于城市绿地，不可能经常翻新改造，景观改造的材料宜选择经久耐用的石材。在一些老校区的绿地改造中，使用老石板、高湖石或暗色调的花岗岩，更能与周边的环境相适应，整旧如旧，凸显出校园的悠久历史。在小广场硬质铺装时除考虑0.5％～1.0％的排水的需求外，应以平整为主，利用台阶、残疾人坡道等处理地势高差。对于小块的绿地改造，应力求避免漫长而笔直的步行线路，蜿蜒或富于变化的园路可以使步行变得更加有趣。园路的弧线决定了园路的整体美观度，可使用粗绳、弯曲的水管、钢筋进行施工放样，园路较长时，应考虑每 8～10 米设伸缩缝，预埋地下过路线管。一条精心铺设的卵石路、一组与地形、铺装、绿化巧妙结合的景石、枯木，都会给人赏心悦目的感受。

（六）绿化种植施工

绿化种植施工重点围绕林缘线、林冠线的植物种植。曲线优美的林缘线是植物种植成功的保证，沿着放样的林缘线，分层次种植乔木、灌木、地被植物等。一般上层乔木选择高大落叶树种，中层小乔木、灌木宜选择常绿树种；上层乔木选择常绿高大树种，中层小乔木、灌木宜选择落叶树种。浙江属于亚热带常绿阔叶林带，有着丰富的地被植物资源，校园绿地内宜选择常绿地被植物，一些多年生花境植物，也可以在冬季强修剪后，通过铺设松鳞片等方式，防止土壤裸露。林缘线位置宜结合地形成片种植早樱、鸡爪槭等色叶树种，丰富春、秋两季的植物色彩。林冠线要考虑高大乔木的树形、高度，如尖塔形的雪松、圆锥形的水杉、椭圆形的香樟等，一组组高大树木的树冠在蔚蓝天空映衬下，会形成不同变化、层次丰富的树木轮廓。

草坪是高校校园中最常见的绿地，要改造成一块适宜师生休憩的草坪，需要投入较高的成本和精力。首先要营造良好的坪床，坪床必须有一定的坡度，以保证排水通畅，对于没有排水条件的绿地中可以采取埋设透水管的方式，把积水引到周边市政管道里；其次坪床需要平整，由于土方不均匀沉降等因素，要做到坪床平整，需要多年分次地进行加沙平整。浙江地区草坪中比较耐践踏的草种有结缕草类，如马尼拉草皮（商品名）；观赏型草种有狗牙根类，如矮生百慕大草皮（商品名）。马尼拉草和矮生百慕大草是暖季型草种，冬季枯黄，冬季要保证草坪常绿，需要在每年的 10 月初左右混播多年生的黑麦草草籽。为了保证草坪的长势，在每年的春季还要对坪床打孔、施肥，多次修剪，保证草坪的健康生长。

四、绿地改造的提升建议

（一）向中国传统园林汲取智慧

江南园林是中国传统园林的杰出代表，又以苏州园林为代表，精髓就是在有限的空间内点缀假山、树木，安排亭台楼阁、池塘小桥等，在小范围内营造出变化的空间，给人以移步换景、小中见大的不同感受，所采用的透景、障景、对景、借景等手法，非常值得校园绿地改造借鉴。随着现代园林的发展，品种丰富的绿化商品苗木、新型的园林景观材料等，适当地运用在绿地改造中会营造更丰富多彩的植物景观和空间氛围。

(二)“三分种,七分养”

绿地是有生命的,绿地改造后的养护也非常重要。绿化养护的关键在于提升养护工作者的技能和素养,不光要让他们了解植物的习性,把园林知识融入提升绿化养护的技能中,还要不断提升他们的园林艺术审美感,让他们理解绿地改造的目的,更好地发挥出绿地的功能。绿化养护的基本目标是植物生长健壮,生机勃勃。自然式的绿地植物群落修剪的线型要曲线优美、饱满丰润。规则式的绿地植物群落修剪的线形要整齐对称、有棱有角。让专业的队伍做专业事的,持续提升绿地改造的价值。

(三)校园绿地还兼顾了传播植物知识、环境育人等功能

为此在校园绿地改造中,园林工作者应努力丰富校园的植物种类,通过挂植物标识牌、举办植物知识科普宣传、让学生参与园林养护等方式,传播植物知识,弘扬中国园林文化,让师生们在关注自然、爱护自然,热爱生活中,建立正确的人生观、价值观。

立德树人是高等教育的根本任务。在教室、实验室里日日埋头苦学、科研攻关的广大师生,更需要在优美的校园里放松心情,调节身心,陶冶情操。只有当校园具备能激发好奇心、促进随意交流谈话的特质时,它所营造出的校园氛围才具有真正最广泛意义上的教育内涵,这也是我们今后高校校园绿地改造的最大的意义所在。

浙江大学紫金港校区行道树应用现状分析及优化建议

叶燕军

（浙江浙大求是物业管理有限公司）

【摘　要】 高校校园行道树景观是高校校园景观必不可少的一部分，也是展现校园文化的重要窗口。本文通过对浙江大学紫金港校区行道树应用现状的分析，借鉴杭州地区城市道路、浙江大学老校区以及其他高校校园比较成功的行道树建设经验，对紫金港校区尤其是西区行道树树种规划实施、优化提升提出建议，切实提升校园生态文化建设内涵，打造美丽大学校园。

【关键词】 高校行道树；乡土树种；多样性；养护管理

浙江大学紫金港校区是浙江大学主校区，位于浙江省杭州市西湖区余杭塘路866号。

紫金港校区毗邻著名而又古老的西溪风景区，分东西两个部分。东区于2001年9月开工兴建；西区于2011年5月开工建设。新校区建设工程高起点规划、高水平设计、高质量施工，硬件设施齐全、先进、实用，初步实现了“现代化、网络化、园林化、生态化”的建设目标。

校园行道树是校园道路绿化的骨架，也是校园绿化的重要组成部分。它不仅体现了校园的外在形象，更可以反映校园的历史文化内涵。但由于多方面的原因，紫金港校区的道路绿化还有许多方面需要完善，特别是行道树品种的选择以及种植养护水平还需要进一步加强。

一、紫金港校区道路行道树应用现状及存在的问题

（一）东区行道树现状及存在问题

浙江大学紫金港校区东区校园绿地建成已二十多年，经过多年的建设、维护和发展，东区校园绿地郁郁葱葱，行道树也基本成型，达到不错的景观效果和遮阴效果。如东大门大草坪两侧的银杏行道树早春嫩绿，秋季金黄；迪臣南路的香樟行道树一年四季浓荫蔽日，夏季遮阴效果极佳；迪臣北路的枫香行道树，春夏季节叶片翠绿，深秋季节枫叶灿烂如火，呈现一片“霜叶红于二月花”的景象；藕舫路行道树历经两次调整，由最初生长不良的鹅掌楸调整为杜英，又因杜英存在不耐暴晒等硬伤最终调整为珊瑚朴，如今珊瑚朴长势喜人，冠大荫浓，夏季的遮阴效果明显，详情如表1所示。

表 1 浙江大学紫金港校区东区主要道路行道树现状

道路	树种	常绿/落叶	胸径/cm	生长状况
东二门大草坪两侧道路(宜山路)	银杏	落叶	20～35	大部分生长良好
藕舫路	珊瑚朴(为主)、杜英、枫香、香樟	落叶、常绿混合	20～35	除杜英外其他生长良好
遵义东路	香樟、银杏	常绿、落叶	20～35	北侧人行道上银杏树、香樟挤压,长势不良
迪臣南路	香樟	常绿	20～45	生长良好
迪臣北路	枫香	落叶	20～40	大部分生长良好
吉安路	香樟、杜仲	常绿、落叶	20～35	相互拥挤,杜仲生长受限
东三、东四西侧道路	无患子	落叶	20 以上	大部分生长良好

东区行道树存在着如下问题:

(1)部分道路行道树存在着多个树种混种,整体性和统一性较差。

如藕舫路北段以珊瑚朴为主,但靠启真酒店留有十多株杜英和枫香,目前大部分杜英长势极差,有几株甚至只留树干,不见树梢,藕舫路南段既有杜英又有枫香,靠近农生环组团则是胸径十多公分的香樟行道树。整条藕舫路行道树整体感较差,品种杂乱。吉安路上香樟和杜仲间植,间距小,树冠相互挤压在一起。

(2)遵义东路人行道上的银杏因与人行道外侧的香樟种植间距过近,导致银杏受挤压偏冠严重。

(3)同一条道路上的同一树种其树形及树冠大小、分支点高度相差较大,没有形成最佳的视觉效果。

(二)西区行道树现状及存在问题

紫金港校区西区道路除求是大道以外基本都已建成。已建成道路中的主干道(遵义西路、玉泉路、吉安路)、南一门大草坪两侧道路、天目路等已种植行道树,六号楼、宜山环路、华家池路以及部分支路周边因有后续建设,行道树尚未种植,详情如表 2 所示。

表 2 浙江大学紫金港校区西区主要道路行道树现状

道路	树种	常绿/落叶	胸径/cm	生长状况
南一门大草坪两侧道路	银杏	落叶	30～32	大部分生长良好
遵义西路	黄山栾树、少量香樟	落叶、常绿混合	12～15	长势一般
玉泉路	香樟、黄山栾树＋珊瑚朴(分车带)	常绿、落叶混合	12～25	长势一般
湖滨路	黄山栾树	落叶	12～15	长势一般
天目路	鹅掌楸	落叶	15	生长良好

西区主干道遵义西路、湖滨路都种植黄山栾树，目前的黄山栾树经过多年生长还是比较瘦弱，无论是遮阴功能还是美观性都与师生期望的相距甚远。另外，在遵义西路、湖滨路某些路段还夹杂着胸径十余公分的香樟行道树，整体感较差。

二、建设世界一流大学，打造美丽校园要求下对道路行道树选择与配置的新要求

党的十八大以来我国大力推进生态文明美丽中国建设，作为高校，重要任务之一就是努力建设美丽校园。道路绿化不仅是保护和改善校园环境、促进校园生态环境的良性循环的重要手段，而且是不断满足师生审美要求及精神文明的需要的重要途径，这对道路绿化树种选择与配置提出了更高的要求。

(1)功能性的要求。兼顾近、中期绿化效果，同时也要着眼远期效果，力求提高校园品位，达到与浙江大学百年名校相匹配的气质和韵味。

(2)适应性的要求。树种选择以乡土树种为主，适地适树，在校园特定的生态环境下，应将抗旱、抗污吸污、抗病虫害等作为植物选择的标准，保证树木健康成长。

(3)美观性的要求。注重行道树的美化功能及整体配置效果，注重产生色彩、形态、季相等景观变化，达到一个长期稳定的绿化效果。

(4)文化性的要求。行道树绿化与浙大校园景观、历史文化相结合，行道树规划及选择应与浙江大学紫金港校区整体规划相一致，与学校山水景观、历史文化以及建筑有机地联系起来。

(5)生态性的要求。行道树在校园绿地系统中，能够改善微气候，抑制城市“热岛效应”，起到降温遮阴、防尘防风、降低噪声等生态防护功能。

(6)生物多样性的要求。在适地适树的原则下进行多样性的选择，体现多样性的特色风格，尽量做到“一树一路”“一路一景”。

三、目前适合杭州地区种植的行道树及优缺点分析

杭州作为世界著名的生态园林城市，坐拥西湖、大运河、良渚古城遗址三处世界遗产，获得联合国人居奖、中国最具幸福感城市等荣誉称号。近些年来，全市上下深入践行“绿水青山就是金山银山”理念，城市生态环境日新月异，城市道路绿化也不断呈现出“眼前一亮、耳目一新”的感觉，行道树树种逐渐多样化、彩色化，详情如表3所示。

表3　杭州市城区主次干道部分较成功的行道树树种应用案例

树种	常绿/落叶	应用实例	主要特色	缺点
香樟 *Cinnamomum camphora*	常绿	机场路、胡墅路	常绿，树冠开阔，姿态雄伟，枝叶茂密，杭州市树	冬季常绿遮挡阳光，遇到大雪香樟树枝容易压断
湿地松 *pinus elliottii*	常绿	灵隐路	常绿，树干高大挺拔，抗旱又耐涝、耐瘠，有良好的适应性和抗逆力	无明显缺点

续表

树种	常绿/落叶	应用实例	主要特色	缺点
悬铃木 *Platanus acerifolia*	落叶	北山路、南山路、中山路、体育场路、杨公堤、浙江大学玉泉校区智泉路等	适应性强、生长快、遮阴效果好，秋色叶树种，“行道树之王”	其幼枝叶和果序成熟后具有大量星状毛，如吸入呼吸道会引起人咳嗽过敏等
银杏 *Ginkgo biloba*	落叶	环城北路、中和路、天成路、秋涛路、浙江农林大学主干道等	色叶树种	无明显缺点
珊瑚朴 *Celtis ju lianae Schneid*	落叶	浙大路、文二西路等	高大挺拔	无明显缺点
枫香 *Liquidambar formosana*	落叶	求是路、龙井路、虎跑路、望江东路、学林街等	色叶树种	一致性相对较差
鹅掌楸 *Liriodendron chinensis*	落叶	中河南路等	色叶树种	无明显缺点
无患子 *Sapindus mukorossi*	落叶	教场路、长乐路等	色叶树种	果子成熟后掉落地上
榉树 *Zelkovaserrata*	落叶	海达南路等	高大挺拔，树形优美	无明显缺点
乌桕 *Sapium sebiferum*	落叶	保俶北路	色叶树种	无明显缺点
黄山栾树 *Koelreuteria in tegri*	落叶	天目山路、凯旋路、紫荆花南路等	夏末秋初鲜黄色花朵洒满树冠，深秋季节酷似串串灯笼的红色蒴果与鲜黄色秋叶交相辉映	容易滋生蚜虫，造成落“雨”滴“油”的现象，污染环境。
南酸枣 *Choerospondias ax illaris*	落叶	望江山路等	主干通直，萌芽性强，枝叶繁茂，花、叶、果均可供观赏	无明显缺点

四、紫金港校区道路行道树完善优化建议与对策

（一）对紫金港东区主要行道树进行梳理优化，保证行道树的统一和协调

（1）藕舫路上，更换生长不良的杜英以及少部分枫香及香樟为珊瑚朴。

（2）遵义东路上，人行道外侧的香樟严重挤压人行道上的银杏，建议香樟更换为银杏，形成以银杏为主题树种的景观大道，并延伸到遵义西路。

（3）迪臣北路的枫香行道树是紫金港校区种植比较成功的行道树，但美中不足的是少部分枫香几乎停止生长甚至慢慢萎缩，植株偏矮冠幅偏小，建议用植株健壮的枫香替换生长不良的枫香，栽植前深挖种植穴，彻底清除地下不适宜树木生长的土壤，回填优质种植土及有机质。

（4）吉安路的行道树建议尽早移植受挤压的杜仲，给香樟自由生长的空间。

(二)注重前期规划,合理配置行道树

(1)紫金港校区的行道树规划和实施要在东区建设成果基础上展开,并当作一个整体进行系统性的规划,加强东西区校园的融合。在西区道路行道树的选择上按照多样性原则尽量选择东区未曾使用过的行道树品种。

(2)引进新的树种,使道路绿化逐渐多样化、彩色化、层次化,争取春夏观花、秋天观果、冬天观叶,形成特色景观,营造绚丽多彩的校园风貌。根据参考杭州城区行道树应用比较成功的案例及多样化、彩色化、层次化的要求,推荐以下 10 个可以作为行道树应用的乡土树种,供紫金港西区道路行道树建设和优化改造时作参考(见表 4)。

表 4　推荐 10 个乡土树种供紫金港西区道路行道树建设和优化时作参考

推荐树种	常绿/落叶	原产地	主要特色	建议栽植的道路
三角枫 *Acer buergerianum Miq.*	落叶	长江流域各省,北达山东,南至广东	秋色叶树种	六号路
南酸枣 *Choerospondias ax illaris.*	常绿	长江流域及以南各省	秋色叶树种	其他支路
娜塔栎 *Quercusnuttallii.*	落叶	原产于北美	秋色叶树种	其他支路
悬铃木 *Platanus orientalis Linn.*	落叶	原产于欧洲东南部至西亚	雄伟壮观"行道树之王"	求是大道
乌桕 *Triadica sebifera.*	落叶	中国黄河以南各省区	秋色叶树种	其他支路
浙江柿 *Diospyrosglaucifolia Metc.*	落叶	浙江及华南各省区	秋叶转黄,果实金黄色	宜山环路
水杉 *Metasequoia glyptostroboides* Hu & W. C. Cheng	落叶	中国特有的珍稀树种,全国大范围有栽种	秋色叶树种,树型优美	学生北护校河边道路
浙江楠 Phoebechekiangensis C. B. Shang.	常绿	原产浙江西北部及东北部、福建北部、江西东部都有分布	树体高大通直,端庄美观,枝叶繁茂多姿	其他支路
花榈木(红豆树)Ormosiahosiei Hemsl. et Wils.	常绿	花榈木为中国特有种,江苏、安徽、浙江、江西都有分布	树姿优雅,树冠浓荫	其他支路
湿地松 pinus elliottii.	常绿	原产美国东南部	常绿,树干高大挺拔,抗旱又耐涝、耐瘠,有良好的适应性和抗逆力	其他支路

3. 分车带植物种植以小乔木(或分支点高的乔木),花灌木以及地被植物相结合的形式种植,以不影响校车通行为宜。建议种植的小乔木品种有紫薇(Lagerstroemia indica L.)、北美海棠(Malus'American.)、西府海棠(Malus micromalus.)、巨紫荆(Cercis gigantea cheng & Keng f.)、美人梅(Prunus× blireana cv. Meiren.)等。

(三)建议在紫金港西区求是大道建设完成后选择经人工改良的无球少毛的悬铃木作为行道树

悬铃木作为世界公认的行道树之王,不管在杭州市的道路绿化中还是在浙江大学老校区校园中都起到了十分重要作用,给人们留下了深刻的印象,如杭州北山路、南山路以及浙江大学玉泉校区智泉路的悬铃木。悬铃木(Platanus orientalis Linn.),又叫法国梧桐、裂叶悬铃木,树形雄伟端庄,叶大荫浓,由于其幼枝叶和果序成熟后具有大量星状毛,如吸入呼吸道会引起人咳嗽过敏等,一直以来人们对悬铃木作为行道树褒贬不一,但大多数有识之士还是非常接受的。的确,悬铃木有对城市环境特别强的适应性,有超强的吸收有害气体、抵抗烟尘、隔离噪声能力、耐干旱、生长迅速、树冠雄伟、叶大荫浓等诸多优点,被证明其仍是行道树的不错选择。因此,笔者个人也建议在紫金港西区求是大道建设完成后考虑选择经人工改良的无球少毛的悬铃木作为行道树。

(四)提高行道树的种植和养护管理水平

加强对园林工作者的技术培训,提高种植及养护管理水平。种植时要挖深树穴,彻底清理建筑垃圾及不适宜的土壤,回填符合酸碱度的优质种植土,选苗过程中严格把好绿化工程施工中的苗木质量关,种植后对行道树进行科学管理,如浇水、施肥、病虫害防治等,重视修剪整形,加强对已栽植树木的技术改造,提高道路绿化的园艺水平,保持道路绿化景观的长期稳定。

五、结　语

高校加强生态文化建设、打造美丽大学校园绝非一朝一夕所能完成的,紫金港校区的行道树建设也需要一个长期和持续的动态和渐进过程。需要有一个从规划、论证到设计、建设以及优化等系统环节。相信在全校各界的共同努力下,浙江大学紫金港校区的行道树建设肯定会有更好的发展和提升。

参考文献

[1] 杭州市园林文物局,浙江林学院园林设计院. 杭州市城市道路及公共绿地树种规划[S]. 2000:19-20.
[2] 陈有民. 园林树木学[M]. 北京:中国林业出版社,1990:379-586.
[3] 袁海宏,马进,董海燕,等. 杭州之江国家旅游度假区行道树树种规划探讨[J]. 安徽农业科学,2008(19):8083-8105.

浅谈高校后勤餐饮物资采购存在的问题和对策

刘　平

（浙江大学后勤集团饮食服务中心）

【摘　要】 高校后勤餐饮物资采购是确保后勤餐饮服务能力的关键，餐饮物资的质量和价格与餐饮服务能力密不可分。什么是高校后勤餐饮物资采购？如何确保餐饮物资的质与价？面对餐饮物资产品种类繁多、质量参差不齐、价格行情存在壁垒等情况，采购存在着诸多的问题和难点。本文介绍了餐饮物资采购中存在的问题，提出了相应的对策。

【关键词】 高校；后勤餐饮物资；采购

高校后勤餐饮物资采购是指高校通过有组织、有计划、有步骤地从供应商处购买餐饮物资，以满足师生日常餐饮需求的一种管理活动。该过程包括需求预测、供应商选择、采购合同签订、采购执行和验收付款等环节。

如何既能让师生吃饱吃好，又能让高校后勤在自负盈亏的经营模式下持续发展，一直是市场化运作和公益性运营的矛盾。而有效缓和这一矛盾的主要抓手就是餐饮物资的采购。如何提高采购的效率、采购到更加物美价廉、更加适应高校后勤餐饮的原料成了关键。

一、当前高校后勤餐饮物资采购中存在的问题

因为管理能力、管理制度、采购人员自身认知和个人素质等多个方面的不足，导致高校后勤餐饮物资采购工作中存在较多问题。

（一）高校后勤餐饮物资采购特点

需求多样性：由于高校师生来源广泛，个体饮食需求和口味差异较大，因此高校后勤餐饮物资采购需求具有多样性。

采购周期长：高校后勤餐饮物资采购需要根据学校的教学安排和学生的生活需要，提前进行需求预测和计划安排，因此采购周期相对较长。

质量要求高：餐饮物资直接关系到师生的身体健康，因此高校后勤餐饮物资采购要求质量严格把关，确保食品安全。

价格敏感性：高校后勤餐饮物资采购需要兼顾师生的消费承受能力和学校的经费支出，因此价格因素在采购过程中具有较高的敏感性。

高校后勤餐饮物资采购这四点特点，注定了高校后勤餐饮物资采购与社会餐饮的本质差异。服务性、保障性与自负盈亏的经营模式是互相矛盾的。近年来面对“经济衰退”“通货膨胀”“新冠疫情”“俄乌战争”等诸多外部不利因素的影响，市场行情节节攀升，原料成本一再提高，使得这一矛盾更为尖锐，成为急需解决的问题。

(二)管理制度与实际工作脱节

当前高校后勤餐饮物资采购的管理制度与实际工作存在脱节的情况。一是管理制度的修订和编制需要的时间较长、流程繁复,使得修订后的管理制度已然落后仍旧无法满足实际工作。二是管理制度制定时存在重在解决眼前的问题,轻于规划和考量未来的发展和变化的情况,仅依据和套用法律法规制度、不太完善的行业标准和个人经验,无法适应变化,采购的灵活性彻底丧失。三是过于追求“标准化程序”“标准化操作”,着重于“规范和程序”,忽视餐饮物资的独有特性,不惜采用“一刀切”的办法来执行采购,使得采购脱离了原本的原理和规律,采购的效果差强人意。

(三)采购人员整体素质参差不齐、结构不合理

高校后勤餐饮物资采购是一项面向市场和商家、涉及面广、专业水平要求较高的工作,因此对采购人员的素质有较高的要求。但是当前大部分学校的采购人员都来自后勤和其他管理岗位,他们的平均年龄较高、学历却不高,整体业务学习能力、理论总结能力和现场采购、验收能力都不够理想。同时餐饮物资相关的理论知识不足,与采购相关的业务培训也鲜有,这样的大环境反而掣肘了采购人员素质的提升。比如在采购过程中,采购人员由于缺乏专业知识制定不了合理的采购方案,或未选择更合理的采购方式,编制出不规范的采购文件、合同等文本;又比如在餐饮物资验收端,由于专业能力的欠缺,验收能力较弱,原料质量的鉴别成为难题等。

(四)数据运用能力低下

目前有部分高校后勤已经建立了基础的采购数据库、结算系统、库存管理系统等,但仍有部分还在使用纸质验收单、结算单等原始纸质凭证。同时采购人员缺乏对信息化的认识、有效的管理、使用数据的能力,对数据的查询、维护、更新方面不够重视,碎片化地使用数据成为常态。数据的关联性较弱,无法有效地将数据索引、共享、对比、统计,无法将数据整合成现实规律,无法为计划的制订提供有力支撑,更甚者使用片面的数据推导出错误的结果,继而造成更大的损失。

(五)餐饮物资的特点导致的问题

后勤餐饮物资大部分为农产品,主要为粮油作物、瓜、果、蔬菜、食用菌、牲畜、禽、兽、昆虫、爬虫、两栖动物类、水产品等十一个大类。农产品的特点有:①地域性:农业对土地依赖程度较高,各地气候条件、土壤条件、光照条件、温度等对农作物生长具有决定性影响。各地技术条件与政策导向也是影响农业生产的一个重要因素。全球农业生产表现出明显的地域特征。②季节性:农作物是典型的“季节性生产,全年消费”的品种,在农作物种植年度中,农产品同时收获,集中上市,表现出明显季节性特征。③波动性:农产品价格受种植面积、气候、产量、库存等条件,以及农业产业政策、补贴政策、国家收储政策等影响,农业生产有丰产歉产之分,淡季旺季之别。因此,农产品生产和供给呈现出很大的波动性。④稳定性:农产品需求弹性小,偏刚需,尤其是粮食类与油脂类,不论价格怎样变动,消费需求基本是稳定的。⑤差异性:受生活习惯的影响,同一区域的消费者消费需求趋同,不同区域的消费者则表现出一定的差异。因此,农产品的需求表现出一定的差异性。⑥替代性:农产品作为人类的食物和生活需求,具有明显的相关性与可替代性。比如玉米和大豆、小麦和稻谷,在种植面积上表现出一定的竞争关系。在价格的驱动下,人类愿意选择种植预期价格高的农作物,从而减少另类农作物的种植面积。

农产品的地域差异、季节更替、行情波动、消费习惯等对于市场行情，对于餐饮物资的采购有着较大的影响，市场行情“看天吃饭”成为一种常态，是“胜天半子”还是“听天由命”往往取决于运气。

二、对于高校后勤餐饮物资采购问题的对策

(一)正确认识高校后勤餐饮物资采购特点

首先需要正确认识高校后勤餐饮物资采购的保障性、服务型属性，必须提高站位，强化为师生服务的责任、为状元烧饭的情怀。高校后勤餐饮是需要起到“防波堤”作用的。采购就是解决这一问题的一大抓手。但这个堤坝的承受能力是有限的，在自身努力的基础上也需要学校的支持和帮助。积极挖掘自身潜力增效减耗，同时寻求学校的支持，加厚加强“防波堤”，使得面对任何困难时都能确保高校内的安全稳定。

(二)加强管理制度建设

管理制度是实际工作的重要依据和支撑，更是工作的方向与引导。如何加强管理制度建设？应该要从这几方面入手：第一要深入掌握采购工作的难点和痛点，把握采购工作的重点和要点，做到知己知彼。第二要勇于改革敢于创新，不搞“一刀切”，本着“法无禁止即可为”的精神，积极地探索，既不违反法律法规，又能增强采购的灵活性。深刻认识餐饮物资的独有特性，把握住现实原理和规律，体现制度优势、展现制度特色。

(三)采购队伍的建设和完善

高校后勤餐饮物资采购需要一支强大的采购团队，它需要现场采购、后台验收、数据分析、决策制定等多方面的人才。采购队伍的建设是“持久战”，需要决心和恒心，需要较长时间的积累和沉淀。采购队伍的完善则可以从内外两方面着手：内部将现有人员的情况摸底，深挖人员特点、优势，优化人才管理，将合适的人摆到合适的岗位上去发挥最大的能力。优化激励方式，强化责任意识，强化廉洁自律，将现有资源“物尽其用”。外部的重点在于“请进来”，勇于认清缺点和不足，将现代化的采购引进来，将社会化的做法带进来，将不同行业的人才招进来。只有这样才能整合内外的优势，加强内外的有效交流，促进内外的良性竞争，将原本“一潭死水”的状况扭转过来。

(四)信息化建设与数据运用

信息化建设和数据库的建立，是整合采购数据、加强数据分析、优化采购效率的不二之选。各校应依托现有的系统与数据库，打通中间的屏障，实现数据互联。依托优化后的人才队伍，完善数据的查询、维护、更新，强化数据的分析和利用。将数据分析结论积极运用到实际决策和工作中去，再用工作来验证数据分析的实用性，互相验证从而纠偏改错，扭转依靠传统认知、个人分析等单打独斗的局面。将采购队伍和历年的工作成果转化为“采购智库”，不断发展和完善它，从而形成良性循环，让集体智慧、科学分析、实际论证成为一种常态。

(五)把握餐饮物资的特点

基于后勤餐饮物资大部分为农产品这一事实，农产品的特点结合高校后勤的特点，从稳定性和替代性上着手。首先明确自身需求，科学预估采购量，加强规模优势，以数量求价格。多校联合、校企联合以“拼单、凑单”的模式来达到体现规模优势降低采购成本的目的。积极摸索农产品的供应规律和市场规律“顺天而为”，减少地域性、差异性带来的困难，例如积极

采购应季蔬菜、大宗农产品，结合产地直销、农校对接等模式。面对波动性的问题，准确把握淡季旺季，寻找洼地价格、洼地农产品，有效“削峰补谷”“峰谷结合”，使得整体采购工作平稳有序地开展。

三、结束语

通过前文所述高校后勤餐饮物资的采购确实存在着不少的问题，但随着这些年理论的充实、技术的发展、认识的提升，解决问题的办法和手段也在进步和发展。相信只要管理层有正确的认识和充足的准备，积极行动起来，创设由上至下、以上率下的良好环境，营造有效沟通、良性竞争的氛围，抓好“人”这个关键要点，多管齐下，就能够克服目前的困难，从而让将高校餐饮物资的采购工作提上新的台阶，实现科学化、规范化与高效化。

参考文献

[1] 姜红梅.高校采购管理存在的问题及解决措施[J].信息系统工程，2012(3)：106-107.
[2] 张帆.新形势下高校物资采购管理中存在的问题与对策[J].产业创新研究，2018(11)：99-100.
[3] 朱贵强.高校后勤物资采购规范性探讨[J].高校后勤研究，2011(3).

浅谈高校食堂食品安全内部风险控制

郭雪艳

（浙江大学后勤集团饮食服务中心）

【摘　要】 高校食堂不同于社会餐饮，其就餐时间和就餐品种有着高度的聚集性，从风险排序上历来是餐饮食品安全监管的高风险单位。学校发生食源性疾病主要是操作人员食品安全意识不够导致的操作不规范，同时交织环境的因素引起，部分食堂还面临着设施设备布局不合理、部分从业人员食品安全意识淡薄、食品安全管理员风险意识不足等问题。本文针对以上问题提出了具体的内部风险控制措施，为食品安全管理人员提供借鉴。

【关键词】 高校食堂；食品安全；风险控制

校园食品安全关系着在校师生的身心健康与生命安全，关系到学校正常教学秩序的开展和社会的和谐稳定。随着人民生活水平的提高，师生对饮食的要求越来越高，维权意识越来越强，作为高校食堂，需切实落实食品安全主体责任，全面推进食品安全治理能力建设，做好食品安全与卫生的预防性管理及食品安全内部风险控制，确保广大师生饮食安全。

一、食品安全内部风险控制存在的主要问题

（一）经营场所布局不合理

在高校食堂实际生产过程中，场所布局合理是食品加工过程控制、避免交叉污染，确保食品安全的保障。高校食堂尤其是年份较久的食堂存在着布局不合理的问题，无法实现生进熟出的单一流向，食品加工过程中存在着食堂操作功能区没有区分或区分不明显的问题，更衣室不足，岗前洗手设施不足，专用洗菜池、禽畜肉类清洗池、水产清洗池、用具清洁场所、用具回收与成品运输存在交叉等问题，带来食品安全隐患。有的食堂因最初设计规划不合理，将操作场所设置在地下层，存在通风效果差、易漏水等一系列的问题。

存在上述问题的原因是食堂最初设计存在缺陷。国家法律法规及相关的食品安全要求不断提高，而食堂的布局如果经常进行改造将会消耗大量的财力和物力。近些年来，高校也在不断扩招，食堂就餐人数不断增多，学校为方便师生就餐，不断开设新的食堂，而有些食堂在学校基础建设时，未考虑食堂建设的相关要求，导致出现食堂后厨操作场所狭小、布局不合理的问题。

（二）生产过程中风险控制不到位

目前，高校食堂餐饮服务涉及的环节多，供应模式多，有传统大众食堂、自选餐厅、西餐厅、咖啡吧、明档窗口等供应形式，供应的产品有热菜、冷菜、烘烤类糕点、鲜榨果蔬汁等，加工环节包括原料采购验收、仓储保存、切配加工、蒸煮烹饪、餐具消毒、成品出售等多个环节。

食堂操作人员在研发新菜品时，往往会重点考虑菜品口味和感官、新菜的获利能力，而对其存在的食品安全风险认识不到位。

食堂也面临着招工难、从业人员文化水平偏低、个别工作人员食品安全意识淡薄、食品安全管理人员管理经验不足和缺乏风险意识、食品安全风险控制不到位等问题。个别食品安全管理员未与时俱进，无法准确判断新供应模式带来的食品安全风险，缺乏应急处理处置能力，个别从业人员缺乏食品安全意识，对各环节食品安全风险点认识不到位，在操作中甚至存在侥幸心理，久而久之，就会发生食源性疾病事件。

（三）食品安全管理模式较为陈旧

高校食堂内部食品安全管理员大部分依靠的是经验管理，未结合学校食堂供应模式、供应菜品的更新及时调整食品安全管理的重点和自身的食品安全管理方式。食堂现场管理中未引入“4D”“五常”“HACCP 危害分析与关键控制点”等现场管理方法及理论体系，导致出现食品安全管理只抓表面而抓不到重点、现场管理混乱、员工执行力差等问题。食堂开展的自查深度不够，开展自查时只查表面，而对内在的食品安全有重大影响的隐患查不出来，过度依赖上级部门的食品安全检查。

目前，高校食堂的自查工作水平参差不齐，有待进一步提高，个别食品安全管理人员因工作年限短而有经验不足等问题，各食堂食品安全管理员工作方式方法不一，无统一标准；在食堂内部推进五常管理、4D 管理、5S 等先进的现场管理方法，但其实施效果好坏与现场管理人员的意识密切相关，部分食品安全管理员对其缺乏系统性认识，现场管理只停留在了做标识标牌的阶段，而最终目标是提升员工素质，这点体现不明显；食堂生产过程缺乏系统性验证，部分管理人员始终停留在经验管理阶段，存在“一直是这样操作的，不会有问题”的思想，认识不到食品安全隐患。

（四）引进社会企业办食堂带来的不利影响

高校为减少食堂办伙的压力，普遍采用了外包或合作经营等后勤社会化的方式，以此丰富食堂的供应业态等，但社会资源介入高校的首要目的是谋求最大利润，而并非将学校公益服务放在首位。

在高校后勤社会化改革过程中，少数食堂的经营者过于追求营利，在食堂菜品、主食等有限价的条件下，为提高利润率，通过降低原材料采购品质、减少用工人数、不改善加工环境、不及时更换破损餐用具等手段，以牺牲食品安全为代价，触犯就餐师生的利益。

二、优化高校食堂食品安全内部风险控制的对策

校园食品安全是高校守底线的重要工作内容，尤其是高校食堂的食品安全，关系着广大师生员工的身体健康和生命安全。学校食堂应严格落实食品安全法律、法规、规章和规范性文件的要求，切实履行食品安全主体责任，有效运用风险管理的理念，制定食品安全风险管控清单，控制食品安全风险，提升食品安全管理能力。

（一）加大硬件设施投入，做好厨房设计改造

高校因整个学校发展的需要，在资金分配上会向教学科研上倾斜而忽视对食堂的投入，导致食堂布局不合理等问题在短时间内难以得到大的改变；学校食堂自行投入往往会因为财力不足的原因而推迟或取消，只能进行小规模的修补或设施设备投入，难以符合法律法规的要求。

应加大硬件设施设备的投入，如消毒设施、冷藏冷冻设施、防虫防害设施等，以保证食品安全，并提高员工的工作效率。厨房应有充足的自然采光和（或）人工照明，食品处理区工作面照度不应低于220lx（相当于一般晴天时室外无遮挡漫射光亮度），其他场所照度不应低于110lx（相当于一般阴天时室外无遮挡漫射光亮度），充足的光照有助于提高工作的效果，避免从业人员出现视觉疲劳，降低产生物理危害的可能。

在新食堂厨房设计及老食堂改造过程中，遵循如下原则：

按照清洁等级区分设置的原则：按照一般操作区、准清洁操作区、清洁操作区进行区别、分离设置，不得在清洁区设置一般操作区。如不得在凉菜间、备餐间设置粗加工区、切配区、餐用具洗消区等。

生进熟出单一流向原则：按照原料进入、原料加工制作、半成品加工制作、成品供应的单一流程规划设计，食品在加工制作过程中原则上不走回头路。

通道分类流向清晰原则：食品原料进入与人员进入通道分开设置，人员更衣并洗手消毒后进入食品加工区，避免食品原料与人员相互污染，相互干扰。成品通道与原料通道，成品通道与餐用具回收通道宜分开设置，流向清晰，互不干扰。现场无法分设的，应在不同时段分别运送原料、成品使用后的餐用具。

高进低出原则：空气、流水流动方向要从高洁净区流向低洁净区。

合理缺项原则：不同规模、不同业态的高校食堂在分区、专间、专用场所设置上根据实际需要合理设置，允许合理缺项。

食堂在设计改造过程中，一定要重视后厨的设计和改造，不能只重视就餐大厅的环境和设施设备而忽视后厨，没有食品安全，其他都无从谈起。

（二）加强食品安全培训，做好职工队伍建设

学校食堂近几年面临着招工难的问题，因餐饮行业的特殊性，从业人员的文化水平较低，大多只有初中文化水平。工作人员对餐饮工作更多的只是将其作为谋生的手段，对食品安全知识缺乏学习的主动性，掌握程度远达不到要求。食堂开展培训有的甚至是因为上级部门有要求而被动开展，并非主动，在培训效果上大打折扣。

食品安全管理员以及食堂从业人员食品相关的法律知识比较欠缺，在高校食堂食品安全管理工作中，要聚焦校园食品从业人员和食品安全管理员的培训和考核，建立适合校园食品安全的培训考核体系，提高培训考核的精准度。

食品安全的培训内容应涉及餐饮服务相关法律法规及本单位的内部操作规程和食品安全的管理制度，如《中华人民共和国食品安全法》《中华人民共和国食品安全法实施条例》《餐饮服务食品安全操作规范》《食品安全国家标准　餐饮服务通用卫生规范》（GB 31654—2021）和《食品安全国家标准　食品添加剂使用标准》（GB 2760—2014）等法律法规文件，增强食品安全管理人员及工作人员的法治观念，树立遵纪守法的意识。食品安全知识培训需结合食堂内部的采购验收管理制度、切配制度、烹饪要求、留样要求等制度，使培训更加有针对性，操作上具有可执行性。

涉及提高全员食品安全意识的培训不能流于形式，需具有针对性，做到理论培训与事故案例相结合、安全生产知识与法律常识相结合，阶段集中教育与经常性教育相结合，摒弃单一的、僵化的重数量轻质量、有培训无考核的做法，达到理论联系实际、学以致用的目的，提升全员的风险意识，提升职工的食品安全素养，从而保障安全。

学校食堂应设立专门的食品安全管理机构，设置食品安全总监，配备专门的食品安全管理人员，做好关键岗位人员的梯队建设。

(三)有效利用物联技术，现场与监控相结合

食堂在开展自查时，常采用的方式是现场的食品安全督查方式，对实时的操作过程进行现场确认，对视频监控系统的使用频率不够，在监管上存在一定盲区。

1. 利用先进技术手段，视频监控有效补充

大数据视角下的高校食品安全监管，是以互联网技术为监管手段，在互联网思维和先进技术条件下，确保食品安全实现全面、无缝的监管模式。目前，杭州市立足于“互联网＋”，以“浙食安”“浙食链”“众食安”“浙冷链”等为抓手，对接教育部门的招标配送单位“天下粮仓”，实现食材来源可查、厨房操作可视、群众感受可评，在社会餐饮和学校食堂实现智慧“阳光厨房”建设，并接入杭州市城市大脑。高校食堂应在清洁度要求高的区域设置摄像头，利用AI识别、录像回放、实时查看、现场查看相结合的方式，查找安全隐患。

2. 引进先进的管理方式和方法

学校食堂可导入ISO9001质量管理体系、ISO22000食品安全管理体系、HACCP危害分析与关键控制点体系、ISO45001职业健康安全管理体系，在食堂食品安全管理过程中建立风险的思维、过程控制的方法、关键控制点的思想，通过危害分析，确定食堂生产过程中的关键操作环节和控制方法，并采用制度上墙、培训等形式进行宣传，确保全面质量提升。以浙江大学后勤集团饮食服务中心为例，利用危害分析的方法，确定了人员管理、采购验收、切配、烹调加工、餐具清洗消毒等过程中可能存在的生物性、化学性和物理性危害，指出了可能存在的103个风险点，并针对性地制定了相应的控制措施，便于食品安全管理员及现场操作人员进行控制。另外，在食堂现场管理过程中，可结合PDCA循环，通过制定计划、现场物品标识定位、检查跟踪落实情况查找问题、不断进行持续改进，提升食品安全管理水平。在体系执行、实行精细化现场管理过程中，要真正做到领导重视并给予支持，提供相应的财力资源和人力资源，并由专人负责，将重点放在职工执行这个层面。

3. 有效开展自查，做好共同治理

学校食堂应根据《中华人民共和国食品安全法》《餐饮服务通用卫生规范》《餐饮服务食品安全操作规范》《企业落实食品安全主体责任监督管理规定》的要求，确定食品安全自查项目和要求，做好食品安全的日管控、周排查、月调度。自查包括食品安全制度适用性检查、定期开展的生产合规性检查、临时性因特定原因开展的风险性检查。应建立自查清单，开展有效的自查。对于不同的检查，检查频次和内容均不相同，每周至少开展一次定期自查，每年至少开展一次食品安全制度自查，及时按照国家法律法规规范性文件等修订自查制度，获知食品安全风险信息后，应立即开展专项自查。自查必须注重效果，以查找食品安全隐患为目的，应全面覆盖，不得采用抽样自查的方式，查到的问题及时进行通报，以实现信息共享，各食堂之间进行借鉴，相关部门及时进行整改，验证整改的效果。自查中发现的问题食品，立即停止使用，加贴醒目、牢固的标识，防止误拿误用，并采取销毁、退货等措施，自查中发现的其他食品安全风险，及时采取措施进行整改，防止对就餐师生造成伤害。

学校食堂可以开展食品安全共同治理，引入第三方监管模式。第三方可以是政府监管部门，专业认证咨询机构，学校工会组织，学生膳管会或监督员队伍等，构建“政府监督引导、学校共同推动、食堂具体运行、师生共同参与”的第三方管理体系，定期派专业人员对食堂的操作环境、设施设备、从业人员操作行为、加工以及储存等过程的食品安全风险隐患进行全

面评估,依据评估结果提出针对性的解决方案,协助食品安全管理人员及时排除食品安全隐患,实现持续改进。

4.做好有效验证,不断提升改进

验证可作为现场监督的补充,验证可通过感官目测、速测的方法开展,具体可验证的内容包括菜肴蒸煮时间与温度的关系、餐具和菜品的微生物指标、餐具的消毒效果、人员的手部卫生指标、煎炸油的酸价和过氧化值等。高校食堂可设置化验室,建议开展的化验项目及频率如表1所示。

表1 化验室工作内容及化验频率

大类	内容	依据标准	检测指标	频率
餐具	密胺餐盘、筷子、调羹、留样盒、不锈钢成品盆及其他直接接触成品的表面	GB 14934	大肠菌群	每月一次
水质	过滤水水质	GB 5749 GB 5750.12	菌落总数 大肠杆菌	每半年一次
食用冰块	制冰机冰块	SB/T 10017 GB 2759 GB 4789.2 GB 4789.3	菌落总数 大肠杆菌	每季度一次
空气	冷菜间空气	GB/T 18204.3 GB/T 17093	菌落总数	每月一次
菜肴	菜肴、米饭	GB 4789.22022 GB 4789.3 SB/T 10652 GB 19295	菌落总数 大肠杆菌	每半月一次
糕点	糕点	GB 4789.2 GB 4789.3 GB/T 19855 GB 7099 GB 7100	菌落总数 大肠杆菌	每月一次

(四)提升人员服务意识,避免重利益轻安全

高校食堂在引入社会餐饮进入高校提供餐饮服务工作时,社会餐饮往往会将利润放在首位,认识不到学校餐饮的特殊性,对食品安全重视程度不够。

不管外界环境如何变化,在校师生对饮食安全的要求不会变。高校食堂要根据本校的实际情况,建立起适合本校情况的食品安全管理模式并实行下去。高校食堂在服务过程中不仅需要考虑广大师生的利益,也要考虑经营管理者的利益,在两者中寻找经营的一种平衡,既得到广大师生的认可,又使得高校食堂朝着健康、文明、安全的方向发展。

三、总结与展望

高校食堂的食品安全是一个系统性的工程,食品安全总监、食品安全管理员在食堂内部风险控制上发挥着举足轻重的作用,对食堂食品安全的高风险环节和关键控制点要有深入

的理解和精准的把控能力。高校食堂新建和改造时，在做好食堂场所与布局、硬件设施设备都符合食品安全要求的前提下，必须把预防交叉污染放在首位，做好食品安全管理员和从业人员的培训与考核，促进从业人员养成良好的卫生习惯和职业操守，树立“做一万，防万一”的风险意识和责任意识，才能确保食堂各项食品安全管理制度都层层落实并执行到位，从而保证食堂的食品安全。

参考文献

[1] 封苏琴，李春玉，孙榉林，等.餐饮从业人员食品安全知识态度行为干预分析[J].中国公共卫生，2012，28(9)：1247-1248.
[2] 赵一，樊庆山.餐饮企业食品安全监管问题评述[J].食品界，2016(6)：31.
[3] 胡雪玲.高校校园及周边食品安全存在的问题与对策[J].食品安全导刊，2021(2)：70-71.
[4] 谢才宝.食堂管理与食品安全工作的研究[J].食品安全导刊，2021(1)：48-49.
[5] 孙岩琳.食源性疾病控制与餐饮食品安全管理[J].食品安全导刊，2021(8)：27.
[6] 李丹丹.谈校园食品安全监管[J].食品安全导刊，2021(11)：32-33.
[7] 赵帅，马洁，罗莎，等.天津市学校食品安全危险因素分析[J].职业与健康，2020(3)：320-323，328.
[8] 闫向明.简析高校校园食品安全风险防控措施[J].食品安全导刊，2021(12)：32-35，37.
[9] 李梅.新形势下高校校园食品安全管理措施探究[J].广西教育，2019(3)：142-143，155.
[10] 张磊，李洁，傅华，等.上海市餐饮业从业人员食物中毒相关行为及影响因素研究[J].上海预防医学杂志，2007，19(5)：203-209.

关于浙江大学一流饮食服务体系建设的思考

王小明

（浙江同力教育后勤管理有限公司）

【摘　要】 本文从主要矛盾的理论视角对饮食服务的主要矛盾变化进行了分析，提出“当前饮食服务工作的主要矛盾已逐步转化为师生日益增长、日益提升的饮食消费需求与保障服务能力相对不足的矛盾”这一判断，在此基础上，对一流饮食服务所面对的主要任务和建设内涵展开论述，并提出了具体建设举措建议。

【关键词】 一流饮食；高校食堂；后勤改革

科学认识和把握社会主要矛盾，是我们党确定中心任务，制定方针政策的基本理论依据。党的十九大报告提出，我国社会主要矛盾已经转化为“人民日益增长的美好生活需要和不平衡不充分的发展之间的矛盾”。这一新提法和新论断，既说明人民的需要从内涵大大扩展，从层次上大大提升；又说明我们的发展在发展区域、发展领域、发展成果共享等上存在不平衡，我们的发展在能力水平、质量效益、稳定持续等上还不够充分。这标志着我们党对社会主义建设规律的认识和把握更加深刻、精准，为我们分析问题、解决问题提供了新的理论基础、理论视野，为我们更加精准地确立目标、制定措施提供了科学的方法论。认真学习理解运用我国社会主要矛盾的新论断，深刻把握饮食服务主要矛盾变化，对于进一步分析当前学校饮食工作状况，进一步明确今后饮食工作任务，进一步制定今后饮食工作举措，不断推进学校一流饮食服务体系建设，有着重大的指导意义。

一、饮食服务主要矛盾变化分析

随着中国特色社会主义进入新时代，我国社会主要矛盾转化为“人民日益增长的美好生活需要和不平衡不充分的发展之间的矛盾”；随着我国高等教育综合改革的不断深入，学校“双一流”建设的全面推进，师生生活水平的日益提升，整个学校发展和师生需求对饮食服务工作提出了更高的要求。当前饮食服务工作的主要矛盾已逐步转化为师生日益增长、日益提升的饮食消费需求与保障服务能力相对不足的矛盾，这体现以下几个方面：

一是师生饮食消费需求内涵大大拓展。随着时代的发展、社会的进步、师生生活水平的提升，师生对饮食的消费需求在不断变化和提升，从吃得饱到吃得好、吃得更有品质，师生的消费需求已经不再简单满足于食物本身的口味和饱腹功能，对安全饮食、健康饮食、餐饮环境、服务品质、消费体验等方面的需要不断增长，消费需求的内涵不断拓展。

二是师生饮食消费需求层次大大提升。由于消费能力、消费习惯、身体需要等方面的差异，师生既有日常饮食保障的需要，又有高品质消费的需要，还有个性化服务的需要，比如素食、低盐、低油、健身等个性化的饮食需求不断增加。多层次消费需求格局不断形成，整体消费需求的层次不断提升。

三是师生饮食消费需求差异大大增强。随着学校的发展，国内外交流的日益频繁，将会有更多高规格、高层次的教育科研等活动，更多来自全国各地、世界各地的学者学生在学校学习工作，从而产生多元化、差异化的饮食需求。留学归国的新生代老师群体、教学科研交流国际化带来的国外留学生群体日益增长，其需求成为今后餐饮消费的重要组成部分。这些变化一方面有利于校园饮食文化的多元交流，另一方面也对饮食保障服务能力提出了新的挑战。

四是服务能力存在短板，服务品质相对不足。当前我们的饮食服务工作还基本处于传统的保障供应阶段。近年来我们通过探索创新推进产品、业态和服务的升级，来不断满足新消费需求，但还在起步阶段，无论是品种研发、人才积累、供应模式、管理方式等方面都还在积累过程中，尚未形成规模能力。而师生饮食消费需求内涵拓展、层次提升、差异增强的新变化，对饮食的供应品种、供应模式和服务层次提出了较高的要求。与此同时，我们还面临着不同校区之间饮食服务发展不平衡不充分的问题，大校区饮食选择多，品质好而且稳定，而老校区则相对存在短板；新校区食堂餐厅环境好、硬件设施多，老校区则存在投入不足。老问题、新变化，将给饮食中心带来不小的挑战，成为学校一流饮食服务体系建设中亟待解决的重中之重。

二、一流饮食服务要回应四个需要

一要回应学校在新时代推进实施“双一流”建设、高水平建设中国特色世界一流大学的时代之需。随着学校建设中国特色世界一流大学的步伐稳步迈进，开放办学的战略格局进一步构建，学校与世界一流大学、学术机构、国际组织等的合作日益增加，留学生教育规模、师生海外学习交流人数均会大幅增长，国际合作层次不断提高，必然带来了不断增加的高层次、国际化活动和相应人群的饮食保障需求。这些需求对整体服务品质、涉外服务能力、国际多元餐饮供应能力都会带来不小的挑战，而这些恰恰是我们目前虽努力补强但仍属短板的地方。

二要回应新时代师生消费需求日益高品质、多层次、多元化的民生之需。随着时代的发展、社会的进步、师生生活水平的提升，师生对饮食的消费需求在不断变化和提升，除了满足于食物本身的口味和饱腹功能，对安全饮食、健康饮食、餐饮环境、服务品质、消费体验等方面的需要不断增长，消费需求的内涵不断拓展；同时，由于消费能力、消费习惯、身体需要等方面的差异，师生既有日常饮食保障的需要，又有高品质消费的需要，还有个性化服务的需要，比如素食、低盐、低油、健身等个性化的饮食需求不断增加，整体消费需求的层次不断提升；此外，随着学校的发展，国际国内各地学生来浙大求学，师生构成日益多元化，饮食消费受地方口味、地域习惯等影响也日益多元，师生饮食的差异化将更加显著。一流饮食服务要能够不断满足内涵大大拓展、层次大大提升、差异大大增强的师生饮食消费需求。

三要回应餐饮产业创新和新技术融合应用加速的行业之需。经过多年发展，中国餐饮行业正逐步进入提质转型升级的新阶段，出现规模持续上升、创新升级加快、市场规范提速等阶段性的新特征，餐饮行业的发展方式加速向质量效益型转变，发展动能逐步从依靠传统核心资源支撑、规模增长向产业深度融合、产品技术创新、管理效能升级驱动转变。高校饮食虽有其特殊性，但基本运行要遵循餐饮产业发展的基本规律。一流饮食服务必须回应行业变革之需，积极跟进行业创新浪潮，借鉴运用和创造符合自身需要的管理方式、业态模式、专业人才、科技应用和产品服务标准，才能在服务市场日益开放的时代，不被淘汰出局。

四要回应员工发展之需。饮食服务涉及学校、就餐师生和饮食员工三个相关方，我们既要为学校提供一流的服务保障，为就餐师生提供一流的就餐体验，同时还要注重为员工改善工作条件和生活水平。饮食服务的三个相关方是一个共同体，一流饮食服务离不开共同体的和谐发展。我们要进一步改善员工生产生活条件和收入水平，提高员工从事饮食工作的荣誉感和成就感，在工作中实现价值、体验人生，过更体面的生活、更好的日子。

三、一流饮食服务主要内涵

我们要用更高的站位回应时代之需、民生之需、行业之需和员工发展之需，在持续打造一流饮食服务发展内涵的过程中，首先必须明确核心任务。一流饮食服务的核心任务就是要为师生有效提供高品质的消费体验。具体来说，高品质消费体验主要包括业态、环境、产品、服务和价格等方面：

业态方面，要进一步打破以大锅菜基本保障为主的供应格局，实现多样化多层次的业态发展，提高中锅小炒、西式餐饮、风味档口、营养套餐、商务正餐、休闲餐饮等不同类型业态的比例，更加贴合消费者需求。

环境方面，要在舟山、海宁新校区新食堂建设的基础上，深入做好紫金港西区新食堂的筹建，为师生提供更加优美、智慧，更具文化氛围的就餐环境。同时，继续推进老校区老食堂改造，实施设备升级，为一流饮食服务提供硬件支撑。

产品方面，要加强产品的研发创新，加强厨师队伍的技术培训，根据业态发展需要不断丰富产品系列，加强爆款产品、拳头产品设计，形成自身的经典产品，挖掘产品文化内涵。同时，要加强产品的标准化研究，进一步提高标准化生产能力。

服务方面，要加强员工培训，培养服务大师技师，形成不同业态的服务标准；加强新技术在产品销售、消费结算、服务评价、健康营养等方面的应用，为师生提供更具时代感和科技感的服务体验。

价格方面，低质低价，最后只会无路可走，要用好吃不贵的理念，着重通过管理出效益，为师生提供质价相符的产品和服务，在不断满足高品质消费需求的同时，保留做好一部分低价需求。

四、一流饮食服务体系建设举措

面对师生饮食消费需求的深刻变化，面对急需破解的发展不平衡不充分问题，我们需要进一步树立新的标杆、推动新的升级，保持优良传统，促进创新发展，补足服务短板，提升服务品质，全面提高高品质饮食服务资源的供应能力，积极构建一流饮食服务体系，为学校发展大局、师生服务大局做好后勤保障。

一要进一步推进现代餐饮管理建设，建立与一流饮食服务体系相适应的管理模式。我们要继续推进扁平化管理，加强职能管理能力建设，形成专业分工的现代化餐饮管理，要着重加强餐饮管理专业能力的建设，提升整个标准化、精细化生产控制与产品、服务、业态创新能力，更好地适应现代企业管理和学校饮食服务工作对餐饮研发、标准生产、服务沟通和人力资源、采购管理、信息技术等各方面的专业需要，打造出职有分工、各有专长、相互协作的管理生态。

二要进一步加强专业技术能力建设，建立与一流饮食服务体系相支撑的人才队伍。要适应与满足今后师生饮食消费需求变化，专业化的管理、技术和服务人才是关键的支撑资源。我们要进一步创新专业人才培养方式，完善专业人才上升通道，优化校内校外互通机制，形成与饮食服务工作发展相适应的人力资源储备。其中，重点要针对师生高品质消费需求和多元化饮食需要、学校高层次活动饮食保障等能力短板，加强对西餐、休闲餐饮、民族性地域性餐饮等专业厨师、餐厅管理设计人才、涉外服务人才、文化创意人才的引进和积累，来为产品服务业态创新提供人才支撑。

三要进一步推动智慧食堂工程建设，建立与一流饮食服务体系相匹配的科技应用。互联网、大数据、人工智能等科技在产业的应用，是新经济的重要发展特点。先进技术与设备的应用，不仅是对人工的替代和升级，而且会对整个师生就餐消费模式、餐饮生产服务模式产生巨大的影响。我们要继续推动智慧食堂建设，引进和整合先进设备，建立和完善智慧食堂系统，推动环境、流程改造，降低人工使用，提升生产效率；利用系统和设备推动生产的标准化和精细化；利用大数据和人工智能，提升师生就餐消费体验，为健康饮食管理提供系统和数据支持。

四要进一步加大老校区食堂投入，着力推进各校区饮食服务能力的均衡发展。新老校区之间的发展不平衡，是我们今后发展面临的重要难题。基础设施相对陈旧、规模效益较小等因素，制约了部分老校区的服务保障能力发展，我们要积极争取学校加大对老校区食堂在房屋场地、大型设备、配套政策上的投入，加强内部对老校区在管理资源、人才资源、创新资源使用上的扶持，推动老校区食堂饮食服务能力的提升，形成各校区协调发展的局面，从而为各校区师生提供统一的饮食服务。

五要进一步做好基础饮食保障，不断加强不同层次饮食供应的协调发展。虽然师生饮食消费需求内涵大大拓展、层次大大提升、差异大大增强，当前饮食服务工作的主要矛盾已逐步转化为师生日益增长、日益提升的饮食消费需求与保障服务能力相对不足的矛盾，补强短板，提升品质，成为今后饮食工作的主要任务。但饮食工作作为学校发展、师生校园生活基本保障的定位并未改变，不同地区不同家庭学生的经济条件差异性并未改变，在着力提升品质的同时，我们要进一步做好基础饮食保障，确保经济条件相对较差学生群体的就餐保障，让他们吃饱吃好，实现不同层次饮食供应的协调发展。

高校食堂的成本控制分析

魏娅囡

（浙江同力教育后勤管理有限公司）

【摘　要】 本文从高校食堂的成本构成概念出发，分析成本控制的特点，寻找高校食堂现阶段所存在的问题，提出改进的意见和建议，确保高校餐饮服务能更高更强更好地持续发展。

【关键词】 高校；食堂；成本控制

近三十年以来，高校整体均迅速发展，浙江大学的在校生人数和校园面积也在不断增加，物价水平和人工成本也持续上涨。为维持高校学生食堂的教育属性，国内高校采取的"校外食材价格上涨，校内饭菜价格不涨"做法，给高校餐饮服务带来了成本管理与成本控制难题。为了稳定高校食堂饭菜价格，更好地满足校内师生的日常生活，更好地服务高校的稳定和发展，实现高校餐饮服务社会效益与经济效益双赢目标，科学而有效的成本控制，是确保高校餐饮服务健康、稳定、可持续性发展的关键。

一、高校食堂成本构成

高校食堂，实施的是企业化的运营的公益性服务实体，因此，高校餐饮与社会餐饮企业的成本构成是有区别的：第一，高校免费提供关于食堂经营的一切场所和设备，所有的固定资产费用不纳入高校食堂成本；第二，目前高校食堂没有承担税收义务，享受免税政策；第三，高校食堂主要以公益性服务为目的而不是以营利为目的。

高校食堂成本构成包括直接成本支出和间接成本支出。其中，直接成本支出包括直接材料与直接人工两部分。直接材料主要包括食堂加工生产过程中直接耗用的主副食材料、调味材料以及水电气等原材料，直接人工主要包括食堂一线工作人员的薪酬、保险等人员支出，其中所包含的直接材料是高校食堂所有支出中最为重要和占比最大的支出。间接成本支出主要是指高校食堂在运营过程中，与组织伙食产品的生产加工有着一定关联的，在服务、管理等诸多方面所产生的一系列费用支出，包括维修改造费、折旧费用、低值易耗品摊销费、劳保费和期间费用以及其他费用等。

二、高校食堂成本控制的主要特点

高校食堂的成本控制是指高校食堂的经营管理者根据既定的成本控制目标，在其职权的范围内根据预先期望的成本控制目标，在食堂的经营过程中，采取一系列行为规范来约束和降低外在因素对高校食堂成本的增长。根据餐饮企业特性与高校食堂的属性，高校食堂成本控制具有四个明显特点：

注重社会效益和经济效益的统一。"没有社会效益就没有食堂存在的必要，没有经济效益就没有食堂生存的可能”，高校食堂是一个特殊的市场经营主体。服务对象主要是校内师生，须保持相对稳定的饭菜价格，因此，高校的公益性决定了食堂的成本控制不能一味追求盈利，要通过科学有效的技术管理手段，在抓经济效益的同时不忘社会效益，合理利用和配置资源，做好成本核算工作，使得投入和产出形成良好的循环。

可控成本比重较大。高校食堂无论是自办、外包或合作经营，都有用餐人数相对稳定、经营风险较低、周边竞争对手少等优势。在高校行政化管理体制的影响下，除食堂设备的折旧和维护费用以外，其他的用工成本、管理成本和伙食原材料成本皆是要在可控制的范围内。

成本控制关键节点较多。高校食堂的周转过程分为：货币资金→购买原材料→生产制造商品→销售商品→回笼货币资金，在饮食行业成本控制节点理论的指导下，食堂的物资成本控制也可细分为物资采购、进库、出库、加工制作、窗口售卖、资金收回等 6 大关键节点。

受社会责任影响较大。高校食堂具有经营性、公益性、教育性、服务性等特点，这些特点都有别于社会餐饮企业。所以高校食堂所承担的社会责任更多、更重，对高校食堂成本控制影响大。教职工和学生的利益、食堂员工的利益是高校食堂社会责任的最直接和最主要内容。近几年来，物价上涨，用工成本增加，而饭菜价格必须保持相对稳定，则高校食堂的成本控制压力越来越大。同时，如果学生在食堂就餐发生食物中毒事件或其他食品卫生安全事故，社会影响非常大，尤其是浙江大学这种重点 985 院校，学生及教职工整体文化水平和职业素质较高，对于不满意或者有问题的食品卫生安全事件，影响巨大。因此，高校食堂必须购买质量更好的原材料，做好每一步食品安全的细节，故食堂原材料的成本支出就会更大，成本控制就会更困难。

三、高校食堂成本控制存在的问题

随着食堂原材料价格和劳务成本的不断增加，高校食堂为了在各个方面做到尽善尽美，国内高校食堂的管理者正在积极地寻求成本控制的有效办法，并积累了许多宝贵的经验，同时也存在一些问题，具体如下：

理念不先进。国内高校食堂普遍采用更换节能设备降低能耗、公开招标降低原材料价格、减少员工增加效益等措施来降低成本，这些措施没有从全员参与和全面控制的理念出发，只是从节流的角度出发。而现代成本控制理念要求组织既要重视资源配置的优化又要重视资本的产出，形成成本控制贯穿全过程、遍布全体员工、做到方方面面，最大限度地降低不必要的成本支出，从而提高组织成本效益。因此，更新成本控制理念是高校食堂成本控制的前提。

管理制度不完善。由于多数高校食堂还没有建立起科学有效、系统规范的成本管理制度，导致其成本控制实践缺乏科学性与规范性。一是没有形成一套涵盖成本预算、成本核算和成本分析的完整成本考核体系，导致食堂成本考核不规范、不准确、不全面，食堂成本预测与决策无法获得真实可靠的数据支撑。二是采购和物流管理制度不完善，食品原材料采购成本虚高和原材料浪费直接影响食堂运营效益。比如有些食堂当日采购没有入库，验收工作也不到位；新鲜肉类，蔬菜等原料都是直进直出，采购当日直接由供货商送到食堂操作间，没有经过入库环节，验收工作很难到位；原材料缺斤少两等问题。

机制不健全。首先，竞争机制不健全。许多高校食堂没有建立健全全员竞聘上岗的人力资源管理制度，也没有建立健全班组作业班组核算的竞争机制，食堂一线员工主动参与成本控制的积极性不高。其次，监督机制不健全。特别是采购环节的监督机制不健全，没有将采购工作的人权、财权、事权三者分离，没有切断采购人员与供应商结成的利益链条，原材料采购的价格、质量存在漏洞。最后，激励机制不健全。平时只是以营业收入为分配的核心考核指标，没有以利润为分配的核心考核指标，只有增收会影响员工效益工资，而节支不会影响员工效益工资，食堂一线员工节支工作干好干坏都一样，不利于员工调动参与成本节约的积极性。

信息化落后。高校食堂每日的物资采购、生产领用等数量大、次数多，有些高校食堂经费短缺、信息化设备投入不足，食堂核算人员仍然采用手工操作。手工记账无法及时、准确记录，且数据的记录和处理过于碎片化，无法形成连续性、系统性的数据链，食堂核算人员不仅工作量大效率低，无法对决策提供有效借鉴。

人员意识缺乏。全员参与成本控制意识不强、主动参与成本控制意识缺乏。在食堂一线员工看来，食堂成本控制是学校后勤管理部门、财务管理部门和领导层管理者的职责，自己只是负责食堂饭菜的生产，成本控制和自己没有直接关系，因此在日常工作中根本不注意成本控制，浪费现象时常发生。

四、高校食堂成本控制的对策措施

在原材料价格、用工成本持续上涨，政府、学校对食堂公益性投入减少的背景下，存在公益性与市场化的矛盾。基于上述问题矛盾，浙江大学在实践中得到较好的处理，突破了矛盾的主要方面，高校食堂实行企业化管理，加强成本控制从而使食堂经营良性循环。

（一）建立多主体联动成本控制长效机制

面对物价和人工持续上涨形势，高校食堂既要满足学生多样化需求又要保证食堂可持续发展，遇到的困难和矛盾日益突出，须建立高校成本控制长效机制，为广大学生提供质优价廉的饮食服务。

因此，充分发挥政府部门的主导督查作用，制定宏观经济政策，控制物价上涨水平，要加大督查各高校落实国家优惠政策的力度，确保公益性投入；充分发挥高校自身的投资管理作用，高校要充分落实服务实体的自主经营权，保证服务实体能够依法自主经营，保障服务实体责、权、利统一；充分发挥行业组织的协调服务作用，大力开展高校食堂成本控制的专题研讨会和培训班，加大培训力度，努力培养高校食堂管理层成本控制意识和理念；充分发挥服务实体的直接责任作用，建立健全竞争机制，建立健全监督机制，建立科学的收入分配制度，以“利润＝收入－费用”为理论基础来设计分配公式，以利润或毛利为分配的核心考核指标，增收或节支均影响员工效益工资，增强各级人员参与收入增长和成本节约的控制意识，避免“增收不增效”。

（二）完善全过程成本控制

1.完善采购和验收仓管制度

采购是高校食堂成本控制的第一环节，是成本控制的基础和源头。验收和仓管是高校食堂成本控制的第二环节，直接影响食堂成本控制。要规范人员岗位配置，做到分工清晰、职责明确、管理到位、互不交叉。要利用数字电算化手段，建立仓储信息化管理系统。通过系统实时做好采购原材料的数量、质量、采购计划、报价等入库信息录入与出库管理工作。要定期与不定期进行盘点，了解掌握库存情况，对过期变质的原材料要及时报损。

2.提升成本控制信息化手段

利用计算机技术全面建立以物流及仓储管理数字化与精细化为基础的成本控制体系，实现成本控制的电算化。对食堂物资的采购、库存、销售及存货核算进行全链条、全方位的监控，让整个成本控制周转节点都纳入到信息化与数字化管理之中，清晰记录物资流转过程，堵塞漏洞有效降低成本，提高效益，进而增强员工成本控制意识。

(三)加强全面性成本控制

1.合理降低用工成本

降低用工成本可以不缩减用工人数，而是适当减少固定员工数量，充分发挥人力资源管理效应最大化，提高员工工作效率，向现有员工要效益。同时，食堂也可扩大非核心岗位的灵活用工比例，与学生管理部门合作，设立食堂勤工助学岗位，招聘学生到食堂开展兼职工作，合理降低食堂用工成本。

2.加大节能设备投入

高校食堂要加强节能管理，加大节能设备投入。引进现代化的厨具设备，提高食品加工制作的自动化水平，提高劳动效率，降低劳动强度，控制加工成本。

(四)调动全员参与成本控制

1.加强教育培训

高校食堂运营包括采购、仓储、加工、售卖等过程，食堂员工全程参与，员工综合素质的高低决定了食堂的运营效果，人的因素对食堂成本控制起决定作用。因此，高校食堂要定期不定期地举办岗前培训和岗中培训，加强员工的思想意识、服务态度、能力素质、技能技巧、食品卫生安全教育培训，不断提高食堂员工的业务技能和服务意识。高校食堂成本控制既要依靠管理层和财务人员，更要依靠一线员工，使成本控制成为一线员工的自觉行为。

2.加强企业文化建设

高校食堂经营管理者要摆脱学校行政管理体制的影响，改变依赖行政手段、经济杠杆进行成本控制的陈旧理念，学校食堂管理层要树立主动塑造成本管理文化的意识和食堂成本控制文化建设的理念，把成本核算、成本意识作为食堂文化不可或缺的一部分，把食堂成本控制文化建设纳入食堂文化建设工作中，在日常经营管理工作中，以精神的、物质的、文化的手段，加强以成本核算为基础的企业文化导向教育，把成本核算、成本控制作为食堂经营管理的核心价值观之一。

高校校园会展服务问题及对策分析

何蕾春 周 煜

（浙江大学后勤集团科教服务中心）

【摘 要】 高校校园会展在塑造城市形象和学术交流方面有着重要的作用，本文从高校校园会展现状，面临的问题入手进行分析，提出高校校园会展的发展思路。

【关键词】 高校校园会展；对策分析

杭州是2023年第19届亚运会的承办城市。浙江省委书记易炼红在省十四届人大一次会议参加杭州代表团审议时说道："杭州要进一步提升国际化水平，瞄准世界一流打造国际会展之都赛事之城。"在城市会展发展的大背景下，高校作为智力、科技和城市人才的支撑者，如何通过会展促进学术交流，促进城市与高校的双向发展，也值得我们去关注和研究。

一、高校举办会展的重要意义

会展业作为一个具有较高经济影响力的新兴行业，蕴含在大学浓厚的文化氛围中，文化、学术、科研在这里交汇碰撞。高校校园会展这种新型的经济活动无疑将对该地区的政府、高校、师生和当地科研、经济的发展产生重大影响。

高校校园会展可以在短时间内汇集各专业领域的人、财、物资源，实现区域资源要素在空间和时间上的集合、整合和分配。高校校园会展的一个重要作用是为不同学术领域产业发展提供展示平台和交流工具，克服地域限制，促进人员流动，提高区域开放度，对科研学术领域发展产生重大影响。

一些规格高、规模大、影响范围广的国际会议以及面向海外学术机构和相关受众的会议成果报道，切实地扩大高校在国际领域的影响，真正在国际上做到讲好中国故事、发出高校声音。高校在参与项目落地的学术会议过程中不断总结经验、发现问题，为未来的多领域多维度研究工作探寻方向，为未来的国际交流活动提供新素材。同时，高校国内外学术交流会议深化了国际交流合作机制改革，提升了我国学术的国际竞争力和国际影响力。

二、高校校园会展的现状

作为会展业的一个分支，高校校园会展已经发展成为一个以人为本，服务师生、服务科研为特征的多元产业，其发展速度明显加快。根据社会新闻及各高校官方网站的不完全统计，全国有1000多所大学经常组织校园会展活动，本科院校组织开展的是以文化学术分享为主的科研活动，职业院校组织开展的主要是以专业贸易展览为主的活动。随着时间的推移，高校会展的主题得到了丰富，会展的质量也得到了提高，但在高校会展业发展的同时潜在的困难和问题也显而易见。

(一)校园会展的数量、规模和主题不断提升

近年来,高校校园内的会议和展览活动发展迅速,这些活动的数量和规模大幅增加,主题也变得更加多样化。以浙江大学为例,在 2020 年前,每年承办或主办的各类会议总量超百个,并呈现逐年递增的趋势,办会规模也从几百人上升到几千人,如 2017 年举办的“第九届全国环境化学大会”和 2018 年“创青春”浙大双创杯全国大学生创业大赛参会人数均超过了 6000 人,2019 年“全国互联网+大学生创新创业大赛”更是吸引了来自全国 800 多所高校的 8000 多名学生齐聚浙大,主办方为展示办会办赛的前期成果,往往“以会带展、以赛带展”的模式普遍存在,展览面积也随之增加。同时,高校的会议会展主题正在从学术和文化交流向创意活动和成果展览拓展,从而显示出高校对会议会展服务的巨大需求。

(二)部分院系的会展已成常态

近年来,高校校园各院系定期或不定期举办各种展览和活动,成为推动师生社会实践、深化专业领域交流研讨的重要力量。以浙江大学为例,每年与教育部、科协共同举办的“浙大科学营”、本科生院的“招生展”、就业指导中心的“人才招聘展”等活动,已经成为校园内定期举办的常规活动。在浙江大学推进科教兴国战略、人才强国战略、创新驱动发展战略,努力迈向世界一流大学前列的进程中,校园会展活动作为集中展示各个院系的教学成果和科研进展的有效手段,将越来越成为未来常态化趋势。

(三)校园会展面临的困难

新冠疫情期间,高校校园作为重点防疫对象,各种防疫措施更为严格,从而导致校园会展活动的影响更为严重。一是对行业发展信心降低导致专业会展人才流失。新冠疫情导致各类会展活动无法按计划进行,一些会展工作人员降低了薪酬,这影响了他们对未来前景和职业的信心,这种基本保障的不确定性也导致了专业会展人才的流失。二是办会主体思路有所转变。办会主题由于新冠疫情的压力,会展活动规模受到限制,顺应能不办就不办,大会小办,线下改线上等,办会思路发生了转变。三是会展资金来源限制。新冠疫情期间很多经济体缺乏收入来源,同时又增加了抗疫成本,导致财务压力大,从而减少参展经费开支。在政府方面,新冠疫情本身影响了政府的支出和收入,而且在新冠疫情后,政府面临着对中小企业的投资和其他费用的增加,这增加了政府的财政压力,从而导致各类会展资金来源受限。

三、高校校园会展新发展思考

新冠疫情后会展业逐步开始正常运转,高校校园会展也必须利用这个机会,最大限度地发展业务,以弥补新冠疫情期间的损失。结合高校特点,新冠疫情之后高校校园会展将抓住新机遇、实现新突破、谋求新发展,整装再出发,具体思路与举措如下:

(一)依托高校优势条件

要充分利用高校校园优势条件,作出正确快速响应。一是成本低,积极性高。高校校园会展场馆丰富,且校内场馆没有场地租金,设备费用相对低廉。主办院系的师生既是会展活动的组织者,也是会展服务的提供者,因此不会产生会展企业额外的劳动成本。同时,在校园里举办的会展,具有浓厚的氛围和强烈的感染力。二是客户资源多,受众稳定。以浙江大学为例,具有举办会展活动能力和需求的院系单位较多,既保证了参会的人数,也确保了会展活动的品质。通过学术联盟、高校联盟等机制,利用影响力,拓展参会与受众群体,提升会

展活动的效益和成果。

(二)提升自身竞争能力

新冠疫情后,高校校园迎来机遇的同时也面临重大挑战,越是困难重重,越是存在很多不可预测和不确定性,越是需要提升新环境下的竞争力,为未来的竞争积累能量,为现代服务创新做好准备。

1.提升团队整体学习能力

通过营造团队学习氛围,发挥员工的创造性思维能力,建立一种有机的、高度柔性的、扁平的、符合人性的、能持续发展的组织。一旦建立起学习型组织,就具有持续学习的能力,提高团队绩效。因此,浙大会展将利用这段时间学习新经济时代和新业务所需的技能,对当今各行各业的新模式、新思维、新理念进行积极的学习和探索,形成创新的服务体系。

2.提高新型办会能力

新冠疫情后,数字经济已经成为新的经济增长点,既给会展企业带来巨大市场潜力,也对会展企业提出新的挑战。众所周知,新冠疫情催生会展数字化转型,创新数字化服务成为企业新的竞争力。这意味着,会展企业亟须推动传统服务模式向创新型服务和体验模式转变,以强化与师生客户的关联,提高未来可持续会展服务模式的运营能力。

3.具备数字化服务输出能力

要具备输出能力,即具备内容创作能力,视频、短视频制作能力,直播及传播能力。数字化会展服务与传统会展服务的最大区别不仅在于执行能力,更在于如何让目标受众了解会展平台带来的价值和创新理念,这就要求参展企业具备强大的输出能力,形成新的竞争优势。

(三)建立多种合作模式

打造政府、高校、企业之间的各种合作模式。一是政府和高校的合作,会展活动中政府是一个重要因素,包括财政支持和政治保护,借助政府和高校发展的契合点,提高高校校园办会品质。二是搭建高校与高教之间学术科研的互利协作平台,高校会展企业必须积极为高校院系搭建平台提供相互交流、分享和深入探讨学术科研成果的机会,促进专业领域不断发展,促进资源共享。三是高校与企业的合作,我国现代高校教学科研的创新、改革和发展越来越重视校企合作,无论是在人才培养还是产品研发,通过会展活动平台建立多形式的校企沟通渠道,最终达到校企双赢。

(四)加强会展行业交流

作为会展行业中的一员,高校会展和高校会展企业不能游离于行业之外,要积极融入行业。一是要加强高校会展企业之间的交流与合作,实现以强带弱,共同提高。二是要加强高校与会展企业的广泛交流和深度合作。三是积极参与会展行业协会的活动,了解会展最新动态和最前沿的服务。四是安排团队员工到会展中心、会展企业或会展行业协会等进行专业实践,并鼓励团队员工积极参加会展专业的培训,以提高团队员工的专业技能和市场前瞻意识。只有这样,才能使整个团队对会展市场人才需求做到心中有底,进而在工作中,才能有意识地把相关知识和观念渗透到会展的各个环节。

(五)打造会展品牌项目

根据高校校园会展现状,浙大会展应从高校需求出发主动作为,与校内相关院系和部门合作,自主开发校园会展品牌项目,做到从策划到组织一条龙服务,解放各院系和部门除学术外其他的各项会议会展保障工作。浙大目前建立访客中心，由校内专业会展企业进行管理和服务，浙大会展可以通过访客参观活动的策划，形成经典参观和活动方案，并形成活动品牌项目，让更多的访客感受浓浓的浙大文化，对学校的宣传起到重要作用。

（六）建立高校会展联盟

众所周知，会展业是了解一个城市的最佳手段之一，也是向外界宣传城市形象的主要工具之一，是一个城市的窗口。高校校园会展联盟的目的是交流、分享成果和改进、提升办会办展能力，建立一个互利的、协作的平台。通过每年设定一个主题，定期组织全国性的巡回会展活动，引发高校会展的热潮，从而形成独特的高校会议展览文化。这样既可以促进高校之间的资源共享和城市形象的提升，也可以增加浙大会展主题的创新性和竞争力。

参考文献

[1] 乔小燕.高校举办校园展会的现状分析及对策建议[J].现代企业教育，2014(14)：197-197.

[2] 卢小金.关于高校会展专业建设问题的思考[J].法制与经济，2006(10).

[3] 蓝星.中国会展业前沿问题研究[M].上海：上海交通大学出版社，2011：75-88.

[4] 王璐，罗明忠.广东经济学会网络研讨“新冠疫情对经济发展影响及其应对”[J].南方经济，2020(4).

[5] 安国俊，贾馥玮.新冠疫情对经济的影响分析及对策研究[J].金融理论与实践，2020(3).

高校后勤文化建设的困境及对策

胡佳诗

（浙江浙大求是物业管理有限公司）

【摘 要】 文化是一个国家、一个民族的灵魂。近年来，国家正不断发力文化建设，各大高校也积极推进校园文化建设。作为高校文化的重要组成部分，后勤文化在潜移默化中影响着学生成长、成才。虽然面临重视程度较低、专业人才紧缺、囿于传统形式等困境，但新政策的支持、新理念的形成，都为高校后勤文化建设带来发展的新机遇。立足新时代，以洞察师生、员工需求为出发点，着力推进后勤服务创新，再围绕服务创新进行一系列文化建设，邀请校园各方共同参与，在多个渠道进行传播，收获校方认可后，加大投入研究，发现新的需求。通过各个模块的环环相扣，在"飞轮效应"快速带动下，后勤文化就会像咬合的齿轮一样相互带动，用各自的增长为彼此赋能，实现文化建设的正向循环，高校后勤文化也将焕发新的生机。

【关键词】 文化建设；高校后勤；共治共享；飞轮效应

文化是相对于经济、政治而言的人类全部精神活动及其产品。党的十九大报告指出，"文化是一个国家、一个民族的灵魂。文化兴国运兴，文化强民族强。"[1]党的二十大报告指出："全面建设社会主义现代化国家，必须坚持中国特色社会主义文化发展道路，增强文化自信，围绕举旗帜、聚民心、育新人、兴文化、展形象建设社会主义文化强国，发展面向现代化、面向世界、面向未来的，民族的科学的大众的社会主义文化，激发全民族文化创新创造活力，增强实现中华民族伟大复兴的精神力量。"[2]近年来，国家正不断发力文化建设，各大高校也与时俱进，积极推进校园文化建设。

作为高校文化的重要组成部分，后勤文化在潜移默化中影响着学生成长、成才。推进高校后勤文化建设，是高校落实立德树人任务的重要举措，也是后勤人员发挥服务育人、劳动育人使命的关键途径，对建设一流后勤服务体系、建设和谐稳定校园环境具有重要现实意义。

一、高校后勤文化建设困境

教育是国之大计、党之大计。国家要发展，教育需先行；教育要发展，后勤作保障。全面贯彻党的教育方针，落实立德树人根本任务，培养德智体美劳全面发展的社会主义建设者和接班人，是新时代下高校提出的重要任务。因此，高校后勤的关键任务，也是为高校培养人才提供坚实的支持力量，高校后勤文化也在其中有着举足轻重的影响。

高校后勤文化，主要是指以高校后勤员工为主体，以"三服务"（服务教学、服务科研、服务师生）和"三育人"（管理育人、服务育人、环境育人）为宗旨，在后勤员工开展服务、管理和经营活动过程中形成的具有高校后勤特色的思想理念、价值观念、行为规范以及与之相联系的各种规章制度的总和。[3]

围绕立德树人的根本任务，高校后勤文化随着高校后勤的改革发展不断演进，但仍面临着一些困境。

（一）重视程度较低

高校后勤文化建设在整体后勤工作中重视程度相对靠后，2021 年的一项研究显示，在国内 42 所"世界一流大学"中，文化建设较为全面的高校占比 79.5%，远低于企业参与、功能多元等方面。[4]造成这一现象的原因主要有二：一是后勤工作管理范围广、保障任务重、工作强度大，后勤人员经常陷于繁杂的工作中难以脱身，无暇顾及；二是文化建设是一项长期工程，战线长、收效慢，不少管理人员重视眼前利益，难免有所忽略。

（二）专业人才紧缺

作为劳动密集型产业，高校后勤从业人员人数众多，其中绝大部分都是一线工作人员，如保安师傅、保洁阿姨、绿化工人等。据《高校后勤物业管理公司从业人员现状及其对策分析》显示，高校物业管理人员平均年龄为 45 岁，受教育程度为高中，与高校生活的师生差距较大。[5]员工文化水平较低、年龄较大，一是在文化传播等方面专业度较低，与高校师生尤其是学生有一定代沟；二是对精神文化活动参与感和认同感也较弱，将其当作任务来完成，对后勤文化建设也有一定影响。

（三）囿于传统形式

信息时代的到来、媒体技术革新、00 后逐渐成为大学生主力……高校后勤工作的开展面临着各种新形势，意味着文化建设也应当与时俱进。但仍有部分后勤从业者知识储备更新缓慢，缺乏对新情况新问题的认知，在推进文化建设时囿于传统，降低了沟通效率，无法起到真正的作用。

二、高校后勤文化建设机遇

新时代呼唤新后勤，新形势需要新文化。如今，随着人们对文化建设重要性认知不断提升，高校后勤文化也迎来一系列利好消息。新政策的支持、新理念的出台，都为高校后勤文化建设带来发展的新机遇。

（一）共治共享理念

党的二十大报告指出，健全共建共治共享的社会治理制度，提升社会治理效能。畅通和规范群众诉求表达、利益协调、权益保障通道，完善网格化管理、精细化服务、信息化支撑的基层治理平台，健全城乡社区治理体系，建设人人有责、人人尽责、人人享有的社会治理共同体。

目前，我国社会主要矛盾是人民日益增长的美好生活需要和不平衡不充分的发展之间的矛盾。反映在高校后勤领域，就是广大师生对美好校园生活日益增长的需求与校园后勤服务不平衡不充分发展之间的矛盾。如何将师生追求的美好生活推动落地，高校的基层治理将起到关键作用，而服务范围广泛的高校后勤将大有可为。后勤人可积极探索"高校机关＋高校学院＋学生社团＋后勤部门"四级联动机制，纵向到底、横向到边，在后勤保障工作中积极融入文化建设，邀请师生共同参与，在为美丽校园建设贡献力量的同时，共建共创共享文化新风尚。

（二）劳动育人风潮

2017 年，中共中央、国务院印发《关于加强和改进新形势下高校思想政治工作的意见》，其中对新时期高校"全员全过程全方位育人"作出最新解释，要求"把思想价值引领贯穿教育教学全过程和各环节，形成教书育人、科研育人、实践育人、管理育人、服务育人、文化育人、组织育人长效机制"。[6]由后勤部门主导的服务育人，是高校培养人才的重要一环。

2020年，中共中央、国务院印发《关于全面加强新时代大中小学劳动教育的意见》，其中明确强调，要"把劳动教育纳入人才培养全过程"，"紧密结合经济社会发展变化和学生生活实际，积极探索具有中国特色的劳动教育模式"。[7]作为校园生活服务者，后勤工作者中有很多人拥有几十年的劳动经验，正是他们拥有敬业坚守和匠心的品质，才让校园生活更加美好。他们的故事，就是高校劳动育人最朴实、最生动的教材。将劳动育人与后勤文化建设有机结合，既能将后勤文化建设落到实处，又能在校园里形成崇尚劳动、尊重劳动的风潮，可谓一举两得。

(三)信息化浪潮来临

信息技术的发展改变了很多人的生活习惯，而三年抗疫经历，更让信息化深入人心。"宅经济"火爆数月，小到沟通联系、阅读观影，大到选购商品、寻医问诊，越来越多的人更愿意在网上解决生活问题。在高校后勤领域，以师生需求为导向，运用数字化、信息化手段，搭建互联网＋智慧后勤平台势在必行。在文化建设方面，通过微信公众号、视频号等师生喜闻乐见的形式进行文化宣传，加快传播速度、提升传播效率，跑通文化建设的"最后一公里"也是新时代对文化建设提出的新要求。

三、构建新时代高校后勤文化的增长"飞轮"

"飞轮效应"，是美国著名管理学家吉姆·柯林斯在《飞轮效应》一书中提出的概念，指的是一种可持续、可良性循环的商业模式，它能通过持续发力，帮助企业永续经营、基业长青。他在书中指出，"企业从优秀到卓越的转型中，没有单一地起到决定作用的创举，没有幸运的突变，也没有奇迹的瞬间。相反，整个过程就像在不断地推着一个巨大的、沉重的飞轮进行转动。"[8]电商公司亚马逊、科技厂商英特尔等知名企业都在发展过程中，找到自己的增长"飞轮"，逐渐成为卓越企业。

事实上，"飞轮效应"不仅应用在企业管理领域，也同样适用于高校后勤文化建设领域(见图1)。文化建设不可做"无源之水"，而应有"锦上添花"之色，它与业务发展密不可分，没有业务发展根基而空谈文化建设，就如同空中楼阁一般虚无缥缈，缺少现实意义。

图1　高校后勤文化建设"飞轮模式"

对如今高校后勤工作而言，如何通过各种手段满足师生对美好生活的向往是首要任务，那么文化建设的着力点也是同样。从洞察师生、员工需求为出发点，着力推进后勤服务创新，再围绕服务创新进行一系列文化建设，邀请校园各方共同参与，在多个渠道进行传播，收获校方认可后，加大投入研究，发现新的需求，并进入下一轮循环。

通过各个模块的环环相扣，在“飞轮效应”快速带动下，后勤文化就会像咬合的齿轮一样相互带动，用各自的增长为彼此赋能，在实现整体价值的扩张、上升的同时，也保证了文化建设的正向循环。有别于传统文化工作，在后勤文化建设飞轮中，不只是以后勤为主体，而是通过”发现需求”到“解决需求”的方式，将校园各方力量都一起带进来，在践行校园共治共享理念的同时，为文化建设提供强大的增长势能。

高校背景、育人属性的特点，让高校后勤文化建设更带有一些特殊性，在“飞轮”实际运行中，还有三个方面需要着重注意。

（一）坚持党建引领，强化制度保障

为党育人、为国育才，是新时代高校承担的重要使命，而高校后勤部门，绝大部分都是学校部门或者学校下属国有企业，在文化建设中，坚持党的重要领导地位，是一条不变的真理，也是确保“飞轮”在轨运行的制度保障。

坚持党建引领，就是要牢牢把握党对意识形态工作的领导权。后勤部门负责师生的吃、穿、住、行，是校园生活的“大管家”，也是学生健康成长的“守护者”，后勤工作者的思想觉悟对学生成才有着润物细无声的作用。坚持“把方向、管大局、做决策、抓班子、带队伍、保落实”，确保文化建设方向准确，使队伍保持高度思想觉悟，大家心往一处想，劲往一处使，齐心协力为培养德智体美劳全面发展的社会主义建设者和接班人打造坚强阵地。

坚持党建引领，就是要加强党对高校后勤工作的制度保障。在高校后勤文化建设中，通过开展廉洁文化建设、强化党支部考核、推进先进评选宣传等多种方式打造一套完备的运行机制，才能为文化工作乃至业务工作提供强有力保障，将党管人才、党管意识形态真正落到实处，切实把基层党组织建设成为有效实现党的领导的坚强战斗堡垒。

作为浙江大学后勤集团所属的一家国有物业服务企业，要求求是物业在发展的过程中坚持党建与业务共融发展，以党建统领文化建设，将初心融入服务工作。求是物业党总支下设三个党支部，各支部积极落实“三会一课”制度，持续抓好“两学一做”常态化制度化工作，通过支部书记上党课、学习重要精神文件等方式，引导广大党员干部深化对中国特色社会主义发展道路的认同，唤起员工护校爱校意识，树立浙大后勤人的自信，养成浙大后勤人的担当，凝心聚力共建一流后勤服务体系。坚持开展“廉洁教育季”活动，对一线骨干、关键岗位职工分层分类加强廉洁教育。组织党员学习党的二十大报告和新修订党章，明确新时代对党员提出的新要求，严明党的政治纪律和政治规矩，在日常经营管理中认真贯彻落实中央八项规定精神。通过一系列的活动，营造良好文化氛围，将推进全面从严治党向基层延伸。

（二）坚持开放思想，推进文化创新

前文提到，后勤文化建设的痼疾之一就是囿于传统形式。传统是安全、稳妥的代名词，它就像一个温柔“陷阱”，让人逐渐迷失在舒适区，但也容易被困在历史周期律中止步不前。而打败这一切的，唯有创新。如果说，在后勤文化建设“飞轮”中，后勤服务创新是驱动文化建设的重要因素，那么，在文化建设中，开放思想，丰富沟通方式、创新传播方式，都是让后勤文化建设“飞轮”持续运转的新动力。

1. 贯通交流渠道，加强师生沟通

充分了解师生需求、并将新服务全面告知师生，两方信息互通，才能做好校园服务、更好地进行文化宣传。求是物业在做好校园服务的时候，积极搭建交流沟通平台，充分了解师生意见。线上关注校长信箱、“CC98”、“朵朵校友圈”等交流渠道；线下活动诸如每年都会举办的学生座谈会、带学生参观海宁国际校区；当“小白车”、“爱心伞”等新服务上线时，第一时间发布新闻公告；通过各种方式，让信息畅通无阻传递，便于进一步提升后勤服务质量、找到针对性的传播内容。

2. 活用信息技术，宣传与时俱进

信息时代，新媒体平台已经成为学生获取信息的重要来源。据《QuestMobile2022 Z 世代洞察报告》显示，2022 年 6 月，Z 世代(95 后人群)用户月人均使用移动互联网时长近 160 小时，月人均单日使用时长 7.2 小时，远高于全网平均 6.7 小时[9]，可见 Z 世代生活已经与互联网深度融合。后勤文化建设，也应充分利用新媒体平台，为其发展注入新动能。

浙江浙大求是物业管理有限公司(简称“求是物业”)自 2016 年起就注册微信公众号，在微信公众号上发布公司要闻、项目动态、先进人物、党团建设等各类新闻，并于节假日发布节日海报、祝福视频等，同时向“浙大后勤”微信公众号积极供稿，用师生喜闻乐见的形式进行文化宣传。如在学习党的二十大精神时，采用线上答题形式开展活动，以赛促学、寓教于乐，深受欢迎。

(三)坚持多方协同，推进多点开花

后勤文化建设从来不是单一、独立的工作，而是高校工作中有机组成部分。如今，在共治共享理念获得广泛认同的当下，后勤人也应携手校园多方力量，将文化工作的开展融入校园共建，多方协同、多点开花，推进后勤文化多元发展、内涵丰富。

1. 携手多方力量，打造丰富文化

近年来，大学校园中劳育课程蔚然成风。而后勤作为校园服务的提供者，其工作性质天然契合劳育风潮，抓住劳育风潮，与学校相关部门、各学院、学生组织联合开展文化活动，是推进后勤文化建设的重要切入点，也是帮助大学生以劳树德、以劳增智、以劳强体、以劳育美的重要途径。

求是物业在服务浙大的过程中，主动融入学校立德树人的环节，引导学生树立正确的世界观、人生观和价值观。具体来说主要分为两方面：

一是融入学校教学工作，推进“第二课堂”建设。在紫金港校区，公司与浙江大学马克思主义学院、总务处等联合开展“劳动教育进课堂”活动，物业人用最质朴的语言和一张张照片向同学们展示了物业人的一天。在海宁国际校区，公司与浙江大学马克思主义学院、支撑与保障部等联合开展劳育思政课程，让学生扛起锄头除草播种，真正体验种植的乐趣。这种将物业保障工作与教育教学深度融合教学模式，不仅探索了“物业＋思政”新方式，还通过物业人的言传身教，将刻在后勤人骨子里的文化精神自然而然传递给学生，让他们体悟到劳动的力量。

二是发挥物业行业特点，营造劳动育人场景。在推进浙大校园绿化的同时，公司充分融入育人属性，多渠道对接学生社团、团委、学生公益组织，将园林绿化工作打造成校园美学教育、劳动教育的重要载体。近年来，先后组织了植树造林、菜籽收割、花卉栽植、灌木修剪、菱角清理、“园丁邀你游校园”等系列活动，与总务处和求是书院正式建立了“劳动育人实践基地”，邀请农学院、草木学社开展校区生物多样性培训等各类绿化活动的开展，让学生在劳动的同时，充分感受校园深厚的美学特征，也让后勤文化建设更为丰富。

值得一提的是，这些活动的开展也收获了人民日报、浙大官微的报道和点赞，充分说明活动的质量。

2. 强化阵地建设，营造浓厚氛围

当然，后勤文化建设也不仅面向师生，更应该面向广大后勤员工，只有员工统一思想、坚定信心，才能高效协同开展各项服务工作，因此，后勤员工办公、生活场所，公司组织的各项文体活动，也应成为文化建设的重要阵地。

近几年，在推进平安校园建设时，求是物业重点关注后勤员工的宿舍安全，积极开展创建文明宿舍活动。除了用电安全、电瓶车停放整治之外，员工宿舍的宣传栏也被积极利用起来，以文化墙的方式将宿舍安全、精神建设方面的内容潜移默化浸润到员工心中，而精心设计过的墙面内容也成为员工宿舍区的一道风景线，有效提升了校园环境。同时，求是物业办公楼、多个项目部办公室中也有党建文化墙、廉政文化墙等，加强氛围营造。

此外，公司还组织如青山湖毅行、职工疗休养、三八节踏春等活动，并踊跃参加浙江大学和后勤集团组织的校运会、书画摄影比赛等，在丰富员工业余生活的同时，也有效提升了团队的凝聚力和向心力。

四、结　语

随着时代的发展，高校后勤文化建设痼疾日显，但共治共享理念、劳动育人浪潮和信息技术迭代等因素，也给了后勤人求新求变的机会。立足新时代，坚持党建引领，加强服务创新，活用新兴技术，发动多方力量，后勤文化也将在“飞轮”带动下，焕发新的生机。

参考文献

[1] 习近平. 决胜全面建成小康社会夺取新时代中国特色社会主义伟大胜利——在中国共产党第十九次全国代表大会上的报告[EB/OL]. (2017-10-27)[2023-02-01]. http://www.gov.cn/zhuanti/2017-10/27/content_5234876.htm.

[2] 习近平. 高举中国特色社会主义伟大旗帜为全面建设社会主义现代化国家而团结奋斗——在中国共产党第二十次全国代表大会上的报告[EB/OL]. (2022-10-25)[2023-2-1]. http://www.gov.cn/xinwen/2022-10/25/content_5721685.htm.

[3] 陈玉保，牛雨桐，万新濛. 新时代高校后勤文化建设探究[J]. 现代职业教育，2022(35)：178-180.

[4] 范宁，初相如，薛美薇. 近十年高校后勤研究发展趋势及共性问题探讨[J]. 高校后勤研究. 2022(1)：10-16.

[5] 杨俊华. 高校后勤物业管理公司从业人员现状及其对策分析[J]. 中国国际财经(中英文). 2018(4)：10-16.

[6] 中共中央、国务院. 关于加强和改进新形势下高校思想政治工作的意见[EB/OL]. (2017-2-27)[2023-2-1]. http://www.gov.cn/xinwen/2017-02/27/content_51782502.htm.

[7] 中共中央、国务院. 关于全面加强新时代大中小学劳动教育的意见[EB/OL]. (2020-3-26)[2023-2-1]. http://www.gov.cn/xinwen/2017-02/27/content_5182502.htm.

[8] [美]吉姆·柯林斯. 飞轮效应[M]. 李祖滨，译. 北京：中信出版社，2020：15.

[9] QuestMobile 研究院. QuestMobile2022 Z 世代洞察报告[EB/OL]. (2022-8-16)[2023-2-1]. https://www.questmobile.com.cn/research/report/316.

物业设施设备管理的重要性及风险与防范

鲁禄荣

（浙江浙大求是物业管理有限公司）

【摘　要】 物业设施设备是指附属于房屋建筑的各类设施设备的总称，它是构成房屋建筑实体的不可分割的有机组成部分，是发挥物业功能和实现物业价值的物质基础与必要条件。物业服务企业，根据物业服务合同的约定，运用先进的技术手段和科学的管理方法对房屋及各种设施、设备的使用、维护、保养、维修实施管理，保证房屋、设施、设备的正常使用，提高房屋、设施、设备的完好率，延长房屋、设施、设备的使用寿命，以最大限度地满足业主和使用人对房屋、设施、设备使用的需要，并创造良好的经济效益和社会效益。设施设备管理在物业企业管理中属于一项隐形的服务，然而设备设施管理却是物业企业管理所有项目的前提及保障。伴随着设备设施种类的不断增加，其技术含量也越来越高，增加了设备设施的维护及管理的工作量。物业企业应重视设备设施管理风险，并正确地规避这些风险，树立风险意识，做好防控措施，为业主提供最佳的服务。

【关键词】 物业管理；设备管理；现状；风险防范

随着社会的不断发展，人们对生活的品质也会拥有更高的期望和基本物质更高的要求。物业配套设备愈来愈先进，技术含量愈来愈高，对管理者的技术要求愈来愈苛刻，一旦出现违规作业，就会造成极大的损失，影响用户使用，还会给行业带来极坏的影响。物业设备设施管理的内容主要有给排水系统设施管理、变配电系统设施管理、空调系统设施管理、电梯系统设施管理、消防联动控制系统设施管理、弱电系统设施管理等。物业设施设备管理水平直接关系着人们的日常生活质量，因此切实做好物业设施设备管理工作具有十分重要的意义。随着技术全面进步，越来越多的高科技设备设施被应用到物业建筑中，门类繁多，涉及专业面广。通常的物业都具有供配电系统、给排水系统、空调系统、消防报警系统、电梯系统等，而一些新型的高科技智能化物业，如大型的医院、体育场馆等，更是应用了最先进的科技成果。尽管物业管理仍具有劳动密集型的特征，但是物业设备设施的管理却越来越显示出技术密集型的趋势。正因如此，物业设备设施管理成为物业管理最本质、最需专业技术的核心内容。随着行业的快速发展，管理的社会物业资产价值愈来愈大，物业的产权人对物业管理的要求愈来愈高，社会公共管理职责愈来愈重，这就给物业管理行业赋予了更多的社会责任。

一、物业管理的现状

现阶段，物业管理项目分散，很多公司与项目部距离遥远，无法实施集中管理。且从业者思维活跃，做事随意性很大。物业项目的设施设备管理全靠项目负责人进行管理，公司技术专业管理部门无法随时到现场检查、支持、监督，公司的各种管理制度要求无法得到有效实现。物业企业大多是物业设施设备出现问题之后，才进行设备维修等工作，没有提前的预防机制。而且在日常的设施设备管理过程中，比较轻视物业设施设备的保养工作。这样就很容易使设施设备因不及时保养产生相关问题，最终影响到设施设备的正常使用，影响到物业管理水平。定期的检查及维护不仅减少了设备设施发生故障的概率，更提高了设备设施的使用寿命。然而物业企业为了降低成本，在人员配备方面就比较欠缺，导致工作人员年龄较大、技术水平低，不能跟上时代发展的步伐。只要设备设施没有发生故障，物业企业不会花费人力及物力去检修。

随着科技水平的不断提高，现代社会以及现代企业的发展对人才的需求程度越来越高，人才的重要性逐渐被体现出来。虽然物业设施设备管理不属于高精尖产业，也离不开相关人才的有效支持。但是可以看出，目前物业企业对物业设施设备管理中相关人才是非常匮乏的，很多物业企业在很多物业设备的管理上都是由保安人员或者非专业的人员来担任，这种做法很难做好对设施设备的管理工作。因此，物业企业在接下来的物业设施设备管理中，应该逐渐加强对人才的重视程度。

二、物业设施设备管理的重要性及风险

物业设备配套的完善性、合理性与先进性为人们改善房屋建筑、住宿环境提供了一定的物质基础与条件。与此同时，目前的物业项目对设备设施的依赖性越来越强。如电梯故障、大厦停电停水可能会使物业瘫痪，无法正常使用，一旦发生设施设备重大故障，给业主带来的损失也是巨大的。从风险的内涵来看，物业设备设施风险是指在物业管理区域内，在物业设备设施管理使用过程中，由于工程项目建造中存在的固有瑕疵或物业管理服务中的失误，特别是物业使用人在使用物业相关设施设备中的不当行为所造成的风险以及不可预见的自然灾害所造成的风险。

物业行业中，技术管理与操作人员来源于复杂，大部分脱胎于农村剩余劳动力，基本没有进行过系统的技术培训，且流动性极大，因此，整体技术素质不高，特别是不能实现规范操作，安全隐患较大。而对设备进行管理的对象是人，人与人之间是存在很大差异的，不同的人对设备的特性认知就有所不同，当人不了解设备特性的时候，他在维护、保养、操作、管理设备的时候就可能会出现差错。比如新员工对设备不了解，操作设备的时候就有大概率发生安全事故。人也是有惰性的，人在执行设备管理的时候，因为缺乏责任心，缺乏主动性，就有可能无法落实对设备的管理要求，导致设备风险隐患增加。

从物业服务合同的角度来看，业主将物业委托给物业服务企业管理，物业服务企业就要相应承担物业财产风险，如因管理不当造成物业或财产损失，物业服务企业要承担相应责任。因此，作为物业服务工作的重点，设施设备管理工作中质量及其风险分析和预防，是物业管理中极其重要的内容。

生产经营单位违反生产经营相关法律、法规和安全生产管理制度的规定，或者因为其他因素，在生产经营活动中存在可能导致事故发生的危险状态、人的不安全行为和管理上的缺陷。危险是指系统中存在导致不期望后果的可能性超过了人们的承受程度，如危险环境、危险条件、危险状态、危险物质、危险场所、危险人员、危险因素等。风险识别是设备设施风险管理的首要步骤，也是至关重要的一步。在实际工作当中，需要物业服务企业采取严格规范的监督检查制度，对物业设备设施进行检查，及时有效地识别风险源。

三、物业设备设施管理风险的防范

风险防范是为了充分发挥人的主观能动性进而规避风险，而规避风险最有效的阶段是前期介入阶段和中期检测与承接阶段。在前期介入阶段，对于一些初步的设计规划决策中不合理的方面，提出完善与修改措施，可以将潜在的风险元素遏制在萌芽之中，通过对不合理地方的完善与修改来有效地规避风险。有些设计与规划从美观的角度考虑，但是从物业的日常管理角度来讲就会存在一些风险因素。在中期承接查验阶段，对于本身存在的一些无法进行维修或者基本处于瘫痪状态的系统设施，在改造维修费用没有明确落实的情况下，明确责任划分，必要时放弃接管来做风险规避措施。以此看来，在这两个阶段中，物业服务企业指派相关专业人士来进行有效的风险规避是十分必要的。

设备的生命周期是从安装到使用到终结的全过程。在这个过程中，随着时间的推移，设备故障率会越来越高，如果设备缺乏管理，设备风险就是从低到高逐渐发展的一个过程。另一方面，管理者对设备风险逐步提高也无法充分了解，思想会一直停留在设备处于完好的状态之中，直到需要使用这个设备的时候，才会知道故障的存在。而实际上，此时设备的故障率已经处于比较高的指标。也就是说，设备故障率的提高在一定的时间范围内是有限的，只有经过长年累月的积累，故障率才会越来越高。

针对设备的这一特点，最好的防范措施是将工程管理体系在设备管理当中贯彻执行。管理体系是第二次世界大战以来，各行各业经过漫长的时间和经验总结出来的管理模式，特点是重视管理过程，把控每一个管理过程，从而达到产品质量稳定的目的。现场品质的高低，取决于质量管理体系在设备管理过程中执行得是否彻底。质量管理体系的精髓就是把设备管理当中的过程以文字的形式进行固化，之后在设备管理中以固化的模式设备进行定期巡查、保养、维修等管理，避免在执行的过程当中产生偏差，使管理结果可追溯，过程有据可查，并根据管理结果不断地对这个固化模式进行调整、改进，使管理模式更加稳定健全。

加强相关培训，切实提升认知水平和技术水平，关键是解决各级人员对服务标准的认知问题。例如，防火卷帘门的功能是在火灾时自动降落，阻断火势蔓延，因此不能有物品阻挡其下落。但实际管理中，经常发现防火卷帘门下堆放物品或无指示标识，其原因就在于管理人员或巡查人员对其作用不甚了解。所以，设备设施的管理好坏，很多时候受认知深度的限制。要解决认知问题，就要加强培训。一是从战略决策层面上，要提高对于设备设施管理工作的基础性和重要性的认知，将其作为企业竞争力的培育基点；二是从日常操作层面上，中层以下各级人员要加深对设备设施管理的服务标准、规范和流程的理解，尤其要熟悉各类设备设施的关键控制点。此外，物业设备设施的管理能力，有赖于从业者的技术水平。因此，要根据企业发展战略，制定有针对性的培训规划，并在资源投入方面加以倾斜，培养技术型人才。

贯彻预防为主思想，做好设备设施的系统化保养。“保养重于维修”，任何故障都是从小到大积累的过程，许多重大事故都是由细小问题引起，如电源线压紧螺丝松动导致局部过热引发停电、失火或者烧毁设备等。设备设施的保养重在系统化、常态化，要加强计划管理，尤其要抓好三个环节：一是设备台账的建立与维护。建立台账的原则是账实相符，原先有台账的，也要由专业技术人员进行实地核查，对不符之处作出修改。而设备台账缺失，或新增、更换设备的，则要通过现场逐个检查，重新建立台账。台账维护重在及时更新，如实反映设备设施的实际状况。二是保养计划的制定。要根据设备设施的性能、运行状况、新旧程度、使用环境和使用要求、历史维修保养记录等，以“确保运行、预防故障、经济高效”为原则，制定针对性的保养计划。三是原始保养记录的建立与保存。保养要严格按计划执行，规范填写相关记录并妥善保管。

物业在进行设备设施管理当中，要面对许多风险。明确并且学会控制风险源头，是物业设备管理行业必须引起重视的课题。风险管理就是指识别、衡量和明确风险，然后设计、选取和进行风险解决方案的过程。风险识别是关键。依据设备设施的类型，设备设施管理部门要结合设备管理的技术人员，把可能发生的风险提前整体了解。同时，在整个设备设施管理类型中，人是最重要因素。所以在进行物业设备设施管理中，先要建立一个风险管理监督机制、组织架构，加大对员工的培训，提升人员整体素质。

四、总　结

物业设施设备管理是一项长期性，综合性的工作。引入管理体系是一种行之有效的手段，如建立机房管理制度，供、配电管理制度，设备维修制度等，对设备进行规范化、标准化管理操作并严格执行，做到责任到岗、任务到人。物业管理的设备管理是一门发展中的应用学科，涵盖知识面很广，它包括系统理论和丰富的实践经验两个有机的组成部分。我们必须学习和掌握设备管理的基本原理，结合物业设备的特征和具体实践，完善科学的管理组织机构和管理制度，提高管理人员的素质水平。随着科学技术的不断发展和市场竞争机制的逐渐引入，物业对现代化设备的需求和依赖程度越来越高，设施设备管理的作用也将越来越突出。

浅谈高校水电设施智能化管理系统的一体化建设

温正双

（杭州浙大同力水电安装建设有限公司）

【摘　要】 高校水电设施智能化管理有利于提高校园水电设施设备安全可靠运行，提升管理效能，提高节能减排实效。在建设和改造过程中，根据水电设施智能化管理建设总体规划，逐步对水电设施智能化管理系统改造升级，建成一体化管理系统，改变以点面局部建设为主，多平台多系统管理的现状，能真正体现智能化管理的优势，满足学校师生员工的更高需求，适应学校的高质量快速发展。

【关键词】 高校；水电设施；智能化；一体化

教育是国之大计、党之大计。党的二十大报告中明确提出教育、科技、人才是全面建设社会主义现代化国家的基础性、战略性支撑。浙江大学致力于办好人民满意的大学而不断努力，学校的“十四五”发展规划明确提出了到2050年左右整体实现建成世界顶尖大学的发展目标。学校的高质量快速发展，离不开后勤服务的保障支撑。后勤的发展即将面临着新形势、新变化、新机遇和新挑战。建设一支专业化、规范化、现代化的一流后勤服务保障队伍，显得尤为重要。我们要紧贴学校发展需求，加快治理体系和治理能力现代化建设，全面提升服务质量，拥有与世界一流大学相匹配的后勤管理能力水平，支撑保障学校更大梦想的实现。

校园水电管理工作是做好学校保障工作的重要组成部分，直接影响着教学、科研、生活正常秩序和校园的安全稳定。随着学校不断发展，供电供水体量不断增加，设施设备的不断老化，节能减排工作不断细化，师生员工需求不断提高，在校园水电管理工作中，建设一个高效便捷、运行可靠一体化的水电设施智能化管理系统是势在必行。

一、水电设施智能化管理系统建设现状及问题

（一）智能化管理系统建设情况

在大楼建设和改造过程中，学校管理部门对水电设施智能化管理系统的建设非常重视，逐年投入建设经费。据不完全统计现有主要设施设备智能化管理系统涉及，部分水泵、配电房智能化管理系统，部分大楼风机智能化管理系统，路灯控制系统，部分宿舍楼宇公共部位照明集中控制系统，部分大楼空调控制系统，部分景观照明控制系统等。主要还是以点面局部建设为主，未能形成一体化的系统管理。

（二）智能化管理系统平台多，不利于整体管理

因水电设施设备建设时间不同、品牌不同、校区不同、楼宇不同、建筑物功能不同、管理

需求不同、配套的智能化管理系统对硬件设备的要求不同等多因素的影响，只能按需建设智能化管理系统，难以实现一体化的智能管理系统。不同系统之间的相互兼容性比较差，存在使用维护成本高，管理的主体不同，不能形成有效的统一管理，难以真正体现智能化管理的优势。

(三)智能化管理系统管理主体不统一，资金来源多口子

学校的水电设施设备委托水电中心服务管理，学生宿舍由宿舍管理单位内部管理，学院内部计量自行控制管理、部分教职工购买的校内住房水电仍存在由学校供应的情况。因建筑功能性质不同，管理部门不同，则对水电设施的智能化管理需求也不一样，往往按实际管理工作需求考虑是否建设智能化管理系统。由此带来的不确定性和不统一性，导致水电设备智能化系统管理主体不统一，资金来源多口子。

二、水电设施智能化管理系统建设问题原因分析

(一)智能化管理系统建设缺乏统一规划

随着社会发展，学校发展的进程越来越快，对智能化管理也越来越普及和重视，学校对水电设施智能化建设也进行逐步的尝试和建设。除了新建设施设备外，设备智能化管理建设基本上是在老设备的基础上增加功能改造，或是结合改建、修缮项目进行改造，但缺乏校园总体统一规划。

(二)设施设备老化限制了智能化管理系统一体化建设

学校办学历史悠久，校区分布广，水电基础设施新旧程度各不相同。近年来，学校投入了大量的经费，对二十年以上存在安全隐患的老旧设备进行逐年更换改造，对设备运行场所环境进行了改造提升，但仍存在一些老旧设备未更新，部分运行场所环境较差的情况。校内还有大批量的设施设备投入使用达二十余年；不同校区，不同楼宇的设备设施用房建筑条件不一，有新建单体、老旧附房、架空层、地下室等。设施设备老化限制了智能化管理系统一体化建设，为满足建设需求，设施设备和环境上要进行改造提升。

(三)资金投入大

学校校区多、楼宇多、设施设备量大，完成所有设备改造和运行场所环境的提升，完成智能化管理平台软硬件建设，需要大批量的资金投入。随着国家对高校经费的紧缩，在资金上显得捉襟见肘。智能化管理平台的建设资金来源多口子，也难以实现统一一体化的大规模建设。

三、水电设施智能化管理系统一体化建设的必要性

(一)提高工作效率，节约管理成本

把配电监测、计量用能监测、给排水管道监测、空调新风系统控制、泵房监测、照明控制等设施设备监测建设为一体化的水电设施智能化管理平台，通过分层、分类的方式部署多级采集模块和多种采集技术，实时对水电设施运行的监测、数据分析，可以大大提高了智能化管理水平，提高了及时性、可靠性和安全性，有利于提高管理工作效率和节能优化。集成化一体化的管理平台，可做到适当降低传统人工巡查频次，提高水电管理人员整体素质；避免多系统、多平台智能化硬件设备建设资金的重复投入，有效降低使用升级和维护成本。

(二)提高水电设备设施安全运行的可靠性

近些年来,随着学校不断改革发展,建设规模不断扩大,楼宇使用功能不断调整,出现了越来越多的大功率教学实验仪器,整个学校的用水用电量不断攀升。如配电设备存在高负荷运行情况,部分设备运行近二十来年,多种因素叠加,潜在安全风险。智能化的监测系统,做到对设施设备系统的实时监控,准确掌握设备用电负荷情况,精准分析高低峰期用电数据,为设备扩容接电、新建配电设施可行性研究提供更加可靠的数据;有利于提高发现安全隐患的及时性,做到及时采取有效举措,防患未然,降低因突发事故影响正常的教学科研活动的概率,提高设施设备安全运行的可靠性;有利于制定设施设备维修保养计划,避免故障后的巨大维修成本,节约维护设备设施维护成本投入;有利于加强对生活泵房、消防泵房、排涝泵房等监控,及时掌握水泵等设备运行情况、室内积水情况,有效降低内涝风险,确保消防管网水压和消防水箱水位,生活用水供应可靠。

(三)为绿色节能的管理提供有力支撑

加强高等院校后勤水电管理工作,也是迎合现阶段资源和能源节约型社会发展的要求。通过水电设施一体化智能系统对水电表计的数据监测,能及时发现浪费用水用电的情况,滴冒跑漏情况等,以便及时断水断电,查漏修复,避免造成资源浪费;通过水电设施一体化智能系统能及时掌握院系能耗情况,建立水电使用管理和运行机制,规范监督和操作流程,做到实时监管;通过水电设施一体化智能系统对雨污管道水位及流量的监测,可以实时掌握排放管道使用情况,避免管道堵塞外溢,管道破损外漏,造成雨污混排。水电设施一体化智能系统就是综合利用互联网等技术,深度融合能源系统和信息通信系统,实现多重能源的相互转化和优化配置,实现节能降耗、低碳绿色。

四、水电设施智能化管理系统建设的举措

(一)制定水电设施智能管理系统一体化建设规划

把水电设施智能化管理建设融入学校基础设施建设发展规划中,水电设施智能化管理程度和学校的发展相匹配并有明确的定位,制定水电设施智能化管理系统一体化建设的总体规划。

(二)不断更新改造基础设施

根据校区基础设施情况,结合新建、改建、修缮项目,水电设施设备更新要满足水电智能化管理对设施设备的硬件需求,避免因设备老旧限制了智能化管理系统的建设。配电设施、泵房改造,根据改造计划在一个建设周期内完成老旧设备的改造,运行场所环境提升标准化,统一安装门禁、传感器、监控监测设备、采集器等,逐步更换机械水电表和老旧的智能水电设备等。所有的改造升级,都要在校园水电智能化管理系统对统筹规划的基础上,做到统一采购分批分期建设,逐步替换升级,有效避免多品牌、多产商、产品不统一,最终实现校内的水电设施设备纳入统一的水电智能化管理平台的目标。

(三)建设一体化智能管理平台壳软件

搭建综合智能化管理平台壳软件,整合各类水电智能化管理系统通过搭建一套综合智能化管理平台壳软件,将校内现存的各类智能化水电设备所提供的数据收集到这个壳软件中,并通过这个壳软件发布相应的数据包到各智能化水电设备进行智能化控制管理,实现整

合各类水电智能化管理系统的目标。这个方式可以降低改造成本，避免大量更换硬件设施设备，但只适用于具备智能化模块的水电设备，且这些设备的供应商需要向壳软件设计方开放对应智能化管理系统的设备数据端口。最终实现配电房监测、泵房运行监测、建筑用电监测、建筑用水监测、建筑用气监测、中央空调监控系统、学生宿舍用热水监控、路灯控制、供水管道监测、排水管道监测、校内水域监测等多系统一体化智能管理系统。

（四）统一升级水电智能化管理系统和硬件设备

在有效的校园建设整体规划指导下，能够确保足够的升级改造资金时，最佳的方式是统一升级或更新改造水电智能化管理系统和硬件设备，将校内的水电智能化设施设备统一纳入到新的水电智能化管理平台，形成一体化智能管理系统。这样则可以实现统一规范的水电智能化管理模式，在今后的系统升级中，也可以实现统一升级，避免出现不同管理平台之间可能存在的兼容、误差和后续难以升级等问题。

（五）统一展示，实现数据共享

通过对水电设施智能一体化管理系统在各个环节的转化及应用进行标准化处理，可在各工作平台展示各种水电设施设备的运行情况和数据采集情况，可在相关的工作场所设置显示管理大屏，辅助相关工作岗位的日常巡查监控，可为学校相关部门提供实时数据，实现数据共享，辅助运行管理、节能管理、财务数据分析等。

四、小　结

智能化管理是现代企业高质量发展的必然趋势和要求，随着高校的不断改革发展，水电智能化管理势在必行。把现有水电智能化管理平台进行整合，逐步实现水电设施智能一体化管理，也是实现高校内涵式高质量发展的必然需求。今后可以把水电费用支付、查询和维护等后勤服务工作更多地兼容到一个平台上，预留软件升级的空间，实现校园水电智能化管理的可持续发展。

参考文献

[1] 张柳华，李英华.“十四五”高校后勤改革创新与高质量发展[J].高校后勤研究，2021(1).

[2]宋启忠.用企业化管理思维对高校后勤水电管理现状研究[J].企业导报，2014(1)：188-189.

[3]张志.高等院校后勤水电管理现存问题与解决方案优化分析[J].管理视界，2022(11)：97-99.

正确把握和运用党的百年奋斗历史经验
扎实推进后勤商贸服务高质量发展

范文革

（浙江同力信息科技有限公司）

【摘　要】 当前高校后勤商贸服务面临多种制约与挑战，要实现未来的发展，需要转变思想观念，认清后疫情时代后勤商贸服务面临的机遇与挑战，在发展模式、经营战略等方面进行一系列的调整与创新，以长远的、战略的目光审视当前形势下自身发展的契机，为进一步提升服务质量、保障效能，促进后勤商贸服务高质量发展提供强大支撑。

【关键词】 高校后勤；商贸服务；高质量发展

党的二十大报告总结了过去五年的工作和新时代十年的伟大变革，在充分肯定党和国家事业取得举世瞩目成就的同时，也清醒地看到工作中还存在一些不足；对这些问题采取一系列措施加大力度解决；提出了新时代、新征程党的中心任务，以中国式现代化全面推进中华民族伟大复兴。从党的百年奋斗历程中，我们看清楚了过去为什么能够成功，弄明白了未来怎样才能继续成功。我们要把深入学习贯彻二十大精神与学习贯彻习近平总书记在关于教育的重要论述和对浙江大学重要指示精神紧密结合起来，深刻认识“两个确立”的决定性意义，深入理解“国之大者”的丰富内涵，结合后勤集团实际，自觉把后勤的发展方向同学校“双一流”建设、同国家发展的现实目标紧密联系起来，为师生美好校园生活服务，为中国共产党治国理政服务，切实把各项精神落实到改革和发展实处。

一、认清后疫情时代后勤商贸服务面临的问题和挑战

随着国家总体经济从快速发展阶段逐渐转入平稳发展阶段，我国的线下零售行业受到线上冲击，也处于调整周期，突如其来的新冠疫情又加剧了超市行业的经营压力，封闭的校园环境更放大了商贸服务中存在的问题。

（一）师生日益增长的美好校园生活需要与商贸服务不平衡不充分的发展之间的矛盾

超市布点在校际之间发展不平衡不充分，商贸服务在教学区、生活区、家属区内部发展也不平衡不充分，疫情之下优质服务仍然不足，全方位保障能力亟待强化，服务育人功能亟待进一步彰显。新时代呼唤“新后勤”。师生对美好校园生活的向往，是我们的发展方向和奋斗目标。商贸服务应回归“初心”，摒弃我们所能提供的局限思路，思考师生们真正想要的是什么。

(二)线下超市业态生存空间被线上网购平台侵蚀的困境

据中国信通院统计,疫情以来网上舆论规模达到历年峰值。可见疫情防控之下,网络成为不良情绪的宣泄渠道,封闭的校园环境,"cc98"上一则负面信息发酵速度之快超出想象,有时更是演变成为"信任危机"。疫情改变了大家的消费理念和消费习惯,网购的便捷、价格的优势、7天无忧退换货都倒逼线下超市寻找出路。

(三)服务育人之下社会效益和经济效益如何同轨并行的挑战

后勤商贸是高校服务的提供者,同时也是企业的经营者,经营者的使命就是盈利。如何根据校园办学要求、服务需求给予精准的服务定位,如何针对服务质量、保障能力权衡企业运行成本等,都是一项项挑战。

二、探索厘清后勤商贸服务内涵式发展的路径

面对消费群体日趋多元化,服务需求呈现多样化,以企业改革为契机,优化内部管理,接轨市场竞争,为将来"走出去"锻炼过硬本领;以转型升级为通路,培育更多优质合作伙伴,积极引入新模式、新业态,为以后"引进来"预备更充分的选择。

(一)以标准化建设打造校园服务场景规范性

在现有的管理架构之下,截至目前求是生活超市已完成2次ERP系统的优化升级,8家门店的改造升级。目前超市装修风格统一,采用求是生活形象LOGO,使用标准化求是生活视觉形象,包括门头、玻璃贴、工作服、冰柜围挡、价格牌等。下一步将建立超市标准化体系,通过岗位职责、标准化操作流程、规范化要求、员工管理条例、VI形象识别五个方面,18个分支内容,大到校园店和家属店的服务模板,小到健康证上墙材质、位置、颜色、大小等都将定标管理。

(二)以与优质服务商合作打造服务模式新升级

作为后勤商贸的"主阵地",求是生活以打造浙大自己的"便利生活圈"为美好愿景。现阶段将继续规范已引进的包括茶叶、水果、面包饮品、简餐等合作商户,做好"一店一编号"、"一户一档"细化管理,加强监管力度,优化服务品质,同步求是生活企业形象。为更好满足在校师生对校园生活服务的差异化需求,在确保各项安全管理的基础上,进一步拓展服务思路,开发新服务模式,引进适合校园市场、在师生群体中有一定受众、知名且优质的合作联营,如咖啡品牌、健康轻餐饮、文印照相等业态,努力把"愿景图"变成"实景图"。

(三)以主动替代被动打造新团购服务模式

围绕校园文化、劳保用品、工会福利、定制品等类别挖掘校内校外团购业务。以"主动作为"打通团购服务路径,通过主动出击、上门沟通、贴心服务,加强与学校各学院、各部门之间的黏性;通过把握办公、防疫、劳保等固定时间节点,定期开展方案推荐工作,提升团购留存率;通过打破传统的价格思维,不给固化价格产品贴标签、套模板。倾听团购客户想要的,而不是提供我们现成的。套用"只要想得到,淘宝都能找得到"这句口号(slogan),既然线上线下讲求融合、打破渠道壁垒,我们求是生活也应尽量去满足客户需求。

(四)以资源整合打造线上服务大提速

今年计划通过超市、团购、合作商户三驾马车拉动公司提速,其中将快马加鞭地给求是

商城、纪念品、自贩机提速。

1. 线上商城提速

继续扩展淘宝店、学校采购平台的运营工作，全力打造新的求是商城(有赞)。有赞平台已经上线，目前上架90余件商品，处于试运营状态，同时已沟通第三方开发，为后续打通一卡通校园卡支付功能预留接口。

2. 纪念品覆盖提速

围绕"校庆＋亚运"大主题，发挥五校区14家门店优势，打造浙大亚运氛围，增加纪念品覆盖网点。在原有文化礼品类产品更新迭代的基础上，抓住端午、中秋、毕业季等重要时间节点，加快产品开发力度。同时鉴于疫情影响，校友无法进校，积极主动与校友总会合作，为校友总会提供纪念品推广销售方案。

3. 自贩机点位提速

为努力适应师生新的需求，在继续做好饮料机、物品机、咖啡机、打印机、泡茶机等主要机型维护工作的基础上，合理调整自贩机布局。在学校教学、生活、实验等区域增设服务点位，提高师生购物体验度；在产品上提供卫生巾、一次性雨披等，解决服务保障上的热点和难点问题；并对全部点位进行统一形象设计，打造求是自助服务网点。

(五)以内涵式发展打造服务品质大提升

"一改一创"，全力推进公司企业改革，创新标准化管理机制。通过优化组织架构，建立和健全内部管理制度，加强员工培训、健全绩效考核体系等方式，夯实内部管理基础，为公司发展创造条件。

"一破一立"，积极打破传统后勤超市服务局限，建立新模式新业态。通过准确把握师生的个性化、差异化需求，不断提高服务的专业化、精细化水平。

针对疫情防控，要全面落实常态化疫情防控举措；针对标准化建设，要系统化、社会化打造"求是生活"品牌；针对团购业务，要大胆探索模式方案；针对合作项目，要积极构建联动模式。以社会效益和经济效益双提升为目标，通过"一改一创，一破一立"内涵式发展，全面提升服务品质，有效解决服务师生"最后一公里"的问题。

最后，公司将以企业改革为契机，围绕"三服务两育人"宗旨，积极引导广大师生参与校园商贸服务的部分环节，构建校园文化软实力与客观物质环境有机结合，从而探索后勤商贸自身特色的服务育人体系。

高校后勤商超服务改革的机遇与展望

李 潇

（浙江同力信息科技有限公司）

【摘 要】后勤商超服务社会化改革内涵是市场化和企业化。高校后勤改革是一项长期、系统的工程，虽然在改革过程中有很多挑战，但目前面临着十分有利的时机。在改革实践中，需要梳理后勤商超管理中出现的问题，在确保学校各项工作稳定的前提下，加快各项改革，包括不断转换机制、不断提高成本控制能力、加强对学生的个性化服务和建立学生参与后勤管理的模式。未来的高校后勤商超服务发展有着良好的展望，将会更加精细化，为学生创造更加便利、安全、舒适的购物环境，丰富学生的校园文化氛围。

【关键词】后勤商超；社会化改革

《中国教育改革与发展纲要》中明确指出：“学校的后勤，要通过改革逐步实现社会化。”党的十九届五中全会通过的关于“十四五”规划和2035年远景目标的建议，也明确了“建设高质量教育体系”的政策导向和重点要求。高质量后勤保障体系是高质量教育体系不可或缺的重要组成部分，是高等教育事业的重要保障。认识高校后勤改革发展面临的新机遇和新挑战，对谋划建设与高质量教育体系相匹配的高质量后勤保障体系至关重要。高校后勤服务一直是学生们生活中不可或缺的一部分，尤其是商超服务。近年来，随着教育改革和消费升级，高校后勤商超服务也迎来了一场改革。

一、高校后勤商超服务改革的基本内涵

正确的行动来源于正确的思想认识和指导方针，要实现后勤商超服务社会化，首先要对其含义有一个清晰的认识。从理论上讲，要实现后勤商超服务社会化，就是要将其纳入社会化经济环境中，使其成为社会统一市场的有机组成部分，由过去计划经济体制下封闭式、福利型的事业单位部门成为实行自主经营、自负盈亏、独立核算的经济实体，使之逐步与社会第三产业零售业接轨。在社会化过程中，具体包括两个方面的转变，即后勤商超服务的市场化和企业化。市场化是指将后勤商超服务系统推向市场，在资金来源和动用、人员安置、利益分配等方面实行市场机制。企业化是指建立的商超实体应该具有现代化企业所具有的特点，产权清晰、自主经营、独立核算、自负盈亏。这也是后勤商超服务社会化的实现形式。后勤商超服务的市场化、企业化构成了后勤商超服务社会化的基本框架。

二、高校后勤商超服务改革面临的机遇

我国已进入“十四五”时期，下一个五年是全面建成小康社会、实现第一个百年奋斗目标之后的第一个五年。对高校后勤商超服务改革来说，当前面临着有利的时机。

（一）改革背景的变化

当前深化后勤改革的思想深入人心，各级政府和高校对后勤社会化改革重视程度日益加深，改革动力不断增强。后勤改革的研究也日渐趋多，研究成果日渐丰富，理论基础和体系日渐成熟，为高校后勤社会化改革提供了重要的思想理论基础。同时后勤社会化改革十多年来的实践为进一步深化改革提供了重要的经验准备。

（二）社会经济发展的变化

据有关专家预测，到 2035 年前中国人均收入水平仍将持续提升，中国民生保障将从过去的基本生活保障向美好生活保障跨越，高等教育作为满足更高需求的社会服务仍将在质量和规模上持续发展，而作为高等教育重要支撑的后勤服务保障系统无疑将有很大的发展空间。同时，现代互联网和智能技术的发展深刻改变传统生活方式和生产方式，校园生活消费主体、消费方式呈现多样化趋势。

（三）校园生活服务需求的变化

社会经济发展水平的持续提升、互联网和智能技术的发展应用、高等教育服务对象的多样化，将增强高校后勤服务需求的多样性、全面性，由此衍生出巨大的、多样化的、高品质的校园生活服务需求，将对高校后勤商超服务管理的改革创新与发展扩张形成强大的压力和动力。而且，中国逐步迈向高收入社会后，校园各类不同消费群体对高质量、多样化的服务需求也日益增强，个性化的自主选择、自助服务越来越普遍，对学习生活服务资源、途径、时间、场所、环境、方式等自主性要求越来越强，更加重视“满意度”和“获得感”。

三、影响高校后勤商超服务发展的主要问题

经过多年的改革发展，高校后勤管理取得了一定的突破和进步，高校后勤商超管理初见成效，但在其管理过程中仍然存在一些问题，阻碍了高校后勤管理的发展和进步。特别是近一段时间，在疫情防控常态化形势下，一些地区和高校后勤管理与服务出现了诸多问题，引发多方关注，暴露出高校后勤体制机制上的短板和服务质量、保障能力上的不足，需要认真梳理这些问题产生的原因和影响。

（一）空间有限、设施设备普遍老化

近年来，高校办学规模和办学质量在不断提升，但相应的后勤经费投入却无法做到同步增长。每到非常时期需要加强后勤服务保障，服务单位承受压力增大、工作要求提高，但学校很少增加经费支持，经费投入问题已经成为高校后勤的主要矛盾。高校除了部分近年来新建的校区外，多数是 21 世纪初建设的校区，启用至今也已近 20 年，后勤设施设备普遍老化。随着办学格局的调整和连年扩招，校园商业服务设施公建配套普遍落后，容量有限、环境陈旧，当初的建设规划、建设标准和数量已无法满足高校的使用需求，在新的更高的起点上，高校商超服务的供需矛盾日益突出。

（二）服务单一，市场需求低

由于商超的服务项目和经营范围比较单一，没有提供太多的服务，如果学生有特殊需求，很可能无法满足，而且大学校园内的消费市场比较封闭，购物者也比较固定，需求不是很高，从而限制了商超服务的发展。

（三）受疫情影响后勤服务实体（企业）不堪重负

受到疫情影响，高校商超收入锐减，甚至出现亏损情况。疫情常态化防控以来，高校动

态调整校园管控措施,但持续的疫情防控对学生心理造成负面影响,同时给后勤工作带来了新的压力。学校后勤服务实体及服务学校的社会企业普遍维持人员队伍的工资等成本很高,直接影响服务企业发展与生存,部分成本转嫁到后勤服务中,会对师生生活成本带来很大影响。由于疫情防控期间学校校园封闭及春节假期较长时间未能复工,人员流失较为严重,重新招工用工成本大幅度增加,会造成学生新学期开学返校后,后勤服务质量滑坡严重。

四、推进高校后勤商超服务高质量发展的举措

近年来高校后勤商超服务社会化改革的实践和探索改革并非一蹴而就,需要点滴的积累。全国许多高校在近几年的改革探索中,紧紧抓住高校各项事业超常规发展以及后勤社会化改革的大好机遇,坚持“早改革、早受益”的原则,在确保学校各项工作稳定的前提下,加快各项改革,取得了一定成效,朝社会化方向迈开了坚实的一步。归纳起来有以下几点:

(一)转换机制

由计划经营条件下“福利型”运行机制向市场经济条件下“企业化”经营机制转变。“市场化”要求对资源进行优化配置,最大限度提高资源的利用率。“企业化”要求各门店自主经营,寻求合理利润,拓展最大市场,调动员工积极性,提高经营效率。在日常工作中应形成六大机制:经营中的风险责任制,资源配置上优化、保值、增值机制,商品采购的市场竞争机制,分配制度上激励机制,人员管理上的优胜劣汰机制,经营管理中的监控机制。通过机制转换,在管理、经营和服务等方面都取得了实效。

(二)增强商超管理的成本控制能力

成本控制能力直接关系到后勤管理效率的高低,要想提升后勤管理成本控制能力,主要有以下几个方面:首先,采购人员要做好市场调研工作,要制定科学合理的物资采购计划,无论是项目名称、数量还是规格要求,都要形成书面计划,避免采购的无效性和盲目性。其次,采用现代化的会计处理制度和财务管理制度,同时建立健全成本控制制度,以提高管理的专业化水平。再次,要选定信誉好的物资供应商长期合作,一方面,可以简化物资采购流程,提升效率;另一方面长期的合作有利于拿到较低的价格,能够节省费用。最后,要与时俱进,建立现代化、信息化的成本控制系统,从而提高工作效率、确保工作准确性。

(三)加强对学生的个性化服务

在高校后勤商超服务改革过程中,也应该加强对学生的个性化服务,以满足学生不同的需求。首先,应该提高后勤商超商品质量,为学生提供更高品质的生活商品;其次,还应该推出更多具有特色的、能够反映学生特有生活需求的商品,满足学生不同的需求;再次,应该为学生提供更多的优惠政策,使得学生能更好地享受到更优惠的商品价格;最后,高校后勤商超服务改革还应提高科技含量,加快技术水平,提高服务效率,利用大数据、人工智能等新技术,把握市场动态,同时把网络购物更加完善地纳入其中,将线上商城与现实商城结合起来,提供给学生更便捷的购物渠道,同时也能让学生有更多的购物选择,从而让学生的购物更加便利和安全。

(四)建立学生参与后勤管理的模式

高校后勤商超管理和服务需要学生广泛深入的参与,后勤商超服务可以充分利用自身特点,组织和引导学生参与后勤的管理、经营和服务工作,为学生提供实践和展示才华的机会,努力构建学生参与型后勤管理模式,如召开学生座谈会、开通服务热线、设立意见箱、开

通网上反馈渠道等，也可组建学生管理监督委员会，对后勤商超服务工作进行监督，派代表参加有关会议，及时反馈监督结果及意见建议。通过这种学生参与机制，构建了学生和后勤沟通与交流的平台，增进了相互理解，避免因缺乏沟通而引起冲突的可能性，从而促进后勤工作的改进与提高。

五、高校后勤商超服务改革的前景与展望

高校后勤商超服务改革没有统一模式，只能摸着石头过河，要小步快跑中把握住改革的方向，笔者就以下几个方面进行简要的探讨。

（一）后勤商超企业与高校的关系

后勤商超与高校之间应是一种平等主体之间的经济往来关系。后勤商超企业通过向高校提供自己的产品、服务，从而获得利润。高校有权选择社会其他商超行业，标准是看谁提供的产品质量高、价格低。此外，两者之间还有一种产权关系。后勤商超企业在社会化之前是学校后勤的职能部门，其产权归属学校，因此在与学校剥离过程中，应彻底清查和评估资产数额，然后将评估出的资产总额作为后勤商超企业的投入成为企业的股东，可以独资也可以控股。学校可以委任具有专业知识和经验的人员担任经理，负责日常经营活动，学校的权力则通过行使股东投票和受益权得到实现。

（二）完善竞争机制与强化社会竞争意识关系

高校后勤商超企业不能变相垄断，只有完善竞争机制，才能激活校内市场，才能自觉地改进管理、降低成本，使其在竞争中生存、获利、发展。在完善校内市场机制的基础上，依托校内市场，不断参加社会竞争，开拓社会市场。可以争取多种形式方法实践，如商超服务企业可与校办企业、社会商超行业、国有企业进行合作，还可进行校际、校企之间的合作。只有具备了良好的竞争机制，不断提高开拓市场的能力，才能使企业向多元化经济实体转变，才能最终实现社会化。

高校后勤商超服务的改革是一场全面的改革，它将不仅促进教育改革的发展，也将提升学生的购物体验。而且，它还能提供良好的学习和生活环境，丰富学生的校园文化氛围。未来的高校后勤商超服务发展有着良好的展望，将会更加精细化，为学生创造更加便利、安全、舒适的购物环境。

超市零售业的经营模式与供应链管理研究

陈　宁

（浙江同力信息科技有限公司）

【摘　要】 超市的发展，是商品制造业的一大分支，且是一个极为重要的分支，做好超市的经营管理和供应链管理，对于超市未来的发展起到不可估量的作用。面对超市所面临的国内外双重压力，我国超市如何在压力中求得生存和发展，是从事超市相关工作人员需要考虑的问题。本文通过探讨超市的经营模式和供应链的管理，让我国的超市在新零售新模式的变革中得以良好发展。

【关键词】 超市；经营模式；供应链；需求；成本

我国超市的起步较之于发达国家来说相对较晚，存在着速度快但是创新不足，规模大但效益不佳等问题。但是随着我国经济建设取得一系列成就，综合国力大幅度增强，我国已成为世界少数几个发展最快的国家之一。而超市作为商品制造业的一个终端分支，改善超市的经营模式，对于提高国家的经济水平将会有一定帮助。

一、国内外研究现状分析

国外发达国家的超市起步早，发展早，在今天早已经形成了一套成熟的超市内部运营机制和体系。国外各大学者对超市经营模式和供应链经验的研究，也有自己的一套成熟的理论基础，发达国家的超市规模庞大、产品供应及时、供应商众多、运输管理效率高、研究超市的重点在于产品的多样性，向着产品的差异性发展。我国的超市起步较晚，随着国际贸易的到来，中外合资企业的出现，超市也在学习中赶上了国际化水平，规模逐步与国际接轨，但是我国的超市依然存在着多方面的问题。各大学者对超市行业的研究也立足于供应链和产品经营模式的改革，因为对于超市来说，它最重要的功能是赚钱，也就是盈利，当供应商的产品价格调整的时候，首当其冲的就是超市的经营者，所以经营者就要从产品的供应链下手，供货渠道是他们要考虑的因素之一，供货渠道优化会减少运输投资，缩小运输成本，提高效益。我国的超市研究仍然缺乏合理的研究模式，存在一定的经验主义，没有通过整体的市场调查，仅满足于书本研究结果，缺乏针对性。

二、超市经营模式和供应链管理存在的问题

我国的超市虽然日渐大规模、国际化，在国际上也日渐有名，但是超市的分类众多，除了大型超市，还有中小型超市，并且中小型超市在城市中分布得更多，更贴合人们生活的需要，超市的品类众多，但归根结底都是为满足人们的日常生活所服务的商店。超市商品的提供都需要一系列的供应链和经营模式。供应链就是企业从原材料和零部件采购、运输、加工制造、分销直到最终被送到顾客受众的这一系列过程，这些过程是一个环环相扣、密不可分的

整体。伴随着物品生产、开发、运输和销售的完成，才算整个购买行为的完成，企业靠这样的过程盈利，顾客靠这样的行为满足自己生活消费的需要，这就是超市供应链的实质，由此看来，超市的供应链是超市经营管理的一个重点环节，是超市经营的核心竞争力。

（一）超市选址方面仍需优化

超市一般建立在人多密集的市区，这样一方面有利于保证商品的顺利销售，另一方面地理环境的优势促进超市的发展，但是由于市内物价高、租金昂贵等原因，有些超市的选址只能退而求其次定位在郊区，人少、物流稀疏的原因会导致超市的盈利额低下，不利于超市的长远发展。

（二）供应链中物流问题亟待解决

现阶段中国物流发展速度相对较快，物流环节是影响超市行业发展的重要因素。目前，国内物流业正在从传统物流向现代物流迅速转型。一方面，物流与上下游行业衔接不够通畅，导致产品供不应求，无法随时随地给顾客提供优质的服务。另一方面，物流质量参差不齐，物流人才流动严重等原因，导致供应链产品进度缓慢，很多商品因为无法短期内供应到，店主就会积压仓库，导致产品无法保鲜。造成这个后果的直接原因是我国的物流业社会化、专业化的程度不高，大多数第三方物流发展缓慢，长期受到行业的限制，另外地域及城市仓储布局较分散等情况存在，导致物流派送的总体效益不高，削弱了整个供应链的内部竞争力。

（三）超市服务质量有待提升

现阶段，零售企业的竞争已从多品类、高毛利向精细化、高质量的方向转移。对于超市服务来说，被夺走顾客的威胁主要来源于服务质量的差距。研究表明，完善的服务质量将直接提升消费者的满意度和忠诚度。虽然我国已经进入信息化时代，但是很多行业对信息技术的使用不够普及，超市内缺乏智能化服务设备，还是以人工操作和人员服务为主，这样一来超市服务员有时候无暇顾及，顾客在购买时出现问题得不到及时解决，超市无法让顾客满意，自然留不住回头客，长期下去不利于超市的发展。

超市的发展离不开技术的支持，现代社会国家已经进入高新科技时代，新媒体网络技术日益发达，电脑、手机司空见惯，人们进入信息时代。信息时代使得人与人之间的联系日益紧密，超市的发展和经营模式完全可以与高新科技对接，用高新技术武装超市。超市的好处之一就是购物的自由化，自主性强，不受购买环境的限制，可以自由选择要买的东西，与小卖部的买卖不同，这让顾客有了很大的自由选择的空间，这是超市的优势所在，下面我们来探讨改善超市的经营模式和供应链管理的措施。

三、改善超市经营模式的措施

（一）构建大型连锁超市流通供应链的资源信息管理体系

一般来说，大型超市的运行模式是生产阶段、运输阶段、销售阶段和顾客的消费阶段，这些阶段的完全流通才意味着整个资源的运输的真正闭环。传统的超市没有电脑等扫描仪的记录，现代社会店长要会使用新媒体网络资源信息管理系统，超市内部的产品全部输入网络，利用物流条形码技术对基础信息进行编码管理，形成商品的来源和过程跟踪识别系统。另外，建立资源信息管理体系，有利于店长对超市内部的商品信息做到十足的把握，了解商品的价格和买卖情况，清楚地评估当月的营业情况，使得超市在阳光下健康运行。

(二)设置第三方物流,保证产品的新鲜

上面我们讲到了物流运行的缓慢影响产品保鲜问题,在现代社会信息技术发达的情况下,产品运输尽可能选择快速、准确、保鲜的方式,空运和水运都可以选择,让产品既要保鲜,还要快速到达顾客手中。有些超市供应链设置不合理,超市选址在市区,但是供货商在郊区或者其他的省(市),这是造成物流缓慢的一个原因。超市一方面可以就近选择供货商,另一方面要在供货商距离远的情况下设置第三方物流,保证产品的正常供应,做到仓库零库存、不积压。

(三)优化服务过程,加强客户关系管理

顾客需求是企业得以生存的立足点,超市服务必须从研究顾客实际需求切入,通过深入研究客户需求、改进自身服务水准、优化服务流程,才能达到服务质量优良、顾客满意的最终目标。服务过程优化的同时,加强客户关系管理,紧跟时代潮流,引入大数据,强调前台交易和后台数据之间的循环引流。用户数据是基于各超市的前台销售数据和后台用户数据的消费行为分析。现阶段,绝大多数超市后台用户数据并未完全开发及运用。针对后台用户数据可建立两大分支库:商品信息和用户推手,通过客户信息库建立,可细分用户、精准定位客户需求,为客户关系管理提供大数据支撑,通过大数据分析定位顾客消费习惯,以顾客为中轴,改善传统零售中顾客单向消费的方式为双向互动。

四、结　语

超市的经营模式要改革,随着社会的发展,想要更好地服务于大众,就要与时俱进,才不被社会所淘汰。本文探讨了超市的经营模式和供应链管理中存在的问题,超市的发展是店长和管理人员所考虑的重中之重,超市的盈利和亏损对员工来说是最直接的影响,超市的首要职责是盈利,有利润,超市才有发展的希望。如何让超市更高效地完成目标,是每一位超市工作者需要考虑的问题。本文探讨了解决措施,旨在为超市的发展提出宝贵的建议,让超市更好地服务于大众。

托幼一体化框架下婴幼儿回应性照护的探索与实践

周　熔　王　瑾　何晓勤　王　勍　何　平

（浙江大学后勤集团幼教服务中心）

【摘　要】 当下，在新发展时期开展高质量托育的研究已经成为非常迫切、具有现实意义的一项工作，是对社会民生问题、儿童发展需要、家庭科学育儿、教师专业提升的回应。基于关系的回应性照护是高质量托育的核心。我们在实践研究中，聚焦关系，努力构建以尊重、顺应、互惠的关系为基础的婴幼儿回应性照护模式，促进托育工作在空间环境、日常照护、早期学习、教师行为、家园工作等方面的全面变革。

【关键词】 托幼一体化；回应性照护；基于关系的回应性照护

一、婴幼儿照护服务的背景与价值

由于历史原因，我国婴幼儿托育服务长期未被纳入规范管理的范畴，绝大多数师范院校也没有开展托育教师的相关培养。2021 年有调查显示，我国 95％的家庭均对 3 岁以下婴幼儿托育服务有需求，但包含幼儿园托班的托位供给率仅为 5.5％。而同期国际上排名居前的荷兰、韩国、法国等国 3 岁以下婴幼儿入托率都超过 60％；OECD 经合组织国的入托率平均值也在 36.1％。相比之下，我国入托率远远落后于国际水平，这一方面反映出托育机构数量过少，另一方面也折射出现有托育机构的供需失衡。

党的十九大在保障和改善民生的蓝图中将“幼有所育”排在了首位，2019 年国家出台《关于促进 3 岁以下婴幼儿照护服务发展的指导意见》等一系列文件。随后，各地政府也紧跟步伐颁布了大量政策与措施，明确了婴幼儿照护服务与人才培养的相关标准。2022 年，党的二十大提出，要从“幼有所育”迈向“幼有善育”，旨在建立全年龄段的教育服务和治理体系，让适龄儿童获得更公平和更高质量的养育，因此，幼儿园托幼一体化已经成为时代发展的必然产物。2022 年，上海市有超过 60％的幼儿园开设托班，杭州市 889 家登记备案托育机构当中，幼儿园托育部占了 55.6％。如此看来，幼儿园托幼一体化将推动我国托育服务的发展。

浙江大学幼儿园作为一所部门办园，除了教育属性外，还赋予了“服务育人”的使命。高质量的学前教育服务，也是浙江大学在创建世界一流大学、深化人才强校战略背景下，引才归巢的一个非常重要的因素。因此，建园 70 年来，我园始终坚持托幼一体化的办园模式，在健康养护、课程设置和儿童发展等方面积累了丰富的经验。当下，随着国家关于二胎、三胎

［注］　该项研究是浙江省教育科学规划 2022 年立项研究课题

政策的全面开放，新时代父母对托育服务的高质量期待越来越高，倒逼着我们去思考什么是高质量的婴幼儿服务？如何推动时代变革中的高质量托幼一体化的建立？为未来更多的幼儿园开展托幼一体化办园提供怎样的范式？因此，在新发展时期开展高质量托育的研究就成为非常迫切、具有现实意义的一项工作。

首先，高质量托育是对社会民生问题的回应。科学的早期教育不仅是个人一生健康发展的基础，而且是提高全民素质的重要途径。党的二十大报告强调要"优化人口发展战略，建立生育支持政策体系，降低生育、养育、教育成本"。实现从"幼有所育"到"幼有善育"，这是一个重大民生问题，必须加快建设高质量托育体系，着力解决托育难问题，回应好民生诉求。2023 年新年伊始，一条中国出生人口率跌至千万以下并首次出现人口负增长的消息刷爆了全网。在这样的大背景下，不难想象，承载着社会希望的婴幼儿，他们的成长质量也将越来越受到人们关注。因此，在幼儿园增加托位实现托幼一体化办园模式就是最便捷、最有效地解决民生问题的方法之一。

其次，高质量托育是对儿童发展需要的回应。联合国可持续发展目标已将"儿童发展"作为全球 2030 年实现变革目标的关键因素，2018 年世卫组织、联合国儿基会等联合发布了《养育照护促进儿童早期发展指引框架》，指出"近三十年里多领域的科学发现都指向一个结论：从母亲怀孕到儿童 3 岁期间，是儿童最容易受到环境影响的时期。这一时期将为个人终身的健康、福祉、学习能力和生产力奠定基础，并且会进一步影响下一代的健康和福祉。"近年来，国内外不断有大量研究证实，早期养育经历会影响儿童正在发育之中的大脑。正如著名心理学家高普尼克说："童年和养育是硬币的两面：没有养育，就没有儿童。"儿童早期获得高质量的养育照护，将为其一生的学习与发展奠定基础。

第三，高质量托育是对家长科学育儿诉求的回应。当下年轻的家长受教育的程度越来越高，他们善于接受新信息、新技术，学习能力越来越强。无论他们从事何种职业，都乐于反思社会现象，反思自己与原生家庭的关系，反思自己的成长。在对自己孩子的养育问题上，许多家长非常乐于学习新知，重视孩子每个阶段的健康成长。因此，高质量托育服务也是对家长诉求的回应。

第四，高质量托育是对幼儿教师专业能力提升的回应。目前，幼儿园托班教师大多是幼教专业毕业，缺少对 0—3 岁婴幼儿教育的系统知识和技能，整个社会对托育从业人员只有上岗证、没有专门的培训体系，因此造成婴幼儿教师专业能力普遍较低。而托幼一体化并非简单地把托育园和幼儿园两种教养机构联结起来实施统一管理就行，幼儿园托育部也不是删减版的幼儿园小班，而是更应关注以关系为基础的回应性养育照护体系。因此，对传统幼儿教育和幼儿教师来说，要改变的不仅是托班的照护能力与管理水平，而是一场建立在全人教育视角下的管理体制、教育课程以及教育思想的变革。

鉴于以上背景的分析，我们认为致力于托幼一体化框架下的高质量婴幼儿照护研究，既是时代赋予我们的责任，也是我园基于自身的优势与积淀，勇于挑战和革新，为我国普惠性幼儿园的托幼一体化发展提供专业经验的勇气和实践探索。

二、对高质量婴幼儿照护的理解

什么是高质量的婴幼儿照护服务？联合国养育照护框架指出，"回应性照护和早期学习这两项内容是高质量婴幼儿照护中必不可少的部分"。国家卫健委也在《托育机构保育指导大纲（试行）》提出"尊重儿童、安全健康、积极回应、科学规范"四大保育原则。至此，国内外研究普遍认为回应性照护是高质量托育服务的标准之一。

(一)什么是回应性照护

简单来说,积极回应孩子的照护就是回应性照护。当成人在日常照护孩子时,能够关注他们,及时观察理解他们的表情、声音、动作及口头请求等所传递出的信号,并作出积极恰当的回应。婴幼儿的身心健康和情感发展几乎完全取决于照料者对他们的养育,他们需要照料者用适合他们发展阶段的方式对他们的需求作出快速及时的回应。[1]但我们认为,仅仅有回应性照护并不足以达到高质量婴幼儿照护的标准。如果成人没有与婴幼儿建立亲密可信赖的照护关系,照护就只完成了一半。因为,对婴幼儿来说,关系才是一切。

(二)基于关系的回应性照护

早期大脑研究的成果证实,人脑从出生开始就伴随与环境交互影响的经验而发育。孩子会时时刻刻都受到重要他人的影响。集体照护环境中的个人共同形成了一个动态的关系系统。在婴幼儿照护中,这个系统包括婴幼儿、家长以及照护者。每个参与者都与其他参与者相互联系,彼此之间建立关系。[2]所以,基于关系的回应式照护才是高质量托育的核心。当孩子、家长、教师三方形成积极健康的照护关系,才能真正促进孩子全面的学习与发展。

美国著名的婴儿教育保育者资源机构 RIE 创始人玛格达·格伯认为:并非任何互动都能形成亲密的照料关系,只有尊重(respectful)、回应的(responsive)和互惠或双向的(reciprocal)互动方式才能促进良好关系的建立。……照料者及时回应儿童,儿童也及时回应照料者。[3]

鉴于学习和反思,我们认为实施更高质量的照护服务,必须聚焦关系,努力构建以尊重、顺应、互惠的关系为基础的婴幼儿回应性照护模式,才能更好地促进托育工作在空间环境、日常照护、早期学习、教师行为、家园工作等方面获得全面变革。

三、基于关系的回应性照护实践

(一)基于关系的回应性照护设计理念

1.关系就是一切

依据布朗芬布伦纳的社会生态系统理论,基于良性人际关系的照护团体,能让其中所有人彼此联结,感受到尊重的、回应的、互惠或双向的关系。在师幼、家园、亲子以及管理者与教师之间,每个不同的个体既独立又相互依赖,根据自身兴趣、能力和经验等形成学习者社区。所有与孩子养育照护发生联系的人,都在这里获得共同成长,营造一种“我们”的感觉而不仅仅是“我”。

2.珍视独特生命

源自天生的遗传基因与各自不同的成长环境交互作用,使得每个孩子由此生发出自己的特质,成为一个独一无二的生命个体。他们既有强大的吸收性的心灵,又非常稚嫩,极易受到外界的影响。成人要兼顾孩子脆弱与能动的生命特征,为他们提供安全、健康、积极回应的环境。

3.生活即是课程

大量科学研究表明,儿童是天生的学习者,关系与环境就是孩子学习的内容,他们在与之交互的经历中不断建构出自己的经验。秉承陈鹤琴的“活教育”、陶行知“生活即教育”的思想内涵,我们要把照护与教育看作一件事,让孩子从生活的方方面面中学习。因此,当教师在游戏环境中给孩子提供的材料、照护常规的设计，以及有关与孩子进行对话和互动的预期[2]，这些就都相应成为课程的内容。

(二)基于关系的回应性照护设计原则

1. 安全依恋原则

根据依恋理论，婴幼儿会把安全可信赖的成人照护者当作安全岛，进而开始对外部世界的探索。成人要把与孩子建立信任关系作为首要任务，确保与每个孩子发展安全依恋的照护关系。

2. 尊重顺应原则

大量的科学研究发现，婴幼儿是天生的研究者，他们有着不同于成人的建构知识的能力。因此，教师要充分信任孩子，尊重他们的发展权利，顺应他们个体不同的发展节奏，支持他们按需发展。

3. 主体间性原则

无论是与孩子，还是与家长，成长皆来自人与人彼此间的真诚、开放与合作。因此，基于关系，以心换心，我中有你，珍视当下并共享属于彼此的幸福时光。

(三)基于关系的回应性照护基本框架研究与实践

对于幼儿园托育工作来说，基于关系的回应性照护实践的关键，是教师在以下几个方面从角色认知到行为方式的全面变革。

1. 空间环境的变革

从入园到离园的一天中，孩子的足迹会遍至班级乃至园所的每一处空间，到处都可能成为孩子游戏生活的场所。因此，我们精心提供支持性环境，促进孩子在与环境主动交互中获得成长，让幼儿园的环境真正成为孩子的第三位教师。

(1)由“美好型”转向“友好型”

过去，教师多从自身视角出发为孩子打造“美好”的生活游戏空间，托班教室与小班，甚至中大班的室内陈设都非常接近，较多的桌椅，区域划分规范，且软性空间的缺乏。教室与孩子入园前的生活环境产生较大差距，这种缺乏家庭氛围的陌生感，使得原本情绪就不稳定的孩子，更加无助没有安全感。在全社会倡导儿童友好的概念下，幼儿园也当为托班孩子提供适宜的条件、环境和服务。儿童友好的园所和班级空间环境创设，是以儿童为本，尊重他们的权利和发展需要。其中最重要的是支持托班孩子的社会情感、自由运动、自由探索的需要。

(2)由“唯一性”转向“共享性”

基于关系下的照护环境，必须考虑到除孩子之外的其他人，共享此空间的所有人的需要。例如，过去班级中只有属于孩子的桌椅、橱柜，几乎没有方便教师使用的家具。尤其在刚开学孩子哭闹比较多的时候，老师哄抱孩子的时候，只能蹲坐在孩子的小椅子上，非常辛苦。因此，我们为班级老师增设了沙发，不仅从视觉上让环境如家一般温馨，并且孩子和老师都可以共用，更易于增进双方的亲密感。

2. 日常照护的变革

过去教师会认为照护幼儿的生活是保育员的主要工作，由她们负责孩子的吃喝拉撒就可以了。但在基于关系的回应性照护中，保育与教育就是一回事。根据婴幼儿心理发展阶段特点以及依恋理论的研究，我们发现支持托班师幼之间建立亲密照料关系的有效措施，是实施“主要照护老师”的制度体系,为每个有需要的孩子设立“主要照护老师”。这项举措有助于每个孩子与教师一对一形成安全依恋的人际关系。

(1)由“集体照护”转向“主要照护”

主要照护人提升了教师对幼儿的个性关注。从与孩子及其家庭的首次见面开始,主要照护老师就会对自己负责的每一个孩子进行有目的的观察,评估孩子的气质特点、基础领域的发展水平,以及家庭成员之间的互动特点,并且会与家长协商制订孩子专属的成长计划。同时,主要照护老师还会主动跟孩子和家庭进行顺畅的沟通,建立良性循环的照护合作关系。

(2)由“一统包办”转向“自需自主”

主要照护教师要更多与孩子一对一相处的时间,这要改变传统的作息时间。过去,托班老师习惯于将孩子在园的所有时间都规划好,甚至包括喝水、如厕这些个性化的需要都安排得井井有条,以至于班级3位甚至4位教师从早到晚都忙得不可开交。新的一日生活流程让孩子和教师的时间节奏变“慢下来”,教师有了时间与孩子一对一交流,也能更加从容地观察和支持幼儿。

3.学习方式的变革

如果孩子拥有一个受保护的、需求可以被持续且无条件满足的幼儿时期,他们就获得了混乱、变化和探索的空间。[4]我们为新的一日作息设置了50%的自由游戏时间,分为室内和户外空间,并去除了更多的人为限制,允许“混乱”的存在。在这样的理念下,孩子的学习方式发生了变化。

(1)由“课堂式”转向“场景式”

没有了课堂的约束,孩子的学习在生活的各个角落、各处场景中开始自然萌发。教师一边悄悄观察“静待花开”,一边积极提供支持,就像园丁培育新苗一样灌溉施肥。孩子就从不断丰富的点滴经验中学习新知,进而吸收整合,并获得身心灵完整的发展。随着孩子对照护关系的信任感增强,对环境的探索范围扩大,学习场景就会更多元,孩子也会乐于与周围人交往,学会更好地合作。

(2)由“集体学”转向“个别学”

托班孩子的学习方式有独特性,在自由游戏中,他们可能获得更高质量的学习。老师不设定游戏玩法,完全交由孩子自己发起游戏。例如,在自由游戏中,孩子反复出现搬运、围合、排列等图式行为。图式行为是孩子认知发展水平的外在表现。孩子通过自己对玩具、物品的操纵,逐渐在简单图式的基础上发展出复杂图式,思维水平也因此获得发展,并且建构起相关的物理知识、数理逻辑知识、社会知识等,丰富相应的语言词汇。而教师通过观察、询问,一对一地回应、支持孩子的学习发展。

4.教师教育行为的变革

在传统托班,老师对幼儿有着刻板印象,认为托班孩子由于年龄小,身体动作发育未完善,家庭溺爱多,因此自理能力弱,动手能力差,孩子的自我服务如自己收拾玩具、餐具肯定有难度,在家自由惯了总喜欢跑来跑去坐不下了等。为了“培养常规”,老师往往会在一日当中组织较多的集体活动,在室内即便自由游戏也常常提醒孩子要“坐下来玩”,却常常忽视了让孩子发展健康的自我意识的机会。而在基于关系的回应性照护中,掌握“自由、自主”与“规则、界限”之间的分寸,成为教师必备的技能。教师要充分信任孩子是有能力的学习者,孩子会主动构建自己的知识和经验的，而安全可信任的人际关系是他们向外探索的基础。

（1）由"权威"转向"伙伴"

当教师发现孩子学习的"窍门"以后，逐渐转变观念，从原先紧张焦虑的照顾者，慢慢变成孩子成长的好伙伴。"慢下来"的一日生活，老师有了更多放手让幼儿自主探索的时间，通过观察捕捉幼儿的学习生长点。"慢下来"的教师，面对幼儿更从容，能够将更多的精力放在观察、倾听和满足个别幼儿需求上。例如，我们欣喜发现，在运用实践图式观察法以后，老师们从新的角度来认识、理解儿童，并在进一步的活动中找到推进的支持方式。通过解读幼儿行为图式，教师越来越相信儿童是有能力的、自信的学习者，在日常观察到的任何"随意重复、看似无意义"的行为背后，都隐藏着当下孩子的学习兴趣和需要。

（2）由"预设教学"转向"反思性计划"

按照传统惯例，教师通常会在开学前预设教学计划，参考教材编写的内容将整个学期的教学主题安排好，通过提前备课完成预定的教学任务。这是主题性课程的做法。而基于关系的课程是反思性课程，要追随孩子的变化而变化，是一个动态的过程。教师不可能直接决定这个过程，因而只有通过细致的观察，反思看到的现象，评估每个孩子的需要，其中要包括那些有特殊需要的孩子，才可能进一步为孩子创设合适的环境。为此，每天活动结束后，教师都需要坐下来进行小组复盘并做好记录，这是一天工作的句号。

5. 家园工作的变革

在传统幼儿园教育中，"家长配合"是家园工作中常常会听到的词语。的确，教师有许多工作都离不开家长的支持。但在以关系为基础的回应性照护当中，我们不得不思考教师与家长之间的关系，因为这关系到双方共同的纽带——孩子。家长与教师因为孩子而结缘，并且为了共同支持孩子的健康发展而合作。而对于孩子来说，家长才是陪伴他生命的来源和终身情感的归属。所以，孩子始终是属于家庭的，教师要承认家庭对于孩子身份认同的重要性，承认家长是自己孩子的专家，尊重并融合家庭的文化价值观和期待，真诚邀请家庭一起参与幼儿园的照护工作。

（1）由"指导者"转向"协作者"

在家园工作中，要遵循以关系为基础的理念是不容易的。因为，当今信息时代的家长不同以往，他们普遍受教育程度高，热爱学习新知，擅于反思自己与社会，有些家长已经生育二孩、三孩，他们甚至可能比老师还懂育儿。因此教师的教育权威地位随时会被挑战，用传统方式"指导家长工作"显然不利于合作。

教师要从自身转变出发，放下习惯思维以及旧的家园工作方式，学习家庭发展的基本理论，理解家庭不同的文化期待，建立信任关系，协商解决家园之间的文化困惑与沟通矛盾，为孩子的健康发展而与家庭展开合作。例如，从入园前，教师通过家访进入家庭，与家长孩子亲密接触建立良好的开端。教师会邀请家长一起为孩子制定个别化教育计划，以便在日后能针对孩子个体的差异，提供切实有效的发展支持。

（2）由"问题式"转向"发展式"

在与家长的沟通合作当中，难免会产生双方看法不一致的时候。当冲突问题出现，关系视角下的教师不会居高临下充当教育权威，或者展现"优越感"，而是会有策略地引导家长了解科学育儿的信息，与家长进行探讨进而帮助改进不恰当的做法。在双方有较大冲突的问题上，还会进一步以孩子的发展为目标进行平等协商，而非争夺"说话权"。教师所有的努力皆为促进家园双方的良性合作关系，进而使双方能共享孩子成长的快乐。

四、实践成效

(一)顺应儿童的发展

基于关系的回应性照护充分尊重婴幼儿的主体地位，让孩子在温暖、轻松、有爱的环境中，充分体验到自由运动、自由游戏、自我服务、自主发展的快乐。从“老师，我不会”“你帮我弄”到“我自己来”“我来帮你吧”，许多孩子们从衣来伸手饭来张口的“小公主”“小皇帝”，变成一群有自信、乐于接受挑战，又乐于合作的“小达人”。

(二)收获家长的满意

当教师以一种积极构建良好家园关系的态度，更专业地解读孩子，支持家长科学正确的育儿方式时，家长对教师的敬佩和喜爱溢于言表。许多家长都主动做起宣传员，将孩子和自己在托班生活、学习的美好经历，通过朋友圈、邻里之间口口相传。

(三)提升教师的志业

在对孩子放手让权的过程中，教师观察到了孩子曾经被“隐藏”的真实能力，这进一步促进教师的儿童观、教育观的转变，教师由衷地为“发现儿童”感到欣喜，托育工作也不再是“只要照顾好、管管牢”的幼儿园“外挂项目”。

经过两年的努力，我园教师摸索出许多有价值的经验，也收获可喜的成效。当然，我园的相关研究也还处于起步阶段，我们对托育的实践和优化会一直在路上，比如，支持教师保教行为的管理、教研、师训等模式都需要转变。我们也期待能与更多学前教育工作者，形成研究同盟，共同为托幼一体化园所的高质量婴幼儿照护工作竭尽全力。

参考文献

[1] Barbre J. 婴幼儿回应式养育理论[M]. 牛君丽，译. 北京：中国轻工业出版社，2020.

[2] Maguire-Fong M J. 与 0—3 岁婴幼儿一起学习[M]. 罗丽，译. 北京：中国轻工业出版社，2020.

[3] 珍妮特·冈萨雷斯-米纳，戴安娜·温德尔·埃尔. 婴幼儿及其照料者[M]. 张和颐，等译. 北京：商务出版社，2016.

[4] 艾莉森·高普尼克. 园丁与木匠[M]. 刘家杰，等译. 杭州：浙江人民出版社，2019.

下篇

实践新探索

为一流总务事业发展提供坚实综合保障

——浙江大学总务处综合与信息管理工作思考与探索

蒋 葵

（浙江大学总务处综合与信息管理办公室）

【摘 要】 自2018年成立以来，浙江大学总务处始终围绕“立德树人”根本任务，为学校“双一流”建设和高质量发展提供强有力的资源支撑保障和一流的后勤服务。作为总务处的重要窗口，综合与信息管理办公室坚持对标一流，着力抓好制度建设、队伍建设和信息化建设三大块重点工作。本文梳理凝练了总务处成立以来综合与信息管理方面的亮点与成果，并以精细化管理、人性化服务、现代化治理为聚焦点，提出了下一阶段工作的几点探索性建议，以期为一流总务事业发展提供更加坚实、更具特色、更有温度的综合保障。

【关键词】 综合与信息管理制度建设；队伍建设；智慧总务

2018年6月，浙江大学房地产管理处与后勤管理处合并，成立浙江大学总务处（含“1250安居工程”办公室）（以下简称“总务处”），标志着学校资源保障和后勤服务管理工作进入了一个崭新时期。悠悠五载，步履坚定，五度春秋，砥砺前行，总务处秉持“资源保障促发展 综合服务创一流”理念，聚焦“立德树人”根本任务，积极回应师生对美好校园的向往与期待，以勇立潮头的冲劲、干在实处的拼劲和开拓创新的闯劲为学校“双一流”建设和高质量发展提供强有力的资源支撑保障和一流的后勤服务。

作为总务处的重要窗口，综合与信息管理办公室承担着统筹协调和对外交流的职责。回眸5年来的工作历程，从建章立制和组织架构重塑，到团队建设和“浙大生活”创建，再到“智慧总务”和标准化管理，综合与信息管理办公室在实践中不断提高管理与服务水平，不断推进规范化和数字化建设，努力为一流总务事业发展提供坚实、温暖的综合保障。

一、综合与信息管理运行机制

（一）完善健全的内控制度体系

健全的内控制度，是内部规范化管理与运行的基础与保证。总务处成立后，综合与信息管理办公室坚持以制度明确责任、以制度巩固成效、以制度规范工作、以制度提升效能，结合处内实际情况，完成20余项内控制度的制定与修订工作，包括《总务处（含“1250安居工程”办公室）领导班子成员分工和AB角工作制度》《总务处（含“1250安居工程”办公室）“三重一大”实施办法》《总务处（含“1250安居工程”办公室）廉政责任体系建设实施方案》《总务处（“1250安居工程”办公室）公文管理实施细则》《总务处（含“1250安居工程”办公室）保密工作实施细则》《总务处（含“1250安居工程”办公室）考勤和请假管理实施细则》《总务处（含“1250安居工程”办公室)部门经费管理实施细则》等,有效提升了科学化、制度化、规范化水平。

在制度的具体执行过程中,根据学校要求和工作需要,对部分制度也及时进行修订、完善或废除,以确保制度的准确性和时效性。为进一步推进规范化管理,促进总务管理服务工作高质量发展,2022 年编制了《总务处标准化工作手册》,并每年度对手册内容进行修订更新,使该手册成为总务处管理服务标准化和流程化的重要依据。同时,通过信息公开、同步完善工作流程等手段,努力提高制度的执行力,从而形成持续改进、不断完善的制度运行机制。

(二)营造务实阳光的团队文化

总务处成立初期,做好内设机构的重组规划是当务之急,在处领导班子的谋划部署下,综合与信息管理办公室配合做好深入调研和多轮征求意见的相关工作,并协助处领导班子完成总务处内设机构优化调整方案,最终形成了 6 大业务模块 14 个内设机构协同融合的组织架构(见图 1),打通了原来两个职能部门之间的壁垒,极大提升了管理服务效能,真正实现了机构改革的目的。

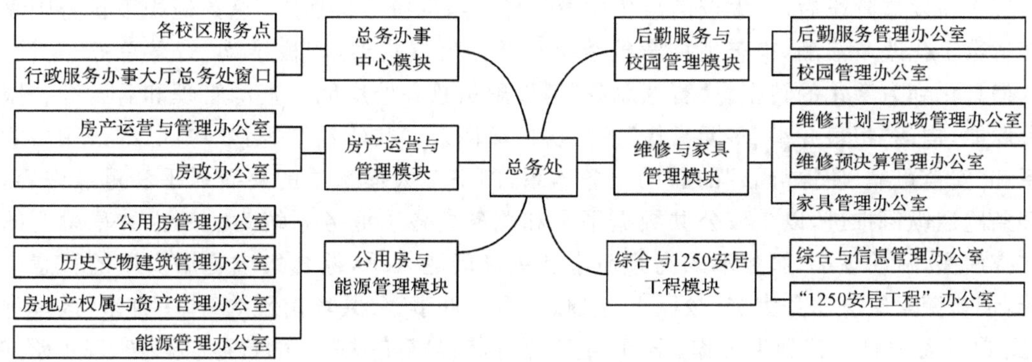

图 1　总务处内设机构组织架构

总务处职工总人数近 70 人(含项目用人、退休返聘等各类人员),超过绝大部分校部机关单位,重塑组织架构后,面临的最大难题便是如何满足新集体的情感需求。对此,在处领导班子指导下,综合与信息管理办公室多措并举,积极发挥了纽带作用:一是在全处范围内征集新的工作理念,最后凝练出“资源保障促发展综合服务创一流”的部门核心价值观,成为助力总务事业高质量发展的文化底色;二是积极开展部门团建活动,并与党支部、工会小组等积极联动,促进交流融合,通过举办集体生日、“大总杯”气排球比赛、总务处年会等文体活动,增强团队凝聚力和向心力;三是认真落实调研与员工培训计划,年初制定总务处国内高校调研与员工培训计划,并按照计划逐项推进,结合总务业务特色,通过打造“生 • 趣”“行 • 韵”“摄 • 颖”“通纬达经”“闻道解惑”等培训品牌,进一步拓宽职工视野,提高业务技能,丰富业余生活,使全处职工与总务处发展同频共振。

(三)推进总务工作信息化建设

信息化也是综合与信息管理办公室的一项重要职能,原房地产管理处和原后勤管理处均有多年的信息化建设基础,总务处成立后,在以往建设基础上,综合与信息管理办公室持续推进总务服务与管理的信息化升级,推进后勤综合服务大厅建设,继续开发房地产管理与综合服务相关业务系统,同步建设总务处门户网站、办公系统和微信公众号等平台。

工作机制方面,修订了《总务处(含“1250 安居工程”办公室)网络与信息安全管理实施细则》。项目建设方面,打造政务、党务的信息公开平台,重构总务处门户网站和党员之家网站，并纳入学校网站群统一维护；抓住机构改革的契机，对原有房地产管理处和后勤管理处OA功能进行完善后迁入学校协同办公系统，作为学校院级协同办公系统的试点单位，建设集收文、发文、内部请示、内部通知、用印管理、会议室预约等一体化内部管理办公系统，实现内部管理全流程信息化；持续推进浙江大学房地产管理与服务系统的建设；搭建“浙大生活”综合服务平台，集成更优后勤服务。

其中“浙大生活”综合服务平台同时纳入校内相关职能部门的生活类应用，形成涵盖寻食住行购修递游八大板块的服务体系，实现部门协同、一网办理的集成化生活类服务体系。综合与信息管理办公室还同步开发“浙大生活”微信公众号，将服务延伸至移动端，持续拓展微信公众号的服务项目，为师生提供更加全面、便捷、智能的校园服务。另外，2020年起，于每年迎新季在“浙大生活”平台推出《浙大生活服务手册》，全面有机整合后勤综合服务资源，为师生提供校园餐饮、住房信息、交通出行、校园卡服务、网络信息、户政服务等方面的生活服务指南。目前，“浙大生活”已成为校内师生高关注度的生活服务类品牌。

进入新发展阶段后，在学校信息化建设领导小组的统一部署下，总务处积极投身国家和浙江省数字化改革浪潮，牢牢把握学校数字化转型发展机遇，积极推动“智慧总务”建设，实现从信息化到数字化的转型。“智慧总务”建设聚焦总务处房地产资源管理和后勤综合服务两大职能，构建“租售并举、多元支撑”的住房保障体系、“共建共享、高效协同”的公用房管理体系和“安全可靠、便捷舒心”的后勤服务体系，围绕三大体系中的突破抓手和重点内容，设置多条跑道纵深推进，以学校公共数据平台和总务处各项业务系统为主建立共享融合的数据支撑底座，从治理端、服务端的高频需求和关键问题入手，综合集成管用实用的智慧应用场景，创新探索智慧总务大屏、校园E达通、自习一件事、公共场馆预约等“一件事”改革项目（见图2）。着力打造让师生工作、学习、生活更有获得感和幸福感的智慧管家，实现可感知的“宜学、宜研、易居、易生活”美好图景。

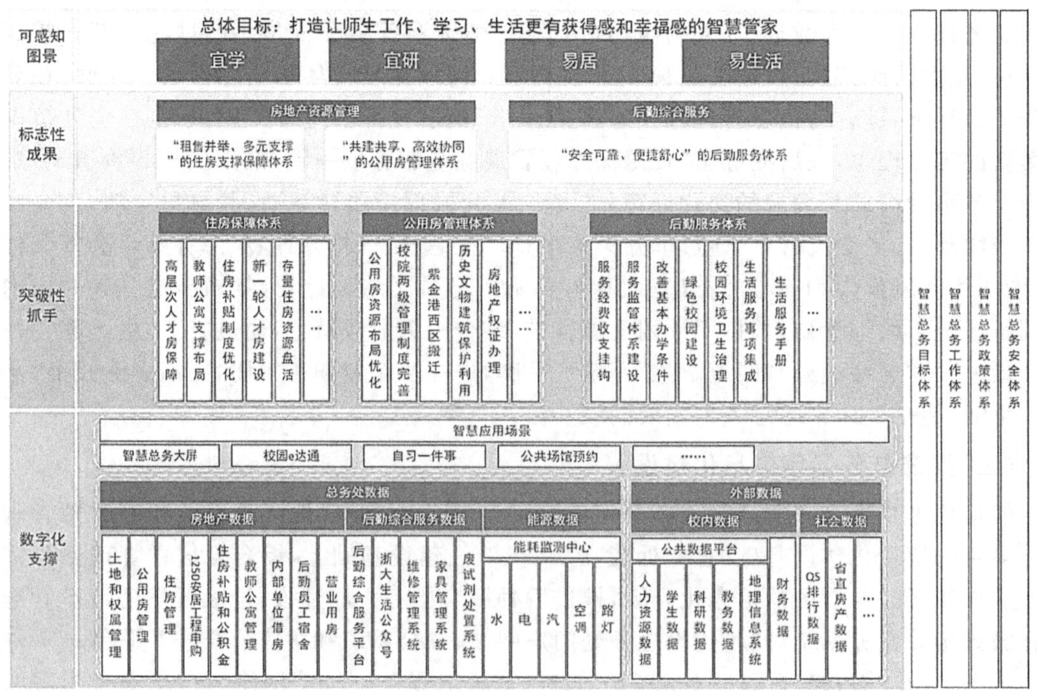

图2 智慧总务系统架构(V1.3)

二、工作难点与问题剖析

综合管理办公室是各单位的重要窗口，起着统筹协调和对外交流的纽带作用，综合办的工作具有综合性、服务性、协调性、时效性等典型特点，虽然不直接参与具体业务工作，但需对全单位的业务与全局工作有充分的认识和了解。结合综合与信息管理办公室职能，如何开展好与“一流总务”相适应的办公室综合管理与服务？如何在具体工作中体现总务特色？值得我们思考与探索。

对标一流目标，不难发现，综合与信息管理办公室也面临着若干工作难点，需要进一步提高站位、凝心聚力、勇攀高峰。一方面，思考沉淀还不够深入。鉴于综合与信息管理办公室工作特点，工作细致而烦琐，经常忙忙碌碌一整年，到了年终总结的时候却发现并无太多数据可以提炼，没有太多亮点可以呈现。科室成员平时忙于处理日常事务，对全局工作沉淀思考的时间较少，思考的深度和广度也不够。另一方面，特色亮点还不够明显。总务处成立以来，综合与信息管理办公室在部门文化建设、智慧总务建设、为师生服务等方面坚持积极创新，打造了“浙大生活”“校园 E 达通”等知名品牌，但在开展具有总务特色的综合管理工作方面还有提升空间，还需要进一步与时俱进，更多从需求侧出发，动态关注并挖掘师生和处内职工对美好校园生活的所思、所需、所盼。

三、下阶段工作思考与探索

对照“立德树人”根本任务，对标“一流总务”建设要求，结合实际工作难点与困惑，在新发展时期，就如何更好地开展总务处综合与信息管理工作作如下思考。

（一）以精细化管理为突破点，强化综合协调能力

在思想认识上要提高站位，对标党章党规，对标时代要求，对标师生期待，将“国之大者”作为一切行动的总出发点，自觉将科室工作融入全处工作中，将总务工作融入学校整体发展中，争取既为一域争光、更为全局添彩。在实际行动中要强化担当，凡事要从学校利益、师生利益出发去考虑问题，着力提升精细化管理水平，一方面，持续完善并优化内控制度，定期梳理岗位职责并明确 AB 角分工；另一方面，积极发挥综合办协调协同和督查督办的功能，努力将各项工作形成闭环。努力处理好整体性与局部性的关系、原则性与灵活性的关系，学会急事慢办、难事小办、险事早办、重事大办、杂事快办、新事活办。

（二）以人性化服务为着力点，提升服务保障水平

一是夯实宣传阵地，凝聚奋斗力量。总务工作务实而繁杂，面对的往往是看似不起眼的平常“小事”，却又是事关师生切身利益的“大事”，如果只是一味埋头苦干，忽视自我正面宣传，往往会使师生不能及时全面了解总务工作、认识和理解总务工作，因此我们在脚踏实地的同时也要不忘仰望星空，多措并举开展宣传工作，为维护总务事业发展和安全稳定提供舆论支持，为解决师生需求、提升服务水平搭建交流平台，为树立良好形象、激励创先争优提供有效阵地。下一步从以下几方面尝试，积极构建总务工作宣传格局：逐步建立“统一领导，协同作战，综合办牵头，全员参与”的宣传网络，挖掘并培养各科室宣传骨干，成立兼职宣传员队伍，通过业务培训、党建与团建、考核激励等方式激发队伍活力，提升积极性与专业度；加大与宣传部、本科生院、安全保卫处、后勤集团、新宇集团等相关部门联动协作，通过午餐会、

支部联合活动等形式加强交流，互通有无，并协同开展线上线下宣传活动，推动总务宣传工作由单兵作战向整体联动转变；进一步做好“浙大生活”微信公众号的运维，继续打造系列精品推文项目，积极探索抖音、视频号等新媒体宣传形式，扩大受众面，引导师生交流互动，提升公众号的用户黏性。

二是积极开展调研，汇聚发展智慧。进一步加强对国内外一流高校的调研交流，通过调查研究，在开阔视野、互学互鉴的同时，进而增强建设中国特色世界一流大学的自信心和使命感。

三是用心做好保障，营造良好氛围。以“服务大局谋发展，凝心聚力强保障”为宗旨，不断提高履职尽责能力，兢兢业业做好会议保障、车辆保障、办公保障、生活保障，当好服务“大管家”；不断提升总务文化内涵，创建更多更有亮点的工会活动品牌，打造暖心“职工之家”，提升职工获得感与幸福感。

（三）以现代化治理为关键点，推进“智慧总务”建设

按照《数字中国建设整体布局规划》和学校数字化改革整体谋划，进一步推进“智慧总务”建设。持续推进智慧能源物联网中台1.0、维修管理信息化系统、房地产管理系统住房模块开发建设，深化家具管理系统和一站式家具采购服务平台建设，推出更多师生喜闻乐见、有温度、有品质的系列专栏，集成更优更全更便捷的服务应用，让“浙大生活”公众号成为更具影响力的校园生活服务门户；推动智慧总务大屏、校园E达通、自习一件事、公共场馆预约（一期）四个改革项目的应用与完善，深化以体育艺术类场馆、师生活动用房为主的公共场馆预约（二期）项目开发建设。

下一步应继续学习借鉴浙江省和一流大学的好经验、好做法，努力把握好学校统筹和总务特色的关系、顶层设计与实践探索的关系、长期规划与短期突破的关系、数字赋能与制度重塑的关系、信息共享与数据安全的关系，打造更多更有标志性、示范性的成果，努力探索资源保障与综合服务领域的改革突破口，释放数据资源的汇聚共享潜能与开发利用价值，以数字化改革为抓手强化治理能力，提升服务水平，用力办好实事，画好最优数字同心圆，以数字化思维助力总务事业高质量发展。

浅谈智慧总务建设的探索与思考

蔡　正

（浙江大学总务处综合与信息管理办公室）

【摘　要】 智慧总务作为智慧校园建设的重要组成部分，按照浙江省数字化改革总体方案要求和浙江大学数字化改革“1612”总体架构部署，着力推进资源管理与后勤服务信息化建设。本文从理念的提出、建设总体架构、阶段性成效等方面阐述了智慧总务建设的探索与实践，分析了建设初期面临的顶层设计、体制机制、技术支持和资金投入方面存在的困难与挑战，并从加强前瞻性、整体性、可持续性等方面提出了下一阶段建设的思路与举措，为高校加快治理体系和治理能力现代化提供了数字化改革实践样本。

【关键词】 数字化改革；智慧总务；资源管理；后勤服务

一、前　言

习近平总书记在党的二十大报告中强调“加快建设高质量教育体系”，并指出“我们要建设的高质量高等教育体系，是治理体系和治理能力现代化的体系”。总务处作为主管学校房地产资源和后勤服务保障的职能部门，紧紧围绕落实立德树人根本任务，为人才培养、教学科研、师生工作学习与生活提供有力支撑和保障。为了更好满足师生日益增长的美好校园生活需要，保驾护航新一轮“双一流”建设，在体制机制加强创新、管理服务提质增效、充分发挥服务育人等方面都对总务处提出了更高的要求。

二、智慧总务建设的探索与实践

（一）建设理念的提出

随着大数据、物联感知、数字孪生等新技术的产生与广泛应用，数字化高校的时代已经到来，自“十二五”以来接续十年的信息化建设基础上，总务处按照“精细谋划、精心服务、精准管理”的建设理念，稳步开展信息化建设需求调研和业务系统迭代升级。面对变量更多、变化更快、标准更高的新局面，总务处要在浙江省教育领域数字化改革全局谋划的大场景下寻求小切口，在学校数字智慧锚定的主跑道中找到子赛道，找到结合点、找准发力点、打造新亮点，实现资源管理与后勤服务保障更精准、更科学、更高效，有效提升师生幸福感、获得感、认同感。

2020年，总务处将“智慧总务建设”作为信息化专题的重要组成部分写入学校“十四五”发展规划，作为智慧总务建设的理念源头和实践起点。

（二）建设总体架构

智慧总务是智慧校园建设的重要抓手，是以资源配置和综合服务两个平台为主线，能源管理、家具管理、维修管理等为支线，进一步汇集资产基础数据，聚焦师生需求，实现多跨协同、一网通办的智慧化服务体系，通过精细化管理、智能化分析、科学化决策，为师生打造智能感知、高效协同、优质便捷的工作、生活和学习环境。

智慧总务建设的总体架构由前端入口、业务架构、应用架构、数据架构、基础设施架构组成，并行构建健全的政策制度体系、完善的标准规范体系、可持续的组织保障体系和可靠的网络安全体系，如图 1 所示：

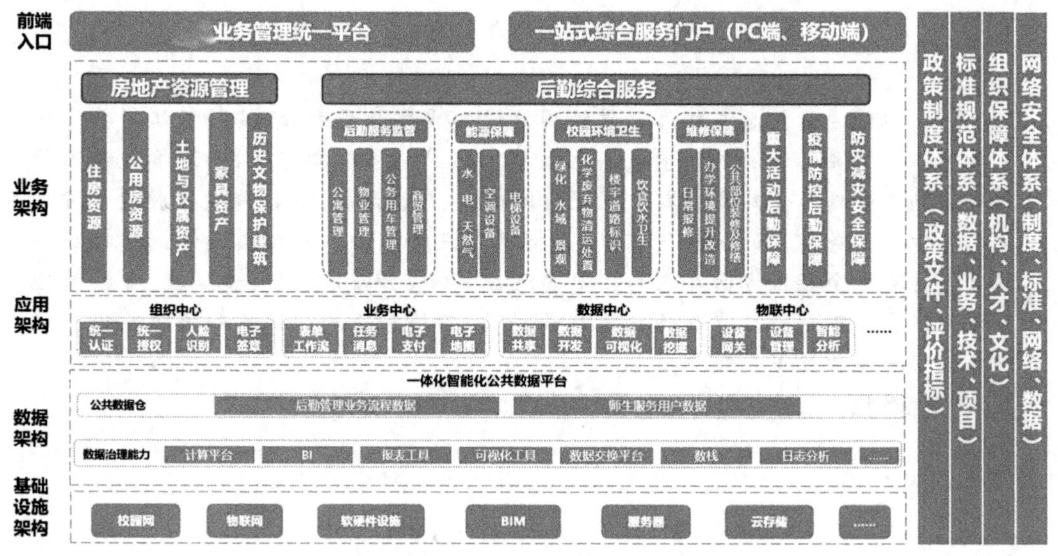

图 1　高校智慧后勤数字驾驶舱架构

（1）前端入口。智能化、可视化、一体化的数字平台，对存储在各业务系统中的数据进行采集、挖掘和呈现，为统筹协调、智能决策提供参考；根据师生高频服务事项，通过搭建场景、统一入口、简化流程，建设一站式综合服务门户平台。

（2）业务架构。智慧总务围绕房地产资源管理与后勤综合服务两块领域，房地产资源管理包括住房资源、公用房资源、土地与权属资产、家具资产、历史文化保护建筑等配置和管理；后勤综合服务包括后勤服务监管（公寓管理、物业管理、公务用车管理、商贸管理等）、能源保障（水、电、天然气、空调设备、电梯设备等）、校园环境卫生（绿化养护、水域治理、景观提升、化学废弃物清运处置、饮食饮水卫生、楼宇道路标识等）、维修保障（日常报修、办学环境提升改造、公共部位装修或修缮）等主要业务。

（3）数据架构。公共数据仓包括后勤管理业务流程的各项数据和师生等用户产生的服务数据，利用 BI、报表工具、数栈、数据交换等技术，对底层数据库中来源于各业务条块信息化系统的数据，进行提炼和推送。

（4）应用架构。根据总务处各类管理服务事项，梳理出学科发展、校园生活、师生需要的应用场景清单。在房地产资源管理方面，主要集成展示高校现有土地资源、住房资源、公用房资源、家具资产等总体情况，按照空间维度（校区、楼宇、学院等）展示资源分布和配置情况，为空间资源优化配置提供参考，促进有限资源发挥更大效益；在后勤综合服务保障方面，按照时间维度展示学校维修保障和能源保障管理发展趋势，围绕院系发展和师生需求，展示校园环境卫生管理、交通服务及历年后勤服务单位满意度调查情况等。

(5)基础设施架构。包括校园网、物联网、软硬件环境、建筑信息模型(BIM)、云存储等校园新基建设施。

(三)初步探索之成效

2021年启动智慧总务建设以来,在学校整体规划和部署下,围绕资源保障和后勤服务两大职能,统筹各方资源和力量做好信息互联互通、数据资源共享利用,主要在以下三个方面取得了阶段性成效:

1.多跨场景,办好师生关键小事

围绕学校一体推进数字智治改革目标,组建智慧总务"一件事"改革工作专班,推进实施智慧总务大屏、校园E达通、自习一件事、公共场馆预约四个项目,优化提升资源保障能力和服务水平,实施情况如下:

智慧总务大屏横跨"一屏总览""亩产论英雄"两个场景,展示房地产与家具资产概览,按空间展示资源分布和配置情况,按时间展示近四年能耗、维修和家具管理情况,按费用展示部门业务收支情况,并对各院系人才培养、重大成果、重大项目等指标进行投入产出效益展示,通过跨业务跨部门数据交互,实现数据由分散独立到共享利用。

校园E达通在原有的校园电子e地图基础上进行模型全面更新,开发紫金港东一、东二教学楼及学生文化长廊室内二维导航,新增校园风光VR,增设停车场和充电桩查询,嵌入就餐拥挤指数和小白车定位系统;同步方式提升,打通公共数据平台公用房数据接口,动态更新数据;管理后台升级,实行分流分类管理,建立录入人、审核人、总管理员三级审核体系。将校园生活各类碎片式场景转变为一体式地图服务,精准定位各校区、楼宇、单位,实现地图数据采集由人工录入转为同步推送。

自习一件事通过同步多个系统、提供即时数据、科学开放自习场所、持续优化提升管理和服务,实现"信息整合""一键查询""智能开放"和"群策群力"等四个方面的功能,打造学生自习一站式网上服务平台,实现学校相关部门对自习场所的智能管控、学生对自习场所即时精准查询和自习场所低碳节能等多重目标。

公共场馆预约通过整合场馆信息、规范场馆借用、建立共享机制、提供配套服务,主要实现"场馆共享""资源检索""预约审批""可选服务"四个功能。促进各单位提升内部场馆共享意愿和规范审批管理,在满足师生场馆使用需求的同时,提高公共场馆利用率,缓解公共空间资源紧张状况。

2.多措并举,打造服务共享门户

以问卷调查、"总务大家谈"座谈会等形式畅通交流反馈渠道,广泛征集信息化建设意见。紧贴师生关切,聚焦热点问题,"浙大生活"微信公众号开设"办实事""游在浙大""迎新季"等系列推文专栏,陆续推出"文旅浙大"沉浸式云游体验、"小白车"和班车定位查询功能、校园E达通新版电子地图服务,集成18项应用,覆盖"寻食住行购修递游"8个生活场景,盘活服务资源,集成更优服务,为师生提供丰富便捷的掌上校园生活。

3.多点发力,业务系统迭代升级

开发建设房地产管理系统公用房管理模块、权属模块、住房模块,优化提升"浙大公寓"管理系统、文旅浙大应用、家具资产管理系统,启动建设智慧能源物联网平台、维修管理信息化系统。通过定期召开信息化专题例会,厘清管理服务的堵点难点,激发业务协同的内生力,不断夯实智慧应用数据底座。

(四)面临机遇与挑战

以数字化转型推进学校数字智治走向结构优化、质量提升、实力增强的高质量发展道路,伴随着信息技术手段持续迭代、改革实践不断摸索、师生员工对美好校园生活的向往和需求无限递增,尚处于初步探索阶段的智慧总务正面临着转型带来的机遇与挑战:

1. 需要理清顶层思路

一方面,顶层设计如果缺乏连续性、前瞻性和系统性的考虑,将导致系统建设和实际需求存在信息不对称和发展不平衡的情况;另一方面,紧贴师生服务的需求调研分析不足,管理者更多关注内部机制的完善,以提升标准化精细化管理为主要目标,以优化流程和管理者视角开发系统,较少能构建服务对象的用户画像,在 UI 交互和产品设计中未充分考虑用户体验,师生在使用中对应用系统满意度和认同感不高。

2. 需要创新体制机制

多跨协同应用场景的搭建,要从体制机制上真正解决跨业务、跨科室、跨部门共享协同的问题。浙江大学信息技术中心陈文智老师曾在《无边界触达——数字化时代的高等教育》一书指出,高校的数字化改革不仅是一趟“技术苦旅”,更是一趟“文化苦旅”,陈旧、保守的观念在充满机遇的时代还在释放着逆向阻力。目前,不同类型的业务数据分散在不同的信息化系统中,独立运行、互不联通、相对静态、分兵把口,“信息孤岛”较为普遍,对数据采集和共享造成一定难度。

3. 技术支持较难匹配

业务系统开发过程中,开发公司的积极性、对业务和需求的理解情况很大程度影响了开发进度,通常缺乏实际的后勤管理实践经验,容易对总体需求的把握产生偏差,很难在信息化项目采购阶段择优遴选到一支成本可控、业务熟练、技术可靠、快速响应、全过程跟踪,且能形成长期战略合作关系的开发公司。

4. 资金投入难以持续

一方面,建设资金倾斜于硬件设备的购置,而用于软件系统的开发、细化和打磨的资金规划相对较少,并且很难集中投入快速体现信息化成果的关键项目,缺乏亮点和显示度;另一方面,缺乏对已有项目的升级和维护,因此形成新建项目一时难以显现成果、已建项目又难满足需求的矛盾局面,较难评估信息化持续投入的价值。

(五)坚持守正与创新

自学校启动“网上浙大”工程以来,围绕“以学生成长为中心”的全链路一体化教学支撑体系逐渐走向成熟,“浙大钉”“学在浙大”“智云课堂”“智慧教室”等一系列标志性成果陆续上线,让我们充满信心和斗志,需要主动融入全校发展大局,自我加压,乘势而上。

1. 提高格局站位,开拓前瞻视野

智慧总务建设在改革突破、系统重塑和流程再造等方面需进一步拓宽视野和优化路径,形成既有自下而上摸索、也有自上而下规范的长效机制。努力做到跳出总务发展总务,从师生的高频需求和反馈的意见建议来探索新体系、新场景和新模式,进一步理清思路架构,聚焦“管理增效、服务提质、师生点赞”等关键词,把满足师生对美好校园生活的向往作为场景搭建的出发点和落脚点,探索更多可以“牵一发动全身”的改革突破口。

2. 聚焦主责主业,推动整体智治

智慧总务体系的建成落地,离不开各业务系统底层数据的有力支撑,目前各业务、各系统的信息化基础不一，有的是在现有系统存量上优化升级，有的还需增量开发，数据库不断新老交替和扩充完善，对于数据资源的统筹整合共享具有一定难度。职能科室信息化建设要以管理精细化、流程标准化、工作规范化为基本目标，重塑业务数据架构，打通管理系统壁垒，形成横向上各项业务高效协同、纵向上多条主线贯通的数据共享交换关系，才能推动部门业务系统聚沙成塔，实现量变到质变。

3. 牢记"三精"理念，持续投入力量

智慧总务建设将贯穿整个"十四五"规划，应始终将精细谋划、精心服务、精准管理的建设理念作为总务处信息化发展的出发点和基准点。随着数字技术的升级，应用场景将根据建设成效不断更新迭代，新的应用场景也会应运而生，特别是在物联硬件设备投入、空间资源建模、跨场景数据共享等方面，需要持续的人财投入和技术支持，推动智慧总务建设形成可持续的循环体系。

三、结　语

2023 年 2 月 27 日，中共中央、国务院印发《数字中国建设整体布局规划》，强调全面提升数字中国建设的整体性、系统性、协同性。智慧总务将牢牢把握学校数字化转型发展机遇，深入研习借鉴浙江省各地各高校的好经验好做法，聚焦学校师生所盼、发展所需、未来所向，坚持顶层设计与投石问路相结合、长期规划与短期突破相协调，保持与学校推进整体智治的目标、路径、步调相一致，努力打造智慧总务更多标志性、示范性成果。以数字化改革撬动资源保障和综合服务领域突破改革，以更广阔的视角、更高效的协同、更优质的服务，开启智慧校园的崭新篇章，助推学校治理体系和治理能力现代化。

参考文献

[1] 王海峰. 服务育人视域下高校智慧后勤建设研究[J]. 高校后勤研究，2018(3)：26-29.

[2] 吴通苗. "双一流"大学建设视域下高校后勤发展思考[J]. 高校后勤研究，2018(11)：1-7.

[3] 乔硕功. "智慧校园"背景下的高校后勤信息化建设存在的问题与对策分析[J]，资源信息与工程，2020(6)：145-148.

[4] 杨朔. 基于"互联网＋"的高校后勤改革实践与思考——以北京师范大学为例[J]. 高校后勤研究，2020(11)：38-41.

“三全育人”视域下高校后勤育人的实践

——以浙江大学总务处为例

徐 珂

（浙江大学总务处综合与信息管理办公室）

【摘 要】 本文以浙江大学总务处为例，介绍在“三全育人”理念的背景下浙江大学总务处育人工作的现状与特点，分析存在的问题，进而凝练出高质量推进总务管理服务育人的路径。

【关键词】 三全育人；后勤育人

一、“三全育人”视域下高校后勤育人的内涵

高校立身之本在于立德树人，一流的后勤服务与资源保障体系建设必须紧紧围绕这条“生命线”来统筹谋划、科学管理和改革创新，在把握战略导向和具体工作推进过程中，不应仅仅着眼于校园“硬件”建设，更要聚焦于立德树人根本任务，直接参与到育人工作当中，积极发挥“三全育人”重要载体作用，着力提升总务工作文化软实力，使“软硬件”齐头并进，实现内涵式高质量发展。

在“三全育人”理念的指引下，近年来浙江大学总务处积极参与育人工作，强化政治引领，整合育人资源，初步构建出全员育人、全过程育人、全方位育人的育人格局。全员育人，即总务处把师生为本的理念贯穿到日常工作，提升育人意识，梳理育人职责，挖掘育人要素，人人参与，人人有责。全过程育人，即总务处以精细化管理、人性化服务为主线，在履行资源保障及后勤服务保障职能的过程中同时履行育人职责。全方位育人，即总务处围绕学生生活、学习、科研等各方面，结合部门本职工作，在各个领域体现育人导向，积极构建育人场景，搭建育人平台。

二、“三全育人”视域下高校后勤育人的实践——以浙江大学总务处为例

总务处聚焦学校中心工作，落实立德树人根本任务，紧紧围绕师生，促进内涵管理、提升服务水平，致力于为广大师生打造宜学、宜研、易居、易生活的学习生活环境，从育人氛围、育人空间、育人平台、育人环境着手，着力构建广泛参与、形式丰富、主题鲜明的四维一体立体育人体系。

（一）坚持内涵发展，营造育人氛围

后勤的育人职能只有充分融入，找准定位，扩展升华，立德树人的工作才会落实、生动和聚能。[1]总务处全面贯彻党的教育方针，切实担负育人工作主体责任，将立德树人工作融入全处业务体系。健全体制机制，通过全处大会、处务会进行专题部署，通过党员大会、党小组

会进行分享交流;定期召开"总务大家谈",构建学生与总务互动交流长效机制;定期梳理为师生办实事清单,巩固深化"为师生办实事"长效机制;定期推荐优秀青年干部担任新生之友、兼职辅导员;打造学生信息化发展平台,包括校园E达通、自习一件事、公共场馆预约、"浙大生活"等信息平台。通过以上举措,营造浓厚育人氛围,积极创造育人条件。

(二)坚持示范引领,打造育人空间

总务处通过加强空间资源支持力度,强化家具配置服务保障,为人才培养提供优先级保障,为学生创造一流的学习、科研、生活环境。除做好常规的空间资源保障工作,更加注重从"育人空间"到"空间育人"的功能拓展和升级,结合学生个性化、差异化、多样化的需求,打造了多个集学习交流、文化浸润、生活服务、休闲娱乐多功能于一体的综合型育人空间,受到广大同学的青睐。近年来,在校园中充分整合、挖掘各类空间资源,改造、打造类型丰富、功能多样的育人空间,完成一流学习社区、段永平教学楼智慧教室、学生文化长廊、唯学长廊等公共空间改造升级。注重空间品质提升,打造具有浙大特色的一流硬件设备,实现现代科技、人文关怀与生活服务的深度融合,促进师生思想碰撞、情感交流。

(三)坚持守正创新,创设育人平台

总务工作与学生息息相关,是没有讲台的育人课堂,无形之处育人无声,潜移默化处处育人。总务处积极探索学生共同参与校园环境治理的途径、形式和手段,促进总务工作对人才培养影响力的提升。结合学生专业特长,强化学生主体意识,建立起学生与学校的紧密联系,让学生参与校园综合治理中产生"家"一样的归属感和认同感,让总务处的使命和职责演变成有情怀、有温度、有感情的画面呈现在广大师生面前。合理充分利用校内部分绿化资源,引导学生直接参与校园绿化及美化活动,包括景观设计、植物种植与修剪、植物名录挂牌等活动,让校园绿地成为凝结教育功能、劳动意义、校园记忆的育人平台。吸纳学生参与后勤服务管理实践,通过建立校园文明学生监督志愿者队伍,与学校三会建立沟通桥梁,举办"食堂面对面"座谈会,邀请师生代表参与学校后勤服务管理综合检查考核,加强各方协同联动,培养学生发现问题、解决问题的能力。长期指导浙江大学学生节能减排协会开展宣传活动及社会实践、创新创业实践等,面向全校师生开展各类节能宣传教育活动,大力倡导绿色发展理念;组织开展系列志愿服务,以垃圾分类、历史文物建筑宣传等为主题,倡导校园文明生活,涵养劳动精神。

(四)坚持师生为本,优化校园环境

校园环境渗透着高校价值追求和文化底蕴,既有助于学生净化心灵、提升审美,更是助推培养学生行为习惯、道德品性的重要一环,对于学生的发展有持久深远、潜移默化的影响。总务处投入专项经费,通过加强环境绿化、美化、人性化、国际化建设以及环境综合整治,推进校园自然环境与人文环境互融互生,提升校园风貌,做到人景和谐,让学生在赏心悦目中修身养性、陶冶情操。提升校园生活品质,结合学生就餐、住宿、运动等多方面实际需求,实施东教学区供餐点改造,推出银泉餐厅,全方位探索差异化服务,打造美食新地标,同时改善老食堂硬件条件,提升就餐环境;以环境整治、房屋修缮、基础设施完善及"三室一堂一卫"改造等为重点,近年集中完成学生宿舍热水、消防、安防、家具、门厅、垃圾房等改造;新建五人制足球场等运动场地,改善体育教学、训练和竞赛环境,为师生创造良好的运动健身场所。

三、问题分析

(一)育人意识有待提升

总务处部分职工对高校后勤育人功能的认识不够充分，对育人工作不够重视，仍会出现"重业务轻育人"等情况，日常大部分时间、精力主要投入于具体业务，一定程度上忽视了立德树人的深入思考，缺乏参与育人工作的自觉性和主动性。

(二)体制机制有待完善

在新的历史方位上，总务工作较多着眼资源管理和后勤服务业务本身，缺少对立德树人根本任务的战略性和系统性思考，对育人工作的新形势、新任务、新要求的分析不够透彻，育人制度建设、考评体系、经费保障方面体制机制还未形成，部门间、跨部门协同合作不够深入。

(三)育人特色有待加强

总务工作量大面广细碎，虽在各业务领域内结合职责已初步形成探索了育人模式，但在如何深入推进后勤育人高质量发展方面还做得不够，育人成效还不够明显，特色品牌还未形成，还未能很好发挥学生在推进总务工作高质量发展的促进作用。

四、思考总结

(一)进一步深化育人机制

以学校中心工作和师生热切关注的问题为重点率先突破，推动育人工作与后勤服务、绿化管理、维修管理、能源管理等领域的深度融合。培育一支政治素质好、专业能力强的育人队伍，定期组织处内职工的业务培训，邀请优秀育人代表进行指导，丰富专业育人知识，树立优秀育人典型，引导全体职工树立科学、正确的育人观念，使每一位总务人都能怀着高度责任感和使命感将个人发展融入学校发展和立德树人工作中，为浙大育人工作贡献总务力量。

(二)进一步完善育人体系

坚持党的全面领导，坚决落实党中央最新决策部署，促进创新理论转化为指导育人实践的强大武器，进一步加强理论指导立德树人工作的针对性，形成育人长效机制。从育人载体等方面进行改革创新，利用资源优势，创新总务服务，拓宽育人载体，在总务工作中探索学生成长成才路径。

(三)进一步探索育人模式

始终践行以人民为中心的发展思想，做好一线调研工作，坚持问题导向和需求导向，畅通师生沟通发声渠道，在持续广泛了解问题、充分征集需求的基础上探索总务育人模式。打破惯性思维和路径依赖，以机关"三服务"为主线，积极拓展外部资源，强化与校内外部门的协同合作，努力形成若干具有总务特色的、学生喜闻乐见的、与工作职责相适应的育人品牌。

参考文献

[1] 刘雄军.高校后勤育人体系高质量发展路径探析——以北京林业大学为例[J].高校后勤研究，2022，No.239(02)：14-15.

浙江大学教师公寓发展历程回顾和展望

陈　冰

（浙江大学总务处房产运营与管理办公室）

【摘　要】 教师公寓是高校重要的战略资源，对高校引进人才、营造良好的人才发展环境起到不可替代的支撑保障作用。浙江大学教师公寓经过十几年的发展，规模上、品质上、服务上、管理上都得到了全面提升，并构建了高层次人才公寓、标准型公寓、经济型公寓、简易型公寓和招待所式公寓组成的多层次多元化教师公寓保障体系。本文对整个发展历程分四个阶段进行了回顾分析，并在最后针对新时期遇到的新挑战提出了展望。

【关键词】 教师公寓；发展历程

浙江大学教师公寓是学校提供给符合条件的教职工居住的过渡性宿舍，是学校住房保障体系的重要组成部分。经过十多年的发展，浙江大学教师公寓数量已从2007年初的600余套增长到目前的两千余套（间），建筑面积12余万平方米，已经形成高层次人才公寓、标准型公寓、经济型公寓、招待简易型公寓和所式公寓构成的多层次多元化教师公寓保障体系，解决了一万多人次的过渡性住房问题，对于创造良好的“双一流”建设人才发展环境起到了至关重要的支撑保障作用。

一、教师公寓改革发展历程回顾

（一）教师公寓快速增量阶段（2007—2010年）

2007年前，浙江大学只有600多套（间）教师公寓，大部分是老校区筒子楼改造的单身公寓，数量少且类型单一，供需矛盾突出。学校在“十一五”期间推出了六大行动计划，其中“人才支持计划”的实施过程中，教师公寓作为住房货币化社会化背景下阶段性解决引进人才住房问题的主要途径，重要性日益凸显。当时恰逢浙江学校“580工程”（5年建80万方经济适用房）已全面进入申购与入住阶段，教职工的住房条件得到了彻底改善，大批量的腾空房将陆续通过换购交还学校。综合以上两个因素，学校多次提出资源应更好地服务于师生员工和教学科研，要努力提高教师公寓的支撑力度，把教师公寓建成开放型、与国际接轨、多层次、与学校人才发展战略相匹配的服务体系，从而真正推动住房的货币化改革，最终使学校摆脱受资源局限的困境。

2007初，学校回收了首批近千套腾空房，教师公寓调整与改造以此为契机，开启大规模建设第一年，“教师公寓专项改造计划”正式拉开帷幕。基本工作思路是“增加总量、调整结构、完善设施、提高服务”。该计划使浙江学校教师公寓从数量、硬件条件到内部管理、服务水平实现质的飞跃。到2010年底已初步形成经济型、标准型等公寓构成的多层次教师公寓支撑体系，总量已达1742套(间)，其中装修电器配备到位的公寓已从2007年初的600多套(间)增加至1340余套(间)。管理与服务方面也开始推行专业化物业管理和服务，所有教师公寓均委托后勤集团教师公寓服务中心进行专业化物业管理和安全维护，包括住户接待(入住、退房设备清点交接)、卫生保洁、维修维护、安全保卫、仓库管理等各项工作。

(二)教师公寓全面发展阶段(2011—2014年)

第一阶段结束后，浙江大学教师公寓体系已初具规模，但仍存在很多待改进之处。首先，公寓总量尚有差距，腾空房改造周期比较长，至少需要1年才能投入使用，所以当时公寓只能面向首聘期内的新进校人员，总体还是供不应求。其次，空间布局和户型结构不合理，紫金港主校区教师公寓严重缺乏，单间多套房少；第三，信息化工作滞后，教师公寓通过线下排队申请，存在程序烦琐、信息反馈滞后、住户要跑多趟等问题。

为了妥善解决这些问题，进一步改善青年教师过渡房居住条件，快速提高住房支撑保障能力，满足“十二五”期间为浙江大学集聚高水平人才创造条件，学校采取了三大措施，教师公寓从量到质得到全面发展。第一，继续加大教师公寓改造力度。2011年学校制订了2011年至2013年教师公寓改造三年计划，改造了890套腾空房(分三种档次)纳入教师公寓体系，新增高层次人才公寓，进一步丰富了教师公寓保障体系。第二，加强信息化建设，建立公开透明、标准统一、自主便捷的教师公寓网络服务平台，实现远程预定、网上报修、网上投诉、网上退房等。该平台2010年10月开始试运行，让教师公寓申请过程更为公平、高效、便捷，拓宽了服务的广度，提升了管理的有效性。第三，建立物业托管单位的绩效考核制度。2012年开始正式在教师公寓物业委托管理与服务协议中明文规定教师公寓管理服务考核办法，建立了由定期考核、不定期抽查、满意度调查、发生事故和投诉率统计、零星维修核查、转租转借核查等组成的综合考核体系，根据加权得分确定物业费给付情况，切实提升物业管理水平。

(三)教师公寓深化改革阶段(2015—2019年)

经过前两个阶段的改革，教师公寓保障体系基本形成，但新老问题依然不少。首先，缺乏健全的退出机制。教师公寓数量虽大幅提升，但长期只进不出(当时每年500套左右的需求增量)，就摆脱不了资源供不应求的困境。另一方面，教师公寓使用费多年未调，标准与周边区域市场标准相差甚远，寻租空间较大，导致转租转借现象也屡禁不止。第二，空间布局问题越来越突出。随着学校发展规模的扩大和校区空间规划的调整，主校区紫金港区块的住宿需求越来越大，当时紫金港区块(包括校园周边区域)房源占比仅5%。同时，筒子楼改造而成的一居室、单间甚至两人间，也不能满足大部分青年教职工家庭生活的需要，但当时最迫切需求的两居室和三居室所占比例仅37%。第三，配置模式有待优化。当时选房模式是每周定时开放预订经事先公示的新房源，热门区块难免出现“秒杀”现象。部分老师对此颇有怨言，希望能够推出一种更为科学、合理、从容的选房模式。

针对这些问题，学校加大改革力度，采取了系列具有针对性的深化改革措施。首先，进一步丰富完善教师公寓保障体系。2014年开始分批推出了未装修套房——简易型公寓，降低准入条件和使用费标准提供给青年教职工。在教师公寓经费紧张的情况下，此举既增加了公寓数量，又满足了新进教职工多元化的住宿需求，当时很受欢迎。考虑到学校兼任教师日益增多和院系的需求，又专门改造了一批可拎包入住的招待所式公寓，按照三星级酒店的标准提供服务，供短期交流学者使用。第二，2016年5月，为进一步优化教师公寓资源配置模式，学校结合广大教职工意见建议和实际情况，对教师公寓网络服务平台远程预订模式进行了升级改版，在原“房源公开、条件公开、自主申请、远程预订”模式的基础上新增了计分制的“排队轮候”功能，实现“排队轮候、优先选房、公平抢房相结合”的资源配置模式，结束了以往到点“抢房”的模式。第三，2017 年底首次通过公开招标集中采购教师公寓委托管理与服务，加速教师公寓物业服务的规范化、标准化进程。第四，修订教师公寓管理制度。为了进一步规范化教师公寓管理与服务工作，2018 年 9 月对原《浙江大学教师公寓管理规定》(2001 版)进行修订。新办法对教师公寓的申请对象、入住标准、入住期限、收费标准和权利义务等都进行了重新界定，健全了教师公寓退出机制，为资源优化利用完善了制度保障。第五，启动教师公寓公共部位改造工作，开展了集中公寓视频监控安装工程、公寓智能门禁系统安装工程、集中公寓屋面修漏工程、公寓漏电保护器安装工程等系列工程，保障教师公寓的居住安全，优化住户居住体验。

(四)教师公寓品质提升阶段(2020 至今)

经过前三个阶段的发展，教师公寓规模已达到 2500 多套(间)，12 余万平方米，形成了较为成熟的高层次人才、标准型、经济型、简易型等、招待所式多层次多元化教师公寓保障体系。教师公寓发展开始迈入一个新的历史时期。但是新时期仍有很多问题亟待解决。首先，教师公寓的主要矛盾已经从总量的供需矛盾转为优质资源的供需矛盾。《浙江大学教师公寓管理办法》2018 年修订后，教师公寓长效管理机制已经确立，教师公寓开始进入良性周转期，但内部发展的不平衡问题急需解决。虽然我们“有”公寓，但是不够“好”，不够“近”，依然不能满足教职工的热切盼望。其次，现场管理与服务水平有待进一步精细化。教职工对美好安居环境的向往，不仅仅是对硬件设施设备完善的要求，也包含了对管理与服务水平提升的期待。在资源急剧增长阶段结束后，我们的管理要更注重细节，服务要更注重用户体验，才能真正给教职工营造美好安居环境。现场服务方面，当前教师公寓服务中心存在流动性大、员工素质参差不齐、设施设备管理粗放等问题，直接或间接影响到了管理效率和住户体验。第三，信息化水平有待提升。随着时代的发展，特别是移动端小程序的普及，当时的教师公寓网络服务平台尚未实现网上看房、移动端选房、在线签订协议等功能，已经不能满足现有规模教师公寓管理与服务的需要。第四，新冠疫情给教师公寓管理带来了前所未有的压力。一方面要在不增加人力资源的前提下做好两千多套公寓的疫情防控工作，另一方面教师公寓特别是招待所式公寓的入住率也受到很大影响。

在如此严峻的挑战下，学校一方面严防严控做好两千多套教师公寓的疫情防控工作，并建立常态化管理机制；另一方面抓住一切契机改善教师公寓品质，努力提升住户的获得感和幸福感，具体采取了下列措施，首先，认真落实“不忘初心、牢记使命”主题教育关于改善青年教师公寓条件的要求，实施并完成 2000 万元的教师公寓品质提升计划，改善了多校区多栋教师公寓的基础设施和整体条件，打造了“求是雅居”品牌公寓。第二，通过资源动态调整优化教师公寓品质和结构。结合“十四五”住房资源整体规划，接收紫金港校区内新增教师公寓资源 383 套(间)，并腾挪调整部分教师公寓资源为学生宿舍、后勤员工宿舍、内部单位借房等，缓解热门区块教师公寓供需矛盾，促进教师公寓区域分布平衡，同时也提高了资源的利用率。第三，加强信息化建设，推出“浙大公寓”平台，实现教职工移动端选房、入住、换房、退房等系列服务，教师公寓使用协议由线下改为线上签约，教职工在选房后可直接至相应公寓服务点办理入住手续，实现教职工申请教师公寓从“最多跑一趟”到“跑零趟”的转变。第四，推进教师公寓精细化管理。细化《浙江大学教师公寓物业管理考核办法》，严格按照各项要求落实加强监督管理，从制度层面强化教师公寓服务中心全体人员服务意识，统一规范和流程，优化服务时间，落实首问责任制，不断追求服务的更高质量。

二、展　望

随着中国特色社会主义进入新时代，我国社会主要矛盾已经转化为人民日益增长的美好生活需要和不平衡不充分的发展之间的矛盾，人们对物质文化生活提出了更高要求，这也对教师公寓工作带来了更高的要求。怎样让有限的资源更好地满足人民群众日益增长的对美好生活的需要，更好地支撑浙江大学双一流建设和人才强校战略，真正让教职工安居乐业，这是新时期对我们资源管理与服务部门提出的新要求。

学校教师公寓的发展站到了新起点，即将迈向新征程。习近平总书记在党的二十大报告中从“增进民生福祉，提高人民生活品质”的角度阐述了房地产发展方向，即“坚持房子是用来住的、不是用来炒的定位，加快建立多主体供给、多渠道保障、租购并举的住房制度”。在这样的时代背景下，教师公寓作为高校住房保障体系中“租”的重要组成部分，是学校重要的战略资源，也将在学校迈向世界一流大学前列的进程中承担更重要的使命，发挥更重要的作用。教师公寓工作要坚持围绕“育德树人”中心工作，服务“双一流建设”大局，以“以人为本、高效运转、可持续发展”为导向，不断提高教师公寓管理服务能力，在确保国有资产保值增值和教师公寓房源体量足以支撑学校发展保障需求的前提下，努力营造良好的“双一流”建设人才发展环境，为更多的教职工提供安居保障，让更多的教职工享受到住房资源带来的获得感和幸福感。

新形势下深化浙江大学住房制度改革的思考与探讨

蒋菲菲

（总务处房改办公室）

【摘　要】 党的二十大报告再次强调加快建立“多主体供给、多渠道保障、租购并举”的住房制度，为进一步深化住房制度改革指明了方向。住房资源是高校可持续发展的重要战略资源。本文回顾了浙江大学近30年的住房改革制度历程，分析了当前面临的新问题，并结合住房制度改革的新趋势，提出了进一步深化浙江大学住房制度改革、完善住房保障体系的几点探索性建议，以期继续为学校高原筑峰提供强有力的支撑保障。

【关键词】 浙江大学；住房制度改革；租购并举；住房保障

“筑巢引得凤来栖、安居方可乐其业”，住房资源是高校重要的战略资源，关乎学校高层次人才队伍建设和世界一流大学发展大局。浙江大学的住房制度改革，遵循国家、省市房改政策，结合学校自身实际，近30年以来在学校发展的各个阶段提供了强有力的安居保障，大力推动了学校的跨越式发展，切实增强了教职工的获得感。党的十八大以来，党和国家多次提出“坚持房子是用来住的、不是用来炒的定位，加快建立多主体供给、多渠道保障、租购并举的住房制度，让全体人民住有所居”等新的提法，为全国住房制度改革指出了新的方向，也带来了新的挑战。新形势下如何进一步深化我校住房制度改革，继续为学校高原筑峰提供持续有效的安居保障，成为一项新的课题，亟待我们思考与探索。

一、浙江大学住房制度改革的历程回顾

浙江大学的住房制度改革，和全国其他高校一样，一直遵循国家、省市方针政策，经历了从实物分房到住房货币化、商品化的进程。

（一）住房实物分房阶段

1994年至1998年，浙江大学合并前的原浙江大学、杭州大学、浙江农业大学、浙江医科大学，主要实行住房实物分配制度，以承租公房、房改购房为主，还有个别的集资房项目。这一阶段由于教职工的住房起点普遍很低，但可供承租或分配的房屋有限，供给和需求存在巨大的矛盾，因此学校总在筹集基建资金建房、房地产管理部门总在分配住房，教职工论资排辈等着学校分房，这和日益发展的社会主义市场经济体制逐步不相适应。

（二）住房货币化、市场化改革阶段

1998年，国务院发布了《关于进一步深化城镇住房制度改革加快住房建设的通知》，全国停止实物分房，揭开了深化住房制度改革的新阶段，浙江大学也随之停止实物分房。在地

方政府的政策支持下，经过多年的探索，逐步形成了“租购并举、多元支撑”的住房保障体系，不仅解决了大部分教职工的住房困难，也为人才强校战略提供强有力、可持续的支撑保障。

1. 具有地方特色的政策性住房

自 2004 年以来，在省市地方政府的政策支持下，浙江大学通过“580 工程”自建经济适用房以及经济房换购过程中腾出的原房，基本解决了大部分教职工的住房需求、改善了住房条件，也为学校后续引进高层次人才储备了住房资源，提供了强有力的支撑保障。但随着时间的推移，因进校时间、户籍等因素不能购买专用房的引进人才住房问题日益显现，住房问题再次成为制约学校发展的一个难点问题。2011 年学校启动“1250 安居工程”，再次为广大新进校教职工解决了住房难题。安居而可专心乐业，在“580 工程”“1250 安居工程”的支撑保障下，一大批青年才俊学成后来到浙江大学，在此开启了教书育人、登攀科研高峰的职业生涯。近二十年来，政策性住房在浙江大学跨越式快速发展中发挥着不可或缺的“筑巢引凤”作用。

2. 完备的住房货币补贴体系

自 1998 年停止实物分房以来，浙江大学与其他高校一样，逐步启动了住房货币化补贴。2003 年开始，对于 1999 年以前工作的老职工按家庭核定实物分房面积，不足部分一次性发放货币补贴。2013 年开始，对 1999 年以后进校的新职工实行按月发放公积金补贴，其中教学科研岗的引进人才由人事部门发放引进人才住房补贴。自此，浙江大学的住房货币覆盖了房改意义上的新老职工，也覆盖了教学科研岗、党政管理岗、实验技术岗等各岗位教职工，建立起了完备的货币补贴支撑体系。

3. 完善的周转住房保障体系

多年以来，教师公寓一直是可配售住房以外最有力的支撑保障，是许多新进校教职工入职浙江大学后的第一个安顿之处，且这些公寓大多分布在各校区周边，极大地方便了教职工的工作和生活，在安居保障中发挥了重要作用。目前，已经形成了涵盖高层次人才公寓、标准公寓、经济型公寓、招待所式公寓、简易型公寓等多种类型的公寓体系，满足不同类型人员的住房周转需求。同时，自 2018 年以来，利用学校腾空住房，建立起了内部单位借用住房制度，既有效盘活住房资源、促进了国有资产的保值增值，又进一步解决了各单位相关职工面临的住房难题，完善了周转住房保障体系。

二、浙江大学住房制度改革现状及面临的新问题

（一）住房保障资源日益紧缺

近二十年来，自建经济适用房、人才专项房预留的高层次引进人才储备用房，是学校建设一流人才队伍最有力的资源保障之一。但随着逐年的分配出售，住房数量不断减少，尤其是地段、品质皆优的住房日益稀缺，住房资源对一流大学建设的可持续支撑面临极大挑战。

（二）周转住房面临着地段和品质的双重挑战

随着学校空间布局的调整，大部分年轻教职工随院系搬迁至紫金港校区，但教师公寓普遍位于老校区周边，无法满足教职工在紫金港校区周边的居住需求，与此同时老校区周边的公寓居住率逐年下降。内部单位出租的房源普遍面积小、房龄高、配套设施老旧，无法满足年轻人对“小区环境、居住舒适度、一家老小居住”等方面的要求。此外，周转性住房产权不过户，租购同权尚未全面落到实处。周转住房的现状与教职工对美好生活的需求之间存在差距。

(三)住房货币补贴支撑力度有限

未享受政策性住房的年轻教职工购房压力仍较大。根据住房改革政策，1999年1月1日以后工作的新职工，主要以按月补贴的形式发放住房补贴。浙江大学目前执行的是2013年教代会通过的补贴标准较这兄弟高校补贴标准偏低，相较于购房的市场行情，补贴金额低、支撑力度小，未享受政策性住房的年轻教职工仍然面临较大的购房压力。

三、我国住房制度改革的方向和省市相关政策

2016年底，中央首次提出要准确把握住房的居住属性，以满足市民住房需求为主要出发点，建立租购并举的住房制度，让住房回归民生属性。党的十九大报告指出“坚持房子是用来住的、不是用来炒的定位”，确立了“多主体供给、多渠道保障、租购并举”的三条重要举措，为我国未来住房制度改革指出了新方向。2018年中央经济工作会议上，将“加快住房制度改革和长效机制建设”列为2018年要着力抓好的重点工作之一，并强调要“力争取得明显成效”。2022年，党的二十大报告再次指出加快建立“多主体供给、多渠道保障、租购并举的住房制度”，从初步探索、打好基础的5年迈入继续探索、追求高质量发展的“新5年”。

这些政策及措施的出台意味着，住房制度改革的新时代已经开启。作为各类人才聚集的浙江大学等高校，该采取什么样的应对策略，继续深化住房制度改革，值得思考与探讨。

四、深化住房制度改革的几点思考与建议

高校的住房制度一直是以国家大方针政策为指引，结合省、市地方和自身实际情况进行改革。我们需立足大局、勇于探索，在新的形势下继续优化完善“租购并举”的多元化、多层次住房保障体系，帮助教职工解决住房问题，促进一流大学人才队伍建设。

(一)因地制宜，积极争取省市地方政府的政策支持，利用社会资源多渠道完善保障

高校的本身特点决定了单一依靠学校本身解决所有教职工的住房问题并不现实。人才是地方发展的第一资源，而人才在城市中获得“安居”是留住人才资源的关键。浙江大学作为当地顶尖人才的聚集地，要将我校的高层次人才住房保障纳入到“人才强省、人才强市”的战略高度，积极争取省、市地方政府的政策支持，努力推动新一轮人才房建设并加强房源的科学统筹，并可考虑积极引入社会资源参与人才房建设。

同时，杭州市于2014年开始陆续发布了《杭州市高层次人才住房保障实施意见》和《杭州市区人才专项租赁住房租赁管理办法(试行)》等一系列政策措施，从高层次人才购房补贴、人才专项租赁用房等多渠道解决高层次人才住房问题。浙江大学汇聚了各类人才，可充分研究省市相关优惠政策，与本校引进的人才类型进行匹配，主动为引进人才提供人才专项房租赁、购房摇号、货币补贴、公积金优惠等政策分析，提供更加精准的优质服务。学校可积极与金融机构商议，高层次人才作为优质客户享受一定的贷款优惠政策；还可以探索组织团购相对优惠的商品房等途径提高教师购买能力。在住房保障以外，要积极争取保障内容的创新，比如子女的教育、家庭成员就业、公共基础设施及养老、医疗等配套措施，提高人才的融入感和归属感。

(二)因势利导，建设面向高层次人才的共有产权房

目前高校的新进教职工大部分为高层次引进人才，他们本身不符合面向低收入家庭的保障性住房，但新入职场也可能缺乏购买商品房的经济能力。在“人才强市”的大背景下，是

否可考虑争取省市政府的政策支持，在当地共有产权房的大体系中，建设面向特定对象即本校引进人才的共有产权房。同时，可将共有产权房的回购制度与高层次人才的服务期限等挂钩，在一定程度上也可解决因人才流动造成的住房资源流失的问题。

（三）开拓思路，探索人才在岗保障住房

在新的形势下，“住有所居”不仅是指获得住房产权，也可以是发挥住房“居住”功能。在可配售住房数量日益紧缺的情况下，对于没有资格享受政策性住房的部分教师，可否参考香港等部分高校的做法，利用一定的存量住房资源，为教师在学校岗位上工作期间解决其居住需求，教师只需承担较为优惠的房屋使用费，以及物业、房屋日常保养等费用。一方面解决了教师当前的居住需求，又能为他们累积资金到校外购房提供时间。

（四）广拓渠道，加强高校住房货币化支撑力度

自 1998 年国家停止实物分房以来，住房货币化支撑是一项重要的支撑保障。要实现住房增量、存量的运作，发放货币补贴，都需要资金保障。高校本身的特点决定了其资金来源有限，货币补贴来源主要来自财政预算、学校自筹，高校目前的货币补贴标准，与青年教职工对美好生活的向往之间仍存在一定差距，浙江大学也不例外。对此，需广拓资金来源，多渠道、多主体筹措资金，改革优化住房补贴方案、加大货币支撑力度，缓解购房压力，切实提升教职工的获得感，逐步满足其对美好生活的向往，安心于教学科研。

（五）双管齐下，提升周转住房精准服务质量

针对周转住房与教职工需求之间的差距，一方面根据资金情况通过改造修缮，逐步提升房屋品质和硬件设施，改善居住质量；另一方面，通过信息化手段不断提升管理和服务效率，并持续搜集分析教职工居住过程中的反馈，有针对性地提升教师公寓精细化优质服务进一步加强精细化服务，切实增强教职工的居住体验感和满意度。此外，可否开拓思路，考虑由学校整体租赁紫金港周边人才专项租赁房等措施，优化周转住房的地段结构，一定程度上缓解紫金港校区教师公寓的紧缺程度。

总而言之，遵循着国家住房制度改革的步伐，浙江大学的住房制度改革走过了近三十年的历程，为学校快速发展提供了有力的支撑保障，也为教职工专心乐业提供了安心居所。在当前国家“房住不炒”的前提和“多主体供给、多渠道保障、租购并举”的住房保障体系下，浙江大学等高校面临资源的日益紧缺和人才引进的迫切需求，需要与时俱进，进一步深化改革、创新机制，开拓新资源、盘活存量资源，不断完善住房多元化支撑体系、提升服务质量，使学校有限的资源得到充分利用，又最大限度满足广大教职工对美好生活的追求，为学校高原筑峰、迈向世界一流大学继续提供强有力的安居保障。

参考文献

[1] 汪新军，陈淑云，刘伟.高等学校住房问题及解决途径——以湖北省 19 所公办学校为例[J].中国房地产，2021(7).

[2] 陈变珍，殷雪松，赵悦.新形势下深化高校住房制度改革措施探究[J].经济师，2018(5).

[3] 姚亮.高校住房制度改革问题研究[J].现代商业，2019(7).

[4] 周虹宏.上海市高校青年教师住房支付能力及保障政策研究[D].上海：华东政法大学，2021.

[5] 侯艳艳，李玲，郑建彬.北京高校青年教师住房问题研究[J].中国房地产，2019(11).

浙江大学住房分配货币化的思考与探索

李晓星

（浙江大学总务处房改办公室）

【摘　要】 浙江大学坚持不懈深化资源保障体系和能力现代化，统筹推进学校住房资源的优化配置，建立了“租购并举、多元支撑”的住房支撑保障体系，其中住房分配货币化作为住房支撑保障体系的重要组成部分，在解决教职工住房问题上发挥着举足轻重的作用。

本论文将围绕国家和浙江省关于住房公积金和住房补贴相关政策，结合住房社会化属性和我校实际，研究高校教职工对住房需求的向往，与现实房价的日益增长和我校现行住房分配货币化政策有待进一步优化之间的差距。完善优化住房分配货币化相关制度、拓宽资金渠道、强化信息建设和加大政策宣传等方面，与时俱进深化住房分配货币化改革，从而为教职工解决住房问题提供资源支撑保障。

【关键词】 住房公积金；住房补贴；住房分配货币化改革

在全面深化改革、推进国家治理体系和治理能力现代化的时代背景下，浙江大学以习近平新时代中国特色社会主义思想为指导，对标对表全面建成社会主义现代化强国和跻身世界一流大学前列的战略目标，明确锚定国家和学校“十二五”以来的发展目标，奋力朝着“更高质量、更加卓越、更受尊敬、更有梦想”的中国特色世界一流大学迈进。

围绕学校“人才强校”和“双一流”建设支撑战略，浙江大学坚持不懈深化资源保障体系和能力现代化，统筹推进学校住房资源的优化配置，建立了“租购并举、多元支撑”的住房保障体系，其中住房分配货币化作为住房保障体系的重要组成部分，在解决教职工住房问题上发挥着举足轻重的作用。

一、概　况

自1998年以来，根据《国务院关于进一步深化城镇住房制度改革加快住房建设的通知》（国发〔1998〕23号）文件精神，国家住房制度改革进入深化体制改革阶段：停止住房实物分配，实行住房分配货币化。浙江省于当年出台《关于进一步深化我省城镇住房制度改革的实施方案》（浙政办〔1998〕5号），进一步深化浙江省城镇住房制度改革，不断满足城镇居民日益增长的住房需求。

为贯彻落实我校“人才强校”战略，围绕教职工息息相关的住房改革问题，根据国家和浙江省的住房制度改革目标，结合学校实际情况，我校已建立住房公积金制度，并已启动住房补贴工作。目前，我校住房公积金和住房补贴覆盖了学校各类教职工，让全体教职工共享学校住房发展成果。

(一)制定住房分配货币化政策和方案,确保改革工作有章可循

根据国家和浙江省关于住房分配货币化相关政策,结合我校实际,我校相继制定出台《浙江大学关于新教工发放住房公积金补贴的若干规定》(浙大发房〔2001〕1号)、《关于新教工发放住房公积金补贴及住房补贴的补充通知》(浙大发房〔2001〕9号)、《浙江大学教职工住房货币补贴实施细则(试行)》(浙大发房〔2003〕4号)、《浙江大学引进人才住房安置管理办法》(浙大发房〔2005〕3号)和《浙江大学教职工住房公积金补贴缴存标准方案》(2013年)。

在制定与实施住房制度改革的过程中,我校坚持"合理、公正、公开"的原则,在建立完整配套的住房分配货币化改革制度、确定住房补贴发放对象和细化住房补贴发放办法等方面,具有鲜明的"浙大特色"。

(二)推进住房分配货币化日常工作,保质保量做好管理服务

1. 住房公积金管理工作有序开展

住房公积金作为教职工的长期住房储金,有效提高了教职工住房消费能力。自1993年实行住房公积金制度以来,我校有序推进住房公积金管理工作,得到省直主管部门的充分肯定。

目前,我校每月按时缴交近9500名教职工住房公积金,全年累计缴交额达4.5亿元;每年年中按照省直住房公积金管理中心相关政策,例行调整教职工住房公积金月缴存基数和月缴存额。教职工因购房、还贷等可提取住房公积金,并可按照住房消费需求办理公积金贷款业务。同时,我校为教职工开通了住房公积金代取业务,为教职工提供相关服务和便利。

2. 住房补贴发放工作合理推进

住房补贴作为住房分配货币化的组成部分,在一定程度上提高了教职工住房支付能力,满足了教职工住房需求。

根据国家、浙江省和学校住房补贴相关政策,我校住房补贴包括住房公积金补贴、一次性住房补贴和引进人才住房补贴。住房公积金补贴,针对1999年1月1日及其以后参加工作的事业编制的无房教职工,按照其相应职务职级定额标准按月发放;一次性住房补贴,针对已享受实物分房、面积低于规定标准的教职工和1998年12月31日及其以前参加工作的无房教职工,一次性发放。自住房分配货币化工作开展以来,我校积极推进"新"、"老"教职工和引进人才的住房补贴工作,住房补贴政策惠及近1.4万教职工。

二、问题与挑战

随着学校"双一流"建设目标的深入推进,面对"十四五"时期学校改革发展的新形势、新要求,受中央第二次房改提出的"不为所有,但为所居"的住房保障政策、学校人才预留住房配售以及住房货币支撑体系改革等因素影响,学校住房分配货币化工作面临着诸多新问题、新挑战,其与教职工日益增长的住房需求仍有差距。

(一)住房分配货币化政策有待优化

1. 住房公积金补贴标准与实际房价差距增大

以初级职称教职工为例,其可享受的住房面积标准为70m^2。2013年,我校玉泉校区和紫金港校区所在的杭州市西湖区的商品房均价为21000元/m^2,其购买商品房总价为147万元。同时按照其理想职级晋升轨迹计算,3年后评为中级,5年后评为副高,5年后评为正

高，按照35年职业生涯合计，应发放住房公积金补贴总额为45.12万元，住房公积金补贴占房价比重为30.69%。2022年底房价均价上涨为31000元/㎡，其可享受的住房面积标准为90㎡，商品房总价为279万元。目前，我校仍按照2013年政策发放住房公积金补贴，住房公积金补贴占房价比重为16.17%。

十年来，面对不断上涨的房价，新进教职工特别是青年教职工购房压力较大，许多教职工望"价"兴叹，住房公积金补贴的作用有待提高。

2.住房公积金补贴发放标准有待完善

目前，我国房价呈现日益增长的发展态势，同时教职工对住房需求和对美好生活向往日益增长，新进教职工特别是青年教职工的住房需求更加迫切，但住房公积金补贴定额标准现仍按照2013年标准发放，未随工资的增长而增长，不同职称职务职级间的补贴标准差距较大，各类人员之间的补贴额度存在不平衡问题。

(二)住房补贴资金有待提高

为进一步推进我校住房分配货币化步伐，推动住房补贴"面积到户、补贴到人"，住房分配货币化工作的落地需要资金的支撑保障。高校住房补贴资金来源有限，主要来源于财政预算和学校自筹，有限的资金未能有效解决新进教职工特别是青年教职工住房问题，因此，住房补贴资金和来源有待提高和拓展。

(三)住房分配货币化的信息化建设有待优化

我校每年按照教职工人员流动、职称职务晋升等因素，审核教职工住房补贴申请、调整职称晋升教职工的住房补贴。但因信息化建设问题，相关调整信息未能在部门内和部门间实时动态共享，造成教职工住房补贴调整存在滞后等问题。

三、改革与探索

浙江大学是我国高校后勤社会化改革的先行者、探索者，始终走在全国高校的前列，其富有特色的改革经验被誉为高校后勤改革的"浙大模式"。在新发展理念引领下，我校现有住房分配货币化政策与方案同教职工住房需求匹配度不高，无法有效满足教职工住房需求。因此，我校住房分配货币化工作应认清承担强国使命和走向一流前列的要求，对标奋力"走在前列"和对表"四个更加"战略导向，心怀"国之大者"、奋力"走在前列"，深化住房分配货币化管理体制改革，为我校住房保障体系提供强有力的资金保障。

(一)完善住房公积金补贴制度，为教职工提供精准服务

为接轨住房社会化属性和适应房价上涨趋势，同时满足教职工日益增长的住房需求，住房补贴制度可通过细化相关制度，精准服务好全体教职工。

在全国房地产高速发展新形势下，我校住房公积金补贴发放标准应结合国家和杭州市的房价和租赁市场行情，提高住房公积金补贴标准，充分发挥其的住房支撑作用。

为推动国家和浙江省共同富裕目标的实现，进一步增强我校教职工的获得感和幸福感，住房公积金补贴应综合考虑各类教职工之间的平衡问题，将制度红利向新进教职工特别是青年教职工进行政策倾斜；完善优化住房保障体系。

(二)加大住房补贴专项资金，为住房改革提供资金保障

随着"人才强校"战略的深入推进，我校教职工特别是引进人才队伍日益壮大，因此职称晋升和未足额享受住房面积标准的教职工比例不断增长，以及住房公积金补贴制度调整的资金需求不断增大。

在财政预算和学校自筹经费的作为基础保障上，积极扩宽住房分配货币化资金来源，多渠道、多主体筹措资金，为住房补贴工作提供强有力的资金支持，确保住房分配货币化改革持续稳步推进。

(三)加强信息化建设，促进住房分配货币化提质增效

根据住房分配货币化工作特点和教职工对机关工作公开透明的需求，加强信息化建设势在必行。

住房公积金和住房补贴工作涉及的部门较多，因此，应加强学校部门间的业务联动和信息共享；建立以教职工个体为对象，包括其职级别晋升、工龄情况、住房情况和已享受住房补贴情况等的“一体化”住房电子档案，实现对教职工住房分配货币化的全流程和动态管理。

(四)加强政策宣传力度，切实满足教职工住房资金需求

住房公积金和住房补贴作为教职工的住房储金，有效解决了教职工住房资金问题。为更好发挥住房分配货币化的作用，可借助微信公众号等新媒体平台，加强对住房公积金和住房补贴的提取以及住房公积金贷款等方面的政策普及和宣传，及时发挥住房分配货币化的资金支持，提高职工住房支付能力。

(五)探索住房公积金灵活缴存机制，促进制度惠及更多师生

住房公积金制度可依据省直住房公积金管理中心相关政策，针对在校学生等灵活就业人员或自愿缴存公积金人员，探索推进在校学生参加住房公积金，促进住房公积金制度惠及更多师生。

改革永无止境。自国家和浙江省推进住房制度改革以来，浙江大学以满足教职工日益增长的对美好生活向往为目标，积极探索适合本校教职工的住房分配货币化制度，为学校“人才强校”战略和“双一流”建设目标提供了强有力的住房支撑保障。发展永远在路上。随着国家房地产市场的高速发展和我校人才队伍的日益壮大，现有的住房分配货币化迫切需要在完善优化相关制度、拓宽改革资金、强化信息建设和加大政策宣传等方面，与时俱进深化管理体制改革，促进服务提质增效，切实满足师生的住房需求，努力实现学校治理体系和治理能力现代化。

高校产权住宅加装电梯工作路径探析

——以浙江大学为例

梅俊超

（浙江大学总务处房产运营与管理办公室）

【摘　要】 我国老旧小区住宅加装电梯已经成为应对老龄化问题的重要民生举措。本文以浙江大学为例，分析了学校在支持配合老旧小区加装电梯这一新兴业务中存在的难点问题，通过制定配套政策、构建人员体系、建立资金回流机制、厘清各方责任边界、推进信息化建设及主动对接需求等举措，探索形成校产权住宅加装电梯工作路径，在打造校产权住宅加装电梯“浙大样本”上迈出坚实步伐，也期为其他高校加装电梯工作的开展提供借鉴作用。

【关键词】 加装电梯；高校产权住宅；工作路径

一、开展背景

随着城市人口老龄化的加剧和人民群众对美好生活需求的日益增长，老旧小区住宅加装电梯越来越引起民众，尤其是居住在无电梯楼房中的中老年住户的广泛关注，为老旧小区住宅加装电梯以解决上下楼问题成为一个亟待解决的民生问题。“加装电梯”已连续多年被写入国务院《政府工作报告》，从 2018 年“鼓励有条件的加装电梯”到 2020 年“支持加装电梯”，老旧小区加装电梯已成为应对老龄化问题的重要民生举措。

浙江省和杭州市频频出台“加装电梯”政策文件。2016 年 4 月，浙江省建设厅等 9 个部门联合下发《关于开展既有住宅加装电梯试点工作的指导意见》。2017 年 3 月 28 日，杭州市公布《杭州市区既有住宅加装电梯工作的实施意见（征求意见稿）》，面向社会公开征求意见。2017 年 4 月 9 日，杭州市《政府工作报告》公布了十大民生实事，老旧住宅加装电梯作为单独一项首次入选，此后连续六年入选，并被纳入“共同富裕”示范区城市范例重点任务清单。2017 年 11 月 24 日，杭州市人民政府办公厅正式出台《关于开展杭州市区既有住宅加装电梯工作的实施意见》。出于完善该实施意见的实际需要及贯彻落实《民法典》等法律法规的必然要求，杭州市总结形成老旧小区住宅加装电梯“杭州方案”，于 2021 年 1 月 5 日出台了全国首个老旧小区住宅加装电梯政府规章——《杭州市老旧小区住宅加装电梯管理办法》（市政府令 324 号），于 4 月 1 日起施行。同年，杭州市人民政府发布《杭州市人民政府办公厅关于积极推进老旧小区住宅加装电梯工作实施意见》（杭政办函〔2021〕71 号）。

虽然国家和地方政府配套了许多政策和制度，但在老旧小区住宅加装电梯过程中仍遇到阻碍，导致部分小区加装电梯迟迟未能实现。首先，沟通协调难度大。加装电梯的受益方以中、高层楼住户为主，低层住户可能因为加装电梯带来采光范围下降、通风面积变小、日照时间缩短和通行时间增长等问题而没有加装电梯意愿。部分业主因身体状况不好、经济能力弱，极有可能不支持加装电梯。此外，一些老旧小区存在无业主委员会、无物业单位或产权单位为多家的复杂情况，对于实施主体难明确的情况，需要多方沟通与商定。其次，业主出资分摊困难。由于受老旧小区业主收入和物业消费观念限制，以及费用分摊补偿机制不完善等因素影响，业主共同出资有一定的难度。单元各户如何分摊费用也存在较大困难。加装电梯能使高层居民出行更加便利、房屋升值，但低楼层住户受到采光、通风、房屋贬值等不利影响。不同楼层住户间的利益冲突使得费用分摊难以确定，住户间的利益平衡取决于住户意愿或者邻里之间的同理心。此外，一户几万元的加装分摊费用对老年人而言也存在一定压力。最后，建设运营机制不完善。大部分单元业主没有报建经验，而加装电梯流程复杂、部门多，存在大量需要协调事项，导致办理推进缓慢。另外，电梯运营期安全和后续维护管理等方面的相关政策和规定仍不够完善。

面对以上问题，杭州市明确加装电梯所有项目审批在20个工作日内办结，提高审批服务效率，实现“一窗受理、一次告知、一步到位”，为百姓减轻项目审批负担。同时积极将加装电梯工作融入基层治理，充分发挥街道党工委、社区党组织的领导核心作用，创新推出“党建+”、加装电梯“帮帮团”志愿服务队、加装电梯公开听证制度等意愿协调形式。对成功加装电梯的单元补贴20万元的费用。政府的以上举措，一定程度上缓解、克服了加装电梯工作中遇到的阻力和困难。

二、基本情况

根据浙江省、杭州市以及学校关于老旧小区住宅加装电梯相关政策，近年来学校积极支持配合老旧小区各楼幢单元加装电梯牵头人启动加装电梯工作，承担相应分摊费用，利用电梯资源保障教职工生活便利，努力实现校产权住宅电梯资源的良性使用，在打造校产权住宅加装电梯“浙大样本”上迈出了坚实步伐。

（一）开展情况

自2018年学校配合启动首例加装电梯以来，学校配合校产权住宅所在各楼幢单元牵头人启动加装电梯共103例（其中，支持配合家属区启动57例，约占总量的55%），涉及学校产权住宅238套，已支付加装电梯建设资金分摊费用170余万元。完成首笔校产权住宅电梯剩余价值转让，回收3.85万元。2021年4月，杭州市出台了《杭州市老旧小区住宅加装电梯管理办法》（市政府令第324号），加装电梯政策进一步宽松，学校受理咨询量和配合加装数量也随之增加。自《管理办法》出台后，学校支持配合启动的加装电梯数量为78例，是学校支持配合启动总量的76%。

（二）难点分析

与邻里间的博弈是加装电梯工作的难点，利益博弈和情感博弈过程极容易产生冲突矛盾。此外，由于各种不确定因素的存在，加装电梯经费预算工作也存在一定难度。

（1）分摊方案洽谈难（与邻里间的利益博弈）。虽然杭州市推荐了单元内各楼层加装电梯分摊方案，但老旧小区内居住的大部分为老年人，部分住户或经济拮据或思维固化认为学校作为公家单位理应承担更多的分摊费用。另外，如果单元内有住户不出资，不出资部分的费用也要分摊到学校上。洽谈分摊方案遇到以上两种情况时，较难实现和平沟通，容易引发矛盾纠纷。

（2）关键票投票难（与邻里间的情感博弈）。单元内对于加装电梯的意见是高楼层赞成加装，低楼层特别是一楼反对加装。根据《杭州市老旧小区住宅加装电梯管理办法》有关规定，启动加装前提是单元内“双三分之二”以上表决且其中的“双四分之三”以上同意。学校原则上支持加装电梯，但遇到作为表决阶段的关键票时，特别是学校产权住宅也在低楼层时，低楼层其他住户往往提出学校要“统一战线反对”等要求。在此情况下，往往要两方斡旋后才能作出表决。

(3)经费预算测算难。一是政府对加装电梯政策的调整，社区对加装电梯推进力度不同，居民加装意愿不同，这些因素使各单元加装电梯启动时间存在较大不确定性，在测算下一年度经费上存在较大不确定性。二是校产权住宅分布在杭州市各小区的各楼幢单元，各单元加装电梯分摊方案均为“一梯一议”，分摊方案的费用存在不确定性。三是加装电梯施工时间虽然较短，但是前期启动工作有征求意见、公示、方案洽谈等一系列准备工作，加装电梯又涉及单元住户切身利益，任何一个环节都有可能因为反对立意见而使加装工作搁置，加装进度和完成时间存在不确定性，由此经费使用和测算上也存在较大不确定性。目前加装电梯年度预算以上一年度加装电梯支出为主要申报依据。

三、相关举措

(一)制定配套政策，累积案例总结经验

《杭州市老旧小区住宅加装电梯管理办法》(市政府令第 324 号)出台后，学校积极向社区、街道、杭州市老旧小区住宅加装电梯工作领导小组办公室、电梯公司的学习调研政策精神和实践情况，结合学校实际，并征求计财处、国资办、审计处、设备处等部门意见后，制定出台了《浙江大学支持配合老旧小区住宅加装电梯工作实施意见》(浙大总务发〔2022〕2 号)。为进一步深化政策解读，细化办理流程，及时修订学校《老旧小区住宅加装电梯指南》，切实提高了《实施意见》的可操作性。同时积极在“摸着石头过河”中累积典型案例，总结普适经验，适时根据累积的案例经验指导修订配套政策。

(二)形成人员体系，延伸业务服务触角

学校加装电梯业务主要涉及意见征询、分摊方案洽谈及签约、分摊费用审核支付、电梯资源的使用对接及日常管理、剩余价值转让等。根据学校加装电梯业务情况，总务处形成覆盖全加装电梯业务面的人员体系，一人负责洽谈加装电梯各项费用的分摊方案，解释学校加装电梯政策，办理签约、审核支付分摊费用、转让剩余价值等相关业务；一人负责已加装电梯资源的使用对接及日常管理。发掘了部分校区教师公寓服务点力量，受理相关简单业务，如受理加装电梯牵头人就近递交的材料、对学校加装电梯政策做初步解释等，拓宽业务受理辐射面，缓解咨询和受理压力。

(三)建立回流机制，实现多途径资金回流

建立加装电梯建设资金分摊费用和电梯折旧费用回流机制，通过房租租金、电梯剩余价值转让等形式，实现电梯折旧费用和部分电梯加装分摊费用回流。已装电梯出租房源评估租金时考虑电梯因素，在房租中回收电梯折旧费用。学校已装电梯出售房源在出售时签订电梯剩余价值转让协议，在收取剩余价值转让成本中回收部分电梯加装分摊费用。

(四)厘清责任边界，避免产生矛盾纠纷

进一步理顺学校与单元内居民、学校与校产权住宅租户、学校与购房人员在电梯使用过程中的关系。通过进一步细化加装电梯项目协议书相关约定，修订租房相关协议条款，签订

电梯剩余价值转让协议，厘清边界，明确学校与各方在电梯使用过程、维修过程、转让前后的责任，努力避免学校与各方产生矛盾纠纷。

（五）依托信息化建设，提高管理服务效能

随着学校加装电梯业务量增加，累积的电梯信息大幅增加，传统的电子表单难以跟上业务需求。在部门信息化系统建设中已考虑整合加装电梯这一新兴业务，在住房信息中嵌入加装电梯信息栏，同时单独开辟加装电梯管理模块，支撑加装电梯查询和录入、分摊方案情况、折旧计算、合同签约等业务。通过信息系统开发建设，支撑加装电梯日常工作，提高管理服务效能。

（六）主动对接需求，发挥电梯资源作用

为充分发挥已加装电梯资源的作用，学校在电梯加装过程中提前一步主动与教职工对接需求，在分摊费用支付并领取钥匙后的第一时间将钥匙交到教职工手中，缩短电梯从交付到教职工手上使用的时间，提高对接效率。同时努力协调解决教职工在电梯使用过程中遇到的问题和困难，以实现电梯资源的良性使用，保障生活便利。

四、结　语

为老旧小区加装电梯已经成为当下社会一项重要的民生工作，浙江大学校产权住宅加装电梯不仅方便教职工上下楼，也成为学校一大重要民生工作。面对加装电梯新兴业务，学校结合实际情况，积极制定配套政策、构建人员体系、建立资金回流机制、厘清各方责任边界、推进信息化建设及主动对接需求，探索形成了校产权住宅加装电梯工作路径，在打造校产权住宅加装电梯“浙大样本”上迈出了坚实步伐，也为其他高校加装电梯工作开展提供借鉴作用。

浙江大学“1250 安居工程”顺利实施的重要因素分析

俞　前

（浙江大学总务处“1250 安居工程”办公室）

【摘　要】 浙江大学“1250 安居工程”作为学校的民心工程，前无古人，后无来者，实施起来困难重重。文章从领导关心重视、各项政策文件支持、高效工作机制、信息化支撑四个方面总结了“1250 安居工程”得以顺利实施的关键。

【关键词】 1250 安居工程；政策文件支持；高效工作机制；信息化支撑

一、“1250 安居工程”概况

（一）建设背景

1998 年国家停止住房实物分配以来，我校通过实施“580 工程”极大改善了教职工的住房条件，但随着时间的推移，2004 年后入职的非教师系列教职工、2006 年 10 月 1 日后入职的教师系列教职工和 2006 年 10 月 1 日前入职但因国籍或户籍等原因不能购买专用房的引进人才的住房问题日益凸显，相关人员数量达到近 2000 人，住房问题成为制约学校发展的一个难点问题。为了使我校的人才强校战略顺利实施，使广大教职工住有所居、安居乐业，为世界一流大学建设提供持续的、强有力的后勤支撑保障，2011 年 3 月 31 日在学校 2011 年年度工作会议上浙江大学党委书记金德水提出实施“1250 安居工程”，在“十二五”期间建设可出售的人才房和不出售的教师公寓合计约 50 万平方米。

（二）基本情况

“1250 安居工程”项目由西湖区块人才专项房和余杭区块商品房两部分组成。

西湖区块人才专项房（紫金西苑）毗邻学校紫金港校区西区，距紫金港校区一路之隔。小区总建筑面积 43.89 万平方米，共有住宅 27 幢，合计 2320 套。西湖项目 2014 年 9 月开工，2018 年 1 月竣工。目前已完成配售 2200 余套。

余杭区块商品房（海兴雅苑）位于浙江海外高层次人才创新园中心区域，距离学校约 5.6 公里，南侧邻近阿里巴巴淘宝城。小区总建筑面积 19.23 万平方米，共有住宅 14 幢，合计 930 套。余杭项目 2016 年 1 月开工，2019 年 6 月竣工。目前已完成配售 650 多套。

二、“1250 安居工程”顺利实施的决定因素

（一）领导关心和重视是“1250 安居工程”顺利实施的先决条件

“1250 安居工程”从宏伟的设想到落地实现，可谓困难重重。人才专项房的建设前无古人、后无来者、上无对应，浙江省仅此一例。找到政策支撑、找到切实可行的实施方案是极大

的考验，难度之大、问题之多非亲历者难以想象。

好在人才专项房的建设得到了省市领导的大力支持。建设初期拿地立项阶段，时任省主要领导对人才专项房作了两次重要批示，为人才专项房的顺利实施奠定了良好的基础。当时的杭州市领导多次召集相关职能部门召开浙江大学人才专项房建设专题会议，和我校共同讨论了人才房规划、供地、申购、销售、办证、上市等系列问题，于 2012 年 12 月 26 日形成了《杭州市人民政府浙江大学关于浙江大学人才专项房建设等有关问题的专题会议纪要》，为后续一系列工作的开展指明了方向。

学校领导对"1250 安居工程"建设也高度重视。时任校党委书记的金德水曾多次率队向省委省政府、市委市政府汇报沟通，争取政策支持，解决外部障碍。学校党委常委会针对不断发生的新情况、新问题以最快速度进行讨论，2013 年 1 月 17 日、3 月 21 日、4 月 3 日、10 月 31 日、2014 年 3 月 3 日、3 月 10 日、5 月 8 日、6 月 24 日、7 月 10 日，在西湖区块人才专项房开工前讨论"1250 安居工程"拿地、建设、申购等问题共九次。可以说，没有校领导班子的坚定决心就没有"1250 安居工程"，没有省市区各级政府及职能部门对浙江大学的信任、理解、支持，同样也没有"1250 安居工程"。

（二）各项政策文件是"1250 安居工程"顺利实施的制度保证

学校根据不同阶段的人才工作发展规划和住房资源情况，先后制定出台了九个申购销售管理办法，包括《浙江大学人才房申购和销售原则意见》、《浙江大学西湖区块人才专项房申购和销售管理办法（第一批）》（浙大发房〔2015〕5 号）、《浙江大学西湖区块人才专项房申购和销售管理办法（第二批）》（浙大发房〔2016〕1 号）、《浙江大学西湖区块人才专项房申购和销售管理办法（第三批）》（浙大发房〔2018〕1 号）、《浙江大学余杭区块商品房申购管理办法》（浙大发房〔2018〕2 号）、《浙江大学余杭区块预留商品房申购管理办法》（浙大发总务〔2019〕2 号）、《浙江大学西湖区块人才专项房和余杭区块商品房申购的若干意见》（浙大发总务〔2020〕3 号）、《浙江大学西湖区块预留高层次人才专项房申购和销售管理办法》（浙大发总务〔2020〕5 号）、《浙江大学余杭区块预留高层次人才商品房申购管理办法》（浙大发总务〔2020〕4 号），并配套定制了《浙江大学人才专项房地下车位使用权销售管理办法》（浙大房发〔2017〕19 号）和《浙江大学余杭区块商品房（海兴雅苑）地下车位使用权申购管理办法》（浙大总务发〔2020〕003 号）等两个地下车位使用权配售办法，让所有的申购销售工作有据可依、有章可循。

同时，不断强化内部管理，制定切合项目实际的招投标管理、财务操作及审计结算等管理制度，出台了《"1250 安居工程"招投标管理规定》、《"1250 安居工程"财务工作操作规程（试行）》和《"1250 安居工程"工程结算管理办法（试行）》，从制度上确保了"1250 安居工程"的顺利实施。

（三）高效的工作机制是"1250 安居工程"顺利实施的关键

"1250 安居工程"人才房建设体量大、周期短、时间紧、任务重，如何规范管理、提高效率、理顺与代建方关系、防范各种风险至关重要。我们在实践中建立了合同与资金审核、往来联系单等相应工作机制和流程，和代建单位签订了《浙江大学西湖区块人才专项房代建协议》和《浙江大学余杭区块教师住宅工程项目建设合作协议书》，通过代建协议明确了代建方式和投资、质量、进度、保修等内容以及相应的工作机制，始终以"确保完成、确保质量、确保进度、确保成本"为目标，强化规范化、专业化、精细化管理，用心抓好设计、选材、施工到市政景观、水电气配套等各个环节。

为了顺利推进人才房的申购和销售工作，学校成立了人才房工作委员会，主要由学院教代会代表组成，对申购办法调整等申购销售过程中的重大问题进行讨论决策。人才房工作委员会下设办公室，由校总务处、工会、人力资源处、人才工作办公室、计划财务处、法律事务办公室等相关职能部门组成，对申购过程中的具体问题群策群力，协同推进有关工作。人才房工作委员会和人才房工作委员会办公室作为重要的议事机构，集体决策申购中的相关问题，确保了人才房申购的顺利开展。

(四)信息化建设是“1250 安居工程”顺利实施的强大保障

“1250 安居工程”人才房总房源 3250 套，数量之多，申购任务之繁重，如果不利用信息化手段将难以想象如何开展申购销售工作。2014 年总务处在还未开始申购工作之前便着手开发 1250 人才房申购管理系统，2015 年 5 月西湖区块人才专项房第一批申购启动报名时申购系统投入使用，在当时“1250 安居工程”办公室只有两名工作人员的情况下，申购系统经受住了 1086 人线上报名、计分排队、三榜公示、集中选房的考验。

1250 人才房申购管理系统遵循科学性、整体性、实用性的原则，在实践中边使用边完善，根据申购需求变化不断进行功能调整，实现对“1250 安居工程”人才房数据统一与规范化管理、数据共享共用、业务一条龙流程化管理和系统无缝集成等功能。目前主要的功能模块包括房源管理、人员管理、线上报名、计分排队、选房配售、价格管理、合同生成、逾期费用计算、离校违约金计算、绿色通道申购、车位配售、查询统计等。1250 人才房申购管理系统为西湖区块人才专项房 9 次集中申购、余杭区块限价商品房 5 次集中申购、西湖区块 6 次车位申购、余杭区块 3 次车位申购以及若干次绿色通道申购的顺利开展提供了强有力的保障，保证了每次申购的公开、公平、透明、高效。

三、结　语

实施“1250 安居工程”是我校在新的历史时期所作出的至关重要的战略决策，是使广大教职工住有所居、安居乐业的民生工程，是实施人才强校战略、建设世界一流大学的重要保障。“1250 安居工程”的顺利实施，体现了省、市、区各级政府对浙江大学的支持和关心，凝聚了学校领导和相关职能部门的智慧和心血，饱含了参建各方的努力和汗水，承载了浙大人对美好生活的向往，也为未来探索新一轮的人才房建设提供了宝贵的经验！

浙江大学公用房资源共享机制探索

何会超

（浙江大学总务处公用房管理办公室）

【摘　要】 本文以自习空间、公共场馆为切入点，通过分析目前存在的问题，从部门协作、制度建设、统一平台等方面探索共享机制，并以统一平台建设的总体思路和功能模块设想共享方案，以求为浙江大学公用房资源共享机制探索提供思路。

【关键词】 公用房资源；自习空间；公共场馆；共享机制；统一平台

公用房资源是指用于教学科研、党政办公、支撑服务以及经营服务的用房，是保障学校发展的重要资源。

自1999年高校扩招以来，大部分高校建设了新校区，新增了许多公用房资源，教学、科研、办公等条件有了很大提升；但资源是有限的，需求是无限的，新校区并不能彻底解决公用房资源的需求问题，许多高校的公用房资源都处于紧平衡状态，有时甚至成为高校发展的制约因素。资源保障促发展，综合服务创一流，为更好做好公用房资源保障工作，进一步提升综合服务水平，在总量基本确定的情况下，共享是满足师生需求、提高使用效率的重要方法。

因公用房资源共享机制涉及面广，本文将以自习空间、公共场馆为切入点，探索其共享机制，以求为浙江大学公用房资源共享机制探索提供思路。

一、目前存在的问题

（一）自习空间

自习空间，是学生温故知新、学习知识的重要场所，主要包括自习教室、图书馆、X空间（在公共空间、学生生活园区和部分院系为学生提供的自习场所）等。近年来学校相关部门单位在拓展学生自习空间数量、优化提升自习空间环境、便捷学生查询预约自习场所等方面作了许多探索，取得了一定成效，但在实践中离学生实际需求、智能化管理和低碳节能等方面存在一定差距。

一是信息不对称，学生难以找到自习场所。教室分布在校园不同区域不同楼宇，兼具课堂教学、考试、学生自习和师生活动临时借用等多种功能，学生容易因选择的自习场所出现使用冲突而不得不临时转换场地；图书馆阅览室在不同时段使用人数不同，开馆闭馆时间有时也会变化，学生可能会找不到座位或者碰到闭馆而无法自习；此外，许多X空间，因为信息分散或者未公开，学生不甚了解。

二是系统不联通，学校难以智控自习场所。一方面，教室、图书馆、X空间分别由不同的部门单位管理，其各自开发系统，但系统相互独立、互不联通，学生需要登录不同的系统查询自习空间，或者部分自习空间并未录入系统，学生无法查询；另一方面，由于系统不联通，学校也难以从系统总体上看出学生对自习场所的实际需求、使用规律和即时状态，因此不能精准确定自习场所开放的数量，开放少了不能满足学生需求，开放多了又造成空调和照明等能耗浪费，现实中时常出现部分教室只有极少数学生在自习的现象，与低碳节能的要求不相适应。

（二）公共场馆

公共场馆是学校重要的保障性空间资源，是校内各单位和师生开展各类活动的必要场所，主要包括公用的会议室（报告厅）、体育与艺术场馆、学生活动用房等。前些年，学校开发了公共场馆共享服务平台，有效促进了场馆共享使用，但因为开发较早，需要进行优化升级，加之许多单位不愿意，场馆共享进入瓶颈期，具体问题如下。

一是场馆总数不少，师生却难以选用。学校场馆总数不少，但是却经常出现师生难以找到或预约到所需场馆，同时很多场馆处于闲置状态或使用效率偏低的矛盾现象。主要原因有：第一，场馆归属不同部门单位管理，每个部门单位更多考虑自身服务对象，未能打通共享，很多单位以各种理由不愿意将所属场馆开放给全校师生共享使用，仅限于本单位内部师生借用；第二，缺乏统一公共场馆预约平台，公共场馆管理主体分散多元，校内单位和师生无法全面便捷获得各类可借用场馆的信息，需要到不同部门单位网站搜寻查找。

二是管理不够规范，服务不够细致。在管理方面，部分场馆完全依靠人力进行线下管理，部分场馆尽管建立了网上预约系统，没有公开、规范的借用审批程序和要求，管理人员在审批过程中把关不严，存在管理上的安全漏洞；在服务方面，绝大多数场馆缺乏细节性描述，比如设施设备情况、收费标准、借用流程等。

二、共享机制的探索

自习空间和公共场馆不能满足师生需求，一般的方法或者最简单的方法就是新建，但是在没有新增公用房资源的情况下，此方法已经行不通，需要寻找新的方法。目前存在的问题其实不是自习空间和公共场馆不够使用的问题，而是应该如何使用的问题，共享使用是解决这个问题的新方法。

部门协作、制度建设、统一平台，是共享机制能够运行起来的三个重要方面，部门协作是基础，制度建设是保障，统一平台是手段。

（一）部门协作

一是加强部门协作。自习空间和公共场馆涉及多个部门单位，每个部门单位由于信息、空间、经费等方面的限制，无法单方面完成工作；对师生所需的自习空间和公共场馆，在规划和建设时，部门单位间要加强沟通，充分了解各方信息、空间、经费等情况，分工协作完成规划和建设，做到同类空间不重复、重要空间不遗漏，新需空间有保障。

二是做到统筹管理。自习空间和公共场馆，如果仅限于单位内部使用，多少空间都不够；无论是哪个单位的自习空间和公共场馆，都是用学校的空间和经费建设的，师生都有知情权和使用权，要信息公开和空间共享；同时各单位信息分散，不利于师生查询使用，要打通各单位资源，做好统筹管理。

（二）制度建设

一是完善制度建设。为进一步加强规范管理、防范风险、提高使用效率，在原有制度的基础上，按照“学校统筹、归口管理、分级负责、责任到人”的原则，完善共享、借用、审批、收费、监管、维护等各个环节的管理制度，做到科学合理、公开共享、规范高效使用公共场馆。

二是发挥引导作用。为推进共享使用，在收费制度方面，采用减免公用房资源使用费、补贴物业费、允许单位收费等方式，引导各单位将公共场馆共享出来；在共享制度方面，明确规定定编内的公共场馆（不收公用房资源使用费）原则上要共享出来，在满足校内使用的情况下，允许校外共享。

（三）统一平台

一是建立统一平台。统一平台是推进共享的重要手段，没有统一平台，自习空间和公共场馆分散在各部门单位平台或者线下本子上，师生查询预约相当不便。有了统一平台，可以打通各部门单位的资源，自习空间和公共场馆可以全部在平台上公开，容易查询，而且全过程留痕，进一步加强了规范管理。

二是提高服务水平。在统一平台上，有空间照片、设施设备情况、适合何种类型活动、开放时间、收费管理办法、借用要求和流程等细节性描述，师生可以根据需求，选择预约所需空间；另外，通过平台统计空间资源使用情况和使用规律，为下一步空间改造提供决策依据。

三、共享方案的设想

根据目前存在的问题和共享机制的探索，浙江大学已经开始着手统一共享平台的建设，具体如下。

（一）自习空间

1. 总体思路

通过同步多个系统、提供即时数据、科学开放自习场所，打造学生自习一站式网上服务平台，实现学校相关部门对自习场所的智能管控、学生对自习场所即时精准查询预约和自习场所低碳节能等多重目标。

2. 功能模块

一键查询。通过学生自习一站式网上服务平台，把分散在各部门单位各系统中的教室、图书馆、唯学空间等自习场所信息整合起来；对整合起来的自习场所的数据信息进行分类和完善，包括自习场所的类型、位置、数量、图片、开放时间、状态、使用率、室内配套、周边配套等，使学生可以方便地“一键查询”学校所有自习场所信息。

智能开放。通过学生自习一站式网上服务平台对当日教室排课、排考、借用等信息的判断，在不同校区不同区域不同楼宇初始开放与学生自习需求相适应的一定数量的自习教室；当已开放的自习教室使用率达到阈值后（比如 50%），系统自动通知物业（或通过智能门锁）开放新的自习教室。

群策群力。在学生自习一站式网上服务平台上，学生可以提出问题，系统管理员会定期回复，并将频次较高的问题及答案发布到常见问题，可供其他学生查看；学生可以对喜欢的自习场所进行点赞和收藏并可以在“我的界面”进行查询，点赞多的自习场所优先开放和显示。

数据统计。通过学生自习一站式网上服务平台对每日初始开放自习教室和后续开放自习教室情况的长期数据统计，掌握不同时段学生的自习规律，在不同时段精准开放自习教室数量，在满足学生需求的前提下，做到节能低碳。同时根据数据统计情况，全面掌握自习场所情况以及学生对各种自习场所的倾向性，作为增加、减少或改造自习空间的参考因素。

(二)公共场馆

1. 总体思路

通过整合场馆资源、规范场馆借用、提供配套服务,打造公共场馆预约一站式网上服务管理平台,在不改变管理主体的情况下,实现学校相关部门对公共场馆规范管理、校内单位和师生对公共场馆的便捷共享使用、公用房资源紧张缓解等多重目标。

2. 功能模块

资源检索。通过采用减免公用房资源使用费、补贴物业费、允许单位收费等方式,引导各单位共享所属场馆;通过公共场馆预约一站式网上服务管理平台,把分散在各部门单位的公共场馆整合起来,进行分类和完善,包括公共场馆的类型、位置、数量、图片、开放时间、状态、设施设备、收费标准、可选服务、借用要求和审批流程等信息,以供师生员工按需检索。

预约审批。师生根据检索情况提交预约申请,依次由师生所在单位审批(即借用单位审批)、公共场馆所属单位审批(即主管单位审批),并根据活动类型由学校相关职能部门审批(即职能部门审批),各个环节的审批结果即时通知师生,整个过程网上留痕,确保规范管理和使用。

可选服务。在公共场馆预约一站式网上服务管理平台上,师生在提交预约审批的同时,可以根据实际需求选择设施设备和服务内容,设施设备包括电脑、投影仪、话筒等,服务包括茶水、文印、保洁等;在预约审批通过后,系统通知提供服务的受托方,按时提供相关服务。

数据统计。通过公共场馆预约一站式网上服务管理平台对学校所有公共场馆使用情况的长期数据统计,掌握学校公共场馆总体使用规律和各部门单位公共场馆使用规律,包括日均使用次数、共享次数,以及不同类型不同时段公共场馆的使用情况;根据数据统计情况,进一步促进公共场馆集约共享使用,提高公共场馆使用率,节省建设公共场馆的空间资源和所需费用,缓解公用房资源紧张状况。

四、展　望

学生自习一站式网上服务平台和公共场馆预约一站式网上服务管理平台,下一步将统一为师生活动空间共享服务平台;一方面开发设计 PC 端放置在学校主页界面,方便师生查找;另一方面开发设计手机端,接入学校钉钉、微信公众号,方便师生使用。

随着统一共享平台上线运行,学生可以很方便查找到所需自习场所,自习教室能耗明显降低。根据数据统计和学生建议,学校科学合理地改造自习场所。在特殊时期,自习空间和公共场馆可以共享,满足学生自习需求。师生可以很容易预约到所需场馆。各单位不需要重复、过量建设场馆,节省的空间用于教学科研,缓解公用房资源紧张状况。节省的费用用于教学科研,更好投入学校“双一流”建设。

公用房资源共享,不限于自习空间和公共场馆,不限于校内。通过加强部门协作整合公开资源、完善制度建设规范引导共享、建设统一平台便捷高效使用等措施,实现自习空间、公共场馆、实验室(仪器设备)、办公室等更大范围公用房资源共享,实现校内校外共享。以一流的管理和服务水平,为学校“双一流”建设提供坚实的空间资源保障。

新发展阶段高校垃圾分类现状及对策浅析

——以浙江大学为例

徐周双

（浙江大学总务处校园管理办公室）

【摘　要】 党的十八大以来，我们贯彻新发展理念，坚定不移走生态优先、绿色低碳发展道路，高校垃圾分类工作已取得了明显成效，同时仍存在不平衡、不充分等问题。这就要求我们认真研究高校垃圾分类特点和规律，总结经验，着力加大高校垃圾分现代化治理体系和能力建设，着力提升分类质量，充分发挥垃圾分类科技创新驱动，多措并举，全面提升高校垃圾分类质量，进一步探索和实践新时代绿色发展的“新时尚”。

【关键词】 新发展阶段；高校；垃圾分类；对策

党的二十大报告对“推动绿色发展，促进人与自然和谐共生”进行部署，强调“必须牢固树立和践行绿水青山就是金山银山的理念，站在人与自然和谐共生的高度谋划发展”。习近平总书记强调“实行垃圾分类，关系广大人民群众生活环境，关系节约使用资源，也是社会文明水平的一个重要体现”。

作为垃圾分类先导者的高校，是推动垃圾分类开展的重要力量。同时，由于科学研究的需要，会产生大量化学、生物废弃物以及绿化垃圾等，因此在垃圾分类推广过程中高校所面临的挑战更为复杂、更具特色、更需创新。做好垃圾分类工作，也是落实“立德树人”根本任务、建设绿色生态校园的重要途径。

一、多措并举，推进高校垃圾分类工作成效明显

为做好学校垃圾分类相关工作，部厅两级出台了《教育部办公厅等六部门关于在学校推进生活垃圾分类管理工作的通知》(教发厅〔2018〕2 号)、《浙江省教育厅浙江省住房和城乡建设厅关于加快推进各级各类学校生活垃圾分类管理工作的指导意见》(浙教计〔2018〕61 号)。同时，省市政府也出台了《浙江省城镇生活垃圾分类管理办法》(浙江省人民政府令第 365 号)、《杭州市生活垃圾管理条例》等地方政策性文件。为深入贯彻国家、省、市相关文件精神，全面推动学校生活垃圾分类工作持续深入开展，促进资源节约和循环利用，建设绿色生态校园，近年来，浙江大学围绕以特色区块、特色活动为切入点，坚持目标导向、系统思维、科学谋划、循序渐进，有效推进了生活垃圾分类工作的开展。

一是建立“分类体系”，加强科学管理。垃圾分类是一个复杂的系统工程，分类投放、分类收集环环紧扣。学校在 2015 年发布《关于规范实验室试剂和废弃物分类标识工作的通知》等相关规章制度，明确实验室化学废弃物、动物尸体等实验室废弃物分类工作原则和要求；2021 年 4 月发布《浙江大学生活垃圾分类工作实施方案》，明确生活垃圾指导思想、工作

目标、组织领导与职责分工、分类与设置标准等，并以此方案为导向，通过加速处理流程、优化收集设施布局、提升收集设施水平等，逐步完善推进生活垃圾分类工作。

二是重在推动“人人参与”，促进习惯养成。垃圾分类是一项长期、艰巨、复杂的系统工程，需要全员参与，形成合力。学校通过线上线下互动宣传，结合党员志愿服务、劳动育人基地建设、学生社团特色活动等形成了党建引领、师生参与、物业服务的工作格局，不断提高垃圾分类的参与度和投放率。垃圾分类回收点宿舍区覆盖率达到 80%，垃圾分类和利乐包回收超 1000kg/年，1000 多名志愿者加入垃圾分类志愿活动，累计服务时间超两万小时。

二、准确把握，认真研究高校垃圾分类特点规律

新时代高校垃圾分类必须以习近平新时代中国特色社会主义思想为指导，牢固树立社会主义生态文明观和“绿水青山就是金山银山”理念，把垃圾分类作为保障“双一流”、建设绿色生态校园的重要途径，着力提高全体师生的生活垃圾分类和资源环境保护意识，让科学垃圾分类成为全体师生的自觉行动，为建设美丽校园作出积极贡献。

新时代高校垃圾分类围绕“减量化、资源化、无害化”的目标，建立健全校园生活垃圾分类投放、分类收集体系，遵循“谁产生、谁负责”的原则，形成投放合理、处置规范、监管有力、宣传到位、全员参与的垃圾分类新风尚。由点及面，循序渐进，浙江大学的生动实践为全国高校垃圾分类工作积累了经验。同时，更要准确认识和把握阶段性特点规律。

(一)高质量推进垃圾分类从“要我分类”到“我要分类”新阶段

垃圾分类工作是一项系统工程，分类收集设施、操作规范、分类结果都有非常明确的规定。学校围绕“垃圾分类”工作，组织学院、相关社团通过课程引领、活动引导，开展系列自主分类活动，引导师生员工参与，形成人人关心、支持、参与垃圾分类的氛围。学校以人为本，从心入手，坚持系统观念，加强垃圾分类调查和分类服务供给与需求，优化分类服务供给及资源配置，有力有序推进高校垃圾分类全面普及、高质量普及，实现从“要我分类”到“我要分类”的重要转变。

(二)垃圾分类推广普及仍不平衡、不充分

2010 年，总务处围绕垃圾分类开展了系列访谈、小组调研、问卷调查等调查研究，梳理了垃圾分类知识、垃圾分类态度、垃圾分类行为等内容，从“认知”“情感”“行为”等角度展开分析：第一，师生员工对垃圾分类意义认识不足、分类知识欠缺；第二，垃圾分类行为较为滞后，与校园内垃圾分类收集设施匹配度不高；第三，师生对学校垃圾分类设施设备布置较为肯定，对垃圾分类硬件布设相对满意；第四，主观能动性好，分类意愿强，服务热情高。

由此可见，学校垃圾分类设施设备的覆盖较为完善，但垃圾分类实际的质量和效果仍有待提高，实现垃圾分类高质量、高效果、高参与度的任务仍然十分繁重。

(三)垃圾分类服务保障还有弱项

垃圾分类是一项系统工程，不仅涉及实施设备，物力财力等硬件，还需要大量人力服务和人员参与等软件支持。在志愿实践方面，目前还存在优质志愿服务平台少、品牌项目运营粗放等现象；在支撑和保障机制等方面，还存在对高校具体园区垃圾分类的运行规律研究不够，经费保障尚待提高等问题。总结经验，还需要坚持问题导向、需求导向和目标导向，切实提高高校垃圾分类服务保障水平。

三、总结经验，全面提升高校垃圾分类水平质量

要深刻认识我国可持续发展的新特征、新要求，立足新发展阶段，贯彻新发展理念，服务和融入构建新发展格局、促进绿色发展，全面提升高校垃圾分类的水平和质量。

（一）加大高校垃圾分类现代化治理体系和能力建设

以更加主动、扎实、有效的工作，坚持不懈推进高校垃圾分类工作，着力构建更高水平的垃圾分类治理体系，推进垃圾分类方案更新，着力推进更高质量的垃圾分类专项服务行动，促进精品服务平台、服务品牌升级。高校垃圾分类不仅仅是将垃圾进行分类这一动作，更是在开展生态文明教育的育人过程和促进公民绿色行为的过程中播撒种子。

（二）着力提升高校垃圾分类质量

构建高校垃圾分类体系，提升师生员工垃圾分类意识、促进行为养成。创新开展垃圾分类宣传周等活动，利用融媒体开展常态化宣传。加强垃圾分类硬件资源、软件资源和服务平台建设。完善“党建引领、学校统筹、部门支持、人人参与”的管理体制，逐步提高经费保障水平。

（三）充分发掘垃圾分类科技创新驱动力

目前，我国垃圾分类工作尚处起步阶段，与垃圾分类、绿色环保相关的科技创新大有可为。创新是第一动力，正逢百年未有之大变局，追赶“碳中和”、“碳达峰”总目标之际，高校作为科技创新的主战场，要坚持守正创新，充分挖掘科研优势，主动作为。一方面，要深入构建垃圾分类相关科研体系，开展市、校、企合作，充分发掘垃圾分类的产学研结合成果；另一方面，要积极探索创新激励措施，逐步建立以精神激励为主、物质激励为辅的志愿服务评价体系和激励机制，增强志愿者对垃圾分类志愿服务的归属感、认同感。通过上述举措，促进垃圾分类贯穿“三全育人”和校园文化建设，服务立德树人根本任务。

党的十八大以来，我们贯彻新发展理念，坚定不移走生态优先、绿色低碳发展道路。推进垃圾分类是创建绿色低碳社会行为的示范，是形成社会主义生态文明观、建设社会主义生态文明的必由之路。高校作为科技第一生产力、人才第一资源、创新第一动力的重要结合点，要主动发挥教育资源丰富、教育途径多样、教育效果显著的优势，通过探索构建垃圾分类工作管理体系，优化实践，开展“环境育人”“生态引领”，助力绿色发展在新时代的探索和实践贡献力量。

参考文献

[1] 习近平.高举中国特色社会主义伟大旗帜为全面建设社会主义现代化国家而努力奋斗[M].北京：人民出版社，2022

[2] 吴小波，刘志红，胡兴昌，上海高校学生垃圾分类意识的调查分析[J].环境科学与技术.2010,33(6)：489-493.

构建规范科学、全面细致的修缮工程合同管理体系

——以浙江大学为例

俞珈瑛子

（浙江大学总务处维修计划与现场管理办公室）

【摘　要】 修缮工程合同管理，与修缮工程的质量目标达成、工程进度及工程造价的控制密切相关。本文分析了高校修缮工程管理主要存在的问题，结合工作实践，以修缮工程合同管理的"浙大模式"，总结分析浙江大学修缮工程合同管理的先进经验，为进一步提升修缮工程管理水平提供参考。

【关键词】 修缮工程；工程合同；管理体系

修缮工程合同[①]是完成修缮工程发包环节形成的契约文本，是规范参建各方行为、价款支付、索赔的重要依据，对修缮工程的质量目标达成、工程进度及造价的控制有非常重要的意义。修缮工程是高校建设工程的一种类型，涉及房屋建筑、市政基础设施和校园环境（设施）实施装修、拆除、修缮等施工作业，与基建工程不同，具有规模小、项目多、周期短等特点。高校修缮工程合同管理是高校修缮工程管理中的关键环节，是高校修缮工程管理的基础，建立以修缮工程合同管理为核心的现代化、信息化管理体系是提高修缮工程管理水平的必由之路。

一、高校修缮工程合同管理存在的问题

（一）规章制度不健全

部分高校仅出台了学校的合同管理办法，没有制订出台专门针对管理工程或修缮工程合同管理的规章制度。修缮合同管理与其他科研、设备类采购合同不同，有一些工程特有的性质，如变更、索赔等，简单套用通用的合同管理办法显然是不合适、不科学的。此外，高校修缮工程与高校基建工程也不尽相同，相比较基建工程，修缮工程具有规模小、项目多、周期短等特点，套用基建工程的合同管理办法也是不适用的。

（二）签订环节不规范

高校修缮工程具有规模小、项目多、周期短等特点，为满足学校教学科研活动的正常开展，部分工程须集中在暑期等特殊时间段开工，并要求短期内完工，对非招标工程很容易产生因倒签合同（指先进场施工，后补签合同）而对施工单位资质审查存在漏洞的问题，随之带

---

① 本文中提到的修缮工程合同是工程（包括工程施工）、服务（包括工程勘察、设计、监理、招标代理、造价咨询、法律委托、审计、项目代建）、货物（包括工程配套设备、材料采购）等与修缮工程相关的各类合同等的统称。

来一系列的管理风险和法律风险。

(三)履行阶段不重视

大多数高校普遍存在重视合同签订环节而忽视合同履行阶段管理的现象,实施过程中产生大量变更导致造价失控,甚至原本不用招标的项目,最终造价超过招标限额,导致竣工结算时扯皮。

二、高校修缮工程合同管理的“浙大模式”

浙江大学占地面积约 10335 亩(含在杭五校区及舟山、海宁国际校区),每年修缮工程项目数超 1000 项,年修缮投入经费超 3 亿元。年签订各类修缮工程合同近 300 份(一般情况下,承包方若为校内施工单位,签订合同的预算金额在 10 万元及以上;承包方若为校外施工单位,签订合同的预算金额在 5 万元及以上),合同总额近 2 亿元。合同管理工作遵循“依法签订、严格履行、有效监控、资料完整”的原则。学校总务处为学校修缮工程合同主管部门,各工程项目责任单位为具体合同承办单位。

(一)浙江大学修缮工程合同管理的法律及制度基础

修缮工程属于建设工程的范畴,应遵从建设工程的相关法律规定。《中华人民共和国民法典》第三编合同的第十八章建设工程合同章节共 21 条法律条文,对建设工程合同的定义、类型、签订形式、分包、验收及价款支付等作了规定,是工程合同管理最基础的法律依据。此外,修缮工程合同管理还遵从《中华人民共和国招标投标法》《中华人民共和国政府采购法》等相关法律的约定。

2018 年 4 月 24 日,为全面推进依法治校,规范学校合同管理,防范合同风险,维护学校合法权益,浙江大学根据《中华人民共和国合同法》(现已废止,相关条款在民法典中有规定)等法律法规出台了《浙江大学合同管理办法(试行)》,此办法是规范学校合同管理的重要制度。

2020 年 10 月 12 日,为进一步规范和优化学校修缮工程合同管理,保障修缮工作顺利实施,维护学校合法权益,根据《浙江大学修缮管理办法》《浙江大学修缮管理实施细则》《浙江大学合同管理办法(试行)》等规定,结合工作实际,制定了《浙江大学修缮工程合同管理实施细则(试行)》,该细则对修缮工程合同的管理主体、签订、履行、变更、归档等作了明确要求,是指导修缮工程合同管理工作开展的重要文件。

(二)规范科学、全面细致的修缮工程合同管理体系

1.修缮工程合同实行分类管理

根据《浙江大学修缮工程合同管理实施细则(试行)》,对于经过公开招标的工程类合同,总务处作为合同承办单位以浙江大学名义订立合同;对于合同金额在 20 万元及以上(含)且未公开招标的修缮工程类合同,要求合同文本经总务处审核后签订;对于合同金额在 20 万元以下的工程类合同及各类服务、货物类合同,各单位作为合同承办单位,以各单位名义订立合同,签订盖章后报总务处备案;对于舟山校区、海宁国际校区等外地修缮工程的各类合同,各单位作为合同承办单位以各单位名义订立合同,签订盖章后报总务处备案。浙江大学修缮工程合同分类管理如图 1 所示。

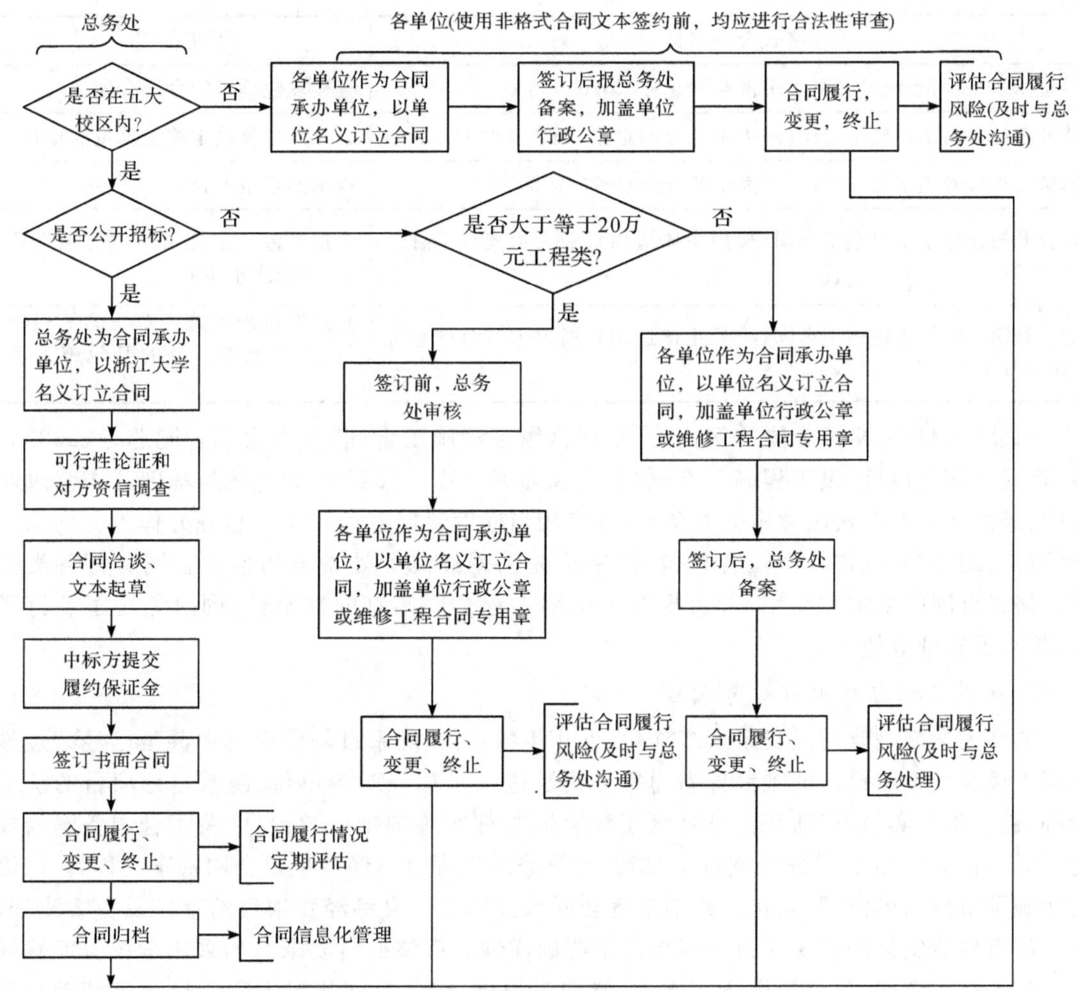

图1 浙江大学修缮工程合同分类管理示意

2.合同签订首选规范的格式合同范本

根据《浙江大学合同管理办法(试行)》的要求，合同订立前应当进行合法性审查，但如果使用格式合同文本签约，就可不必再进行合法性审查。为了方便修缮工作的开展，浙江大学总务处先后制定了9类常用的格式合同范本(详见表1)，这些格式合同范本基本覆盖了日常修缮工程管理所需。格式合同范本由修缮管理科室起草，委托律师进行合法性审查、报学校法律事务办公室备案后确定最终合同文本。

表1 格式合同范本

格式合同名称	适用范围
竞争性磋商修缮工程施工合同(浙大示范合同总务〔2022〕1号)	经磋商确定施工单位的项目
修缮工程造价咨询合同(浙大示范合同总务〔2020〕8号)	造价咨询合同
修缮工程监理合同(浙大示范合同总务〔2020〕7号)	监理合同
大型修缮工程设计合同(浙大示范合同总务〔2020〕6号)	经招标确定的设计合同

续表

格式合同名称	适用范围
零星修缮工程设计合同(浙大示范合同总务〔2020〕5号)	直接发包确定的设计合同
公开招标修缮工程施工合同(浙大示范合同总务〔2020〕4号)	经公开招标确定施工单位的项目
修缮工程检测鉴定服务合同(浙大示范合同总务〔2020〕3号)	检测鉴定服务合同
非公开招标修缮工程施工合同(校内主体适用)(浙大示范合同总务〔2020〕2号)	直接发包确定施工单位的工程项目(校内水电中心)
非公开招标修缮工程施工合同(校外主体适用)(浙大示范合同总务〔2020〕1号)	直接发包确定施工单位的工程项目(除水电中心外的其他施工单位)

以公开招标的格式合同为例,公开招标修缮工程施工合同(浙大示范合同总务〔2020〕4号)格式合同是以《建设工程施工合同(示范文本)》(GF—2017—0201)②为基础范本修改制定的,经律师审查并报法律事务办备案,具有相当程度的规范性。除了总务处作为合同承办单位订立的合同,也推荐学校各单位、院系优先采用经总务处备案的格式合同签订各类合同。格式合同的制定和使用,大大提高了修缮工程合同签订的规范性,同时缩短了签订周期,提高了管理效能。

3.修缮工程自筹项目统筹管理

浙江大学鼓励修缮经费渠道多样化,近几年各单位、院系自筹经费总额甚至已经超过教育部下拨及校本级投入的维修经费总额。为了进一步加强对各单位、院系自筹项目的统筹管理,进一步落实执行《浙江大学修缮工程合同管理实施细则(试行)》中关于合同备案的规定,2021年6月15日总务处制订了《浙江大学修缮工程自筹经费项目合同备案流程》。该流程明确了由校内单位、院系作为修缮工程合同承办单位时自筹经费项目的审核及备案流程,对须经审核后签订的自筹项目合同提出了明确详细的审核材料要求。如采用学校备案修缮工程施工格式合同,仅需提供合同文本、修缮工程审批表、合同相对方营业执照等基础材料进行审核;如基本采用学校备案修缮工程施工格式合同的格式,但未参照学校修缮工程结算口径(采用如固定单价、固定总价等形式进行结算的),须额外提供确定报价的谈判记录或会议纪要等;对于完全采用非学校备案格式合同的,须额外提供合同合法性审查意见、确定报价的谈判记录或会议纪要(采用如固定单价、固定总价等形式进行结算的)等。

自修缮工程自筹项目合同备案制度实施以来,加强了对各单位、院系自筹项目的技术指导,受到了各单位、院系的普遍支持,减少了修缮工程自筹项目签约的盲目性,大大减少了由供应商主导结算口径的现象,构建了更加健康合理的供需关系,同时有利于掌握更全面的修缮数据,有利于未来探索高校修缮服务智慧化发展路径。

(三)浙江大学修缮工程合同管理不足及改进

1.信息化

浙江大学修缮管理信息化程度相对较低,修缮工程审批流程和修缮工程合同审批流程在不同平台进行,数据分散。且从项目实施阶段开始,项目变更及合同支付信息均未纳入信

② 住房城乡建设部、国家市场监督管理总局为了指导建设工程施工合同当事人的签约行为,维护合同当事人的合法权益,结合相关法律法规制定的合同范本,是国内建设工程合同最权威的范本。

息化平台管理，非常不利于对合同执行阶段的把控。建立维修信息化平台，实现修缮工程全流程管理可以实现合同执行阶段管理，实现合同变更监控、合同支付进度可视化等功能。

2.专人管理

浙江大学修缮工程合同管理尚没有条件做到专人管理，目前投入合同管理精力有限，仅集中在合同审核签订阶段，合同执行阶段的监督控制、合同管理的统筹优化、合同数据的分析利用等工作的精力投入较少。下一步应争取实现修缮工程合同专人负责制，进一步增强合同管理人员合同管理意识，提升修缮工程合同管理水平。

3.合理规划

十万元以上（含）50万元以下（不含）的非招标项目前期准备阶段，须经过方案确定、设计图纸（如有）、确定施工单位及预算、处务会决议等阶段，耗时15天到30天不等。为保障学校正常教学科研活动的正常开展，部分工程（如宿舍、教室修缮）须集中在暑期等特殊时间段开工，并要求短期内完工，工期非常紧张，很容易产生倒签合同的问题。目前倒签合同现象已经明显减少，但仍存在少数合同先进场后签合同的现象，存在一定的管理风险和法律风险。应进一步加强修缮工程计划管理，建立健全修缮工程项目库，制定长中短期计划，提前做好方案、设计等准备工作，缩短项目启动流程，杜绝倒签合同现象的发生。

三、总　结

修缮工程合同管理是高校修缮工程管理中的关键环节，是高校修缮工程管理的基础，必须加以重视。加强修缮工程合同管理有助于规范参建各方的行为，维护各方的合法权益，建立健康平等的供需关系，合理控制造价，控制项目风险，实现修缮工程效益最大化。高校后勤智慧化改革的大背景，赋予了修缮工程合同管理更多的使命与课题，需要高校修缮工程合同管理人员创新思考，久久为功，打造更加科学、严谨、高效的合同管理体系，推进高校后勤管理系统的高质量发展。

关于高校维修管理的探索

——以浙江大学为例

符　斌

（浙江大学总务处维修预决算管理办公室）

【摘　要】 近年来，随着学校后勤的不断改革，以及学校创建“双一流”步伐的跟进，后勤维修工作也需要进一步的创新，尤其是学校的规模越来越大，涉及的经费越来越多，尚不能满足学校师生对于维修工作的新的迫切的需求，由此笔者从浙江大学的角度来展示对这方面的探索。

【关键词】 高校；维修；管理

高校维修管理的主要工作就是代表高校与后勤服务团体、施工单位签订合同，监督后勤服务团体、施工单位在学校进行后勤维修改造工程，并对工程进行检查、验收。同时高校后勤管理还负责向高校提出后勤维修提案，对学校的各个区域进行定期检查，管理学校的节水、节电工作。

一、高校维修管理的背景

随着科教兴国战略的实施，1998 年 9 月 15 日，原浙江大学、杭州大学、浙江农业大学、浙江医科大学合并组建新的浙江大学，浙大从此由工科大学转变为综合性大学，学科门类齐全，拥有除军事指挥类之外的所有专业。四校的合并带来原来机构的合并，为妥善处理原先各个校区的维修管理人员并加以有效利用，合并后的浙江大学维修管理由两个处管理：房产处负责房屋内部的维修管理，资金主要来自国拨资金；后勤管理处负责公共空间的维修管理，资金来源是国拨资金及学校自有资金。

二、合并后出现的问题

随着对维修管理要求的提升，两个部门承担维修管理功能的弊端逐渐暴露出来。维修管理的作用就是为了保证师生和工作人员的安全以及教学活动的顺利进行，一个学校有两个维修科室不仅让需要维修的师生难以找到正确的部门，同时维修涉及两个部门利益时容易发生扯皮。缺乏统一的规划和协调使得学校基础维修缺乏科学性，加大了学校后勤维修工程管理工作的成本产生了更多的无效损耗。

三、高校维修管理的应对措施

（一）制定新的管理办法

为提高高校后勤服务工作质量和教育管理水平，减轻学校管理成本负担，提高维修效率，提高师生满意度，学校于2009年将房产处的维修管理部门全部划到后勤管理处的维修管理部门，从此维修管理统一由后勤管理处统管。2012年，为进一步加强和改进学校修缮管理工作，规范和优化修缮工作流程，有效维护学校房屋资产和基础设施，更好地促进学校教学、科研等各项事业发展，服务学校师生员工，依据相关法律法规，结合学校实际，制订《浙江大学修缮管理办法》（浙大发后〔2012〕1号）。

总务处成立后，原先的《浙江大学修缮管理办法》已不适应新形势，同时兄弟部门的管理办法如《浙江大学采购管理办法》（浙大发采购〔2018〕1号）也已更新，因此于2019年重新制定了《浙江大学修缮管理办法》（浙大发总务〔2019〕3号）。同时为进一步规范学校修缮工程的计划立项、招标与合同、施工、竣工验收及结算管理工作，依据相关法律法规和《浙江大学修缮管理办法》（浙大发总务〔2019〕3号）的要求，结合学校实际，制定《浙江大学修缮管理实施细则》（浙大发总务〔2019〕4号）。

（二）机构改革

2018年度出现频率最高的词汇——“双一流”，是浙江大学全面深化改革的出发点和落脚点。学校第十四次党代会提出，“要围绕‘双一流’建设需要，科学配置经费、用房、招生指标、编制岗位等各类办学资源，确保资源配置与一流目标高度契合”。为配合此次改革，学校发文成立总务处，撤销房地产管理处、后勤管理处。总务处（含“1250安居工程”办公室）成为主管学校房地产资源和后勤服务保障管理的职能部门，进一步整合资源、增强协同，提高学校为师生服务的质量与水平。

此次改革中，考虑到专项维修是一笔大额资金，基建资金也是一笔大额资金，为实现两笔大额资金一起管理，因此将作为原后勤管理处的专项维修部门划归到基建处，作为维修的一种尝试。但后来发现学校校区太多，牵扯面积太大，没有后勤的校园管理办公室协调，专项维修很难具体落实下去，因此运行了一年后重新划归回后勤处，即新的总务处。

（三）信息化建设

在开始的后勤维修管理中，由于投入不足、管理意识滞后，报修方式主要是电话报修、登记报修。这些报修方式效率低下，不能满足广大师生对后勤服务质量提升的需求，也不能满足高校和后勤管理快速发展的需求。因此，后勤管理信息化建设迫在眉睫。在学校创“双一流”的号召下，后勤的维修管理工作也跟随号召，顺应新要求，充分运用互联网方式构建能够提高效率的维修管理线上平台——浙江大学维修管理信息化系统应运而生。

该板块分为日常零星维修的审批和修缮工程的审批。日常零星工作板块的审批，流程首先是报修人报修，报修人可以是师生，也可以是物业；报修后提交后勤（总务）处校区办审批，如果小于2万元直接审核通过；如果大于或等于2万元由后勤（总务）处维修办审批，其中大于或等于5万元需再提交相关领导审批。针对修缮工程的审批，是指对房屋建筑、市政基础设施和校园环境（设施）实施装修、拆除、修缮等施工作业的建设工程，包括房屋修缮土建工程、水、暖、电、气（汽）改造工程、基础设施维修改造工程、装饰装修工程、校园绿化工程、景观建设工程以及校内原有场地、道路、管道、围墙等室外维修工程。审批范围为杭州市五个校区内的修缮工程，上述区域以外修缮工程参照《浙江大学修缮管理实施细则》相关条款实施。

（四）精简流程

为了贯彻“不忘初心，牢记使命”主题教育精神，更快捷、有效地服务广大师生员工，做好修缮管理服务工作，让广大师生员工“能不跑就不跑，能少跑就少跑”，真正实现“最多跑一次”。总务处于2020年发布关于部分修缮工程简化流程直接支付的通知，该通知规定对符合特定清单内容要求的修缮工程项目，在提供相应工程方面资料后，可直接至计划财务处完成款项支付。

总务处在修缮工程简化流程直接支付试行一年的基础上，对原有的修缮工程简化流程支付项目清单进行了修订，于2021年将《修缮工程简化流程支付目录和标准》(浙大总务发〔2021〕4号)予以公布。其中规定：同一个财务年度内、同一区域项目下预算总价不超出20万的文化设施、单项维修和小额维修项目(不得为了适用简化流程的条件对项目进行拆分)，在提供必要的资料后，无须通过修缮工程审计，直接至计划财务处完成工程财务结算支付。

(五)对维修项目进行公开招标

工程招标根据《浙江大学集中采购目录及标准(2023年版)》，对于50万以上(包含50万)的工程装修改造项目，一律公开招标。维修工程项目的公开招标，有利于在众多投标单位中筛选出优质的施工单位，降低建设成本，提高维修质量与效率。对于使用地方财政性资金进行的政府集中采购，可适用《中央预算单位政府集中采购目录及标准(2020年版)》，以地方财政管理部门批复为准。

为了提高工作效率，工程装修改造招标工程同样追求简化，浙江大学将校内规模在10万元(含)至50万元(不含)的小型装修维修工程纳入维修类工程入围单位(2022年)招标。项目分布在紫金港、玉泉、西溪、华家池、之江五个校区内，总投资约900万元(每年)。

(六)加大审计监督力度

审计在维修工程中有着无法取代的作用，工程竣工后，总务处会将工程结算稿提交审计部门，审计部门核对工程量以及工程计价是否合理，确定工程是否按合同条款执行，在保证施工质量的同时，将工程款控制在合理范围内，从而达到控制维修工程资金投入、节约投资的目的。

四、结　语

目前，在学校领导的大力支持下，总务处和其他处部门之间的人员相互协调、积极配合，制定合理的维修和管理制度和办法，同时加强信息化建设，通过招投标方式来选择正规的施工单位，保证维修工作及时到位，最后通过审计保证经费有效使用。

参考文献

[1] 马有新.高校后勤修缮管理改革的作用及相关建议[J].住宅与房地产，2019(28)：125.

高校公车管理实践研究

——以浙江大学为例

蓝　倩

（浙江大学总务处后勤服务管理办公室）

【摘　要】 自公务用车制度改革以来，高校的公务用车管理顺应社会要求作了大幅度的改革，本文以浙江大学为例，着眼于公务用车管理实践中产生的问题，提出相应的解决之策。

【关键词】 公务用车；高校

一、公车管理现状

（一）公车的概念

在我国，公务用车是指由政府财政为各级党政机关及事业单位工作人员执行公务需要所配备的车辆，主要分为各级党政机关及事业单位领导干部固定用车和公务人员公务活动用车两大类。公务用车实行实物供给制度，为保障公务出行发挥了重要作用。

和政府行政部门的公务用车情况不同，高校作为教育部门，公务用车针对的是高校在公共活动中的各种公务用车行为，配备的公务车主要用于满足高校教学科研、通勤、学术活动以及外来人员来访时对车辆的需求，高校公务用车制度保障了学校正常教学科研活动的开展。高校公务用车根据其实际用途可以归为两种：第一种是往来于同一学校不同校区的班车或者是学生教学班车；第二种是大学行政部门服务的官方车辆以及教学科研实验用车。

（二）公务用车的发展管理历史

在古代封建历史中，公车即官方人员的配套车辆，政府的行政官员通过公车提升行政和办事的效率，是古代的官方配置和隐性福利。我国现行公务用车管理制度，一直沿用计划经济时代的编制管理、标准控制、按需配给、单位所有的模式。配备公务用车的目的主要是为了保障正常公务活动的顺利开展以及提高公务人员办事的效率。但是随着经济社会的快速发展，这种公务用车管理制度的缺陷越来越明显。尤其是近几年来，公务用车已逐渐成为官员身份和待遇的象征，成为官员的隐性福利，由此带来的直接后果就是超标准配车现象普遍存在，公车数量严重超标，公车私用现象泛滥，公车支出费用惊人，导致财政负担过重，滋生出腐败等一系列问题。2013 年中纪委也明确表示将试点推行公务用车统一标识、GPS 定位等制度，加大惩治力度。2014 年 7 月，中共中央办公厅、国务院办公厅印发《关于全面推荐公务用车制度改革的指导意见》和《中央和国家机关公务用车制度改革方案》，标志着我国公车制度改革正式启动，取消了一般公务用车，保留必要的机要通信、应急、特种专业技术用车和符合规定的一线执法执勤岗位车辆及其他车辆，普通公务出行将由公务人员自行选择社会化方式以及适度发放公务交通补贴。2016年教育部印发了《教育部直属高校和直属单位公务用车制度改革实施方案》。2017年12月，中共中央办公厅、国务院办公厅印发《党政机关公务用车管理办法》，进一步规范了公务用车的管理，也为党政机关及其他单位的公务用车的管理提供了法律的依据。

(三)浙江大学公车管理现状

高校的公务用车本质上是高校的公共财产，应对其进行严格管理。随着高校办学规模的扩大以及日益增长的办学需求，学校对公务用车需求也在不断增大，不可避免地出现了公车私用、支出增大、车辆分配不合理等现象，急迫需要对高校的公务用车管理制度进行改革。高校公务用车制度改革的目的不仅要消除公车使用中出现的弊端和减少公车数量，更多的是确保改革能够有效提高公务用车的效率和服务水平，更快更好地为教学、管理、科研提供服务。

车改之前，浙江大学拥有公务用车900余辆，车改后，我校公务用车包含：资产关系或产权登记为“浙江大学”的所有车辆，共计22家单位、127辆车。车改是坚决贯彻落实中央八项规定精神和厉行节约反对浪费的重要举措，对于规范用车管理、节约成本、提高效能，促进党风廉政建设具有重要的意义。

学校于2018年发布了《浙江大学公务用车管理暂行办法》，在公务用车概念、管理使用原则、编制和标准管理、日常使用管理、经费管理、监督问责等方面作了详细的规定，首次从制度上规范了校内的公务用车管理。学校公务用车在统一制度规范下实行分级分类管理。总务处负责公务用车的统一管理，制定、实施相关规章制度。对使用单位基本固定的公务用车，经学校同意，委托该使用单位按相关规定管理。各使用单位负责本单位公务用车使用的审批、登记、监督检查等管理措施的制定与实施。各使用单位主要负责人对本单位公务用车使用管理负总责。此二级管理体制，符合现有的校情，不同于一些企事业单位公务用车的统一管理，最大限度保证了各二级单位公务用车使用和管理的独立性和便利性。

2019年，学校发布《关于进一步加强浙江大学公务用车管理的通知》，进一步规范了公务用车的相关台账管理、审批更新、公示制度等事宜。2020年，学校开展了公务用车自查和专项巡查工作，督促各个单位逐条整改落实巡查中发现的问题，力求整改到位并取得实效。自此以后，形成了年度检查制度，即每年总务处都会抽调人员实地前往各二级单位开展巡视工作。目前，公务用车的规范化管理初步取得成效。2022年，学校出台了《浙江大学二级单位公务用车上交学校管理方案》，弥补了现有制度的空白，为二级单位车辆上交管理权限提供了依据。

二、公务用车管理存在的问题

(一)相关制度的不完善

《浙江大学公务用车管理暂行办法》第九条规定：“严格学校公务用车使用审批制度。公务用车使用须经使用单位负责人审批同意，并详细登记，用途须与学校审定的车辆规定用途一致。”此条款中“使用单位负责人”审批在实际操作中存在一定困难。因高校的机构设置较为复杂，绝大多数单位已按照要求执行单位负责人审批制度，但实际操作中，每次用车都由单位负责人审批后使用，因单位负责人日常事务繁忙，不一定能够及时审批，操作有些困难，所以部分单位先由综合办或具体负责本单位公务用车使用管理的工作人员审批，阶段性由单位负责人批量确认。此条款中的“用途须与学校审定的车辆规定用途一致”，“审定的用途”是采用狭义解释，还是广义解释，存在争议。报教育部车改的文件中，一般将车辆用途分为业务性用车和专业性用车，业务性用车也登记备案了具体的用途。如果将“审定的用途”广义解释为业务性用途，而非具体备案的实际用途，那么大部门公务用车只要“非私用车”，即应解释为因公用车，即合法合理；如果“审定的用途”只是局限于登记备案的具体用途，那么公务用车的用途的范围就极为狭窄了，在实际操作中，难以物尽其用。如学校班车在车改方案用途中为业务性用车，实际用途备案为“班车”，但实际运行中，为提高使用效率，承接了校内各单位的教学和公务出行交通保障服务，这种行为是否符合规定，就看是采用“业务性用车”的广义解释，还是采用“班车”的狭义解释。

根据《浙江大学公务用车管理暂行办法》第十二条第二款规定：“实行公务用车保险、维修集中采购和定点保险、定点维修制度。加油实行一车一卡制。”公务用车实行定点维修制度，但在实际操作中，部分单位难以执行定点维修制度。异地办学的一些单位，当地没有相应的定点维修单位，无法执行相关制度。比如，义乌、海宁、舟山等地区无政府采购的定点维修单位，目前实际操作中，浙江大学医学院附属第四医院、海宁国际校区和舟山校区只能参照当地政府机关相关政策执行或者通过公开招标的形式确定维修单位。

根据《浙江大学公务用车管理暂行办法》第十二条第一款规定：“实行公务用车使用时间、事由、地点、里程、油耗、费用等信息登记和公示制度。实施公务用车油耗、运行费用单车核算和年度绩效评价制度。”大部分公务用车都能按照要求做好公务用车的登记管理制度，但是高校的公务用车中保留了部分实验用车，实验用车因其特殊性，比如不上路等原因，无法做相关的登记，这在实际中难以操作。

根据《浙江大学公务用车管理暂行办法》第四章经费管理的规定，经费管理的相关规定较为简单。因公车管理涉及多部门，经费的开支等由各个部门掌握，是否按照定点单位维修产生的费用等才能予以报销等，可能存在信息不通畅等问题，容易导致违规现象发生。

(二)车辆更新不规范

公务用车的更新不仅要遵守教育部、学校的规定，也受制于地方政策的规定。根据《杭州市小客车总量调控管理暂行规定》，车辆报废后生成的机动车车牌指标有效期为 1 年，超过 1 年未上牌，指标将失效。学校个别单位因车辆长时间未使用且未年检，车辆将被强制报废或已被政府交通管理部门强制报废，导致上牌指标失败。

在此之前，即使指标失效，凭教育部更新批件仍可向市小客车总量调控办公室申请新指标。但据控办反馈，今后指标失效后可能无法再申请新指标。因此，政策的不确定性，以及教育部和地方管理政策的冲突等，导致实际操作中存在不确定性因素。

(三)公务用车使用率不高

部分单位未充分发挥公务用车的效用，部分公务用车已经完成特定的实验任务或故障未能及时修复，存在车辆闲置导致资源浪费的情况。为提高使用效率，二级单位拟将相关车辆上交学校统一处置。目前学校虽然出台了相关方案，但是统一管理方案的操作仍然较为模糊，相关制度及操作还处于探索阶段。因教育部审定的编制数为 127 辆，如果上交车辆简单予以报废，可能会导致编制数减少，后续再申请增加指标，可能会存在不予批准的情况；如果上交的车辆不予以报废，严格按照“报废一辆，更新一辆”的规则操作，加上《杭州市小客车总量调控管理暂行规定》中对上牌指标的规定，其中必定会造成车辆闲置，车牌指标丢失等情况。实际操作中,因外部政策的不确定性,仍是困难重重。

(四)车辆老化及购置问题

目前保留的127辆公务用车中,约60%以上的车辆至今已经超过8年的报废时限,车辆老化较为严重,更新的需求较为迫切,未来一段时间将是车辆更新的爆发时间段,但是目前由于学校以及财政部对于更新车辆的要求极为严格,每年车辆的更新和预算限制较紧,一定程度上会影响到公车的更新与周期。

(五)车辆管理部门职能交叉,模式落后

公务用车的管理部门涉及多个部门,部门之间管理存在信息不通畅等问题,目前涉及到学校的部门有实验与设备管理处、计财处、总务处、采购办、国资办等。因各个单位管理方式和管理内容不同,信息无法共享,多头管理难免出现各种各样的问题。

公务用车管理模式相对落后,信息化程度不高,使用和管理信息不对称、不畅通,管车用车公开化、透明化程度不够。

三、公车管理的解决途径

(一)明晰职责,构建数据共享

公务用车管理,要明晰各部门之间对于公务用车管理和监管的权责,理顺各部门的管理事项,让事事有人管,件件有着落;构建一体化监管体系,做到从车辆购置——车辆使用——车辆维护——车辆处置,形成监管闭环。多部门监管中,也应及时互通信息,加快推进信息的共建共享,互联互通,打通信息的孤岛。加强校院联动,推进公务用车管理的信息化数据构建,建立数据共享平台,通过先进的信息化管理手段对车辆信息及使用情况进行数据监测、管理和分析,确保数据的真实、有效,提升公务用车管理规范化。

(二)思想重视,完善制度建设

加强制度建设,确立制度管人、制度管车,不断适应公车使用的新形势、新变化,完善优化管理办法及相关措施。一方面要不断完善现有的制度建设。及时修订现有公务用车制度中的漏洞及不准确之处,要明确如实验用车不同的管理方式,特种设备用车购车的标准等。另一方面强化现有制度的执行,严格执行相关制度规范,落实相关工作要求。执行和落实好使用审批、使用管理台账、使用情况公示、费用单车核算、年度绩效评价、一车一卡、定点保险、定点维修等规范管理。要按照保留和报备的使用范围,规范公务用车使用。健全公务用车管理资料和档案信息,做好“一车一档”。各单位公务用车管理人员要加强对公务用车采购、使用、管理、报废等政策的学习,严格规范做好公务用车管理工作。

(三)厉行节约,提高使用效益

坚持物尽其用、厉行节约原则,整合资源,杜绝浪费,探索有条件地实行车辆集中管理,提高规范管理和利用效率。车辆集中管理可以杜绝公车私用,提高公务用车的使用效率,有利于公车资源的优化配置,降低运行成本。坚持因地制宜,从实际出发,提高公车的使用效益。科学合理使用现有车辆,做到最大限度地提高对车辆的使用效率,更好地为师生服务,更好地为学校科研服务,进一步推动我校各项事业的发展。

(四)积极探索,鼓励社会化出行

公务用车的改革,说到底是为了利用社会的公共服务减少公车的使用,从根本上减少三

公经费的支出，从严从紧管理公共财政的支出。所以要积极探索社会化途径解决用车需求，非必要不购置公车。鼓励公务活动出行实行社会化，采取报销公务交通费用或其他符合规定的社会化方式保障公务出行，实现公务交通保障高效、费用节约、成本下降和管理规范。

四、结　语

公车改革是我国发展过程中的一项新举措。高校公务用车制度改革对于保证教学、科研正常进行，同时做到费用节约、成本降低和管理规范都起到积极的有力的推动作用。在公车改革结束的后时代，通过制度化、信息化、规范化不断加强公务用车管理仍会遇到一些问题，在公务用车的管理中还需要不断开拓管理思路，探索有效的解决办法，需要一边实践、一边研究，才能真正做好高校公务用车的管理。

参考文献

[1] 王玲.加强高校公务用车管理改革的研究——以上海某高校为例[J].高校后勤研究，2019(5).

[2] 冯依睿.公共管理视角下公务用车改革分析研究[J].中国集体经济，2020(14).

[3] 赵庆双，黄开胜，江永亨，等.深化公务用车制度改革　加强高校公务用车管理[J].实验技术与管理，2017，34(12).

建设新时代新型后勤服务队伍模式探析

——浙江大学后勤集团教师事务服务工作的探索与实践

朱玥腾

(浙江大学后勤集团)

【摘　要】 为适应学校发展对后勤服务支撑体系建设提出的新要求,浙江大学后勤集团加快建设新时代新型后勤服务队伍,对教师事务服务工作进行了创新性探索与实践,促进后勤服务转型发展,推动治理体系与治理能力现代化。本文总结了浙江大学后勤集团教师事务服务工作机制、运行模式、管理体系、主要成果,对建设新型后勤服务队伍模式进行了探析。

【关键词】 后勤服务队伍治理体系;治理能力;现代化;教师事务服务

2019 年浙江大学暑期工作会议上,校党委书记任少波明确作出“以做大服务为抓手,撬动管理服务体系改革”的重要指示,支持院系配备一批“专业管家”或“职业协理员”,专门服务一线教师,让“最多跑一次”转变为“最多找一人”,切实将广大教师从烦琐事务中解放出来,创设更纯粹的干事创业环境。在学校“不忘初心、牢记使命”主题教育中,“探索建立服务教师发展的支撑服务队伍的对策”被列为调研的重要内容。

一、教师事务服务工作机制和运行模式

为满足不同用工需求,创新多元化用人举措,2019 年 7 月,浙江大学人事处出台《浙江大学服务外包管理工作试行办法》(浙大人发〔2019〕30 号),在学校管理岗位探索对侧重服务的工作内容和工作任务实行服务外包。人事处作为学校服务外包工作管理的职能部门,负责校内各用人单位服务外包工作的宏观管理,统筹协调服务外包相关事项,委托后勤集团做好相关单位的服务外包工作。后勤集团根据外包服务任务要求,设计外包项目服务内容、服务流程、服务标准,关注服务品质、效率及意见反馈等,建立外包项目高标准的个性化服务体系。外包服务人员的人事关系隶属于后勤集团的公司主体“杭州浙大同力后勤集团有限公司”,“杭州浙大同力后勤集团有限公司”与外包服务人员签订劳动合同、发放薪酬、按规定缴纳社会保险。2019 年 11 月,后勤集团成立了以总经理为组长的教师事务服务工作领导小组,研究、部署、协调、督查教师事务服务工作重大事项,设立了后勤集团教师事务服务中心,由后勤集团人力资源部、科教服务中心等单位协同负责教师事务服务专员的招聘、培训、考核等工作,提供教师事务服务内容、用人单位负责满意度评价工作,各方权责对等、工作界限清晰、人员归属明确,初步构建了教师事务服务工作的运行模式。

二、教师事务服务工作管理体系

为了适应学校教师事务服务支撑体系建设新要求,规范教师事务服务管理,提升教师事

务服务水平，促进后勤服务转型发展，推动学校治理体系与治理能力现代化，2020 年 1 月，后勤集团出台《浙江大学后勤集团教师事务服务管理办法》，提出了教师事务服务工作必须以习近平新时代中国特色社会主义思想为指导，坚持"三服务两育人"的宗旨，坚持"高水平服务、高质量发展"的方针，有利于学校"最多跑一次"改革向"最多找一人"转变，有利于学院、机关等部门提高管理服务效能，有利于后勤集团推进"两个延伸、两个发展"总体工作方针。教师事务服务的主要内容是：1.学院高层次人才和海外归国教师的行政事务性服务、教学科研辅助性事务工作；2.学院教师财务报销、货物采购、会议安排等日常事务性、辅助性工作；3.学院教学、科研、行政管理活动过程中事务性、辅助性服务工作；4.学校机关等部门行政管理活动中事务性、辅助性服务工作。同时也明确了教师事务服务专员的职责与条件、选聘与管理、薪酬待遇等规定。

为加快打造一支"讲政治、守纪律、会办事、能奉献"的专业化、职业化、高素质、高水平教师事务服务专员队伍，2020 年 5 月，后勤集团出台《浙江大学后勤集团教师事务服务专员职业培训制度》，为岗前入职培训、职业素养综合培训、职业技能培训的内容、形式和组织工作提出了指导意见和制度安排。教师事务服务专员年度培训主要以"春夏秋冬"四季设计开展特色培训内容。春季培训安排职业素养综合培训，以专题培训报告会形式帮助教师事务专员了解学校、后勤集团面临的形势与任务，把握年度重点工作与任务要求，表彰上年度的"先进工作者"。夏季培训组织集中政治理论学习、纪律教育和职业道德教育，学习学校以及后勤集团新出台的各项规章制度，分析探讨工作中存在的问题与困难。秋季培训分校区开展针对性的业务技能专题培训，建立紧密的教师事务服务专员协作单元，形成若干业务成长联合体，探索职业化发展有效途径。冬季培训召开年度工作交流研讨会，选出优秀代表交流工作历程和成长体会，营造相互学习、相互帮助、相互促进的良好工作氛围。

为了规范教师事务服务专员的考核工作，客观公正评价教师事务服务专员综合表现，2020 年 9 月，后勤集团出台《浙江大学后勤集团教师事务服务专员考核实施办法》，提出考核要坚持目标导向和结果导向相结合、思想素质和工作业绩相结合的原则，对教师事务服务专员的德、能、勤、绩、廉等各方面表现作出全面、客观、公正的评价，要坚持考核结果与薪酬绩效、评奖评优、职业发展相结合的原则，建立健全教师事务服务专员常态化、多元化、科学化评价体系，充分激发教师事务服务专员的主动性、积极性和创造性。教师事务服务专员考核主要有日常考核、年度考核、试用期考核、聘期考核等内容。日常考核主要是对教师事务服务专员思想、纪律、作风、能力等方面在现实工作中表现的纪实性考评，是年度考核、试用期考核、聘用期考核的基础和重要依据。年度考核、试用期考核和聘期考核是对教师事务服务专员各个不同履职期限的综合性评价考核，主要包括用人单位对教师事务服务专员的满意度评价和教师事务服务中心对教师事务服务专员的德、能、勤、绩、廉等五方面综合性、整体性评价考核。将年度考核结果作为教师事务服务专员年度考核薪金、年薪增长、职务晋升、岗位调整和后勤集团先进工作者、服务标兵等各类荣誉称号评选的主要依据。

三、教师事务服务工作主要成果

2019 年 11 月，经学校人事处审批，经济学院成为全校第一个启动教师事务服务专员岗位招聘的单位，新招聘 2 位教师事务服务专员为老师们提供财务报销、货物采购、会议安排等综合事务服务工作。经济学院表示教师事务服务工作形式新颖，人员身份明确、工作任务清晰、考核方式科学，教师事务服务专员岗位工作内容贯穿人事、报销、教学、科研、工会等多个科室，以“最多找一人”的专人专岗专业化为老师提供精准服务，支持老师专注教学科研，以服务体系改革为动力，进一步推动学院优化职能、深化改革，提升学院治理能力。

三年来，后勤集团持续探索以企业化运行模式来满足学校事业发展的需要，以“杭州浙大同力后勤集团有限公司”作为用工主体为学校节省了大量事业编制用人名额，也克服了劳务派遣用工模式的辅助性、替代性和临时性的岗位限制，建立了一支新时代新型后勤服务队伍，为学校多元化用人新路径作了探索实践。截至 2022 年 12 月 31 日，后勤集团招聘在岗教师事务服务专员 142 人，其中中共党员 82 人，硕士研究生 122 人，35 周岁以下 128 人，女性 133 人。服务学校各单位部门 65 个，其中院系 31 个，机关部处 21 个，群众团体 1 个，直属单位 6 个，校设研究机构 4 个，其他单位 2 个。

四、建好新时代新型后勤服务队伍，推进治理体系治理能力现代化

浙江大学正迎来“十四五”事业发展和新一轮“双一流”建设，从质量、特色、贡献、声誉的发展要求，迈向世界一流大学前列的新征程。后勤集团始终坚持“三服务两育人”的宗旨使命和“保障学校，服务师生”的根本职责，不断完善股东权利、董事会职责和义务、内部控制、企业文化、监督机构，通过完善的企业治理体系，推进现代化的治理结构和管理制度，提高内部治理的质量和效率，有效防范风险，促进企业可持续发展的能力。

（一）协同融合发展，激发组织活力

在动态市场环境下，企业要想获得良好的发展，需要变革传统的刚性组织管理，打破垂直管理链条，释放组织创新活力，跨单位、跨部门、跨专业组建与动态竞争条件相适应的具有不断适应环境和自我调整能力的柔性工作小组，并具备响应速度快、资源整合能力强、按任务聚散灵活的特点。后勤集团教师事务服务中心参照柔性工作小组方式组建，由后勤集团人力资源部牵头，相关单位协同配合，不打乱现有组织构架，不调整工作小组成员人事关系，管理模式、工作方式、机制建设因地制宜、大胆创新，降低工作小组的运行成本，提高工作的质量和效率。

（二）紧贴师生需求，谋划服务业态

满足新时代广大师生对校园美好生活的需求就是后勤人的奋斗目标，后勤提供的产品和服务要满足师生需求、创造师生需求并不断适应师生需求的变化，需要对照管理服务理念、操作服务规范、技术标准体系、监管运营体系找差距、提品质、树品牌，需要加快建设新时代新型后勤服务队伍，紧贴学校教学科研工作需求，紧贴师生需求，积极探索谋划后勤服务的新业态、新模式、新内容。为了响应学校教师服务支撑体系建设新要求，后勤集团承接了教师事务服务工作，通过三年来的不懈努力，塑造了一支适应浙江大学创建世界一流大学需要的新时代新型后勤服务队伍，促进了后勤服务转型发展，推动了学校治理体系治理能力现代化。

（三）参与市场竞争、打造核心能力

随着高校后勤服务市场的逐步开放，校内后勤服务市场形成了更加开放、多元、竞争的运行体系，成为社会大市场的一部分。服务品质、运营成本、监管成本、员工队伍素质水平、师生满意率是检验后勤治理体系治理能力现代化的重要标尺，作为市场主体身份和保障服务属性的高校后勤，治理体系治理能力现代化必然要面向市场的检验，只有充分经历市场竞争的洗礼，展现出了强大的生命力和竞争力，成果才是治理体系治理能力现代化最有力的印证。

五、工作展望

2020年浙江大学暑期工作会议上，任少波书记指出，要创新浙江大学人力资源体系，推动核心层、紧密层、合作层三个圈层的人力资源多元化开发，使校内外人力资源相贯通，构建一个核心很卓越、辐射很强大、发展通道畅通、富有生机活力的人力资源体系。浙江大学多年来通过不断深化人事改革，推进灵活用工、多元用人，紧密层人员队伍逐步发展，目前已经有一定数量规模，包括劳务派遣员工、教师事务服务专员、新型科创平台聘用的属地编制人员和校属企业单位骨干职工等，已经成为学校各项事业发展的重要力量。2022年3月，学校出台《浙江大学行政专员队伍建设实施办法》，进一步淡化身份、强化岗位，拓展紧密层人员的职业通道，优化薪酬设计和绩效考核，利用校内外各类资源，创造条件为人才提供成长发展的土壤和施展本领的舞台，不断增强紧密层队伍的归属感和向心力，为学校发展提供强大的支撑服务能力。

浙江大学正以更高质量、更加卓越、更受尊敬、更有梦想为战略导向，高水平、高质量建设中国特色世界一流大学。后勤集团也将继续立足新发展阶段，贯彻新发展理念，构建新发展格局，坚持以党建为统领，以服务保障为导向，以安全为基石，以改革为动力，不断探索新阶段可持续发展的模式和路径，加快建设新时代新型后勤服务队伍，为学校迈向世界一流大学前列作出积极贡献。

浅谈物业企业人才队伍建设

——以浙江浙大求是物业管理有限公司为例

唐盛勇

（浙江浙大求是物业管理有限公司）

【摘　要】 物业企业是劳动密集型企业，即使现代物业企业引进了大量机械化设备、采用了很多新技术，信息化建设水平也在不断提升，“人”依然是影响物业企业发展的关键因素，物业企业发展离不开人才，人才队伍建设是企业发展的关键环节。浙江浙大求是物业管理有限公司在人才队伍建设的实践中取得了较好的成果，本文以“求是物业”为模型，充分结合物业行业特点，对物业企业人才队伍的重要性进行叙述，并从构建留用人机制、建设培训体系及健全激励机制三方面入手分析物业企业人才队伍建设。

【关键词】 物业企业；人才队伍；培训体系；激励机制

随着我国市场经济体制的确立和经济全球化的发展，物业企业进入了新的发展阶段。在企业不断发展的过程中，人才培养的重要性日渐显现，管理人员的能力直接影响到企业的发展速度，而人才队伍的构建能够有效发挥人才的作用，充分展示人才培养的重要性。人才在物业企业快速发展的过程中是一种核心资源，能够有效提升企业的市场竞争力，让企业在市场经济体制中争得一席之地。物业企业不进行人才队伍建设，会限制企业的发展，企业需有机统一人才队伍建设与企业发展目标，以加快企业的发展速度，实现企业的绿色、可持续发展。

一、物业行业和企业人才队伍建设现状及常见问题

（一）存在人才供需矛盾

我国物业管理行业的发展水平和现实需求存在着人才供需矛盾。人们普遍认为物业管理是一个技术含量低、劳动强度大的行业，因此，高校毕业生很少有人愿意投入这个行业。物业行业与其他新兴行业相比总体薪酬水平偏低，对高学历优质人才缺乏吸引力。

（二）基层管理者年纪偏大、文化程度偏低

物业基层管理者大多是由非专业人员组成，普遍存在着技术含量低、知识面狭窄、知识结构不合理、年龄相对老化、工作缺少活力、思维缺少创新等问题，他们虽然从事物业的管理（服务）工作，但业务不精、服务水平不高，离职业化要求相差较远，难以适应随着物业管理行业的发展而日益提高的岗位要求。

（三）中高端管理骨干严重不足

物业行业已处于快速发展、提质增效阶段，但是大部分物业企业仍采用传统管理方式。

目前，物业企业人才现状如下：传统型人才多，创新型人才少；能胜任单一岗位人才多，能胜任多岗位复合型人才少；初级管理、技能人才多，中、高级管理、技能人才少。目前，物业行业面临人才匮乏的局面，现有人员的数量与质量已不能满足行业快速发展需要及业主对高品质服务的追求，已严重影响物业行业的整体发展，物业管理行业人才紧缺，基本呈现出供不应求的长期态势，尤其是优秀的项目经理更是到了“一将难求”的程度。

(四)缺乏系统的人才培训体系

物业基层管理者大多为非专用人员，普遍存在技术含量低、知识结构不合理、管理技能落后等问题，部分人员凭经验工作，缺少思维创新，从事物业管理工作，但业务不精，管理队伍水平难以适应岗位要求。物业服务企业缺乏系统规范的人才培训体系。

(五)对人才队伍建设的重视和投入不足

目前物业服务行业缺乏专业而系统的培训体系，真正让员工接受过物业专业培训再上岗的情况比较少，后续再教育方面要求不足，从而导致很多物业从业人员专业度不够，给业主服务带来的体验感不足。总之，虽然物业行业经历了几十年的发展，但是目前大量物业企业仍处于提供基础劳动的发展阶段，在人才队伍的培训与培养方面仍然存在重视度不够、资金投入不足的问题，物业人才整体素质提升较为缓慢。

(六)对人才队伍绩效考核和激励机制不完善

根据需求层次理论，人的需求是由低到高递进的，其中一种得到满足后，便会向上递进到高一需求层次。物业管理企业员工自身需求各不相同，对某些员工是有效的激励政策，对另一些员工可能作用并不显著。物业管理企业往往忽略企业激励措施的针对性、差异性，在这种情况下，企业即便有一些激励政策，也可能对员工的激励作用不强，难以对引进人才的潜力进行有效挖掘，引进人才也会感觉自身价值得不到体现，导致其离职。

(七)企业文化因素影响较大

良好的企业文化可以吸引人才、留住人才，并激励人才为企业作出贡献，让人才在轻松愉悦的环境中工作。目前，物业管理行业与其他服务行业相比，企业文化建设仍有所欠缺，导致企业难以“文化留人”，甚至多数企业未帮助员工进行职业生涯规划，从而使员工积极性受挫、工作积极性受影响。

(八)普遍缺少后备人才规划

后备人才培养规划是根据企业发展战略，对企业人才需求和供给情况进行估计，并制定梯队式、多层次的人才培养计划。目前，大部分物业企业后备人才储备严重不足，缺少完善的人才培养规划。多数物业企业为了控制用工成本，管理人员都是一个萝卜一个坑，时常要等到新项目拓展成功后才启动招聘，如此一来，因项目进驻紧急而草率聘用管理人员，临时聘用的管理人员素质、能力及忠诚度普遍偏低。

二、物业企业人才队伍建设的重要性

(一)人才竞争影响物业企业市场竞争

物业服务是一个劳动密集型的特殊行业，企业的竞争力基本等同于人力资源的竞争力。在当前社会发展环境下，物业管理正承担和发挥着它越来越重要的责任和作用。随着越来越多物业管理企业的出现，企业间的竞争也日益激烈，人才竞争也越来越成为影响物业企业能否在市场竞争浪潮中保持优势的重要因素。

（二）人才队伍建设推动物业企业和行业发展

目前物业行业仍处在发展期，不可避免地存在诸多不完善之处，行业高素质、专业性的人才短缺，远不能满足行业的人才需求。在这种情况下，物业人才队伍建设成为物业企业和行业发展的重要手段。

（三）高质量人才队伍是物业企业的核心竞争力

人才是物业企业最重要的一种无形资产。一支综合素质较高的人才队伍，在调动员工的积极性、增强企业内部活力、提升企业管理水平和业主满意度等方面会产生明显效果。

（四）人才队伍建设有效促进物业企业可持续发展

人才是企业发展的核心动力，也是企业保持创新活力和竞争力的重要因素。企业一旦长期缺乏人才资源，很容易出现竞争力下降、发展缓慢等情况，极不利于企业运营效率的稳定提高。

（五）人才队伍是企业创造财富的基石

企业员工是创造企业价值的重要主体，没有这个主体的支撑，一个企业将不复存在；而管理团队是物业服务项目运营的核心。大多数一线员工往往会因地域、家属及生活习惯等因素无法因项目变更而继续跟随企业一直走下去；而管理人员却不同，经过培训素质不断提高，薪酬也不断增加，更愿意在原岗位实行自身价值。

（六）人才队伍是培养造就领导干部的源泉

人才队伍是财富，企业领导更是财富。企业领导靠组织的不断培养、靠自己的努力学习、勤奋工作和不懈追求、靠员工们的信任和支持。企业领导往往都是从人才队伍培养与提拔出来的。

三、物业企业人才队伍建设的策略

（一）构建留用人机制

当前，职业生涯规划和发展空间已经成为求职者关注的重点，特别是对于"90后"甚至是"00后"年轻求职者来说，对职业生涯规划和发展空间的关注已经高于对薪酬待遇的考量。如何为员工提供一个科学合理的职业发展空间，是关系到企业人才留与用的关键问题。结合浙江浙大求是物业管理有限公司（以下简称"求是物业"）近两年制定、完善及修订的留用人制度进行分析说明。

1. 完善"管培生"培养制度

管培生是公司人才梯队建设中不可或缺的一个培养通道。经过一系列的见习培训和锻炼，管培生可成为（项目）管理人员，最终成为中层甚至高层（项目）管理人员。为完善公司的人才培养机制，规范管培生的管理和考核定岗流程，2021年求是物业研究制定并实施了《管培生定岗办法》，办法中限定了管培生招聘范围为全日制大学本科及以上学历的应届生，明确了培训方式及时间，详细描述了管培生考核办法及考核通过后如何定岗定薪。

2. 健全"后备人才"培养制度

2021年求是物业针对新项目初始化工作及后备人才队伍建设，以专业化和职业化为目标，为了全面提升人才队伍的人文基础、服务意识、专业能力，坚持“三服务、两育人”宗旨，努力打造一支政治素质过硬、管理能力全面、专业技能高强、服务水平一流的物业人才队伍，制定并实施了《后备人员储备实施细则》，此细则中把这支人才队伍取名为“飞鹰突击队”，并明确了这支队伍的组织形式及职责、培养类型及方式、甄选条件及流程、培养实施步骤及考核办法，最后还明确了队长及队员的薪酬发放标准。

3.修订晋升降级和内部调动制度

对于人才队伍来说，《晋升和降级制度》是悬在头顶的一把双刃剑，这把剑既会让员工产生一定的危机感，又能让员工发挥出工作的积极性，真正能够达到人尽其才、才适其岗的目的。

除此之外，《员工内部调动管理办法》充分调动员工的主动性和积极性，在公司内部营造公平、公正、公开的竞争机制，通过科学合理的人事调整，保证公司内部员工的合理配置，改善公司内部员工关系，激发员工的工作热情，并达到优化配置人力资源的目的。

（二）建设培训体系

1.完善培训组织体系

物业企业往往项目点多面广，如果管理团队的培训任务全部都由公司人力资源部门负责，那么将会产生大量的时间成本和资金成本，因此做好培训的分层分级与合理分工尤其重要。以求是物业为例，中层及以上管理队伍由公司人力资源部门统一负责，培训形式多以外聘专家和讲师授课或参加物业专业培训机构组织的专题培训为主；项目经理层面由公司品质保障部组织每年2～4次集中系统培训，由分公司每年组织6～12次集中业务培训；项目经理以下的管理人员一般分保洁、保安、工程模块等，每年由品质保障部组织开展至少各一次集中培训，由分公司每年组织6～12次集中培训，由项目经理及部门经理根据项目实际情况制定管理人员每月培训计划进行不定期培训；除此之外，管理团队还需完成公司“求是学堂”网络学习平台每年的培训学习任务。

2.优化培训师体系

（1）重视内训师队伍培养

企业内部领导以及内部优秀职工成为内训师，有更高的认同性。内训师有以下几个方面的优势：具有专业知识和宝贵的工作经验；培训内容与实际工作具有更高的贴切度。当职工培训职工时，由于平时频繁接触，培训工作更容易为职工接受，一种团队精神便在组织中自然形成，这样也锻炼了授课职工本人的领导才能。求是物业从2020年起就开始组建内训师队伍，2021年印发了《求是物业内训师管理办法》，该办法进一步明确了内训师基本要求、资格条件、岗位职责、选拔流程、评审流程、考核及奖励机制等，既完善了内训师制度，保障了公司员工知识与技能的传承和分享，又提高了内训师培训主动性和积极性，同时还提升了服务团队知识和技能水平。目前，求是物业算上公司内部授课领导及内部招募的内训师已达50余人。

（2）组织开展内训师专项培训

物业企业应该引入外部专业培训机构，面向所有内部讲师组织开展讲师能力提升培训。

（3）寻找优质的外聘授课讲师

物业企业应该与一些物业培训机构建立长期合作关系，根据企业内部培训需求来选择优质的外部培训课程，让管理团队能学到更为专业、更加前卫的理念和方法，同时还要做好外训课程的效果评估工作，向参加外训的人员了解每个外训课程内容的质量、讲师讲课水平等。除此之外，优秀的外聘授课讲师往往可遇而不可求，企业一旦在通过培训教育机构参加的外部培训过程中发现授课水平特别高的讲师就一定要尽力邀其成为企业长期合作的外部授课讲师。

3. 构建培训课程体系

(1)分层级编写和整理培训课件

在编写和整理培训课件上应注意：根据不同的受众群体的起点技能、学历背景等分层分级，即便同一主题，针对不同层级的受众群体也应进行课程开发的细化，层次分明且目标精准，建议可以分为新入职课程、职业化课程、业务进阶课程、拓展训练课程、管理进阶课程、领导力课程、企业文化课程等系列。求是物业的管理人员从新入职到不同的级别都有不同的培训课程，针对刚入职管理人员的“雏鹰启航计划”，针对项目经理的“飞鹰巡航计划”，针对中层干部的“猎鹰领航计划”，这些培训课程贯穿在整个员工培养晋升链条当中。

(2)建立知识库并将知识开发成课件

为传承企业管理经验和优秀实践，将企业隐形的知识及时进行凝结和显性化非常重要，一定要把这些知识编辑成文放入企业的知识库中。物业企业的知识库可以包括物业管理企业经营历程中的重大决策、企业经营典型案例、内部调研工作成果、专业技术、质量事故分析报告、投诉处理分析报告、管理经验分享等。这些知识既能让听课者觉得熟悉更易接受，又能将企业文化传承下去。

(3)完善网络学习平台课件

网络学习也是培训的一种新模式，管理人员可以利用业余的时间补充学习业务知识，在家里也能学习，不受空间的限制，降低了空间上的成本，还能支持课后重温，不明白的内容可以反复观看消化。求是物业于 2019 年 7 月搭建了自己的网络学习平台——“求是学堂”，通过近四年的不断完善，平台的课件内容更丰富、更全面，整个平台集声音、图像、视频、动画、案例等内容于一体，激发学员主动参与。

4. 规范培训流程体系

(1)把握培训需求

对培训需求调研可以采用问卷法、访谈法、观察法等，管理层的培训需求调查主要是队伍建设、部门业务等方面的培训需求，这些信息也是对本部门或本项目员工共性需求或组织战略的提炼。除此之外，还可以结合管理人员考评结果来确定培训需求，如考评结果为沟通欠缺的则可以确定沟通技巧培训需求，如考评结果为成本控制欠佳的则可以确定项目经营相关的培训需求，如考评结果为管理魄力不够的则可以确定领导力相关的培训需求，如考评结果为责任心和敬业精神欠佳的则可以确定企业文化相关的培训需求，总之需要尽量把管理团队的短板补上，做到因材施教。

(2)制定培训计划

培训计划是未来一段时间内培训工作开展和实现途径的具体安排，关系到培训任务能否顺利落实、组织战略目标能否实现。制定培训计划时首先要严格围绕培训目标，其次必须明晰培训对象，最后根据内容设计培训方式。

(3)拓展培训形式和方法

培训的形式多种多样，一定要将线上培训和线下培训相结合，使教学模式从传统的灌输型向互动型、实用型转变。线下培训可以采用集中训练营、情景互动、头脑风暴、案例分析、研讨会、师傅带徒弟、课堂讲授、角色扮演、拓展训练等方式。

(4)重视培训效果评估

为更好契合培训管理的需要，建立科学评估的机制对培训效果进行可视化跟踪，以便为管理决策者提供更为直观的效果展示。效果评估可以采用口头访谈、意见反馈表、笔试、实操、工作行为前后对比等评估方式。

(三)健全激励机制

缺乏内部激励，往往难以激发员工的积极性与热情，人才队伍就会产生市场竞争意识不足、危机感不强、工作积极性不高、效率低下等问题。物业企业建立完善的考核体系尤其重要，有利于企业提升经营管理效率。但建立并实施该体系极为困难，特别是对物业企业而言，难以量化评价员工的工作量、制定有效的评估指标。首先，在考核体系建立的过程中，要确定考核内容，考核内容不仅要能够体现出员工的工作能力、工作状态，对于员工的工作潜力以及个人发展意识也应有所考察。其次，在进行考评工作时，还应该凸显考核工作的多元化特点，不仅要考虑到员工当前的工作表现，也要思索员工自身的综合素质以及其岗位适应能力，避免以偏概全，影响企业人才优势的发挥。最后，在激励兑现时，要考虑时效问题，要考虑“即时激励”和“长期规划”的问题，要确保每个阶段的激励是相辅相成、互相对应，既要能够满足当下的士气提升，也要为员工搭建更加广阔和公平合理的竞争平台和发展通路。

求是物业有一套完善的 KPI 考核方案，KPI 考核专门用来考核项目经理；项目经理以下的管理人员考核采用 360 度考核法，由与考核者有密切关系的上级领导、下属、同级同事和外部客户分别评价，分管领导再根据评价意见和评分，对比被考核者的自我考核向被考核者提供回馈，以帮助被考核者提高其能力水平和业绩；求是物业个别分公司还采用了强制分布考核法，将整个分公司的管理团队根据正态分布规律和二八原则以群体的形式进行归类，例如先进优秀占 20%、良好或达标占 70%、还需改进或很差占 10%，简称“271”，集团先进或者公司先进的表彰员工从这 20%里产生，考核最后的这 10%实施末位淘汰制，通过补充新的员工，增强内部竞争力，从而保持整支队伍的活力。

参考文献

[1] 席晏.人才梯队建设在企业人才培养中的应用探析[J].人力资源，2022(14)：145-147.
[2] 翁捷.物业管理公司服务型人才引进与流失问题的思考[J].常州工学院学报，2019，32(5)：90-92.
[3] 马小娅.物业管理企业人才队伍建设之我见[J].现代物业，2008(5)：104-106.
[4] 沈杰.物业管理行业人力资源保障体系建设探悉[J].中国物业管理，2008(7)：60-61.
[5] 陈小满.物业服务行业人才队伍建设现状及改善对策[J].新金融世界，2021(4)：180，182.
[6] 吕运河.物业行业人力资源管理中存在的问题及对策研究[J].上海商业，2022(6)：158-160.
[7] 周涵.以人才激励为视角的国有物业高质量经营发展分析[J].中国民商，2019(6)：29，83.
[8] 詹镓因.A 公司员工培训体系优化设计[D].郑州：郑州大学，2020.

数字化赋能现代高校后勤保障体系建设的思考和实践

——以浙江大学后勤集团为例

高　略

（浙江大学后勤集团饮食服务中心）

【摘　要】 数字化发展是推动我国"十四五"期间国民经济和社会发展的重要引擎，建设数字经济、数字社会、数字政府和数字生态是"十四五"的重要战略任务。在以高等教育现代化助力全面建设中国式现代化的进程中，高校后勤实体加快推进数字化发展，建设一流后勤保障体系，任务紧迫，使命光荣。本文主要对高校后勤改革当前面临的主要问题和困难进行了分析，对以数字化赋能现代高校后勤保障体系建设进行了思考，并介绍了浙江大学后勤集团在数字化发展方面开展的实践探索和取得的成效。

【关键词】 数字化；现代化；高校后勤；保障体系；数智治理；智慧服务

党的二十大报告指出，要加快构建新发展格局，着力推动高质量发展，要建设现代化产业体系，加快发展数字经济，促进数字经济和实体经济深度融合，打造具有国际竞争力的数字产业集；要实施科教兴国战略，强化现代化建设人才支撑，推进教育数字化，建设全民终身学习的学习型社会、学习型大国。《国民经济和社会发展第十四个五年规划和 2035 年远景目标纲要》在第五篇中分四个章节专门对"加快数字化发展，建设数字中国"进行了布局谋划，提出要迎接数字时代，激活数据要素潜能，推进网络强国建设，加快建设数字经济、数字社会、数字政府，以数字化转型整体驱动生产方式、生活方式和治理方式变革。数字化发展已经成为各行各业各领域的普遍共识和实践行动。《中国教育现代化 2035》明确提出，以教育信息化带动教育现代化，综合运用互联网、物联网、大数据和人工智能等技术，统筹建设一体化智能化教学、管理与服务平台，提升校园智能化水平。作为高等教育的重要组成部分，高校后勤系统正以后勤治理体系和治理能力现代化为目标，推动高等教育现代化，以一流后勤保障体系助力高等教育强国建设；数字化发展，已经成为高校后勤治理体系和治理能力现代化建设的核心动能。

一、高校后勤改革发展面临的主要问题及对策

中国高校后勤改革历经四十余年的艰苦探索和不懈奋斗，较好地适应了高等教育体制

［注］ 本文系作者在后勤集团信息化领导小组办公室工作期间所撰后勤集团获评 2020 年"全国高校后勤信息化建设工作优秀示范单位"的申报材料，作者根据最新思考和成果作了修订，原题为《以信息化培育新动能推动新发展——浙江大学后勤集团数字化转型实践成果》

改革，满足了高校发展需求，取得了丰硕成果。但是在深化改革加快发展的过程中也遇到了一些问题和困难。

一是后勤服务保障不平衡不充分，还无法很好满足师生日益增长的对美好校园生活的需要。美好校园生活需要，主要体现在师生校园服务需求的日趋多元化和个性化，师生对服务品质提出的更高要求。服务的不平衡不充分，主要体现在服务设施设备还相对落后，服务供给结构有待优化，服务供给质量有待提升，校园服务供给体系对校园服务需求的适配性有待提高。

二是后勤管理服务运行机制不完善，还无法很好适应现代校园管理服务的需要。现代校园管理服务的特点是保障有力、服务规范、运行高效、监管到位、竞争有序。但目前后勤管理服务运行机制还存在运行成本较高，运行效率相对较低，管理和服务还没有很好地实现有机对接等问题。

三是后勤治理体系不健全，还无法很好匹配高校治理体系和治理能力现代化的要求。高校治理体系和治理能力现代化是实现教育现代化的关键；高校治理体系包括了完善的制度体系，以质量为核心的内涵式发展，其中也包含了现代后勤治理。但目前服务监管方、服务提供方、服务接受方良性互动和谐生长的后勤管理服务生态还没有很好地构建；高校后勤治理在立德树人、服务育人等方面的作用还没有得到充分发挥。

针对这些问题和困难，高校后勤改革如何破局前行，主要从以下三个方面加强探索和实践。

一是坚持立德树人、服务育人的根本任务，加快推进供给侧结构性改革，提升校园服务供给和需求适配度，有效融入高校“三全育人”体系，结合实际开展具有后勤特色的劳动教育，建设“学校放心、师生满意”的一流高校后勤服务保障体系。

二是推动高质量发展和高水平服务，深入贯彻落实新发展理念，加强风险防控、预算管理和绩效评价，完善内部运行机制；夯实基础服务保障，优化服务布局，满足多元化服务需求，不断提升高校后勤服务保障的效率和质量。

三是创新数智治理和智慧服务，充分运用互联网、大数据、人工智能等新技术，推进校园后勤治理和后勤服务的技术提升、流程再造和理念更新，推动高校后勤治理体系和治理能力现代化。

二、数字化赋能现代高校后勤保障体系建设

高等教育高质量发展需要一流后勤服务保障体系。高校后勤实体从传统后勤向现代后勤转型，高校后勤实体的供给也要从传统后勤服务向新型后勤服务转变。新型后勤服务的特征是结构更加优化、业态更加丰富、产品更加创新、品质更加精良、运行更加高效，必须坚持智能化运营和数字化创新。

加快数字化发展，推动数字化转型，是建设现代化一流高校后勤保障体系的必由之路和重要引擎，其实现路径主要体现在治理和服务两个方面。

一是加强数智治理，以“校园大脑”助推校园治理体系和治理能力现代化。充分运用互联网、大数据、人工智能等新技术，推动校园治理手段、治理模式、治理理念创新，构建“校园大脑”，在数据采集、分析基础上，建立“安全校园”“绿色校园”“健康校园”“美丽校园”等多场景实时响应系统，使校园治理更加高效，服务运行更加流畅，师生体验更加美好。

二是提升智慧服务，更好支撑学校教学科研发展和师生生活需要。坚持需求导向，以教

学科研和师生生活服务保障的场景为切入点，借助现代装备和信息技术，改造和提升服务设施设备，打造智慧食堂、智慧交通、智慧楼宇、校园新零售等系统平台，更好地支撑学校教学科研，更好地满足师生多元化校园生活需求。

三、浙江大学后勤集团数字化发展的探索和实践

浙江大学后勤集团（以下简称“后勤集团”）是学校所属全资的功能性后勤服务企业，是高校后勤社会化改革进程中孕育成长并不断融入社会参与竞争的高校后勤经济实体，是服务保障浙江大学教学科研和师生生活的主要力量，是全国高校自办后勤的领军企业。

后勤集团一直以来高度重视并持续推进数字化发展和信息化建设，认真贯彻落实习近平总书记关于全面深化改革和数字中国建设的重大部署，响应浙江省政府推进数字化改革的要求，积极融入学校“网上浙大2.0”建设，围绕“高质量发展、高水平服务”，推动互联网、大数据、人工智能和传统后勤的深度融合，利用互联网新技术新应用对传统后勤服务产业进行改造，加快校园服务的数字化、网络化、智能化，同时依靠信息技术创新驱动，不断培育后勤服务新业态和新模式。数字化发展已经成为后勤集团打造现代化一流后勤服务体系的核心动能，有力地推动了后勤集团从传统后勤向现代后勤的转型发展。2015年以来，后勤集团先后两次获评“全国高校后勤信息化建设工作优秀示范单位”，并荣获“全国高校后勤事业发展先进单位（信息化管理）”等多项荣誉。

一是坚持统筹规划，持续协同推进。后勤集团成立信息化建设领导小组，设立信息化办公室，以“构建全场景服务生态，打造数字化校园服务样板”为目标，加强顶层设计、资源整合和统筹协调，持续完善数字化转型规划方案，不断健全信息化建设相关的工作机制和保障机制，确保“一张蓝图绘到底”。

二是坚持需求导向，提升智慧服务。后勤集团信息化建设坚持需求导向，以教学科研和师生生活服务保障的场景为切入点，推动科技融入和整合，构建全场景的校园服务生态。适应移动互联发展趋势，着力打造基于微信的一体化校园服务平台，实现了统一入口、统一门户和统一支付，整合线上线下的校园空间资源、后勤业务资源和师生客户资源，优化服务流程，推出个性化服务和定制化服务，满足师生对美好校园生活的多元化需求。一体化校园服务平台——“浙大后勤”微信公众号不断迭代，涵盖了餐饮、购物、交通、维修、物流、防疫等校园生活场景，持续上线的30多个功能模块实现师生对校园服务的无边界触达。目前平台用户数超过10万名师生。其中，“微信点餐”系统日订餐峰值超过4000份；“微信报修”系统年工单量超过2.2万件；固话业务服务系统年工单量超过2700件；“求是商城”线上购物平台年成交额逾100万元；“浙大寄递”24小时自助寄递系统用户数超过4.7万人，年收寄快递8万余件；“浙里快递”报刊投递系统累计完成报刊投递13.8万次。疫情期间，推出校园防疫定位追溯系统，借助“一座一码”“一房一码”“一车一码”，实现网格化管理，累计部署超过7.5万个二维码，收集超过137万条定位记录，分析轨迹10.3万余次，为校园疫情防控精密智控提供了大数据支撑；推出食堂就餐拥挤指数，师生可实时在线查看当前食堂人数和剩余容量，并查看过去一周任意时段食堂就餐人次，实现错峰就餐，减少食堂就餐人员过度聚集。2016年以来，学校委托第三方专业机构调查测评结果显示，师生对后勤集团服务总体满意度持续保持在94%以上。

三是坚持集约高效，推进智能运营。后勤集团借助现代装备和信息技术，通过提升设施设备，优化业务流程，来推进传统后勤服务的智能化改造，实现降本增效，强化核心业务能

力。在内部管理运营方面，推出基于“钉钉＋专属协同系统”的一体化管理运营平台，覆盖9000余名员工，实现组织在线、沟通在线、协同在线、业务在线，推进管理扁平化，提升组织沟通效能。目前一体化管理运营平台涵盖行政、人事、资产、项目、知识等方面的50多个功能模块。疫情期间，通过一体化管理运营平台推出“一人一码”，全员借助“一人一码”实现返校返岗审批、健康打卡和出省审批等流程。在业务运行方面，对传统后勤服务进行全方位、全角度、全链条的改造，打造应用了智慧食堂、能源智控、智慧交通、校园新零售、智慧物流、智慧幼教等业务系统。

智慧食堂系统包括预定管理、物流配送、中央厨房、食堂管理、业务结算、视频监控、智能分析等7大模块，涵盖了用餐预定、智能订料、集中加工、统一配送、自动生产、安全监控、智慧结算、营养推送、反馈分析等食堂生产经营管理服务的全流程，基本实现了智慧管理、智慧服务和智慧溯源，大大提升了食堂的运行效率和师生就餐体验。智慧食堂建设还融入营养健康和低碳节约新理念，在全国高校后勤系统率先推出的营养监测分析、“刷脸”吃饭、按需取餐，精准计量、智能结算等一系列科技应用不仅广受师生好评，还引起了人民网、凤凰网等媒体的关注。营养摄入跟踪分析与健康管理系统，获得了2016年中餐科技进步奖二等奖。新一代中央厨房生鲜加工系统通过智能机器臂流水线实现食材的集中自动加工，一方面实现操作间物流人流分开、自动出入库，减少人流干扰，满足食材保鲜需求，食品安全将更可控；另一方面实施标准操作和机器代人等措施，提高食材利用率，保障产品品质，减少分散加工带来的损耗与浪费。

坚持以“节约型校园”建设为切入点，着力打造能源智控系统。对重要基础设施和主要表计进行信息化改造，实现了基于能耗监测的信息化平台，涵盖水电计量、路灯控制、空调控制、热水管理等内容，提升了管理水平。值班人员在手机或电脑上，就可以远程启停风机，也可以制定策略定时启停风机；系统实时监测风机运行状态，对异常状态进行告警。而手机、红外、蓝牙、远程等多种抄表方式使用，使工作人员从传统的人工现场抄表中解脱出来，效率和准确性得到了成倍的提升。机房值班人员也转为巡检人员，实现减员增效；配电房的远程值守，改变了繁重低效的人工巡查方式；设备全生命周期管理的加入，也提高了供电保障能力。

针对多校区办学特点和广大师生多元化出行需求，逐步打造了智慧交通系统，包括班车信息查询、网络预约用车、车辆任务调派、车辆定位查询、实时视频监控、支付结算等功能，实现车辆监控、安全管理、能耗管理、查询统计、运营管理的覆盖，有效提升班车运行效率和班车乘坐体验。

面对传统零售业的发展瓶颈，积极推动改革，通过对人、货、场的数字化重构，将供应链、IT技术、门店运营等资源进行整合，实现传统门店的升级转型。打造智慧新零售系统，实现零售ERP系统、自助购系统、手机扫码购及网上商城系统无缝对接。推出了“求是生活”品牌校园无人超市，实现了人工收银系统、自助购系统、手机扫码购系统三种购物方式相结合，大大提升了师生的购物体验。

此外，智慧物流系统已实现师生24小时无人自助取件和寄件，与阿里达摩院合作在全国高校率先部署小蛮驴送件机器人，提高快递配送效率，提升师生取件体验。借助新技术新装备，传统物业服务加速向现代物业服务的转型升级，大型扫地机器人、道路清扫机、草坪修剪机、自动洗地机、巡逻无人机等智能化设备逐步引进，取代传统人工服务；物联网、人工智能技术广泛应用，实现校园管理的远程监控、无人值守、集中控制，降低用工成本，提高运行效能。

四是坚持数据驱动，加快数智创新。智慧服务和智能运营为开展业务创新提供了强有力的基础。依托业务数据化取得的成果，后勤集团积极推进数据业务化，培育新的业务增长点，不断推出新产品、新业态和新模式，以创新驱动、高质量供给引领和创造新需求。借助大数据分析，逐步形成师生服务画像，实现需求的精准把握和服务的精准推送；借助数据中台和领导视窗，全局把控业务运行情况，助力经营管理科学决策。疫情期间，通过系统数据分析，找准师生需求痛点，推出了时令夜宵，升级了外卖平台，引进了产地直供的优质农产品，研发了幼儿在线网络课程新产品，在危机中育新机，有力地促进了产业的转型升级，确保企业可持续发展。此外，还加快了业财一体化进程，在试点企业打通业财数据流，全面加强成本核算和内部控制，实现提质增效。

五是坚持开放包容，建设数字生态。数字化转型本身就是通过重构企业内外部要素的创新型运作模式，在推进数字化建设的过程中，后勤集团始终秉持“开放包容，共建共享”的理念，建立以师生客户为核心的，包括多元合作伙伴相互链接的价值共同体。除了自建研发团队外，还与阿里巴巴、钉钉、蓝凌、饿了么、捷玛科技、用友科技、四格互联、校联科技、青橄榄、智统科技、国郎科技等多家知名科技企业建立生态合作伙伴关系，共建共享校园数字化管理服务新生态。

科技赋能传统后勤产业，智慧构筑美好校园生活，数字引领企业转型升级。后勤集团正立足新发展阶段，贯彻新发展理念，融入新发展格局，继续推进数字化发展，破解企业管理难点，打通后勤服务堵点，解决师生需求痛点，打造新型服务亮点，努力成为引领行业发展的数字化校园服务运营商。

织牢精密智控网络　保障校园疫情防控

——浙江大学后勤集团的数智战疫实践

楼冬量　蔡文博　钟必珍

（浙江大学后勤集团）

【摘　要】 在高校疫情防控常态化的背景下，浙江大学后勤集团为落实疫情防控和开学复课目标，依托云计算、大数据等技术，推出了一系列举措：通过大数据分析，研发并推出了食堂就餐拥挤指数；在食堂、教学楼和图书馆等学校重点公共场所，实行“一座一码”；为了精准查控和员工全过程健康管理，实施后勤员工“一人一码”；面向学校网格化管理需求，推出以校区—建筑物—房间为单位进行网格划分的校内场所“一房一码”三级防控责任体系。浙江大学后勤集团织牢疫情防控精密智控信息网，保障校园疫情防控工作落实到位，取得了数智战疫的阶段性成果。

【关键词】 高校后勤；疫情防控；信息化；经验

2020年伊始，新冠疫情肆虐全球，至2020年6月25日全球确诊人数已达910万人[1]。教育部要求各高校按照“确保一方净土、确保师生安全”的总目标，建立与疫情防控常态化相适应的保障机制，最大限度确保师生健康安全，有序推动学校全面复学复课，最大限度复课，最严标准防控。为此，教育部印发高等学校新冠肺炎疫情防控指南以及《教育系统应对学校突发新冠疫情处置预案》[2]，为高校疫情防控常态化提供了规范和指南。

为了实现疫情防控和开学复课“两手都要硬、两战都要赢”的目标，浙江大学后勤集团强化底线思维，树牢风险意识，始终绷紧疫情防控这根弦，慎终如始、以变应变，深化完善精密智控网络。

一、推出食堂就餐拥挤指数

浙江大学后勤集团升级了食堂管理系统，通过大数据分析，推出了食堂就餐拥挤指数，便于师生及时掌握各食堂就餐人数，引导师生有序、错峰、分批就餐。让数据多跑路，让师生少跑腿。食堂就餐拥挤指数，以提供信息的方式，为师生就餐决策提供数据支持。

食堂就餐拥挤指数，根据校园卡刷卡数据、食堂门禁进出记录、视频人流量检测数据进行综合分析，得出每个食堂的当前人数。该指数在食堂“明厨亮灶视频监控系统”的基础上，进一步以精准的数字说话，体现了数字思维和管理的精细化程度，不仅是指导师生挑选餐厅的风向标，也成为衡量食堂受欢迎程度的晴雨表。

二、食堂、教室和图书馆实行“一座一码”

根据教育部要求，学生返校开学后，学校应合理安排教学场所和上课时间，努力避免在

［注］　本文系作者于2020年12月发表在《高校后勤研究》2020年12期的文章。

同一区域同一时段学生过于集聚。学校应适当管控教学楼、图书馆、实验室等公共场所的人员流量，引导学生保持合理间距，减少密切接触。食堂则需在合理增加校园盒饭提供点的基础上，尽可能减少食堂堂食人员数量，尽力避免短时间内在同一区域出现人员大规模集聚。

食堂、教学楼和图书馆作为学校重点公共场所，在当前形势下，更是需要抓好常态化疫情防控工作。为此，在食堂、教学楼和图书馆实行精细化网格化管理，为每个座位张贴二维码，师生入座和离开时均需扫码签到（签退），实现人员和座位绑定，精准定位师生在校园内的活动轨迹。

目前，“一座一码”系统已覆盖 52726 个教室座位、3843 张餐桌、1191 张阅览桌，累计完成全校师生签到打卡 120 万次，为相关管理部门提供了详实的数据，也为校园精密智控和大数据分析提供了数据支撑。同时，系统面向各院系开通数据分析服务，累计开设 198 个院级单位管理账号，实现数据即时查询，促进网格管理单位落实防控措施，实现精准智控。

在校园疫情防控的大背景下，通过专用的信息化系统，可以精准定位师生在校园内的活动轨迹，成为精密智控型校园管理的重要一环，保障校园疫情防控定位追溯工作顺利开展。

三、关注后勤员工健康，推出员工“一人一码”

为了实施精准查控和闭环健康管理，后勤集团每一位员工均配备了员工码，实现后勤员工“一人一码”。该员工码关联员工属地健康码，集成返校返岗、健康打卡、排班信息、校区通行、外出报备等诸多功能，实现了疫情防控期间后勤员工的全过程健康管理。

依托扁平化的组织架构，利用一体化管理平台，后勤集团将信息采集与日常维护工作相结合，建立层级少、效率高、垂直报的信息采集维护网络，精确采集员工姓名、身份证号码、性别、年龄、籍贯、单位、岗位、所在省市、健康状态等信息，建立人员信息库，最后汇集编译成体积小、信息容量大的二维码。后勤集团建立校正和更新机制，定期对人员信息库进行维护，确保人员信息准确无误。通过读取人员二维码，即可获知该人员基本信息、近期健康状况和出行记录。通过健康打卡，员工每日报备自己的健康情况，便于后勤集团集中管控和及时发现异常情况。

2020 年 1 月 22 日以来，后勤集团下属 8000 余名员工的每日健康状况和疫情信息摸排从未间断。采集信息从疫情防控初期的 17 项逐步扩展至 82 项，6 个月不间断的海量信息为“一人一码”和“一座一码”奠定了坚实的数据基石，也为领导把握集团疫情防控状态和调整防控策略提供数据支持。

返校返岗申请提交后，系统根据员工提交的所在地、健康码、返回日期、交通工具、返回后是否在校内住宿等信息，以及当前的管控要求，自动判断是否需要进行隔离及隔离天数。全体员工通过申请，顺利回到工作岗位，为学校的复工复学提供了有力的后勤保障。员工手中的员工码，同时也是“校园通行码”，可在排班的当日，刷码出入校园。一旦检测到当日未上班、属地健康码不是绿码、当日应隔离等异常情况，校园通行码立刻失效，并提醒员工按照预案进行处置。部分员工因紧急情况需要出省的，可以通过平台完成出省请假（报备）审批流程。系统与校园通行码系统进行对接，员工外出期间，其通行码将失效，返回当日，通行码将在比对属地健康码后恢复。

将员工相关的防疫事项，通过“一人一码”予以固化，通过大数据和人工智能，实现员工校园内外行踪可控可追溯，实现风险预测、预报、预警。通过大数据分析出的重点人群，需要严格落实动态清单管控要求，该检测的一律检测，该隔离的严格隔离，确保移动风险源第一时间有效受控。

四、推出校内场所“一房一码”

浙江大学后勤集团面向学校网格化管理需求，推出以校区—建筑物—房间为单位进行网格划分的“一房一码”三级防控责任体系。通过“一房一码”等网格单元管控措施，落实定责任区域、定责任人、定监管任务、定处置流程、定信息报送方法的“五定”管理措施，实现疫情防控网格化和师生员工进出留痕，做到防控措施执行到位，人员进出信息全程可追溯可倒查。

同时，根据建筑物用途，将各网格单元划分为15个大类：宿舍公寓类、食堂餐饮类、教室、实验室、图书馆档案馆类、运动场所、营业用房、活动用房、会议场所、校医院、建筑工地、室外公共区域、后勤保障用房、行政办公用房、其他类。通过实行分层分类精准管理，做到出入人员信息全时段可追溯，根据实际情况落实佩戴口罩等各项防控措施，有效提升了疫情防控期间校园管理水平。将“一人一码”和“一房一码”相结合，实现人和房间的双向追踪寻迹，最终达到高效精准的数智管控。当有人员出现健康异常时，可以通过“一人一码”快速得知他个人的行动轨迹和出入场所，再结合“一房一码”快速锁定该人员在不同时间段、不同空间范围所接触到的人员。

五、进一步深化应用的探索

建立好系统只是各项工作的第一步。在疫情防控期间，还需要进一步把系统使用好、维护好，才能发挥出系统的最大价值。在系统运行的过程中，采取各种方式，激发师生扫码的自觉性。在校医院、院系楼宇、快递点、校园超市等入口，竖立醒目的标牌，循环播放语音引导师生扫码签到，并实现人工测温以后方能进入。在自修教室，安排志愿者检查每位入场同学的签到情况。在图书馆，通过“泡馆达人”评选，激发同学们参与自主签到的热情，也取得了较好的效果。

通过“一座一码”系统的签到统计功能，统计了食堂、阅览室、教室每个座位的使用率情况，为校内场所的进一步开放，提供数据支持。未来，还将做好“主动发现”的文章，对接疾控、健康码等大数据平台，对属于学校的敏感人员，第一时间知晓，并配合做好应检尽检、愿检尽检等工作。

六、总　结

信息化防控要有系统思维。向数据要“画像”，就能准确找出防疫风险；向数据要“方案”，就能更快找到最佳路径。系统建设过程中，突出“智控”与“追溯”两个关键，实现全链条闭环管理、全覆盖溯源倒查、清单式管控机制，加强了校园疫情防控，切实守牢了后勤服务保障的安全底线。科技的发展为战“疫”提升效率、节约人力提供了更多可能。5G、物联网、大数据、人工智能等新技术，也为战“疫”提供了无限的可能。

浙江大学后勤集团以信息化办公室为核心，集结下属单位信息化团队，以超强团队、超高时效，发布了一个又一个信息化应用，利用科技力量实施精准防控，努力降低疫情对教学研造成的损失，在学校“双一流”建设的征程中，提供了坚强的支撑和保障。

参考文献

[1] 谭德塞. 世卫组织总干事2020年6月24日在COVID-19疫情媒体通报会上的讲话.[EB/OL].(2020-

06-24)[2020-06-28]. https://www.who.int/zh/dg/speeches/detail/who-director-general-s-opening-remarks-at-the-media-briefing-on-covid-19—24-june-2020

[2] 教育部应对新冠肺炎疫情工作领导小组.教育系统应对学校突发新冠肺炎疫情处置预案.[EB/OL].(2020-04-20)[2020-06-28]. http://edu.yz.gov.cn/Upfiles/202004/20200420095910949.pdf

“校园通行码”在高校后勤领域的精密智控应用

楼冬量

（浙江大学后勤集团）

【摘 要】 浙江大学后勤集团为近万名员工及家属配备了校园通行码，实现全员“一人一码”。该通行码关联人员属地健康码，集成返校返岗、健康打卡、工作排班、校区通行、外出报备、疫苗记录、核酸记录等诸多功能，实现了疫情常态化防控期间后勤人员的全过程健康管理。

【关键词】 后勤；人员管理；疫情防控

2020年以来，高校作为人员密集程度高、防控难度大的重点场所，广泛受到关注。高校后勤保障人员为学校的运转提供餐饮保障、物业服务、快递邮政、水电保障、设备维修、建筑工程等各类服务。后勤保障人员存在类型多、流动性强等特点。疫情常态化防控期间，如何利用信息化手段做好各类后勤人员的健康管理，是我们一直在思考的问题。

为了实施精准查控和闭环健康管理，浙江大学后勤集团每一位员工、校内家属以及合作班组、合作商户人员均配备了校园通行码，实现全员“一人一码”。该通行码关联人员属地健康码，集成返校返岗、健康打卡、工作排班、校区通行、外出报备、疫苗记录、核酸记录等诸多功能，实现了疫情常态化防控期间后勤人员的全过程健康管理。

一、建设后勤人员信息库，动态掌握人员底数

依托扁平化的组织架构，利用一体化管理平台，后勤集团将信息采集与日常维护工作相结合，建立层级少、效率高、垂直报的信息采集维护网络，精确采集员工姓名、身份证号码、性别、年龄、籍贯、单位、岗位、所在省市区街道、健康状态等疫情防控信息，建立人员信息库，最后汇集编译成体积小、信息容量大的校园通行二维码。

建立数据校对和更新机制，由各单位网格员定期对人员信息库进行维护，确保人员信息准确无误，实现9000余名员工和800余名家属及合作人员的全员实时调整、一库纳管。人员信息库的建立为系统奠定了坚实的数据基石，也为后勤集团领导把握集团整体的疫情防控状态和调整防控策略提供了数据支持。

二、构建“协同联动”子场景，流程信息精准联动

返校返岗申请提交后，系统根据员工提交的所在地、健康码、返回日期、交通工具、返回后是否在校内住宿等信息，以及当前的管控要求，自动判断是否需要进行隔离及隔离天数。后勤人员可持钉钉端的“校园通行码”，在排班的当日刷码出入校园。一旦检测到当日未排班、属地健康码非绿码、核酸应检未检等异常情况，校园通行码能够立刻失效，并提醒员工按照预案进行处置。

员工需要出省出市的，需要事先通过平台完成出省审批(出市报备)流程。外出期间，员工的通行码将失效。返回当日，通行码将在比对属地健康码后恢复。通过省大数据局的数据接口，每日定时检查员工健康码状态，一旦检测到属地健康码异常，将联动员工通行码失效，并提醒员工按照预案进行上报处置。通过一体化管理平台，实现疫情防控和日常流程的协同联动。

三、构建“分析研判”子场景，人员轨迹“一屏掌握”

通过健康打卡，后勤人员每日报备自己的健康情况和所在地信息，便于后勤集团集中管控和及时发现异常情况。系统后台可实时查看全员健康打卡情况，一旦 14 天内的人员轨迹与中高风险区域存在重合，系统自动提示网格员进行核实并按预案进行处置。采集沉淀的后勤人员所在地和健康打卡数据，能够第一时间追溯和分析研判特定区域旅居史人员，及早筛选落实防控措施。

如图 1 所示，针对部分区域人员活动密集、轨迹重叠较多的情况，开发了地图缩放功能，能够精准标注人员健康打卡的位置，方便与管控区域进行对照，快速找到重点关注人员。

针对新增加的风险区域，也可以通过智能表单进行分析研判，快速筛选出指定时间段内的同区县关联人员，方便下一步的人工回溯统计。

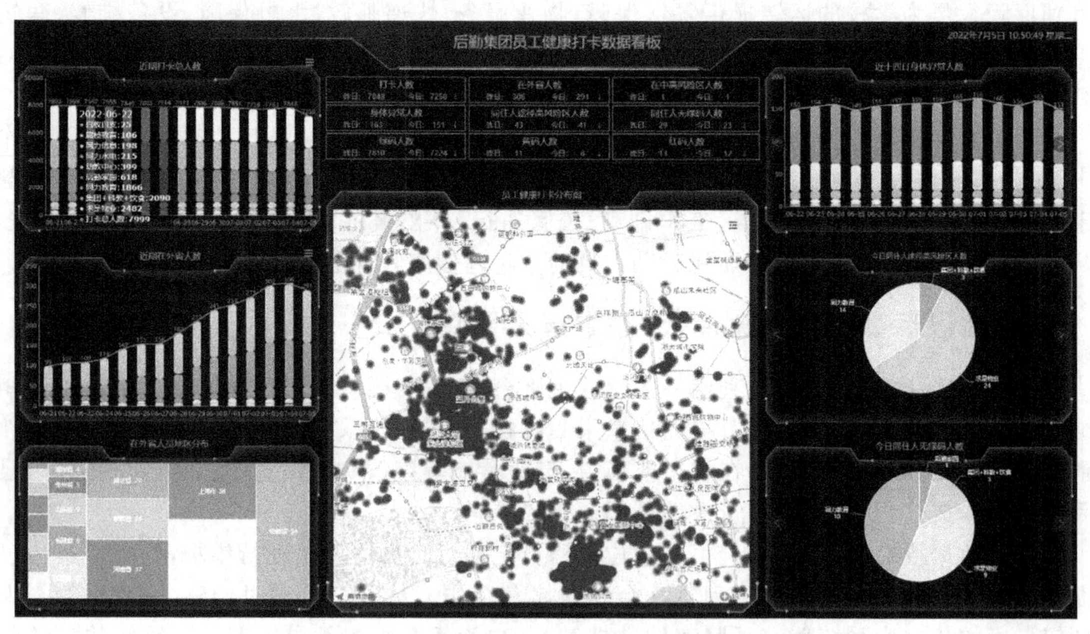

图 1　分析研判子场景，人员轨迹一屏掌握

四、构建“智能筛查”子场景，精准识别未检人员

针对核酸检测情况不易动态全量掌握的情况，构建重点人员核酸检测监测模型，通过比对后勤人员末次核酸检测时间，自动计算重点人员下次应检时间，实现以算力换人力、以智查代人查，监测核查效率大大提升。

同时，以身份证号码为唯一识别码，调取省全员新冠病毒核酸检测平台中后勤人员最近一次检测时间、检测结果等信息，自动筛查即将过期人员，同步钉钉和短信提醒相关人员及时检测。截至 2023 年 12 月底，已调用人员核酸采样数据 49.2 万条，调用人员核酸检测数据 49.4 万条，预警应检未检人员 3.09 万人次。

后勤集团还构建了核酸完成进度统计表，可实时查看当日、三日、一周等维度下的“核酸检测清零”情况。由系统实现了应检未检人员的精准识别和按部门汇总，为督促员工做好核酸检测提供了数据支撑和保证。后勤集团全员核酸完成时间，也由系统上线前的每日深夜逐步提早到每晚 20 时，确保了全员核酸早采集、早出结果、早研判。

五、构建“联动督查”子场景，一体提升督查实效

后勤集团面向学校网格化管理需求，以校区—建筑物—房间为单位进行网格划分，落实定责任区域、定责任人、定监管任务、定处置流程、定信息报送方法的“五定”管理措施，实现疫情防控网格化管理。各二级单位网格员可通过应用实时查看所管理人员的疫苗接种情况、核酸检测情况、健康打卡情况。系统检测到如下 10 种情况时：(1)未排班，(2)未健康打卡，(3)在杭人员离杭未报备，(4)出省未审批，(5)出杭返回三天后仍未提交返回信息，(6)出省返回三天后仍未提交返回信息，(7)健康打卡非绿码，(8)健康打卡异常，(9)在 14 天内到过中高风险区域，(10)核酸应检未，能自动推送名单至对应网格员，由网格员限时督促相关人员完成相应动作，并通过应用反馈。应用自动调取省全员新冠病毒核酸检测平台数据，核实完成情况并办结督查任务，督促所有应检未检人员全部按要求完成核酸检测。通过联动督查，构建了后勤人员核酸检测监测、督查、反馈、处置全流程闭环，推动后勤服务人员核酸检测全员覆盖、实时监管、及早提醒、应检尽检，如图 2 和图 3 所示。

图 2　协同联动子场景，流程信息精准联动　　**图 3　联动督查子场景，一体提升督查实效**

六、构建“家属统管”子场景，统一标准全员覆盖

后勤集团将校内后勤家属、合作班组、合作商户等人员，统一纳入钉钉组织进行管理。与管理员工一样，统一分配校园通行码，统一要求健康打卡，统一执行核酸检测规则。通过统一管控尺度，减少摩擦，促进平等。

利用数字化赋能，仅仅在系统中增加一个人员类型，就解决了人员分类管理的痛点问题。员工家属、合作班组、合作商户在一个系统中统一录入，又能根据各自的人员属性，由通行蓝码管理员分类管理。管理员督促落实相关的信息更新和政策宣讲工作，为家属统管奠定了组织基础。

家属统管，也保证了不漏一人，全员覆盖，为“横向到边、纵向到底”的常态化疫情防控体系摸清了家底，堵住了漏洞。

取得成果和经验总结：

2023 年 1 月，《浙江大学后勤集团上线“校园通行码”应用》作为“疫情防控工作典型案例”在中国教育后勤协会网站进行专题展示发布[1]，体现了这一疫情防控举措的代表性、典型性和创新性，具有借鉴推广价值。

高校后勤从业人员基数大、类型多、流动快，需要通过高频核酸检测保障防疫安全。综合运用信息化手段，在浙江省大数据局和浙江省教育厅的数据支持下，将后勤人员的防疫事项，通过“一人一码”予以固化，通过大数据和人工智能，实现后勤人员校园内外行踪可控可追溯，核酸检测结果和频率可查可监督，实现风险预报、预警。

信息化防控要有系统思维。系统建设过程中，做好顶层设计，突出“智控”与“闭环”两个关键要素，实现全链条闭环管理、全覆盖溯源倒查、清单式管控机制，加强了校园疫情防控，切实守牢了后勤服务保障的安全底线。

信息技术的发展为战“疫”提升效率、节约人力提供了更多可能。浙江大学后勤集团以信息化办公室为核心，集结下属单位信息化团队，以超强团队、超高时效，平均每周进行一次迭代升级，利用科技力量实施精准防控，努力降低疫情对教学科研造成的冲击，在学校“双一流”建设的征程中，提供了坚强的支撑和保障。

参考文献

[1] 中国教育后勤协会. 浙江大学后勤集团上线“校园通行码”应用，实现“一人一码”精密智控[EB/OL]. (2023-01-09)[2023-03-10]. http://www.chinacacm.org/content/10996.html.

从制度建设到风险防控

——浙江大学后勤集团内控建设的探索和实践

孙谷珍

（浙江大学后勤集团）

【摘　要】 为了进一步提高治理能力和加快治理体系建设，浙江大学后勤集团结合学校工作要求，于 2021 年 5 月启动学校二级单位内部控制建设试点工作。本文就内控建设试点工作的开展过程、遇到的瓶颈及取得的成效进行了梳理和总结，思考内控建设工作对浙江大学后勤集团增强风险防控意识，筑牢合规底线的重要意义。

【关键词】 内控体系；风险防控

制度是要实现的事项或是相应的行为的程序和规范，也是对实施这项工作或行为的人员的约束和指导；制度建设是企业治理环境优化的一部分。浙江大学后勤集团（以下简称“后勤集团”）一直重视制度建设，各类规章制度健全，通过制度的制定及修订来适应后勤集团各个发展阶段的需要。制度的根本在于落实，更重要的是制度体系建设完成后其实施效果的体现和作用的发挥。

内部控制指单位为实现控制目标，通过制定制度、实施措施和执行程序，对经济活动的风险进行防范和管控。从静态上理解，内部控制是单位为了防范和管控经济活动风险而建立的内部管理系统，具体体现为各项内部管理制度以及落实制度所需的控制措施和程序。

为进一步提高治理能力和加快治理体系建设，规范各单位内部控制，加强廉政风险防控机制建设，提高运营管理水平，促进高质量发展，根据学校内控体系建设二级单位试点工作的安排，后勤集团于 2021 年 5 月启动学校二级单位试点内部控制体系建设工作。在学校计财处的指导和安永（中国）企业咨询有限公司协助下，2022 年 6 月后勤集团完成预期工作目标，出台相关制度、发布内控手册执行令，并在日常生产经营工作中推动内控体系建设成果落地，充分发挥内部控制体系建设对后勤集团内部治理能力的提升作用。

一、后勤集团内控体系建设工作开展情况

（一）组织保障和启动阶段

在内控体系试点建设工作项目初期，后勤集团成立内控建设工作领导小组和工作小组，指定了项目建设牵头单位，明确了分管领导，制定了工作方案。召开了由领导班子、职能部门及下属各单位党政主要负责人、办公室主任、财务负责人参加的近 90 人规模的项目启动会，启动会上进行了工作动员及业务培训。根据工作方案牵头部门拟定细化工作计划，组织安永公司与集团管理层召开进场交流会，了解后勤集团组织架构、各单位的主要业务内容及

需重点管控的相关领域。对各职能部门及业务单位进行了首轮访谈，初步了解各单位的运行情况。

(二)项目建设实施阶段

项目建设过程中在安永公司的协助与业务指导下，后勤集团企管部牵头集团各职能部门、集团下属各业务单位梳理了集团各单位的业务流程、对集团本级及各单位的组织架构、财务管理、资产管理、采购业务、工程建设、合同管理、信息化建设等方面进行了风险识别。安永公司对后勤集团各业务单位共进行了三轮访谈，对后勤集团内控管理作了初步的评估，提出了8个方面21项内控管理待改进事项。项目建设期间，后勤集团企业管理部每周编印内控建设工作周报提交分管领导并抄送计财处，共完成项目建设周报五期。项目建设期间后勤集团两次与学校计财处、安永公司就内控建设项目后勤业务的个性化召开专题协调会。

二、后勤集团内控体系建设工作的特点、难点及解决方案

后勤集团积极按预定方案落实内控建设各项工作，取得了一定的成效，也积累了一定的工作经验，但项目建设实施过程中也遇到了盲点、难点和困境。

(一)后勤集团运行环境的特有性

后勤集团包含后勤服务中心(以下简称“中心”)、杭州浙大同力后勤集团有限公司(以下简称“公司”)，主要任务是为学校教学科研提供后勤服务保障。机构建制既有中心也有公司。因中心、公司主体性质不同、遵循的管理要求不同，所以后勤集团国有资产管理及所涉经济活动按照中心资产和公司资产分别进行管理。后勤集团下属各中心资产参照学校二级核算单位管理方式，流动资产、固定资产的管理均执行学校各项规定，银行开户、资金管理、票据管理、固定资产管理、报废管理均纳入学校统一管理。每年年末以浙江大学后勤服务中心为主体按学校报表口径向学校合并会计报表。后勤集团公司及下属子公司资产管理，严格执行教育部直属高等学校国有资产管理办法、《公司法》及学校经营性资产管理规定。后勤集团建立了对所属公司和校内中心的规范化管理体系，通过不断的建章立制、完善企业治理结构、规范股权管理、加强内控管理与审计监督、完善考核办法等保障国有资产的有效运行。

(二)遇到的主要困难和瓶颈

因安永公司需负责学校三家试点单位，工作人员时间安排上稍有冲突，资料传递过程中也常有串户情况，文字材料校对和修订的工作占据了较多的工作时间和精力。后勤集团下属中心和下属公司，因资产性质不同，管理要求及遵循的制度也不同，故项目建设初期，安永公司与后勤集团各单位交流难度增加，信息了解不够彻底，对各单位业务流程走向和关键环节管控点的把握有较多的误解，且项目建设初期及中后期安永公司中途调整工作人员2次，在材料定稿阶段信息交互多有困难，重复沟通的现象较明显。

(三)采取的主要做法和积累的工作经验

面对外部人员对后勤集团业务的不熟悉、工作进展缓慢效率不高的现象，后勤集团项目建设牵头部门为做好内控项目建设工作，多次与安永公司沟通，从不同层面、不同场景介绍后勤集团的管理模式和各单位的业务领域。企业管理部组织集团内部内控业务培训、业务流程框架讨论等专题会议11次，将各单位梳理中心、公司业务流程文件及流程框架提交安永公司。经过多次反复的沟通、校对、分析、修改等环节，最终按照不同的实施主体分别完成

《后勤集团下属各中心内控手册(2021版)》《后勤集团下属各公司内控手册(2021版)》编印及签发工作。

通过项目建设,促进了各单位项目建设人员对业务的深入了解与业务关键环节风险识别分析能力的提升,也促进了项目建设人员内控知识的学习能力和工作能力的提升。

三、后勤集团内控体系建设试点工作取得的初步成效

(一)完成成果性文件的发布

经过与安永公司的反复沟通、校对、修订,后勤集团于2022年5月出台《浙江大学后勤集团内部控制管理办法(试行)》《浙江大学后勤集团内部控制评价管理办法(试行)》,要求各单位执行。完成后勤集团内控手册的编印,6月6日后勤集团总经理签发《浙江大学后勤集团内部控制手册发布令》,各职能部门及下属单位按内控相关工作岗位,按需签收内控手册,后勤集团共176名岗位工作人员签领后勤集团内控手册。根据后勤集团实际情况,后勤集团内控手册分为《浙江大学后勤集团下属公司内部控制手册(2021版)》和《浙江大学后勤集团下属中心内部控制手册(2021版)》两册。内控手册将更好服务于集团经营管理中的风险防控,更好地促进集团各项业务健康、安全、有序的高质量发展。

(二)全面梳理规章制度,进一步规范下属单位经常经营管理行为

通过学校内控建设二级单位试点工作的开展,后勤集团全面梳理了现有的规章制度,以流程图的方式对制度执行的程序及审批方式进行明确,对关键控制环节进行梳理,对风险控制的措施加以完善。内控体系建设过程中,根据梳理和及时发现的问题,后勤集团修订、新增了管理制度10项,分别从议事规则、事项决策、国资监管、人事管理及职工权益保护等方面作了进一步的规范。

(三)识别风险点完善整改内容,进一步提升集团治理能力

后勤集团在此次内控体系建设过程中,通过收集、查阅、访谈,很好地梳理了现有生产经营管理过程中相关业务的流程和执行情况,流程优化、管理改进与项目建设并行。在安永公司的协助下,识别业务环节风险点,完善管控措施,完成缺陷整改。在项目验收前已基本完成安永公司出具的《浙江大学后勤集团内部控制管理建议报告》中的内控管理待改进事项的整改工作。进一步加强了对下属企业的监督管理,在决策事项议题提交、合同会签、审批等关键环节基本实现下属企业信息化管理系统的应用和覆盖,初步建立了科学系统的内部控制体系规范,有力推进了后勤集团治理能力的提升。

(四)通过后勤集团内控业务知识培训、知识竞赛等活动,普及内控基础知识,培养员工守住合规底线的意识

人是企业最重要的资源,也是一切工作的承载者。通过项目建设,也增强了相关岗位人员的内控意识,对关键岗位人员的业务能力提升起到了积极的作用。

内控工作的关键点就在于识别风险,找到管控风险的措施。内控体系的建设需要从事这项工作的人员具备一定的业务知识和管理能力,后勤集团生产经营管理中的制度和流程的合规运行也需要全体员工共同遵守。开展内控业务培训、内控知识竞赛等活动,有助于提升内控岗位人员的工作能力和业务素养,加深员工对后勤集团内控手册各项流程要求的理解与应用,促使业务规范运行,守住合规底线,成为后勤员工自觉的意识和行为。

四、内控体系建设对后勤集团风险防控保障运行的重要作用

内部控制是单位为实现控制目标通过制定制度、实施措施和执行程序，对经济活动的风险进行防范和管控。针对内控业务原理，后勤集团对集团本级及下属各单位从组织架构、财务管理、资产管理、采购业务、工程建设、合同管理、信息化建设等七个方面进行了制度梳理和风险识别。以流程图的方式对制度执行的程序及审批方式进行明确，对关键控制环节进行梳理，对风险控制的措施加以完善，确保后勤集团业务层面工作守住合规底线。内控建设对后勤集团生产经营管理的主要作用如下：

（一）按不同的实施主体有针对性地开展内控建设工作，编印内控手册，保障不同主体下经济活动的合规性

党的十八大以来，后勤集团经历了数次大的改革，截至 2022 年末，后勤集团所属有 4 家全资企业、4 个后勤服务中心。8 家单位虽业务交叉不多，但相互协同、相互助力的合作不少。作为管理主体，中心和公司对同样的业务，处理方式及管理要求却都有所区别。例如：

1. 资产管理中的固定资产管理。中心执行学校管理要求执行政府会计制度，公司执行企业会计准则，同一项资产，是否作为固定资产管理，标准不一样；折旧年限有区别；残值的估计不一样。资产报废处置的审批和处置流程也不一样。

2. 年报审计要求不同。公司目前还是按照学校经资办和控股要求，实行年度财务报表审计。中心自 2019 年开始执行政府会计制度，不需要对年度会计报表进行审计，只执行负责人离任经济责任审计的。

3. 治理结构和治理要求不同。按国资管理要求保留企业需按公司制运行，股东、董事会、经理层行使不同的议事决策权限。而中心没有这样的要求。

根据后勤集团所管理的下属组织机构既有中心又有公司的这一特性，在此次内控建设过程中，后勤集团共梳理中心、公司业务流程文件 79 个，中心业务流程框架 40 项，公司业务流程框架 39 项。按中心、公司不同的实施主体分别完成《后勤集团下属各中心内控手册（2021 版）》《后勤集团下属各公司内控手册（2021 版）》的编印及签发工作。出台管理制度明确内控建设工作和评价工作开展的具体要求。对于财务管理、资产管理等不同管理要求的业务流程分别制定流程图，明确风险矩阵及决策形式。内控手册将更好地服务于集团经营管理中的风险防控，更好地促进了后勤集团在不同管理主体下经济活动的合规性指引，更好地促进集团各项业务健康、安全、有序的高质量发展。

（二）梳理关键业务流程，明确操作程序及审批权限

后勤集团中心单位的业务范围涵盖七大校区、后勤集团下属子公司业务涉及省内大部分地市，管理线条较长、关键领域规范化操作监督管理的时效性不够。针对这一情况，后勤集团在控制环境、财务管理、资产管理、采购管理、工程管理、合同管理、经济活动信息化管理等 7 个方面，通过内控体系建设，梳理后勤集团现行有效的规章制度，通过梳理修订和完善了部分管理制度，按业务类型明确了归口管理部门及相关管理职责，以制度要求为依据绘制业务操作流程图，对有可能存在的问题和风险进行整理，明确操作程序及各环节审批权限、审批方式，有效地防范和降低业务开展过程中的风险，同时对各业务事项的归档材料做统一要求。

(三)加大内控环节信息化建设覆盖面,做到关键领域操作制度化、制度流程化、流程信息化

经济合同是后勤集团经营管理和服务工作开展过程中的重要文书资料,是后勤集团保障经营管理成果不受损害的重要法律文书。为进一步加强对经济合同的管理,后勤集团以合同管理办法为依据,绘制合同业务流程图,通过信息化手段实现了对合同全生命周期的管控,做到关键领域操作制度化、制度流程化、流程信息化。

在此次内控系统建设中,后勤集团对合同管理、采购管理、维修工程管理三大业务领域加大了信息化管控力度。对经济合同管理增加台账管理要求、统一合同管理规则,上线合同管理信息化模块,合同起草、部门会签、领导审批、合同履行、合同变更等环节均通过后勤集团办公系统平台操作,做到合同业务的闭环管理。该模块建立标准的数据接口,各二级单位均可在该平台按照本单位的业务性质和审批权限独立地对合同进行全生命周期的管理。对临近履约节点的合同系统自动发起提醒,便于承办人提前做好谈判和续约的准备,后续我们还将建立合同履约监督机制、合同履行情况评估机制,进一步地对合同执行情况进行评估和管理,确保经营管理的效益和效果。

(四)以内控建设为抓手,推进后勤集团全面从严治党向业务环节延伸

党的二十大报告强调“健全全面从严治党体系,全面推进党的自我净化、自我完善、自我革新、自我提高”。后勤集团作为具有高校背景的国有全资企业,坚持党建引领,业务融合。不断的完善和健全各项机制,防范各类风险,防止生产经营管理活动中的违规违纪现象,筑牢国有企业管理合规的底线,坚持保障学校服务社会的企业宗旨。此次内控建设工作,明确业务流程和审批权限,信息化流程管理更是破除了特权思想和特事特办的行为,建立办公会议决定事项督办督促流程,较好地创新了监督方式,杜绝违规审批、擅自决策情况的出现。内控体系建设有力地推进了后勤集团党建与业务的深度融合,推进后勤集团全面从严治党向业务领域延伸。

五、在内控建设和实施工作方面进一步改进的措施

内控工作的实施有助于提高企业全员风险防控意识,是加强源头治理,杜绝管理漏洞,防范廉政风险建设的有力措施之一。在内控建设工作初具成效的基础上,后勤集团应进一步推进内控体系的实施,推进各单位内控体系的实施工作,确保各关键环节内控措施落实到位,筑牢合规根基。通过完善内控建设,加强内控相关岗位人员的业务能力提升,推进内控信息化应用范围,通过信息化管理方式做好每年的内控管理评价工作,确保各关键环节内控措施落实到位。以内控建设及实施工作为抓手,进一步推进后勤集团全面从严治党向基层延伸,切实防范各类风险,健全各项机制,坚持高水平服务,推动高质量发展。

发挥“两个作用” 全面提升党建工作质量

——浙江大学后勤集团加强党员教育管理及基层党建工作的探索和实践

丁燕飞

（浙江大学后勤集团）

【摘　要】 为进一步落实党中央提出的“大抓基层”鲜明导向，后勤集团党委加强党员教育管理，坚定党员理想信念，引领党员先锋模范带头作用发挥；聚焦政治功能组织功能，推进标准化建设，发挥基层党支部的战斗堡垒作用，聚焦党建业务融合，实施引融行动，将党的领导融入企业管理，全面提升党建工作质量，引领一流后勤事业发展。

【关键词】 党员教育管理；先锋模范作用；党支部标准化建设；战斗堡垒作用；党建统领；党建业务融合

党的十八大以来，以习近平同志为核心的党中央高度重视加强党员教育管理工作，始终把基层党建摆在治国理政的突出位置来抓，习近平总书记在多个重要会议和场合对此作出重要论述、提出明确要求。浙江大学后勤集团党委积极贯彻落实《中国共产党支部工作条例（试行）》《中国共产党党员教育管理工作条例》，从严从实抓好党员教育管理工作，严格对照党支部教育党员、管理党员、监督党员和组织群众、宣传群众、凝聚群众、服务群众的职责要求，突出党支部政治功能和组织功能建设，充分发挥党支部战斗堡垒作用和党员的先锋模范作用，全面提升基层党建工作水平，推动后勤集团高质量发展。

一、加强党员教育管理，坚定党员理想信念，引领党员先锋模范带头作用发挥

党员是党的肌体细胞。党的力量和作用，既取决于党员数量，更取决于党员质量。后勤集团加强党员的教育、管理、监督工作，并抓实这项基础性、经常性工作，将党员队伍打造成为一支信念坚定、政治可靠、素质优良、纪律严明、作用突出的队伍，在后勤改革发展中攻坚克难、勇当先锋。

（一）严把党员入口关，确保党员发展做到质量数量双提升

一是加强党员发展工作计划性，从严从紧做好党员发展工作。集团党委每年根据党员的总量、结构变化以及各单位党员数量、申请入党人员数量、入党积极分子数量，确定年度发展党员计划指标，党员发展数量逐年提升。二是注重党员发展中的青年和一线骨干比例。集团党委重视把一线管理业务骨干培养成党员，重点在各类专业技术人才和优秀青年职工中发展党员，新发展党员中35岁以下青年和一线技术骨干的比例逐步提高，高知人才党员

发展工作也逐步推进。三是严格入党积极分子的确定和培养。实行入党申请人登记备案和确定入党积极分子预审把关制度，每年不断壮大入党申请人和入党积极分子队伍。在积极分子阶段，将入党积极分子的教育培养纳入集团分党校管理，每年专设培训班开展入党积极分子轮训，加强党的应知应会知识教育和入党动机教育。四是抓实"确定党员发展对象"环节。集团党委坚持把政治标准放在首位，在党委审议前，前置党建材料审查、理论考试选拔、现场集体谈话考察等环节；在考察过程中，坚持日常考察与全面考察相结合、关键时刻与一般情况下的表现相结合、批评教育与表扬鼓励相结合，严格教育、严格质量，强调政治标准，不唯工作业绩。在预备党员发展预审、党员转正等环节，推行发展党员全程纪实，严把党员入口关，确保党员发展程序规范，切实提升党员发展质量。

（二）严肃党内政治生活，加强党员日常教育

根据党员队伍结构的不同特点，选择合理有效的方式抓好党员教育培训全覆盖。一是严肃党内政治生活，充分利用党支部"三会一课"、组织生活会、民主评议党员、谈心谈话等方式，扎实做好党的十九届历次全会、党史学习教育、党的二十大精神全员教育培训，不断深化党员理论武装，坚定党员理想信念。二是推行"走出去"的浸润式、情景式党课教育方式，充分利用浙江大学党建馆、校史馆等丰富的党建基地资源和浙江中国革命红船启航地的红色资源，让党员教育入耳入脑更入心。三是全年确保党员集中学习培训每年不低于 32 学时，支部委员集中学习不低于 56 学时。坚持集中学习与个人自学相结合、坚持支委班子先学一步、坚持专题学习与工作研讨相结合，每年开展支部书记讲党课、鼓励支部委员做分享，党支部学习教育加强互动式，让党员学有所思、学有所悟、学有所获。四是适应业务发展新形态、新业态，强化对党员行为的日常监督。一方面通过深化党章党规党纪的学习，筑牢党员的思想防线；另一方面是抓好警示预防，创新监督方式，通过防控机制建设，对党员进行全方位、系统化监督。

（三）打开不合格党员的"出口关"，严格党员管理处置程序

集团严格落实党费收缴使用和管理工作，按规定做好党员组织关系转接和流动党员管理工作。在党员组织关系转接中，重视党员的档案管理，严格落实"六问一必查"制度。日常管理中，每年排摸有无离职党员不转接组织关系、有无长期不交纳党费、有无长期不参加组织生活党员，确保党支部内无失管失联党员。目前不合格党员处理等组织处置工作也已逐步常态化，对党员意识不强的党员及时谈心谈话督促改正，对确实丧失党员条件的及时进行组织处置，确保党员队伍的先进性。同时，目前后勤集团有较多的流动党员，对流动党员做好双重管理，作为流入方，通过对流动党员的教育管理，来促进其先锋作用的发挥。

（四）引导全体党员践行服务育人初心，立足本职岗位建功立业，发挥先锋模范作用

党员是党的细胞，是党组织联系群众的纽带。后勤集团不断增强党员的身份意识，让党员牢记自己的第一身份。一方面加强党员党章党规、初心使命教育。在党史学习教育及党内法规制度学习中，让党员接受深刻的党性教育，提升遵章守纪的规矩意识，进一步严格自我约束；同时发挥重温入党誓词、过政治生日、回忆入党经历、追忆入党志愿等政治仪式的浸润作用，强化初心使命教育，真正让党员把理想信念、共产主义信仰内化于心。另一方面教育引导党员在日常工作生活中，亮出党员身份、立起先进标尺、树立先锋形象。注重在急难险重任务中淬炼党员，把党员派往最需要的地方，派给急难险重的任务，在校园重大服务保障、突发紧急任务、疫情大战大考中，党员交出了满意的答卷。三是注重优秀党员的选树和党员先进事迹的宣传，在后勤集团网站、微信公众号等平台，广泛宣传优秀党员的先进事迹，用身边人身边事来感染教育党员，引导全体党员学习身边的优秀榜样，立足本职岗位建功立业，发挥先锋模范作用。

二、聚焦政治功能组织功能，推进标准化建设，发挥基层党支部的战斗堡垒作用

作为基层党组织，后勤集团按照党中央的要求，聚焦政治功能组织功能，加强党的组织体系建设，把党中央提出的“大抓基层”的鲜明导向落到实处，大力提升基层党组织的组织力，突出政治功能，将推进党支部标准化建设和培育打造样板党支部相结合，以坚实的党建基础，来深化党建与业务融合、凝练党建工作品牌、突显党建工作成效，从而保障高质量发展。

（一）以提升组织力为重点，突出政治功能，健全建强党的组织

“一个支部就是一座堡垒，一名党员就是一面旗帜”，堡垒要守得住，旗帜要树得起，才能让基层党组织这“最后一公里”不出现“断头路”。后勤集团着力扩大党的基层组织和工作覆盖面，结合实际创新党支部设置形式，大力加强支部班子建设，为强化党支部政治功能夯实组织基础。一是扩大党组织覆盖范围。目前后勤集团校内各单位已基本全部实现党的组织健全，并树立了每个基层项目、班组至少要有一名党员的目标，实现了组织有形覆盖和工作有效覆盖的统一。二是持续规范和优化基层党支部设置。按照“有利于推动支部工作、有利于党员教育管理、有利于联系服务群众、有利于党建业务互融互促”的原则，根据业务及行政组织的调整变化，及时调整党组织的设置，对党总支、党支部拆分、合并或撤销调整，使组织架构更加合理，职责范围更加清晰，工作任务更加明确，确保基层党支部设置与单位改革发展任务相匹配、相适应。三是规范按期换届选举。在后勤集团党委的统筹组织下，各党总支、党支部按期开展换届工作，以高度的政治责任感，严肃认真对待换届选举，严格换届工作程序。通过换届工作，加强基层组织建设、健全领导班子、增强工作活力，健全完善上下贯通、执行有力的组织体系，助推基层党支部标准化规范化建设，同时也进一步统一思想、凝心聚力，明确今后一个时期的工作任务，不断增强后勤集团党组织的政治领导力、思想引领力、群众组织力，为后勤集团在新发展阶段的高质量发展提供坚强组织保证。

（二）以标准化建设为抓手，夯实党建基础，全面提升党建工作质量

党支部是党的全部工作和战斗力的基础，全面提升党支部建设质量是抓好基层党建工作的重要任务。后勤集团以标准化、规范化为抓手，以对标争先、争创样板支部为动力，通过标准化补短板、夯基础，通过创样板促先进强示范，全面提升党建工作质量。一是理念先行，树立质量意识和标准理念，抓好标准执行和制度落实。引导各党组织提高对党支部标准化建设的思想认识和政治认识，使基层各支部熟知党支部标准化建设的基本内容和目标要求，推动质量意识和标准理念不断深入人心、融入工作。二是明确内涵，补短板、夯基础。对照党的建设这个新的伟大工程的基本内涵，一如既往落实好党在政治建设、思想建设、组织建设、作风建设、纪律建设方面的基本任务。围绕学校出台的党支部建设标准，加强基本组织、基本队伍、基本制度建设，认真贯彻落实“第一议题”制度，不断严肃“三会一课”、主题党日、组织生活会。“三会一课”突出政治学习和党性锻炼，结合党员教育新形势、新任务、新特点，创新“三会一课”的形式，做到形式多样、氛围庄重；加强对组织生活的考勤管理，对缺勤人员

采取补课等方式进行教育;主题党日活动突出"党味",把讲政治贯穿全过程;同时与经营服务工作深度融合,并在条件允许的情况下,扩大参加人员覆盖面,邀请入党积极分子、共青团员、群众代表等参加。通过扎实规范开展党内组织生活,推动党支部工作抓在经常、严在日常,党建工作的标准化、规范化水平进一步提升。三是通过创优机制,打造典型示范,促进基层组织整体建强。针对党建工作整体发展不平衡的现状,通过对标争先、培育创建样板支部活动,挖掘和打造工作卓有成效或有示范带动作用的后勤服务战线党支部或典型案例,并挖掘和推广党支部的好经验、好做法,在争先进、创样板过程中,通过培育、创建、推广、创新等模式,将标准化工作和质量提升工程相结合,着力形成持续长效的示范引领效应,一体带动建强所有基层党支部,全面提升党建工作质量。

(三)以党建为统领,完善法人治理结构,将党的领导融入公司管理

坚持党的领导、加强党的建设是国有企业的"根"和"魂"。后勤集团作为国有企业,深刻把握好党建统领的重要意义,后勤集团公司及各下属子公司党组织聚焦把方向、管大局、促落实的职能定位,把握重大决策这个关口,把党的领导有机融入企业治理机制之中。一是完善法人治理结构。近几年集团公司及各下属子公司全面完成了"党建内容进章程"工作,并探索完善"双向进入、交叉任职"的领导体制工作。二是厘清各治理主体权责边界,进一步梳理了各级党组织、各公司董事会、经理层的工作职责。集团党委制订并持续完善《党委会议事规则》《党政联席会议事规则》《"三重一大"决策制度》等制度,明确不同决策主体的决策权限,重点突出了党委前置研究程序。同时各下属子公司均落实党组织对重大决策事项的前置研究讨论,把好"前置"事项的方向关、政策关、程序关,确保企业改革发展始终坚持正确的政治方向。三是加强"双带头人"建设,建强支部班子。支部委员会是党组织的核心,选优配强支部班子特别是支部书记,是提升基层党支部组织力、战斗力的关键。后勤集团以增强班子整体功能为重点,进一步规范党支部书记选任条件,全面实现党支部书记由部门党员负责人担任的"双带头人"要求;对独立法人企业党总支、党支部,由党员负责人担任书记和委员,将支委班子建设和企业领导班子建设相融通,将党总支、党支部对企业重大事项进行集体研究把关真正落到实处。

(四)以引融行动为路径,构建发展共同体,引领一流后勤事业发展

国有企业党组织工作应当坚持党建工作与生产经营深度融合,以企业改革发展成果检验党组织工作成效的原则。后勤集团党委聚焦党建与生产经营深度融合,提出构建"一个目标"、紧扣"两条主线"、夯实"三大基础"、推进"四大行动"的"1234"党建工作体系,从建设"发展共同体"角度,全面构建"大党建"工作格局。一是树牢"党建+"思维。切实引导基层党组织转变观念与定位,找到党建工作与其他工作的契合点,逐步在服务保障学校、在改革经营发展的大局中,谋划和推进党建的具体工作任务,用党建与业务融合发展的工作思路指导开展党建工作。二是构建职能部门一体参与党建工作的新模式。在推进落实"四大行动"时,建立了以职能部门牵头、各单位抓落实的工作模式,形成了集团党委一职能部门一基层单位党组织一体抓党建业务深度融合的工作合力。三是压实主体责任,推动深度融合落实落地。集团将党建业务融合工作纳入党组织书记抓党建述职评议内容,并建立党建责任与经营管理相得益彰的目标考核机制,提升党建工作在经营业绩考核中的占比,促进党建工作从"软指标"变成"硬杠杆",压实了集团三级抓党建工作责任制,充分保障了在攻坚克难、推进学校重大保障任务、服务育人、疫情防控等工作时,党建引领事业发展作用的发挥。

新时代下，党中央对抓好基层党建工作提出了新的更高的要求，我们必须以新思想、新思路、新思维把握基层党建工作的新特点、新挑战，以创新思维、破题举措，推动基层党建工作提质增效。特别在贯彻落实重大任务中，要引导党支部、党员始终保持昂扬斗志和一抓到底的工作劲头，在担重任、战难事、打硬仗中磨炼毅力、保持定力、增强耐力，通过扎扎实实、勤勤恳恳的工作，切实发挥党支部的战斗堡垒作用和党员的先锋模范作用，依靠高质量党建凝聚发展的强大动力，推动一流后勤服务体系的建设，为学校迈向世界一流大学前列提供强有力的后勤支撑保障。

浅谈如何有效发挥基层纪检委员作用

——以浙江大学后勤集团为例

李　英

（浙江大学后勤集团）

【摘　要】 党支部纪检委员是党风廉政建设工作最基层的力量，承担着基层党内监督的重要任务。然而，部分基层纪检委员对自身职责认识不清，履职能力不强，“前哨”作用发挥不明显。鉴于这种情况，探索如何发挥基层纪检委员作用具有重大意义。如何有效发挥基层纪检委员的作用，激活党内监督网络的“神经末梢”，打通全面从严治党“最后一公里”，需要在实践中探索，找到有效的工作方法。本文阐述了当前基层纪检委员履职中存在的问题及如何有效发挥基层纪检委员作用的几点思考。

【关键词】 全面从严治党；基层纪检委员；履职

《中国共产党章程》第 43 条规定：“党的总支部委员会和支部委员会设纪律检查委员。”党支部纪检委员是纪检组织在基层党组织开展工作的有力助手，是党风廉政建设工作最基层的力量。

一、发挥基层纪检委员作用的目的和意义

习近平总书记在二十届中央纪委二次会议上强调：要站在事关党长期执政、国家长治久安、人民幸福安康的高度，把全面从严治党作为党的长期战略、永恒课题，始终坚持问题导向，保持战略定力，发扬彻底的自我革命精神，永远吹冲锋号，把严的基调、严的措施、严的氛围长期坚持下去，把党的伟大自我革命进行到底。

新时代十年以来，全面从严治党取得了历史性、开创性成就，产生了全方位、深层次影响，反腐败斗争取得压倒性胜利并全面巩固，但当前基层腐败问题仍然存在，违反中央八项规定精神问题禁而未绝，群众身边的“微腐败”和不正之风依然突出。因此近距离一线监督的基层纪检委员是对干部群众中苗头性、倾向性问题早发现、早提醒、早报告的“主力军”，他们冲锋在党风廉政建设的第一线，岗位重要、责任重大、使命光荣。发挥基层纪检委员作用，既是落实党章要求的具体体现，也是推进基层正风肃纪，打通全面从严治党“最后一公里”的现实要求；发挥基层纪检委员作用，是对纪检力量的有效补充，有利于弥补监督力量的不足，延伸党内监督触角，激活监督网络的“神经末梢”，真正实现党内监督全方位、全覆盖。

二、当前基层纪检委员履职中存在的问题

浙江大学后勤集团各党总支、党支部设立纪检委员，有纪检委员 28 名。几年来，纪检委员在后勤集团纪律作风监督、管理教育员工、开展警示教育方面发挥了较好的作用，显现了

前沿“护林员”、“哨兵”的职能。但对照新时代、新征程、新目标的要求，对照“打造忠诚干净担当的铁军”要求，对照后勤集团转型发展、创建一流服务体系的要求，纪检委员在履职中还存在一些问题和可提升之处。

（一）思想认识不高

从基层党支部看，有的认为本单位各项工作规范有序，不存在风险、漏洞、盲点，不会发生违纪违法问题，纪检委员的存在作用不大，只是按《党章》要求在支委中设一个“虚职”而已；有的以业务论成绩，忽视了对纪检工作的综合评价，对纪检委员如何发挥作用缺乏行之有效的管理办法。

从纪检委员自身看，有的身份意识还不够强，认为发现问题只要向支部书记报告，不需要过多参与问题的处置，没有深刻认识到自身承担着教育监督党员和群众的职责；有的纪检委员认为监督工作就是揭自己单位的“丑”，担心被领导“另眼相看”，监督同事又怕“被孤立”，因此对履行职责顾虑重重，不敢对领导和同事发声。

从党员群众角度看，有的认为纪检委员管的都是小事，不讲人情，“小事大作”，没有必要紧盯不放；有的对设纪检委员岗位持观望怀疑态度，认为是走形式、走过场，起不到多大作用。

（二）职责定位不明

一方面，党内法规对纪检委员的职能定位、工作职责、权利义务等缺乏规范性要求，工作容易受到误解和抵触，使纪检委员成为“挂名委员”。另一方面，有的党支部只是根据上级党委的要求，在支部委员中推选一人担任纪检委员，而没有考虑该委员性格、态度等主观因素以及在行政工作中的岗位、职务等客观因素，造成纪检委员履职困难。有的纪检委员承担了大量繁重的业务工作，身兼数职，分身乏术，没有更多的精力履行纪检监察职能，不能及时发现问题；有的自身性格不敢碰“硬”，面子人情重，不敢得罪人。这些都影响了监督工作实效，造成了党支部纪检工作在一定程度上的“空白”。

（三）能力素质不足

有的纪检委员缺乏履职所需的业务知识，不知道应该干些什么工作，也不能发现问题，一旦出现问题也不能意识到问题的轻重性和危害性，不会采取正确的处理方法；有的不注重学习，缺少加强纪检监察业务学习的主动性，思想认识、理念思路跟不上形势任务需要，不善于开展工作；有的党性原则不坚定，囿于人情世故，明知不合规，但“轻轻放过”。

三、如何有效发挥基层纪检委员的作用

（一）党组织方面

首先，完善机构设置，把队伍建起来。坚持“应设必设”原则，规范纪检委员岗位设置，实现全覆盖、无遗漏。要认真选配政治意识强、业务能力高、在干部群众中有较高威望的同志担任党支部纪检委员，让其能够严格履职尽责。

其次，明确职责任务，将队伍用起来。针对党总支、党支部等不同层级的党组织，明确纪检委员的岗位职责、履职方式、权利义务等要求，促进履职规范化。要让纪检委员清楚地认识到自己在本单位党风廉政建设中担任的角色和监督责任，建立纪检委员询问、情况报告制度，发现党员干部苗头性倾向性问题，及时向党组织和后勤集团纪委报告。同时强化党组织、党员干部与纪检委员相互间的监督，切实增强党内监督的权威性和严肃性。

第三，提升能力素质，促队伍强起来。纪检工作是一项专业性、程序性很强的工作，但基层纪检委员大多为兼职干部，往往重主业、轻副业，业务知识得不到有效补充，纪检监察工作达不到预期的成效，有时甚至会造成失误，因此必须多措并举提升纪检委员的理论素养和履职能力。一方面要建立集体学习制度，定期组织纪检委员进行理论与业务培训，牢牢把握纪检监察工作的政治属性，把学习贯彻习近平新时代中国特色社会主义思想作为首要任务，把学习《中华人民共和国监察法》《中国共产党纪律检查委员会工作条例》作为工作的重要遵循，扫清业务盲点，把贯彻落实浙江大学后勤集团全面从严治党工作会议精神作为全年工作的重要内容。另一方面要做到理论培训与工作实际有机结合，避免"纸上谈兵"，组织纪检委员开展纪律作风巡查，参加招标采购、合同签订、内控体系、干部考察等重大事项的督查，在实战中提升监督执纪技能。

第四，强化服务保障，让队伍活起来。各级党组织要高度重视纪检委员工作，定期听取工作情况汇报，及时研究重大事项，支持纪检委员开展监督工作。各级党组织应当把党支部纪检委员配备和发挥作用情况纳入党支部党风廉政建设责任制和党建工作年度考核内容，建立健全纪检委员履职报告、考核评议和激励保障制度，对履职积极、成绩突出的予以表彰奖励；对角色意识淡薄、开展工作不力、成效不明显的，及时约谈、批评或予以调整。

(二)纪检委员个人方面

一是旗帜鲜明讲政治，眼中有全局、胸中装大局，不断提高政治站位，正确把握前进方向，更好地适应全面从严治党不断向纵深发展的形势和需要。新时代政治监督的根本任务是"两个维护"，要坚持党中央重大决策部署到哪里，政治监督就跟进到哪里；要紧盯贯彻执行党章党规党纪和宪法法律法规、党的路线方针政策和党中央决策部署情况，紧盯贯彻落实习近平总书记重要指示批示精神情况，聚焦问题，制定切实有效的举措，发挥好政治监督作用，一步一个脚印，不松劲、不停步，以坚定的信心打通全面从严治党"最后一公里"。

二是坚持责任担当，明确职责定位，把监督作为基本职责、第一职责，推动责任向监督压实、力量向监督倾斜。习近平总书记多次强调："纪检监察干部要敢于担当、敢于监督、敢于负责。"对于基层纪检委员来说，就是要做到深挖本单位、本部门党风廉政建设的薄弱环节，聚焦群众反映强烈的突出问题，深化落实中央八项规定精神、纠治"四风"，准确运用政策，实事求是作出处置，动真碰硬强化问责，达到政治效果、纪法效果和社会效果相统一。

三是提升洞察力，增强分析思考的敏锐性，强化使命意识。基层纪检委员作为预警信息员，必须掌握多渠道获取信息、多角度分析信息的能力。对苗头性、倾向性问题以及损害国家、学校、单位利益的问题，要从细枝末节见真章，做到早发现、早疏导、早了结。对于仅靠纪检委员自身不能解决的问题，要立即向党组织和纪委报告。

四是把握节点，明确任务目标，拿出过硬举措，切实在警示教育"防未病"上持续用力。在各个节日等重要时间节点，要不厌其烦吹响"节前哨"，打好"预防针"，敲响廉政警钟；要坚持反面警示和正面引导有效结合，抓"长"抓"常"，营造廉洁生态，促进党员干部牢记"三个务必"，践行"三严三实"，坚守清正廉洁。

五是利用基层纪检委员贴近业务经营管理一线的特点和优势，把党内监督与业务监督、组织监督与群众监督结合起来，加强事前监督和事中监督，形成有效的监督合力；坚持从细微处着手，从小事、小节、小错抓起管起，实现源头监督，把问题解决在萌芽或初始状态，切实提高监督实效。

六是把好廉洁自律关，严格自律守底线，以铁的纪律带头做政治坚定、严于律己的表率。

《中国共产党纪律检查委员会工作条例》强调，严肃查处纪检干部的违纪违法、失职失责行为，强化对纪检干部的管理约束，实行最严格的监督，确保将严管严治落到实处。因此，基层纪检委员要习惯被监督、习惯严要求，始终做到“打铁必须自身硬，自身硬首先要自身廉”，时刻牢记“监督别人的人首先要监管好自己”，带头遵守党的各项纪律，恪守清正廉洁，把铁的纪律化为自觉习惯，在大是大非上保持清醒，在小事小节上克己慎行，不放纵、不越轨、不逾矩，以自我革命精神坚决防止“灯下黑”，以自身正自身净自身硬立言立信立威。

加强党建引领　推进融合发展
建设一流饮食服务体系

——高校餐饮基层党建工作的探索和实践

高　略

（浙江大学后勤集团饮食服务中心）

【摘　要】 基层党组织建设是党的建设的重要基础。作为高校餐饮保障基层单位的党组织，浙江大学后勤集团饮食服务中心党总支贯彻落实后勤集团党委"1234"党建工作体系部署，努力构建"发展共谋、责任共担、稳定共抓、跨境共建"的"大党建"工作格局，保障和促进了饮食服务中心和谐稳健发展。本文主要阐述了饮食服务中心党总支落实"1234"党建工作体系建设任务的思路和举措，介绍了饮食服务中心党建业务融合推进一流饮食服务体系建设的做法和成效。

【关键词】 高校后勤；基层党建；党建业务融合发展

基层党组织是党的肌体的"神经末梢"，是党的建设的重要基础。党的二十大报告指出："增强党组织政治功能和组织功能，坚持大抓基层的鲜明导向，把基层党组织建设成为有效实现党的领导的坚强战斗堡垒，激励党员发挥先锋模范作用，保持党员队伍先进性和纯洁性。"

浙江大学后勤集团饮食服务中心是模拟企业化运行的校属餐饮服务保障单位，饮食服务中心党总支坚持党章在基层党建工作中的指引作用，既遵循《中国共产党普通高等学校基层组织工作条例》的规定，同时也落实《中国共产党国有企业基层组织工作条例（试行）》的相关要求，扎实推进基层党建工作。在浙江大学开启新一轮"双一流"建设的关键时期，饮食服务中心围绕后勤集团打造"1234"党建工作体系任务，对标党建工作新要求，瞄准自身工作薄弱环节，提出并实施落实"1234"党建工作体系的具体举措，有效推动一流饮食服务体系建设。

一、围绕"1234"党建工作体系厘清党建工作思路

（一）明确"一个目标"：党建引领系统治理，一流饮食走在前列

针对饮食服务中心改革发展中存在的问题和面临的困难，围绕一流饮食服务体系建设的核心任务，以"党建引领系统治理，一流饮食走在前列"为总目标，制定《建设浙江大学一流饮食服务体系工作方案》，明确当前和今后一个时期饮食服务中心发展纲领和行动指南，加快建设服务功能更加凸显、服务环境更加优美、服务管理更加高效、服务队伍更加优秀、服务品质更加卓越的流饮食服务体系，推动浙大饮食"不忘初心、牢记使命"，始终"走在前列"。制定《一流饮食服务体系建设的任务清单》，细化工作举措，明确责任分工和完成时限，加强任务落实情况督查，确保各项任务见行动出实效。

(二)紧扣“两条主线”:积极推进“两个发展、两个延伸”

两个发展,即党建业务融合发展、饮食服务中心转型发展。两个延伸,即全面从严治党向基层延伸、一流饮食服务体系建设向基层延伸。

党建业务融合发展。坚持贯彻目标同向、部署同步、工作同力、考核同行的“四同理念”,聚焦功能融合、机制融合、力量融合和载体融合深层次推进党建业务深度融合。

饮食服务中心转型发展。坚持目标导向,主动适应政策之变、环境之变、需求之变和队伍之变,以“学校放心、师生满意,员工幸福”为价值导向,推动观念转型、机制转型、措施转型,积极推进饮食服务中心转型发展。

全面从严治党向基层延伸。坚持党建工作始终与业务发展同频共振,努力实现党组织、党员队伍和党建工作的全覆盖,积极推动全面从严治党向食堂基层一线延伸,向纵深发展。

一流饮食服务体系建设向基层延伸。坚持使命引领,广泛开展大讨论、大宣讲,弘扬饮食传统,传承优良作风,推动改革创新,激发队伍活力,增强发展动能,将一流饮食服务体系建设的要求内化为全体干部职工的自觉行动,在最基层凝聚推动一流饮食服务体系建设的强大力量。

(三)夯实“三大基础”:完善组织建设、队伍建设和制度建设

持续推进“三基建设”,夯实党建工作基础。通过加大入党积极分子的培养考察力度,优化党员工作岗位配置,引导流动党员转接组织关系和持证流入等措施,进一步优化党员结构,提升党员比率。以党支部换届选举工作为契机,按照党建业务融合发展和支部作用有效发挥的原则,进一步落实党支部书记党建业务“双带头”的要求,选优配强支委班子。严格遵循党章党规,不断完善饮食服务中心贯彻落实党章党规的相关制度和办法。

(四)推进“四大行动”:筑牢红色根脉、提升服务品质、优化人才生态、塑造文化品牌

深入实施红色根脉强基行动。坚持以习近平新时代中国特色社会主义思想举旗定向,提升广大党员和干部职工的政治判断力、政治领悟力和政治执行力,按照《浙江大学基层党支部建设标准(试行)》来提升支部建设规范化水平,落实好“第一议题”和“第一课程”制度,推进党史学习教育常态化长效化,更好地发挥党支部的战斗堡垒作用和党员的先锋模范作用。

深入实施服务品质提升行动。紧紧围绕烧饭做菜主责主业,抓实抓好一流饮食服务体系建设任务清单的落实,打造“保供稳价更加扎实,多元服务更具特色”的餐饮服务体系,以高质量发展推动高水平服务,切实提升师生对餐饮服务的“满意度、安全性、获得感”。

深入实施人才生态优化行动。坚持正确的“人才观”和选人用人导向,抓好人才“引育选用”全环节全链条的工作,培育工匠精神、优化人才培养机制、营造人才成长环境、激发队伍活力。

深入实施文化品牌塑造行动。坚定文化自信,增强发展软实力;强化使命引领,凝聚职工力量,坚持守正创新,探索新阶段饮食服务品质全面提升的新招和妙招,重塑“浙大饮食”品牌,重塑服务形象,为改革发展创造良好的内外部环境;融入校园文化建设,坚守“服务育人”初心使命,更好地发挥育人职能。

二、党建业务融合推进一流饮食服务体系建设

(一)发挥政治领导力和思想引领力,保障一流饮食服务体系建设的正确方向

聚焦功能融合,突出党建引领。坚持以习近平新时代中国特色社会主义思想为统领,引导党员和干部职工“听党话,跟党走”,切实把“两个确立”转化为坚决做到“两个维护”的自觉。严格贯彻落实“第一议题”和“第一课程”学习制度,开展党总支委员会集体学习,汇编学习材料;建立了党总支理论学习小组集中学习制度,围绕主题开展集中学习交流;面向不同群体的各类成建制培训班开班第一课学习新发展理念。坚持使命引领和目标导向,贯彻落实新发展理念,统筹发展、安全和疫情防控,系统谋划一流饮食服务体系建设,制定了工作方案和任务清单,党政协同抓好任务落实,有效提升了师生“满意度、安全性、获得感”。组织管理人员到各食堂开展宣教,提升队伍整体精气神。分别围绕“凝心聚力再出发,真抓实干创一流”“学习二十大精神,推进一流体系建设”两次开展大讨论,广泛凝聚党员和干部职工争创一流的共识。落实意识形态工作责任制,定期开展员工民族宗教情况摸排工作;定期分析师生意见和网络舆情,完善师生意见反馈和处理机制,积极做好信访和舆情处置,确保了安全稳定大局。

聚焦机制融合,融入内部治理。制定并实施《饮食服务中心党总支议事规则》《饮食服务中心各党支部参与所在部门重大事项讨论清单》,总支委员会和支部委员会前置讨论涉及一流体系建设、服务布局、改革方案、机构调整、干部任免、项目安排、大额度资金使用、安全稳定等重大事项。同时,将党建工作纳入所属各部门管理和经营业绩考核的指标,积极落实“考评党建看发展、考评全局看党建”的联动考评机制。

(二)发挥组织战斗力,激活一流饮食服务体系建设的澎湃动能

聚焦力量融合,加强队伍建设。按照“双带头人”要求,及时调整了部分支部书记,选优配强支部班子,在换届基础上,进一步明确了党总支及所属党支部委员工作职责。做好党员发展工作,加强党员和流动党员的教育监督管理,基本实现了各食堂至少有一名党员;组织动员广大党员亮明身份,奋勇争先,尤其是在新食堂筹建、疫情防控和封控保供等重大任务中,“挑大梁,唱主角”,充分发挥先锋模范作用。党员示范带头开展“服务先锋”评比,引导员工增强服务意识,提升服务技能,争当“服务先锋”。坚持正确“人才观”和选人用人导向,制定并实施《饮食服务中心人才生态优化工作方案》,培育浙大饮食工匠,一体推进“三驾马车”建设。招聘各类专技人员 96 人,获评“杭州市就业帮扶爱心企业”;加强学历提升,118 名员工取得烹饪专业全日制大专文凭;实施金管家、金鹰、青苗、优厨等四大培训计划,开展培训 40 余场;积极打造食堂烹饪技术培训示范基地,成功申报“金种平中式烹饪技能大师工作室”,成为 2022 年度西湖区 8 家技能大师工作室之一。制定并实施《饮食服务中心岗位职责清单》《饮食服务中心食堂管理人员考核办法(试行)》等,明确食堂主任、厨师长、保管员三个岗位的权责,充分发挥食堂管理“三驾马车”作用。

聚焦载体融合,夯实党建基础。各党支部对照建设标准规范落实党建工作要求;党总支制定并实施《关于进一步规范和落实党支部“三会一课”制度的意见》,指导督促“三会一课”质量的提升。所属党支部与药学院机关党支部、浙大求是社区党委等广泛开展共建,并找准自身特点,深入推进党建特色品牌建设。

(三)发挥群团凝聚力,汇聚一流饮食服务体系建设的强大合力

聚焦载体融合,凝聚群团力量。以党建促工建带团建,组织团员青年和职工群众学习党

的二十大精神，围绕一流饮食服务体系建设，开展交流研讨，为饮食服务中心改革发展凝心聚力、建言献策；组织团员青年和广大职工广泛开展形式多样的岗位练兵、技能比武、技术创新等活动，积极参与后勤集团“创三优争一流”服务竞赛活动和“安康杯”竞赛活动。制定并实施《关于进一步加强党建带团建工作的实施意见》，召开团员代表、食堂青年骨干等座谈会，东二麦思威餐吧通过校级“青年文明号”创建验收。顺利举办以“爱党报国，爱校荣校，敬业奉献，服务师生”为主题的“工人先锋号”技能比武活动，以工会为平台开展“关爱小候鸟”“青蓝工程”等品牌活动。

聚焦载体融合，服务师生员工。加强与师生员工的联系沟通，办实事办好事；落实“事业之友”“政治指导员”等制度，加强谈心谈话，开展“五失人员”摸排，组织“走宿舍话家常”活动，及时掌握员工思想动态，改善住宿条件，丰富业余生活；加强退休职工和老党员关心关爱，为老同志们送去了温暖；常态化开展“食堂开放日”“走进食堂，感受食堂”“食堂面对面”等活动，积极听取师生意见建议；紧扣师生需求，组织开展各类师生喜闻乐见的活动，拓宽师生参与食堂民主管理渠道。参与建设学校德育共同体，与马克思主义学院合作，开展饮食主题的思政课程，以劳动岗位体验和劳动榜样进课堂等模式，先后在海宁、紫金港校区进行实践，覆盖学生800余人。制定实施《饮食服务中心文化品牌塑造工作方案》，开展主题宣讲，打造“一堂一品”，引进“百县千碗”，推进光盘行动，倡导营养健康，进一步树立服务形象，发挥育人职能，为改革发展创造了良好环境。

(四)发挥监督保障力，筑牢一流饮食服务体系建设的坚实根基

统筹党内监督和内控管理，针对重点领域和关键环节开展监督检查，完善包括招标采购、修缮工程、设备选型、资产管理等在内的相关规章制度和流程，扎牢制度笼子。开展廉洁教育季活动，开展廉政园地建设，组织全体管理人员、党团及保管员等重点岗位人员开展廉洁故事接龙活动，参与学校“清风浙大·廉动你我”廉政动漫大赛和后勤集团“清心正道”廉洁文化书画展并获佳绩，特别加强节假日等关键节点廉洁教育，营造了廉洁从业的浓厚氛围。严格落实“一岗双责”，层层签订廉政建设责任书和廉洁承诺书，严格执行法律法规和相关制度，对30余个领导岗位、重点岗位和关键岗位开展廉政风险责任分析。开展岗位廉政责任及风险防范“回头看”，开展重点岗位人员的廉政约谈，对岗位廉政风险防范情况进行督查。

全面从严治党永远在路上。在以党的自我革命引领社会革命的伟大进程中，作为高校餐饮保障基层单位的党组织，饮食服务中心正持续构建“发展共谋、责任共担、稳定共抓、跨境共建”的“大党建”工作格局，推动党建工作与服务经营的协调运行，将党组织政治优势、组织优势和群众优势转化为竞争优势和发展优势，保障和促进饮食服务中心和谐稳健发展，推动一流饮食服务体系建设成果不断显现。

“三全育人”背景下高校食堂参与育人的实践与探索

——以浙江大学食堂为例

周之璇

（浙江大学后勤集团饮食服务中心）

【摘　要】 “三全育人”是目前高校育人的基本逻辑遵循。除了教室等教育场所，食堂作为校园运行支撑保障中的重要部分，通过发挥技术、场地等优势，同样成为了高校完成“三全育人”的重要环节。本文通过回顾“三全育人”理念提出的时代背景，分析浙江大学食堂在育人方面的探索，总结高校食堂参与育人的实践路径，并针对新时代大学生群体特点提出育人方式的新思考。

【关键词】 三全育人；高校食堂；实践路径

“三全育人”指全员全过程全方位育人，是中国高等教育事业快速发展背景下，马克思主义有关人的全面发展理论的拓展与创新。高校汇集校内外资源与平台，着力打造具有特色的“三全育人”模式。浙江大学食堂（以下简称“浙大食堂”）服务 10 万余名师生，是校内最为重要的后勤服务保障部门之一，在对“三全理念”的高度认同的基础上，浙大食堂在服务育人的道路上迈出了实质性的步伐，为其他高校食堂提供了可借鉴的实践路径。

一、“三全育人”理念的生成与实践逻辑

党的十八大以来，教育工作在全党全国的重视程度被提升到了前所未有的高度。2016 年，习近平总书记在全国高校思想政治工作会议上提出：“要坚持把立德树人作为中心环节，把思想政治工作贯穿教育教学全过程，实现全程育人、全方位育人，努力开创我国高等教育事业发展新局面。”2017 年，教育部党组印发《高校思想政治工作质量提升工程实施纲要》，提出了通过构建育人体系推行形成“三全育人”格局；2018 年，教育部办公厅发布《关于开展“三全育人”综合改革试点工作的通知》，出台《“三全育人”综合改革试点工作建设要求和管理办法（试行）》，启动首批“三全育人”综合改革试点工作；2019 年，中共中央、国务院印发了《中国教育现代化 2035》；2020 年，教育部等八部委颁布《关于加快构建高校思想政治工作体系的意见》。种种措施为推动“三全育人”体系的建设落地提供了坚强的保障。

浙江大学深入学习贯彻习近平总书记关于加强高校思想政治工作的重要论述，积极投身“三全育人”体系建设，在政治信仰、创新创业、社会实践、志愿服务等方面开展多项工作，机械学院入选教育部首批“三全育人”综合改革试点院系，搭建起了“三全育人”综合平台。作为提供餐饮服务保障功能的单位和场所，食堂是学生学习生活的重要组成部分。随着生活水平的提高与思想观念的前进，食堂不仅具有满足温饱的功能，更有着巨大的、可挖掘的育人潜能。当食堂等后勤服务保障部门与来自教学、管理一线的教师一同参与到高校“三全

育人”中,可进一步丰富育人维度,深化育人实效。

二、食堂育人的实践路径

与教育和管理两大职能不同,食堂主要承担服务功能。浙大食堂服务10万余名师生,多年来,沉淀了浓厚的服务理念情怀,积极创新服务举措,做好餐饮服务保障本职工作的同时,利用食堂的技术、人才和场地优势为学校育人事业提供有力支持。

(一)悠久的理念传承与明确的服务责任

浙大食堂聚焦烧饭做菜本职工作,凝练了“为状元烧饭”“烧有温度的亲情饭”等服务情怀。理念的熏陶自入职之日起,在新员工入职培训的第一课即开展老员工宣讲浙大饮食情怀课程,做好理念传承,通过参观校史馆、观看浙大食堂宣传片等方式,带领新员工深刻领会每个人、每个岗位的服务职责。来自浙大食堂的陆水龙、任金林、邵泳梅三位员工曾荣获浙江大学“三育人”先进个人,2018年浙大食堂荣获浙江大学第九届“三育人”先进集体称号。

利用就餐环境开展育人工作也是浙大食堂参与学校“三全育人”的一大特点。浙大食堂在紫金港校区探索餐饮服务空间与学习空间、交流空间等的重叠建设模式。2017年开放紫金港校区东教学区麦思威咖啡吧旗舰店,麦思威咖啡是浙大自有的咖啡品牌,通过与浙大出版社合作,空间内陈设大量书籍,除了环境设施的清新优雅,更有高校浓浓的教育氛围;2020年完成建设的紫金港校区东二麦思威餐吧进一步提高了对就餐空间的利用。除早中晚三餐服务,餐吧利用现有格局设备,提供饮品、小吃等下午茶服务,日常开放餐吧空间,为学生提供自习交流场所。

除了浓厚的育人理念和良好的基础条件,依靠过硬的技术本领,浙大食堂承担着校内10万余名师生的日常餐饮服务保障工作,每年承担迎新军训、中秋月饼制作发放、学生节“欢乐求是餐”制作、年夜饭等重大餐饮保障,曾圆满完成教育部食堂服务、G20杭州峰会、“创青春”全国大学生创业大赛决赛、杭州亚运会场馆篮球测试赛等重要保障任务。

(二)打造劳动育人实践基地

根据《浙江大学关于全面加强新时代大学生劳动教育的实施方案》,结合工作实际,浙大食堂从了解劳动、体验劳动到应用实践,在日常生活劳动教育、生产劳动教育、服务性劳动教育等方面开展了相关工作。

日常生活劳动教育着眼于培养学生良好生活行为习惯。浙大食堂与校学生会、营养与健康协会、绿之源协会等学生团体合作,开展了校园光盘行动、营养配餐大赛、垃圾分类引导等活动。在开学迎新、五月全民营养周等时间节点,组织开展了“光盘打卡”“求是人·践光盘·行健康”、健康饮食宣讲、营养配餐大赛等专题活动,将厉行节约、膳食平衡等理念融入学生日常生活中。

生产劳动教育侧重于让学生直接经历、体验食堂生产过程。一是开放食堂的场地:每周组织学生走进食堂,到生产一线实地了解食堂运行情况。与求是学院合作,每周开展“了解食堂、感受食堂”主题活动,由食堂部门负责人对食堂各项服务内容进行讲解,帮助学生了解食堂;同时支持、指导学生课题调研,根据学生的课题调研申请,带领他们深入了解食堂厨余垃圾回收、留样菜管理等调研主题所需的工作细节,完成调研任务。二是开放食堂的技术:各校区常规开展西点烘焙、咖啡拉花等体验活动;在清明、中秋、冬至等节日开展青团、月饼、饺子等制作教学活动;2021年,浙大食堂推出了“食堂开放日”主题活动。活动每月定期开展，活动主题涵盖参观后厨、座谈交流、美食制作、劳动体验等。首期“食堂开放日”活动以中式面点教学为主题，融合面点理论授课与操作技巧实践，组织了小班精品教学课程。

服务性劳动教育是通过开放食堂的岗位让学生作为劳动力真正参与到食堂的生产运行中来。在校学生工作部的支持下，设立食堂勤工助学岗位，目前设有食堂大堂副理、师生沟通助理、营养小屋值班助理等具有后勤服务性质的岗位，学生可通过岗位实践锻炼操作、沟通等技能，同时获取一定的工作酬金；与校团委共同设立疫情防控食堂志愿岗，与校学生社团合作设立食堂垃圾分类志愿岗，通过志愿服务岗位，引导学生自立自强，提升社会责任感。

（三）打造教学实践基地

浙大食堂紧贴学校教学科研工作需要，配合师生教学科研工作建立了多个教学实践基地，同时，利用自身专业力量，建设技术培训与菜品创新基地，并将其融入育人工程。

一方面，与专业学院合作，建立“食堂＋”基地。与医学院公共卫生学院杨敏老师团队合作，在紫金港校区组建“营养小屋”，为浙大师生提供日常健康饮食指导的服务，作为浙江大学注册营养师教学培训实践场所，获得资格证书的营养师可以在营养小屋实践锻炼，学以致用；与管理学院合作开展生鲜品安全及管理库存优化等课题调研；与生物工程与食品科学学院签订教学实习基地共建协议书，为学生课题研究提供原料、场地、技术等支持；与药学院合作，作为评委和烹饪指导教师，共同参与到浙江大学每年一度的药膳大赛；与环境与资源学院合作，开展校园厨余垃圾回收与处理的实践研究。此外，浙大食堂每年参与和指导学生开展厨余垃圾回收调研、就餐模式与就餐效率研究等来自专业课、综合素质训练项目（SQTP）等相关课题20余个。

另一方面，以食堂专业技术为核心，组建“大师工作室教学基地”。2022年，浙大食堂行政总厨金种平成功申报杭州市西湖区技能大师工作室。大师工作室除了内训功能，还发挥着面向学生开设烹饪精品课程等作用。2022年，大师工作室成功举办浙江大学第二届学生烹饪技能大赛。工作室配有单独场地，同时设有专业烹饪设施和培训设备，成为学生实践、学习烹饪技能的理想场所。

（四）建设德育共同体

作为校内餐饮服务保障支撑单位，浙大食堂着眼于校园饮食文化营造、劳动人物榜样宣传、思政课程改革创新，积极参与到学校德育共同体的建设中。

加强与中华传统文化的结合，浙大食堂于2021年起推出年度二十四节气推荐菜单；在清明、中秋等传统节日，开设青团、月饼等节日特色食物制作体验班。加强浙大食堂自身饮食品牌文化的打造，2019年，评选出浙大食堂12道“食堂代表菜”；2022年在7大校区分别开展“一堂一品”食堂特色菜评选活动。

充分发挥饮食党支部、团支部的政治功能，与求是学院蓝田学园第三党支部、浙大化工学院制药所研究生第一党支部等进行共建，通过共同开展志愿服务工作、组织座谈交流、开展互动活动等形式，在以党建为引领推动业务提升发展的基础上，将育人工作融入其中。另外，运行管理部作为学校美食社的学生社团指导部门，为社团发展和学生成长成才提供支持。

充分发挥饮食榜样人物的教育作用。每年，向后勤集团推荐“十佳炊事员”“十佳服务员”“服务标兵”等先进人物；在学校毕业典礼、开学典礼的现场，来自食堂生产和服务一线的员工代表上台给予学生祝福并接受学生的感恩也已经成为学校的传统。

参与学校思政课程创新。2018年，结合国家粮食安全主题，浙江大学思政课程首次开设在食堂内部的操作场地，学生在食堂工作人员的带领下，了解了食物生产、制作、供应流程，通过亲身体验，加深对思政课程主题的理解。2022年，浙大食堂与马克思主义学院合作，系统策划面向大一新生的思政课，结合主题调研、岗位体验、劳动模范进课堂等课程模块，近千名学生完成了饮食主题的思修课。

在军训保障、疫情封闭管理等重要时间节点，学生自发地为默默提供保障服务的饮食员工撰写人物故事。在五一劳动节、教师节，学生每年为饮食员工送来慰问和祝福。来自经济学院的同学还为饮食员工组织了子女课业爱心辅导班。

三、高校食堂参与“三全育人”的新思考

随着时代变迁和社会发展，高校学科建设要求大大提高，学生群体特点也在发生变化。食堂面临着高校育人要求与育人能力、学习科研主体地位与服务育人隐性属性之间的两大矛盾，这也对新时代下高校食堂育人工作提出了新要求、新思考。

（一）借好力、用对力，加强育人顶层设计

提升餐饮服务保障能力的同时，更需要进一步提高育人思维，加强顶层设计。在高校环境中，食堂本职工作是为师生提供优质的餐饮服务，支撑校园平稳运行，但育人是每个高校部门的天然使命，术业有专攻，作为劳动密集型产业，食堂用工人员特点决定其在育人工作中难以发挥出如学科专业教师的作用。因此，需要做好顶层设计，梳理食堂工作的特点与优势，整理可协调的内外资源，加强育人工作与常规服务工作的结合度，加强与校内各部门的合作，减轻工作压力的同时，发挥出食堂自身的独特优势。

（二）加强沉浸式体验

高校学生的主业是学习科研，食堂、宿舍是其日常生活中每日必经的重要场所，但停留时间不久，所以知之甚少。“沉浸式”是目前互联网流行的一种概念，指全神贯注地投入某一件事物。食堂利用“每日必经”“知之甚少”两大特点，加强育人的“沉浸式”体验。

利用短视频传播优势，以食堂工作岗位、流程为主题，在大多数学生难以亲身到达的工作场地，通过网络直播或视频传播的方式，“沉浸式”展现食堂工作内容。活动组织方面，避免过多的浅尝辄止的碎片化活动，可结合员工培训考核流程，系统策划面向学生群体的技能教授课程，辟专用场地，配套理论授课、实操练习、考核评分等环节，让学生真正学有所得、学有所用。

高校后勤开展工资集体协商工作的实践与思考

——以浙江大学后勤集团为例

俞建平

（浙江大学后勤集团）

【摘　要】 高校后勤社会化改革进程中，因用工性质和职工待遇等问题对和谐劳动关系构建产生了挑战。浙江大学后勤集团作为浙江省高校后勤工资集体协商工作试点之一，自上而下，上下结合，扎实推进，消除认识误区，管理层和一线职工从思想上达成共识，逐步形成协商合力，完善和规范协商流程，并在协商内容上作了有益的尝试，取得了一定的效果，实践证明，高校后勤实施工资集体协商是新时代构建和谐高校后勤的重要路径。

【关键词】 高校后勤；工资集体协商；实践；思考；

浙江大学的后勤社会化改革起步早、力度大、步子快，后勤集团在校内承担学校的后勤保障任务，在校外依托法人公司的资质参与社会市场的竞争，探索出具有自身特色的发展道路。随着集团发展壮大，在用工上采用校事编、校企编、人事代理和聘用工等多种方式，各类人员在工资待遇、缴金、体检、疗休养等福利上、权益保障上存在着显著的差别，导致一线聘用员工职业感淡薄、归属感弱、流动性大等问题，影响到学校师生对后勤服务的满意度，也对后勤和谐劳动关系形成了挑战。2014 年 11 月，浙江大学后勤集团（以下简称“后勤集团”）在浙江省教育工会和浙江大学工会的指导下，开展了工资集体协商试点工作，至今已开展 9 年。工资集体协商，是指为使职工依法有序表达工资方面的诉求，促进企业的健康发展，建立和谐劳动关系，企业与职工就企业工资分配制度、分配形式等工资相关事项进行平等协商，在协商一致的基础上签订工资专项集体合同的行为。后勤集团通过自身的实践，工资集体协商工作取得了良好效果，被浙江省总工会授予“浙江省创建和谐劳动关系暨双爱先进企业”称号。

一、从协商意义入手，做到对工资集体协商的思想认识到位

试点工作开始前，对于后勤集团干部职工来说，工资集体协商完全是一个新概念，对什么是工资集体协商，为什么要在高校后勤企业开展工资集体协商，怎样开展工资集体协商等一系列问题，不仅工作实践中没有遇到过，认识上存在误区或不足：

观点一：认为工资集体协商是针对民营企业的。因为民营企业劳资双方利益纠纷多、矛盾深，需要通过工资集体协商，签订工资集体协议的形式来打破民营企业职工工资由企业主个人说了算的现象，维护职工的合法权益。而高校后勤企业清一色都是国有企业，国有企业职工工资有其政策体系和制度保障，开展工资集体协商会没有必要，是形式主义、走过场。

观点二：认为工资集体协商会导致工作被动。因为后勤集团职工人数多、结构复杂，分

为校事编、校企编、人事代理和聘用工等四大类。各类人员的工资构成各成体系，工资水平差别较大，担心工资集体协商会引起职工相互攀比，造成心理不平衡，产生内部矛盾，影响队伍和工作稳定。

针对上述观点，后勤集团通过组织政策理论学习、专家辅导、专题座谈等形式，逐步提高认识、统一思想、消除误解。大家普遍认识到，工资集体协商既是建设一流大学后勤的客观需要，也是履行工会维权职能的必然要求。一流大学需要一流的后勤保障，一流的后勤服务保障需要一流的后勤服务队伍。聘用工是一流后勤建设的主力军，也是一流大学的建设者，推进“高素质、高品质、大市场、大格局”战略，客观上需要一支高素质的职工队伍，必须建立在稳定和谐的劳动关系基础之上，工资集体协商是协商民主在企业劳动关系中的生动实践和治企良策。符合学校、后勤、职工三方面的根本利益。工会组织最基本的职能就是竭诚服务职工，维护职工合法权益，紧紧围绕职工最关心、最直接、最现实的利益问题，开展工资集体协商，构建和谐劳动关系，促进实现体面劳动，维护职工的合法权益，这是工会工作政治性、先进性和群众性的具体体现。另一方面，后勤集团工会是后勤集团开展后勤优质服务、推进企业民主管理、建设一流后勤体系、实现一流后勤目标的一支不可替代的力量。无疑，开展工资集体协商是工会组织的一项光荣职责，也是一项民心工程。

在思想认识到位的基础上，后勤集团及时推进工资集体协商的准备工作。在后勤集团党委的领导下，研究制定了《浙江大学后勤集团工资集体协商(试行)办法》，后勤集团工会承担了工资集体协商的组织协调和文书起草等工作。

二、以协商规范为抓手，做到工资集体协商的程序要求到位

工资集体协商对于高校企业来说是一件新鲜事，好在《工资集体协商试行办法》有比较严格规范的程序和要求，明确规定了工资集体协商的规定动作。

第一，选好职工代表。职工代表是工资集体协商的直接参与人。职工代表素质的高低，会影响工资集体协商的质量。在推选职工代表时，要把握两点：一是把握代表的代表性，推选的5名职工代表，其中有2名是聘用工代表，一名是人事代理职工代表，一名是事编职工代表，首席代表是工会主席；二是把握代表产生的合法性，后勤集团职工代表的产生，是通过工会民主推荐，广泛征求意见，再经公示一周无异议后确定的，符合职工代表产生的程序规定。一旦个别代表离职或不适合担任协商代表，由后勤集团工会重新组织按照推荐流程做好代表更换工作，同时做好业务培训，保证协商工作顺利进行。

第二，抓好职工代表的学习、培训。职工代表产生后，抓紧时间进行多次集中学习、培训。主要学习国家劳动和社会保障部颁布的《工资集体协商试行办法》以及省、市有关开展工资集体协商的制度、规定，掌握工资集体协商的具体要求，编印了工资集体协商学习资料集，同时，组织职工代表去杭州市劳务市场了解、调研劳动力成本和相关工种的工资水平，对所在单位职工的最低工资和平均工资等情况也作了全面了解，为开展工资集体协商做好各方面工作准备。

第三，向行政方发出工资集体协商的要约书。工资集体协商要约书是进行工资集体协商的必要条件，是工资集体协商诸多环节中非常重要的环节。后勤集团职工方代表经过调查研究，提出了八个方面的问题并向行政方发出要约书，随后又对八个方面的问题作了具体说明。由于要约书内容及补充说明翔实，所提出的要求恰当、合理，得到了行政方的认可，为正式开展工资集体协商奠定了良好的基础。

第四，做好协商前的充分沟通。工资集体协商的具体目的是使职工方代表和行政方代表通过协商达成共识，最终签订工资集体协议。而要做到这一点，协商前双方的沟通就非常重要。通过多次沟通，双方代表增加了理解、信任，涉及的问题在正式协商前基本上都能达成共识。

第五，开好工资集体协商会议。在经过充分准备后，按时召开工资集体协商会议，经过逐项充分协商，会议通过了《浙江大学后勤集团工资集体协议》，通过时双方代表共同鼓掌宣告协商成功，会议结束时双方代表合影留念。

第六，《工资集体协议》在职代会上获得通过。按照计划，后勤集团召开职工、工会会员代表大会，经过全体代表的热烈讨论，以举手表决的方式通过了后勤集团《工资集体协议》。

第七，《工资集体协议》上报人力资源和社会保障部门审批。人力资源和社会保障部门接到我们的报告后很快就给我们回复了《工资集体协议审查意见书》，同意了我们上报的《工资集体协议》。

第八，将《工资集体协议》及与工资集体协商有关的内容在集团范围内公布。利用后勤集团的信息宣传橱窗和办公网作了公布，做到了"三上墙、上网"，即八个程序、双方协商代表、协商结果上墙、上网。

第九，成立后勤集团工资集体协商监督监察委员会。根据浙江省人力资源和社会保障厅、省总工会等部门《关于和谐劳动关系企业工资集体协商质效提升的意见》的有关规定，为确保后勤集团工资集体协议各项成果落到实处，后勤集团工资集体协商监督检查委员会于每年对集团下属有关单位进行协议履约监督检查。通过电子问卷调查、汇报座谈等形式，评估协商实施效果。

第十，认真做好协商过程台账，做到"八个有"：一是有协商代表名单，二是有书面协商要约书和应约书，三是有协商准备阶段的书面记录和图片，四是有协商会议的书面记录和图片，五是有职代会审议过程的书面记录、图片和审议通过的决议文本，六是有双方首席代表签名的《工资协议书》，七是有公示的图片和相关资料（包括人社部门备案审核资料），八是有每年协商的独立档案资料。

三、以协商内容为核心，坚持协商工作"接地气""含金量"高

后勤集团《工资集体协议》内容围绕劳动报酬、工作时间、休息休假、社会保险与福利、劳动安全与卫生、女职工特殊保护、职业技能培训、劳动纪律和职工奖惩等事项进行。根据相关法律法规规定，并结合后勤集团实际，拟定了十六个条款。如建立最低工资保障机制：在标准工作时间内，职工提供了正常劳动，应获得不低于当地政府规定的最低工资标准的劳动报酬，同时确保职工全年月均岗位绩效、考勤奖金等其他奖励性收入不低于 300 元/人，并且在第十三条规定，在协议有效期内，如遇省、市最低工资标准调整，导致政府最低工资标准高于本协议最低工资标准的，执行政府最低工资标准。关心、关爱职工身心健康，落实员工健康体检：在后勤集团工作一年以上的职工享受单位一年一次的身体健康检查，经费标准每人每年不低于 260 元，为在后勤集团工作一年以上的女职工定制妇科 B 超检查；健全惠及全员的职工职业技能培训制度。对于一线职工，每年享受不低于 6 学时的免费业务技能培训。建立补充保险制度，对参加第八期浙江省总工会产业工会大病医疗互助保障的集团非事编职工，集团筹集补贴 20 元/人。继续开展关爱职工子女活动，集体活动人均经费标准为 50 元/年等。

后勤集团 2022 年工资集体协议履约监督检查报告显示，各中心建立比较科学合理的分配体系和激励机制，并向一线职工倾斜，极大地维护了职工的合法权益。根据协议要求，各单位员工收入在杭州市职工最低工资标准 2280 元/月的基础上，月均岗位绩效、考勤奖金等其他奖励性收入不低于 300 元/人。职工工资均能按时且采取委托银行打卡发放形式。根据行业特点，按照岗位和工作性质，各中心主动为职工提供必要的劳动保护用品及防疫用品，如发放工作服、手套、安全帽、洗手液、消毒剂、口罩、防护雨衣、体温计等。积极做好职工大病医疗保险宣传工作，后勤集团 2022 年共有 2331 名职工参加，集团行政对其中 2075 名非校编职工按每人 20 元标准进行补助，共补贴 41500 元。

实践证明，后勤集团以职工为中心推进工资集体协商“接地气”，把职工满不满意作为衡量协商工作的标准，把企业发展成果实实在在惠及了全体职工，让“临时工”成了“正式工”，提高职工幸福指数，促进职工自豪感、归属感、获得感全面增强，凝聚起加快发展、持续发展、高质量发展的强大合力。2022 年工资集体协商监督检查委员会面对后勤集团各中心非学校编制职工发出 1748 份电子问卷，完成 1748 份，完成率为 100%。有 1735 人同意“协商有利于职工权益和企业发展”观点，占问卷人数的 99.25%，有 1715 人对年工资集体协商工作表示满意，占问卷人数的 98.11%，有 1691 人对表示自己愿意参与工资集体协商工作，占问卷人数的 96.73%。通过宣传和落实，职工认同了建立工资集体协商制度是维护劳动者自身利益的一种有效途径的观点。

四、坚持协商机制，企业、职工、工会携手推进和谐企业建设

后勤集团从 2014 年开展工资集体协商试点工作，每年的工资集体协商工作已经是后勤集团职工生活中的一件大事，也是集团年度重点工作之一。后勤集团党委“坚持以人民为中心的发展思想”，全力支持协商工作。作为企业方，深刻体会到工资集体协商工作是全面推进依法治企的一个重要组成部分，对于落实民主管理、构建和谐企业、促进企业可持续发展有很大的促进作用，依法、依规建立工资集体协商制度是维护劳动者自身利益的一种有效途径，通过工资集体协商，推动企业风险防控，发展筑牢底线，促进提质增效，企业可持续发展营造了良好的和谐氛围。后勤集团一直秉持“共商、共建、共享”的原则，立足有利于企业发展的同时，关注一线职工的诉求，营造良好用工环境，改善了职工住房、生活条件，结合后勤工作岗位特点，为职工谋利益，确保职工合法权益，坚持工资集体协商，增强了职工们的主人翁意识，调动了工作积极性和主动性，促进企业健康持续发展。工资集体协商促进企业凝聚力、创造力、竞争力有了新提升，成为建设一流大学后勤、推进后勤服务体系和保障能力现代化的助推器和新动能。

工会在提出工资集体协商的议题和建议时，突出职工关注的热点和焦点问题，通过监督检查委员会深入到基层和广大职工中去，反复听取和征求职工意见，使工资协议的基本内容深入人心，力求符合职工心愿，使广大职工充分了解和认识工资集体协商的重要性和必要性，以实际行动理解、支持、参与工资集体协商，为工资集体协商的开展奠定广泛的思想基础和群众基础。工会代表劳动者与企业经营者就工资分配问题进行集体协商，是贯彻落实《劳动法》，建立与现代企业制度相适应的工资决定和工资制衡机制的客观要求，是在社会主义市场经济条件下工会维护职工在工资分配方面的权益，促进劳动关系和谐稳定的重要手段，对于广大职工增强主动性、发挥创造性、发展先进性具有重要意义。以工会组织为主体开展的工资集体协商，充分体现了工会组织、工会工作的独特作用，体现了中国特色协商民主的

无比优越性和强大生命力，增强了职工对中国特色社会主义协商民主的认同。

五、高校后勤开展工资集体协商的思考

工资集体协商是政府、工会、企业三方在劳动工资方面共同参与的协商协调机制，是社会主义协商民主在企业工资领域的生动实践，既是企业维系保持和谐劳动关系的内在要求，也是工会组织维护职工群众合法权益基本职责的必然要求。通过试点，工资集体协商已成为后勤集团改革发展的新动能。高校后勤开展工资集体协商工作，必须从以下几方面去思考：

(1)在高校后勤开展工资集体协商工作须党委把关、行政支持、工会主动。党委把关，就是工资集体协商工作要在党委的领导下进行。只有党委重视，加强领导，全程把关，工资集体协商才能顺利进行并取得实质性成效；行政支持，就是行政作为工资集体协商主体之一，要依法办事，做到关心企业利润增长与关心职工工资合理增长的一致性，让企业发展成果与企业职工共享；工会主动，就是工会作为工资集体协商的责任主体，要把工资集体协商的组织协调工作承担起来，工作要始终积极主动。

(2)开展工资集体协商，是为了实现劳资关系双方的互利共赢，不是让双方对抗起来。只有企业和职工实现了“双赢”，才能解决职工最核心的经济利益问题。高校后勤工资集体协商内容要实事求是、尽力而为、量力而行。工资集体协议的条款内容，特别是涉及企业最低工资标准、年职工工资增长幅度、加班费的核算办法等，要充分考虑企业实际运行情况和经济承受能力，不能脱离实际，追求越高越好，导致协商内容无法兑现，失信于职工。要本着“实事求是、尽力而为、量力而行”的原则，保证工资集体协商各项内容落地落实。

(3)工资集体协商制度要与时俱进、常抓不懈、常抓常新。开展工资集体协商，是为了落实全总关于“依法推动企业普遍建立工会组织，普遍开展工资集体协商”的规定，维护职工和企业的合法权益，积极推进协商民主管理，规范企业工资集体协商行为，促进劳资关系和谐稳定。推进工资集体协商工作，能够减少因工资分配问题引发的劳动纠纷和利益矛盾，把职工的利益诉求纳入理性合法的轨道。有利于提高工会工作的效率，有利于完善企业工资分配制度，从而能够形成工资正常合理合法的增长机制，有利于促进劳资关系、双方理解沟通、真诚合作，是建立公正合理、互利共赢、规范有序、和谐稳定的劳动关系。工资集体协商是中国特色社会主义协商民主优越性的体现，有利于保障企业和职工双方的合法利益，必须长期坚持。

总之，高校后勤开展工资集体协商，可以成为构建新型劳动关系的重要渠道和载体，成为接地气的好制度，促进职工与企业共商共决共建共赢共发展。我们要以习近平新时代中国特色社会主义思想为指导，以改革创新的精神，不断探索、不断完善，把工资集体协商工作越做越好。

中国式现代化视野下的高校后勤安全管理

——以浙江大学后勤集团为例

蔡文博

(浙江大学后勤集团)

【摘　要】 党的二十大报告提出要以中国式现代化全面推进中华民族伟大复兴,并对国家安全工作提出了新要求,要以新安全格局保障新发展格局。在此背景下,本文浅析了高校后勤安全管理的主要内容、影响因素及高校后勤安全与区域发展的关系,介绍了浙江大学后勤集团安全管理的经验和做法,并就在中国式现代化视野下提升高校后勤安全管理质效提出建议。

【关键词】 中国式现代化;高校;后勤安全管理

一、时代背景

习近平总书记在党的二十大报告指出,"从现在起,中国共产党的中心任务就是团结带领全国各族人民全面建成社会主义现代化强国、实现第二个百年奋斗目标,以中国式现代化全面推进中华民族伟大复兴。"强调,"国家安全是民族复兴的根基,社会稳定是国家强盛的前提。"同时要求"必须坚定不移贯彻总体国家安全观,把维护国家安全贯穿党和国家工作各方面全过程,确保国家安全和社会稳定""以新安全格局保障新发展格局"。这是我国进入全面建设社会主义现代化国家、实现第二个百年奋斗目标的新发展阶段后,党中央对提高国家安全工作作出的重大战略部署,充分体现了以习近平同志为核心的党中央对安全工作的高度重视,为做好下一步安全管理工作指明了前进方向、提供了根本遵循。

党的十八大以来,习近平总书记高度重视安全工作,始终强调要统筹发展和安全,作出了一系列关于安全生产的重要论述,深刻阐述了树立安全发展理念、建立健全安全生产责任体系、深化安全生产领域改革、依靠科技创新提升安全生产水平等重大理论和实践问题,提出了一系列新思想、新观点、新要求,内容丰富、思想深邃、令人警醒。十年来,我们高举习近平新时代中国特色社会主义思想伟大旗帜,经受住了来自政治、经济、意识形态等方面风险挑战的考验,取得了历史性成就、发生了历史性变革,基本建成了具有中国特色的安全生产管理体系。

二、高校后勤安全管理

高校后勤是为师生教职工的教学科研、学习生活提供后勤保障的基础高校运行系统。后勤安全管理是指为了实现后勤安全目标,通过对人力、财力、物力等资源进行计划、使用、调配、控制,避免风险出现及事故发生而采取的一系列管理举措和组织活动。高校后勤安全管理是后勤管理中的重要部分,主要包括高校的食品卫生安全、设施设备安全、消防安全、交通安全、保密安全、特种设备安全、危险化学品安全、信息安全等方面。

要全面推进中国式现代化，就必须推动各区域发展现代化。而高校发展与区域发展是密不可分的，二者之间往往是互相影响、互相推动、互相促进、互相融合的关系，高校后勤安全作为高校安全的重要组成部分也关乎着区域安全，具有极高的社会关注度和影响力。可以说区域高质量发展和高校高质量建设都离不开高质量的高校后勤安全管理。

高校后勤作为传统劳动力密集的行业，影响其安全的因素较为复杂，既有其自身安全管理层面的因素，也有社会层面、大自然层面、学校层面等的因素。社会层面的影响因素包括产品质量问题、物价波动、物资短缺、劳动力成本上升等；大自然层面的因素包括台风、大雪、洪涝等自然灾害；学校层面的因素包括管理模式、设施设备配置不足或老化破损等，自身安全管理因素包括机制不健全、后勤员工队伍流动性大、员工整体素质偏低安全素养较差、安全管理专业水平有限等。

三、浙江大学后勤集团安全管理的现状及经验

浙江大学后勤集团（以下简称“后勤集团”）作为浙江大学所属唯一的全资后勤企业集团，生来具有“国有性质，高校背景”的基本属性，肩负着为浙江大学高质量高水平建成中国特色世界一流大学提供一流支撑保障和服务地方和区域经济社会发展的使命。后勤集团坚持贯彻“安全第一、预防为主、综合治理”的安全生产方针，目前主要从以下方面着力构建安全管理体系。

（一）加强组织领导，完善管理架构

后勤集团总经理是后勤集团安全生产工作的第一责任人，全面负责集团安全生产工作，党委书记是后勤集团安全生产管理人，负责组织、协调集团所属各单位各部门的安全生产管理。严格按照“党政同责、一岗双责、齐抓共管”的要求，成立后勤集团安全稳定工作小组，由党委书记担任组长，集团所属各单位各部门安全生产管理人作为成员，统筹资源，协调部署集团安全生产管理工作。集团所属各单位均设立专（兼）职安全联络员，强化安全工作对接和信息的传递。

同时，后勤集团将安全稳定工作列入“三重一大”决策范围，坚持民主集中制，依法依规科学决策安全稳定重大事项。

（二）建立健全安全管理责任制

后勤集团依照法律法规，坚持“谁主管，谁负责”的原则，实行安全生产工作责任制，明确各单位主要负责人为单位安全生产管理责任人，每年签订《安全稳定工作责任书》，明确单位安全管理责任、目标和任务。同时推行安全生产网格化管理，层层梳理安全责任链条，根据岗位职责和业务范围将安全生产责任细分到每一位员工，每一个岗位上。

（三）完善规章制度和应急预案

制度具有长期性、稳定性和约束力。后勤集团根据不同业态，依据行业标准，建设了一系列的安全生产规章制度和应急处置方案。近几年，先后制定和完善了《安全生产管理规定》《食品安全自检自查制度》《采购索证索票、进货查验和记录制度》《危险化学品安全专项制度》《食品安全事故应急处置预案》《防汛防台应急预案》《电力施工安全工作规程》《电力故障抢修应急预案》《供排水突发事故应急处置预案》《公共卫生事件防控应急预案》等规章制度和应急预案。随着学校发展和工作要求的不断提高，后勤集团对安全管理制度和应急处

置预案保持动态调整和更新优化,对不适应形势的规章制度和应急预案及时废止或修订,确保安全工作开展合法合理,为后勤安全工作提供充分的制度保障。

(四)强化安全教育培训,营造安全文化氛围

为使安全管理制度更好地贯彻执行,后勤集团广泛组织涉及每一位员工的安全教育培训活动。全年以"安康杯"竞赛活动、"安全生产月"活动、"防灾减灾日"活动、"消防宣传日"活动等为抓手,在广大干部和职工中广泛组织学习习近平总书记关于安全生产重要论述,增强责任意识、忧患意识和防范意识;开展对安全生产法律法规、政策文件进行宣讲,普及安全知识;利用微信群、钉钉视频会议等围绕典型事故案例和安全生产事件同步开展警示教育学习,组织和引导员工观看警示教育片、参观事故警示展,学习防火、防盗、防毒、防人身伤害、防工伤事故、防电信诈骗、防交通事故等基本方法和技能,教育引导员工深刻吸取事故教训,树立安全发展理念。根据不同部门职能对员工进行食品卫生安全、消防安全、设施设备安全、交通安全、施工安全等培训。每年组织消防火灾、地震逃生、防恐防暴、防拐防骗以及防拥挤踩踏、疏散逃生、汛期排涝、紧急供电、客车逃生、树木倒伏等各类演练。开展宿舍安全文明建设专项行动,制定《宿舍安全文明建设督查细则》和《宿舍文明公约"十要十不要"》,通过制度上墙、照片上墙、文化上墙、征集文明标语、员工手绘墙画等方式,营造安全文明氛围,改善宿舍文明环境,切实引导提升员工安全文明素养。连续多年保持面向全体职工征集安全生产优秀建议,引导员工关注日常工作中的风险隐患,鼓励员工发挥才干,解决一线安全顽疾。

持续建设安全生产专题网站,打造内部安全宣传阵地,通过上传图文视频宣传资料、发布安全学习资料、开展安全生产新闻报道、建立安全生产知识题库、组织理论学习和模拟自测,切实增强员工安全健康意识和技能,促进企业安全文化建设。

通过多方位多层次的教育培训,后勤员工安全操作技能和责任意识不断提高,后勤安全管理整体水平提升。

(五)强化安全督查和隐患整改

后勤集团坚持分析研判排查整治风险隐患,制定以定期检查和不定期突击抽查相结合的安全隐患排查制度,各级单位将安全隐患排查作为日常工作定期开展,同时不定期组织安全稳定工作小组进行突击的交叉互查。对于排查出的安全隐患,建立信息档案,记录现状、原因、整改措施及结果;对于可以立即整改的安全隐患,立查立改;对于需要时间的风险隐患,挂牌督办,限期整改,到期复查;对于暂时无法解决的隐患,记录在案,做好相应的防范措施,及时上报学校相关信息。通过不断反复地排查整治安全隐患,不仅及时发现、消除了存在的安全风险隐患,更是让全体员工在思想上始终绷紧安全之弦,提高了发现隐患、自我整改的能力。

(六)科学融入综合绩效考核体系

后勤集团将安全生产工作纳入单位综合绩效考核体系,在年初明确安全考核内容,在年底组织评定,其间动态掌握安全生产工作目标完成情况,督促各单位切实履行安全责任。在责任追究上,深究事故责任链条,对责任单位和责任人进行处罚和批评教育,同时实行重大安全责任事故"一票否决制",责任单位和责任人均不可参加当年评奖评优。后勤集团每年针对安全生产绩效指标进行科学研判和修订完善,持续改进,确保在整体上形成纵向联动、横向协同、上有部署、下有落实的工作体系,不断提高安全管理工作绩效。

近几年，通过建立健全安全管理责任体系、完善安全生产规章制度、优化应急处置预案、加强员工队伍建设，后勤集团安全工作取得了较好的成效，很多经验和做法得到了上级单位和高校同行的认可。后勤集团被评为2020—2021年浙江省“安康杯”竞赛活动成绩突出组织单位，下属单位求是物业浙大分公司（原物业服务中心）被评为2018—2019年全国“安康杯”竞赛活动优胜班组。

四、中国式现代化视野下安全管理的建议

党的二十大报告指出，我国发展进入战略机遇和风险挑战并存、不确定难预料因素增多的时期。伴随着社会发展，城镇化的不断推进，安全生产风险的复杂性和关联性不断增强，传统风险与新兴风险交织叠加，不确定性明显增强，多灾种风险耦合所致生产安全事故时有发生。在党的十八届五中全会上，习近平总书记指出：“各种风险往往不是孤立出现的，很可能是相互交织并形成一个风险综合体。”在2019年中央党校省部级主要领导干部坚持底线思维着力防范化解重大风险专题研讨班开班式上，习近平总书记强调：“我们要统筹国内国际两个大局、发展安全两件大事，既聚焦重点、又统揽全局有效防范各类风险连锁联动。”面对多风险耦合的系统性风险，以前单一的风险控制模式往往顾此失彼。在迈上全面建设社会主义现代化国家新征程，以中国式现代化全面推进中华民族伟大复兴的背景下，我们必须着力防范化解耦合风险，构建高校后勤新安全格局。

（1）提高站位，深化认识，树立整体性思维，防范耦合风险，提高安全事故预防应对的系统韧性。要将高校后勤安全放在学校、区域甚至国家安全的高度上思考，树立整体性系统性思维，既要研判防控自身的风险隐患及影响，也要通观大局，警惕来自外界的风险隐患及影响，提防“黑天鹅”和“灰犀牛”事件，统筹谋划安全事故风险防范目标、任务和标准，加强跨部门跨单位跨区域的协同联动，系统完善风险化解、事故处置和舆情引导等机制，提高安全冲击下的高校后勤安全韧性。

（2）持续完善制度保障体系，加强安全队伍建设，增强事故冲击下的恢复力和适应力。齐全完备的制度体系和高效专业的安全队伍是将安全生产理念落到实处的重要保障。要前瞻性把握发展的新变化新规律，把握主动权，预见性、创造性地应对新风险新挑战，持续完善制度保障体系。要加强安全队伍建设，增强基层安全防范能力，组建专业高效的事故处置队伍。确保在重大安全事故冲击下，应急响应、处置等措施有规可循，校园秩序和生活保障恢复有条不紊，快速形成新的动态平衡，避免次生衍生隐患。

（3）强化安全风险分级管控和隐患排查治理双重预防机制，筑牢高校后勤安全屏障。《安全生产法》第四条明确规定：“生产经营单位必须构建安全风险分级管控和隐患排查治理双重预防机制，健全风险防范化解机制，提高安全生产水平，确保安全生产”。这一规定从法律层面明确和强调了生产经营单位必须履行的风险防范化解义务，将安全生产关口前移。未来要进一步加大在人力、财力、物资、技术等方面投入，推动落实双重预防机制建设，注重内容监管和实施效果评估。优化评估指标体系，以评促建，增强双重预防机制的实施效果，切实筑牢高校后勤安全屏障。

（4）积极应用创新技术赋能，提高风险隐患监测与应急处置能力。当前，互联网、大数据和人工智能等应用技术正在突飞猛进，有些已经在运用防范化解安全风险、应急处置和灾后救援等环节。未来高校后勤应积极应用创新技术，借鉴技术应用和管理创新之间的双螺旋赋能机理，运用创新技术提高安全事故的风险监测和应急处置能力，如通过AI视频识别技

术，赋能食堂后厨、施工现场、校车运行等场景的安全监管；利用数字技术，建设设施设备、危险化学品全生命周期安全管理平台；运用大数据技术，打造事故防控监测系统实现对危险化学品的保存和周转、设施设备运行等的数据采集和实时监控预警。

当前正值浙江省扎实推进高质量发展建设共同富裕示范区，浙江大学高质量建设中国特色世界一流大学的关键时期，也是高校后勤人建功立业的大好机遇期，我们要心怀“国之大者”，以高质量的后勤安全管理筑牢一流后勤服务体系建设的基石，助力学校、区域和国家发展。

高校后勤服务实体业财一体化系统构建的实践与思考

——以浙江同力教育后勤管理有限公司为例

叶剑瑛　徐永晖　徐柯庆

（浙江大学后勤集团）

【摘　要】 随着现代化信息技术的快速发展，人工智能和数字化管理应用已随处可见。如何将多样化的信息技术运用于业财一体化体系的建设中、整合企业各项资源、提高会计核算效率、完善财务管理水平，是高校后勤服务实体现代化发展的一大挑战。本文引入“整体智治”的理念，“整体”即“整体治理”，强调高校后勤服务实体架构之间的有效协调；“智治”即“智慧治理”，强调高校后勤服务实体对数字技术的广泛运用。本文通过对高校后勤服务实体业财一体化现状的分析研究后，认为在高校后勤服务实体业财一体化系统构建过程中，“整体智治”不应是“整体治理”与“智慧治理”的简单叠加，而是两者的有机结合：通过广泛运用数字技术，推动后勤服务实体架构之间的有效协调，实现精准、高效的数字化治理。据此观点本文对高校后勤服务实体的背景进行了介绍，分析了高校后勤服务实体业财一体化系统构建的意义，介绍了浙江同力教育后勤管理有限公司的业财一体化系统构建案例，阐述了业财一体化体系构建过程中存在的问题和成因，提出了全面推进高校后勤服务实体业财一体化系统构建的新举措。

【关键词】 高校后勤服务实体；业财一体化；数字化转型；整体智治

一、基本概念和背景概述

（一）高校后勤服务实体的概念与特征

高校后勤服务实体是承担高校后勤服务保障工作的实体。其源于以高校后勤管理模式与运行机制根本转变为主要目的的高校后勤社会化改革，根据《关于进一步加快高等学校后勤社会化改革的意见》，基于高校后勤的产业属性，“高等学校的后勤服务经营人员、相应资源及操作运行，都成建制地从学校行政管理系统中分离出来，组建自主经营、独立核算、自负盈亏的学校后勤服务实体。”经过近30年的高校后勤社会化改革历程和模式机制演变，从组织形式角度，现存高校后勤服务实体主要分为高校直接或间接投资组建的公司制企业、高校内设不具有法人资格的后勤服务中心、具有事业单位法人资格的中心等。

高校后勤服务实体形式多样，源于高校后勤服务业务特点、后勤经费投入和成本核算机制、高校自身管理偏好和后勤资源利用、从业人力资源等因素促成。高校后勤服务内容主要包括学生生活后勤、教职工生活后勤以及学校管理、教学、科研等服务性工作，具有细分领域多、点多面广、小散重复的特点，还由于高校后勤经费投入因素和服务对象特殊性等因素，部分业务具有市场化和服务标准化程度不高的特点。本文所指并研究的高校后勤服务实体是指其中源于高校的经济独立核算并具有独立财务运行体系的后勤服务实体。

（二）业财一体化概念

业财一体化是指，基于网络、数据库、管理软件平台等要素的 IT 环境，企事业单位在生产经营过程中，将业务流程、财务流程、管理流程有机融合，使业务和财务融为一体，实现数据要素流通和信息集成共享。通过业务系统与财务系统的对接，集成共享数据，减少重复录入数据操作，实现各领域数据标准统一，实现经济业务全流程闭环管理，提高业务数据准确性，增强数据反馈及时性，实现业务可追溯性。一方面，业务部门可更直接、准确地向财务部门、管理部门传递和共享业务数据信息；另一方面，财务部门利用业务数据信息增强财务流程处理能力，并对财务数据进行深度挖掘分析，实时反馈集成业务信息的财务数据，为业务部门、管理部门提供决策支持。

（三）高校后勤服务实体业财一体化系统构建的意义

业财一体化是单位财务数字化转型的重要路径，业财一体化系统是单位财经体系整体智治的重要基础手段。高校后勤服务实体业财一体化系统构建对其提升服务质量和改善内部管理效率具有十分重要的意义。近几年来随着新冠疫情的不断反复，高校后勤服务实体承担了严峻的支撑保障重任。在严峻的宏观形势下，要保持可持续发展，为高校办学保驾护航，进一步提高自身的竞争能力，高校后勤服务实体就必须转变经营管理模式，提升服务运行效率和质量，强化内部管理，加快财务信息化建设和应用。制约于专业性较强的因素，传统的财务管理模式有诸多缺陷，往往局限于事后报销、记账、汇算报表，导致业务活动开展过程中的潜在风险无法被及时发现，从而阻碍实体内控建设的开展，使资源优化配置功能不能充分发挥，造成资源的铺张，进而影响到实体整体的健康发展。而业财一体化管理模式着眼于对经营决策进行事前预测、事中控制、事后分析以及对经营业绩进行评估，可全面系统提升单位内部管理效率和进一步增强市场竞争力。

二、高校后勤服务实体业财一体化系统构建现状分析

（一）浙江大学后勤服务实体业财一体化项目实践

2021 年，浙江大学后勤服务实体通过公开招标与用友网络科技股份有限公司、深圳蓝凌软件股份有限公司开展深度合作构建业财一体化信息系统，目的是串联业务链（智慧食堂系统、人力资源管理系统等）、财务链（NC CLOUD 系统）、管理链（集团一体化管理平台、审批流程管理）。浙江大学后勤服务实体成员之一浙江同力教育后勤管理有限公司作为业财一体化项目试点单位，扎实推进业财融合工作，随着 NC、NC CLOUD 双系统并行及集团一体化管理平台全面铺开，业财一体化模式已初显成效，为浙江大学后勤服务实体全面推广业财一体化项目提供实践基础。

以原材料采购为例，智慧食堂系统与 NC CLOUD 的对接，基本实现了从厨师长拟定菜单、原材料下单、供应商送货、食堂保管员核对入库、实物消耗出库、供应商线上提交结算申请、食堂主任确认、采购部门审核、分管领导复核、财务核实、供应商上传销货发票、财务稽查、数据传输至 NC CLOUD，自动生成付款凭证的一体化操作。线上审核模式将办公场所的灵活性发挥到极致，摒弃了纸质入库单反复校验，减少了新冠疫情期间纸质凭证的传递，

缩短了供应商结款时效，让支付流程有迹可循。

目前，同力教育后勤公司的业财一体化建设已经实现了智慧食堂系统与 NC CLOUD 数据库相通，集团一体化管理平台与 NC CLOUD 数据库相连。但是，局限受制于智慧食堂系统与集团一体化管理平台项目规划时间跨度大，开发基础不尽相同等原因，这两者数据库并不能共享，只能单向流入。同一家供应商在智慧食堂系统、集团一体化管理平台上分别被赋予不同的编码，数据标准不统一，推送至 NC CLOUD 数据库时出现不同数据格式，导致往来款错乱。

因此，如何进一步提升后勤集团信息化管理水平，解决不同系统架构之间业务模块链接问题，在业财一体化平台实现传递和共享可验证的符合会计标准的唯一性、准确性数据，构建各管理系统统一适用的信息数据格式，将是深化实施业财一体化项目需要思考和进一步解决的问题。

（二）高校后勤服务实体业财一体化系统构建存在的问题

1. 信息化系统的建设和应用存在不足

高校后勤服务实体业财一体化系统构建，需要先进完善的信息系统支撑。然而，目前大多数高校后勤服务实体自主创新能力薄弱且经济实力不强，缺乏独立自主且完备的信息系统，而外购产品技术价格高昂，且其与单位实际运作情况的适配性仍有待商榷，还需要进一步提升。

一方面，政府会计制度的实施致使高校内设的后勤服务实体选择会计核算软件单一，极大增加了信息化统一平台建设难度。以浙大食堂为例，现有应用成熟的移动订餐系统、智能结算系统、物流仓储系统、人资系统、OA 管理、日常报销等系统。若会计核算系统（复旦天翼核算系统）接口不能顺利与食堂业务前端对接，不能自动化生成会计凭证，会造成效率低下、任务质量不高等问题。

另一方面，零星购入或开发的信息系统之间匹配度低，数据不能联动传输，易出现"一动百错"的现象，信息系统之间孤岛现象明显，严重影响数据反馈的及时性和准确性。数据口径多样，难以追溯原始数据准确性，导致财务人员要承担后续资料的整理和校验工作，这与信息化建设方便快捷初衷相悖。

此外，高校后勤服务实体缺乏信息化后续更新维护的能力。高校后勤服务实体使用的信息化系统的开发程度不尽相同，所需的升级、维护等后续工作也不同。特别是较大规模的高校后勤服务实体，由于其分支机构繁多、下属分子公司隶属各省市、跨区域办公沟通障碍，对信息化管理的要求更加高，后期的日常维护也更为困难。如果这些信息系统建设和应用问题没有得到及时解决，最终会形成严重的数据壁垒，妨碍深入推进业财一体化项目。

2. 业财一体化相关配套制度不完善，无法满足信息化建设

在传统管理定位中，财务部门作为后端职能部门相对稳定，拥有相对固化的组织架构、管理模式及岗位职责，单位对人员采用垂直统一管理模式，一线部门要向上级部门逐级汇报反映信息，上级部门的领导决策要逐级向下布置。传统的人员管理模式很难在数字化财务系统中高效发挥信息共享的作用，各级次之间传递信息的固化模式无法良好地将数字化举措实施落地，使得业务信息收集出现断裂风险。相反，人员管理模式应随着企业业务的发展以及财务信息化建设的完善不断优化迭代。

若按照既定的企业管理制度，割据业务人员和会计人员之间的紧密联系，会造成业务部门和财务部门岗位职能性分离。会计部门不能根据业务部门的具体需要调整配合，对业财一体化其他模块使用生疏，不关注财务职责之外的事情，自身财务职责发挥也会有局限性。

业务部门员工仅仅着眼于业务流程的方便快捷,疲于应对财务工作的监督管理,会造成工作质量的下降。业财一体化各模块的工作节点沟通联系不足,信息传递断裂,造成业务数据传递不畅,数据处理堆积不前,系统负荷加重,最终影响流程效率。

不完善的管理制度易带来管理工作的混乱,标准化、指导性制度依据的欠缺,各部门在工作中沟通配合不够,易出现工作效率低下、工作标准不统一等问题。这些问题若不能引起管理层的注意并及时妥善解决,最终将妨碍业财一体化的进程。

3.财务信息化建设队伍力量不足,复合型人才短缺

现代财务信息化是现代计算机技术和信息技术综合运用的产物。利用业财一体化推动业财融合的同时,提升财务信息化程度,并区别以往单纯封闭的会计核算软件系统建设,业财一体化系统更加侧重开放的财务管理平台系统建设与业务系统对接,这就要求从事财务管理工作的人员必须既有良好的专业素养和管理思维,又有一定的软件应用技能。目前,大多数高校后勤服务实体财务会计人员具有丰富的专业知识和良好的财务管理能力,但大都缺乏对计算机应用技能。若遇到技术上的问题,一般由软件开发技术管理部门参与维护,往往会影响财务部门工作进程。而外聘的计算机专业人员仅仅负责对基础设备进行维护,保证设备正常运行,不能为企业的财务管理信息化提供有效的建言献策。相关专业技术人员的欠缺,制约了财务信息化建设进程。

业财一体化项目实施对财务人员提出了更高的要求,会计知识技能和专业技能不再是衡量财务人员的唯一标尺,结合计算机数据处理、数据库应用等能力,才是综合全面的衡量标尺。在今后发展中,应加大对信息技术人才的引进和培养,从而储备更高质的专业人才力量,使高校后勤服务实体财务信息化建设更加完善。

三、高校后勤服务实体业财一体化系统构建的建议

(一)深入推动业财融合,加强信息系统建设

首先,管理层要明确信息系统建设的重要性,在信息化、规范化的基础上,将财务、非财务信息进行有效的集成,借助互联网、人工智能、大数据等新技术,使财务与业务活动相结合,解决信息孤岛,为管理会计的应用实施提供技术支撑。整合人力、物力、财力等资源,持续构建操作友好、安全可靠、功能完善、控制有效的业财一体化系统。

其次,在开发、购买信息化系统时应考虑软件系统的适配度及后期维护成本。例如与校总务处系统、现有移动订餐系统、智能结算系统、物流仓储系统、人资系统、OA 办公、日常报销等系统深度对接,实现数据互联互通。

最后,采用无纸化接收原始凭证、线上审批报销流程、网上自助下单缴费等方式实现全业务节点流程电子化,进一步提升会计信息的质量和会计工作的效率。开发和完善网上信息管理系统,实现财务流程自动化流转。例如:自动生成会计凭证,自动对外付款,自动银行对账,自动分析往来账龄等。通过改进会计工作的效率、提高会计监督的质量来解放财务人员,减少人为操作错误发生,推进从财务会计到管理会计的转型。对信息化硬件系统的硬件设备要有维护、更新换代的预算,配备专业人员定期对信息化系统设备进行维检、升级。对信息化建设给予经济倾斜,深入推动业财融合建设发展。

(二)完善配套制度,以流程驱动思维,促进跨部门工作协同

建立以大数据为应用视角的企业经营管理机制,是构建业财一体化系统的重要管理思

维。需要结合企业实际运营情况，完善优化内部管理制度，打通部门之间分工间隔，建立一套既适用于业务部门人员，又适用于财务部门人员的管理制度。

首先，对生产、购销、回款等一系列生产经营活动进行流程设计和优化，利用现代信息化手段将其标准化并固化进信息系统中，使业务流程得以按既定要求执行，从而有效地防止因人为因素而导致的信息失真。

其次，要对整个财务业务流程进行梳理，从整体、分部门、管理流程等着手，并在梳理的过程中寻找最优思路；在原有的财务业务流程的基础上，对冗余、复杂、技术落后的部分开展全面创新改造，并与有关部门的系统进行整合和联通，促进信息的共享，提高了信息的传递效率，降低了信息的传递成本，促进跨部门工作协同。

最后，要及时系统地开展相关人员制度学习培训活动，加深员工对新制度、新规则、新流程的熟悉度，熟悉掌握各项制度规则，提高业财一体化系统实施执行力。

(三)提升员工综合能力，引进复合型人才

高校后勤服务实体业财一体化系统构建和实施需要一支精通财务、熟悉信息技术、具有战略思维和创造性的复合型会计人才队伍，推进财务数字化转型。一方面，应定期组织财务人员进行财务、税务、规章制度等理论知识的学习；同时也要加强财务人员基本业务实操能力、分析决策能力、数字信息化能力等，鼓励财务人员参与到单位业务梳理、经营决策当中来。另一方面，针对管理人员、业务人员的培训计划中要适当增加财务理论知识课堂及计算机信息化实操教程。在了解基本财务理论知识的前提下，适当培养业务人员、管理人员的财务判断能力，使他们熟悉财务工作的内容和流程，学会判断把控简单的财务风险。要逐步提高招聘标准，确保新进人员兼具数字信息化知识及财务会计管理能力，增强财务队伍力量。

四、结语

在数字化改革背景下，财务领域数字化转型已迫在眉睫。高校后勤服务实体财务人员要从思想上主动变革，拓宽专业边界，打破自我限制，拓展应用管理会计思维，除了要对单位发展、经营状况有全面的了解外，还要掌握先进的信息数据处理分析能力，加强跨部门工作协同，有序推进业财一体化系统构建应用，从而降低单位内部管理成本，提升单位经营管理效率和活力，提升单位财经体系整体智治能力，增强单位核心竞争力，促进单位可持续发展。

参考文献

[1] 王海林，吴沁红，杜长任. 会计信息系统：面向财务业务一体化[M]. 2 版. 北京：电子工业出版社，2012.
[2] 张瑞君. 管理者终身学习一企业集团财务管控(第四版)[M]. 北京：中国人民大学出版社，2015.
[3] 周卫华. 信息化环境下内部控制工程研究[M]. 北京：经济管理出版社，2016.
[4] 杨寅，刘勤，黄虎，刘梅玲. 智能财务共享服务中心运营管理研究[J]. 会计之友，2020(19)：143-147.
[5] 郭萌. 基于财务共享中心模式下业财融合发展的思考[J]. 今日财富，2021(18)：121-123.
[6] 高卉. 大数据时代下企业财务管理的优化策略[J]. 当代会计，2021(24)：73-75.

高校后勤采购内部控制管理思考

——以浙江大学后勤集团为例

俞伊鸣　姬金良

（浙江大学后勤集团）

【摘　要】 本文基于企业内部控制理论，从控制环境、风险评估、控制活动、信息与沟通、监督5个维度对高校后勤采购管理展开研究，结合具体案例，重点识别、评估高校后勤采购工作各个环节的风险并提出应对措施，以期为高校后勤加强采购内部控制管理提供规范指导，达到进一步规范高校后勤采购活动中的权力运行，强化采购内部流程控制，促进高校后勤采购提质增效。

【关键词】 高校后勤；采购管理；内部控制

加强高校后勤服务实体(以下简称“高校后勤”)采购活动的内部控制是加强高校后勤内部控制的重要环节，对落实党风廉政建设主体责任、降低采购成本具有重要意义。近年来，各高校后勤积极探索建立采购活动内部控制制度，初步建立了适合自身特点的采购管理制度，但并未形成适合高校后勤特点的采购内部控制框架体系。本文基于企业内部控制理论，从控制环境、风险评估、控制活动、信息与沟通、监督5个维度对高校后勤采购管理展开研究，结合具体案例，重点识别、评估高校后勤采购工作各个环节的风险并提出应对措施，以期为高校后勤加强采购内部控制管理提供规范指导，达到进一步规范高校后勤采购活动中的权力运行，强化采购内部流程控制，促进高校后勤采购提质增效。

一、构建高校后勤采购内部控制总体框架

2016年，教育部将《行政事业单位内部控制规范》(以下简称《规范》)予以拓展，颁布了适应高校特点的《高校经济活动内部控制指南》(以下简称《指南》)，有效指导高等院校推进内部控制建设。与行政事业单位相比，企业内部控制研究已经比较成熟，《企业内部控制基本规范》基于美国的COSO理论，本文从内部控制5要素的角度展开论述，具有较为完备的理论框架体系。

高校后勤是学校后勤服务保障的重要部门，其运行资金是由学校投入的，采购活动具有种类繁多、资金量较大、周期长和服务性、公益性等特点。高校的环境和特点要求其采购活动必须依法合规，防范风险，防止腐败。近几年来，各高校后勤通过不断加强采购制度建设，探索建立“制度健全，内控严密，依法合规，运行规范”的采购体系，主要包括：建立健全采购决策管理与操作执行相分离的内部采购管理体制、采购监督制度；按照政府采购相关要求，根据后勤运行及经营发展需要合理制订采购管理办法，并明确了公开招标、邀请招标、竞争性谈判、竞争性磋商以及询价等采购方式，保障采购活动正常有序开展，有效满足后勤服务生产、管理和经营发展之需要。

各高校后勤都在打破传统的管理模式,按照国家"放管服"的新要求,融入内部控制理念进行采购管理体制改革,但尚未建立起从理论到实践的标准化的内部控制理论框架。本文从控制环境、风险评估、控制活动、信息与沟通、监督5个维度对高校后勤采购管理展开研究(见图1),结合具体案例,重点识别、评估高校后勤采购工作各个环节的风险并提出应对措施,以期为高校后勤加强采购内部控制管理提供规范指导。

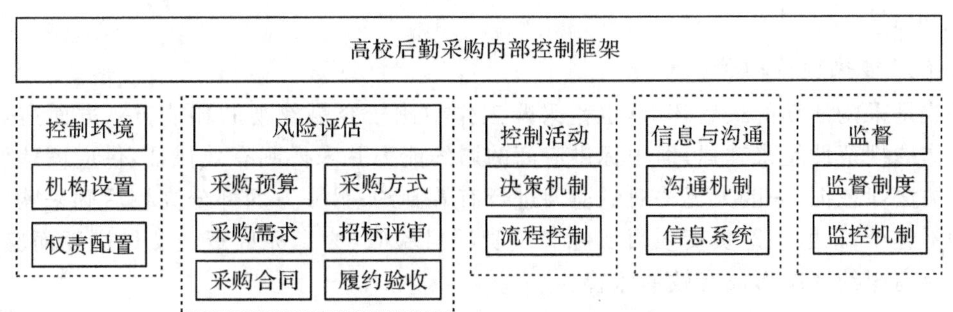

图1　高校后勤采购内部控制框架

二、基于高校后勤采购内部控制框架的风险管理

(一)控制环境

内部控制机制的建立离不开良好的控制环境,环境要素是其他一切要素的基础。高校后勤采购活动的实施需要项目单位、业务管理部门、财务部门、采购管理部门以及资产管理部门等各个职能部门的参与和配合。目前很多高校后勤单位存在各部门职能划分不清晰、责任落实不到位的问题,遇到问题推诿扯皮的现象时有发生;多部门交叉管理又会出现政策执行标准不一致、制度重叠或矛盾的情况;此外,高校后勤内部职能部门之间没能形成有效制约,如采购项目立项、执行和验收由同一部门负责,导致内部控制失灵。据此,科学设置部门职能权限,促使各部门在采购各业务环节中既相互制衡又紧密衔接,是优化采购内控环境的关键。

(二)风险评估

1.采购活动未按照批准的预算执行

项目单位在立项时没有进行充分的市场调研,为了预算而申请预算,"拍脑门"制定采购需求,不重视采购预算编制,导致采购活动无法按照批准的预算执行。

2.在未经审批的情况下,随意变更采购方式

高校后勤资金来源广,采购业务繁杂,尤其在"放管服"的政策背景下,采购人都希望获得"自主权",化整为零规避公开招标或者未经审批变更采购方式的情况屡见不鲜。

3.采购需求不明确、具有倾向性和排他性

在采购工作中,能否合理确定采购需求是采购活动能否顺利实施的关键。采购文件编写过程中,一方面存在不能合理确定采购需求的问题,另一方面存在以不合理条件排斥其他潜在供应商的问题。而不合适的采购文件不仅会出现资金使用不当的情况,还可能使后勤面临供应商质疑投诉的风险。

4.招投标程序不规范或评审过程存在倾向性

目前社会招标代理机构准入门槛较低,业务水平参差不齐,因此会面临招投标程序不规

范的风险。此外，采购人代表或评审专家未能独立评审，在评审过程中影响评审结果，也是招投标工作中面临的主要风险。

5. 中标通知发出后，不及时签订采购合同或采购合同与招投标文件不一致

投标人在投标时，有强烈的"中标"动机，投标文件中事事"响应"，而一旦中标后，在签订合同时则变成有条件的响应，或者在合同执行过程中随意变更合同条款，从而导致招投标过程"流于形式"。

6. 不严格执行履约验收程序

验收是采购活动的最后环节，也是采购工作中比较容易忽视的环节。一方面虽然高校采购工作的规范性越来越强，但中标供应商的履约能力并未得到有效保证，供应商违约处理尚无相关法律依据，采购人无法对供应商进行有效制约；另一方面部分高校后勤采购内部控制机制不健全，采购人既负责项目实施又负责项目验收，为了完成资金支付进度而验收，没有对供应商履约情况形成有效的监管。

（三）控制活动

1. 缺乏决策机制

在组织机构调整的基础上，职能部门能否在业务范围内合理运用职权，是内控制度能否发挥作用的关键，因此需要同步建立完善的权力运行机制及重大事项决策机制。通过对权力运行机制的改革，明确了各部门职责权限，避免了原有机制下职能部门既是运动员又是裁判员的情况，优化了内部控制环境，保证高校后勤采购业务高效运转。

2. 关键环节控制缺失

未对采购关键环节进行风险评估，未针对各环节风险点建立关键环节风险应对措施会导致各方面的风险。

（四）信息与沟通

很多高校后勤各部门缺乏有效的沟通协调，在设定业务流程时仅从本部门的角度出发，因职能部门之间的信息不对称导致业务流程无法有效衔接，不仅难以发挥内部控制作用，更谈不上执行效率。鉴于此，构建采购内部控制体系过程中，建立有效的沟通机制是至关重要的。高校后勤资金来源广，采购业务复杂，涉及的职能部门较多，信息传递的准确性和时效性是影响采购效率的关键因素。信息系统既是传递信息的工具，同时也是固化业务流程的手段。采购业务信息化建设能够有效减少人为干预，提高办事效率，并且已经在越来越多的高校后勤单位推广试用。未来后勤采购工作将借助信息化手段，固化业务流程，减少线下审批环节，线上业务向前延伸到采购论证、项目立项及预算编制，向后延伸到签订合同、履约验收、资产管理及资金支付，真正实现对采购业务全流程电子化控制。

（五）监　督

1. 缺乏监督制度

（1）采购验收制度不严格、验收程序不严谨、对履约发现问题处理不妥当等原因可能导致采购物资质量无法保证，而给后勤正常运营带来的不确定性。（2）由于供应商管理机制不健全、评选程序不规范等原因，可能导致管理出现漏洞，采购成本上升或质量低下，既降低了资金的使用效率，又严重影响了招标的质量。带有倾向性的招标行为严重打击了其他供应商的投标积极性，减弱了招标的公平竞争性，客观上严重影响招标的质量，失去了招标采购

的真正的意义。

2. 监控机制不完善

合同订立过程中，由于合同内部管理制度不健全等导致经济资源无法正常流入或形成额外的支付义务。同时，合同履行过程中由于合同变更带来的多种因素也可能导致后勤利益受损，无法取得应有的经济利益。合同生效后，合同执行主体未严格恰当地履行合同中约定的义务等可能导致合同无法正常履行，后勤无法准确掌握合同管理情况，或无法取得应有的经济利益，给后勤合法权益带来的不确定性。

三、高校后勤加强采购管理内部控制的对策与建议

（一）浙江大学后勤集团加强采购管理的主要实践

浙江大学后勤集团（以下简称“后勤集团”）是浙江大学所属的全资后勤企业集团，所属校内中心和公司按照“中心公司规范分离独立运行”。后勤集团的采购活动涉及商品货物、仪器设备、化学试剂、图书教印、文化用品、基本物资等，种类多样，涵盖范围大，采购工作难度大。后勤集团根据国家和浙江大学相关采购管理制度，结合后勤集团的实际情况制定了采购制度以规范各项采购行为，一定程度提高了经济效益，降低了成本费用，获得了不错的成效。

1. 形成批量采购优势

后勤集团各单位注重采购工作的计划性，降低采购成本和管理成本，形成了批量采购优势。杜绝出现应当以公开招标方式采购的货物或者服务化整为零或者以其他任何方式规避公开招标采购的情况。采购活动中，对采购人员、评标专家小组成员、竞争性谈判采购中谈判小组的组成人员、询价采购中询价小组的组成人员与供应商有利害关系的，进行回避处理。

2. 规范采购方式

后勤集团采购活动均采用制度中规定的公开招标、邀请招标、竞争性谈判、单一来源采购、询价和符合规定的其他采购方式等。

3. 组建项目评审专家小组

后勤集团根据采购工作的需要自行组织招标的项目，依规组建项目评审专家小组。评审专家小组由校内外有关专家组成。招标项目成员人数为五人以上单数，非招标项目评审小组为三人以上单数，采购单位派出的专家不超过一半。其中技术、经济等方面的专家不少于成员总数的三分之二。技术经济专家及验收专家应从事相关领域工作 8 年以上（公司聘请专家可放宽至 5 年以上），并有副高或以上专业技术职务或是某领域内公认的专家。

4. 公开招标程序

后勤集团招标程序较为公开透明。从编制招标文件，发布招标信息；接受投标报名，审查投标人资格；接受标书；确定评标专家小组成员；开标；评标，确定中标候选人；在中标候选人中确定中标人；发布中标公告，同时发出中标通知书；到签订合同等一系列程序均受到严格监督。

5. 进行供应商管理

后勤集团采购部门对供应商进行严格控制管理，具体有以下措施：(1)新进供应商必须通过资质评估后才能参加投标和签订合同；(2)每年对供应商履约情况进行检查和评估，出具书面报告；(3)建立供应商动态管理机制，定期对现有供应商的产品和服务质量等进行综合评审，评审合格的形成合格供应商目录，以控制采购中存在的监督风险。

(二)加强采购管理内部控制的对策与建议

加强高校后勤采购内部控制管理,要按照"全面管控与突出重点并举、分工制衡与提升效能并重、权责对等与严格管理并行"的基本原则,贯彻落实"分事行权、分岗设权、分级授权"工作要求,通过建立健全制度、完善规范措施和流程,形成依法合规、运转高效、风险可控、严格规范的采购内部运转和控制机制,实现高校后勤采购内部权力运行的有效制约。本文基于高校后勤采购内部控制框架分析浙江大学后勤集团加强采购管理的主要实践,提出以下对策与建议。

1.落实内控主体责任,完善决策机制,规范采购计划编制

高校后勤是采购内部控制管理的责任主体,应建立内部工作机制,重点加强对采购需求、采购预算、采购方式、信息公开、履约验收、结果评价等关键环节的管理。高校后勤要建立健全重要采购事项集体研究、合法性审查和内部会签相结合的议事决策机制。同时要规范编制采购预算和计划,要建立健全采购预算和实施计划内部编审机制,规定编制依据、方法和审查程序等内容。

2.明确归口管理部门,科学设置采购工作岗位,不相容职责分离

高校后勤要明确采购工作归口管理部门,具体负责单位采购执行管理和对外沟通协调,归口管理部门牵头建立单位采购内部控制制度,明确单位相关部门在采购工作中的职责与分工,明确与所属业务部门在采购管理、执行等方面的职责范围和权限划分,细化业务流程和工作要求,加强对部门及所属单位的采购执行管理。

高校后勤应科学设置采购工作岗位,发挥内部机构之间,相关业务、环节和岗位之间的相互监督和制约作用。建立办理、复核、审定的内部审核机制,分开设置采购需求制定与内部审核、采购文件编制与复核、合同签订与验收等不相容岗位。

3.精准制定采购项目需求,拓展招标公告发布渠道

高校后勤要建立健全采购需求制定、审核和论证机制,确保提出的采购项目需求合规、明确、完整,既满足实际工作需要,又符合法律法规和采购政策规定。在采购活动前,根据采购项目需求特点明确采购方式、供应商来源、评审专家来源等事项,确保选择的采购方式符合采购需求、情形适用得当、客观依据充分。同时,在报纸、招标网站等多种媒体上发布公告,使得招标信息更广泛地向社会公开。采购人可以向供应商进行电话邀请,即参考政府采购网列出的协议供货单位,与一些商誉好、有实力的供应商进行电话联系,诚邀各供应商关注后勤的各项招标公告信息。

4.加强采购重点环节管控,建立专家库,评标过程信息化

高校后勤要加强采购重点环节管控,建立专家库,建立监督员,确保实现有效的监督和规范组建评审小组。建立采购结果内部确定制度,确保采购人根据评审结果确定中标供应商,并及时反馈信息。建立供应商询问、质疑处理答复机制和处理投诉机制,明确专人牵头负责,依法保障采购当事人合法权益。后勤可借助现代信息化技术,建立校内校外评标专家库。

5.加强采购合同管理,落实履约验收管理

高校后勤要依法签订采购合同,要落实归口部门管理,指定专人负责合同执行推进工作,确保合同双方按照合同约定履行权利和义务。同时,可以建立采购项目的履约验收机制,确保合同双方严格按照采购合同约定事项逐一完成履约。细化各类采购项目履约验收实施流程和工作机制,明确履约验收实施主体、工作程序、验收标准以及结果运用等内容,严

格对照合同开展履约验收，并将验收结果在单位内部公告。

6. 跟踪并记录供应商后续履约情况，建立供应商诚信管理系统

高校后勤要以供应商信息库为基础，增加对供应商诚实信用情况的录入。在招标前的资质审查过程中，要求供应商出示营业执照、税务登记证等原件，防止挂靠现象。可以通过银行等渠道验明对方的资质与信用情况，必要时组织考察并将结果录入供应商诚信系统。完善质疑投诉机制，如果有人认为有供应商存在失信行为，可直接质疑和投诉。质疑和投诉的内容被证实后可记入供应商诚信管理系统。

同时，应对中标供应商的履约情况，交货周期，验收情况及后续跟踪情况进行记录。并将其作为供应商信息库的重要内容及时录入供应商诚信管理系统。对于失信的供应商予以警告，情节严重的如发生挂靠他家单位进行投标，投标过程中恶意串标，中标后出现以次充好，合同转让、转包、分包等失信行为的供应商清退出学校采购市场，甚至依法追究其责任。

7. 有效利用第三方

高校后勤的招标采购工作是一项涉及面广，专业知识要求高的工作。招标采购不仅需要懂得相关招标采购的法律法规的人才，还需要了解市场，又懂得使用单位所需的规格参数的行家。将招标采购的业务委托给更专业的第三方，例如代理公司，一是专业性更有优势，找到更多质优价好的供应商，二是对于防范高校内部舞弊现象可以起到积极作用。

四、结论与启示

随着高校建设规模的扩大，国家投入资金的加强，高校后勤的采购工作只会越来越多，越来越复杂。因此，高校后勤要充分认识加强采购内部控制管理的重要性和必要性，对照采购相关法律、法规、规章及制度规定，结合工作实际，梳理和评估采购执行中存在的风险，建立健全采购内部控制制度，合理设置岗位，明确岗位职责，细化各流程、各环节的工作要求和执行标准，切实发挥内设监督机构的监督作用，推动形成较为完备的内部控制体系，切实提高高校后勤采购内部控制管理水平，为学校建设一流大学更好做好后勤服务支撑和保障。

参考文献

[1] 杨富梅，李冰，杨浪. 高校后勤招投标内部控制问题研究[J]. 财会通讯，2019(23)：122-124.

[2] 金俊荣. "三道防线"模型在高校后勤风险管理中的应用[J]. 财会月刊，2018(19)：114-118.

[3] 财政部. 财政部关于全面推进行政事业单位内部控制建设的指导意见[Z]. 财会〔2015〕24 号.

[4] 教育部办公厅. 教育部直属高校经济活动内部控制指南(试行)[Z]. 教财厅〔2016〕2 号.

[5] 王杰，沈莹，高惠. 基于财务管理视角下的高校采购管理研究与实践[J]. 实验室研究与探索，2022，41(6)：286-291.

[6] 顾倩，吴金栋，刘剑文. 基于内部控制视角的高校政府采购机制研究[J]. 实验技术与管理，2021，38(1)：239－242＋246.

[7] 谈国风，汤旭翔，楼燕芬，胡芬. "放管服"改革背景下高校采购工作内控管理的思考[J]. 实验室研究与探索，2020，39(11)：285-289.

[8] 黄怡然，刘丽琴. COSO-ERM 框架下高校采购业务内部流程风险管理[J]. 实验室研究与探索，2019，38(11)：290-293.

[9] 吴金栋，顾倩，刘剑文. 构建高校招标采购内部控制体系的研究与实践[J]. 实验室研究与探索，2019，38(9)：275-278.

[10] 李延召，祝光英. 高校招标采购内部控制建设研究[J]. 实验技术与管理，2016，33(7)：261-265.

高校后勤财务队伍建设机制的历史演变与思考

——以浙江大学后勤集团为例

王 欣 于一平

（浙江大学后勤集团）

【摘 要】 在高校后勤管理活动中，后勤财务管理对规范后勤的管理活动及为管理活动提供决策支持起着至关重要的作用。随着高校后勤的发展，现有财务队伍难以满足发展需要，加强财务队伍建设，已成为高校后勤财务发展中面临的一个新问题。本文以浙江大学后勤集团为例，通过对财务队伍建设现状予以剖析，提出加强财务队伍建设的措施建议，提高财务管理水平。

【关键词】 高校后勤；财务人员；队伍建设；措施建议

高校后勤社会化改革不断深入，对后勤财务工作也提出了更高的要求。财务工作是促进后勤各项经营业务顺利开展的基础保障，财务工作的质量和效率会直接影响单位的经营发展。在当今新的经济发展形势之下，高校后勤如果想要切实地提升自身财务工作的质量和效率，就要不断加强财务队伍建设。财务人员的综合素质水平是影响财务工作质量和财务工作效率的主要因素。通过行之有效的措施来提升财务队伍的整体实力，从而促进企业各项财务工作的顺利实施，能够有效提升自身的竞争力。

一、财务队伍建设发展演变

（一）后勤改革初期阶段（1993—1998 年）

作为在全国高校率先进行后勤社会化改革的先驱之一，1993 年成立了全国第一家高校后勤服务公司—浙江大学后勤服务总公司（杭州浙大同力后勤集团有限公司前身），注册资本 200 万元。教育后勤系统改革初期，后勤财务队伍人员素质相对于整个学校的情况而言比较弱一点，其原因主要是教职工家属照顾性质的多，学历低，职称低，绝大部分人员为高中学历，部分有非经济专业大专以上文凭，有中专以上财务专业学历的人员极为缺乏，财务人员的专业水平和管理能力较低。财务人员普遍缺少有组织的系统性学习，主要靠个人努力利用业余时间学习提升自己学历职称。1998 年后勤集团有财务人员 83 人，其中大专以上学历约占三分之一，有高级职称 1 人，中级职称 6 人。

（二）四校合并后发展阶段（1999—2017 年）

1. 历史背景

20 世纪 90 年代初，我国政府就高等教育提出了“共建、调整、合作、合并”的方针，对高等教育管理体制和结构布局进行调整，开始有一些大学合并组建了新的大学。1998 年底，原浙江大学、杭州大学、浙江农业大学、浙江医科大学四校合并成立新的浙江大学。1999 年 1

月，根据浙江大学世界一流大学的总体要求和构建一流后勤保障服务的目标，组建成立浙江大学后勤集团（以下简称“后勤集团”）。

2. 统一的会计制度

为适应新的管理模式下的需要，保证后勤集团各单位平稳运行，集团财务规范和加强了会计核算工作，统一组织执行《企业会计制度》，并统一了会计科目和报表编制内容及口径，平稳完成会计制度的转换工作。为便于财会人员按章办事，减少人为的因素，先后制订、汇编了《浙江大学后勤集团财务规章制度》1—3 辑，为后勤实体的日常财务管理工作提供制度保证。21 世纪初，在集团范围全面实施了会计电算化，使用统一财务软件，财务核算由手工记账逐步走向信息化，提高了工作效率，更使财务人员从繁忙的记账工作中解脱出来，节约大量时间从事财务管理工作。

3. 该阶段财务队伍建设

后勤集团财务工作实行“统一领导、分级管理”，下属各单位设立独立的财务部门，负责本单位的财务事项，行政上由各单位领导管理，业务上由集团财务投资部指导与监督，具有较强自主性、灵活性，有利于二级单位实际业务的开展。后勤集团下属单位行业复杂，单位繁多，存在几十个独立核算点，财务人员也保持在 80 人左右，核算工作量比较大。由于各单位财务相对独立，行业特色较强，财务人员在整个集团内轮岗工作不易开展，往往仅限于少数财务部主任之间的调动。在这个时期财务人员的补充主要由各单位根据自身需要引进，在集团层面缺少统一的人才队伍建设规划。2017 年中期有财务人员 73 人，其中大专学历 19 人，本科及以上学历 54 人占比 74%，高级职称 6 人，中级职称 23 人，人员总体素养较改革初期有极大的提升。

为培养一支高素质的适应后勤事业发展需要的财务专业队伍。后勤集团成立了会计工作管理小组，通过这一平台，加强内部会计工作管理和交流，加强财会队伍管理与培训，完善财务规章制度建设，并参与集团重大事项的决策、调研等活动，充分发挥其在会计核算、财务管理方面智囊团的作用。会计工作管理小组除组织全体会计人员参加一年一度的会计人员的继续教育外，还组织了财务人员进行会计理论培训，邀请专家、教授讲解企业财务管理、税法知识等内容，组织进行会计业务知识的竞赛，通过会计业务知识竞赛提高财会人员的业务水平，组织会计人员参加全国及省属教育后勤财务相关学会的学术交流会，组织召开集团内部业务交流会议，针对国家的财务要求，结合实体的具体业务进行分析、检查。鼓励财务人员自主学习提高学历和专业技术职称资格。倡导财会人员加强专业理论研究，积极撰写后勤财务改革发展相关论文。通过多种形式对财会人员业务指导、培训及交流，提高了财会人员的专业化水平和整体素质。

（三）财务集中核算模式（2018 年至今，目前采取的模式）

为适应财务监管政策形势，加强后勤集团下属各中心单位的管理，强化资金控制，实现资金的有效运转，降低经营成本，2018 年初后勤集团下属各中心财务实行财务集中核算模式。后勤集团成立财务管理部，下设办公室、玉泉核算中心、紫金港核算中心、薪酬管理室、统计分析室内部机构，所有下属各中心财务人员均纳入财务管理部。2021 年 4 月，财务管理部内设机构设置调整为综合管理办公室、预决算与信息管理办公室、紫金港核算中心、玉泉核算中心。中心财务人员的招聘、考核、薪酬分配等由后勤集团财务管理部统一管理，有利于统筹安排人员规划，财务人员的轮岗学习，促进各中心单位财务的交流等。

后勤集团下属各中心原先均参照企业化管理，会计核算执行企业会计准则。自2019年1月1日起，政府会计制度在全国各级各类行政事业单位全面施行。根据国家有关规定，2019年起后勤集团下属各中心执行政府会计制度，使用新的财务软件(复旦天翼)。

至2022年12月，后勤集团财务人员共52人，男性11人，女性41人。财务管理部实行财务集中核算改革以来，财务人员因转岗、退休及离职等原因，相较2017年中期的73人，在近5年已招聘补充多名人员情况下依然减少21人，大大降低了财务用人成本。从专业技术职称看，高级会计师5人、中级会计师24人、初级职称17人；从学历构成看，硕士3人、本科40人、大专9人，其中35岁以上大部分人员是通过成人教育取得的后续学历；从年龄结构来看，财务人员平均年龄40岁，35周岁及以下22人，35—45周岁10人，45周岁及以上20人。

二、现阶段财务队伍建设的不足

(一)财务人员结构不合理，梯队建设有待完善

由于过去后勤集团财务工作是各单位分散管理，单个单位财务人员规模较小，不太重视财务人员梯队建设，仅考虑本单位的财务人员配备，未将整个集团一盘棋考量，造成财务集中核算后财务人员总体在年龄结构、学历构成、专业技术职称上结构不均衡。

财务人员平均年龄偏大，35—45周岁年龄段应是当前财务工作业务骨干及支柱，一般担当主办会计等重要管理岗位，但是后勤集团财务人员该年龄段仅占总数19.23%，且多为40—45岁区间，年龄结构呈现两头大中间小的沙漏分布状态，缺少年富力强、综合业务素质高、经验丰富的中坚力量。未来几年集中退休人数较多，存在青黄不接的现象。

部分财务人员本科学历为在职学历，学历的提升不代表其工作能力的提高，专业技能、综合管理水平有待提高；部分财务人员虽然获得了职称资格，但理论与实践不能很好地结合，仅停留在理论水平。

(二)财务人员配备不足，职能定位单一

现阶段后勤集团财务部门按不相容原则和成本效益原则设置了内设部门负责人、财务联系人、主办会计、普通会计和出纳等岗位。目前的局面是基础岗位人员剩余，核心岗位人员缺乏。例如玉泉核算中心负责后勤服务中心、幼教中心、科教中心等7个账套的日常核算和管理工作，根据岗位不相容原则不同账套的会计和出纳分别兼任，处于一人多岗的状态。这就造成了大部分财务人员日常工作停留在报销审核、凭证录入等基础核算业务上，没有更多时间深入了解单位业务情况并促进单位业财融合等工作中去。而关键岗位人员不足也使得在日常工作中对财务数据统计、分析，指标评价，归纳总结存在的问题等方面不能及时有效的进行，在很大程度上限制了整体财务管理水平的提高。

(三)财务人员专业素质偏低，培训机制不健全

财务人员总体专业素质偏低。近年，新进财务人员均是财务相关专业毕业，专业知识相对较为扎实，但对具体业务的处理熟练程度有待提高。相比之下，前期财务人员经验较为丰富，但对新知识的学习把握能力相对欠缺。当前大部分财务人员多注重于日常的财务核算，缺少既精通财务专业知识又具备宏观分析能力的复合型人才，综合素质难以适应不断变化的新形势。特别是随着高校后勤体制机制改革的不断深入及社会的不断高速发展，对财务人员的财会专业知识和综合素质有了更高的要求。尤其是后勤中心的财务人员，虽然中心实行政府会计制度，较少涉及税务和企业相关会计制度等方面政策要求，但从提高自身综合

水平来看，还是要加强学习及时更新知识、适应新形势，以应对更高的挑战。

财务人员后续教育培训缺乏，培训机制不健全。近年由于新冠疫情影响，除组织每年必须的继续教育培训外，其他组织培训较少，对政策、制度的更新把握上存在不足。随着近年来税法、会计准则等相关制度的不断完善，财务人员培训的重要性更加彰显。财务管理人员及财务骨干进行专业知识培训或外出交流机会相对较多，普通财务人员主要依靠日常工作中学习积累，财务管理部统一安排集中培训、交流机会较少，综合素质难以得到较全面快速提升。由于业务单位分属紫金港、玉泉等不同校区，紫金港、玉泉核算中心的财务人员也缺少集中交流学习、探讨实际业务开展存在共性的问题及经验分享的机会。

三、加强财务队伍建设的措施建议

(一)把好“进人关”，加强财务人员梯队建设

把好招聘关。财务部门在新的财务人员引进上要从严审查，从源头上杜绝低素质人员。针对财务人员结构不合理的现状，新引入高校后勤财务人员，首先要对专业、学历有较高的要求，拒绝不具备专业知识的人员。但也要注意综合素质，不能完全只看中学历，避免引进空有理论知识，没有实际工作能力的财务人员。另外，人才队伍建设还要力争在年龄结构上做到合理搭配，形成合理的人员梯队结构，使得各年龄段人员比例适当，既有利于年轻人的培养与成长，又便于调动各层级人员的工作积极性。构建合理的人才梯队，提升财务管理的整体实力。

(二)财务人员岗位足额配置，提高财务管理水平

鉴于存在一人多岗的紧张状态，建议重新梳理岗位流程，合理安排职责分工，加强业务流程整合，促进业财融合。对财务人员做到足额配置，部分岗位可试行 AB 岗，同时适当增加关键岗位人员，优化财务人员配置，促进财务管理水平的提高，实现财务管理价值最大化。

严格执行岗位定期轮换制度，对关键岗位进行定期轮换，保持财务队伍的清廉性和流动性，确保财务人员队伍稳定、工作有序。通过自学、培训、以老带新的方式，帮助新进人员尽快熟悉所在岗位的工作，培养财务人员在各工作岗位的胜任能力，培养复合型人才。创新管理模式，更好地挖掘财务人员各自的优缺点及其最能胜任的财务岗位，发挥财务人员优势，实现岗位动态配比。

(三)强化专业培训，努力提高财务人员的综合业务素质

(1)重视和支持财务人员的业务基础培训。首先要高度重视和提倡鼓励自学财务人员通过职称考评和学历提升能力，在取得相关专业资格考试和学历教育后，可报销部分考试费用及学历教育费用，并与财务人员晋升及薪酬水平相挂钩，激励财务人员自主学习。其次可通过走出去请进来等方式，有计划地聘请财务、税务专家举办专题讲座，有针对地参加专业机构举办的培训班、学术交流会等，对财务人员进行知识更新和能力锻炼，提高财务人员理论知识水平，促进理论与实践相结合，提升工作质量和效率。

(2)完善内部沟通机制，加强集中学习交流。定期组织财务人员间的交流活动，促进相互交流、探讨问题，相互学习，共同提高。财务工作是一个整体性的工作，加强财务人员之间的合作意识，任何一个财务人员的工作不到位都会影响团队的工作效率，积极创造相互协作的良好工作氛围。

(3)保持与其他高校后勤财务管理人员的横向沟通交流，通过外出学习交流来提高财务

管理经验和方法。加强财务人员的职业道德和使命感，养成爱岗敬业的良好职业修养，努力打造一支廉洁奉公的财务人员队伍。

四、结束语

在市场经济环境下，如今的财务工作职能，早已超出了原来最基本的记账、报账工作，取而代之的是以预算管理、风险管理、内部控制为主要内容的全面财务管理。加强财务队伍建设，是提高经济效益的需要。只有强化财务人员梯队建设，做好财务人员的合理有效配置，积极主动提高财务管理水平，才更能适应后勤改革发展需求，从而为后勤事业可持续发展奠定坚实基础。

参考文献

[1] 朱丽群.全力提升财务队伍建设的思考与探索[J].中国总会计师，2014(11).

[2] 陈宏.高校后勤财务管理现状分析与内部财务控制措施[J].福建质量管理，2019(23)：52.

[3] 李振锋.高校后勤财务管理现状分析及存在问题对策[J].经济师，2021(5)：86-87.

高校后勤服务实体构建业财融合机制的探讨

——以浙江大学后勤集团为例

俞诗岚　查林燕　徐柯庆

（浙江大学后勤集团）

【摘　要】 高校后勤管理是我国高等教育事业发展的重要组成部分，自高等教育事业不断发展以来，高校后勤管理也经历了一系列变革，在体制上逐渐从事业型的用人办后勤转变为企业型的用人管后勤。后勤财务作为高校后勤管理的重要一环，为适应市场经济的快速发展，需要实现业财融合，优化财经体系，从而提高管理效率。本文阐述了业财融合基本概念，探究了浙江大学后勤集团服务实体构建业财融合机制的实践与不足，提出了高校后勤服务实体构建业财融合机制的优化建议。

【关键词】 业财融合；后勤管理；财务流程；财务联系人制度

一、引　言

随着高校后勤社会化改革的不断深入，以及政策、市场环境的不断变化，高校后勤服务实体面临着重大的机遇和挑战。如何科学、规范、有效地开展业务并实现高质量、可持续发展成为进一步改革的重要方向。传统的财务管理模式已无法满足高质量发展的需求，需要在原有的基础上，利用先进的技术手段，加强业务和财务的工作协同，推进业务与财务的深度融合，从而提高综合管理效率，支撑事业发展。

二、业财融合的相关概述

（一）业财融合基本概念

业财融合，顾名思义，便是把业务与财务相结合。2016 年，财政部发布《管理会计基本指引》，提出单位应准确分析和把握价值创造模式，推动财务与业务等的有机融合。这一概念虽然近年才被明确提出，但早在 1922 年奎因斯坦所著的《管理会计：财务管理之入门》便已呈现。他在书中指出，财务人员应该全面了解日常经营业务以实现增加企业价值的目的。

后勤业务具有事杂、点多、面广的特点，传统会计核算的财务管理模式更多的是事后核算，以反映经营成果。但在业务发生过程中，业务环境随时改变，由于后勤业务的多样性，事后监督已然不能满足业务发展，财务人员需要进一步介入业务前端的预测分析。财务融入业务，通过大数据等信息化技术手段，将财务流程与业务流程之间打通，达到相互协同与制衡的效果。财务人员由事后监督向事前规划、事中控制、事后分析转变，全程参与到业务发展中去。

（二）业财融合的意义

一是有利于精细化管理。后勤业务多样化，极具复杂性，涵盖了校内师生餐饮服务，幼儿教育，物业服务，水电保障运维、校园绿化养护、科教事务服务等方方面面，以往的管理相对粗放，而业财融合的管理模式就是将财务管理工作融入整个业务流程中，在业务流程开展的事前、事中、事后都与财务工作保持有效联动，阶段化、模块化的形式更易实现精细化管理。

二是有利于防范风险，提供决策支持。通过业财融合的财务管理模式，能够显著提高部门间的沟通效率，实现信息互享、相互监督。财务部门可以通过业务开展各个阶段的数据分析情况，及时发现问题从而规避存在的风险。信息的透明化和有效性，也为领导者的决策提供了基础，在此基础上领导者可以最大限度整合资源，实现价值最大化。

三是有利于提升人员水平，带来经济效益。在原有的财务管理模式中，财务部门和业务部门往往各司其职，财务部门人员侧重于业务结束后的账务处理，业务部门人员对于财务知识一知半解。而在业财融合模式下，财务人员需要主动参与前端业务流程，业务人员也需要了解资金运转、成本控制等，以便于业务的顺利展开。这有效提高了财务部门、业务部门人员综合水平，也带来了更高的经济效率。

三、浙江大学后勤集团服务实体构建业财融合机制的实践

近年来，浙江大学后勤集团服务实体也进行了一系列的实践，如实施财务联系人制度、全面预算管理体系、业财一体化信息系统应用等，从人力资源配置、战略实施链条、信息系统支撑等方面，探索构建业财融合机制。

（一）实施财务联系人制度，构建业务和财务伙伴关系

后勤业务板块包含了各行各业，性质各不相同，为了有效发挥财务监督与服务职能，进一步完善财务集中核算管理机制，加强与各部门的沟通和联系，及时解决管理和服务中出现的问题，促进业财融合，浙江大学后勤集团服务实体建立了业务与财务联系人制度。

根据不同的业务单位设置对应的财务联系人岗位，财务联系人主要发挥财务监督、财务服务、沟通协调等职能，梳理及健全该单位财务业务流程，组织业务单位会计核算，编制财务报告，不定期统计和报送有关财务数据和分析，协助编制业务单位年度财务预算，定期进行预算执行情况统计分析，编制年度财务决算报告，并参与业务单位重大经济事项的分析与决策等。业务部门需支持财务联系人开展工作，通过财务联系人熟悉了解财务知识，本单位有重大经济事项决策应当通知财务联系人参加相关会议讨论，并协助集团财务部门对财务联系人进行工作评价等。

原有的工作模式，业务部门和财务部门处于相对独立的状态，沟通协调不够，存在很多的现实问题。如二级业务部门开展项目时，一般只凭经验判断，缺少财务部门专业的数据分析，导致项目精细化管理不够；业务部门人员缺乏相应的财务知识，对财务知识了解甚少，在报账过程中往往根据自己的理解以及以往的经验处理问题，造成到财务这里演变成业务结果的处理，可能产生的风险难以事前规避；财务部门在预算执行过程中没有及时接受业务部门的信息反馈，导致预算执行存在偏差等。

业务与财务联系人制度建立后，很好地解决了上述问题。该制度将财务监督职能渗透至经营管理全过程，做到事前、事中、事后监督有效结合，加强了与对应业务单位联系、沟通、协调，及时解决业务单位在业务发展中遇到的财务问题，并提高了会计信息质量，为业务单位决策和管理提供了支持。

(二)实施全面预算管理体系,在战略实施链条嵌入业财融合

全面预算管理制度的实施能够对可能出现的风险问题进行预估并制定预防措施,规避风险,对现有的资源进行高效配置。后勤服务实体的预算管理以往通常由财务部门完成,但由于业务的不熟悉,会导致数据测算缺乏真实依据,使预算编制存在偏差。针对上面的问题,浙江大学后勤集团服务实体实施全面预算管理体系,强调全员参与,将财务信息与业务内容相融合,从预算的编制、审批到执行、控制、调整,以及后续的监督、考核,都由业务部门和财务部门共同完成。

全面预算管理制度按照“上下结合、分级编制、逐级汇总”的程序进行,明确内部各层级机构在预算管理过程中的决策、归口管理、主体管理、执行、监督职责。年初下达目标,各单位按照财务预算目标和政策编制上报,财务管理部对各预算执行单位上报的财务预算方案进行审查、汇总,提出综合平衡的建议,反馈给有关预算执行单位予以修正,审议批准后下达执行。在月度、季度、年中、年末,财务部门和业务部门分别监控预算执行进度、差异,对于偏差较大的重大项目及时进行调整,并依据财务预算完成情况和财务预算检查情况对预算执行单位进行考核。

浙江大学后勤集团服务实体实施全面预算管理体系,明确了财务和业务有机融合的主线条,贯穿于战略实施链条,对预算的编制到考核全过程都有着重要意义,解决了财务部门不了解业务流程,业务部门不清楚预算目标的问题。该体系实施不但有利于业财融合、风险防控,还有利于后勤服务实体进行成本控制、绩效管理,实现了业务部门和财务部门目标统一到单位战略方向,步伐一致。

(三)业财一体化信息系统应用,为业财融合提供信息系统支撑

大数据时代背景下,生产经营活动会产生海量数据,对应财务数据也会明显增加,信息化系统应用的广泛性和重要性越来越明显。浙江大学后勤集团服务实体于2021年与其他公司开展深度合作构建业财一体化信息系统,链接业务流程和财务流程,为构建业财融合机制提供可视化、可操作的信息化平台支撑。

业财一体化信息系统,目的是串联业务链(智慧食堂系统、人力资源管理系统等)、财务链(NC CLOUD系统)、管理链(集团一体化管理平台、审批流程管理)。目前,同力教育后勤公司作为试点公司,已实现智慧食堂系统与NC CLOUD数据库相通,集团一体化管理平台与NC CLOUD数据库相连。从业务部门厨师长拟定菜单,到财务部门稽查、生成付款凭证,中间的一系列过程,都能在信息系统一体化操作。

业务链和财务链的有效互通,一方面提高了办公效率,线上审核模式突破了空间的限制,无纸化信息流程更加环保易存,极大缩短了供应商结款时效;另一方面有效进行了风险防控,标准化、模式化的流程,减少了采购过程中的风险。财务人员不再局限于事后记账,可通过智慧食堂系统,实时监控业务全流程,业务人员也可了解采购进度,提高了信息透明度。

四、构建业财融合机制存在的问题

(一)业财融合意识淡薄,综合性人才紧缺

浙江大学后勤集团服务实体构建业财融合机制的实践启示,财务联系人制度加强了财务部门和业务部门的联系,财务联系人和二级单位负责人沟通协调较多,但一线人员仍存在业财融合意识淡薄的问题。财务人员更多关注数据收集、事后核算,没有深入了解业务,很

难及时发现存在的风险;业务人员由于财务知识的缺乏和滞后现象,沟通返工过程容易产生抵触心理,导致业务部门和财务部门协同性较低,没有做到上达下效,深度推进业财融合。

实现业财融合,人才发挥着至关重要的作用。财务人员要熟悉业务流程,业务人员要了解财务知识。但实际情况是:招聘时,现有人员知识储备往往偏向某一领域,综合性不强,缺少同时具有财务知识和业务能力的人才;工作后,又缺乏统一的培训,自我学习意识和能力不强,没有很好地提高综合素质和水平,从而导致业财融合度不够。

(二)信息化建设不完善

大数据的时代背景下,信息化手段显得尤为关键,可以节省大量人力、提高数据准确性。浙江大学后勤集团服务实体也使用了智慧食堂、物流等信息化平台,陆续实现了系统化、标准化办公,但是系统模块化现象比较普遍,业务系统和财务系统还是处于相对独立的状态,只能实现单向导入,不能实现互联互通,业务产生的数据不能很好地反映到财务系统,导致不能全面、系统地反映生产经营情况,系统集成功能有待提高。另外数据处理功能存在一定落后性,一些比较烦琐的统计不能使用信息化的手段的完成,增加了人员工作量,也对数据的准确性造成一定的风险。

(三)缺乏业财融合考评机制

高校后勤服务实体普遍存在业务广、人员多的情况,人事绩效考核部门任务繁重,对于不同岗位的人员,往往采用的是单一考核制度,不能达到综合评价的效果。财务人员通常只专注于财务报告、预算编制等指标,而业务部门则只注重业务发展速度、规模,缺乏部门之间的联动评价机制。此外,对于构建业财融合机制的推进,缺乏相关的考核办法去评价相应的工作成果,没有相应的激励体制,财务业务人员容易产生懈怠心理,只专注于本职工作,不愿花费时间与精力去提升,导致业财融合沦为口号,流于形式。

五、优化构建业财融合机制的对策建议

(一)提高全员业财融合意识,培养复合型人才

高校后勤服务实体想要深入实现业财融合,首先要提高全员业财融合意识,从上而下,让员工意识到财务管理不是单纯财务部门的工作,业务活动也需要在财务支撑的基础上进行开展,从原来的独立工作到协同合作。一是可以加大业财融合宣传力度,通过公众号、宣传栏、定期演讲等形式,使其理念深入人心;二是可以加大业财融合培训力度,定期为业务部门人员宣讲财务知识,财务人员了解业务流程,并进行讨论交流,可通过财务人员深入业务一线等形式,让员工掌握多元化技能;三是在招聘人才时,可针对性招收高素质综合人才,通过实践,加深对业财融合的理解,培养复合型人才,为构建业财融合机制的推进打下基础。

(二)适应数字化方向,深化信息化建设,实现信息共享互通

构建业财融合机制的实现离不开信息化建设,财务信息化与业务信息化需要通过数字化平台,达到集成和共享的效果,因此,打破各个信息系统的信息孤岛现象,搭建业财一体化平台十分关键。财务管理全面渗入业务全过程,财务和业务数据集中共享,通过一体化平台财务部门可以实时查看业务数据,进行监督分析,更好地指导业务活动进行;业务部门可以及时得到财务反馈的数据,预防业务经营过程中发生的风险。提高工作效率的同时,也增加了信息的透明度和公开化,有利于管理者作出相应的决策,加强了资源的合理分配。

（三）优化考核体系，为构建业财融合机制提供制度保障

高校后勤服务实体需要根据业财融合的特点，建立科学的考核体系，确定考核指标，明确考核标准，细化考核细则，进一步完善绩效考核机制，从而达到激励员工主动参与构建业财融合机制的效果。考核需要具有公平性和客观性，覆盖到全体员工，使得部门间遇到问题员工能积极参与，在制度层面为推进业财融合提供保障。并可以成立专门推进构建业财融合机制的部门，进行监督管理，对于各部门在考核过程中出现的问题，及时反馈修正，以提高考核的及时性。

六、结　语

综上所述，业务和财务的有机融合，对于高校后勤服务实体发展具有重要意义，是新时代下建立高效财经体系的必然要求。我们要深入利用业务数据和财务数据，结合后勤业务特点，通过增强人力资源配置、信息化建设、制度保障等手段，促进各部门之间工作协同，信息集成共享，实现财务、业务流程的全面整合与联动，提高管理效率，为整体决策提供有效的信息支持，充分发挥业财融合机制的作用。

参考文献

[1] 尹玉秋.国有企业推进业财融合存在的阻碍与对策研究[J].企业与经济，2023(1)：141-143.
[2] 邢红.基于业财融合的高校财务管理流程优化研究[J].经济师，2023(1)：86-87.
[3] 王娟.当前企业业财融合中存在的问题及措施[J].中国市场，2023(2)：64-66.
[4] 王亚星.重构“业财融合”的概念框架[J].会计研究，2020(7)：2-4.
[5] 卫红.浅析国有企业财务管理的业财融合[J].纳税，2019(11)：157.
[6] 李艳红.国有企业集团全面预算管理阐述[J].合作经济与科技，2023(1)：138-140.

高校园林景观育人实践与思考

陈炎焱

（浙江浙大求是物业管理有限公司）

【摘　要】 新时代高校不断强化“德智体美劳”全面发展的社会主义人才培养模式，高校后勤研究者也在不断探索后勤服务融入“三全育人”的新模式、新创举。本文从高校后勤服务中园林服务这一角度，阐述高校园林的特征，提出园林服务参与育人实践举措的建议，并探讨如何进一步提高园林在育人过程中的作用。

【关键词】 高校；后勤服务；育人；园林景观

2018 年 10 月，习近平总书记在全国教育大会上强调了要“培养德智体美劳全面发展的社会主义建设者和接班人”，2020 年 3 月中共中央、国务院发布《关于全面加强新时代大中小学劳动教育的意见》，也明确指出高校在培养人才过程中应突出五育并举，突出劳动教育。2022 年，党的二十大报告中进一步突出科教兴国战略、人才强国战略、创新驱动发展战略的地位，其中提到“全面贯彻党的教育方针，落实立德树人根本任务，培养德智体美劳全面发展的社会主义建设者和接班人”，足以证明劳动教育的重要性。

随着社会生产力的不断发展，当代大学生基本脱离了生计劳动，部分甚至脱离了基本劳动，在传统文化、社会道德、价值取向等“真实世界”的教育面前存在诸多困境。

高校后勤服务直接为大学生提供日常保障，与学生学习、科研、生活活动息息相关，是开展五育并举的重要场域，对于提升德智体美劳，特别是劳动方面的实效性具有十分积极的作用。近年来，高校后勤研究者不断深入后勤育人功能研究，从文化、劳动实践、体系等多角度阐述后勤在全过程、全方位、全员参与服务育人的成效，并获取了大量的实践经验。后勤服务涉及诸多行业，衣食住行样样俱全，均有可融入教育之举，笔者试图从后勤服务中园林景观管理方面，提出高校景观参与育人的实践与思考，以此为同行拓展服务育人思路之补充。

一、高校园林景观融入育人优势

高校园林景观是构成校园环境的重要元素，承载着大学精神，也直接影响着教育的文化氛围。高校建设范围较为广阔，按照学校作为附属绿地建设有关指标要求，绿地面积通常占地 35%以上，使得高校园林拥有了大量的校园土地资源。高校园林涉及学科较广，既涉及艺术鉴赏，也涵盖了涉农类学科、建筑类学科以及生态学科等，诸多教学科研工作可以在绿地中开展。此类特征使得高校园林成为极佳的育人实践场所。

（1）中国园林起源于苑囿，即农耕时代人们为了满足居住时农作物生产、圈养动物的群体性而产生，因此园林产生之初就与人们的生产活动息息相关，随着社会生产力的进步，园林逐步演化为以陶冶情操、改善身心等观赏功能为主。随着高校育人特征的逐步彰显，通过合理规划建设，高校园林可发挥师生参与度功能，从而全面融合构建既具备观赏性，也具备学科建设、教学科研、劳动教育要求的复合型园林绿地。

(2)园林景观构成涉及较多自然学科,如植物、病虫害、土壤、生态、建筑、环境保护等,同时还兼顾了美学艺术、地域文化、文学、历史等人文学科。其不仅具有较为广泛的自然科普价值,还兼顾文化属性、社会属性,通过园林景观构建高校育人体系,可以多学科结合学校科研、教学需要,结合环境育人、劳动育人需要。

(3)高校校园景观是有生命的,其蕴含的不仅包括园林景观生长变化的印记,也包括师生行为的记录。园林中的植物可以展示四季季相变化,从视觉、嗅觉、触觉等多角度拉近师生与大自然间的距离,让参与的教学活动的师生直接感受行为的成效;同时园林还随着师生各类植物栽植活动、文化纪念点建设、可食地景营造等,亲历春华秋实、劳动收获的成果。这些特征都有助于强化高校园林景观参与育人实践的效果,更易为师生所接纳。

二、高校园林景观育人实践举措

校园的本质,是使其成为培育人才的场所之一。大学生价值理念、人文社交、对生命神奇之感叹、对自然绚丽之赞赏,常常需要通过校园这一场所进行历练、观察,方能将理论知识转化为笃实的人生信条。因此,高校后勤作为校园教学环境服务的实施部门,应展示其与生俱来的教育属性,逐步梳理完善保障服务行业与学校五育并举工作的结合,充分利用高校园林景观育人特征与优势,重点凸显园林在教学科研、劳动教育、文化宣传方面的育人作用。

(一)与教学科研结合之举措

高校根据学科设置与教学特征,充分将教学、科研活动与校园园林景观工作结合,既丰富了教育形式,也推动了“智育”“美育”活动。后勤园林服务部门应主动对接各学院需求,协助构建实践基地、教学基地、科研基地。利用园林植物突出校园科普功能,适度增加校园植物品种,结合改建、新建项目打造植物专类园、果园;利用自然水系开展水环境治理、水质量监督等实践课程;利用集中林地构建生态环保观测、生态修复、鸟类保护等研究;还可形成园林景观专业师生参与校园园林更新设计与实施的特色教育模式,结合专业教学改革,打造共建共享的校园环境。充分依托高校中专业设置,以实现教学科研实践项目与高校园林景观的全面融合,在校园中丰富学生知识,实践理论,达到更佳的教育目的。

(二)与劳动体验结合之举措

随着五育并举活动的持续开展,后勤园林服务部门已普遍将劳动教育吸纳到服务过程之中。学生往往忙于学业,无暇顾及各类劳动活动,因此,园林景观在教育上应突出劳动是人类适应自然环境的必由之路,必须在劳动过程中方面强调产出成效性与收获性,才能提高学生的参与度。园林服务部门应与学工、团委、各类社团等互动组织,结合社团特征、思政课程类型设计多类型的劳动课程,并逐步将师生喜闻乐见的课程深化,形成一定特征的校园环境育人文化。课程设计可利用绿地改扩建增加可食地景的景观营造,打造播种、采摘类的课程;利用植物生长、开花、结果的特征,形成栽植、养护、观赏一体化的课程;同时还可利用植物的附带之农产品制作各类纪念产品,如菜油、酱萝卜、桂花糖、捧花干花等,进一步增强学生参与劳动的兴趣,深入体验从农耕到可食、可用物品的全流程,赋予枯燥的劳动课程更多获得感。

(三)与校园文化结合之举措

校园园林景观沉淀了大学发展变迁的记忆,是校园文化的组成部分,也在“德育”和“美育”方面发挥着重要作用。后勤园林服务部门作为高校园林的建设参与者、管理者，要时刻记录校园一草一木、一石一景的变迁，记录师生在校园中的足迹，加以宣传引导，从而起到潜移默化的育人作用。园林服务部门应充分利用各种宣传平台，讲好校园园林故事，可采取邀请学生参与游览，介绍校园景点、雕塑、规划建设理念等方式，让学生领略校园文化与大学建设博大精深的智慧；也可利用如世界湿地日、植树节、世界环境日等与校园环境息息相关的主题活动，展示校园建设面貌，普及生态知识；利用官媒、自媒体等形式，不断彰显校园环境建设质量，吸引学生传播校园文化、探索校园环境，从而更好地强化学生美感与品德教育。

三、高校园林景观育人深化思考

兴趣是最好的老师。在五育并举教育体系深化中，对学生个体而言，兴趣是多元化的，以校园园林景观构建的教育实践场所，其主要目标是持续激发学生对参与课程实践的兴趣，从而更大限度达到自发自省的学习目的。后勤园林服务团队，依然要不断坚持和深化对校园园林景观育人功能的思考，深入调研学生兴趣，创新实践方式，提高自身专业水平与能力，才能形成独树一帜的育人模式。

(1)高校园林服务团队应持续提升能力，要牢固树立服务过程育人、环境育人意识，既要强化环境建设与服务的专业能力，也要强调服务与教育融合的能力。园林队伍应依托校园新改扩建需要、依托师生对校园景观的需求，积极探索校园景观的潜在价值，充分结合各类教学、科研、思政、劳动教育内容，营造既符合校园景观审美特征，也具备较高师生参与度的高校园林景观。

(2)逐步减少碎片化、零散化的实践活动，以邀请专业课程教师共同构建体验类、技能类、研究类的育人实践课程为主。教育形式组织上，要合理安排课程进度，形成一定的持续性，课程设计上，要结合学科特征、教学需要，确保学生能发挥主观能动，一以贯之参与其中，充分了解课程内容、植物生长、生态保护过程，从而使得其全面了解农耕规律，感悟实践出真知的客观道理，获取理论到实践的经验。

(3)学校方面重视高校园林景观服务工作的育人价值，不断整合资源，把劳动教育、科研观测、教学课程与高校园林充分融合，完善育人服务的长效机制、组织架构、课程体系与考核模式。重视多渠道多载体媒介资源运用，广泛宣传校园植物、校园文化、校园环境，及时收集活动感悟、师生意见，促进全校范围内形成更好的育人氛围。

四、结束语

随着社会发展的不断进步，人们日趋依赖园林环境去感受自然，高校人员密度高，更是如此。师生对校园景观需求不再仅仅停留在物质层面，而开始探索景观的潜在价值，如互动参与感与生态价值等，这对高校园林育人功能的研究起到一定的促进作用。

高校园林的教育属性、文化属性，是其区别于一般性公共绿地的重要特征，园林服务团队不仅应形成融合教育的意识，更应在该领域形成校园环境的特色文化。如近年北京林业大学“林之心”景观改造项目，由校师生参与设计实施改造，对教学科研进行了实践，是师生共建共享的典范；如沈阳建筑学院的“稻田景观”，形成开展劳动实践与景观结合的典型案例，逐步成为校园文化品牌，是校园景观融入劳动教育的标杆。后勤服务在“五育并举”工作中，仍应不断借鉴优秀案例，不断深挖学科建设特色，更好地推动高校校园园林景观在“三全育人”工作中发挥作用。

参考文献

[1] 宫红霞,刘海庆,郑明明."三全育人"视域下高校绿化景观建设思考[J].高校后勤研究,2022(7).

[2] 华苏翔,项文梅.校园实施"可食地景"的途径与方法[J].绿色科技,2021(5).

[3] 朱青.劳动育人视角下的高校后勤文化建设研究[J].新丝路:中旬,2022(12).

[4] 王双佳,赵成知,王运生,罗昊.新时代高校后勤与劳动的教育的实践创新[J].学校党建与思想教育,2020(5).

[5] 蒋理.劳动教育融入高校后勤服务的实现路径[J].南京理工大学学报(社会科学版),2020(6).

高校食堂成本核算与控制的实践与思考
——以浙江大学食堂为例

赵　康　金灵旻　陈　菁

（浙江大学后勤集团）

【摘　要】 当前高校食堂面临成本上涨的沉重压力，食堂运营要同时兼顾公益属性和经济属性，具有一定的特殊性。高校食堂成本控制水平的高低，直接影响着高校后勤保障服务的质量和水平。本文以浙江大学食堂为例，主要对高校食堂成本核算与控制的现状以及基于智慧食堂如何进行成本核算与控制进行阐述，并提出了进一步优化管理的建议，也为高校食堂持久健康发展提供借鉴。

【关键词】 高校食堂；成本控制；智慧食堂；信息化

一、高校食堂成本控制的重要性与特殊性

（一）高校食堂成本控制的重要性

高校食堂是学校师生正常开展工作、学习的后勤保障，具有很强的公益性。随着经济的高速发展，物价水平逐年提高，高校食堂基于其公益性，其物价水平在较长时间内必须保持稳定的较低价不变。然而，高校食堂经费不由国家财政资金全额拨款，一定程度上体现为自负盈亏。在不能随意上调价格且不能以降低食堂伙食质量的方式来减少成本的情况下，要确保食堂能盈微利能健康发展，那么，高校食堂的成本管理与控制至关重要。

（二）高校食堂成本控制的特殊性

1. 公益性要求比较高

我国高校食堂具有公益性特征，所以在价格方面会根据大多数学生实际消费情况进行确定，而这就需要食堂在价格方面进行妥协[1]。与此同时，高校食堂在自身发展期间，还会受政府和院校提供的支持，如在税收、租赁费等方面会有优惠，且在 SCPI 上涨至符合启动价格补贴条件时，会有政府提供的临时伙食补贴。在此环境下，决定高校食堂遵循公益性这一原则。

2. 利润比较微薄

大多数高校食堂在实际经营过程中所获得的利润都比较微薄，有时还会出现亏本的情况。为了有效保障学生利益，高校食堂价格明显低于市场价格。结合食堂经营情况，一般会提高部分食品的价格，而其他部分食品价格则会比较低。这样做可保证食堂获取一定的盈利。高校食堂在改革过程中，已经具备市场化要求，但是由于服务主体是学生，所以在经营中获取的利润依然比较低[2]。

3. 价格较为稳定

结合实际，大多数高校在食堂饭菜价格方面的调整间隔期比较长，相较于校外，其价格更加具有稳定性。为了能够保证大多数学生的就餐需求，学校食堂在价格上难以跟随市场变化而上涨，因而高校食堂饭菜价格长期处于稳定状态。但是食堂在经营过程中，经常会面临原料成本、人工费用等不断上涨的压力，尤其是物价上涨，极大地影响饭菜价格的稳定性。虽然高校食堂有税收优惠政策和相应的补贴，但与成本相比，依然存在差距[3]。

二、高校食堂成本核算与控制现状

高校食堂的成本核算是指高校食堂在经营服务期间，将食品生产中用到的原料、燃料、水电、管理等成本进行记录、归集、汇总、计算和分析，从而得出食堂成本。一般而言高校食堂成本包括直接成本和间接成本。但各高校由于所处地区环境、自身条件以及地方政府和高校投入的不同，伙食管理改革的进程和效益的不同，再加之各地区的市场价格、各高校伙食服务档次的不同，成本核算的内容不同，基本伙食回收部分间接成本的比例也不同，因而各高校伙食成本核算较复杂、难度大、可比性较差[4]。本文以浙江大学食堂为例，所指的食堂成本为直接成本，包括主食、副食、调味品等原材料，也包括水电费、天然气费等直接耗费成本。

目前，根据核算性质，食堂成本核算可以分为单一品种的成本核算和班组核算。单一品种的成本核算有助于科学合理确定食品的销售价格。班组核算通过缩小核算单位，调动员工积极性，提高效率与效益。根据核算的时效性，食堂成本核算又可以分为日成本核算和月成本核算。日成本核算是指每日将食堂发生的成本与营业收入进行比对分析与核算，从而评价食堂每日经济运行状况。日核算是成本核算中进行成本控制及分析的关键环节，要求数据准确率达到95%以上。而月成本核算是在日成本核算的基础上，同时能够分析出食堂在经营服务过程中成本控制和食品核算定价中存在的问题，相对而言，月成本核算准确性更高[5]。

对高校食堂而言，成本核算是进行经济考核不可或缺的依据，同时也是管理工作中的重要部分。虽然高校食堂管理人员对成本核算越来越重视，但是在核算与控制过程中仍然存在一些问题。第一，成本管理理念有偏差。部分高校食堂管理人员认为控制成本就是减少成本的投入，盲目采购过于便宜的食材，从而导致食堂菜品质量的降低。而另一部分高校食堂管理人员认为食堂不以营利为目的，对采购、盘点等环节重视程度不足，导致食材浪费和成本增加[6]。第二，采购及验收机制不合理。部分高校食堂在采购时缺乏计划，造成库存积压等问题。而零星物资的自行采购给了一些工作人员牟取私利、中饱私囊的机会。在验收环节，一些高校食堂没有制定科学、合理的验收流程，工作不细致，入库不及时、不完整，造成成本浪费。第三，内控结构不合理、监管体系不完善。一些高校未严格按需求设置采购、验收、出入库等岗位，存在同一人负责不兼容的多个岗位的现象。食堂管控不严格，浪费食材的情况屡见不鲜。此外，监管部门对食堂的监督较为乏力，一般只在采购招标或者年底盘点时作为监督人参与其中，监管程度较低。第四，成本核算不规范。一直以来，高校食堂都存在成本核算数据记录不全的问题。对于原材料的采购、出入库等环节缺少整体数据分析，难以进行有效控制，进而出现管理漏洞。第五，信息化水平较低。不少高校食堂的信息管理系统较为落后，数据不能共享，影响了成本管控部门与各相关部门之间的信息沟通，妨碍成本控制。

三、浙江大学食堂成本核算与控制的实践与思考

(一)转变成本控制理念,强化成本控制意识

成本控制涉及食堂生产经营的方方面面,不仅需要针对食堂成本进行认真的分析、预测与核算,还要关注其整个过程的管控,通过建立健全成本管理体系,满足对高校食堂成本的有效控制。另外,对食堂的每一位工作人员来说,既是成本费用的支出者,也是成本费用的有效控制者,因此,浙江大学食堂在新员工始业教育,老员工日常培训时都有成本核算与控制的教程,使全体员工树立成本控制意识,强化成本控制观念,并将控制成本的理念带入食堂工作,规范操作。

(二)加强财务预算,做好高校食堂成本管理的事前控制

高校食堂财务预算是以经济指标为主要内容,以经营利润为目标,通过经营活动的组织来保证利润的完成,获得最佳经济效益和社会效益。浙江大学食堂年初根据新一年的工作计划、运行规模和长远发展做好年度筹划,通过编制财务预算表,针对收入、成本、费用以及资产购置等资本性支出,逐项进行思考、测算、预估。对特殊项目,加以分析。中心管理部门对食堂的财务预算进行合理性、合规性分析,找出不合理及违规的预算内容,食堂予以调整改进,在年度中跟踪食堂预算的执行,查找预算偏差的原因,分析形势,规范有效控制预算,严格控制各项成本费用开支,降低成本费用,对食堂成本管理做到事前控制。

(三)加快信息化建设,向智慧食堂综合管理发展转型

高校食堂成本核算与控制涉及采购、仓储管理、加工、结算等诸多过程,需要大量的数据统计和分析。为了不断健全食堂成本内控体系,提高成本核算准确性及管理效率,推进食堂精细化管理,浙江大学食堂构建了智慧食堂管理系统,确保原材料从提出采购申请及审批、供应商订货、验收入库、出库及成本核算等都纳入系统管理,实现生产标准化、结算自动化、成本管理智能化、成本控制及时化。

(1)浙江大学食堂依托智慧食堂管理系统实现了生产标准化,加强了对成本核算和控制的精细化管理。智慧食堂管理系统着力建立和完善了原料、净料、产品和加工工艺标准数据库,制定了标准菜谱和标准套餐,从而实现了原料、净料和产品的有机关联。菜单是高校食堂成本控制的依据。智慧食堂管理系统以厨师长制定菜单计划为起点,改变了原有高校食堂菜品生产的传统流程,转为根据菜单逆推的方式,按照标准进行采购生产和加工,对采购生产销售全过程进行跟踪记录。从厨师看料烧菜转化为由菜单发起采购、自动称重、集中加工,这种新管理流程有助于统一标准、降低人工、减少损耗、提升效率,从而实现成本控制的精细化管理。

(2)浙江大学食堂依托智慧食堂管理系统实现了结算自动化,加强了对采购环节的管控能力。智慧食堂管理系统的货款结算是由供应商在系统中选择入库单,提交结算申请。经采购部门分级审核,确认审批后,结算单发送财务部门,经财务人员财务核算系统应付货款核对确认后,供应商在系统中提交发票信息,财务人员审核无误后进行结算。整个货款结算流程均在智慧食堂管理系统中完成,有利于各方面人员之间的信息沟通,提高结算效率,提升管控效果。此外,智慧食堂管理系统必须录入供应商信息,方可完成采购,通过大数据实现对供应商准入资格及后续规范化管理的一体化。浙江大学食堂联合本市本科院校开展了食堂原材料联合采购工作,凸显联采成本优势,采用集中采购,对各类物资进行统一招投标,

确立供应商，通过统一议价、统一存储的方式提高采购效率，降低采购成本。智慧食堂管理系统录入所有的物资名称，由采购部门维护商品名称，统一规范品名，便于管理者采集数据并正确决策，保管员重在货物质量检验，在系统中进行称重入库、领料出库操作。对于已经入库的物资，如果厨师在使用过程中发现存在质量问题，保管员可以在系统中新增已入库单据的冲销凭证。在供应商选择入库单提交货款结算申请时，系统会强制绑定这两张单据，以免多支付货款，确保数据的动态、实时精准度，为数据的运用和分析提供根本保证，促进成本核算的有效管理。

(3)浙江大学食堂依托智慧食堂管理系统实现了成本管理智能化，推动信息化与食堂管理的融合发展。通过信息化、大数据建立起集中的采购验收、净料加工和食品制作，有效提高了食堂成本管理的计划性和精确性。依据智慧食堂管理系统，高校食堂的成本信息传递更及时、全面、精准，有助于管理人员运用有效成本信息进行分析和管控。

(4)浙江大学食堂依托智慧食堂管理系统实现了成本控制及时化，加强成本核算信息的监督与管理。浙江大学食堂点多面广，消耗的原材料品种多，数量大，对财务人员的成本核算造成一定的难度，智慧食堂管理系统解决了此困难，财务人员通过智慧食堂管理系统不仅能准确、及时收集成本数据，完成成本核算，还能从收集、查询、统计收入、成本、毛利率等财务监管信息及时发现成本管理上的问题，变成本的事后控制为事中控制，使食堂成本财务监管更加系统化、规范化和精细化。财务监管的质量对成本控制也具有一定的影响，通过加大对保管员工作的检查力度，不定期盘点库存、检查单据，做到账实相符、账账相符，确保成本数据的准确性。认真分析食堂收支实际与预算差距等措施，加强成本核算和管理，真正发挥财务在成本控制中的作用。

(四)做好成本核算与控制的基础工作

(1)建立健全成本控制的各项制度。食材采购消耗是整个食堂成本核算的重点，围绕其经度纬度，浙江大学食堂建立健全规章制度，涉及原材料采购申报、物资采购合同管理、入库验收、仓库领料、物资盘点等方面，不断加强和规范食材相关的内控管理。没有规矩，不成方圆，制度是行为的准则。通过建立相关制度，可对食堂管理者和员工行为进行有效指导和约束。

(2)做好成本核算的原始记录。原始记录是高校食堂生产经营活动实际情况的记载，是进行成本核算的依据，也是高校食堂管理的重要基础工作。如果原始记录不全、不准、不及时，会计核算与监督就失去了可靠的依据，这必然会影响成本控制的质量。如原材料的入库、出库记录、水电气等能耗记录，这些是正确计算成本费用的依据，在智慧食堂管理系统中，各类成本数据都将被及时、准确、完整地记录，成为一本为管理者有效服务的台账。

(3)物资的验收作为高校食堂经营中的重要环节，对成本控制的影响重大。浙江大学食堂要求仓库保管员按规章制度办事，严格把关，认真做好清点数量、检查质量、核对价格等工作。对数量和价格与申购单不一致的物资，查明原因，及时纠正；对质量有瑕疵或规格不符的物资，及时调换或退货处理。物资验收后，对需要储藏的物资要按要求及时分类存放。领用时要凭食堂厨师长或大组长签好字的领用单方能发货，严格控制领用数量，并做到物资领用先进先出原则。加强物资的日常整理和盘点，并根据实际使用情况合理控制库存量，既要防止物资短缺影响生产加工，也要防止物资长期积压导致过期或变质。确保商品原料的保质保量，从而减少浪费，降低成本。

(4)有效的成本控制来源精准的成本分析，管理部门组织每日食堂晨间汇报，每隔七天分析一周工作。基于智慧食堂管理系统强大信息化数据分析各个档口、各个菜品的消耗情况，查看哪种食材是高消耗的食材，对于那些消耗大但是营利较少的菜品需要进行分析调整。成本控制仅从食材入手是远远不够的，还需从水、电、煤气等能耗方面入手，注意节水、节电以及节能，不定期地进行节能评估，通过引进节能设备，改造节能设施，达到强化节能管理，从方方面面入手来控制成本，降低费用。

（五）高校食堂成本核算与控制的思考

未来，随着信息化建设不断发展，推进成本控制的精细化管理，积极推进业务系统与财务系统的深度融合，比如智慧食堂管理系统与财务系统打通数据对接，除了数据源头为手工录入以外，其他数据都自动推送生成，业务的数据自动生成财务凭证，从而实现成本核算一体化流程，进一步完善成本核算管理的工作效率和输出数据质量。

目前浙江大学食堂通过食采云平台进行招投标，从而增强合同订立的规范性和智能化。合同通过 OA 系统进行审批订立归档管理，相关人员在 OA 系统上获取合同履约进度等信息，促进合同管理的信息化、标准化、精细化。未来，浙江大学食堂可以将食采云平台、OA 系统以及具备结算功能的智慧食堂物流系统联动起来，完成采购合同管理信息化联动，将各个平台之间的数据信息相互传输和共享，从而实现食堂采购、供应、结算、监管等环节全流程一体化，有效推进绿色数字食堂建设，助力高校食堂高质量发展，促进后勤保障优质高效实现。

四、结　语

高校是培养人才的摇篮，食堂是高校发展的有力后勤保障。公益性的高校食堂要持续健康发展必须把好成本控制关。在进行成本控制的时候需要采用信息化的管理方式，结合高校食堂自身的实际情况制定科学的综合管理机制。在保障全校师生正常、健康饮食的前提下有目的地节省开支，只有高校食堂的成本得到控制以后，才能面对这激烈的市场竞争。科学地进行成本控制，才可以促进高校食堂的健康稳步发展。

参考文献

[1] 韩书臣.探讨中等规模高校学生食堂成本控制中的难点与解决办法[J].科教导刊—电子版(下旬)，2019(8)：71-72，109.

[2] 汪蕊.高校餐饮供求差异问题的研究——以蚌埠大学城四所高校为例[J].现代商业，2019(9)：20-21.

[3] 邢小敏.新体制下高校食堂成本控制的探讨[J].经济师，2018(9)：95-96.

[4] 帅正明.高校伙食实行“全成本核算”浅见[J].中国高校后勤研究，1997(S1)：85，26.

[5] 傅美静.新形势下高校食堂成本控制措施研究以 G 大学为例[J].经营管理者，2022(6)：93-95.

[6] 赵琰，何玉林.高校食堂成本控制途径探析[J].商讯，2020(33)：176-177.

新时代高校食堂特点及筹建思考

——以浙江大学后勤集团饮食中心为例

陈　平

(浙江大学后勤集团饮食服务中心)

【摘　要】 自浙江大学四校合并以来,新建设的浙大食堂在布局、结构、功能、能耗等多方面与传统高校食堂有了很大的变化,本文通过两者的对比总结了新时代高校食堂的特点并以浙大食堂为案例对高校食堂筹建工作从设计、施工、验收等环节提出了相关工作的思路和参考依据。改革开放以来,我国教育事业蓬勃发展,高校开始大规模扩招。高等教育事业的迅猛发展和社会主义市场经济的新形势,推动了高校后勤社会化改革。这些变革给我国高校食堂的建设带来了许多新的变化。

【关键词】 高校食堂;筹建

1998年,原浙江大学、杭州大学、浙江农业大学、浙江医科大学合并组建为浙江大学。随着学校规模的不断扩大,原有食堂条件如设备、空间、功能已无法满足日益增长的办学需求,因此新校区食堂的筹建和老校区食堂的改造成为饮食中心的一项重要工作。自四校合并以来,饮食中心先后参与紫金港基础食堂、临湖餐厅、东二餐厅、澄月餐厅、玉湖餐厅、银泉餐厅等食堂的筹建工作以及玉泉二食堂、华家池一食堂等食堂的改造工作。在此过程中,总结了一些新时代高校食堂的特点,也形成了有关高校食堂筹建的一些经验和思考。

一、新时代高校食堂的特点

高校食堂作为校园建筑中的重要类型,是学生日常使用频率极高的校园建筑之一,高校食堂建筑既有一般餐饮建筑的共性,又因其主要针对学生这一特殊的群体,且位于高校校园内,有其自身的特殊性,在其规划布局、基础设施、环境设施、卫生条件等对校园的整体建筑环境、文化氛围等会产生巨大的影响。

党的十八大以来,建设教育强国已成为中华民族伟大复兴的基础工程。以"双一流"建设为引领、着力突出高校的办学特色,已成了各高校内涵式发展的方向。因此,高校食堂建设应遵循学校新的发展需要:对服务个性化、消费品牌化、菜品标准化、环境舒适化等都有了全新需求。新时代高校食堂在服务品质、就餐规模等方面的改变决定了高校食堂的建设也需根据校内餐饮业态的调整不断升级。自四校合并以来,饮食中心也在不断地改革与实践,在不断地探索和认识中,许多新的理念、新的技术在浙大食堂中得以推广和应用,从而丰富食堂业态、提升服务水准,满足师生日益增长对美好生活的需求。饮食中心在此过程中,通过对食堂布局、经营模式、功能需求、设施设备、节能减排、食品安全等多个方面的实践与摸索中,总结了在新时代、新形势、新发展、新需求下的高校食堂特点。

(一)高校食堂集中化的特点

与传统的分散型食堂相比,新时代的高校食堂具有集中化的特点。集中化食堂的优势在于:

(1)传统的分散型食堂每个均配备相同的功能用房,重复设岗,不利于资源共享,而集中化的大食堂通过集中设置采购、储藏、副食加工、主食加工等,可有效地实现设备资源共享,避免重复建设,节约人员成本和管理成本,提高生产效率,实现标准化生产。

(2)集中设置一个食堂可以减少食堂的建设成本以及减少土地的使用面积。

(3)食堂的运转涉及油烟、噪声、排污等正常的污染排放,分散型食堂相当于多个污染源,不利于校园环境,食堂的集中化可以有效控制污染。

因此,在新时代下新建的高校食堂很多都具有集中化的特点。以浙大食堂为例,玉泉校区同一区域集中了二食堂、三食堂、四食堂三座食堂是典型的分散型食堂,而后期筹建的紫金港校区东生活区只设立了一座大食堂,是集中化食堂的代表。

(二)高校食堂多样化的特点

随着经济的快速发展,人们的生活水平逐年提高,人均收入有了可观的改善,因此人们的消费观念发生改变,下馆子成了日常生活的常态,社会餐饮因此得以快速发展。受到社会餐饮业发展的冲击,学生整体的餐饮需求有了很大的变化,相比传统食堂他们更青睐于校外种类繁多的餐饮服务,高校的传统食堂已经不能满足学生就餐需求。为了解决学生日益增长的需求与食堂不平衡不充分的发展之间的矛盾,饮食中心近些年也作了很多的改变和尝试。

首先是通过供应模式的多样化,以紫金港大食堂为例,根据不同的经营思路一楼分为风味档口餐厅、休闲自选餐厅、二楼为大众餐厅和民族餐饮、三楼提供点菜包厢服务,不同的模式下提供不同的就餐体验和消费体验;其次菜品种类的多元化,在传统的中餐基础上,2007筹建的临湖餐厅有了西餐料理、2016 年筹建的东二麦思威餐厅有了专业的咖啡西点、2018年改造的玉泉二食堂有了日料韩餐、2022 刚投入使用的银泉餐厅除了中餐、西餐、日料等品类外,还加入了西北风味等地方小吃,这些更加丰富的就餐选择,满足了更加多元化的就餐需求。多样化的供应模式和丰富的品类也成了目前高校食堂的一大特点。

(三)高校食堂建筑结构的专业性和复杂性的特点

食堂相对于其他建筑,有着相对特殊性。不仅需要将建筑结构、水电、暖通等常规专业结合,还要综合考虑厨房管理、工艺流程、设施设备、食品卫生、节能环保等要求,因此食堂的建筑结构具有专业性和复杂性的特点。

2018 年 10 月新修订的《餐饮服务食品安全操作规范》就对食堂的建筑结构有明确的要求。规范第 4.3 条:建筑结构应采用适当的耐用材料建造,坚固耐用,易于维修、清洁或消毒。规范中还对食堂不同区域的天花板、墙壁、门窗、地面作了明确的要求。规范第 4.3.2.2条:粗加工制作、切配、烹饪和餐用具清洗消毒等场所,应铺设 1.5m 以上、浅色、不吸水、易清洗的墙裙。各类专间的墙裙应铺设到墙顶。同样在《饮食建筑设计标准》第 4.3 条厨房区域中明确要求:厨房区域应按原料进入、原料处理、主食加工、副食加工、备餐、成品供应、餐用具洗涤消毒及存放的工艺流程合理布局,食品加工处理流程应为生进熟出单一流向。

除此之外《饮食业环境保护技术规范》《冷库设计规范》《城镇燃气设计规范》等规范要求对餐饮建筑的选址与布局、建筑结构及材料选用、设施设备的安装使用及维护,到原材料的储存管理、加工制作烹饪，再到餐具清洗消毒、垃圾处理等流程，最后到食品安全管理体系的建立等都作出原则性、指导性的规定。

(四)高校食堂节能环保的特点

食堂是高耗能场所，特别是后厨，每天消耗大量的能耗。照明、通风、空调、加工、烹饪、冷藏、洗消无一例外都在耗能。随着国家"十三五"规划的推进，创新、协调、绿色、开放、共享的新发展思路已成为整个社会的发展方向。因此新时代高校食堂的筹建，如何降低能耗、降低食堂运营成本，达到绿色、低碳、节能是食堂筹建的一个重点难题。

随着科技的进步，技术的发展，一批成熟的商用节能厨房设备逐步取代了传统高能耗、高污染的厨具。2015 年，紫金港校区临湖餐厅进行了全电厨房的改革试点，通过对电磁灶的应用来取代传统的燃气灶，从而达到绿色、低碳的目的。与传统燃气灶相比电磁灶有着明显的优势，首先从原理上电磁灶通过电磁感应原理使器皿自身发热加热食物，减少了热量传递的中间环节，使热效率大为提高。根据美国能源效率经济委员会的数据，电磁灶具热效率可达到 90%，传统而燃气灶具仅能达到 45%。因此在相同条件下，3.41 元可得到的热能如表 1 所示。

表 1　热值比

炊具	热效率	热值	单价
电磁灶	90%	3600 焦/度	0.558 元/度
燃气灶	45%	35700 焦/立方	3.41 元/立方

燃气灶：35700×0.45＝16065 焦

电磁炉：3600×6.1111×0.9＝19800 焦

热值比：16065/19800.4＝0.81

由此可见，电磁灶较燃气灶能够节省近 20%的能耗。除了出色的高热效率，电磁灶与燃气灶相比还有以下优点：

(1)无燃烧废气排放、不消耗氧气、无噪声、无污染。

(2)无明火燃烧、无燃气泄露，可避免人员及环境安全隐患，比传统的燃气灶具更安全。

(3)可减少热量散发，有效缓解厨房内高温工作环境。

紫金港校区 2017 年后新建的食堂已不再预埋燃气管道，新食堂均为全电厨房，紫金港老食堂也在逐年的改造建设中，陆续更换了电磁灶具，目前燃气灶具在紫金港所有食堂的占比已不到 5%。

(五)高校食堂机械化的特点

高校食堂属于劳动密集型企业，劳动强度大，工作环境差使其存在招工难的问题。随着食品加工工业化理念的推进，高校食堂机械化水平也在逐年提高。高校食堂通过引入现代化的机械设备，在机械化力量的推动下，缩减了用工数量降低了人员成本同时还提高了生产效率。

饮食中心在改革发展中先后引入了包馅机(见表 2)、长龙式洗碗机、米饭生产线、蔬菜加工流水线、肉类加工设备、智能炒菜机器人等先进的机械加工设备。

表 2　包馅机使用前后数据对比

	产量	需求	时间	用工数
人工	5 个/分钟	3000 个	100 分钟	6 人
包馅机	60 个/分钟	3000 个	50 分钟	3 人

通过人工生产与使用机械生产的对比，相同产量下可以得出机械化生产对于高校食堂促进产品标准化生产、增强餐饮保障能力、提高生产效率、降低人员支出等方面有着积极的作用。

(六)高校食堂文化属性的特点

高校食堂是高校师生生活中不可或缺的栖息地，食堂文化对高校师生也存在潜移默化的影响。食堂文化是高校校园文化的组成部分，良好的食堂文化建设不但有助于学生的身心放松与发展，也为学校打造食堂饮食品牌和提升学校口碑和繁荣校园文化有着不可忽视的作用。

高校食堂既是师生用餐的地方，也是师生交流的地方，它应该是一个饮食、娱乐和交流的综合体。新时代的高校食堂在布局上应建立一个供师生开展学习交流、休闲娱乐、社团活动于一体的综合区，同时利用食堂的空间，制作文化展板、宣传标语，达到育人的作用。以紫金港东二麦思威咖啡吧为例，通过玻璃隔断、书架分隔区域形成独立空间，为师生提供会议、学习、交流的场所。咖啡吧内部装饰采用大面积文化墙，绘有浙大校徽、西迁之路等浙大元素展示校园化。

二、新时代高校食堂筹建思考

当前，国内高校食堂后厨深化设计一般交给专门的厨具公司进行，建筑设计人员涉及较少。这就导致设计人员对食堂后厨的具体操作流程、设施设备及运营中可能出现的问题等认识不足，造成设计与使用脱节，出现功能布局不合理、流线通道混用、空间不足与浪费等一系列问题。因此，通过对高校食堂特点的总结，能够帮助我们在新食堂筹建之初从建筑设计的角度对高校食堂进行研究，形成设计上的指导，提出合理规划、布局、需求等，并在筹建过程中不断完善食堂的功能，最终完成食堂的筹建工作。

(一)方案设计阶段

高校食堂的筹建已成为学校规划部门、设计院、基建处、后勤集团等多个部门分段实施、共同参与的工作。然而，食堂筹建又是一个十分繁杂的系统工程，专业性强、细节要求多。当前食堂在功能布局和设备安装上都缺少规范的技术标准，很多东西都是靠食堂筹建人员和设备技术人员的实际操作经验来完成。因此，多方协作、积极沟通是建好食堂的重要保证。在食堂设计阶段，后勤筹建部门要做好与基建、设计等部门的信息反馈工作。当食堂初步设计方案完成后，后勤管理人员要根据食堂业态定位等主要参数会审图纸，并按照食堂的功能布局明确相应的建设要求，依据使用设备确定安装的具体位置等，及时补充、完善和反馈信息给建筑设计人员，避免出现设计和实际需求不符的情况发生。

现阶段高校食堂的建设主要分成两个方向，新食堂的筹建和老食堂的改造，新食堂的设计主要是跟随新建设校区模块的特色，而老食堂的改造更多的是展现出原有区域模块特色的文化和历史沉淀展现，餐厅内部的装修和功能设计都会更加贴近人文气息和时代特色，跟随师生需求和学校的功能定位。因此在食堂的筹建中，首先要明确硬性的就餐需求，即须满足的就餐人数，其次餐厅是否有明确的功能定位，例如教工餐厅、民族餐厅、风味档口、自选餐厅等明确的功能定位。这两个要素非常重要，确定着整个餐厅功能设计的方向，因此在实施过程中筹建单位一定要有学校相关部门的明确书面指导，并通过会议的形式明确对这个方向的理解，让全体筹备人员方向一致。在确定好需求和定位之后，食堂的整体框架也就有了，然后再根据高校食堂的特点，逐步在框架内添加功能区块和使用需求，从而逐步细化各个点位，最终形成一个完整的食堂。

以紫金港东二麦思威餐吧为例，它的首要需求就是能有效缓解下课就餐高峰期大食堂容量不足的问题，方便东教学区师生就餐，改变原有学霸餐流动就餐的情况，同时能够满足2000人次的就餐需求。东二麦思威餐厅在功能定位以套餐形式的“学霸餐”为主，西餐料理为辅，并且整个餐厅要突出生活空间的氛围。在明确这两个要素之后，食堂的主体框架也就有了。东二餐吧共两层，一楼1100平方米，二楼650平方米，一楼为主体提供大众套餐，二楼为西餐料理，根据《饮食设计建筑标准》以大型餐厅为标准，厨房区域和食品库房面积之和与用餐区域面积之比应≥1∶3，由此可以得出东二餐吧大厅就餐面积约为1300平方米，后厨面积约为450平方米。以此数据为参照，根据建筑的实际情况，搭建出餐厅的主体框架，然后根据食堂的特点逐步添加功能区块，完善功能细节。

东二餐吧依托于大食堂副食、主食的集中加工，以及总仓的集中领料方式，能够简化操作流程，缩小仓储和洗切的使用面积，一层分为仓储、洗切、烹饪、出售、洗碗间、大厅和辅助用房更衣室七个基本区块；二楼为西餐料理，分为明档、大厅、洗碗间和辅助用房办公室区四个基本模块。确定好功能模块后，根据餐厅的主体框架和建筑结构以及操作流程，将各个区块合理地布局到餐厅的框架内，形成餐厅功能区块的布局。

完成整体区块的布局后，就需要根据餐厅的经营需求和操作规范，进一步细化各个每个区块的设备选型、参数、规格以及摆放位置，确定设备的定位后，根据设备点位形成餐厅的土建、电路、给排水、排烟、弱电等细化装修图纸，至此食堂前期初步的设计方案也就完成了。

（二）装修施工阶段

在食堂完成主体结构施工后，需要同步跟进装修施工阶段。装修施工阶段，后勤筹建部门要做好与施工单位和设备厂商的信息对接工作。高校食堂内部隔断、管线布设等施工环节繁多复杂，要主动给施工人员现场讲解施工注意细节，还要及时告知设备供应单位发布施工中的边界参数。

食堂筹建进入后期装修施工与设备安装阶段，在学校完成设备招标确定设备厂商后，后勤筹建部门应首先与设备厂商对接，根据经营需求对设计方案做进一步的深化和改进。其次要尽快熟悉、摸透施工现场环境，在对施工现场实地勘测过程中，设备厂商需要明确一些信息：

(1)施工现场土建、电路、给排水、排烟、弱电等点位信息是否与图纸一致，是否有遗漏点位。

(2)对于一些由设备厂商后期细化的装修细节，需再核对完场地后给出设计方案。

(3)设备放样时，需考虑是否与建筑本身的消防设施、基础结构有冲突。

(4)对于一些设备的管道、支架等有预埋、吊装或需要在部分装修前完成的工作，需要明确施工时间。

(5)对于一些错误提出合理的改进意见。

在收集完以上问题和信息后，形成一份书面的报告，并组织学校基建处、施工单位、后勤筹建部门、设备厂商进行一次碰头会，沟通讨论解决发现的问题，细化装修方案，协调各方的工程进度，明确分工和节点，相互配合开展进一步的工作，再在下一次碰头会上检查落实情况，形成闭环。

以银泉餐厅为例，在对施工现场实地勘测过程中就对部分的设计细节、装修进度、问题意见进行了汇总和整理：

(1)二楼自选餐厅的售卖间吧台以及三楼川菜厅明档吧台，需要根据设备厂商的设备尺寸，确定吧台的尺寸，确保后期完成面的高度保持一致性。

(2)一楼餐厅排烟风罩的线路在实际放样中与消防管道、新风管道有冲突，需要重新设计线路。

(3)餐厅二次更衣间、冷菜间需要根据《餐饮服务食品安全操作规范》给到施工单位细化的装修方案，例如预留感应龙头、紫外线灯安装点位，冷菜间还要预留空调点位，同时根据现场尺寸确定玻璃隔断的尺寸等细节。

(4)餐厅风罩的吊装进度需要赶在食堂吊顶前完成；厨房的传菜窗需要在墙体砌完后瓷砖铺贴前完成。

(5)餐厅冷库的地面没有做下陷处理，冷库基础应下陷10厘米，完成保温板的预埋后再铺贴地砖。

食堂的装修施工阶段，需要丰富的工作经验，后勤筹建部门工作人员要全过程、全方位地参与施工，才能做好前期设计规划、把控施工顺序、完善施工细节、调整施工进度、解决突发问题等。

(三)设备调试与培训阶段

完成设备的安装后，进入设备的调试与培训阶段，设备的调试需要注意以下几个方面：

(1)检查设备电源是否正常。

(2)检查设备的供水连接处是否有渗漏，排水是否通畅。

(3)检查设备运转时设备本身是否存在漏水、漏电情况。

(4)检查设备运行是否正常，特别要注意设备的运转方向是否正确、保护功能是否正常。

(5)对于一些温度、转速、时间有特殊要求的设备，需要将参数、指标设置在合理范围。

调试完成后需要对设备操作人员进行统一的培训和指导同时做好培训记录，培训内容包括：

(1)熟悉设备的操作方法。

(2)设备常见故障的处理办法。

(3)设备的日常保养方法。

通过对新时代下高校食堂的特点及高校食堂筹建经验的总结，可以看出高校食堂的筹建，是一项综合性极强的系统工程，从设计到施工这期间不仅涉及建筑学、材料学、管理学等不同学科，同时也融合了信息技术、机械工程、食品安全等诸多专业知识。因此，在食堂筹建过程中，只有坚守服务初心，牢记育人使命，因校制宜、实事求是、与时俱进，才能真正建设出顺应时代发展潮流、符合师生用餐需求的食堂。

浅议高校餐饮实体在对外发展中面临的问题及对策

——以浙江大学为例

钱向群

（浙江同力教育后勤管理有限公司）

【摘　要】 随着高校后勤社会化改革的深入推进，高校餐饮实体的对外业务也得到了长足发展，但同样又面临诸多问题。如何在高校后勤改革进一步深化的背景下，积极应对当前高校餐饮实体对外发展中出现的新情况、新特点、新问题，主动迎接挑战，是摆在高校餐饮实体面前亟待解决的问题。本文旨在通过对浙江大学后勤集团饮食服务中心近些年对外发展过程的回顾总结，探讨解决对策。

【关键词】 高校；餐饮；发展

浙江大学后勤集团饮食服务中心（以下简称“浙大饮食”）自 1997 年托管浙江科技学院（原杭州应用工程学院）食堂以来，充分利用长期以来积累的密集型大团队餐饮管理经验以及餐饮综合保障系统完善等优势，介入了浙江省内高校、中学、企事业单位食堂的经营管理，到目前已形成一定规模，在校外餐饮市场特别是大团队餐饮市场形成了品牌优势。饮食服务中心对外发展的过程，既是高校后勤社会化改革的探索实践，也是高校企业服务社会的探索实践。

一、浙江高校餐饮实体对外发展的现状

自 1999 年国家高校后勤社会化改革工作会议以来，多所高校的餐饮实体投身到社会餐饮保障市场，甚至有高校背景的其他行业实体也转型参与餐饮市场，一度形成百家争鸣、百花齐放的局面，新办学校、中小型学校、原有后勤力量不强的学校以及部分企事业单位的食堂、餐厅大部分由高校背景的餐饮实体进行管理。但随着餐饮管理规范化的逐步推进、全社会对饮食安全等问题的高度关注以及国家有关规范性的文件、通知的逐步出台，部分高校餐饮实体逐步退出社会市场，到目前为止，浙江省内对外发展形成规模化、持续化运行的高校背景的餐饮实体仅剩浙大饮食一家。同时，从 2003 年以来，部分学校出于稳定因素、服务价格等观念性问题逐步收回了餐饮服务经营权，恢复到自办伙食的老路上，市场出现逐步萎缩情况。

二、高校餐饮实体对外发展业务的特征

高校餐饮实体的对外发展过程不同于一般的经济市场开发行为，受其业务特性及市场特性影响，对外发展过程明显具备了一些特有的属性。

（一）经济属性

无论是作为管理方介入管理还是作为责任方承包经营，餐饮实体作为社会力量参与到

甲方学校的经营管理必然要追求合理的经济回报。双方的合作带有明显的契约痕迹,乙方承担了为甲方学校提供安全、稳定、多样的餐饮服务的职责,甲方必然要允诺乙方从服务过程中赚取合理的经济回报以支付各类成本、费用和实现企业积累。但受餐饮行业的特殊性及外部成本变化剧烈等因素影响,经济回报的比例、数额很难固化,出于本位思想的考量,甲方往往会认为餐饮实体从乙方赚取了"最大化"的利润,久之则容易出现"失衡"心理,以校园稳定要求这一尚方宝剑为由有意回避经营活动的经济属性;而作为经营方的高校餐饮实体在未得到甲方允诺完全市场地位情况下,除了不断向甲方反映经营困难之外,很难通过经营活动取得合理的经济效益,造成餐饮实体空有市场而难有经济回报的尴尬情况。

(二)教育属性

高校餐饮实体参与的社会发展多数是在各类学校中,而学校餐饮服务因为其服务受众的特殊性决定了经营活动本身除了追求经济属性之外,必然要考虑遵循教育属性。教育属性则要求高校后勤实体牢记自己姓"教"的根本,在一定程度上要服从甲方学校的行政意志和事业要求。作为出身于高校的餐饮实体,清楚地认识到这一特征,但又长期为"尽忠尽孝"要求所困,有时甚至需要违背市场规律,为烧"政治饭"、"稳定菜"而牺牲经济特性。

(三)契约属性

在对外发展的过程中,承接的服务保障项目往往以合作协议、托管合同等契约形式明确双方的权责利。契约中对乙方的责任往往非常明确,诸如保障校园饮食安全、不断丰富产品品种、严格控制产品价格等,对餐饮服务的保障形式、运行过程、师生接受程度都有量化考核指标。但由于餐饮活动本身的特殊性,很多内容无法提前预估,无法在合同签订之初就考虑到位,部分合同条款往往比较模糊,属于做与不做两可,往往需要在合作过程中以充分沟通来弥补这一不足。合同因为存在起止期限,人为地割裂了持续的经营活动,由于后续经营存在不确定性,必然给后勤实体的服务提升造成障碍。

三、高校餐饮实体对外发展过程中的困境

(一)不理性的竞争环境

随着国家鼓励个私经济发展的政策逐步出台,社会上大大小小的餐饮服务公司如雨后春笋般出现,餐饮这一行业的准入标准很难清晰确定,造成各类公司"同舟共挤"的现状。而部分民营企业为了追求利润最大化,以不规范用工、简便采购等"擦边球"行为降低服务成本,参与到学校大团队餐饮市场的竞争。为了取得经营权,此类公司往往会以为甲方食堂添置设备、上缴甲方承包款等条件取得甲方的青睐,少数经费筹措紧张或追求食堂投入回报的学校往往会选择这样的公司。久之则会形成食堂应该为甲方带来经济回报的认知误区,会给甲方带来"出让市场换取回报"这一错误的后勤社会化方向。不合理的竞争环境带来了不合理的合作条件,不合理的合作条件必然带来不合理的操作,最终的受害方除了规范的高校餐饮实体外,最大的受害者往往是出让餐饮市场的学校本身。

(二)设施陈旧、模式单一

随着社会的进步,师生对饮食服务的要求越来越高,但当前的托管食堂普遍存在超负荷运行情况,设备老化,设施陈旧,从而造成严重安全隐患、师生就餐流失等问题。究其原因,一是建设发展资金缺口大,造成能拖一年是一年的尴尬,二是因为乙方在具体运作,甲方缺少"切身感受"。

(三)合理定价机制缺失

随行就市,完全市场化的食品原料的采购,与存在明显计划化的校内饭菜价格之间的矛盾,是困扰高校后勤实体对外发展的一大难题。这一矛盾的客观存在为对外发展带来了巨大的风险,当出现物价畸高时,由于这一矛盾的存在,乙方将面临大的亏损,虽然甲方会给予一定的支持,但这样的行为往往是阶段性的干预,缺乏持续性。市场化的用工环境、原料价格、服务实体和学校要求不涨价之间造成的成本倒挂应该建立补偿机制,由甲方承担,因为这样的倒挂不是因为经营方造成,而是"稳定"的成本,是"公益"的成本。

(四)人员不稳定

高校餐饮服务是由干部职工的共同劳动来实现的,餐饮服务工作搞好搞坏,不仅取决于管理人员的水平高低,更取决于整个队伍的稳定及其综合素质。当前的用工环境相比十年前甚至五年前发生了本质变化,东部省市持续多年的招工难问题已经严重影响了高校餐饮实体的发展,不仅在新项目筹建队伍的组建过程中成为制约因素,对已有项目而言人员的流失也已经成为制约服务提升的最关键因素。

四、高校餐饮实体对外发展的对策

高校餐饮实体要在激烈的市场竞争中立于不败之地,并实现稳健、持续的发展,必须培育和运用自身的核心竞争力。

(一)人力资源是高校餐饮实体核心竞争力的基础

浙大饮食当前在经营、管理、财务、投资、技术等方面均有丰富的人力资源,目前有技师20余人、营养师30余人、烹饪、面点等中高级专业人才近200人;许多管理人员和员工在多年的工作经历中积累了丰富的经验,具有较好的风险意识、开拓意识、管理能力、技术水平和较高的综合素质。在用好当前的人力资源的同时应该探索建立科学的、可持续的人力资源战略,用好"老人",选好"新人",培养"能人",采取多种形式开展员工思想道德教育和专业技能培训,努力营造学习氛围,构建学习型企业,培养出企业骨干并通过"待遇留人""感情留人""氛围留人",增强员工的归属感和忠诚度。

(二)管理经验与创新是高校餐饮实体核心竞争力的载体

浙大饮食从社会化改革以来,一直致力于推行科学管理,开展制度化、标准化建设,先后在全国高校同行率先推行ISO9001、HACCP、ISO22000、5S等管理体系,形成了一整套行之有效的管理制度,先后出版了《饮食服务与科学管理》《大众餐饮管理规范》《学校食堂食品安全管理体系的建立与实施》《采购科学与管理》《高校伙食五常现场管理的推行策略》等书籍,并在多家刊物上公开发表了高校伙食改革与创新理论与实践的专业论文,在管理创新等方面积累了大量的经验和材料,创新模式也已初步形成。同时,浙大饮食多年经营浙江大学校内食堂、餐厅,有着较为丰富的食堂管理经验,能够较好地理解和把握高校伙食的教育属性,熟悉高校伙食在学校"服务育人"中的作用和在学校发展中的定位,在对外发展中所积累的数十个成功案例经验的总结凝练,为实体的核心竞争力注入了新的血液。

(三)资源优势是高校餐饮实体核心竞争力的保障

对集体餐饮保障而言,这种优势主要体现在物流链、人流链的有效、及时覆盖。浙大饮食有专门的配送中心,负责所有营业网点的集中采购与配送工作,拥有一整套科学规范的采购管理体系，拥有一支近30人的专业采购员队伍，在供应商准入、考核、招投标管理、第三方物流管理、基地采购、采购索证等方面均有严格的制度体系及成熟的操作经验，能够切实有效地为整个饮食生产链把好采购安全关、质量关、价格关、服务关等。浙大饮食在1998年率先开发和启用高校物流信息化管理系统（EOS），能够在线完成需求汇总、网点传输、统计查询、仓储管理、成本管理等多项功能。配货中心也非常专业地关注物价动态，不定期就热点问题及国内外期货信息进行整理和分析，形成采购信息简报，为管理层提供及时、准确、有效的决策信息。如何进一步协调资源，实现副食半成品、主食成本的同城配送，扩大浙大饮食的资源优势，是下一步提升核心竞争力的一个可行方向。

（四）为“浙大饮食”品牌注入多元化的内涵

多元化包括消费层次多元化和保障形式多元化两个方面。在对外开放的业务中，坚持在大众服务形式主体地位不动摇的基础上潜移默化地引导师生的消费习惯，逐步地建立多元化的消费模式，通过兴办“自选餐厅”“风味餐厅”“西餐厅”，或改造一些特色食堂或餐厅，品种不但要精，而且要有特色，通过特色服务吸引众多消费者，满足来自不同地区、不同生活习惯学生的口味和生活需求。这样的做法既满足了所有师生吃得饱、吃得经济的要求，又满足了部分师生吃得好、吃得营养的要求，逐步地增加服务的价值，实现就餐者、甲方、实体多赢的局面。

在运行项目过程中不仅要“走出去”，也要“请进来”，充分利用其他的社会专业力量，共同合作，优化保障模式。在充分尊重市场实际的前提下，由浙大饮食对甲方市场进行总承包并负责大众饮食保障，维持服务主体不变同时引进特色餐饮企业或经理人，由引进方提供品牌、技术支持或对厨房进行管理，经营“风味餐厅”“西餐厅”“特色餐厅”，由浙大饮食确定产品种类、价格和服务要求并进行监督但不干涉，充分发挥引进方的专业管理经验，共同完成甲方要求的保障任务。

高校餐饮实体的对外发展是符合社会需要的，也是大势所趋，如何正确地对待面临的困难并努力地解决这些困难是浙大饮食当前的主要任务。同时，浙大饮食还要坚持科学发展观，解放思想，创新机制，强化管理，在发展中发现问题，在发展中解决问题，在发展中锻造品牌，围绕后勤集团“二次创业”总体要求，在立足校内的基础上实现“校外校内一样好”的目标。

参考文献

[1] 张德成．浅谈高校餐饮员工素质[J]．经济师，2011(5)．

[2] 孙洪英，苏宜兵．高校餐饮服务人员应该具备的基本素质[J]．教育教学论坛，2011(18)．

新时期高校食堂改革发展思考

——基于浙江大学经验的总结分析

钱向群

(浙江同力教育后勤管理有限公司)

【摘　要】 党的十八大以来,我国改革开放和社会主义现代化建设取得历史性成就,党和国家事业发生历史性变革,中国特色社会主义进入新时代。随着国内高等教育进入内涵发展的新阶段,国内团餐行业取得长足发展,师生需求从内涵、层次和差异等方面出现新的变化,高校食堂又普遍面临着物价、用工等成本的巨大压力,高校食堂的改革发展也逐步迈入了新的时期,呈现出新的阶段性特点。本文在回顾高校食堂改革的基础上,分析新时期高校食堂改革发展的阶段性特点。并以浙江大学为例,总结新时期推动高校食堂从传统服务到现代服务的跨越发展中的"浙大模式"。

【关键词】 高校食堂;后勤改革发展;餐饮管理

一、高校食堂改革回顾

高校后勤社会化与改革开放相伴而生,发端于1985年之际,中共中央发布《关于教育体制改革的决定》,指出改革的方向是实行社会化;大规模启动于世纪之交,1999年,朱镕基在第三次全国教育工作会议上讲话,指出要把后勤从学校剥离出来,实行后勤服务社会化,鼓励社会力量为学校提供后勤服务,随后国务院办公厅在上海召开第一次全国高校后勤社会化改革工作会议,2000年1月,五部委发布《关于进一步加快高等学校后勤社会化改革的意见》。经过30多年的改革与发展,高校后勤社会化取得了很大的成就,全国高校后勤发生了深刻的变化,初步完成了从计划经济向市场经济的转型,市场机制在后勤资源配置中的作用逐步增强,高校后勤保障能力、运行效率和服务质量显著提高,为我国近年来高等教育事业的快速发展提供了有力支撑。

二、新时期高校食堂特点分析

党的十八大以来,我国改革开放和社会主义现代化建设取得历史性成就,党和国家事业发生历史性变革,中国特色社会主义进入新时代。随着国内高等教育进入内涵发展的新阶段,国内团餐行业取得长足发展,师生需求从内涵、层次和差异等方面出现新的变化,高校食堂又普遍面临着物价、用工等成本的巨大压力,高校食堂的改革发展也逐步迈入了新的时期,呈现出提质增效和转型升级的新特点。具体来说,与前一阶段相比,新时期高校食堂改革发展有以下新的特点:

(一)核心任务不同

党的十九大报告提出,中国特色社会主义进入新时代,我国社会主要矛盾已经转化为人民日益增长的美好生活需要和不平衡不充分的发展之间的矛盾。这一矛盾体现到高校系统,就是高等教育发展到新的阶段,大规模扩招告一段落,提高质量成为高等教育发展的核心任务。《国家中长期教育改革和发展规划纲要(2010－2020年)》就对高等教育提出全面提高高等教育质量、提高人才培养质量、提升科学研究水平、增强社会服务能力、优化结构办出特色等发展任务。教育部在2012年发布《关于全面提高高等教育质量的若干意见》,进行专门的工作布置。我国高校计划招生规模也在2010年后进入相对稳定阶段。党的十九大进一步指出要实现高等教育内涵式发展。同时,随着我国经济的长足发展,师生生活水平的日益提升,师生对饮食需求已经从吃得饱转变化吃得好,更加关注服务品质,关注营养健康。因此,消除制约我国高等教育发展的“瓶颈”因素——主要是扩招带来的后勤资源短缺问题,这一高校后勤社会化的核心任务,也阶段性地完成了使命。新时期高校食堂的核心任务在于为构建中国特色现代大学制度体系、全面落实高等教育“双一流”建设提供后勤保障支撑,紧贴学校教学科研需要,为师生提供优质饮食服务。

(二)发展动能不同

经过多年的发展,高校后勤已经初步完成了从计划经济到市场经济的转型,与原材料设备市场、社会餐饮行业等外部市场联动互动日益紧密。随着整个餐饮行业的发展变化,近年来,竞争环境日益激烈、服务需求日益提升、监管要求日益严格、经营成本日益增加,各类餐饮经营实体面临的竞争冲击越来越大。面对这样的形势与环境,餐饮实体要想在竞争中生存下来,发展壮大,并脱颖而出,必须立足消费需求变化,强化企业管理绩效,实施品质竞争策略。近年来,各类实体开始在变局中探索突围路径,我国餐饮行业开始逐步进入提质转型升级的新阶段,出现规模持续上升、创新升级加快、市场规范提速等阶段性的新特征。餐饮行业的发展方式加速向质量效益型转变,发展动能逐步从依靠传统核心资源支撑、规模增长向产业深度融合、产品技术创新、管理效能升级驱动转变。高校食堂也同样面临着这样的发展动能转换形势。一方面受高校规模进入相对稳定阶段影响,整个就餐体量相对稳定,已无法通过新建扩建等规模增长的传统手段推动发展;另一方面,高校食堂与社会餐饮已高度关联,受到原材料用工等成本上升、新业态新技术创新等同步影响,师生需求也跟随社会经济发展出现消费升级,与社会餐饮面临的困境有很大的相同之处。因此也意味着,新时期高校食堂的改革发展必然要着重于产业深度融合、产品技术创新、管理效能升级等方面,也只有能在这些方面取得突破的餐饮实体才是符合高校需要的。

(三)市场环境不同

高校向市场向社会购买后勤服务,由更为专业的实体提供服务,而非学校包办一切,这符合高等教育的内在规律,也符合社会分工细化专业化的发展需要。特别是在财政经费无法完全承担后勤服务费用时,资源配置与运行效率就显得相当重要。高校食堂行业发展至今,市场环境已经大不相同,行业壁垒已经打破,开放市场初步形成,各类实体不断涌现,配套支撑逐步完善,政策法规渐成体系,产业发展日益成熟。在这个市场中,既有外来的国际巨鳄,也有新兴的行业龙头,还有不同区域大小不一的众多参与者,还有不同业态的社会餐饮作为补充,比如资本与外卖结合向校内的渗透,连锁便利店＋餐饮业态在校园的发展。专业性的服务提供市场已经初步形成,一方面学校拥有了更多选择,另一方面高校食堂从业实体也将面临更多的竞争。高校食堂的改革发展拥有了更好的市场经济基础，无论是从业实体、经营业态、技术创新等方面都有了长足发展。

如果说前一阶段的改革发展，主要是初步实现了学校伙食工作从行政组织到经济组织、从福利性到公益性、从计划经济到市场经济的转变，那么新时期高校食堂改革发展的重点就在于推动从传统服务到现代服务的跨越发展，立足大市场，依托新动能，完成新的核心任务，从社会化走向现代化。高校食堂领域的团餐正不断形成健康、安全、美味、亲情、绿色、智慧、公益等基本理念，呈现出业态创新、食堂功能转型、互联网＋、数字赋能、营养健康等主要发展特征。

三、浙江大学探索经验

浙江大学食堂的改革自1980代末起步，通过三十多年的探索与实践，形成了“甲乙方分离、集团化运行、行业实体分别管理”的模式，基本实现了学校伙食工作从行政组织到经济组织、从福利性到公益性、从校内市场到校外市场的巨大转变与跨越发展，在体制机制改革、保障能力提升、专业管理建设、社会服务发展等方面都取得了一定的成果，积累了一定的经验，形成了公益性服务、市场化运营与企业化管理相结合的内涵式发展模式，伙食保障能力、运行效率和服务质量显著提高，为学校的快速发展提供了有力支撑。

近几年来，浙江大学饮食服务中心（以下简称“浙大饮食”）进一步围绕新时期食堂改革的核心任务，积极跟进市场变化，认真转变发展动能，坚持宗旨不动摇，坚持改革不停步，坚持发展不放松，不断推动高校饮食从传统向现代的转型升级。

（一）助力人才培养，强化服务育人

后勤工作归根到底是为学校服务的，后勤是维系学校教学、科研、师生员工生活等正常秩序的支撑力量，也是学校基本办学条件的重要组成部分，更是学校发展不可缺少的重要依靠。这说明，高校后勤是因为高校的存在而存在，具有从属性。严格意义上来说，高校后勤不是一个独立的社会分工部门，因为其服务对象是唯一的，无法切换分工协作对象。所以后勤的一切工作都必须以学校为出发点、落脚点。后勤工作必须紧紧围绕立德树人这一根本任务，紧贴学校教学科研需要，强化自身服务育人职责。

这也就回答了高校后勤“为什么而存在”“发展方向和目标在哪里”“路该怎么走”三个终极问题，也就明白了高校后勤与一般社会企业的不同之处。高校后勤与学校使命价值高度契合，是学校整体的重要成员。因此，浙大饮食有为状元烧饭的情怀并传承至今，同时持续不断地在理念与机制开展创新，而不是用功利化的眼光来看待服务，将服务变成一门生意。

为状元烧饭，就是浙大饮食的使命与价值追求。浙大饮食引进山西面食、东北水饺等各式原汁风味，满足各地师生多元化的饮食习惯；严格高中低档菜肴供应，保障不同消费需求；注重校园味觉记忆传承，求是饼、求是餐等串联起50万校友共同回味；推出冬日暖心汤煲、学霸餐，提供送餐服务，优化夜宵餐点供应，方便师生学习工作就餐，不断用妈妈般的心思做好每一餐饭菜。浙大饮食经常与师生一道开展光盘行动、节水宣传、传统饮食文化、药膳大赛、营养健康、厨房体验等活动，推进食育教育，让学生了解食堂，感受生活，提高了学生生活技能，传播了生态环保等理念，弘扬了传统饮食文化。为做好服务，浙大饮食通过上门走访、开设微信平台、关注论坛、现场受理等多渠道了解师生需求，采取多种方式落实师生民主参与机制，及时解决就餐过程问题，让师生吃得开心。在开荒保洁、恶劣天气、重大活动等急难险重任务面前，全体员工无怨无悔，全心奉献，始终奉行着服务育人的初心和使命，为学校提供最坚强可靠的支撑保障。

(二)坚持公益办伙,评估运营绩效

后勤社会化,意味着食堂工作要遵循经济规律,服从和服务于经济建设这个中心;同时也必须遵循教育规律,服从和服务于学校的中心工作。而遵循教育规律,关键就在于坚持高校食堂公益性,这是高校食堂始终不能离开的根本。

教育部等五部委在《关于进一步加强高等学校学生食堂工作的意见(教发〔2011〕7号)》中明确提出:以科学发展观为指导,坚持学生食堂为学生健康成长服务的方向,系统建立既体现公益性又适应市场规律,保障学生食堂可持续发展的长效运行机制,为我国高等教育事业的改革发展创造和谐稳定的校园环境。这是政府职能部门在总结高校后勤社会化多年改革的基础上,对高校食堂改革的部署与要求,并明确了公益性是中国高校学生食堂的根本属性。

在食堂管理服务过程中,浙大饮食严格落实公益办伙要求,抓好小微权力管理,切实履行好保障民生、服务育人的重要职能,不断优化师生体验。

一是严格食堂盈亏控制。按照《关于进一步做好高等学校学生食堂工作的若干意见(浙教计〔2012〕140号)》要求,食堂年度盈亏控制在±4%以内。按照这一盈亏控制要求,合理测算食堂原料、能耗、人工等成本,核定食堂产品售价。对食堂运营过程中产生的合理利润,主要用于基础设施设备维修保养等,不得挪作他用。

二是加强供应品种监管。加强对食堂日常供应的过程监管,食堂菜品应有合理的高中低档比例,每餐供应期间低档菜不断档,切实做好经济困难生的就餐保障。同时,食堂应有免费汤、免费调料等供应。

三是推进师生民主管理。成立由师生代表、有关部门负责人组成的膳食管理会,对食堂管理服务与安全质量提出意见和建议,参与对食堂的监督检查。不断加强与师生之间的交流沟通,积极了解师生需求意见,及时处理师生就餐过程中出现的问题。

四是加强管理效能提升。注重运营绩效评估,着力从节支降耗和管理效能提升两方面入手,不断加强采购成本和人工能耗成本控制,提升运营绩效。

(三)满足多元需求,丰富经营业态

为不断满足师生高品质、多元化、多层次和差异化的饮食消费需求,浙大饮食大力推动餐饮业态、产品和服务创新,不断发展和完善多业态的服务格局。

浙大饮食与黑龙江大学、太原理工大学进行校际合作,为师生提供纯正地道的东北水饺和山西刀削面,同时引进小海小鲜、西式简餐窗口,丰富师生不同口味需求;根据学校公务接待要求,在紫金港增设了自助餐服务、商务套餐服务;在紫金港三楼餐厅开设教职工专窗、设立教职工专座,满足教职工就餐需要;成立师生交流吧服务部,在紫金港东二学生文化长廊开设麦思威咖啡吧、茶吧服务,为广大师生提供集休息、茶饮、学习为一体的场所;研发取餐智能结算系统,建立营养摄入监测和分析系统,推出人脸识别就餐系统;还从师生角度出发,积极调整优化培训生就餐办卡、缴费、刷卡等一体化服务,进一步便利了师生,进一步方便了学院以及校外培训生的团队就餐。

在此基础上,浙大饮食不断采取举措力推精准服务,狠抓细节。开设东北米专窗、提供标准套餐、设立服务台;出台厨师长菜品负责制;在各食堂推广使用新型保温设备,实施菜肴热链式管理;延长推迟各校区食堂供应时间、严格落实12:30以后10个新烧菜品供应、每个校区规定一个夜宵供应食堂、对团餐进行定点供应、优化培训班刷卡系统等,进一步丰富师生就餐体验,提升浙大饮食服务品质。浙大饮食推出的求是饼、年夜饭等系列品牌活动与产

品，麦思威咖啡吧、人脸识别就餐系统、营养监测分析系统等不仅先后成为校园热点，而且经过多年的努力与沉淀，已经成为校园文化的有机组成，成为浙大人的共同生活内容。

（四）应用信息技术，建设智慧食堂

互联网、大数据、人工智能等科技在产业的应用，是新经济的重要发展特点。先进技术与设备的应用，不仅是对人工的替代和升级，而且会对整个师生就餐消费模式、餐饮生产服务模式产生巨大的影响。信息技术的应用，已经日益成为餐饮行业发展的关键动能。浙大饮食从2013年开始启动智慧食堂建设，着力构建包括采购物流系统、生产加工系统、消费结算系统、人力资源系统、视频监控系统、微信平台系统、餐屏显示系统、营养分析系统等子系统和众多应用于一体的综合性系统平台。经过几年的努力，目前智慧食堂各子系统已经初步完成研发并投入使用，不仅有力提升了整个管理过程的信息化水平、操作规范与效率，而且极大丰富了师生就餐的消费体验和服务内容。智能结算、营养监测分析、"刷脸"吃饭、扫码点餐、移动端订餐等一系列科技应用不仅广受师生好评，还引起了人民网、凤凰网等媒体的关注。浙大饮食研发的营养摄入跟踪分析与健康管理系统，获得了2016年中餐科技进步奖二等奖；微信平台已经成为师生沟通交流的重要平台。智慧食堂建设，为一流饮食服务体系建设提供基础性的系统支撑和多项应用，进一步推动了传统餐饮管理服务的转型升级。

当然，智慧食堂的建设，也离不开相关的硬件支撑。基础设施和设备是食堂运行的基础，浙大饮食结合学校美丽校园建设和"三室一堂一卫"重点工作要求，立足现代化餐饮建设需要，大力投入设施改造和设备引进工作。在紫金港校区，对大食堂地下室操作间进行改造，成立集中生产加工中心，实现校区9个食堂所有主副食产品的集中采购、仓储、加工和配送，改变了各个食堂分散单独加工的模式，实现了对人力物力和管理资源的集中高效使用，完整的中央厨房也将在紫金港大西区推出。同时，还对各校区部分食堂开展操作间、售菜间、专间、就餐大厅、油烟风管等改造，进一步优化流程，实现人流物流的分置处理，提高生产安全、消防安全和后厨生产、师生就餐条件，着力提升就餐环境。开展全电厨房、明厨亮灶等改造工程，并先后引进万能烤箱、新型保温箱、多功能切菜机、去皮机、切肉片（丝）机、洗碗机、快餐包装线、吸水机、洗地机等大量设备，有力提升了食堂生产的机械化、电气化水平，提高了生产效率和安全监控能力，降低了能耗水平，为推进现代化餐饮管理提供了坚实的硬件基础。

（五）加强队伍建设，提升专业能力

要适应与满足学校和师生的消费需求变化，专业化的管理、技术和服务人才是关键的支撑资源。浙大饮食提出"专业技术能力和品牌文化能力"建设的工作要求，不断强化队伍的能力不足危机，加强人才队伍建设。通过加强人力资源规划，实施应届毕业生选聘、紧缺专业人才引进、内部人才培养等三管齐下的方式加快培养和输送管理技术专业人才，形成队伍梯队的有序化建设；通过换届聘任和管理岗位公开竞聘、聘任大学生到食堂主任岗位、设置技术管理岗位、开展岗位轮岗轮训等，为优秀员工提供上升渠道，不断优化管理队伍结构；通过开展专业技能等级和双证制学历提升培训、专业化小班化封闭式培训、全员全岗位考核、技术员工外出交流与比赛等方式，加强员工队伍的能力素养提升；通过成立菜肴研发工作室，组织中心技术总厨、厨师长对食堂菜品进行梳理，制定了标准菜谱，研发了标准套餐，加强技术标准的培训规范；通过加强对员工增收的投入力度和居住、社保公积金等方面扶持力度，不断完善人才保障机制。

在不断加强学习培训的同时，浙大饮食进一步改革用人机制，把用好人，用能人，作为队伍建设的重要抓手，形成竞聘上岗、能上能下、差序竞争、尾部淘汰的工作机制，激发队伍活力。通过系列举措，在西餐、休闲餐饮、民族性地域性餐饮等专业厨师和餐厅管理设计、涉外服务和文化创意人才上的短板得到了补强，也进一步创新了专业人才培养方式，完善了专业人才上升通道，优化了校内校外互通机制，正不断形成与饮食服务工作发展相适应的人力资源储备。

接下来，浙大饮食将进一步围绕人效这一关键指标，精减用工规模，提高单人产值，提升单人收入。

(六)完善安全体系，创建健康食堂

食堂的安全稳定是学校和社会稳定和谐的重要内容，是各项工作的重中之重。食堂的安全稳定，涉及食品安全、生产安全、消防安全等多个方面，安全风险点多、动态性强。浙大饮食按照“管理精细化、流程标准化、操作规范化、服务专业化”的工作目标，不断调整完善ISO22000食品安全管理等国际标准体系管理，抓好现场管理，对从采购、仓储、加工、配送到出售的全过程实施链式管理，保障安全与服务质量。在实施过程中，先后调整成立专门的餐饮管理、采购供应、运行保障和监控督查部门，引进培养具有专业学科背景的高校毕业生，通过组建专业管理团队、设立专职管理部门、建立内审监控队伍等措施，实施更强的安全质量监管；先后举办食堂主任、厨师长、保管员、内审员等多岗位的培训考核，探索专业化小班化的封闭式培训，实施全员岗位能力培训考核管理，着力提升员工队伍素质素养；通过建立集中加工中心、自有检测室，实施全电厨房、透明厨房改造，筹建中央厨房，引入自动洗碗机、自动包馅机、能耗系统、保温设备、保洁设备等一大批先进设备，不断提升设施设备水平；通过牵头浙江省高校伙食物资联合采购，与浙江省食品安全检测研究院建立定点检测合作，引入快速检测系统，加强对食品安全的源头把控；通过智慧食堂系统研发，对食品链的全过程实现了系统化管理，建立了全范围全过程的视频监控系统，提升了监控能力；研发建立食堂标准菜谱，建立了原料质量、菜肴投料、加工工艺和营养成分的标准，并开发了百余个标准套餐品种。体系化的科学管理、标准化的生产工艺、不断加强的监管队伍、不断提升的员工素养、先进的设施设备、有力的系统支撑等，这些都进一步强化食堂的安全防护能力，确保了在数万师生日常就餐和重大活动保障压力下食堂的安全稳定运行。

近年来，国民营养与健康问题日益受到国家、社会和民众的广泛关注。2016年，国家发布《“健康中国2030”规划纲要》，健康中国上升至国家战略，进一步凸显国民营养与健康问题的重要，同时也为健康产业带来良好的发展机遇。浙大饮食启动了健康食堂建设，一方面通过开展WHO健康单位创建工作，全面引导师生员工树立健康生活理念为中心，开展了一系列健康促进工作，在食堂开设标准套餐专窗、老年营养窗口、素食窗口等基础上，为肥胖师生、体质超标员工提供个性化营养餐，组织他们开展各项体育锻炼，帮助他们养成科学的饮食和运动习惯。另一方面进一步利用并整合信息科学与系统科学、预防医学与卫生学等研究成果，以及互联网大数据相关技术，研发建立饮食营养摄入跟踪分析与健康管理系统，可为师生提供饮食摄入监测、个体健康管理建议，不断拓展提升饮食服务内容，为师生饮食健康提供有益的技术支持，进一步增强了师生对自身营养健康的关注，取得了良好的成效。

参考文献

[1] 姜群瑛，胡征宇.从高校后勤社会化到高校后勤现代化[J].中国高教研究，2005(7).
[2] 林旭昌，姜群瑛.高校后勤服务从福利性到公益性的转变[J].黑龙江高教研究，2004(10).
[3] 黄建兵.浙江省高校餐饮业转型升级研究[D].杭州：浙江工业大学，2015.

信息化时代下的学校食堂管理
——以浙江大学为例

王小明

（浙江同力教育后勤管理有限公司）

【摘　要】 本文立足当前行业发展现状，总结了学校食堂管理的基本特点，简要回顾与分析了信息化手段在学校食堂管理领域的应用，并对浙江大学智慧食堂建设的主要内容、实施路径和建设成果等进行了案例剖析和经验总结，为信息化时代下的学校食堂管理提供了样本参考。

【关键词】 信息化；学校食堂；智慧食堂

学校食堂承担着广大学生在校饮食重任，不仅为其身体发育成长提供营养支持，亦构成学校整体教育中的重要育人环节。随着食品安全、营养健康与餐饮品质日益受到社会各界和广大家长的关注，学生在校的生活质量，特别是饮食的安全性、营养性与品质性，不仅成为学生择校的重要因素，也成为学校整体质量评价的重要构成。同时，通过食堂对学生进行食育教育与生活教育，建立学生对食物营养、食品安全和饮食文化、服务岗位的认知，传播健康环保感恩理念，对学生良好饮食与生活习惯的养成、健康身心、丰富人性与社会责任的培养，具有重要意义。因此，学校食堂管理日益成为整体办学的重要关注点，其重视程度在不断提升，教育主管部门和学校也在不断加大对学校食堂的投入。但与之同时，学校食堂管理无论是在食品安全还是服务品质上，仍存在不少不足与薄弱点。信息化时代的到来，大量新技术与新应用的涌现，智慧食堂建设在各地的探索，新管理方法在学校食堂的推广，为学校食堂管理的提质升级提供了很好的保障与助推能量。

一、学校食堂管理特点分析

中小学食堂与高校食堂除了在规模体量、服务人群和就餐特点有差别，在承担功能和公益性质上无殊，在主要风险与挑战、今后发展方向上也具有较大的相似性，其特点主要有：

（一）食堂管理本身的复杂性

食堂管理的复杂性体现在四个方面：第一是所涉及物资类别广，采购端涉及米面油肉蛋禽等几乎所有食品农副产品类别及容器耗材等，品种多而杂，体量分散；加工端涉及中餐西点与各式菜肴。第二是过程交互主体多，既有大量供应商的采购交互，也有大量师生的服务交互。第三是涉及管理链条长，从采购、仓储、加工、生产到出售等，涵盖全链条。第四是管理过程动态性强，基本每餐完成一次管理链条，每天开展循环，频率很高。这些特点，意味着学校食堂时刻面临着食品安全和服务品质偏差的风险出现，需要管理过程实时到位，才能有效形成对安全品质风险的防控。同时，还需要根据监管要求变化（如法律法规修改、国家标准调整)等,及时更新管理要求。这对管理实施来说,无疑挑战巨大。

(二)食堂所处食品链的特殊性

在整个食品链条上,食堂处于最终端,从田间到餐桌,食堂处于食品安全风险累积的最后端口,防控压力最大。而同时,受当前国内食品流通领域的行业发展现状与食堂物资采购特点所限,为满足食堂所需,学校食堂采购所对接的往往是最终端的流通商,其中绝大部分是中小企业和个体商户,在食品安全风险防控存在天然的劣势。因为,食堂所处食品链条的这两层特殊性,任何一个细分食品行业的食品安全问题、任何一个供应商的诚信经营问题,都有可能会给下游最终端的学校食堂带来采购风险,甚至直接造成问题产品进入,冲击食品安全管理,从而给风险防范带来了难度。

(三)食堂管理标准化不足

由于学校食堂采购物资和加工产品的特点,学校食堂管理在标准化建设和实施上一直存在较大困难,产业标准化程度较低,机械化、自动化程度也较低,从而给物资采购验收、产品质量控制等带来难度。这不仅需要食堂运行过程投入大量人力,而且迫使整个管理过程更加依赖于操作人员的经验与能力。

(四)从业人员专业程度相对不足

从目前来看,食堂从业人员整体上流动率较大,初次从业人员比例较高,整体文化素质偏低,接受专业训练程度较低,从而制约了学校食堂管理的实施与落实,成为管理的主要薄弱环节。

从以上特点的分析,我们可以看出,由于食堂本身的复杂性和所处食品链条的特殊性,决定了食堂的高效运行必然需要大量的管理投入,方能实现有效管控。而因为食堂生产的标准化、机械化和自动化程度较低,又造成了人力投入在整个管理投入中的较大占比。受限于从业人员专业程度,对从业队伍的管理又成为学校食堂管理的重中之重,特别是从业人员的行为习惯与职业素养。

目前,学校食堂总体上来说存在自营、托管和配餐三种运营模式。三种模式在权责分配、具体管理上虽存在较大差异,但管控薄弱点上遵循基本规律。针对学校食堂管理的特点,为满足安全管控要求和品质提升需要,食堂管理的重点在于强调管理过程的执行而非创造,通过加强从业人员的行为习惯与职业素养的养成,落实《食品安全法》《学校食堂与学生集体用餐卫生管理规定》《餐饮服务食品安全操作规范》《餐饮服务食品采购索证索票管理规定》等规定要求。因此出现了4D、5S等系列现场管理方法,重点都在于解决从业人员的行为习惯与职业素养问题。其实际实施情况,受各方面因素影响,呈现效果参差不齐。

二、信息化手段与学校食堂管理提质升级

近年来,在国家创新驱动发展战略下,新经济蓬勃发展,“大数据、互联网+、人工智能”等一系列科技创新与技术应用涌现,对生产生活、思维方式、行为模式、组织管理等经济社会各个层面带来巨大的变化。这种变化也不断向餐饮行业、学校饮食领域拓展和深入,进而影响着食堂管理的发展方向。

2011年10月无锡引速得信息科技有限公司自主研发了全国首套“智慧餐厅”系统,顾客可通过电脑自助点餐、下单结账、服务呼叫,点菜信息同步传输到厨房,厨房实时加工。该系统可减少人工成本10%～20%,节约服务员30%～40%。2012年12月杭州电信打造的“智

慧食堂”基于物联网和互联网，融合电信全球眼、射频技术，员工通过手机或电脑，就可以非常直观地了解食堂当天的菜式、价格，掌握餐厅的就餐人流情况；就餐后员工通过智盘收银系统自助结算，系统提供消费查询，消费品种营养分析等。杭州电信开发的“智慧食堂”，规模虽不大，但设计理念、实施技术比较先进，其二期项目已包含了厨房生产标准、食品安全溯源系统，是餐饮企业管理走向大数据、智慧化的信号。

从各地的探索实践来说，智慧食堂利用信息化技术手段，可以有效提升食堂管理的标准化、机械化和自动化水平，降低对人工使用的依赖，增强对过程管控的监督力度，推动管理服务规范落实，对学校食堂走向现代管理具有重要的核心支撑作用。具体来说体现在以下几个方面。

（一）流程重塑

传统食堂产品服务差异性较强，不同食堂、不同时段波动性较大。这是由采购生产销售等各环节标准性不强，并且缺乏有效衔接造成的。产品服务在终端的供应与调整，更多取决于食堂直接管理人员与操作人员的主观控制。这不仅造成产品品质口味上的差异，有时还造成同一产品的价格差异，引起消费意见。通过智慧食堂系统，我们可以对采购生产销售全过程的跟踪记录，按照标准进行采购生产与加工。通过建立从看料烧菜转化为由菜单发起采购加工的新管理流程，统一标准、降低人工、减少损耗、提升效率，以此来实现品质控制、成本控制等精细化管理要求。

（二）需求研判

传统的需求研判往往依托具体管理人员的经验式判断，但通过信息化系统，我们可以精准记录师生的每一次消费行为，对其消费品种、口味、数量、时间、价格、评价等偏好进行全方位的分析，并做针对性的产品服务调整。这种方式无疑更具决策科学性，让食堂能够更加精准地发现服务需求和存在问题，作出更加针对性的调整。通过心中有数，实现精准服务。

（三）服务再造

师生消费正从传统的物的消费，走向综合消费体验消费。传统食堂，已经日益满足不了消费者从就餐选餐、支付结算、消费分析、健康管理、配套环境等众多方面新体验的需要，而这些都需要通过信息化系统进行有效的串联管理，并用“互联网＋”技术实现与消费者实时互动，通过让数据多跑路，让消费者少跑路，各项服务实现“最多跑一次”办理，提升服务效能。通过移动端沟通平台，不仅可以第一时间获取消费评价反馈，迅速对投诉意见进行处理，也可以增强师生对食堂的了解与参与。

（四）监管强化

随着食品安全监管要求不断提高，公众关切不断加强，服务品质需要不断提升，现有的食堂管理从公开透明程度、精细化追溯、品质评价等方面都无法满足相关方对服务的需求。通过信息化、大数据建立消费互动评价体系、全过程视频监控等，并通过互联网＋技术实现与监管部门、学校、食堂、师生家长的实时互动，更加符合开放共享的校园治理理念。

三、浙江大学智慧食堂建设情况

浙江大学后勤集团饮食服务中心（以下简称“浙江饮食”）从 2013 年开始，以大数据应用为核心，启动智慧食堂建设项目，着力提升管理服务的标准化、精细化和智能化。

(一)浙大饮食基本情况

浙大饮食主要负责浙江大学近10万师生员工的饮食保障任务,现拥有7个校区各类食堂、餐厅20余个,区域分布广,管理难度大。各食堂的供应模式仍采用顾客到食堂看菜、选菜、刷卡就餐的模式,食堂工作人员加工菜肴、菜品定价也停留在凭经验操作状态,产品质量不稳定,产品的可追溯性较低。手工操作无论是在工作效率、人力成本和决策信息等方面都已经难以适应企业发展的要求。大数据智慧产业作为国家产业转型升级的方向,取得了政策的超常规支持,产业政策的亮点也引发了诸多投资机遇。建设智慧食堂能创新食堂管理模式,也符合浙大建设智慧校园的要求。

在智慧食堂建设之前,浙大饮食拥有物流、财务、校园卡、办公四大信息化应用系统,分别于1998、2003、2007、2008年投入使用。1998自主开发的物流信息管理系统,实现了采购配送的统一管理,在高校餐饮行业中处领先地位。四大系统独立运行多年,但数据信息尚未实现共享。同一数据重复录入,造成重复劳动,劳动效率低,人力成本增加。

浙江大学经过多年的建设和发展,基本形成了技术先进、覆盖广泛、高速稳定的校园有线、无线网络环境,为智慧食堂建设提供了支撑。物联网等新技术的高速发展,可以实现对一切物品的智能化识别、定位、跟踪、监控与管理,使建设智慧食堂从技术上成为可能。浙大饮食前期的信息化建设,积累了大量的基础数据,为智慧食堂项目的开发,提供了数据基础。主要参与人员,长期从事高校信息化或是餐饮企业管理骨干,有着丰富的项目开发和管理经验,为智慧食堂的成功实施,提供人才保证。

(二)智慧食堂主要内容

智慧食堂建设的总体目标是实现对企业所拥有的人、财、物、信息等资源有效整合,建立统一的餐饮信息管理体系,改造业务流程,优化服务流程,利用先进科技降低对人员的依赖,全面提升管理水平,推动餐饮管理向科学化、标准化、精细化、智能化方向发展。

一要实现智慧管理。统一集成业务管理平台,将所有关联业务流程全部串联了起来,各业务环节智能控制,减少人工干预环节,增加自助服务功能。业务数据自动同步传送,减少数据重复录入。实现了集中控制,独立运营,提高了企业的整体效率。系统发现异常情况,自动进行预警提示,帮助管理层及时采取措施、发布指令。建立网上办事信息、流程的公开。各类工作任务、管理指令通过网络下发,原来需要在办公室完成的多项业务可以通过移动办公工具完成。系统自动提醒新任务下载、记录过程、动态反馈实时进程。各类审批实现网上签阅,高效、方便、快捷,有效提升工作效率和服务效率。系统收集各个子系统的数据,每日自动生成当日成本、销售等所需报表。通过对各种历史数据筛选分析、数据挖掘,了解原料的价格走势、菜品的销售情况和消费者的消费动向、消费爱好等,并形成决策分析报告。在对信息进行分类处理的同时,对用户的需求进行分析,将不同用户需求的报表,准确推送给各用户层。无须人工统计,快速准确,为管理层决策提供参考,有效提高管理的科学化水平。从而形成平台统一、智能控制,智慧办公,规范高效,数据挖掘,智能推送的管理生态。

二要实现智慧溯源。智慧溯源实现原料追溯、产品追溯、责任追溯。从食品源头开始到餐桌整个链条每个环节进行实时检测;采用RFID电子标签技术,对各生产流通环节信息自动识别,通过固定或手持式读写器可自动获得各环节生产流通信息。对食品的整个生产过程进行全程跟踪,并将数据集中备份至数据中心,提供追溯信息。识别响应时间快,平均故障发生率低,可以确保标签识别环节的安全性、及时性及稳定性。满足师生对食品质量安全的要求，完善了食品安全体系。

三要实现智慧服务。智慧服务以用户需求为中心，追求用户服务零等待。主动给用户提供精准、高效的服务，方便师生，服务师生。实现你点我烧的供应模式。消费者可在办公室、图书馆、宿舍通过网络预订系统（电脑或手机）提前点菜，再到餐厅消费。服务信息以主动弹出的方式出现，配以数字虚拟食堂、实时视频，能够让消费者知道食堂人流量、食堂服务环境如何。结算方式可采用电子支付或智盘结算。用户消费后不仅知道消费了多少金额，还能知道消费了什么。通过分析用户消费菜品信息，了解不同消费者的消费习惯，设计适合消费者个体需求的饮食服务、建议，提高用户满意度。

为实现智慧管理、智慧溯源和智慧服务，浙大饮食着力开展了包括一个信息管理平台、二个数据中心、八大业务系统的一体化系统建设，具体来说：

一个信息管理平台：数据中心建立后，通过信息管理平台可以检索中心产品档案，系统能自动提供该产品所需的主配原料品种和数量；自动提供各种原料的加工方法、标准；能够方便地查询各个产品的制作方法、烹饪要点、营养成分、营养特点等。

二个数据中心：数据中心系统建设是智慧食堂建设的基础，各业务系统能否正常运作都是建立在此基础之上。基础数据中心对各类数据进行统一分类、编码、维护，保证中心数据的实时完整性，编码唯一性。主要包括员工数据库、供应商数据库、原料数据库、净料数据库、产品数据库和电子标签数据库。业务数据中心定义动态数据标准和数据清理策略，建立数据关联特性，提供数据查询标准，为海量数据的保存和分析处理提供保障。包括所有预约下单、原料订单、发货单和加工任务单等。

八大业务系统，主要包括：

（1）预订管理系统。管理预订用户资源，为用户实时展示菜品信息、视频查看餐厅环境，提供营养分析服务。用户可以通过预订系统网站预定就餐位、就餐品种，选择就餐方式（是否外卖、堂食）、支付方式，就餐时间地点。系统通过数据中心将预定或外卖单子自动转到业务系统中。

（2）物流配送系统。管理货物采购、配送、仓储。通过跟踪货物标签，监控物流全过程，动态反应货物状态。系统自动接收采购订单，结合中心仓库库存情况，分析后自动下发采购任务单给采购人员。采购人员采购到货物后，需要为每个货物粘贴电子标签，同时在系统中建立货物与标签的关联信息。库存管理主要是通过仓库管理员进行判断与确认。保管员收到所订货物后，通过手持机扫描标签后，系统自动确认订单中涉及的货物品种和数量，保管员只需对配送过程中出现的丢失、损坏等不匹配的情况进行记录，确认完成验收入库。货物入库后，在放置位置扫描货物，读取存放点信息，系统自动记录货物位置。出库时，通过手持机扫描出库货物标签，读取出库信息，保管员核对后出库。库存物品遵循先进先出的原则，系统会自动提醒库存批次；当货物库存低于限定额时，系统自动提醒。

（3）中央厨房系统。中央厨房系统管理产品生产标准制定，产品的标准化生产加工。中心厨房系统与各个食堂系统联动，能实时掌握总仓、食堂分仓的库存情况。根据业务数据分析产品销售情况，合理地预测原料消耗走势、产品销售情况，并制定出合适的生产计划，生产过程实现标准化，质量稳定，流程可追溯。系统自动下发加工任务单给工作人员。工作人员凭任务单到保管员处领料，保管员用手持机扫描任务单上的电子标签，核对无误后确认发货。工作人员领料后，按加工要求进行加工，完成任务后对半成品进行包装，在外包装上粘贴 RFID 电子标签。加工人员、任务单、半成品等信息自动关联。

(4)食堂管理系统。

食堂管理系统根据当日供应菜谱,自动派菜,下发烹饪任务单。实现自助结算,无人售卖。厨师收到任务单后,按要求进行烹饪。厨师烹饪完成后,将菜品倒入菜盆,系统记录菜盆信息,将菜放入成品间。成品间工作人员打菜前,用读卡器先读智盘(含电子标签),这样菜品按单分量打入智盘时,系统已经记录了菜品信息、核定售价。送菜员将智盘送到自选区。消费者自助选菜、自助结算后,出售信息直接返回后台数据库。每日营业结束后,系统自动汇总形成不同要求的业务报表:营业报表、成本核算表、菜品销售情况等。

5.业务结算系统。业务结算系统将多个业务系统连接成一个整体,协调工作。当业务系统发生交易时,自动生成业务结算单至结算系统。系统内所有交易都通过结算系统进行统一结算,往来账款实现电子对账,同步账务处理,将所有的结算业务直接形成会计记账凭证,快速、及时、准确,保证所有业务处理准确无误。

(6)视频监控系统。视频监控系统实现智慧食堂可视化、透明化管理。根据需要,在各主出入口、人流密集区、仓储区、厨房区等重点区域设置监控点。在摄像头监控场景范围内,对出现的运动目标进行检测、分类、轨迹跟踪、分析。一旦检测到运动目标符合预警条件,则自动产生报警信息。如:实时查看厨房、仓储工作情况、餐厅就餐情况。一旦人流量超过正常系统会直接提醒。

(7)智能分析系统。通过对各业务系统的数据进行筛选、抽取、归纳、统计、转换,进行相应的数据挖掘、数据分析,然后再进行数据展现,为领导提供相关的数字依据,智能分析,为决策提供系统支持。如:根据菜品在各食堂的销售情况,分析菜品喜爱人群;根据库存进出数据,分析原料需求趋势等。

(8)人资管理系统。管理中心的人力资源,员工档案管理、升迁、离职;工资管理、自动生成的绩效奖金、考勤等。

(三)智慧食堂建设成果

通过五年多的努力,智慧食堂项目已经初步建立,目前已经建成包含采购物流、中央厨房、加工管理、产品出售、消费结算、视频监控、人力资源等为内容的一体化系统,并建立了基于移动端的微信平台,可以更好地提供移动化的管理支撑和用户交互,满足实时管理与消费互动的需要。

在管理再造方面,着力建立和完善原料、净料、产品和加工工艺标准数据库,制定了标准菜谱和标准套餐,从而实现了原料—净料—产品的有机关联,从而打通了从采购—加工—出售的生产链条,改变了原有各食堂看料生产的传统流程,转为根据菜单逆推的方式,实现了流程再造;并在此基础上,建立起集中的采购验收、净料加工和主食制作,有效提高了管理的计划性和精确性。同时,还与营养系所合作,建立了高校食堂产品的营养数据库,可以更好地为师生提供营养健康服务;通过大数据实现对供应商准入、商品准入、检测验收、加工过程管理等信息的一体化管理,大大提升了食品安全的可追溯性;安全监控、员工考勤、经济运行等均实现在线数据化管理,管理效能明显提升。

在消费互动方面,可以为师生提供就餐预定、透明食堂、消费查询等多种在线实时服务,特别是微信平台已经成为师生与食堂沟通的主要渠道,大大拓展了对师生需求了解分析的能力;通过研发可重复的智能餐盘写入技术、基于人脸识别与自动称重结算的无感支付技术,打造了智慧餐厅的成功样板,并可以为师生提供饮食营养摄入跟踪分析与健康管理服务,荣获了 2016 年度中餐科技进步奖二等奖。

浙江大学校园快递物流平台建设的探索与实践

徐小华　宋　琳

（浙江大学后勤集团科教服务中心）

【摘　要】 电商和互联网的高速发展，使网购成为高校师生的刚需，随之不断增长的快递成为校园管理的难点。本文分析浙江大学校园快递面临的问题，介绍了浙江大学整合校园快递，逐步建立并完善校园快递物流平台，使校园环境得到改善，师生权益得到保障的实践过程，为其他高校校园快递发展提供参考。

【关键词】 校园快递；物流平台；邮政服务

一、引　言

随着电商和互联网的高速发展，网上购物已成为人们的主要消费渠道，这种线上下单、线下收快递的模式刺激了现代快递行业的快速发展。高校师生作为消费的一大群体，从生活必需品到教学器材、实验耗材，通常采用网购形式，每年开学季、毕业季等特定节点也会产生短期内庞大的快递业务，让高校校园成为各快递公司竞争的领域，同时也给校园管理带来不可忽视的痛点。

二、浙江大学校园快递存在的问题及发展现状

浙江大学校园快递在2016年之前经历了各家快递在校园主干道旁、公共建筑墙角、宿舍楼前等不确定地点摆摊经营阶段和部分快递代理商租用校内店面设立固定营业点两个阶段。这两个阶段的校园快递服务，存在着难以解决的共性问题。

（一）现场秩序混乱，学校管理难度大

校园内随处可见的快递地摊脏、乱、差，货物散乱、人流不息、车来车往，严重影响周边秩序；穿梭于校园内的快递车辆数量多、速度快，存在交通安全隐患；自主经营的快递代理点，空间狭小，环境恶劣，货物存放存在消防安全隐患。快递商之间存在寄件抢单情况，寄件价格随意定价，计量不标准，过度包装，未实行实名寄递和开包验视等标准，既影响师生权益，也存在寄递安全隐患。快递商之间还会因为争抢客户发生打架斗殴事件，严重影响学校治安。

（二）师生体验感差

快递地摊和快递代理点，环境简陋，快递堆放杂乱无序，师生找件困难，经常出现丢件且无法追寻的情况，而面对师生的投诉时，快递员处理方式简单粗暴，或态度恶劣，或推卸责任、置之不理，让师生权益受损。不同的快递商各自为营，占据不同的点位，分散的点位布局，让快递量较大的师生需往返于不同的快递点取件，浪费宝贵的科研和学习时间，且取件

时间的局限性与师生上下课时间不匹配，容易出现上课被干扰催取件，下课却错过取件时间点的尴尬，师生体验感极差。

(三)末端管理水平低

各自经营的快递代理点，以营利为目的，单纯追求业务量的完成，缺乏统一的服务标准，管理水平参差不齐。其大多数服务人员文化层次低，素养差，服务意识淡薄，对查件、找件师生爱搭不理，缺乏应有的热情，容易与师生起冲突，引起麻烦。快递代理点的低成本投入，低效管理让其在面对开学季、毕业季、“双十一”等高峰期时，应对能力明显不足，场地和人力的匮乏造成快递爆仓，更加重了原本的混乱。

(四)发展现状分析

据全国邮政管理工作会议报告，2022 年我国快递业务量完成 1105.8 亿件，年人均快件量近 80 件[1]。网购已成为高校师生的刚需，快递服务场所已成为校园不可缺少的配套基础设施，是高校校园内除食堂以外，人流量最大的服务场所。浙江大学校园快递量从 2017 年的 309.2 万件增加到 2022 年 682.9 万件(见图 1)，快递数量不断增长的同时，师生对快递相关服务的需求也朝着多元化、便捷化发展，浙大邮政服务部门经过不断探索与实践，逐步建立校园快递物流平台，以满足师生日益增长的物流服务需求。

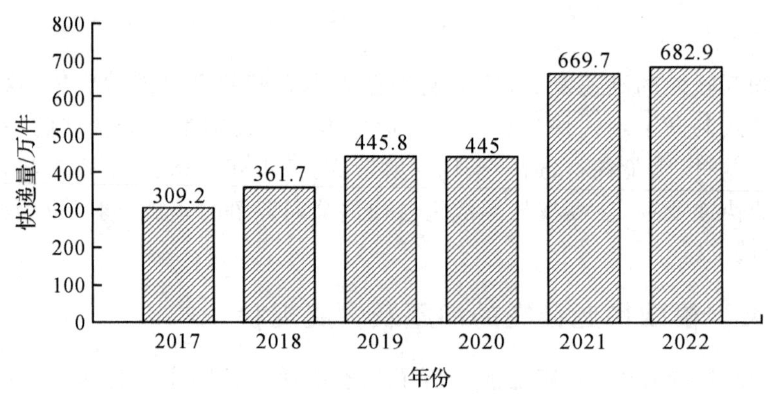

图 1　浙江大学快递量趋势

三、浙江大学校园快递物流平台建设的探索与实践

(一)初步尝试与探索

2016 年，在校园快递杂乱无章，师生怨声载道的背景下，浙江大学后勤集团计划对校园快递进行整合，当初面临着两种整合模式的选择，即服务项目的模式或商业项目的模式。服务项目模式是以学校后勤为主体，自建快递服务站点，自主经营，以服务师生为目的；商业项目模式是以学校房屋资源竞价出租的方式向第三方出租场地，由第三方经营，校方负责监管。在对两种模式进行对比分析后，后勤集团决定选择以服务项目的模式，由邮政服务部门主导，以“保障学校，服务师生”为宗旨，以维护校园秩序、改善校园环境、保障师生权益、提升快递服务效率和质量为目的，着手整合校园快递。

邮政服务部门通过调研分析、风险评估、多方洽谈，选择以菜鸟驿站作为数据对接平台，借助信息技术手段对校园快递进行资源整合，建立校园快递物流平台。首先以各校区收发室为基础进行改造扩建快递服务站，快递站点的建设和运营管理严格按照《邮政法》《校园快递服务站建设与服务规范》等法律法规、规范要求，符合安全、消防、卫生、环境保护等现行国家标准和行业新标准。同时，邮政服务部门与各家快递进行洽谈，通过采取业务代办、服务委托协议的方式，逐步将各家快递公司纳入快递物流平台进行统一管理。快件由快递公司投递至快递服务站，工作人员将快递单号录入菜鸟系统，同时通过短信通知收件人取件，服务站同时具备基础邮件收发、报刊征订及普通快递寄件等功能。服务站建立初期，浙大校园快递以空间整合、行为规范为主要特征，进行了诸多尝试，虽然具体实施过程中面临许多困难，遭受一些质疑，但总体上朝着行为智慧化、空间集约化、流程系统化的方向前进[2]。

(二)逐步升级优化，创出浙大品牌

1."1＋N"模式综合立体服务

2016 年，浙大紫金港校区快递量约 4000～4500 件/日，玉泉校区快递量约 2500 件/日，根据当年在校师生数量，按人均一件快递估算，每日约 15％的师生收到快递。2022 年，紫金港校区快递量约 13000～14000 件/日，玉泉校区快递量约 5000～6000 件/日，每日约 30％～35％的师生收到快递。浙大校园快递经历了从量变到质变的转化，在玉泉校区、西溪校区南园、西溪校区北园、华家池校区、之江校区各设置了一个标准化邮递服务站，邮政服务部门专业团队管理。在主校区——紫金港校区，目前已形成菜鸟平台＋大件预约送件系统＋浙里速递报刊投递系统和分拣中心＋服务站＋微站点＋自助柜＋无人车＋人工的派送网络体系(见图 2)，浙大寄递系统＋裹裹、顺丰上门揽＋邮政、顺丰单位月结寄＋机要、档案专业寄的寄递网络体系的"1＋N"模式的综合立体服务。"1"是指标准化邮递服务站，涵盖基础邮政、机要、档案专业寄取、快递寄取等多项服务功能，是校园快递物流平台的中心，"N"是指分站点、微站点、自助柜、无人车、人工派送、上门揽件等，作为邮递服务站的补充，共同辐射覆盖整个校园，满足师生就近用邮需求。紫金港校区目前共有白沙站点、农生环站点、医学院站点、西区生活组团站点、银泉站点、留 C 站点共 6 个邮递服务站和纳米楼微站点，以及分布在各个教学组团的 17 组自助柜，再加上覆盖整个校区的上门揽件、教学区人工配送及生活区无人车配送，构成了一张校园全覆盖的物流服务网络。

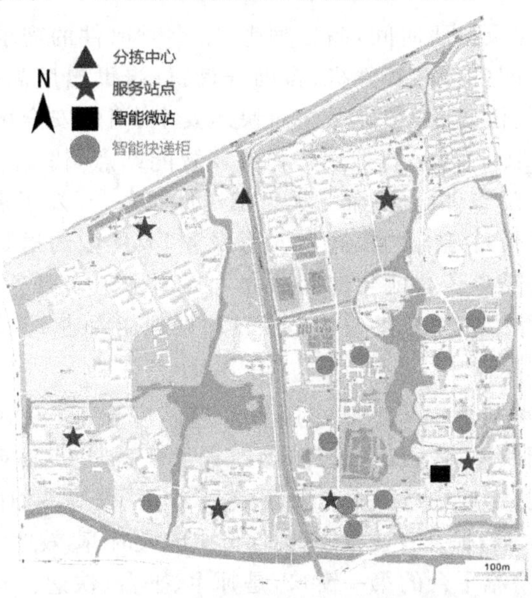

图 2　紫金港校区邮递服务网点分布

2. 站点建设标准化、规范化

校园内每一个邮递服务站的建设，都是经过充分的调研分析、按照《校园快递服务站建设与服务规范》的要求，将功能分区、流线设计，货架布局等经过合理的规划设计，再报告审批后建设。站点的选址结合校园师生分布情况，靠近生活区，既满足生活便利、交通安全的前提，也不影响正常的教学和生活环境，服务半径不超过 500 米。站点面积根据周边师生数量，结合日常快递收发业务量及与未来发展需求相适应的原则来确定。站点外观及内部装修根据标准化站点建设方案，形成统一的风格，并与校园文化和环境相协调，达到优化校园景观的效果[2]。

邮递服务站内按照功能分区，分为卸货区、取件区、寄件区、办公区，如图 3 所示。其中，取件区内存放着所有快递公司投递到站的快件，是师生活动频次最高的区域，为了方便师生找件，取件区内不同类型的快递分区管理，设置了文件区、生鲜水果区、大件重货区，国际快递区等。同时，设计了不同类型快递的操作规范，工作人员根据规范对不同快递进行分区分类管理，让师生找件取件更高效便捷。

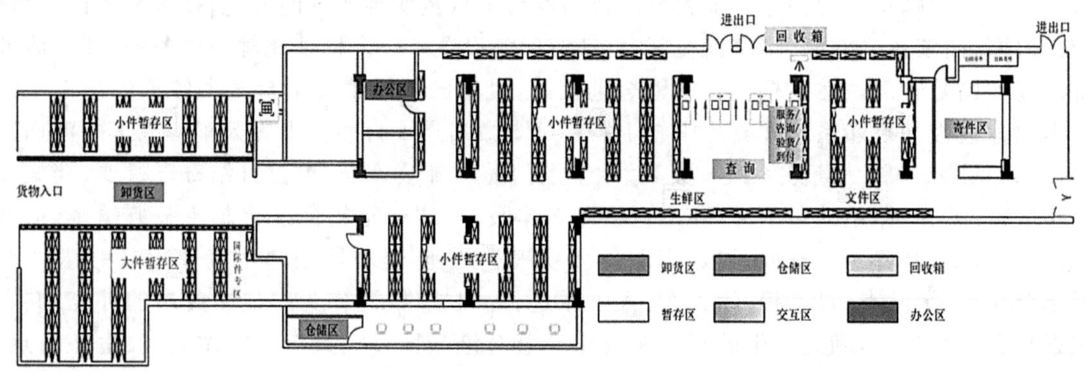

图 3　紫金港白沙邮递服务站分区

3. 全程服务智能化

为了不占用师生上课及科研时间，满足师生 24 小时取件的需求，对校园内所有邮递服务站设备进行升级改造，配备自助寄件机、自助查询机、自助出库高拍仪，校园卡刷卡门禁、感应灯，全覆盖监控、智能消防等，在确保站内快递安全、消防安全可管可控的前提下，实现 24 小时自助寄件、查询、取件服务，打造现代化科技智能站点，树立高校智慧物流行业标杆。同时，引入了菜鸟裹裹上门寄件服务、菜鸟无人车送件服务，开发了浙大寄递寄件小程序、浙里速递报刊投递系统、单位寄递合约模式、“同力服务”大件预约送货上门小程序，满足师生全方位、多元化自助服务需求。智能化的服务大大提高了邮递服务站的货架周转率和空间利用率，提升了工作效率。如：紫金港白沙站点日均处理能力达 18000 件/日。

4. 专业团队暖心服务

浙大邮政服务部门编制了完善的邮递服务管理制度和 ISO9000 质量管理体系规范文件，按照制度规范对校园快递进行统一管理，做到有章可循，奖惩分明。要求员工统一着装，使用规范用语，举止文明，定期进行行业法规、服务标准、礼仪等方面的培训及户外拓展训练，通过技能比武检验服务水平，提升专业技能，确保员工能及时、高效地为师生提供优质的服务。

客服作为校园快递物流平台的第一窗口，是师生、平台、快递公司三方沟通的纽带，具有重要的作用。邮递服务站的客服经过精心挑选、专业培训，具备快速反应、沉着应对、耐心解决各种快递疑难杂症的能力，在客服和整个团队的努力下，浙大快递物流平台已连续四年无罚款记录，2022 年，学校第三方满意度调查，师生对邮递服务的综合满意度为 97.52%。

邮递服务部门始终秉承为师生服务的理念，通过定期走访学院、召开学生座谈会、第三方满意度测评等方式收集师生意见，根据意见对服务进行改进。在平时的服务中，通过细心观察，总结师生的需求，以师生需求为中心，想师生所想，不断完善服务项目，提供增值服务。近年来，根据师生需求，新增了邮递服务微站点，完善校园“最后 100 米”配送；针对腿脚不便或快件量较多的师生员工，建立重点关注名单，主动联系送货上门；对校领导及校区领导的快件，经过筛选后由专人配送；对出差在外师生的快件进行登记保管……各站点内新增小件取件篮、大件平板车，供师生免费借用；新增爱心医药箱、失物招领箱，以备不时之需，尽一切努力为师生排忧解难，让师生感受到服务的温度。

5. 重要节点专业策划，紧张有序

每年的开学季、毕业季、“双十一”购物节等快递量高峰节点，是最考验校园快递管理能力的时候。邮政服务部门根据学生数量，并借助菜鸟网络大数据平台，精准预测快递量，提前策划组织，做好服务方案及突发情况应急预案。同时，与学校各部门沟通协调，借用临时场地，并通过招募学生志愿者、青年突击队、临时劳务人员等，安排足够的人力物力来应对。对临时场地的服务项目和现场秩序，严格按照站点内的标准进行管理，做到忙而不乱，紧张有序，实现服务质量一致性。

开学季、毕业季是校园快递特有的高峰节点，浙大快递物流平台已成为开学季学生行李托运的主通道，行李托运占比达 95%以上，以行李提前到校、安全存放、学生轻装返校、即到即取等优势取代了原本通过火车托运或随身携带等方式。毕业季有大量的学生档案及大件行李包裹需要寄递，邮政服务部门提前与各学院办公室联系，根据需要寄递的档案数量准备好专用档案寄递袋等物资，并安排专人协助老师搬运、清点、核对，确保档案寄递工作万无一失。大件行李寄递则是通过调研对比，选择口碑好的快递公司，并给学生争取优惠价格，再安排快递公司进校，在学生宿舍楼下驻点收寄，让学生享受低价与近距离的双重便利。

“双十一”服务是浙大校园快递的亮点，2016 年“双十一”期间，体育馆变身“网红快递超市”被人民日报、浙江日报等多家媒体点赞，2017 年起，每年“双十一”期间，搭建在云峰篮球场的临时站点被师生亲切地称呼为“快递别墅”，在网络上获得一致好评。2017－2022 年，快递别墅不仅面积及快递处理量逐年增大，里面的设备、功能也逐年增多增强，智能化、科技化水平越来越高，是浙大校园智慧物流平台不断探索、不断创新的缩影。

四、浙江大学校园快递物流平台建设的成果和意义

（一）整合校园快递，维护了校园秩序

校园快递物流平台是依托信息技术对校园快递进行智能化、便捷化管理的一种综合服务模式，为师生提供数字化、规范化、标准化的物流服务[4]。随着浙大校园快递物流平台的建立并逐步完善，校园内原本杂乱无章的快递摆摊乱象得到根除，解决了快递围城的乱象，所有快递品牌整合进邮递服务站实行统一规范管理，快递公司固定人员、固定车辆进校，并按照固定路线行驶，极大地降低了治安安全隐患、交通安全隐患、消防安全隐患及寄递安全隐患，维护了校园秩序，改善了校园环境。

（二）体现人文关怀，保障了师生权益

浙大快递物流平台建设始终秉承“保障学校，服务师生”的宗旨，把服务作为第一要义，

想师生之所想，以师生的需求为拓展业务的方向。在平常的服务中，注意关注细节，主动为师生排忧解难；遇到包裹破损、丢件找件等问题时，都能热情主动、及时高效地解决，保障师生权益不受损。

（三）有效管控，助力校园疫情防控

在新冠疫情防控时期，邮政服务部门制定了详细的新冠疫情防控方案和应急预案，所有站点严格按照方案里的人员进出、场地消杀、快件消杀流程进行管理。快件到站实行整车消杀、卸货消杀、静置上架后再消杀三步消杀法，国际快递由专人专区管理，按照更严格的消杀法进行消杀。并且，每周对快递包装、站点环境进行采样送检，确保师生快递安全。此外，自助查询机、自助取件高拍仪、自助寄件柜、无人配送车等全流程科技化自助设备的加持，更是满足了新冠疫情期间无接触配送的要求，助力学校疫情防控。

（四）包装循环利用，倡导绿色示范

浙大快递物流平台积极落实绿色环保行动，在每个站点设置绿色回收箱，寄件时引导师生优先免费使用的回收的旧纸箱包装，形成站点内物流绿色减排闭环，对于不适宜重复利用的纸箱，通过合适途径回收，用于资源回收再造[3]。校内邮递服务站是学生环保协会的实践基地，每年“双十一”等快递高峰期时，学生环保协会到站点对包装进行公益回收，并开展丰富的绿色环保宣传活动，倡导绿色物流理念，助力校园节能减排。浙江省及杭州市两级邮政管理局领导多次到浙大邮递服务站调研，对快递包装回收循环利用，践行绿色物流的做法给予了充分肯定。

（五）助力学生科研，发挥后勤育人价值

浙大快递物流平台积极支持学生科研活动，为学生科研课题提供研究场景、数据支撑，协助学生完成课题研究，并加强与学生的交流反馈，利用课题研究成果进一步改进服务。此外，长期为学生提供勤工助学岗位、开展志愿者服务等活动，让学生参与到后勤服务工作中，提高动手能力，发挥后勤劳动育人、服务育人的价值。

五、未来发展展望

浙大快递物流服务平台目前总体运行平稳良好，未来将继续以服务师生为本，并借助科技赋能，进一步优化校园邮递服务网点布局，提高空间使用率，使服务更高效便捷。同时，将继续创新服务模式，丰富服务内容，拓展业务领域，为师生的校园生活提供更多快捷的物流服务，形成以校园邮递服务站为基础的校园大物流配送网。

参考文献

[1] 李心萍. 2022 年完成业务量 1105.8 亿件　快递服务覆盖全国 95%建制村[N]. 人民日报,2023-01-18(10).

[2] 徐雷,张凡,王卡. 大学校园快递空间的演变及其特征探究——基于浙大紫金港校园的调研[D]. 杭州. 浙江大学. 2020.

[3] 中国教育后勤协会团体标准. 校园快递服务站建设与服务规范(修订版):T/JYHQ 0001—2022[S]. 2016.

[4] 李锋博,李晋. 基于信息化的高校综合物流平台的分析与应用——以北京理工大学综合物流平台为例[D]. 北京:北京理工大学,2015.

校园快递服务品质提升的探索和思考

——以浙江大学为例

赵志爽

（浙江大学后勤集团科教服务中心）

【摘　要】 面对日益发展的电商服务，高校师生快递量大幅提升，对校园快递服务品质提出了新的要求。本文通过概述高校快递服务发展现状，分析目前校园快递服务中存在的快递公司多、派送时间不固定、物流品质不高、信息化程度低以及从业人员素质低等问题。基于浙江大学校园快递服务情况，分析了浙大快递服务目前存在的困难，以及对服务品质提升的一些思考：一是要建立标准化体系，二是要完善快递服务网络，三是要建立专业客服，四是要以技术支持为动力。

【关键词】 快递服务；浙江大学；物流；标准化；客服

一、引　言

随着移动互联网技术和互联网终端的快速普及和发展，我国已经进入了电子商务时代，网购已然成为人们购物的首选方式。近年来，随着市场需求的快速提升以及快递行业的高速发展，快递业务量也在高速增长。2016 年—2021 年，我国快递业务量迅速增长，保持在 20%以上的增长速度。2021 年，全国快递业务量累计完成 1083 亿件，较 2020 年增长 29.9%。2022 年 1—11 月，全国快递业务量累计完成 1002.1 亿件，同比增长 2.2%。

快递市场迅速扩张的同时管理问题也日渐暴露。据国家邮政局 2021 年 4 月邮政业消费者申诉情况通告，消费者对快递服务问题申诉 17764 件，有效申诉 1500 件，申诉的主要问题包括快递丢件(33.2%)、投递服务恶劣(22.5%)、快递损毁(21.3%)和派送延误(16.8%)等，高校师生作为校园快递服务的主要对象，若快递物流企业想要在校园谋求更好的发展，就应努力提高快递物流服务品质。

二、高校快递服务发展现状及存在的问题

(一)高校快递服务发展现状

在此背景下，我国高校网购大军异军突起，根据中国教育后勤协会、阿里巴巴研究院发布《校园快递行业发展报告(2022)》，全国校园快递数量从 2018 年的 25 亿件预计增加到 2022 年的 30 亿件。如果按全国高校在校生 3800 余万人计算的话，意味着高校学生人均快递数量达到 78 件，为全国数量的 1.8 倍。

高校快递区别于其他快递的明显特征，一是快递数量多，2022 年全国高校快递数量达到 30 亿件，人均 78 件，而全国人均是 42 件。二是具有明显的间歇性，每年的一月、二月、七

月、八月寒暑假期间的快递业务量迅速减少;但是遇到开学季、网商促销季,大学生又成为网购主力军,高校快递数量明显增加。

高校快递运营模式方法多样,主要有以下几种方式,学校自主经营管理、社会人员加盟菜鸟、中邮驿站等驿站式自营、快递公司自营、校园O2O、众包送货等。高校根据自身的情况采取不同的快递运营模式。

(二)高校快递服务存在的问题

1. 快递公司众多,派送时间不固定

校园配送涉及的各个快递公司派送时间不固定,一般集中在中午一个时间点,往往导致员工派件不及时而物流信息显示已签收,学生取件排队时间长甚至取不到件。

2. 物流快递服务品质有待提高

主要表现在快递服务率增加,且反映的多为共性的问题,集中于快递包装破损、快件运送延误等,物流快递的服务品质整体水平有待提高。例如物流快递企业工作人员未按规定摆放作业工具,未及时更新物流信息,作业人员敷衍了事等。

3. 信息化程度低

物流信息更新不及时。客户的反映主要是物流信息更新不及时、不能及时查询到物流快递的新信息。这要求物流快递公司拓宽网络渠道,逐步停止人工手工录入物流信息的方式,采取高科技手段及时更新物流信息,让师生及时了解到快件的新动态,从而达到提高物流快递信息化的程度。

4. 部分行业从业人员素质低,师生维权困难

物流快递企业尤其是民营物流快递公司的基层从业人员甚至部分管理人员的文化素质不高。大多数中小物流快递企业只注重在各自的势力范围内获取短期的利益,在局部地区甚至存在恶性竞争,而缺乏长远的规划,忽视长远目标的实现。同时,也存在员工培训不足、缺乏专业的管理知识,整体素质不高。

三、基于浙江大学校园快递服务提升思考

(一)浙江大学快递服务的发展路径

从2016年开始,浙江大学后勤集团整合各快递公司,成立了首家由高校自主运营的快递驿站,一举改变了校园快递服务"路边摊"的乱象。针对各校区特点,浙江大学后勤集团从学校发展和师生需要出发制定了不同的服务方案。

以紫金港校区为例,作为主校区,由于校区面积大,师生人数多。2016年根据校区实际情况,采用了生活区(紫金港东区)以服务站点(白沙快递服务站)、教学区以智能柜投递服务模式。但随着网络购物和快递的发展、校区建设(紫金港西区启用)、学院搬迁,紫金港校区的快递量从2016年到2022年六年间日均3500件上涨到12400多件,增长254%。快递驿站成为师生除食堂之外每天必去的地方之一,快递服务也成为校园生活必不可少的基础性保障服务。

在2019年,紫金港的快递服务遇到了诸多问题,导致快递服务无法满足未来师生的快递服务需求。

(1)分拣面积小,安全有隐患。由于白沙网点地处宿舍架空层,位居十字路口、毗邻食

堂，人流车流叠加，节点时段交通拥挤；分拣区域小、易积压，影响整体到件处理进度，故经常出现排队卸车，卸货时常占据公共道路，影响师生通行，存在交通安全隐患；少量师生从外购进易腐的实验耗材等，存在消防或人身安全隐患。

(2)库存件量大，送件压力大。白沙网点快递量大，遇逢考试周、周末节假日、雨雪等恶劣天气少人取件时，就无法全部入库上架，“见缝插针”，导致快递到手时间长，快递网点无法保证第一时间通知师生快递物流情况，容易引发误解和投诉(快递公司显示到站却未收到短信)，服务体验感差。

(3)高峰值趋多，节点服务难。当时的白沙网点的面积难以满足不断攀升的到件量，日常处理已经困难，遇到“双十一”等更会引发爆仓问题(电商促销日子繁多，如6.18、9.9、10.10、11.11、12.12，叠加高校特点的毕业季、新生季、考试周、放假与开学期——人未到而邮件包裹到校，每次时间跨度长)。

从单件的容量体积看，师生的大件率也明显上升，一年比一年多。

从每年的月份看：最高峰月份的快件数激增，为低峰期的2倍多，且高峰期多集中在双十一后10天(逐年天数拉长)，只能临时搭建站点，导致秩序维持难度大，丢件、错拿问题发生概率大增。

从每年的每日看：日到件9000件(2019年件量)的白沙快递服务站每日于中午、傍晚的高峰期面临巨大压力，有限的空间容纳了大量快件，场地空间拥挤。

(4)智能快递柜的翻箱率不高，后续费用高。2019年，紫金港校区有各学院教学楼智能柜15处，机组17组，盒口数量2761个，其中正常使用盒口2601个，故障盒口160个。盒口数量无法满足当时件量的增长，2019年下半年经常出现盒口不够用，快递投不进等待盒口的情况，致使上午到件无法在中午取件高峰前全部投柜，存在派送时效延迟，尤其周末、节假日单位放假，取件师生更少，翻柜率低。当前这些智能柜的投递，除去分拣人员合用外，7人驾车穿行，人均派送效率大大低于站内货架式派发(倘若换成每家快递小哥直投，现在通信中心投递1次，8家快递商要投8次，显然校园内道路上都是快递哥的身影，校园秩序大为受损，且安全隐患也会增加)。

多数智能柜在2016年投入使用，年限已长，系统升级有的已经不匹配，故障率升高导致维修成本逐年增长，维修贵且不及时(零配件的多年老化且部分已经停产需要重新定做)，故障维修时需要智能柜停止运行，其间投进柜内的快递师生无法正常取出，影响了师生的正常取件。

基于以上问题，浙江大学后勤集团进一步优化快递服务模式，一方面改善硬件条件，以建设标准化智能站点为基础，改建了白沙主站点、新建了一批快递服务站和紫金港快递分拣中心，运用智能化设备实现24小时自助快递服务。逐步建成了以白沙快递服务站为主站，银泉、西区生活组团、农生环、留学生为分站，并结合快递柜、智能微站的“1+N”快递服务模式；另一方面不断提升软件条件，通过制定标准化文件和研发信息化系统，打造标准化服务流程、不断优化寄件、分拣、派送等快递业务的信息化平台，为师生提供更为便捷和完善的快递服务。

在学校总务处委托第三方机构进行的服务满意度调查中，2021年和2022年师生对快递服务的满意度均在96%以上。

(二)关于浙江大学快递服务提升的思考

尽管在学校的支持和浙江大学后勤集团的努力下，浙江大学的快递服务水平在逐年提升，但是开展对快递服务品质的研究，分析影响校园快递服务品质提升的因素，对于提高师生服务满意程度,完善校园快递服务品质体系,整顿校园环境,建设绿色校园快递有重要的意义。

1. 高校快递服务品质的研究方法

研究高校快递服务品质的方法包括实地调研、问卷调查、技术分析和服务评估等。实地调研,包括访问高校快递站点,观察快递服务水平;问卷调查,包括访问高校学生和教职工,收集他们对快递服务的评价;技术分析,包括分析快递服务的技术标准和技术能力;服务评估,包括分析快递服务的运输品质、客户服务、价格、环境和服务宣传等指标。

本文的研究主要依据历年浙江大学总务处委托我校社会科学研究基础平台进行的后勤服务满意度调查报告,用以了解全校师生对学校后勤系统服务品质的真实感知,从师生的角度发现快递服务的优势和不足,评估快递服务各部门的工作情况,并根据不满意的原因及提出的建议进行整改,从而有效提升快递服务的品质,为师生提供更加安全、优质、主动、便捷的快递服务保障。

历年进行的满意度调查均采用调查问卷的形式进行。学生问卷采用计算机辅助网络调查(CANI)的方式,采用推送学生邀请调查通知的短信,学生根据短信提示,自主登录 CANI 系统在线完成调研问卷的形式执行;教师问卷将网络调查问卷链接及问卷说明通过电子邮件方式发送至教师邮箱邀请教职工完成调查为主,访员进入教职工办公室邀请教职工完成调查的方式为辅开展调查。

通过对历年满意度报告数据的分析,师生主要对快递服务的关注度主要集中在快递服务便捷性、快递服务时效性、综合服务态度、价格、信件收发(基础邮政)等方面。在 2022 年下半年的调查报告中,师生针对快递服务便捷性方面的建议最多,一共 68 条,占比 59.65%;其次是快递服务时效性,一共 21 条,占比 18.42%。师生对快递服务各方面的意见和建议见表 1(截至 2022 年下半年)。

表 1 师生对快递服务的意见和建议(截至 2022 年下半年)

快递服务	建议数量	占比	具体建议	对应数量
快递服务便捷性	68	59.65%	完善上门送取件服务	30
			增加快递寄件网点	16
			优化驿站服务(银泉改用菜鸟取件系统,优化丢件找寻服务,玉泉校区取件大厅增加扫码开门,青 4 驿站增加出库机,增加监控,玉泉驿站延长开放时间)	11
			简化、统一寄件程序	4
			优化快递送取服务	3
			规范寄件秩序(采用叫号系统)	2
			延长寄件时间	1
			增加京东寄件选项	1
快递服务时效性	21	18.42%	提高派送速度与准确性	21
综合服务态度	9	7.89%	快递站服务人员改善服务态度(紫金港派往港湾家园的快递车,紫金港东区邮政,白沙邮局,西溪南园收发室,顺丰生鲜)	9

续表

快递服务	建议数量	占比	具体建议	对应数量
价格	6	5.26%	降低寄件价格	5
			纸箱太贵	1
信件收发	3	2.63%	西区宿舍配备信箱	1
			西区增加邮筒	1
			延长收发室服务时间	1
其他	7	6.14%	快递取件信息不够醒目	2
			不要征用车库作为驿站	1
			加强快递受防疫影响方面信息披露的及时性	1
			快递取件提醒过于频繁	1
			驿站卫生较差	1
			邮寄开发票比较慢	1

2.关于校园快递服务品质提升方法的思考

(1)建立标准化体系，提高服务质量

随着快递行业的迅猛发展，标准化将是规范管理快递服务、提高快递服务质量水平的重要手段，也是推动快递业向更高质量发展的关键途径。标准体系作为标准化活动的基础，是为企业提供管理依据的重要保障。

快递业作为现代服务业的重要组成部分，是推动流通方式转型、促进消费升级的支撑型产业。快递业的全球化、信息化、自动化、智能化、绿色化和标准化已经成为一种趋势，其中，快递服务的标准化有利于快递企业降低物料损耗、提高运营效率以及国际化战略的实施。

快递从业人员的业务水平和职业素质，直接影响快递行业的服务质量和服务水平。快递行业从业人员的标准采用的均为物流行业从业人员的要求。目前对物流从业人员的标准主要包括仓储从业人员、配送、运输等作业人员，而专门针对快递驿站从业人员如上架员、分拣员、客服等的从业资质条件标准，目前尚为空白。

快递驿站的作业标准体系主要包括对快件的装卸、上架、收件、搬运、储存、运输、交付等的工作流程、技术要求、操作规范等方面的标准。快递作业各环节的规范化，应满足不同组织模式、企业条件的快递企业。通过将快递作业各环节纳入引导和限制的范畴，使操作有章可循，提升快递企业运行效率。

(2)完善快递服务网络，拓宽快递服务覆盖范围

当前快递行业的痛点，在于最后一百米的配送。在新的《快递市场管理办法(修订草案)》中，明确"未经用户同意，不得代为确认收到快件，不得擅自将快件投递到智能快递箱、快递服务站等快递末端服务设施。"但作为特殊服务场景的高校，不可能实现全面上门送件，只能实施以"驿站服务为主，大件等特殊需求预约上门为辅"的快递服务方式。在此方式下，不断完善快递服务网络，拓宽站点服务覆盖范围，从而解决"最后一百米"的配送难点和痛点。

以紫金港校区为例，目前已建成以白沙快递服务站为主站，银泉、西区生活组团、农生环、留学生为分站，并结合快递柜、智能微站的1+N快递服务模式。但随着快递量的增多和师生对于提升取件便捷性的呼声，需要增加送件上门比例或者增加更多的站点来缩短取件距离。在学校的场景下，由于受到上课、办公、会议时间的影响，送货上门很容易打扰到正常

的教学秩序，因此选择增加更多的站点来缩短取件距离成为首选。过去智能快递柜作为解决方案之一，但快递柜因其容量较小（格口数）、维护成本较高等原因，逐步淘汰。浙江大学后勤集团提出建立“智能微站点”的模式，在楼宇内建成 30～40m^2 的无人驿站，其容量是相同占地面积快递柜的数倍，并配备自助出库仪、自助寄件机、监控、门禁等智能设备，实现 24 小时服务。可以有效解决部分教学楼、办公楼距离驿站较远取件难的问题。目前紫金港校区已在纳米楼建设一座智能微站点，并计划在医学院、西区理工组团等区域建设更多的智能微站用于完善快递服务网络。

（3）建立专业客服，有效解决客诉问题

在日常服务中，如果只依赖于快递公司的客服来解决师生的投诉，一方面会给学校自营方带来巨大的经济损失，另一方面由于各快递公司在对待投诉的处理质量良莠不齐，无法满足师生正当的诉求。因此，在学校自营的模式下，在师生和快递公司之间，建立自己的客户服务热线，主动接收师生在快递方面的咨询和投诉，可以有效避免快递公司罚款，并最大限度帮助师生对接快递公司解决投诉、查找快递等。

要进一步提高问题解决与投诉处理效率，可以通过微信、钉钉等网上平台增加在线客服服务，开通问题快件查询等事务，学生也可以在网上平台留下信息或进行投诉，由工作人员查询或处理后进行在线结果反馈。

（4）以技术支持为动力，持续改进快递服务质量

近年来，全国快递行业不断利用互联网平台和云数据、智慧地图等科技手段，及时准确地把快递产品送往千家万户。尤其是在无人科技、自动分拣等新技术加持之下，快递末端的服务能力和运营水平也得以快速提升。通过科技赋能，长期处在粗放发展阶段的快递末端正在实现技术升级。

浙江大学后勤集团运营下的快递服务，通过信息化系统和智能化设备建立了 24 小时快递驿站服务网络，接下来将继续完善信息化系统，实现线上预约送件和其他个性化的快递服务需求。

（5）以党建为引领，用习近平新时代中国特色社会主义思想指导各项工作的开展

高校自主运营快递服务，区别于社会快递公司或驿站公司自营的模式，根本在于不以营利为目的，而是“保障学校、服务师生”，围绕学校的教学、科研、建设、师生生活开展工作。浙江大学的快递服务，要紧跟浙江大学“双一流”发展，以师生需求为导向为学校提供一流的快递服务。

浙江大学后勤集团，既是学校部门又是国有企业，本身具有的属性决定了其开展工作必须坚持党的领导，让党的各项决策部署真正落到基层，引导党员干部筑牢思想根基；要坚持党建与业务工作相融合，切实把学习成果转化为践行新发展理念、推动高质量发展的实招，充分发挥党员先锋模范作用和基层党组织的战斗堡垒作用；要加强党员干部的作风建设，提升办事能力和办事效率，确保各项工作有效落实。

四、结束语

本文通过对高校快递服务现状的分析，并以浙江大学紫金港校区快递服务模式为例，分析了在学校自营模式下校园快递服务提升的建议。随着高校对快递服务作为基础性保障工作的认同度的不断提升，笔者将本着“保障学校、服务师生”的理念在实际工作中积极探索校园快递服务的提升途径。

浙江大学后勤集团科教服务中心物资中心采购工作情况介绍

俞梦婷

（浙江大学后勤集团科教服务中心）

【摘　要】 随着高校教学科研体量的发展，危化品采购在高校后勤服务中扮演着越来越重要的角色，本文首先通过概述浙江大学后勤集团科教服务中心物资中心目前采购工作的情况，从管控品、一般危化品、非危化品采购的三个方面介绍了浙江大学的试剂采购服务的重点、难点及应对措施；其次，介绍了物资中心关于国家相关法律法规在危化品试剂采购方面的应用及在此方面发挥的服务育人功能；再次，分析了师生目前对于试剂的实际需求及目前采购渠道受限的矛盾，探讨了今后开发延伸服务以提供更高质量服务的发展方向；从次，分析了供应商选择的标准及目前在供应商对接中存在的难题，提出了缓解或解决的思路；最后，探讨了如何通过完善售后服务，加强信息化建设及团队建设等手段提升师生试剂订购的体验感，全面提升服务质量。

【关键词】 采购；危化品；供应商；售后服务；高质量

浙江大学后勤集团科教服务中心物资中心是一个面向浙大师生的服务性单位，负责化学试剂的提供到订单的引入再到最后将试剂点对点配送到师生的实验室。通过信息化的创新和发展，以采购平台和物流系统为纽带，物资中心不仅能积极响应师生客观实际的第一需求，也能更细致更精准地做好化学品的管控。

一、采购工作的相关情况

目前物资中心采购部负责的工作主要有以下几块内容：①订购浙江大学材料与化学品采购管理平台审核通过的订单；②售后产品协调；③对实验有特殊需求或不常规的产品进行询价和审查；④管理供应商，审核资质，整合供应商体系，引进新供应商；⑤管理合同协议；⑥管理管控品平台；⑦对库内产品进行调拨移库；⑧采购发票开票结算。

对于采购产品可细分为：管控品的采购、一般危化品的采购和非危产品的采购。

（一）管控品的采购

管控品的订单过审后需要与合格供应商进行核对，确保供应商能正常提供，再通过管控品平台进行购买证的申报，申报成功后将审批下来的购买证提交给供应商进行运输申请，再凭购买证、运输证用危化品专用车送货到物资中心指定仓库，由工作人员根据供应商出库单和运输证进行管控品平台和物流系统的入库。管控品的采购严格遵从国家法律法规，按照管辖区内禁毒大队和派出所管制要求严格操作，紧跟新要求新规定，一切事务积极合规执行。

(二)一般危化品的采购

一般危化品的采购可选择的合格供应商相对来说更多一些,师生对产品也会有更加多元化的要求,有些老师会提出特制产品这个概念,指的是实验所需的某个产品只有固定的一家企业生产,需要物资中心通过联系这个厂家去订购产品。物资中心接到类似需求后,一般都需要考察厂家的经营资质和运输资质。往往这类的供应商或多或少都存在一些问题,如经营资质齐全但只通过普通快递运送,或供应商有合作的运输车辆但是价格无法确定,需要在实施运输时才能确定运输价格等一些不合规的情况。这些情况都会导致后续操作费时费力且引起老师的误解,认为价格高,耗时长,无法理解危化品运输必须符合运送标准。为减少这类误解,更好地向师生解释采购的规范性,物资中心新研究了《产品咨询表》《知情书》《供方推荐表》,通过表单的形式更清楚明了地列出指定供应商需提前知晓的情况,既能辅助沟通也能帮助老师去了解后续操作所涉及的法规和流程。

(三)非危产品的采购

非危化品所受到的法律限制不及危化品,但是在市场供应商的竞争相对比较激烈,非危产品在产品质量合格的条件下,价格低、速度快是师生所追求的,物资中心根据这些产品的特点,有计划地加强社会企业、供应商的考察和其他高校的交流学习,积累有效的管理经验和采购经验,为师生拓宽非危产品的采购之路。

化学品采购作为一项重要的服务,立足于学校,服务于师生,在国家相关法律法规的框架内,采用最优的采购渠道、保质保量地开展采购工作。

如何选取最优的渠道,确保采购的合法合规,又能满足师生的实际需求,不仅要考虑订购渠道、供应商的管理和选择,还要从产品的售后和服务保障出发。

二、国家的法律法规

目前物资中心负责采购的产品分为两大类,管控管制品和非管控管制品,对于管控管制类的危险化学品的采购严格按照《危险化学品安全管理条例》,参照《危险化学品目录(2015版)》来执行。

根据《易制毒化学品管理条例》,购买第二类、第三类易制毒化学品的,应当在购买前将所需购买的品种、数量,向所在地的县级人民政府公安机关备案。经营单位应当建立易制毒化学品销售台账,如实记录销售的品种、数量、日期、购买方等情况。销售台账和证明材料复印件应当保存2年备查。

根据《易制爆危险化学品治安管理办法》,购买易制爆危险化学品的,应当向销售单位出具以下材料:(1)本单位《工商营业执照》,《事业单位法人证书》等合法证明复印件、经办人身份证明复印件;(2)易制爆危险化学品合法用途说明,说明应当包含具体用途、品种、数量等内容。易制爆危险化学品从业单位应当如实登记易制爆危险化学品销售、购买、出入库、领取、使用、归还、处置等信息,并录入易制爆危险化学品信息系统。

根据《剧毒化学品购买和公路运输许可证件管理办法》,国家对购买和通过公路运输剧毒化学品行为实行许可管理制度。购买和通过公路运输剧毒化学品,应当依照本办法申请取得《剧毒化学品购买凭证》《剧毒化学品准购证》和《剧毒化学品公路运输通行证》。

法律法规温故而知新,物资中心在坚持学习以及执行的同时,也鼓励师生能通过材料与化学品采购管理平台更好地了解订购管控管制品的一些相关规定和要求。不同的化学品申购流程及办理的手续不同，运输车辆也是特殊的危化品专用车，与日常所见的物流大有不同。经常让师生感到困惑的是，相较于其他化学品和耗材，危化品到货周期，物流信息不能及时提供，运输费用高，而且产品订购的优惠力度小，不能随意退换货等。其实，这些疑问都可以通过平台得到最直观的解释。采购平台的设置不能仅局限于单纯的下单工具，同时也要作为法律法规宣传的展台。例如，老师在平台搜索易制毒化学品“丙酮”时，平台上可以跳出弹窗，或者小动画，以图说明易制毒化学品的危险性，所需要用到危化品专用车辆是什么样子的，需要走哪些流程，也提醒老师同学耐心等待，更不能求快而走一些不正规的渠道，如果发生泄漏等意外，很可能造成哪些危害，触犯哪些法律法规等。

三、师生的实际需求和订购渠道

物资中心在提供采购服务的初期，服务模式比较综合，形式较为多样，主要在服务产品上下功夫，普通化学品、危化品、耗材供应的品类较多，安排专人前往各学院调查和了解师生的需求，有多种渠道去探索品牌，比对品牌质量、售后和产品价格。目前采购的模式发生了转变，物资中心兼顾产品的同时更侧重于服务质量与安全管理，师生可通过材料与化学品采购管理平台进行挑选和订购，产品选择性增多，品种价格也更明朗化了。但对于物资中心而言，国家对于危化品的管制越来越严格，采购前的手续要求及所需的资料更多且更规范，正规购买的渠道相较以往有所减少，产品线也较为单一，受到上述原因的制约，采购服务的提升空间受到一定程度的影响。什么样的服务才叫高质量服务，必定是积极、细致且用心的服务才能够得着高质量，怎样才算高质量服务还是要通过师生的满意度来衡量，那么如何提高师生的满意度呢，还得走进校园，走近师生。

根据现有的运行模式，物资中心根据材料与化学品采购管理平台线上接收订单，平台上所上传的品牌和产品是有限的。例如玻璃器皿、硅胶塞等一些配件也经常有师生前来问询，从侧面反映师生还是倾向于就近采购的原则，并对多品种运行模式还有一定的需求。物资中心在以平台提供服务的同时，依然得深入校园，走进学院，设置咨询站或领用台，为师生提供日常所需大褂、手套、玻璃器皿等，努力把被动服务引向主动服务领域，通过多元化的服务尽可能满足师生的需求，才能有底气做好高质量服务。

四、供应商的管理和选择

采购对于供应商的选择，基于以下三条标准：①经营资质：需提供《营业执照》，对于销售危化品的企业需提供《危险化学品经营许可证》《易制毒化学品经营许可证》；②质量水平，所提供产品应按照《中华人民共和国产品质量法》及相关法律、法规的规定，承担质保责任，发生质量问题时，应积极配合处理，不得故意拖延或者无理由拒绝，由供应商承担因质量问题造成的全部责任；③运输方式，提供合法货物运输服务，运输危化品时需使用危险化学品运输专用车或者委托依法取得危险货物道路运输许可的企业承运并提供《道路运输许可证》。

符合上述标准的供应商，才能被认定是基本合格的供应商与合作方。对合格的供应商还需要根据产品的特性分为三类管理，第一类为协议供应商，第二类为指定供应商，第三类为临时供应商。协议供应商即品牌原生产厂家，或具有品牌代理授权书的原生产厂家指定的合作公司，一年签订一次合作协议作为长期合作的供应商。指定供应商即老师根据实验需求提出特定的产品要求，独家生产的供应商。临时供应商即个别产品需求量固定且时间线长或协议供应商供不应求做替补的供应商。

供应商的服务水平受制于企业文化，还取决于经营业绩，从目前作为服务型采购单位的物资中心来说，因为统一采购的产品类别划分，服务的产品品类比较单一，订购数量相对比较少，无法作为一个重点客户受到个别指定品牌的供应商的重视，一些售前售后问题无法及时解决，往往师生又有迫切需要，容易导致采购人员夹在中间左右为难，只能比较被动地催促供应商尽快妥善解决订购事宜。这势必也要求物资中心要积极找寻策略，缓解或解决这个难题，一方面从社会上多方面了解原厂公司企业内部的管理部署，新引进同源但是不同支且售前售后更优的代理公司作为合作供应商，通过分支的压力来改善目前局面；第二方面是寻找同类产品提供多种品牌，通过一线的同事给师生推广来分散单一订购量，增加竞争来调动供应商积极性。

五、产品的售后和服务保障

物资中心目前的产品售后和服务保障是以品牌的技术支持为主导，在遇到售后问题时，第一时间与师生沟通了解情况并告知售后所涉及的流程，大致需要耗费的时间等。在协助师生解决相应售后问题时，不能仅仅作为一个传递的媒介，而是要把自身当作师生，急师生之所急，从师生的角度尽快协调处理好并及时给予答复。不仅需要具备较强的沟通能力，还需要有较好的执行力。

和供应商的协调也很重要，确定好售后流程及其他服务，明确工作态度和要求，引导供应商跟上物资中心的服务理念，将整体服务的活跃度都提升起来，更及时地为师生提供合格的、满意的产品。

采购工作是一个宏观且系统的工作，要高效地利用信息化手段，严格执行国家的法律法规，以积极的态度，发散的思维，细致的操作，良好的沟通，主动思考，积极创新，紧跟社会发展，不断优化订购流程，持续提升服务团队综合素养和服务意识、服务能力，才能确保为师生提供一流的采购服务。

如何做好高质量会务服务

——以浙江大学后勤集团科教服务中心会务中心的服务实践为例

陈燕芳　王语嫣

（浙江大学后勤集团科教服务中心）

【摘　要】 本文主要以浙江大学后勤集团科教服务中心会务中心的服务实践为例，探讨了如何进一步做好高质量会务服务。首先，强调了品牌建设的重要性，以浙江大学的使命愿景为引领，更新服务理念，重塑价值体系，进一步擦亮“求是精神会务典范”的浙大会务品牌；其次，分析了体制机制建设的重要性，在“一流管理服务师生”的引导下，完善制度体系，持续提升管理水平和运营能力；再次，分析了在后勤社会化改革的前提下，强化市场导向、创新服务模式、不断提高师生满意度的重要性与具体措施；最后，强调了高校会务特殊属性下党建引领的重要性，探讨了完善责任体系、统筹发展安全的一些措施。

【关键词】 高校会务服务；高质量；会务品牌；制度建设；市场；安全

高校会议服务业务是指针对高校党政、学术、教务、文体等会议活动的综合服务，主要包括会议活动的组织、筹备、宣传、执行等。浙江大学后勤集团科教服务中心会务中心负责浙江大学直接委托管理的会议场馆服务保障工作，以2022年为例，全年完成浙江大学各类大型活动服务100余场，承接求是大讲堂等12500余场的各项会场服务保障工作。

党的二十大报告指出，高质量发展是全面建设社会主义现代化国家的首要任务。浙江大学党委书记任少波反复强调更高质量、更加卓越、更受尊敬、更有梦想的战略导向，浙江大学后勤集团深入推进一流后勤服务体系建设的进程，对服务师生的质量也提出了更高要求。对此，进一步提升会务服务质量，实现会务服务的高质量发展，满足新时代高校师生对会务服务工作的需求，成为高校会务服务团队需要把握的关键课题，下面结合浙江大学后勤集团科教服务中心会务中心的服务实践谈几点体会。

一、以使命愿景为引领，更新服务理念，重塑价值体系，进一步擦亮“求是精神会务典范”的浙大会务品牌

品牌是高质量发展的重要象征，加强品牌建设是满足人民美好生活需要的重要途径。2022年，国家发展改革委等七部门联合印发了《关于新时代推进品牌建设的指导意见》（以下简称《意见》），《意见》中指出，要“做强做精服务业品牌。加强服务品牌意识，提升服务品牌价值。”习近平总书记也明确提出，“要推动中国制造向中国创造转变、中国速度向中国质量转变、中国产品向中国品牌转变”。高校会议服务行业作为以输出服务为主要产品的传统服务业，打造会务服务的品牌，是高质量发展的必由之路。浙江大学后勤集团科教服务中心

会务中心提出了“求是精神会务典范”这一浙大会务品牌理念，积极推动浙大文化元素融入会务品牌，深度挖掘浙大校训、求是精神等浙大文化内涵，构建出自己的品牌工作体系，以浙江大学的战略导向为使命愿景，引领员工以浙大人的身份来要求自己，提升团队对会务服务工作的认同感与获得感，真正打造出符合“求是精神会务典范”的浙大会务品牌，促进价值提升。

充分发挥浙江大学后勤集团下属的专业会议服务机构这一身份特质，以团队建设为重要抓手，打造一流服务保障团队。一是高度重视团队综合实力建设。把技能比武、岗位练兵作为加强技能人才培育的重要渠道。浙江大学后勤集团科教服务中心会务中心在每年暑期的技能比武中，将理论与实操相结合，突出实战化演练，精细化考评。考核内容全面涵盖中心规章制度、服务标准、应急处理、会场布置、会议服务、仪容仪表等，有效提升了会务中心会场服务的规范化和标准化水平。二是注重激励机制营造。坚持激励导向，通过更合理的绩效考核办法，薪酬分配系数明细，实行奖优罚劣，进一步激发全员创造力。提倡成员之间的沟通交流，及时反馈团队成员的想法和意见，通过定期组织各类分享会、完善管理人员例会制度，建立起了团队常态化沟通渠道，鼓励各级团队成员建言献策，充分发挥出团队创造力。三是打造团队风采展示平台。浙江大学后勤集团科教服务中心会务中心通过组织各类工作分享会、引导团队成员参与浙江大学工会等部门组织的文化活动、竞技比赛等，搭建团队成员自我展示的舞台，充分展现浙大会务团队风采与气质，提升浙大身份的认同感。四是做好人才梯队建设，夯实人才后备力量。浙江大学后勤集团科教服务中心会务中心与杭州、金华等地的职业院校建立了长期紧密的合作关系，引进空乘专业毕业生，为多个项目培养实习生，实现与院校的优势互补、协同育人、共谋发展，充实团队后备力量。

二、坚持“一流管理服务师生”，强化系统集成，完善制度体系，提升组织效能，持续提升管理水平和运营能力

完善治理机制是全面推进依法治企、推进国家治理体系和治理能力现代化的内在要求，是国有企业实现高质量发展的根本保证。高校会务服务机构作为国有属性、高校背景的国有企业的组成部分，在坚持做好校内服务保障的基础上，也要遵循市场经济规律和企业发展规律，大力推进思想融合、体制融合、机制融合、标准融合、监督融合等，建立有效的管理制度与组织机制，从制度建立、执行、评价等方面全流程提高组织效能、运行效率，形成推动会务服务高质量发展的强大合力。

浙江大学后勤集团科教服务中心会务中心坚持“一流管理服务师生”的理念，既强调服务提升又注重管理效能，重视制度管理、标准引领。以制度统领整体工作的开展，一是在制度制定方面，针对性出台了多项管理制度，完成了会务服务质量体系汇编，提升员工服务意识，促进会议服务标准化、规范化、精细化、高质量、可持续发展。二是重点强化制度执行的刚性约束，制度的生命力在于执行，对于已经建立起来并经过实践检验的各类规章制度，要落实到位。只有各项制度切实落实在实际行动上，体现在具体工作中，才能真正将制度优势转化为治理效能，会务中心通过在协同联动上做文章，建立了管理人员例会制度，搭建团队常态化沟通渠道，促进不同部门之间信息互通、资源共享、大事共商，鼓励各级团队成员建言献策，充分发挥出团队创造力；在监控考核上见实效，制定《会务中心、会展中心监控考核管理制度》，实现会务服务各个流程高效可控，助力管理水平提升；在精细服务上出实招，打造会务服务新标杆，积极探索精细化服务新举措，暖心、高效服务得到师生的认可。三是制度

评价不松懈，发挥绩效考核机制在制度评价方面的关键作用，试行全新的绩效考核办法与评价机制，将制度管理落实情况纳入管理人员考核，以促进制度机制的有效运行，充分发挥制度体系的导向和“指挥棒”作用，激发团队运营新活力。

三、突出市场导向，创新服务模式，强化激励约束，主动担当作为，不断提高师生满意度和市场占有率

高校后勤社会化改革是目前一项重要课题。国家中长期教育改革和发展规划纲要工作小组办公室印发的《国家中长期教育改革和发展规划纲要(2010—2020年)》提出了“推进高校后勤社会化改革”的目标任务。从市场经济的角度出发，社会化改革确实给后勤市场带来了自由竞争，市场自由竞争的程度又迫使后勤服务单位进一步提升自己的产品和服务质量水平。但是高校后勤市场处于校园环境中，始终要坚持教育属性，在拥有经营自主、核算独立、自给自足的能力的同时要注意平衡好社会效益和经济效益。面对高校后勤社会化改革的挑战与高校会务服务业务多样化、需求差异化的特点与要求，凸显了创新服务模式、个性化定制服务的重要性。

精细化管理保质量。高校会务服务必须以师生为出发点，重视师生对于服务的满意度和认可度，师生即是市场，必须充分考虑师生的需求，不断提升精细化管理的水平，进而逐步满足师生多元化、个性化的需求。要重视服务的质量，促进标准化与精准化服务相结合，制定实施适合本校情况的管理与服务标准。而标准化、精细化会议服务的要求已将传统会议服务从一般的会议室租赁服务扩展到提供会议技术、会议设施、会议室环境、会议策划、会议支持服务等多项一站式会议服务的整体解决方案，以满足服务对象的多样化需求。做好个性化定制服务，可以从多个角度着手：根据服务对象的需求，提供专业的会议服务，比如定制化的会议服务团队、会议礼仪、场地布置、灯光效果、技术支持、会议茶歇及招待等服务，提供定制化的会议流程、会议主题、会议议程等。在精细化方面，精细化管理是一种生产管理模式，应用于高校后勤管理中，能够使高校后勤中各要素的经济性和有效性得到最大限度的发挥，从而有效提升高校后勤资源配置的效率。以2023年为例，年初，会务中心举行了主题为“学习党的二十大　建功新征程”的会议精细化服务分享会，来自各个部门不同岗位的项目管理者、技术部骨干、前台、会场一线服务人员等围绕精细化主题，结合自身工作经历，畅谈对精细化服务的认识和理解，分享服务过程中的经验和教训，充分挖掘了精细化服务新举措，展望全面推进精细化服务后的发展前景。在持续推进会务服务标准化、精细化建设的基础上，浙江大学后勤集团科教服务中心会务中心关注暖心服务细节，通过定制领导专用衣架、不同高度的专用讲台垫，提供领导衣物干洗服务，持续提升师生对会务服务的整体体验感。

激励化管理促动量。美国心理学家、管理学家波特和劳勒曾提出“综合激励模型”，也为后勤社会化改革时代的高校会务管理者提供了实际可供参考的解决方案。比如，报酬激励、弹性工作制度激励，为员工提供富有挑战性的工作，给员工提供培训机会和双重职业途径。浙江大学后勤集团科教服务中心会务中心通过浙大使命愿景的引领、人性化的人事考勤机制的建立、员工职业成长与展示自我的平台搭建、科学可持续的绩效考核机制的完善等措施，全方位完善了激励约束机制。员工个人通过自身的努力完成指标，拿到绩效，获得较大的工作成就感，进一步激发了员工主动担当作为，努力创新服务模式，提升服务质量，进而实现师生满意度与市场需求同步提升，员工薪酬待遇进一步改善的良性循环。

智能化管理赋能量。通过自筹经费、申请专项经费等形式，持续加大技术投入，陆续完成各会议场馆设备添置、改造，环境修缮升级等提升项目，努力打造全面、高效、高质量的会场多媒体服务保障系统，为进一步提供更优质的一流会务服务提供硬件保障。以钉钉平台为基础开发完善了宜搭智慧会务平台，实现会议管理、财务管理、设备管理、统计分析等功能线上化、平台化，提供更多元的会务服务体验，实现设备全生命周期管理，推动会务服务及管理更加智慧化，提升会议服务的可控性。

四、坚持党建统领，统筹发展安全，完善责任体系，确保会议服务安全优质高效

召开会议是学校各级党政机关、部门、学院等研究部署工作、探讨科研学术成果的重要手段，是开展工作的主要方式之一，高效率、高质量地服务好会议、保障好会议，对圆满召开会议、完成会议议程，有着至关重要的意义。要明确高校会务服务的特殊政治属性，作为高校会务服务人员，虽然所做的是会务工作，但是承担的是政治责任，必须时刻绷紧讲政治这根弦。浙江大学后勤集团科教服务中心会务中心坚持把党建工作摆在首位，通过“党建＋服务”的模式，推动党建工作与业务工作深度融合，不断加强政治理论学习、党史教育，引导干部职工牢记初心使命，展现担当作为。充分发挥党支部战斗堡垒作用及党员先锋模范作用，党员在管理、服务过程中始终冲锋一线，重大活动组织保障有力。同时因为高校会务服务业务数量多、类型广，在实施过程中可能存在的各类风险，要求会务服务团队要守好底线，提升风险隐患排查能力与水平，梳理会议举办风险，确保会议消防安全、保卫安全、财务安全、信息安全、舆情安全等全方位安全。要建立严格的安全管理制度，加强会议安全管理，建立安全防范措施，签署安全责任书，定期进行安全检查，确保会议场所安全；要建立完善的安全预案，在会议现场采取适当的防范措施，应对突发事件，确保会议的安全；要加强与校园安保队伍的协同，提升应对突发事件的硬实力；要组织专门的安全检查人员，定期对会议现场进行安全检查，及时发现存在的风险隐患，采取有效的措施进行纠正和预防；要建立完善的数据备份机制，及时备份会议资料，防止因系统故障而造成的损失；要建立完善的客户服务体系，按照服务对象要求，对会议服务进行持续改进，确保服务的高质量。对于高校会议类别中具有特殊属性的涉密会议，涉密岗位人员要及时签订《保密安全责任书》；组织相关员工积极参与保密相关教育培训，在技能比武中增设保密知识考核环节，筑牢保密安全思想基石。

在过去的新冠疫情常态化防控时期，浙江大学后勤集团科教服务中心会务中心一直高度重视疫情防控工作，重点做好管住员工、管好场所、应急保障三方面工作，坚持落实好每日两次全员测温、健康打卡等管理工作；积极组织了开展防疫知识、日常工作防疫培训，提高员工防疫意识与水平；在会场管理与会议服务过程中，重视会场日常通风消杀，主动协助各会议主办方做好会场防疫工作。对于责任区域内的餐饮服务单位，根据《食品安全法》《公共场所卫生管理制度》落实各项管理措施，规范证照管理，确保各类证照完整有效，悬挂规范，并实施常态化监管。

五、结　语

做好高校会务服务的要求与方法还有很多，需在工作中继续深入贯彻落实浙江大学后勤集团建设与世界一流大学相适应的后勤服务体系的目标，进一步总结现有会务服务模式的优势，强化服务效能、提升服务品质，适应师生员工对美好校园生活的向往，努力为学校迈

向世界一流大学前列提供高质量的会务服务。

参考文献

[1] 杨慧.浅谈高校后勤服务人员思想教育的重要性[C].2020年教育信息化与教育技术创新学术论坛(重庆会场)论文集,2020.

[2] 陈柒叁.新形势下高校后勤安全管理面临的问题及原因[J].教育现代化,2016,3(6):133-134.

[3] 常梅.精细化管理视角下的高校后勤管理实践[J].赤峰学院学报(自然科学版),2017,33(6):192-194.

[4] 教育部关于完善教育标准化工作的指导意见[EB/OL].(2018-11-26)[2019-02-19].http://www.moe.gov.cn/srcsite/A02/s7049/201811/t20181126_361499.html.

[5] 韩进.深化后勤社会化改革依然是高校改革的一项重要任务[J].中国高等教育,2005(22).

[6] 李德传,程松,高尚.新形势下高校会议中心运行模式的探讨[J].高校后勤研究,2021(12):34-36.

[7] 朱芸.新公共管理视野下深化高校后勤社会化改革策略研究[D].南京:南京航空航天大学,2021.

[8] 张宇,蔡春美.国有企业绩效管理存在的问题及优化路径——以X企业为例[J].社会科学动态,2023(2):46-49.

[9] 杨婧,杨河清.人力资源管理与组织绩效关系的实践——国外四大理论的阐释[J].首都经济贸易大学学报,2020,22(1):103-112.

浙江大学后勤集团科教服务中心交通中心运行管理实践及未来展望

蒋瑞生

（浙江大学后勤集团科教服务中心）

【摘　要】 本文介绍了浙江大学后勤集团科教服务中心交通中心的基本情况及服务理念；重点论述了交通中心推进交通2.0建设的建设思路和计划安排；探讨了“以人为本”理念在交通工作思路中的运用；结合浙江大学使命愿景展望了交通中心的未来发展路径，从规范、品质、效率、温度四个方面分析了交通中心实现高质量发展的实施路径。

【关键词】 交通2.0；服务提升；以人为本；高质量

交通中心（车队）是浙江大学后勤集团科教服务中心下属的一个部门，作为学校下属唯一的交通服务提供部门，负责运行管理学校大、中、小型客车等近100辆，承担学校行政公务用车、教职工通勤、教学科研、学生实习、校重大活动及部门、院系部分公务用车的用车保障任务。近几年来，中心致力于转变服务观念、规范服务标准、不断拓展服务范围、提升服务质量，社会效益、经济效益均取得不俗的成绩。随着学校的飞速发展，教学科研及师生员工对交通服务的质和量提出了更高的要求，这使得原先以保障学校行政公务用车及教职工通勤为主的交通中心，必须进一步提高管理水平、开拓思路、提升员工服务水平和质量。因此，如果仍旧延续原来的运行思路，中心肯定无法适应学校对交通服务的需求，甚至会被市场淘汰出局。交通中心在总务处、后勤集团的正确领导下，秉持“保障学校，服务师生”主责主业，通过调整思路、规范管理、创新模式等措施，稳步推进交通2.0建设，致力于为师生提供“放心、舒心、省心”的用车体验，全心全意为师生服务，有决心、有能力、高质量完成学校交予的保障任务的同时，一揽子解决学校的交通服务需求，中心也必然能发展成为服务优质、管理规范的专业交通服务单位。

一、持续、稳步推进交通2.0建设

优化组织架构，强化组织建设，让人动起来。进一步梳理各项规章制度，重新编制交通服务2.0建设质量管理体系文件，内容包括：管理程序1项、管理规程5项、制度文件7项、岗位职责6项、规范流程5项、应急预案2项、相关表单33项。规范管理、合理优化中心部门架构，明确管理人员岗位职责，责任到人。整合办公室与财务室，设立综合部；新设立安全与品质管理部，致力于提升服务质量；设立调度室，提高车辆使用率，从而提升整体效益；完善网格化管理及班组管理，要求每一个管理人员与网格内司机加强交流沟通，及时了解思想动态，疏导情绪，引导司机安全、心情舒畅地工作。充分调动各部门主管工作积极性，发挥主观能动性，为交通中心2.0建设及发展出谋划策。

信息化工作持续推进，依托数字化平台优化管理，让系统转起来。随着信息化、数字化工作的推进，中心原来使用的管理系统已不能满足全部管理需要，因此在原来的系统基础上重新定制了管理系统，2022 年 1 月“车队管家”系统上线使用。“管理端”可以实时查看人车状态，通过数据分析，合理排班调度；“司机端”解决了以往存在的任务通知不到位、司机漏看任务、发车迟到、任务信息反馈不及时等问题；“客户端”查看订单、车辆信息、司机信息、费用查看、满意度评价等更方便。系统财务功能逐步升级中，逐步实现数字化管理与服务。目前客户预约订车功能因涉及人员权限等问题，暂时未开通，还需校信息中心支持完善，进一步提升用户体验感。内部车辆管理系统“途强在线”可实时查看车辆位置及行车轨迹，使车辆管理更加规范。

优化服务细节，提高服务品质，把员工的精神提起来。大力倡导文明行车，通过数据统计分析，遴选日常服务中常遇的问题，制作标准化问答及考核要求手卡并发放到每位司机手中；通过培训来提高司机服务技能，提升师生满意度，避免不必要投诉。着力提升员工形象，规范着装要求，更新工作服，从形象方面着手提升员工精神面貌。设法改善乘车环境，重新设计更换车厢内温馨提示贴纸、服务监督卡、新增上下车语音播报提示器、标识标牌、电子显示屏，加大安全提醒与服务宣传的力度，敢于接受师生监督，为师生提供更暖心的服务。尽力为员工办实事，通过与一线员工谈心、在班车点放置建议、意见箱等，疏解员工心理压力、着力解决员工的实际困难，增强员工归属感；通过“品味书香”等活动，加强队伍文化建设；通过树立服务标兵、先进典型等，提升员工荣誉感，在中心营造“比、学、赶、超”的生动局面和工作服务氛围，员工整体素质得到有效提升。

强化安全培训，筑牢安全生产防线，提升全体员工安全风险意识。安全工作是交通中心工作的重中之重。结合“安全生产月”和“安康杯”活动，开展形式多样的“除隐患、防事故、守底线”培训活动，增强员工的防控意识和行车安全意识；每月不定期举办员工安全培训例会；线上线下多种形式开展安全教育，创建“安全沙龙”学习会，以日常检查考核中发现的问题为案例进行互动、分析、讨论、总结；通过校区分小组授课形式巩固培训内容，达到培训目的；举办交通安全知识竞赛，以赛促学，以赛促练，提高学习积极性，进一步促进中心的安全文化建设；开展车辆消防应急演练和全国消防日消防安全知识宣传，以演、练相结合的方式，让司机熟练掌握突发事件处置流程，提升消防应急处置能力，为中心消防安全工作打下坚实基础；邀请安全保卫处人员以授课方式给全体员工讲解校园安全知识，进一步提高全体员工安全防范意识，筑牢安全防线；开展校内安全文明行车和应急技能竞赛两项活动，将比技能、追业绩、讲文明的氛围推向高潮；根据教育厅关于毒品预防教育的通知要求，交通中心邀请求是派出所和三墩派出所的民警对司机开展禁毒宣传教育，并进行毛发吸毒检测。此外，由安全管理员和网格员通过微信工作群、网格管理群不定期发送各类安全预警，内容包括：最新的事故新闻、道路突发状况、恶劣天气影响、疫情防护知识等，提醒员工提高安全意识、车辆防御性安全驾驶意识等。

加强对新进员工的岗前安全培训工作。交通中心每位新进司机均需经过严格的岗前培训，认真学习《浙江大学公务用车管理办法》《其他意外情况应急预案》《车辆安全与日常维护制度》《车辆运行管理制度》《奖惩制度》《驾驶员岗位规范流程》《驾驶员岗位说明书》等规章制度，并签订《安全管理目标责任书》，安排骨干司机传、帮、带，跟车实习，经安全管理员培训并考核合格后正式上岗。促使驾驶员从入职起，就养成杜绝交通陋习、走文明路、开文明车、做文明人的良好习惯，真正做到“礼让先行”“守法先行”“安全先行”“绿色先行”，争做文明出行的实践者、宣传者、建设者，为营造安全文明的校园环境作出应有的贡献。

狠抓车辆安全管理与日常维护制度，设定车辆安全维护等级，按计划实施强制维护。提升日常安全管理力度，认真落实安全检查，消除安全隐患。提高检查考核评分要求，树立标杆，努力打造礼宾服务队伍。安全管理员每月对每一台车辆、每一位司机进行至少一次的安全检查考核，查看车内设备是否齐全有效，包括服务箱、灭火器、逃生锤、车辆保养维修记录等；每周管理人员还会不定时到发车点或行车线路上实时查看运行过程中是否存在违纪违规操作，以督促每一位司机时刻绷紧安全弦。维修人员每月对所有车辆机械性能进行排查，尤其对发动机、各部位线路、机油、冷却液、轮胎、刹车、照明、空调系统等故障多发部件进行随检随修，做好维修记录，杜绝车辆带病作业，降低抛锚率。每月对维修场地、停车场地、洗车场地、休息室、值班室及宿舍等进行安全检查。在总务处的大力支持下，完成东四地下车库的升级改造和玉泉车队宿舍的电路改造，改善整体工作环境的同时消除安全隐患。

二、坚持以人为本，把学生作为一切工作的出发点和归宿

习近平总书记在中国共产党第二十次全国代表大会的报告中指出：“坚持以人民为中心的发展思想。维护人民根本利益，增进民生福祉，不断实现发展为了人民、发展依靠人民、发展成果由人民共享，让现代化建设成果更多更公平惠及全体人民。”他还在报告中提到：“我们要实现好、维护好、发展好最广大人民根本利益，紧紧抓住人民最关心最直接最现实的利益问题，坚持尽力而为、量力而行，深入群众、深入基层，采取更多惠民生、暖民心举措，着力解决好人民群众急难愁盼问题，健全基本公共服务体系，提高公共服务水平，增强均衡性和可及性，扎实推进共同富裕。”在全面建设社会主义现代化国家、全面推进中华民族伟大复兴的新时代，作为学校后勤保障部门，要健全基本公共服务体系，提高公共服务水平，增强均衡性和可及性，其实还有大量的工作要做。无论是硬件还是软件、思想还是观念，都有很大的改进和转变空间，特别是对待学生的问题上。学生作为学校最广大的群体，长期在求学的历程中成长，绝大多数没有在社会大环境中经受过磨炼，理应得到更多的关爱和照顾。2004年习近平总书记在浙江大学调研时指出“要坚持以人为本，把教师作为学校最宝贵的资源和财富，把学生作为一切工作的出发点和归宿。”校党委书记任少波在暑期工作会议上报告题目就是“践行立德树人的高远使命，构建以学生成长为中心的卓越教育体系”，并且围绕这一主题进行了详细阐述。

在平时的大会小会、谈心谈话时，中心一再告诫、提醒全体员工，大多数学生刚刚成年，缺少社会经验，作为他们的父辈、兄长，在碰到投诉时要采取有则改之，无则加勉的态度，不要斤斤计较，耿耿于怀；在遇到有可能发生冲突的情况时，要做到退让，以大欺小怎么说都不是光彩的事，要多从自身找问题；遇到学生碰到困难时要及时施以援手等。确实很多时候大家是这样做的，如主动为骑车不小心撞上停放的班车的学生送医院就医并帮助支付医药费、遗留在车上的物品及时送还、学校因疫情管控期间接送学生就医等，这些都很好地改善了交通中心在学生心目中的形象。但在实际工作过程中距离做到以学生为中心还是有很大的差距。以往的不少事实已经证明，在处理学生的诉求方面，简单化的、试图一推了之的做法往往会带来更严重的后果。因此在对待学生这个特殊群体时，真心诚意、发自内心地树立以学生为中心的理念，尽心尽力地为他们提供服务，设身处地解决他们的实际困难，应该成为中心今后的工作目标和出发点。中心可以在健全基本公共服务体系，提高公共服务水平方面改进现有的方案、措施和办法，可以用更具亲和力的态度、提供更加细致周到的服务，带给他

们更好的服务体验，解决他们的后顾之忧。交通中心在“践行立德树人的高远使命，构建以学生成长为中心的卓越教育体系”的道路上是完全可以有所作为的。

在均衡性和可及性方面，由于学校校区分散，学生和教职工人数众多，因此在涉及食、住、行等方面都存在需求巨大而资源有限的问题。而学校包括后勤，在解决这些问题时往往更多地考虑解决教职员工的需求。以班车为例，目前班车主要用于解决教职员工的通勤问题，学生跨校区的流动多数依靠自己解决，出行不方便且不安全。在班车平时运行过程中，又怕让太多的学生上车而满足不了教职工的通勤需要，在高峰时段往往会拒绝学生乘坐。近几年随着学生维权意识不断增强，加上疫情对交通出行的影响，学生投诉不断增多。去年中心会同总务处进行了认真的统计和调研，在确保教职员工乘坐的前提下，开放部分时段空余的座位给学生。当然，现阶段要彻底解决学生乘车困难问题肯定是不现实的，但毫无作为也有悖于交通中心的服务理念。从长远看，随着学校各个院系不断向紫金港校区集中，以后的教职工更多地分散于杭州市的各小区或住在紫金港校区周围的小区，借助班车通勤的教职工将会越来越少，班车将更多地转向为学生服务。“以学生为中心”将不仅仅是理念和口号，可能会是中心今后的生存之道。要深入开展宣传教育，转变固有的观念，让全体员工真正认识到离开学生这一学校最大的群体，就可能失去了存在的价值；要做好司机的思想工作，注意沟通表达方式，因为当候车学生未能全部上车时，引起的矛盾和冲突可能会比不开放更多，因此需要司机处理时掌握方法和技巧；在实际工作中，必须因势利导，未雨绸缪，为即将到来的变革做好准备，努力地将资源和服务向学生开放，如开发学生乘车预约系统，尽量让现有班车资源利用最大化；为解决紫金港校内交通问题的具有浙大文化特色的校内循环车也即将投入运营，这些举措都是为了更多地惠及学生。

在新时代新征程上，在学校构建以学生成长为中心的卓越教育体系的道路上，交通中心一定会秉承以学生为中心的理念，增强均衡性和可及性，服务资源更多地惠及学生，从而继续牢牢地占据校内市场。

三、未来展望

在交通2.0基础上，中心如何进一步发展是下一步需要认真思考的问题。在学校构建以学生成长为中心的卓越教育体系的道路上，秉承以学生为中心的理念，在做好学校基本保障任务的同时，一揽子解决学校的交通服务需求，努力打造礼宾服务队伍，更好地服务全体师生员工，这就要求我们：

更加规范：中心要对照学校要求和行业高标，梳理、完善各项标准化文件，强化培训考核，严格执行规范。梳理目前学校内存在的正规或不正规的车辆运行团队，在政策允许的条件下，对这些团队进行资源整合，可以实行校内交通服务业务外包、服务供应商招标引入的办法，最大限度规范目前的校内交通服务市场（避免市场的无序竞争，适当保护各方利益的平衡分配）；加强内部管理，制定校内交通服务的标准（服务、收费、考核等），建立科学合理的绩效考核体系，鼓励服务至上，效益优先，特别是要制定一套完善的基于客户满意度的评价体系，每个员工的收入以及外包供应商都应和该体系挂钩。

更高品质：倾听多方意见，从细节入手，向实处着力，全方位改善服务质量。要进一步提升管理人员的管理能力、水平，以“改进工作作风、端正服务态度、提高解决问题的能力”为专题，继续加强管理人员素养方面的培训，加强现场管理力度，不断加强加深员工的安全意识和“全心全意为师生服务”的意识，尽量减少行车事故和有效投诉的发生，全方位改善服务质量。

更高效率：依托信息技术、数字技术，不断推进服务的广度、深度与维度。继续加大投入开发、完善“车队管家”运行管理软件，搭建基于互联网、移动终端的车辆租赁、叫车、调度、支付、评价、客服的统一操作平台；中心在保持一定数量车辆，确保学校基本交通保障要求的基础上，合理利用外包供应商的资源和服务，基于网络化管理手段以及学校财务部门认可交通中心作为校内唯一的交通费用结算单位情况下，将校公车服务中心落地到交通中心，最终将中心运行成为一个集车辆租赁、客运、调度、支付、评价、客户于一体的综合交通服务平台机构。

更有温度：以师生需求为中心，以人为本，想师生所想，尽一切努力为师生排难解忧，努力提供有温度的服务，提升师生满意度，为一流的后勤服务体系建设贡献力量。

浙江大学后勤集团对学校行政服务办事大厅所起的作用

潘红雅

（浙江大学后勤集团科教服务中心）

【摘 要】 本文简要概述了浙江大学后勤集团及浙江大学行政服务办事大厅的基本情况，着重从三个方面展开论述：一是后勤服务以外包形式在办事大厅窗口服务中发挥的作用；二是后勤服务在统一咨询服务热线建设中提供的人力、物力支持及保障；三是后勤服务在办事大厅 2.0 建设中作为"一窗合办"试点服务窗口在推进过程中发挥的作用及困难分析。多角度探讨了浙江大学后勤集团在行政服务办事大厅中所起的重要作用。

【关键词】 服务外包；办事大厅；热线；一窗合办

浙江大学后勤集团是浙江大学所属唯一全资后勤企业集团，业务涵盖餐饮服务、物业服务、水电工程、科技商贸、学前教育等五大板块。后勤集团坚持保障学校、服务社会的发展方针，坚持专业化、规范化、现代化发展道路，依托行业子公司，面向浙大各校区逾 10 万名师生员工及其家属提供优质高效的服务，为学校双一流建设提供坚实可靠的支撑保障。近些年来，后勤集团在浙江大学双一流建设的背景下，始终坚持深化后勤社会化改革，推进一流后勤服务保障体系建设，为学校迈向世界一流大学前列作出了新贡献。本文将由点及面、以微见著，着重介绍后勤集团服务在浙江大学行政服务办事大厅所起的作用。

浙江大学行政服务办事大厅从 2012 年 7 月开始筹建，2013 年 2 月投入试运行。共有党委办公室、校长办公室、学工部、人事处、国际合作与交流处、本科生院、研究生院、科学技术研究院、社会科学研究院、继续教育管理处、计划财务处、总务处、安全保卫处、信息与技术中心、校医院、后勤集团（校园卡）、工业技术转化研究院、档案馆 17 个部门和 3 家社会服务单位进驻。共设有 22 个服务窗口、共有 35 名工作人员，可办理审批和服务事项 200 余项。截至 2022 年 12 月，办事大厅累计受理师生各类事项 121 万余件，师生总体满意率一直维持在 99.9％以上。2020 年 10 月，正式启用了学校统一咨询服务热线（0571－88981234）。行政服务办事大厅自创建以来，一直备受学校领导重视与关注，对大厅的成长与发展寄予了厚望。在行政服务办事大厅所有人的共同耕耘努力下，行政服务办事大厅先后获得了 2017－2018 年度国家级青年文明号以及 2021 年由中华全国妇女联合会颁发的巾帼文明岗等荣誉称号。浙江大学行政服务办事大厅的成功，也吸引了众多兄弟单位高校的参观和调研。当然，行政服务办事大厅的成长与发展离不开一个重要的角色，即浙江大学后勤集团。根据实际调查，目前行政服务办事大厅的 35 名工作人员中一共有 9 名窗口工作人员为后勤集团编制人员，除后勤集团（校园卡）窗口以及学校统一咨询服务热线一名工作人员从事本职后勤工作外，其余 7 名均为后勤人员外派至其他部门后派遣至行政服务办事大厅窗口工作。本文将着重从以下三个方面介绍后勤集团在行政服务办事大厅中所起的重要作用。

一、后勤服务以外包形式进入行政服务办事大厅所起到的重要作用

这边特别着重介绍行政服务办事大厅本科生院窗口，它是后勤集团最早以服务外包的方式进入行政服务办事大厅的窗口。2017 年后勤集团教材中心以服务外包的形式承接了浙江大学本科生院行政服务办事大厅的部分窗口工作，至 2019 年 4 月承接了本科生院所有的大厅窗口工作。这项新业务的开辟既给后勤集团业务拓展与创新带来了新思路和新机遇，同时又逐渐形成了后勤集团教师事务服务专员服务模式的最早雏形。在教材中心接手本科生院窗口业务前，本科生院窗口存在着办事效率低下、师生投诉问题严重等诸多问题。自后勤集团教材中心接手窗口业务工作后，得到了办事大厅管理中心、本科生院以及学校师生的三方认可。从中我们可以整理出一些我们后勤服务的经验:第一，人员选拔问题。当时教材中心选调出紫金港教材部主任叶敏飞至办事大厅学习本科生院窗口业务。同时为了确保业务的稳定性，还专门招聘了一名工作人员。这样的模式对于业务骨干叶敏飞来说是一种新的历练和挑战，对于新聘用员工也是一种很好的引领与承接。同时也解决了大厅人员流动性大的问题。第二，人员培训问题。业务骨干员工身先士卒做好了带头表率作用，第一个熟悉并掌握了本科生院窗口业务。提前复印好各类学习资料，包括办事大厅的窗口纪律制度、本科生窗口业务手册等。这对于后面新到来的员工也是十分有利的，可以使新员工快速熟悉工作内容、工作纪律，并且做到事事有准则、件件有规矩。第三，人员稳定性问题。鉴于在这种服务外包的新模式下，容易产生员工缺乏归属感等问题，教材中心领导采取了平时多关心、活动多参与等方式来增加员工归属感。例如，教材中心领导平常多会至紫金港办事大厅看望窗口工作人员，与窗口工作人员进行比较深入的沟通，及时了解一线员工的心理状态以及回应其各种诉求。此外，中心的各种会议、集体活动也都会尽量照顾到办事大厅的工作时间，尽最大能力让大厅的工作人员能够融入后勤人的集体生活，感受到后勤集团温暖的集体氛围。

二、后勤服务在学校统一咨询服务热线中所起到的重要作用

后勤服务在学校统一咨询服务热线中亦起到了重要作用。浙江大学统一咨询服务热线历经约一年时间的筹备和试运行，于 2020 年 10 月正式上线，并于 2021 年 12 月 24 日与通信中心热线完成合并。目前热线两名工作人员均为后勤集团人员，一名为教师事务服务专员，另一名为通信中心工作人员。学校统一咨询服务热线的受理内容包括以下 4 项。1.校内师生对学校各部门、单位的工作职责、政策制度、办事流程等校务信息的咨询。2.校内师生对学校各部门、单位职责范围内的非紧急类求助。3.校内师生对学校发展、校务服务及机关部门行政管理服务工作提出的意见建议。4.其他应当受理的事项。学校统一咨询服务热线的顺利运营，离不开后勤集团人力、物力以及技术的大力支持。在热线前期的试运营阶段，后勤集团通信中心提供了十分有力的物力和技术保障。为配合大厅管理中心工作，后勤集团通信工作人员多次到行政服务办事大厅进行布线、试听等准备工作，为行政服务办事大厅热线工作的顺利开展提供了有力的通信保障。此外，在学校疫情封控期间，热线承担起了学校 24 小时疫情防控咨询的工作。特别是 2022 年 11 月 27 日的这次封控，由于开始封控的时间正是周末，导致 24 小时热线人手严重不足。这时候广大后勤人展现出了强大的凝聚力和责任心。科教服务中心下属的教辅、会务、通信等多部门工作人员以及办事大厅其他窗

口工作人员在大厅管理中心的号召下纷纷加入热线队伍，收拾行囊顶风冒雪从家里返回至学校，承担起24小时热线接听工作，成了校园中最美的逆行者。疫情无情人有情，当无助的浙大学子打通疫情防控值班热线的时候，很多人都激动得泣不成声。他们感叹在他们最绝望无助的时候幸好还有热线这盏明灯为他们答疑解惑。浙大师生强烈地感受到属于浙江大学统一咨询服务热线的温度。

三、后勤服务在行政服务办事大厅2.0建设中所起到的重要作用

后勤集团服务在行政服务办事大厅2.0建设中“一窗合办”起到了重要作用。为更好适应新时代广大师生办事需求，落实为师生办事工作要求，围绕学校数字化改革，推动学校整体智治新局面的建设目标，进一步深化“最多跑一次、最多找一人”改革，巩固“四个一”工程阶段性成果，推进学校治理体系建设，切实提升师生办事体验感和获得感，办事大厅分阶段推动2.0建设。其中最重要也是最先进行的就是“一窗通办”工作。办事大厅首先在学生事务大厅的本科生院、研究生院以及档案馆三家单位开展“一窗通办”试点。值得一提的是这三家单位除档案馆窗口，其余两家单位实际工作人员均为后勤集团人员，即文章最开始所提到的后勤集团以服务外包形式承接了本科生院和研究生院的工作内容。换言之，这个一窗通办的重点工作基本都是由后勤集团的工作人员承担。一窗通办虽然只有简单四个字，但是在实际工作中却是困难重重。主要原因在于：一方面目前办事大厅窗口部门审批和服务事项中，除了一部分有标准化的流程，很多事项都需要经过与业务所在单位科室进一步沟通才能完成办理，简单的标准化流程较少；另一方面，实现一窗通办对窗口工作人员要求很高，需要额外熟悉其他几个部门的业务，学习和培训难度很大。此外，涉及用印业务的办理工作，存在制作多枚部门印章的困难。作为试点的三家单位，本科生院和研究生院两家单位勇挑重担，制定了详细的培训时间和培训方案，重新梳理并完善了原先的窗口业务手册。在保证窗口既有业务完成的情况下，利用一切空闲时间静下心来学习其他单位的各项业务。这个艰难而困苦的过程，对于后勤人的身心来说都是一次巨大的挑战。功夫不负有心人，在行政服务办事大厅管理中心的积极指导引领下、三家兄弟单位的积极配合下以及窗口工作人员的共同努力下，浙江大学行政服务办事大厅学生事务厅的一窗通办工作于2022年7月25日顺利上线实施。一窗通办的试点工作顺利展开，离不开这些后勤工作人员的辛苦付出，同时也再一次证明后勤人具有敢为人先的创新精神以及俯首甘为孺子牛的吃苦精神。

通过对以上三点内容的客观分析，我们可以清晰地了解到浙江大学行政服务办事大厅已经与浙江大学后勤集团产生了唇齿相依、息息相通的关系。我们的后勤服务已经渗透到行政服务办事大厅工作的方方面面、点点滴滴。从最初的外包窗口服务、统一咨询服务热线工作到最近为推进办事大厅2.0建设所开展的一窗通办试点业务工作，这日常工作中的每一个点滴，无不说明后勤服务对行政服务办事大厅所起到的重要支撑作用。正如后勤集团的发展理念一般：以服务求生存，以管理求效益，以品牌求发展。后勤集团始终以服务赢价值，以服务赢尊严，不断擦亮浙江大学后勤集团这张金名片。面对正处于加快迈向世界一流大学前列的浙江大学，后勤集团势必会发挥应有的作用与担当，构建与世界一流大学相匹配的美丽和谐的国际化魅力校园。

校园标准化弱电机房建设及管理探讨
——以浙江大学为例

吕克峰

（浙江大学后勤集团科教服务中心）

【摘　要】 本文以浙江大学弱电机房实际改造案例为基础探讨了校园弱电机房的建设与管理。简述了校园弱电机房目前的运营现状；介绍了以信息化为基础的标准化建设思路以及采用智能物联技术统一平台管理的总体架构设计，从温湿度监测管理、烟雾监测管理、配电管理、不间断电源监测管理、视频监控管理及智能机柜等角度介绍了系统功能；从机房装修材料选用、静电处理要求、照明要求、防雷接地处理四个角度介绍了机房装修规范；从标准化建设、卫生、巡检制度三个方面介绍了目前在制度建设方面的工作思路与成果；并介绍了浙江大学弱电机房标准建设取得的成效。

【关键词】 弱电机房；标准化；信息化；装修；制度建设

一、项目概述

(一)弱电机房现状

目前浙江大学的弱电机房根据使用单位的不同分为几类，有专有弱电机房、多部门融合机房、小型弱电间等。因为牵涉单位多，没有明确管理职责，多头管理导致机房脏乱差以及存在较多安防隐患，如机房内部的环境温湿度、烟雾、漏水情况无法及时知晓；机房的火警和水患危害较大；机房配电安全得不到保障；缺乏统一的身份识别系统和视频监控系统等。本文从我校实际案例出发，就整体设计、机房改造规范、制度建设等方面对校园标准化弱电机房的建设及统一管理提供一种思路。

二、整体设计

(一)设计思路

随着校园信息化高度发展，弱电机房为校园信息化提供安全可靠的基础网络，是保障信息化发展的基石。我校目前有1000余个弱电机房，员工无法全面巡检到位，有较大的安全隐患。现从机房环境、配电安全、消防安全等方面出发结合物联技术；从绿色、智能、安全、规范、运维等方面出发，采用统一运维管理模式，将校园弱电主机房、融合机房，弱电间等接入同一平台进行管理。弱电机房优化建设思路分为以下几部分：①安防方面：为确保机房内部设备财产安全，运维管理工作需要及时掌握机房人员出入情况，必要时需掌握相应的图像信息；为确保机房内部环境安全，运维工作需要及时掌握机房内部的温湿度、烟雾等情况，告警通知实时异常，预先发现隐患，及时排查故障，降低风险；②配电及 UPS：由于机房内部设备种类较多，配电安全隐患较为突出，容易引发火灾；由于断电带来的业务中断，增加运维工作人员的工作量；机房内部的配电情况及负载信息匮乏，影响校园信息化业务的拓展和规划。因此，可采用主路电源监控管理（可监测电源通断情况、负载信息，火灾时电源切断）的方式对机房内部配电及 UPS 进行管理。

（二）总体架构设计

机房优化建设采用智能物联技术及统一平台管理，将校园内弱电主机房及融合弱电机房集中接入管理，提供多种机房接入方案，可针对不同功能的机房灵活配置。为学校提供一个绿色、智能、安全、规范的机房管理系统。

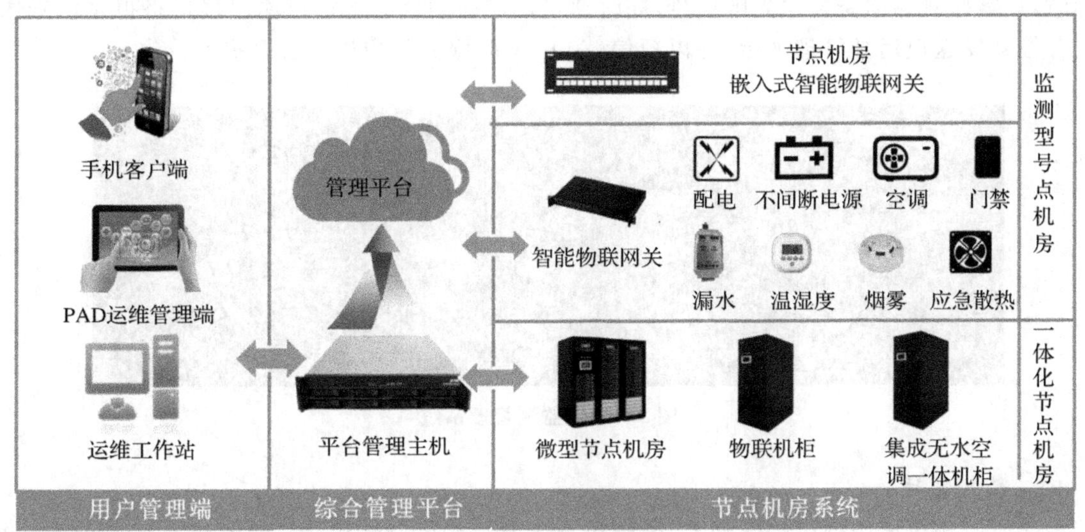

图 1　智能机房系统架构

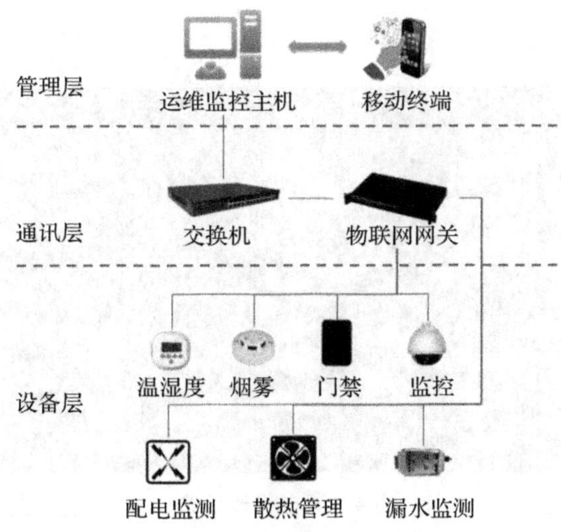

图 2　系统架构

(三)系统功能描述

1. 温湿度监测管理

可通过采集温湿度传感器的实时数据来监测机房环境的温度和湿度(见图3),机房监控系统以直观的实时记录,通过图形化界面,形象地显示各个区域的温度和湿度值及变化曲线,温度、湿度值达到设定的阈值时,系统自动进行报警并可实现对空调和风机的联动,报警信息自动记录,可查询、检索、统计、输出、打印,对温度、湿度参数生成实时曲线记录和历史曲线记录,并可查询、导出,并生成巡检报表和数据分析报表。

2. 烟雾监测管理

实时监测烟雾探测器的输出状态变化量,如图3所示。当检测到机房内部烟雾浓度超标时,烟雾探测器本身发生光电信号,同时通过烟雾探测器的干接点输出接口将报警信号通过分控器发送至运维管理平台,并以短信、App、web服务门户进行告警提示。

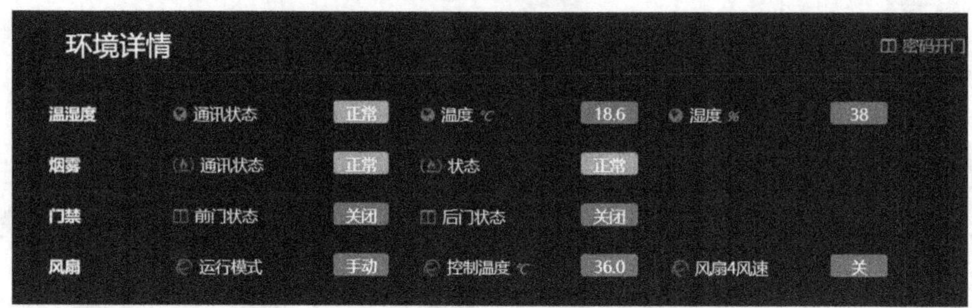

图3 环境监测管理系统

3. 配电管理

实时监测机房内部供配电情况,实现机房主路总配电监测管理,火灾时自动切断主路电源,异常情况可手动远程切断电源,如图4所示。实时监测机房配电通断情况以及机房主路配电电压、电流、功率、用电量等信息,可设置配电负荷阈值,超阈及断电等异常情况实时告警通知。

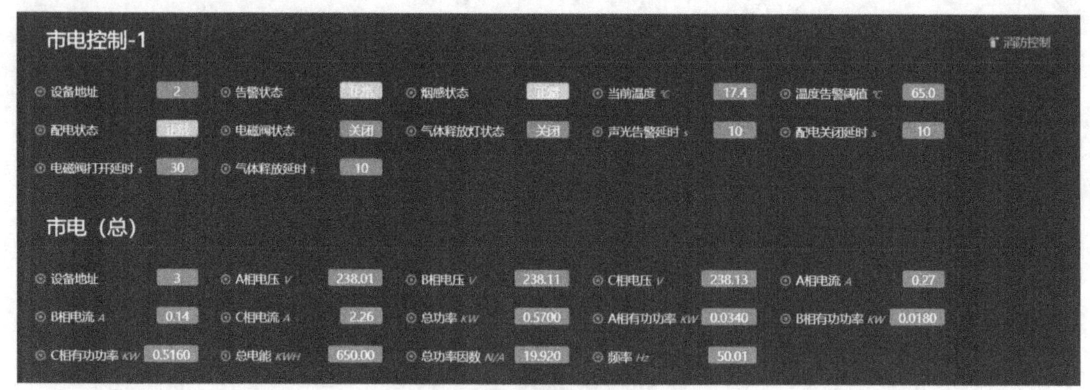

图4 配电管理系统

4. 不间断电源监测管理

对机房不间断供电进行改造,通过电流、电压、消防等传感器实现不间断电源配电监测管理，火灾时自动切断不间断电源的供电，异常情况可通过配套手动切断电池供电。机房发生火灾时，消防传感器接收到火灾信号，实时上传到管理平台，30 秒后执行断电指令，切断机房内所有供电，确保机房消防安全。可对不间断电源进行电压、电流、功率等信息在线监测，可设置配电负荷阈值，超阈及断电等异常情况实时告警通知。

5. 视频监控管理

如图 5 所示，采用 200 万红外半球摄像机及 128GB 存储卡，实现机房 7×24 小时实时监控，视频设备通过智联网安全网关集中接入综合管理平台，实现机房视频实时监控管理，保障机房安全。

图 5　农生环 E 座 123 弱电机房

6. 智能机柜

针对我校融合机房的方案主要以机柜级整体机房为理念，将机柜、PDU、配电、环境、智能控制等系统集成为一个标准柜体内，接入网络与电源即可管理机柜(见图 6)。专为融合机房设计，对发热量不大的融合机房来说，制冷非必要条件，以保障柜内设备运行环境、使用安全为重点，实现 App 实时监测运维管理。

图 6　医学院综合楼融合机房

以机柜级整体机房为理念，将融合机房机柜化，将保障机房运行的基础设施设备浓缩到标准机柜组合体中，降低对机房基础环境的要求，为融合机房设备提供安全可靠的智能管理载体。

机柜微环境监测功能：实时监测机房微环境温湿度、烟雾状态，异常情况告警通知。

辅助排热管理：具有机柜应急排热功能，能够根据机柜排热温度自适应调节风机排热模式。

智能配电功能：集成配电及防雷模块和机架式安装，使智机机柜能监测主路及支路设备总负载电流、电压与功率状态。

门禁管理：柜门触摸屏密码开门，手机 App 密码、手势及扫码开门管理。

智能消防管理：采用机架式智能消防单元，实现机房消防报警自动灭火功能。

运维 App：用户经平台安全验证后，可以实时监测数据机柜运行状态，及时发现机柜用电、防盗、温度、设备状态等各种问题。手机 App 实现远程开门管理功能。

三、机房内部改造规范

（一）机房室内装修

1. 机房装修材料选用

采用气密性好、不起尘、易清洁、符合环保要求、在温度和湿度变化作用下变形小、具有表面静电耗散性能的材料，不得使用强吸湿性材料，机房内墙壁和顶面的装修表面应平整、光滑、不起尘、避免眩光，并减少凹凸面。

2. 静电处理要求

当铺设防静电活动地板时，活动地板的高度应根据电缆布线要求确定，并符合下列规定：活动地板下的空间只作为电缆布线使用时，地板高度不宜小于 250mm。活动地板下的地面材料应平整、耐磨、不起尘、不易积灰、易于清洁。

3. 照明要求

机房内的主要照明光源采用高效节能荧光灯，也可采用 LED 灯以及其他发光表面积大、亮度低、光扩散性能好的灯具。视觉作业不宜处在照明光源与眼睛形成的镜面反射角上，照明灯具不宜布置在设备的正上方，工作区域内一般照明的照明均匀度不应小于 0.7，非工作区域内的一般照明照度值不宜低于工作区域内一般照明照度值的 1/3。

4. 防雷接地处理

防雷接地分为两个概念，一是防雷，防止因雷击而造成损害；二是接地，保证用电设备的正常工作和人身安全而采取的一种用电措施。对通信网络系统在建筑物楼内的布线和接地方式要求：通信电缆以及地线的布放应尽量集中在建筑物的中部。通信电缆线槽以及地线线槽的布放应尽量避免紧靠建筑物立柱或横梁，并与之保持较长的距离，通信电缆线槽以及地线线槽的设计应尽可能位于距离建筑物立柱或横梁较远的位置。根据雷电保护区的划分要求，建筑物大楼外部是直接雷击区域；建筑物内部及设备所处的位置为非暴露区，越往内部，危险程度越低。雷电过电压对内部电子设备的损害主要是沿线路引入。保护区的界面由外部的防雷系统、建筑物的钢筋混凝土及金属外壳等构成的屏蔽层形成。电气通道以及金属管等金属构件，穿过雷电保护区时必须在每一穿过点做等电位连接。

四、标准化弱电机房制度建设

在机房升级改造后和物联网系统的支撑下，通信中心制定了相关制度如下：

（一）标准化机房管理制度

（1）通信工程师应熟知消防常识并掌握消防器材的使用方法。

（2）通信机房必须配备足够的消防器材，各种消防器材应按规定定点放置，定期进行检查，过期的灭火装置及时更换。

（3）机房走线规范整齐孔洞必须用防火泥进行封堵。

（4）通信工程师应切实遵守安全制度，认真执行安全用电的规定，做好防火、防盗、防雷、防静电等安全措施，确保人身和设备的安全。在维护、测试、故障处理、日常操作以及工程施工等工作中，应采取安全防护措施，防止造成工伤和通信事故。

（5）出现机房设备报警、盗窃、破门、火警、水浸、110 报警等严重事件时，通信工程师有义务以最快的速度在最短的时间内到达现场，协助处理相关事件。

（6）通信机房是设备运行和数据处理的重要场所，除机房管理人员外，无关人员未经批准不得进入机房，更不得动用机房设备、物品和资料，确因工作需要，相关人员需要进入机房操作必须经过批准方可在管理人员的指导或协同下进行。

（7）机房内严禁吸烟、严禁使用明火和电加热设备；严禁带入和存放各种易燃、易爆、腐蚀、挥发性和强磁物品。

（8）机房管理人员要掌握紧急情况处置技能，定期检查安全保障设施是否正常，一旦发现异常情况时，应立即采取必要措施进行处置。

（9）消防物品要放在指定位置，任何人不得随意挪动：机房工作人员要掌握防火技能，定期检查消防设施是否正常。出现异常情况应立即采取切断电源、报警、使用灭火设备等正确方式予以处理。

（10）通信工程师如有收到物联网系统报警须在第一时间查看视频并同时前往机房查看机房情况。

（二）机房卫生管理制度

（1）机房应防尘，室内要清洁，备有工作服和工作鞋。

（2）机房的温度、湿度应符合维护技术指标要求，即：温度：22～26 摄氏度；湿度：10％～60％。

（3）机房内设备摆放整洁，地面干净，布线整齐，无杂物。

（4）机房应保持整齐、清洁、有秩序。地面清洁、勤扫勤擦、设备无尘、排列规整、布线整齐、仪表准确、工具就位、资料齐全、一切有序。

（5）机房内照明应能满足设备的维护检修要求，并备有应急照明设备。

（6）做到四无：无杂物、无垃圾、无污水、无死角。

（三）机房巡检流程

（1）检查门锁门禁是否损坏。

（2）检查地面清洁卫生情况、地面是否有破损。

（3）检查主设备运行状态，检查设备线路接头有无松动情况、有无线路老化现象、有无异常升温现象以及清洁程度。

(4)检查吊顶有无漏水情况。

(5)检查灭火器储存容器内的压力是否正常。

(6)观察室内温度计及空调运行情况,室内温度是否在设定范围内,以及空调清洁卫生。

(7)检查 UPS 是否在使用年限内及运行状态有无老化现象。

(8)填写相关巡查台账。

五、标准化机房改造成效

通过本次试点升级改造和制度落实通信中心可以时刻监测弱电机房的信息:机房温湿度、烟雾监测、用电情况、远程解锁、远程断电、实时视频监控等,确保系统安全、稳定、可靠地运行,做到了经济合理、安全、节能环保,也大量减少人员巡检时间和巡检不到位的情况,后期我们将继续推进弱电机房改造,实现全校弱电机房互联互通,打造浙大自己的弱电机房管理模式,从而为学校提供更优质可靠的通信服务。

浅析党建引领在物业发展中的指导作用

——以求是村“红色物业”建设为例

张　璇

（浙江浙大求是物业管理有限公司）

【摘　要】“党建引领”内涵深刻，主要包括五大方面，对物业行业的发展起到重要作用。围绕浙江大学后勤集团“一流管理、一流服务”的目标，浙江浙大求是物业管理有限公司坚持以习近平新时代中国特色社会主义思想为指导，深入贯彻党的二十大精神，聚焦“党建引领”，在浙江大学家属区“求是村”积极开展“红色物业”创建工作，积极构建“党建引领＋业务工作”模式，在阵地建设、品质提升、机制完善、宣传引导等方面，充分发挥党组织的战斗堡垒作用和党员的先锋模范作用，切实为求是村业主提供高质量的物业服务。

【关键词】党建引领；红色物业

一、“党建引领”的深刻内涵

时至今日，中国共产党已成功带领中国人民、中国企业走过了百年风雨，向着第二个百年奋斗目标不断前行。随着时代变迁，围绕高质量发展的要求，党建引领更发展出深刻内涵，具体来说主要包括“强化价值引领”“强化组织引领”“强化服务引领”“强化制度引领”和“强化骨干引领”五个方面。

“党建引领”中的“党建”二字，具体包括思想建设、组织建设、作风建设、制度建设、反腐倡廉建设、纯洁性建设等多个方面，其覆盖范围广，具有鲜明的党性和实践性，指导着党、更指导着如今的国有企业在不同时代、不同情况下的工作与活动。而“党建引领”，就具体的企业发展层面而言，指在中国共产党的纲领下，建立各级党支部，并且充分发挥企业中先进党员的带头模范作用，切实贯彻自上而下的、党对企业发展的引领和建设作用。

企业在实际发展过程中会面临各种各样的困难与挑战，因此企业全员上下思想高度统一于党是极为必要的。习近平总书记曾明确指出，坚持党的领导、加强党的建设，是我国国有企业的光荣传统，是国有企业的“根”和“魂”，是我国国有企业的独特优势。随着国有企业党建工作的逐步加强，广大国有企业旗帜鲜明讲政治、理直气壮抓党建，坚持以高质量党建引领高质量发展，企业综合实力显著提升，在经济社会发展大局中的战略支撑作用进一步凸显。

在“党建引领”的具体实践中，中国移动、中国建材、中国石化、中国中车等多个大型国有企业纷纷从自身的实际情况出发，制定了属于各自企业的党建路线。有的企业做好顶层设计，狠抓管理链条，深化党建制度“干枝叶”体系梳理；有的企业统筹创新开展组织选拔和竞争性选拔，坚持党组织推荐和竞争择优相结合、资格竞聘和因事择人相结合、严格流程和严肃纪律相结合，不断优化干部队伍结构……各企业都能在自身的发展活动中清晰找到最适合自己的党建路线。

二、"红色物业"的逐步开展

在举国上下全面深化改革的大背景下、在扎实推进国家治理体系和治理能力现代化的洪流之中，浙江大学后勤集团以深化企业体制改革为主线、以"一流管理、一流服务"为目标，聚焦高校后勤发展的重点、痛点和难点，持续推进高校后勤建设。

高校物业作为高校后勤的重要组成部分，主要负责校区、家属区等区域的保洁、秩序、绿化、工程等多方面的工作。高校物业的质量与师生在学校生活的感受呈正相关关系，所以自然不能落后于学校和后勤集团的发展，要充分坚持党的领导，迎合时代需求，探索出当前背景下属于高校物业发展的新路子。

近年来，物业企业在向其他行业学习借鉴的同时也积极开展"红色物业"的创建工作，一方面，在建设社区时，充分加强、贯彻党的方针路线，将党的发展历史、党的纲领等重要内容以文字、绘画等各类形式融入社区精神文明的建设中；另一方面，也要发挥物业企业中党员的带头模范作用，解决人民群众"急难愁盼"的问题，真正做到办实事、开新局。

三、求是村"红色物业"的建设实践

"求是村"是毗邻浙江大学玉泉校区的教师家属区。小区总建筑面积为 28 万平方米，绿化面积为 8 万平方米左右，楼宇数量为 81 幢，其中小高层 6 幢，其他均为以多层住宅为主。小区内建有 1 所幼儿园和 1 所小学。小区常住人口共有 4243 户，户籍人口 11510 人。

因求是村建成时间较早、地理环境优越，所以居民大多为浙江大学退休教授。在整个求是社区内，老年人口总数占到了总人口的 33%，而空巢、独居、孤寡、失能老人约为 1338 人，占老年人口的 35%。这些老人大都罹患基础疾病，加上年事已高，所以极其需要社区及物业人员的照顾和关怀，而这与"红色物业"的建设初衷不谋而合。

求是村管理处坚持以习近平新时代中国特色社会主义思想为指导，深入贯彻党的二十大精神，通过红色物业阵地建设、宣传栏等方式，加强宣传引导。同时，管理处将浙大求是社区党组织的各项基本情况进行公示，让每一位居民都清晰地知道社区党组织的基本构成，并写明所属关系及监督电话，方便人民群众对社区党组织进行监督。此外，小区全年开展 15 次宣传教育，其中包括开展新春关爱行动、研学教育等活动，参与人数共计上千人，通过这些活动把红色文化"润物细无声"地送入每家每户。

其次，求是村管理处积极做好网格化建设，确保各项服务直接可以下沉到家门口。管理处人员将求是村共划分为 10 个网格区块，并在浙大求是社区党委下设 66 个楼栋党小组，采取"1＋3＋N"的管理模式，即 1 个"网格长"，配合 3 个"专职网格员""兼职网格员"及"网格指导员"并联合 N 个"其他包联干部""专业执法力量""基层党员干部""在职党员""志愿者"等力量开展社区工作。虽然求是村社区面积较大，但通过划分网格区块并建立"1＋3＋N"的管理模式，基本确保网格员做到服务到位、事态掌握全面，进而推动网格化管理工作的持续和长效发展。

同时，求是村管理处充分发挥党员带头作用，积极参与各项社区服务和建设，包括积极改造、重建社区内的老旧设施，重新翻修道路、拓宽通道、更换绿植、安装监控，从各个方面确保居民居住的舒适度。以"红色睦邻"行动为例，该活动管理处已经开展了 20 余年，累计帮助老人超过2000人次，管理处的工作人员身体力行，帮助老人上下楼、看病、买菜，着力解决老人生活中的各项现实困难，做老人最好的陪伴者。除了“红色睦邻”行动外，考虑到社区内大部分老年人行动不便，因此管理处还于每月开启一次“求是号”雷锋列车，开展“爱在求是，情暖社区”的公益亲情便民活动，活动的具体内容包括修伞、磨刀、理发、理疗、智能手机使用、垃圾分类宣传等各项内容，尽可能为社区内老人的生活带来切实的便利，老人们也能感受到物业和社区工作人员带来的温暖。

为持续健全社区党组织，求是村管理处依托党群服务中心“两馆三广场”活动阵地，配合社区党委，充分融合区域内、外共建单位资源，凝聚各方合力，形成由党建引领、多元主体参与社区管理的党建联盟，健全社区党组织牵头的多方议事协调机制。

俗话说“打铁必须自身硬”，除了帮助社区提升硬件条件、提高居住舒适度之外，管理处积极构建“党建引领＋业务工作”模式，注重团队建设，真正做到党建与业务发展互融互促。据统计，管理处全年开展53次会议，突发演练及现场培训共计80余次，确保每位员工不论在面对突发意外还是日常工作时，都能具备及时响应、快速解决问题的能力。

在大家的共同努力下，求是村管理处不断收获着业主的认可。有80余岁高龄老人连续4年为求是村项目部送来降暑物资，有业主在劳动节前为项目部送大米，感谢和肯定物业人的付出和服务。2022年，求是村管理处成功创建省级“红色物业”。

四、基层党建工作的总结

不论从必要性还是深远意义上来看，基层党建始终是党务工作中的重要组成部分。坚持与时俱进、求真务实的思路，坚持从群众中来，到群众中去的路线，统一思想、夯实基础、融合业务，基层党建工作才能真正落到实处，人民群众才能真正得到实惠。

因此，国有企业在实现自身发展的过程中必须毫不动摇坚持党建引领，讲政治、顾大局、谋发展、重自强，全面落实各项基层党建工作。从顶层设计来看，要把握方向、立定目标，从立足实际来看，要筹措思路、拿出举措，坚持心系群众，突出问题导向，不脱离实际、不闭门造车、不纸上谈兵，让党建工作与群众期盼相对接、与党员需求相统一、与基层实际相结合，避免“剃头挑子一头热”。

围绕发展抓党建，抓好党建促发展，把基层党建工作聚焦到干部职工关心的热点上、难点上，放到党员作风的改进上，体现在各项业务工作的落实上，形成与业务工作相互渗透、互相促进的局面，充分发挥好党建工作的保障和促进作用。

党的力量来自组织，组织能使力量倍增。基层党建工作来不得半点虚假，必须是扎扎实实的。只有将真抓实干的风气树立树牢，用真抓实干做好基层党建工作，才能让党的基层组织强起来，党员队伍强起来，党的工作强起来，才能凝聚逐梦前行的更大力量。

党建工作不是空中楼阁，不是镜花水月，而是贴近党员干部、贴近人民群众、凝聚民意民心、合力推动发展的实事，每一项工作都需要落实、落细、落地。要紧紧围绕新时代党的建设总要求，把握基层党建具有时代性、方向性、规律性的内容。

完成“红色物业”创建并不是终点，而是崭新的起点。在后续发展过程中，求是村管理处将继续坚持既有的工作思路，在为业主、为社区服务的实践中总结经验，了解需求，持续推进“红色物业”建设工作。无论是“睦邻行动”还是“雷锋列车”，这些公益活动既是党员发挥模范作用的平台，也是党员掌握民情民意的关键所在，未来仍将持续发挥应有的作用。同时，结合求是村管理处的实际情况，认真处理好继承和创新的关系，坚持在继承中创新、在创新中继承，发挥党员的主观能动性，让群众真正看得见、摸得着，把基层党建成效体现在人民群众的获得感、幸福感和安全感上。

“党建引领”是一个正确的、必要的理念，但真正落实“党建引领”却是一个漫长而艰巨的过程。物业行业以“红色物业”建设，响应“党建引领”的号召，这同样是一条前途光明但颇具挑战的道路。我们相信，越来越多的物业企业将会加入“红色物业”的建设大潮中，以党建引领推动物业行业的高水平、高质量发展，让整个行业呈现出更加靓丽鲜明的“中国红”。

智慧校园物业管理升级措施研究

——以浙江大学紫金港校区为例

朱涤清

（浙江浙大求是物业管理有限公司）

【摘　要】 智慧校园是以物联网为依托的新一代信息技术在校园中运用的载体，是对现代教育技术资源和教育服务资源的有效整合。浙江大学在其发展规划中提出要建设“智慧校园”，智慧校园强调以物联网技术为基础，实现云计算、人工智能、大数据、移动互联网等诸多技术之融合，让智能化数据处理服务平台与便捷化校园网应用终端，服务于学校管理和教学。[1] 本文将智慧校园作为研究主题，以物业管理的升级为切入点，以浙江大学紫金港校区为研究对象，指出该校区物业管理方面存在的主要问题，最后根据实际工作中采取的各项措施，对适用于智慧校园物业管理升级的措施进行总结。

【关键词】 智慧校园；物业管理升级

随着人工智能、大数据、物联网等技术的日渐成熟，智慧校园已然成为未来校园的发展趋势，它是通过利用物联网技术来改变师生和校园资源相互交互的方式，以便提高交互的明确性、灵活性和响应速度，从而实现智慧化服务和管理的校园模式。它不仅是“数字校园”的进一步发展，更是中国校园转型升级的明确方向。

近些年来，国家也出台了许多相关政策来支持中国智慧校园的建设与发展：2017 年《国家教育事业发展“十三五”规划》中提到“支持各级各类学校建设智慧校园，综合利用互联网、大数据、人工智能和虚拟现实技术探索未来教育教学新模式”[2]；2018 年《智慧校园总体框架》对智慧校园的总体框架进行了明确的规范；2019 年《中国教育现代化 2035》中指出“建设智能化校园，统筹建设一体化智能化教学、管理与服务平台”；2021 年《关于推进教育新型基础设施建设构建高质量教育支撑体系的指导意见》其中一部分内容便是从完善智慧教学设施、建设智慧科研设施、部署智慧公共设施等三方面对智慧校园基础设施建设提出了意见。

2010 年，在信息化“十二五”规划中，浙江大学率先提出建设一个“令人激动”的“智慧校园”，其内涵是：无处不在的网络学习、融合创新的网络科研、透明高效的校务治理、丰富多彩的校园文化、方便周到的校园生活[3]。在该内涵的指导下，浙江大学开启了智慧校园的建设之路。

智慧校园建设将对学校后勤管理，包括物业管理与服务等各方面带来挑战和变革。智慧校园与物业管理相辅相成，一方面，智慧校园的建设依托于物业扎实的基础服务与管理，让师生享受到互联网带来便利的同时，对基础服务更加满意；另一方面，物业管理在智慧校园的建设过程中借助科技手段提高管理效率，提升服务品质。

一、校园物业管理存在的问题

根据紫金港校区物业日常管理的实际情况，以下四点问题较为突出。

（一）报修信息无专人汇总，维修与反馈不及时

学生、老师、一线员工以及一线管理人员都可以作为报修人，通过物业服务电话、浙大钉、“浙大后勤”微信公众号、微信报修群等多种方式进行报修，但是问题在于没有专人负责记录与汇总，在报修环节很容易出现信息遗漏、重复报修等情况，从而导致故障维修与反馈不及时；在汇总分析环节也难以对每月的工单量进行准确的统计。

（二）保洁机械化程度低，工作效率低

传统的保洁作业，大多采用人工清洁。对于面积较大的区域，需要保洁员多次重复擦、扫、拖、换水等步骤，既费时又费力；对于各类顽固污渍，仅靠人工，即使是有专业清洁药剂可能也没有明显的效果；对于大理石地面、地毯等部位的清洁需求，人工清洁也难以做到位。

（三）设施设备管理难度大，台账记录不规范

因管辖区域内的设施设备数量多且位置较分散，造成了人员安排不合理、巡检保养任务分配不明确、任务完成不及时、台账记录不规范等问题。确保设施设备的正常运转是工程部的重要职责之一，对工程维修人员、管理人员和工程部来说，做好设施设备的运维管理工作是一项不小的挑战。

（四）巡检工作缺少有效的监管手段

对于电梯、消火栓以及其他设施设备的日常巡检工作，管理人员普遍采用抽查、查看记录表单等常规手段了解巡检情况，但是对日常巡检过程和关键节点的控制无法掌握和监督，这样容易出现巡检不规范、漏查漏检、安全隐患未及时处理等问题。

二、智慧校园物业管理升级措施

求是物业在秉持“求是创新”的校训中砥砺前行，细化管理职能，更新管理理念，应用和创新 PDCA 管理体系，为客户提供符合求是个性的服务。在“互联网”和“人工智能”的浪潮下，依靠浙大人的自主创新，率先实现从“传统物业”到“智慧物业”的华丽转型。运用大数据、物联网、人工智能、云计算等技术，构筑“互联网＋智能后勤平台”打造物业管理升级版，通过运用先进的分析工具和人工智能，提高服务能力与水平，提升组织效能。

目前，紫金港校区项目部通过浙江大学后勤集团综合服务网、钉钉、四格互联与企云助手 App、智慧消防系统与安优 App、阿里云等多个网络平台或软件为师生提供全方位的后勤保障服务。

（一）措施一：专人线上录入报修信息，提高报修维修的及时性

自 2020 年引入四格互联服务平台，同步配套 PC 端与手机企云助手客户端，由专人通过“客服工单”模块进行报修，以此来解决信息遗漏和重复的问题。从故障信息的录入、派单、接单并处理到回复与审核，每一个环节都有明确的责任人，录单时间与录单人、派单时间与派单人、接单时间与接单人、处理时间与处理人、工单状态、处理意见等各类信息都可随时查看。“客服工单”模块还具有信息汇总功能，可以指定时间、区域、类别等多项内容，工单总量、已完成工单量以及未完成工单量都一目了然，根据相关工单数据能快速计算出每月的维

修完成率,便于了解维修人员每月的工作量。

(二)措施二:使用保洁机械设备,提高保洁工作效率

机械助力,科技赋能。为了加强保洁工作的精细化和规范化管理,以紫金港校区项目部为例,项目部先后购入了超静音洗地机、驾驶式洗地机、驾驶式扫地车、尘推车、商用清洁机器人、电动三轮高压清洗车、地毯抽洗机、单擦机、吸树叶机等各类保洁机械设备,定期对机械保洁员进行专业操作培训,推进保洁工作的机械化、现代化、专业化。"人机结合"的保洁新模式,既减轻了保洁员的劳动强度,又提升了大楼环境品质。

2019年,公司率先在紫金港校区引入上海高仙集洗地和尘推为一体的智慧保洁机器人,通过近四年的合作,智慧保洁机器人从最初的自动洗地和尘推1.0版本,发展到自动充电、自动换水和自动梯控的4.0版本,实现了人的解放和服务效率的大幅度提升。几年来,公司在不少标杆项目都陆续引入该智慧保洁机器人,为企业形象和提质增效等方面起到添砖加瓦的作用。

机械设备的投入使用,大大提高了保洁工作效率。对于走廊、阳台等区域,在日常保洁的基础上,安排机械工用尘推车和洗地机进行循环保洁;对于庭院、外墙、门厅等区域,用高压清洗车进行集中大冲洗,2022年已冲洗地面20000余方;对于管理学院10000余方的大理石地面,使用单擦机开展集中的镜面保养工作;对于像会议室地毯一类有特殊清洁要求的区域,借助地毯抽洗机进行深度清洁;对于道路两边堆积的落叶,驾驶式扫地车能快速将落叶清扫干净……通过各类保洁机械设备的使用,保质保量地完成各项清洁和专项保养工作。

(三)措施三:建立设施设备数据库,提高设备运维管理效率

"设备运维"模块的积极应用可以量化设施设备管理,从而提高设施设备运行与维护的管理效率。首先,将各类设施设备的型号、编号、详细位置、设备名称等基础信息录入互联服务平台中,建立并完善设施设备数据库,明确各类设备的检查要求与频次,制定出日常巡检及保养的工作计划与路线,规范相关工作流程,实现设施设备管理的信息化,从而更加有效的配置设备、人员及其他资源。借助于系统的帮助,维修及管理人员可以管理更多的设备,提高设备使用效率[4]。

其次,手机扫设备二维码后,能快速查询设备的基础信息、巡检记录和当前状态,同时做到实时登记巡检记录、逐条核对每项检查内容,如果发现设备出现故障,可当场直接报修。"设备运维"模块实施后,工程人员按照计划对设备设施运行状态进行检查与保养工作,月底可生成巡检项目完成率统计表及巡检人员完成率统计表等,既规范了工作流程,掌握巡检与保养计划的具体实施情况,又提高了维修人员的工作效率[4]。

(四)措施四:利用移动App巡检保养,提高监管的有效性

工程方面,借助四格互联服务平台为每台设备制作专属二维码,维修人员通过企云助手App的"设备运维"模块,一键扫码完成设施设备的日常巡检与保养任务,管理人员可以对后台数据进行实时查询,关注各位维修人员的工作完成情况,操作方便又快捷。通过移动巡检,提升现场管控质量,使日常巡检与保养工作真正落到实处。

秩序维护方面,将消火栓箱等重点位置设置为巡更点,确保巡更路线覆盖整栋楼、无巡查死角,要求秩序维护员每两小时巡逻一次,同样是扫二维码进行巡查。为了便于管理人员对员工进行监督,可以登录四格互联查看当日任务巡更情况,线路数、任务数、已完成、巡更中和未派单等各项数据实时更新。

保洁方面，将每层楼的卫生间和外围垃圾点或一些盲区设置为巡更点，分别设计楼内与外围保洁巡更路线，对各岗位卫生进行检查，确保无卫生死角，发现问题及时记录并监督保洁员尽快整改。

（五）措施五：应用智慧消防系统，提高秩序维护的安全可靠性

2022年，紫金港校区项目部引入智慧消防系统，对楼内的消控室与室内消火栓进行系统联动，实现校园内智慧消防技术全覆盖。通过物联网技术的运用，打通各系统间的信息孤岛、提升感知预警能力和应急指挥智慧能力，让各类火警情况能够更早发现、更快处理，将火灾风险和影响降到最低。

此外，紫金港校区项目部对对讲机进行了逐步更新，更换为用移动网络信号传输实现通话功能的设备。该对讲设备信号覆盖面广，信号强度稳定，解决了原有对讲机在地下室等封闭性较好区域无法实现通话功能的弊端，在前期测试中基本实现大楼内各角落的信号覆盖。

积极运用科技手段，助力学校“智慧校园”建设。有越来越多的物业公司或自主研发、或以外部合作的方式推行信息化平台，嵌入学校后勤服务，提供多重选项服务如报修、巡检、投诉、建议、满意度评价、各种投票评选等，让师生真正成为校园的主人，不断完善服务的薄弱环节，提升服务的效率和质量。同时，借助智慧校园平台，将原本依靠人力资源进行管理的劳动密集型服务模式向依靠科技手段进行管理的技术密集型服务模式转变，提升管理效能。在这方面，求是物业积极探索和勇于实践，分别于2020年和2021年，向国家版权局申请了“求是智慧报修系统”“卫生间保洁管理系统”和“问卷调查测评系统”等专利。

除了保洁、秩序维护、报修维修、设施设备巡检与保养等基础物业服务向智慧化方向发展，智慧物业管理与服务还可以体现在校园的很多方面。例如应急物资仓库通过智慧化管理提高物资收发的准确性与及时性，使用人脸识别智慧门禁技术和视频监控系统以保证校园安全，将智能手段与垃圾分类、节约用水用电等相结合，推动校园与物业可持续发展。通过智慧校园的建设，推动校园物业管理的高质量发展，最后达到服务育人的目标，这需要物业服务企业不断接纳新技术、拥抱高科技。

积极推广信息网络技术、高端智能（机器人）技术、机械化自动化技术、供应链管理技术、物联网、传感器、5G技术应用等，将成为助推智慧校园物业管理模式转型升级的新热点，使校园物业管理和服务水平上升到一个新的台阶。

参考文献

[1] 余胜泉，陈璠，李晟. 基于5G的智慧校园专网建设[J]. 开放教育研究，2020(26)：51-59.

[2] 中共中央、国务院. 国家教育事业发展“十三五”规划[EB/OL]. (2017-1-19)[2023-3-2]. http://www.moe.gov.cn/jyb_xwfb/s6052/moe_838/201701/t20170119_295317.html.

[3] 陈文智. 浙江大学陈文智：协力智慧校园，打造“网上浙大”[J]. 中国教育网络，2017(9)：2.

[4] 金艺，赵婷. 明德物业“智慧校园服务平台”建设初探[J]. 城市开发，2015(19)：20-21.

浙大求是物业公司运行逻辑解析

胡子正

（浙江浙大求是物业管理有限公司）

【摘　要】 独特的运营逻辑造就了风格独特的物业企业。诞生于浙大、服务于浙大，浙江浙大求是物业管理有限公司在多年运营过程中，始终坚持“保障学校、服务师生”的理念，成为浙江大学优质、坚强的后勤服务保障力量。同时，公司适度参与市场竞争，以客户满意度为首要指标，在服务社会的同时，将高校物业企业的服务理念向社会传递，逐渐成为一家有“高校气质”的精品物业公司。面对市场上多如牛毛的物业服务企业和形形色色的竞争手段，求是物业作为一股学院派清流，能在汹涌的浪潮中独树一帜，其背后有着独特的运营逻辑。其历史使命、企业属性、校园联动机制、战略布局、服务理念皆有其特色。

【关键词】 高校物业；育人属性；院系合作；产业布局；服务理念

浙江大学是我国最早探索高校后勤社会化改革的高等学校，起步于20世纪80年代末，到1992年就已经基本完成了后勤系统与行政体系的分离，成立了我国高校的第一个后勤服务总公司。1999年，浙江大学认真贯彻落实全国第一次高校后勤社会化改革会议精神，按照学校建设一流大学的要求，成立了后勤集团。自成立以来，后勤集团服务学校，与学校共同成长，紧紧围绕“高水平服务、高质量发展”，不断提高治理效能和治理现代化水平，建设与世界一流大学所匹配的一流后勤服务体系，在浙江大学几十年的服务保障工作中，紧贴学校教学科研需要、紧贴师生员工需要，不断耕耘探索、积累沉淀，形成了具有浙大特色全国领先的校园服务标准和体系。

成立初期，后勤集团提出“行业公司为主、校区公司为辅”的行业归口管理原则，浙江浙大求是物业管理有限公司（以下简称“求是物业”）应运而生。公司成立后，求是物业始终坚持“保障学校、服务师生”的理念，作为浙江大学最优质、最坚强的后勤服务保障力量，在二十多年的实践和探索中，逐渐找到了一体化服务体系、国际化服务标准、专业化服务品质等实现路径。为了更好地检验自己的服务能力、将在浙江大学校园里实践形成的可复制的“浙大模式”推广出去，求是物业在浙江省内的高校、医院、公建等领域有限度地参与市场竞争，以客户满意度为首要指标，在服务社会的同时，将高校物业企业的服务理念向社会传递，逐渐取得了不错的业主口碑，而求是物业也成为一家有“高校气质”的精品物业公司。

面对市场上多如牛毛的物业服务企业和形形色色的竞争手段，求是物业作为一股学院派清流，能在汹涌的浪潮中独树一帜，其背后有着独特的运营逻辑。

第一，作为一家脱胎于高校的全国资物业服务企业，求是物业的高层管理者多数都曾有着学校院系、部处的工作经历，能更好地了解学校的教学科研需求以及广大师生的难点痛点。求是物业源于浙大，也服务浙大，它的使命就是紧贴学校教学科研，支撑浙江大学“双一流"建设,公司管理者的考核也和学校服务保障情况密切相关。可以说,无论是从企业发展历程,还是从企业精神文化层面来看,真正做到了学校"同呼吸共命运"。

第二,作为一家高校物业企业,求是物业深谙自己的育人属性。"三服务两育人"是高校后勤的工作宗旨,在服务校园、服务师生的过程中,后勤工作者必须明确,服务是手段,育人是目的,要坚持"为教学服务,为科研服务,为师生员工服务"和"服务育人,管理育人"。对应到求是物业,也是同样,在校园服务中,公司一直将"服务育人"作为物业服务出发点和落脚点,将物业服务延伸到育人的全过程,让学校的育人渗透在服务之中。"零跑趟服务""首问负责制""最多找一人""校园管家模式""前台知心小姐姐""公寓温暖妈妈"等制度和管理模式的创新,在切实减轻师生负担、拉近师生心灵距离的同时,也在潜移默化地发挥着育人的力量。

作为校园环境的缔造者和维护者,求是物业在"劳动育人""环境育人"方面上下足了功夫。"校园十景"的打造、邀请学院师生共同参与新校区校园景观环境设置、每年定期的"为师生办实事"座谈、绿色校园的打造、浙江大学海宁国际校区 LEED 铂金级(最高级)认证、以雨水的天然循环为基础,营造净水、蓄水、再利用的"雨水花园"、各类校友林建设、植物分类园建设,都是求是物业在育人方面的生动实践。马克思、恩格斯说过:"人创造环境,同样环境也创造人。"学生在互动的校园环境中,得到了历史和现实的各种文化信息,获得了新的生活经验,产生了人文精神的建构,从而达到很好的育人效果。

人一生好习惯的养成,一靠思想引导和组织活动,二靠严格管理,制度建设不可少。我们常说,校园物业的管理者和服务人员是"不上讲台的老师",他们在给学生提供优质服务的同时,还要通过严格的管理、耐心的教育和积极的引导,让学生们在校园生活中学会做人,充分发挥"润物细无声"的作用,也就是我们所说的"制度育人"。求是物业作为校园管理服务的提供者,在充分征询学校师生及主管部门的管理意见后,和学校各方一起参与制定学校师生文明行为规范,并在实际落实的过程中,联合院系、学生处、行政主管部门一起,多方位、全过程对师生校园行为进行培训和规范劝导,切实发挥育人实效,也可将之称为"始业教育"。这样,学生在校园各方力量的持续引导下,不仅体会到了爱护和帮助,也逐步养成了良好的习惯和品格,终身受益。

校园文化是学校在长期办学实践中形成的群体价值观的体现,体现学校基本的办学理念和行为规范。它随着大学生思想、认知、性格、追求的不断碰撞、磨合直至互相融合,最终形成极富凝聚力的文化氛围。求是物业在校园服务的过程中,积极主动地参与到校园文化建设中,除了配合学校做好系列校园文化活动外,还和总务处、校团委、学生处、各类学生社团等一起,联合举办各类文化活动,并在活动中融入"绿色生态""国际开放""共享服务""创新发展"等精神理念,一起共同推进校园文化建设,从而达到"文化育人"的目的。

第三,作为一家诞生于高等学府的物业企业,求是物业有着其自身独特的院系资源优势。在校园建设管理过程中,邀请城规、环境、园艺等相关院系的师生,参与到校园环境的规划设计、施工建设、养护管理环节中,将物业后勤服务作为平台和纽带,让师生主动参与到校园环境建设中,同时,通过和农学、环资、自控等学院的互动,将"死水水质处理""巡逻机器人""保洁机器人"等新技术、新方法在实际应用中予以尝试;通过和马克思学院的师生互动,加强管理团队政治思想觉悟;和医学院开展深入合作,让公司服务医院板块的物业员工能在校园中学习基础理论知识,提升专业业务能力,并反哺到工作中;和园艺系合作,以校园绿化为载体,建设实训基地等。

在公司对外承接项目的过程中，求是物业也作为学校院系对外对接资源的纽带，精准地将部分外部需求和相关院系对接，实现互惠合作。在与院系的一系列合作的过程中，求是物业不断开阔视野，深化理论水平，进一步提升了公司的技术能力。目前，求是物业在保洁药剂使用、景观环境建设、医疗卫生服务等领域，在同行业中已处于行业领先水平。

第四，求是物业的规划布局均紧贴着后勤集团的历史使命展开，紧紧围绕着浙江大学的发展布局及师生需求而进行。求是物业以浙大校内服务为基础，为学校“双一流”建设做好各类支撑保障服务工作。它对浙大的服务不止步于校内服务，由于其特殊的历史使命，求是物业的产业布局紧跟学校发展布局而进行，积极为学校各类产业布局做好后勤支撑保障工作。省内浙大各校区、全国浙大各类研究院、合作企业等“浙大系”资源，都是求是物业的布局范围。可以说，只要学校需要，求是物业都能承接，让驻外的各类学校机构能切实地享受到浙大服务的延伸，为其解决后顾之忧。为能更好地为浙大老师创造一个优质的生活环境，求是物业还主动承担了浙大教师住宅小区的物业服务工作，我们称之为家园服务，以远低于市场价格的成本收费满足浙大老师对优质家园物业服务的需求。在浙大校内，求是物业将“为状元服务”“为未来业主服务”的理念根植在每位员工的心中，充分发挥每位员工的主观能动性，让浙大师生在校园生活中感受到温暖的校园服务的同时，也在内心深处埋下优质服务的印记。当我们的学生状元，社会栋梁在社会上闯荡的时候，还能记起求是物业提供的温暖服务，就能让双方在达成合作意愿的洽谈过程中更快达成默契，进一步做好服务浙大校友的工作。在做好系列高质量校外服务的过程中，求是物业不忘初心、牢记使命，以优质的校外服务经验和经营所得反哺校内服务，为师生提供更加优质服务贡献坚实力量。

第五，对标后勤集团对求是物业提出的“双一流配套服务”建设要求，求是物业在公司内部建设上也下足了功夫。在日常服务能力上，公司积极推进“标准化”操作流程建设，编制标准化操作手册，参与行业标准制定，固化多年来在校园、医院、公建模块上总结的经验，对公司员工加以全面培训考核，确保各板块的服务能力持续稳定。在员工思想建设上持续灌输为浙大服务、为状元服务的价值理念，提升员工的思想站位，让员工在工作中充满着自豪感和使命感；在职工生活上坚持营造丰富多彩的职工生活文化氛围，提升对企业的认同感，强化队伍的凝聚力；在工作中持续推进各类先进工作者、明星员工的表彰宣传工作，让员工在工作中找到荣誉感；在员工居住条件方面，公司持续斥资投入，在改善员工生活条件，稳定工作心态的同时，让他们能生活得更有尊严感，在公司找到归属感。

独特的运营逻辑造就了风格独特的物业企业。在汹涌的市场浪潮中，在繁杂的市场心态影响下，希望求是物业这样“骨骼清奇”的物业服务企业能以高校企业特殊的气质坚定地走下去，遇见业主、遇见员工、遇见自己，愿所有的遇见，都是美好！

参考文献

[1] 王亚琼.“三全育人”视域下高职院校物业管理模式[J].创新科技与教育，2022(6).

[2] 苗胜雄.服务育人，开校企合作新格局锐观察，2016(1).

[3] 陆敏芝，吴菡.条块融合　协同管理　实践育人　精心服务——校园物业管理与服务项目的探索与实践[J].高校后勤研究，2018(6).

[4] 陈晓明.发挥育人功能，构建和谐高校学生公寓物业管理体系[EB/OL].(2012-04-13)[2023-01-01]. https://www.docin.com/p-381627163.html.

浙江大学多校区水电保障服务的探索与实践

刘万生

（浙江大学后勤集团水电保障与修建工程中心）

【摘　要】伴随着高校扩招的步伐，很多大学采取了一校多区的办学模式。各校区的基础建设完善程度、生活资源、学术资源、文化氛围等都存在差异。本文基于这个大前提，详细介绍了浙江大学后勤集团水电保障与修建工程中心有效实施多校区水电服务统一管理的经验。

【关键词】多校区；水电保障；高校后勤

近十几年来。伴随着高校扩招的步伐，办学资源紧张逐渐成为困扰我国各大高校发展的一大障碍。为彻底解决这一制约学校发展的瓶颈，很多大学采取了建设新校区的办法。一校多区逐渐成为一些高校的运作模式。1998 年 9 月 15 日，原浙江大学、杭州大学、浙江农业大学、浙江医科大学合并组建新的浙江大学，后续通过扩建，在杭校区分为了紫金港、玉泉、西溪、华家池、之江五大校区，后也新建了海宁校区和舟山校区等新校区。各校区的基础建设完善程度、生活资源、学术资源、文化氛围等都存在差异。差异的存在对教学管理、学生管理、交通管理、后勤管理等带来了很多挑战。作为与教学、科研、师生员工服务紧密相关的水电保障服务，如何有效地实施多校区统一管理、做到资源最优化配置、为师生提供优质的水电保障服务，成为亟待解决的问题。

近几年，浙江大学学生人数日益增长，学校的规模也在日益扩大，特别是紫金港校区西区建设步伐的不断迈进，提供高质量水平具有浙大特色的水电保障服务的重担压在了每个水电人肩上。浙江大学正努力增强发展新动能，开辟发展新境界，体现世界一流、中国特色和浙大风格，在新形势下，浙大水电人在提供与浙江大学各校区相匹配的水电保障服务前进的道路上努力探索和实践，不仅限于量的不断增长、质的不断突破，更是实现师生对水电保障服务的需求，让水电更好服务师生、美化教学科研生活，增强水电员工的获得感、幸福感、安全感。水电职工必须强化主人翁意识，以干在实处永无止境的状态，进一步凝聚共识、携手共进、努力为浙江大学建设提供高质量的水电保障。

一、高校水电管理模式现状

水电管理是高校后勤管理的核心问题，很多高校都分为老校区和新校区。老校区在建成后多年的校园使用过程中，经历了几轮设备更新、地上地下管线改道，原有的竣工图已经基本不具备参考意义。学校对能耗的需求逐年增加，但随着老一辈校园设备维护人员的退休，校园设备运行情况、匹配情况、管线走向等矛盾冲突日益加深。所以，新旧校区设备管理、校区资源、地理环境等因素的差异，对水电保障服务提出了不同的需求。对于如何提供与各校区教学科研发展相适应的水电保障服务，各高校都在不断地进行理论创新与积极探索，寻找一种与各校区校情相适应的、符合社会发展的、高效并且具备市场活力的后勤管理模式。有些高校后勤实现全社会化管理，水电运行管理也由社会相关企业完成；有些由物业公司管理，如上海复旦大学；有些高校水电由学校后勤部门管理；物业等由社会企业管理，如省内大多数高校。而浙江大学后勤集团水电管理中心则属于综合保障型，其承担了浙江大学在杭所有校区的水电服务，包括所有水电管理服务及修缮管理的全部内容，整合了所有职能以加强水电保障实力，提供一条龙服务，不会出现各校区服务水平参差不齐的情况，因部门分开而导致的扯皮情况，师生满意度较高。无论全部外包还是部分外包模式，都逐渐使后勤管理与高校教学科研管理之间形成了一道分界线，这种模式带来的主要问题在于外包公司是学校不可控制的一部分，例如其公司规模，服务品质，本身固有问题，人员素质，技术能力，都不是学校所能把控的，同时外包公司会因为自身眼前的利益，降低服务品质，大大影响师生的教学科研后勤保障。浙江大学后勤集团水电保障与修建工程中心（以下简称"浙大水电中心"）作为在高校后勤社会化改革中成长起来集服务、管理、经营于一体的后勤服务实体，致力于为全校师生提供安全、方便以及稳定的后勤水电保障；也致力于确保教学活动的顺利开展，为学生生活以及学习提供基础性保障。浙大水电中心在管理模式的探索中，政治敏感度高，有责任有担当，坚持为师生提供优质的水电保障服务为准则，真抓实干，走出一条适应一流大学建设的水电保障之路。

二、浙江大学后勤集团水电保障服务内容及优势分析

浙江大学后勤集团水电保障与修建工程中心经过 20 多年时间的建设和发展，目前承担浙江大学所属各校区的水、电、气、热力等供应、保障、维修、管理和计量收费等工作，承担全校各类零星修缮、故障修复及维修安装项目的施工，同时承接机电安装、房屋修缮、建筑装饰装潢、室内装饰设计、水量平衡测试等项目。经过多年的探索，浙大水电中心坚持把浙江大学各校区水电保障做实做强作为主攻方向，以保服务为重要工作，突出专业化发展，构建了浙江大学能源管理权责体系，优化中心下属各部门的管理职能，建立了统一和完善的服务标准、考核体系和激励机制，加快发展内生动力，使发展格局日趋完善。

（一）管理模式优势

浙大水电中心作为浙江大学后勤服务实体之一，伴随着学校的成长和发展。长期以来，水电服务的出发点和落脚点，一直与浙江大学办学发展理念相统一，依照浙江大学教育战略要求、发展趋势、重点工作来布局谋划，保证工作方向的正确性。水电中心必须紧贴学校，紧贴师生需求，来进行工作部署。多年来，无论是日常保障还是应急保障，水电中心都高度体现了主人翁意识，近几年来，学校经历各类抢险、抗疫、重大考试，还承办过第十三届全国大学生运动会闭幕式、第五届"互联网＋"大学生创新创业大赛等重大赛事，水电中心都和学校各部门紧密配合，高效完成供电保障。

（二）设备管理优势

浙大水电中心负责学校水、电、气等基础设施的管理与维修及应急抢修工作，熟悉各校区内管线走向及设备性能，管理学校的水电气机房，熟悉阀门与电气控制范围，能及时掌握停水停电时间，并且能在规定时间内完成有应急方案确保供应。多年来施工实践证明确保了学校教学科研生活等方面的水电气正常供应。水电气设施安全实行 24 小时值班制度，对水电气在运行中出现的安全隐患能及时排除，特别是配合学校院系隐患排查工作作了很多

的工作，减少火灾与其他灾害的发生，确保了学校水电气安全运行，保证了师生在教学、科研、生活等方面用电用水用气。同时，水电中心有完善的基础资料管理制度，学校原有各种管线与新管线能做到及时更新，资料做到统一存档，发现问题会通盘考虑管线的走向与布置。浙大水电中心完全具备及时组织维修的能力。

(三)发展规划优势

水、电、气是一个系统，必须有发展规划，才能确保学校发展的需要，而浙大水电中心是学校各校区制定水电气规划的主要部门之一，有责任为各校区整体规划发展需要考虑问题，也能够从学校节约办学成本角度考虑问题，多年来所做的工作实践证明校园水电气规划是合理的，能够满足学校发展的需要。

(四)节能管理优势

各种施工方案的制定完全结合学校节能减排工作，在办学规模不断扩大的情况下，落实水电计量收费、指标化管理和节能工作。利用校园用能监管平台，做好水平衡测试、查漏修漏，做到年水量抄见率 88%以上，推广水电预付费管理，年电量抄见率 98%以上，水电费回收率 99%以上，有效地保证了学校水电费的不流失。受到学校相关部门的充分肯定。

三、水电保障服务面临的困境

浙大水电中心经过 20 多年的艰苦创业，虽然总体上满足了学校发展所需的后勤水电保障，取得了一定的经济效益与社会效益，但建设一流的大学，必须要有一流的资源保障。学校各项事业快速发展面临的资源约束将长期存在，浙大水电中心作为学校各项事业快速发展提供基础性的后勤水电保障，加上师生员工对事业和生活的美好向往对支撑条件提出了新期待新要求，给浙大水电中心自身的发展带来了新的挑战。

(一)基础设施的老化与不完善

浙大各校区水电设施已经运行了很多年，电气设备使用年限一般是 15～20 年，许多设备均超过了使用年限，随着使用年数增加，绝缘性能降低，可靠性降低，故障率高，设备完好率低，再加上部分设备已属于淘汰产品，配件无法再配齐，给设备管理、保养、维修都带来很大困难，每年的运维经费也在增加。供水设施方面，各校区现有供水设施已经很难满足供水可靠性要求，安全性降低，设备运行能耗增加，陈旧设备设施还存在跑、冒、滴、漏情况。近几年学校在基础设施改造方面投入了大量经费，但是陆续增添、修补相关设施难以满足现有教学科研需求，特别是去年紫金港校区西区大搬迁，在用水、用电的高峰时期，供水水压不足、突然断电的现象也会突发。彻底解决这些问题的唯一办法就是更新管线与设备。

(二)运行成本逐年增加

随着学校对浙大水电中心下拨服务经费的缩紧，外界物价的上涨，劳动用工成本也跟随逐年提高，各类材料费用物价都上涨明显，尤其近几年新冠疫情常态化下，管理成本的增加，中心的经济负担也随之越来越重。

(三)优质人才依然匮乏

服务团队整体素质偏低，文化程度不高。高校后勤员工的文化程度普遍以高中以下为主，大学以上的后勤员工相对较少。后勤职工招工难，近几年疫情影响及乡村振兴发展，外来务工人员进城打工的越来越少，同时薪资整体偏低，导致招聘优质技术人员越来越难。后勤员工整体思想陈旧，特别是智慧化、信息化的大量应用，对员工要求越来越高。近些年，尽管浙大水电中心在人才引进、人员招聘中加大了力度，但仍然不能满足提供学校优质服务所带来的人才需求，现有的人力资源管理水平参差不齐，各分中心发展不平衡。少数管理人员思想守旧，知识结构老化，适应不了新形势、新任务的要求。

四、保障各校区水电管理稳定运行改进措施

(一)党建引领，统一认识

水电气的正常供给是支撑工作，零星维修、计量收费是保障性任务，两者相辅相成，缺一不可。全体员工要统一认识到水电的支撑工作是学校建设的最基础性工作，"首问责任制""24小时值班制""零修预约上门制""简单报修24小时内完成制""应急抢修15分钟内到场制"等工作机制是服务保障的基础机制。随着学校的发展，师生员工对水电的要求越来越高，24小时不间断供电的单位越来越多，另外对维修的及时率及质量也越来越受到关注，所以也促使员工对自身的要求不断提高。所以，必须通过党建引领，对全体员工经常进行教育、学习，让全体员工都树立为学校"双一流建设"服务的意识，懂得知校爱校，深知为学校服务是光荣的。这两年，坚持不断强化"首问责任制"，注重服务态度和反馈时效性，在标准化体系建设，品质服务提升，信息化建设等方面有所提升。进一步强化中心内部管理机制，不断提高服务意识、服务质量和服务水平，规范管理，推动中心各项工作提质增效，实现水电服务管理水平新跨越，向"师生满意的浙大水电"目标前行，不断增强引领力、融合力、保障力，为推动水电浙大水电中心稳步发展提供坚强的组织保证。

(二)发挥专业优势，确保设施设备安全稳定运行

目前各校区基础设备老化程度严重，近几年，浙大水电中心中心积极与学校沟通，为各校区制定相应的改造方案。同时，我们也针对设备维护及保养，组建了一支专业化的电气设备试验小组，在寒暑期为各校区设备"诊断把脉"，发现运行中设备的隐患、预防事故发生或设备损坏，更好地实现电力设备科学管理、安全运行，在学校没有资金按行业要求改造的前提下，使设施设备多用5年甚至更久，实现学校固定资产的增值保值，这也是为学校作出贡献。另外，加强与院系沟通，多做一些工程来弥补服务费不足。

(三)加强队伍建设，促进高质量发展

(1)水电服务，必须按照集团改革的发展方向和专业化、社会化、信息化的发展趋势，坚持以人为本，建立与中心发展相适应的人力资源管理制度和人才的激励机制，造就一批高素质、复合型人才。进一步梳理中心人力资源内部组织架构与岗位设置，调整中心组织机构的人员配置，规范和有力地抓好各项管理工作，保证中心全盘工作有效有序地进行；提高中心全体员工思想政治素质、业务工作能力、职业道德水准，着力建设一支忠于党、忠于国家、忠于学校的水电保障服务队伍。不断地提高工作能力、管理经验、工作作风、工作效率，切实发挥骨干应有的作用，促进管理人员科学管理的意识。

(2)以科学人才观的要求确立新的人才标准，在坚持德才兼备的原则下，把品德、知识、能力和业绩作为衡量人才的重要标准，把科学人才观作为衡量工作成败的标准，解放思想，大胆探索，不断完善，建立一个科学合理、充满活力的用人机制，形成一个人尽其才、人才辈出的良好局面。

(3)在人才开发上，采取多种形式、方法引进人才，同时注重对现有人才的培养，提升整

个员工队伍的知识水平和实际工作能力；重视人才的使用，为人才提供良好的工作环境；加强对人才的管理和激励，建立能上能下的用工机制和人才能进能出的良性循环机制。

(4)要注重搞好团队建设，培养管理人才，既要注重人才素质和人才数量，还要注重人才队伍结构的合理和整体功能的优化。坚持做好年轻大学生的招聘和引进工作，采用一对一导师制培养模式，坚持逐层培养、逐级输送；坚持兼顾各个年龄层次，形成老中青搭配合理的人才年龄结构。坚持职工技能培训，将“传”“帮”“带”效力最大化。

(四)加强信息化建设，推进智慧化后勤

现代信息技术是引领社会经济发展的新契机，是实现高校后勤管理社会化的新抓手。高校后勤管理工作要想适应时代发展所提出的基本要求，就需要积极应用现代信息技术，优化后勤管理模式，使信息化建设成为后勤社会化发展的重要工作。其一，做好各校区各类水电数据分析，合理优化各校区水电资源的分配机制。例如，从“校园零修”的数据，详细分析师生的各类保障需求、各校区的工单数量，使各类水电资源得到充分、科学、合理的配置与此同时，后勤管理者还可以将大数据技术应用到监督管理中，通过数据挖掘、数据分析，明确各校区水电管理中所存在的各类问题。其二，构建信息管理系统。特别在各类资源、资金的管理上，信息管理平台能够帮助管理者提高水电管理工作的规范化、标准化程度，帮助管理者结合高校教学科研工作开展的需求，增强后勤服务的针对性。例如利用钉钉扫现场配电房和泵房的二维码，进行数据录入，确保第一时间全面了解泵房、变配电机房安全运行动态。同时，要继续深化维修报修可视化及设施设备无纸化巡查系统。坚持设备管理现场标准化建设，实现管理网络化、数字化和自动化，使得管理更高效。

总而言之，建设一流水电保障服务体系和建设中国特色的世界一流大学一样是一个永无止境、不断超越的过程，这个过程中，要高度重视水电管理工作，要让水电管理工作跟上学校快速发展的步伐和社会发展的脚步。我们应该及时意识到水电保障服务工作中存在的问题，并对其进行深入的分析，从而找到有效的解决办法与对策，让服务工作更加贴近浙江大学师生教学科研，为浙江大学双一流建设提供更优质的水电保障服务。

浙江大学水电服务保障工作的实践及成效

陈　芸

（浙江大学后勤集团水电保障与修建工程中心）

【摘　要】 浙江大学后勤集团水电保障与修建工程中心，专注于校内服务，秉承以“管理出效益、服务促保障、质量求生存、信誉求发展”的服务理念，通过水电管理体制的创新，不断提升水电服务保障的能力和效率，为学校教学科研、生活服务提供了有力保障，在推进学校“双一流”建设，开创低碳型高校、建设平安校园发挥了重要作用。

【关键词】 创新；管理；服务；举措；保障；效能

浙江大学后勤集团水电保障与修建工程中心（以下简称“水电保障中心”）是在高校后勤社会化改革中成长起来的集服务、管理、经营为一体的多领域后勤服务实体，隶属于浙江大学后勤集团。

水电保障中心自成立以来，不断探索服务管理创新之路，秉承“管理出效益、服务促保障、质量求生存、信誉求发展”的服务理念，加快创新发展步伐。随着学校的发展，师生员工对水电保障服务的需求在日益提高，这也对水电管理工作提出了更高要求。水电保障中心作为浙江大学后勤集团服务不可或缺的重要部门，不仅涉及浙大校内水、电、热力系统等设施设备的管理、维修、试验等工作，还为浙大校内教学科研和师生生活用水、电、气提供保障，承担故障报修、零星修缮、应急抢修、活动接电、水电计量收费等服务，同时担负着浙大校内基础设施改造、水电安装、变配电安装、高压预防性试验、水平衡测试、节能改造和室内装饰装修工程，并代表学校与电力局、自来水公司等行业部门进行工作联系，办理日常事务。水电保障中心运行的二十多年实践证明：只有通过水电管理体制的创新，不断提高水电服务保障的能力和效率，才能适应学校发展的需要，为学校的安全运行和建设发展提供有力保障。

一、完善服务举措，创新保障体系

水电保障中心作为学校后勤集团的一个部门，始终注重维护学校利益，服务于学校的改革和发展，以发展为主题，以改革为动力，以为全校师生员工提供优质服务和为学校正常运转提供周密的能源保障为出发点和归宿点，不断完善和创新各种服务举措，比较规范和有力地抓好了各项管理工作，各个环节的协调互动关系得到了一定程度的理顺，保证了水电保障中心全盘工作有效有序地进行。

（一）合理设置部门按需设立岗位

水电保障中心前身是成立于2000年的水电服务中心。根据后勤集团的发展需要，2010年12月，原水电服务中心和原建筑安装服务中心合并，组建为现在的浙江大学后勤集团水电保障与修建工程中心（即水电保障中心）。在原有的机构基础上，通过合并精简，组建了目标责任、二级建制、两级管理的组织体系，实现了管理人员的有序流动和机制的正常运转。水电保障中心现在设有综合办公室、水电核算中心、工程与监控部、计量收费部四个职能部门和紫金港分中心（含紫金港西区）、玉泉分中心（含之江校区）、华家池分中心、西溪分中心、舟山分中心五个分中心，现有员工200余人，均长期从事供能保障、用能计量、电气安装、装饰装修等项目的管理、设计、施工工作，具有扎实的专业知识和丰富的管理经验。

（二）加强队伍建设，树立服务理念

员工是企业的灵魂，员工素质的好坏关系到集团的整体形象，因此，建立一支懂管理、高素质的干部队伍和技术过硬的员工队伍是提高管理水平和服务质量的关键因素。工作做得怎么样就体现在服务态度、工作作风、业务技能、服务效果上。若要把这些工作做好，就必须不断提高员工队伍的思想政治素质和业务素质，提升服务理念，用理念指导行动，有什么样的理念就有什么样的行动。

要把队伍带好，必须有一个能够让员工信服的管理班子，而一个让员工信服的管理班子，则要求不断地提高各管理岗位骨干素质。坚持定期组织各级管理干部进行集中学习，要求所有管理岗位员工都努力学习和实践，不断地提高工作能力、管理经验，改善工作作风、提高工作效率，在实践中努力逐步达到能级岗位的对应要求，切实发挥骨干应有的作用。管理人员科学管理的意识增强，工作能力及公信力得到进一步的提高。

在员工队伍建设方面，注重增强员工的使命感和责任感，统一思想，振奋精神，立足本职，搞好服务。为了使服务得到全校师生的认可，在日常工作中，要求员工从“换位思考”的角度找准自己的位置，明确自己的职责，了解师生员工需要什么，如何服务才能使师生员工满意，在服务过程中应该做些什么等。通过会议培训、微信公众号宣传、干部传帮带等多种方式对员工进行理念培养，努力增强员工的责任感和紧迫感，树立员工对工作形势的正确认识。

（三）推行三按原则实施精细管理

建立水电管理各岗位的工作流程和职责，在水电各个班组中推行“三按”原则，即按规章制度、按工作流程、按工作职责，提高规范性，避免随意性。

各项规章制度是实现规范管理和有效运转的前提和保障。通过各类人员岗位职责和规章制度的完善，确保工作有章可循、有法可依，实现了向规范化管理目标迈进；通过开展服务承诺，提出服务理念，实施规范管理，员工的服务意识有所增强，服务水平明显提高。以“目标管理、岗位职责、考核监督”为核心的工作管理机制基本形成。

随着水电保障中心在服务管理中出现新情况，应及时地完善和修订工作制度、工作流程和工作职责。涵盖服务、管理等众多环节，囊括员工教育和内部奖惩、绩效考核等内容，确保管理工作的与时俱进。各类制度统一梳理、重新整合、归类汇编，做好员工的岗位培训和制度教育。在修订过程中，有意识地邀请各层级的管理岗位人员参加讨论，让大家开动脑筋，集思广益，理解和落实工作意图，参与水电保障中心的管理工作，在实践中增长管理经验。

水电保障中心将整体工作职责分解到各部门，各部门工作职责分解到各工作班组，在此基础上，将各工作班组工作职责分解到各工作岗位，最后落实到每一个工作项目。通过这样层层分解，层层建立工作责任制，形成了“人人参与管理、人人承担责任、人人抓好落实”的工作格局，避免职责混淆，标准不明，互相推诿。同时，固化工作标准和操作程序，制定工作标准和操作程序实施细则，让每一项工作都有章可循。

实行奖优罚劣制度，建立奖罚分明的激励政策和严格的执行纪律，对责任心强、工作质量高的员工给予物质或精神奖励，对责任心差、不按规操作、达不到工作标准的员工给予处罚。

（四）强化督导意识，建立监督机制

服务督导是规范服务保障体系有效运行的必要手段。为保证制度执行有力，标准落实到底，水电保障中心还建立了一套全面系统的监督考核和评估体系，进一步完善水电保障中心的工作职能，在监督管理上围绕工作目标，抓好规范服务的常态化建设，抓好标准化服务的重点建设和示范点建设。

在团队中择优选用技术全面、业务熟练、责任心强的专业技术人员成立督查小组，对各工作单元进行定期和不定期的抽查。针对学校总务处年度考核提出的问题，要求在规定的期限内实施和完成整改工作，并将整改项目作为下一年度的重点工作内容之一，促使水电服务质量不断提升。同时，还将精细化管理的效益和干部任期考核结合起来，切实增强干部实施精细化管理的主动性和积极性。在开展的“三全志愿队”活动和“水电技能比武”活动中，对服务品牌项目的活动进行重点督导，打造永恒的服务品牌，树立良好的服务形象。

（五）建立健全水电保障工作评价体系

建立并实施全面的水电保障工作满意度评价体系。一是通过开发并不断完善“水电维修信息化管理系统”，使得学校师生员工可以通过手机端对自己提交的每一项维修报单进行满意度评价，评价内容可涉及维修及时率、维修质量、服务态度等。二是通过收集、听取各方面的意见和建议，尤其是总务处每年二次通过第三方评价机构对水电保障中心的满意度测评，针对存在的问题，责令相关班组和涉及部门进行整改，做到持续不断改善服务质量、完善服务方式方法、提高满意度，同时也提高了员工的工作积极性和工作效率。

二、实现预期目标，管理初显成效

本着对用户负责的态度，以搞好服务、保持学校稳定的使命感，不断完善和改进服务，开展爱岗敬业的职业道德教育，要求干部职工牢固树立“管理出效益、服务促保障、质量求生存、信誉求发展”的服务理念，转变工作作风，端正服务态度，在最平凡、最基础的岗位上竭尽全力、默默奉献，为师生排忧解难，为教学科研工作提供服务保障。在处理经济效益与社会效益的矛盾时，要求干部职工坚持为教学科研和师生服务的方向开展工作。通过教育，员工工作热情高、责任心强，纷纷在搞好服务质量上下功夫，真正做到了顾全大局、快速反应、安全有效地运作，很好地提供了让用户满意、让学校放心的保障服务。

（一）水电服务精益求精，提升了服务效率和效益

一个优秀的企业，只有通过不断的持续优化改进，才能确保其经久不衰。为了进一步提高管理水平和服务能力，提出“始于师生需要，终于师生满意”服务理念，积极改被动服务为主动服务，延伸“及时、方便、周到”的服务标准为“安全、贴心、满意”，以实际行动响应后勤集团的“创三优、争一流”活动的开展。结合后勤集团的“创三优、争一流”活动，从管理创新入手，将服务意识融到具体工作中，拓展服务承诺，深化服务内涵，切实改进服务态度和工作作风，建立起一套灵活、高效的现代化服务体系。

各分中心都设立维修接待岗位，实行专人接待和专线电话，落实“首问责任制”，要求全体员工严格按照服务流程开展工作，统一着装，佩戴工作牌，使用服务用语，并实行保修制、承诺制、15 分钟抢修响应制和 24 小时值班制、三全志愿队全天候，确保服务及时响应，保证服务质量。水电保障中心在每个校区安排至少一名专职巡视人员，在校区范围内巡回检查基本设施，确定责任人定期检查巡查所涉及的各项基本台账，对如当日巡查内容、巡查情况、处理结果等情况进行核实，使巡查真正做到定岗、定人、定职责。

对于零星维修任务，水电保障中心不断改进工作流程，实施微信报修，并根据维修内容统筹安排人力和物力，提高维修效率，减少了资源浪费。零修做到当天接单、当天派单，及时反馈，如因故当天未能完成的，及时打电话与用户联系解释。对例行检修中的停电、停水、停气，中心要求尽可能安排在晚上或节假日进行，及时对涉及用户张贴通知，并在学校行政网上发布信息。对于突发性水电抢修，中心也设立了应急抢修预案，基本能做到当天修复。多年来，平均每年完成学校零星维修工单2.2万张。2021年水电保障中心荣获浙江省教育系统“最美志愿服务组织”荣誉称号。

对各院系和机关用户，及时进行回访，听取他们的意见和建议，通过开展服务满意度调查，定期走访服务对象，设立投诉咨询电话，召开用户代表座谈会交流会等多种方式和渠道，广泛征求意见，将对收集到的意见和要求进行原因分析，有针对性地拿出整改措施，改善和提高中心的服务水平和服务质量。为了避免问题疏漏，还成立了问题排查小组，对反映问题的单位和地点进行实地回访调查。以上工作的开展，加强了与用户的沟通，增加了用户对中心工作的理解，加大了服务工作的透明度，使各项服务工作满意率不断上升，水电保障中心每年都能收到多封用户的感谢信和表扬信。

（二）水电保障安全稳定，不断向学校提交圆满答卷

在确保学校日常用电、中央空调等设备设施正常运行的同时，对于必须保障供电、空调的重要会议、考试、大型活动等，都委派专业技术人员定点定岗值守，检查有关供电线路负荷、设备运行状况，制定应急供电预案，有需要时还借专用大功率发电车到现场，有效促进保障服务质量的提高。多年来，水电保障中心圆满地完成了校党代会、校双代会、校庆、本科教育评估、高考阅卷、新生录取、新生入学军训、毕业生招聘会、G20峰会、联合国前秘书长安南演讲、霍金演讲等重大活动的水电保障任务。

（三）技术比武成果显著，增强了员工的专业技能

从2008年开始，水电保障中心陆续开展“岗位技能比武”和“创建工人先锋号”两项活动，提升了保障能力和服务水平，有效改变了过去“等任务、怕任务、有事没人做”的状况，形成了“争任务、怕无事、有事抢着做”的良好氛围。尤其是2021年“我为师生办实事”专题实践活动中，水电保障中心以解决实际问题为出发点，组织开展了管网检漏技术比武，为供水管道“把脉听诊”，降低校园内的管网漏损，提高校园节水效能。营造了“比、学、赶、帮、超”的良好氛围，达到了以岗位练兵促学习、实战比武促技能的效果。

（四）树立了团队意识和人文氛围，增强了员工的凝聚力

水电保障中心积极践行“全心全意为师生服务，尽心尽力让师生员工满意”的宗旨，传承优良传统作风，爱岗敬业，认真履行工作职责。学校师生员工对水电保障中心满意度的提升与认可，使员工明白了只有通过自己的不懈努力，让师生员工满意，让学校领导看到水电队伍的价值和作用，只有有所作为，才能争取到水电保障中心在学校工作中的地位。同时，也进一步激发了广大员工的积极性，大家顾全大局，团结协作，互相理解，互相支持，不计名利与得失，只要有任务，不管分内分外，形成合力，保质保量，保证了水电各项任务的顺利完成。

参考文献

[1] 朱志明.浅谈如何搞好高校水电管理[J].农村经济与科技,2017(22).

[2] 张广伟.论高效能后勤服务与保障体系建设[J].湖北函授大学学报,2010,23(4).

高校后勤水电保障服务信息化探索与实践

章以建

（浙江大学后勤集团水电保障与修建工程中心）

【摘　要】 后勤水电资源是保证学校教学、科研和师生员工正常生活秩序的重要资源，也是学校基本办学条件的重要组成部分，更是学校发展不可或缺的重要依靠。近年来，高校发展速度加快，办学规模不断扩大，在创建节约型校园的大背景下，应融入新的信息技术手段来进行日常的水电管理工作，从而使高校后勤水电能够成为高校发展重要保障支撑力量。

【关键词】 高校；后勤水电；保障服务；信息化；智能化

近年来，高校办学规模的迅速扩大和内部管理体制的不断深化，对高校后勤水电保障服务工作提出了更高要求。服务人员在工作的过程中，对原有后勤水电保障服务模式和体系进行深入的思考以及研究，发现原有高校后勤水电保障服务中的不足之处。针对这些不足之处，需要树立现代信息化的综合管理理念，认识到加强高校后勤水电保障服务的重要性，加强和师生之间的沟通与交流，从整体上提高高校后勤水电保障服务的时效性和满意度。

一、高校后勤水电保障服务内容简介

以浙江大学后勤水电保障服务工作内容为例。服务主要内容是承担着校内教学科研和师生生活用水、电、气的保障供应、水电维修（修缮工程）、应急抢修、水电计量收费等服务所需的保障任务。专注校内服务，紧贴学校“双一流”建设需要，紧贴学校教学科研工作，紧贴师生需要，聚焦一流目标，凝练一流标准，建设一流团队，打造一流品质，创新服务模式，三全志愿队等多样服务内容，不断提升服务内涵，为学校高水平建设世界一流大学提供一流的水电保障服务。在后勤水电保障服务过程中，需要运用综合性的理论知识，例如后勤水电保障服务理论、后勤信息化手段等，解决水电保障服务和控制方面存在的问题，更加高效和精准性地完成水电保障服务工作。从整体上看加强高校后勤水电保障服务工作，一方面可以使后勤水电保障服务体系更加完善和高效，降低成本投入。另一方面也可以使相关后勤水电保障服务人员运用当前先进的信息技术手段开展日常的工作，为提高高校信息化建设打下一个坚实的基础，从中可以看出在当前时代下加强高校后勤水电保障服务的力度是非常重要的。明确后勤水电保障服务工作自身的管理职责，对原有高校后勤水电保障服务模式中存在的问题进行深入的分析和研究，再结合新时期下对高校后勤水电保障服务提出新要求进行适当的改进，从而保障高校后勤水电服务中心高质量发展。

二、当前高校后勤水电保障服务的现状

(一)缺乏信息化意识

随着当前网络技术和信息技术的持续性发展,在高校后勤水电保障服务中,运用当前先进的信息技术手段来开展日常的水电保障服务工作,加快后勤水电信息化建设的进度,但是在实际后勤水电保障服务工作中,由于相关后勤水电保障服务人员并没有认识到加强信息化建设的重要性,所以在实际建设的过程中还存在着诸多的认识偏差。还有一些是由于设施和资金投入不够,在开发软件和采集信息资源方面都需要耗费大量的经费,并且这些软件在后期运行的过程中也需要定期维护和升级,提升信息化平台建设可持续发展能力。在这些因素的影响下,有的水电服务企业会放弃引入信息化建设的想法,仍然运用传统的服务模式。时代是不断发展的,对于高校后勤水电保障服务来说,所面临的信息类型和途径都在朝着多样化的方向发展,假如仍然用传统工作模式来开展日常工作,不仅会严重影响高校后勤水电保障安全性与服务效率,还拖延了高校信息化建设的进度,因此在实际高校后勤水电保障服务工作中,相关工作人员需要加强对这一问题的重视程度。另外,一些信息化建设前期需要大量信息基础数据收集、归整、统计工作,在信息化建设的过程中所涉及信息化基础数据组成认识存在着一定的偏差,很难保证高校后勤水电保障服务信息化建设规范化、程序化、标准化。

(二)服务标准体系不完善

在高校后勤水电保障服务中,相关后勤水电保障服务人员在实际工作时需要制定完善的统一服务标准体系,即统一的指挥体系。通过服务标准建立完善的指挥体系,这样才可以保证各项工作的全面落实。由于服务标准体系不完善,在信息化建设方面又存在着一定的困难,使得后勤水电保障服务标准的指挥体系建立存在着不完善的情况,大多数的人员都习惯了原有的后勤水电保障服务模式,当新的服务模式投入实践中时,服务人员在实际工作的过程中产生的问题比较多。为适应在高校后勤水电保障服务中进行信息化建设需要,除了要使服务人员适应信息化的管理模式之外,还要开展相关的培训活动,提高人员综合性的信息化水平,并且让这部分人员认识到信息化管理的重要性。由于在实际工作中缺乏完善的、标准的后勤指挥体系,所以导致了信息化建设没有一个明确的目标,在各个权限和范围方面存在着诸多的偏差,严重影响了高校后勤水电保障服务效率的提高。

(三)技术开发应用程度低

目前,后勤水电保障服务已经使用的网络信息化系统技术,一般都是水电保障服务各个板块根据个别管理需要,临时组织技术人员开发的,普遍适用性较低。这就使得这些技术开发存在着一定的缺陷,缺少宏观的管理模式,只能应用在某一模块方面,没有自身的水电保障服务特色,也有的不符合实际所需,开发与应用相分离,不能够推而广之,在技术上也相当不成熟,缺少科学性和合理性,专业程度不够,因此应用程度低。

三、高校后勤水电保障服务信息化应用的意义

高校后勤水电具有综合性、政策性、群众性、知识多科性、阶段性、突发性等特征,要求反应及时,决策正确果断。俗话说:“兵马未动,粮草先行”,高校后勤水电担负着为教学、科研服务和为师生生活先行服务的需要,也肩负“三服务、两育人”的重任,后勤水电管理水平直

接影响高校的发展。不仅要从经济上、物质上保证教学科研活动的顺利进行，还要为师生创造良好的学习和工作环境，使其能专心致志地从事学习和教学科研工作。如果没有高校后勤水电工作的协同配合，高校的教学、科研工作就会失去物质保障，就会影响和阻碍高校教学、科研活动的有序开展。在传统管理模式中，这些管理工作完全通过人工运作，存在工作量大、劳动强度大、重复劳动多等问题。不仅影响管理工作效率，而且使管理工作的准确性、可靠性、安全性大大降低，还会使管理中的各种数据资源很难实现继承和共享。随着学生人数不断增加，教师队伍不断壮大、校区分布不集中、教学科研要求不断提高的特点，使得高校后勤水电保障服务工作具备了新的特点，同时也提出了新的要求。传统的管理模式，已远远不能适应新的要求，必须采用先进的管理理念与管理手段，对高校后勤水电保障服务工作实施信息化管理。

所谓高校后勤水电保障服务工作信息化管理，是指以数字信息技术和系统为工具进行的后勤管理。具体的就是借助网络信息的优化与便捷性操作，将分散的、孤立的水电保障服务信息进行汇总分析后，形成一个具有高度的系统性、明晰性的信息空间。高校后勤水电保障服务信息化管理的意义十分重大，首先，可以有效提高高校后勤水电保障服务的工作效率；其次，有利于从经验管理走向科学的规范化管理；最后，可以促进深化教学改革、培养新型人才。高校后勤水电保障服务信息化管理是高校现代化管理的必然趋势。

四、高校后勤水电保障服务信息化探索与实践

（一）管理手段信息化探索与实践

目前水电中心从水电供应保障、水电维修（修缮工程）、应急抢修、水电计量收费等服务板块所需的保障任务入手，进行了信息化探索和实践。

（1）利用集团化工作平台，通过现有第三方信息化应用软件手段，实现与平台数据对接，数据交换传输，建立标准化的统一指挥体系，让决策者掌握水电保障服务的全过程。

（2）水电供应保障板块需要从所需要的关键数据入手，进行归纳与总结。关键数据库的建立考虑水电保障的可靠性、安全性、及时性，才能发挥信息化数据作用，及时掌握运行设备状态，准确制定绿色运行方案，推进精细化管理，落实工作责任制，切实提升保障服务水平。

（3）水电维修（修缮工程）板块需要从其工作流程入手，编制可靠的信息化方案。设置完善的人财物数据库，建立维修信息来源采集途径与信息完善标准，编制工作流程手册等统一规则，相关人员按照信息化规则标准要求对水电维修（修缮工程）进行全过程参与。

（4）应急抢修板块与上面板块有一定交集，但也有自身板块特点，主要体现的突发性上，因此要及时准确地获得设施设备与管线的运行信息，需要建立运行数据监测平台，运用 GPS 定位、云计算、物联网、大数据等技术，掌握设施设备与管线运行状态数据，管理人员对其运行工况作出准确判断，确保水电设施设备与管线安全运行。

（5）水电计量收费板块随着时代的发展需要更新换代，因为办学规模不断扩大，在创建节约型校园的大背景下，综合考虑数据的采集和传输手段，能耗分析，终端管理等，并与运行数据监测平台相结合建立数据库共享功能，充分发挥水电计量收费平台更大的作用。

（6）结合上述相关板块，建立工作数据统计板块信息化，确保收集的各种数据的科学性、准确性和及时性。

（二）水电设施智能化改造探索与实践

加快硬件技术改造在高校资金紧缺、对后勤投入少的情况下，要合理利用资源，按照“因

地制宜，局部改造，分期分批，适当超前"的原则，以建立水电智能化管理系统为目标，加快硬件设施建设。以供水稳压系统为例，无论是较早的水塔或高位水箱简单控制供水方式稳压系统，还是现在的变频恒压供水方式，只要水泵、管路等尚可继续服役，就可保留不换，只需将控制柜更新为智能网络型的，就可在投资不大的前提下，使老设备联网运行。如果是近年安装的变频设备，除可保留水泵、管路以外，还可留用变频器，只需更换智能网络型控制柜和相应传感器即可。这样，也能在投资比较节省的前提下，逐步地完成对现场泵站控制设备的智能化网络化技术改造。同理，对 10/0.4kV 变配电系统的智能化网络化技术改造也可按此方式进行。以上措施可以使智能化在信息化的基础上对水电设施设备进行控制，在水电保障服务中得到广泛应用。

（三）建设高素质信息化人才队伍

推进高校后勤信息化管理的关键在于高素质的信息化人才。如果后勤水电保障服务人员不具备相应的信息化知识，就不能熟练操作计算机和网络，不能很好应用现代信息技术来进行管理，这些都不利于后勤信息化的实施。从长远的目标出发，为了使高校后勤水电保障服务信息化能够顺利实施，使得标准化的水电保障服务管理规则能够在实际工作中发挥其应有的价值和效果，需要不断提升职工水电运行维护和故障抢修技能水平，加强一线技能人才的任用，将责任心强、积极肯干、刻苦钻研技能业务的职工培养成技师、高级技师。通过专业技术、操作技能等各类人才的培养引进，努力建设人才梯队结构合理、职工技能水平高超的职工队伍，打造一支政治觉悟高、业务能力强、有创新能力和奉献精神的高校后勤人才队伍，为提升水电保障服务能力提供强有力的人才支撑，让他们引领高校的后勤水电信息化管理建设。

五、结　语

高校后勤水电保障服务信息化建设是一项长期复杂的系统工程，水电保障中心应该充分认识到信息化对高校后勤水电管理日益重要的作用。根据目前高校后勤信息化建设实际情况，要兼顾现有各种应用系统，统一规范标准的应用接口，建设统一应用数据平台。统一的数据平台是信息化建设的核心，是信息整合的关键，是信息化建设成功的一个显著标志。统一数据标准是信息化建设的关键，有了统一的数据标准，才能实现统一的数据库、应用平台、用户管理和信息门户，才能构建统一的数据中心，以便各应用系统数据交换、共享和互访，才能实现信息化建设。根据现有基础，建立统一的后勤水电保障服务信息网络系统、计算机网络终端系统，采取各种途径提高后勤水电保障服务人员素质和信息处理水平，使高校后勤水电保障服务信息化建设可持续发展。

浙江大学校园供水管网漏损控制的实践和思考

章以建

（浙江大学后勤集团水电保障与修建工程中心）

【摘　要】 供水管网漏损控制问题是困扰校园供水的一大难题，本文以浙江大学为例，分析了引起供水管网漏损的一些原因，如管道材质、施工质量、管理维护等，并进行了一系列的漏损探测实践，提出了一些相应的控制措施，如加强供水管理、保证施工质量、采取先进的检测手段等，以有效降低管网漏水损失。

【关键词】 供水管网；漏损；控制措施

浙江大学建有提升泵站和供水管网，供水管网是学校重要的基础设施，是学校办学基本条件和发展的物质基础，也是学校一切工作的基础，对它的维护、管理水平的高低直接影响到广大师生员工的教学科研和生活。由于管道年久或其他管线施工的干扰等原因，跑冒滴漏现象时有发生，给办学成本带来压力、节约型校园建设方面工作造成很大的困难。供水管网的漏损不但影响师生的用水安全，也存在交通隐患安全。因此，采取有效措施控制管网漏损是急需解决的问题。

一、供水管网现状

市政供水管网与校区内供水管道相连，向校区内的泵站和供水管网供水，管道基本上是采取埋地式敷设，管道埋设深度在0.7～1.5m。供水管网采取环状管网和枝状管网相结合，最小管径为DN15，最大管径为DN300。供水管网的管材主要有铸铁管、球墨铸铁管、镀锌钢管、PE管和钢丝网骨架聚乙烯复合管等五种。

二、影响供水管网漏损的主要因素

(一)管网材质原因

由于供水管网长期埋于地下自然老化加之酸碱土壤腐蚀等原因，有些管材很容易管网漏损，漏损严重时会导致管网泄压而不能正常供水。尤其是铸铁管和镀锌钢管，使用时间越久，腐蚀老化就越严重。

(二)管道接口漏水的原因

管道接口是易发生漏损的部位，有的管道接口刚性连接，受环境交通负荷影响容易造成松动，漏水频率较高。由于温差影响容易引起管道收缩或不均匀沉降时弯曲半径过大而径向裂开。

(三)管道附属物易损原因

管道附属物如阀门，排水阀，消火栓，通气阀等易因锈蚀、磨损而造成漏损。

(四)管线施工造成漏损

一些施工单位在施工前没有充分了解其他管线的位置而盲目施工。有的挖断管子,有的在管线上堆土、弃石甚至构筑物,人为对供水管道造成破坏。

(五)管道施工质量原因

管道自身施工工艺不规范;三通、弯头等管件连接不符合施工工艺要求;基础回填土不符合质量要求,有的管沟沟底不平,通水后水管沉降幅度过大、管沟回填土中含有硬物,没分层夯实,使管道局部受力而受伤,都增加了漏损的可能性。

(六)近距离管道沉降等原因

一些管道(如光缆、电缆、污水管等)与供水管道埋设的距离太近,这些管道的沉降会造成对供水管道的损坏。

(七)其他原因

其他如自然界不可抗力的作用,造成了埋地管线断裂,承插口脱落等情况。

三、供水管网漏损危害与控制的意义

(一)供水管网漏损的危害

(1)管道漏损直接影响到学校教学、科研和师生员工正常生活用水和消防安全用水。

(2)管道漏损导致学校办学成本增加,还要承担管道因漏损而产生的维修费用。

(3)漏损的管道会导致水污染。漏水意味着管道不再是一个封闭的系统。当管道内压力较低时,管道外的污染物会进入管道内,特殊情况下的吸水现象也会污染管道内的水。

(4)管道漏损会导致校园道路地面塌陷。管道漏水会使土壤具有流动性。当附近有排水管时,土壤会不断流失,地下会形成空洞。如果空洞变大,地面就会塌陷。

(5)漏损的管道导致供水压力降低。管道漏损即压力泄压,降低了校园内建筑物所需供水压力,影响正常供水。

(二)供水管网漏损控制的意义

水资源是保证学校教学、科研和师生员工正常生活秩序的重要资源,也是学校基本办学条件的重要组成部分。所以我们针对漏水点进行准确的探测,漏损控制就是采取积极有效的措施,控制其漏损量,降低学校供水成本,同时有效地节约水资源。因此,进行漏损控制的工作,就有着十分重要、积极的意义。主要表现在以下几个方面:

1. 节约水资源

世界上的水资源是有限的,因此如何节约有限的水资源,其意义重大。进行漏损控制的重要措施之一就是降低管网的漏失率,减少管网中的漏损就等于降低了某一地区对水资源的需求总量,就可以把这部分节约下来的水资源应用到其他需要的地方,发挥其相应的效能。

2. 节约工程投资

在现有的供水管网中,如果管道漏水严重,漏耗较高,是管道改造的主要原因之一。如果漏损控制工作成效显著,就可以减少管网的改造项目,节约大量的管网改造资金。

3. 降低用能成本

校园供水一般都是经过城市管网输送,再通过自身加压泵房的加压,输送到校园的每个用水终端。学校根据自来水用量来支付相应费用，如果减少管网中自来水的流失，就可以节约水费和电费，从而降低学校用能成本。

四、供水管网漏损控制实践

(一)常见的漏损形式

1. 管道漏损

管道包括管体、配件和接口三部分。管体和配件漏水是由锈蚀穿孔或腐蚀破裂，接口漏水则由刚性接口渗漏、柔性接口密封胶圈损坏、承插式接口脱落、接头破裂等不同原因造成。

2. 调节构筑物漏损

供水管网中常见的调节构筑物有水池、水塔、水箱和泵站。调节构筑物除了本身漏水以外，其进出水口或上下管道及配件的漏水也不可小视。

3. 管道附件漏损

阀门轴杆密封填料处漏水、冲洗排水阀关闭不严、通气阀失灵串水、预留阀门关闭不严等原因造成的阀门漏水；消火栓关闭不严导致的消防栓漏水。此外还有过滤网锈蚀、破裂漏水、法兰接口处漏水、水表漏水等。

(二)漏水声音的传播特征

漏水造成的漏水声音是在压力的作用下，水从漏点喷射出来，在喷射的过程中，水与管道漏水口、管道埋层介质等进行摩擦而产生的噪声。漏水噪声沿管道、周围介质等进行传播，测漏人员就是根据测听这种具有一定频率的漏水噪声来确定漏水点的。这里将漏水声音简单分为三种类型。

1. 水与漏点摩擦产生的声音

根据管道材质的不同，这种声音的频率也不尽相同，当然声音的传播速度和衰减度都有所不同，例如金属管道对声音的传播就要好于塑料管道的传播。这种声音的频率一般会在300～2500Hz之间。这个声音也是漏损探测中主要监听的声音。

2. 水与埋层介质撞击产生的声音

常见的埋层介质为黏土、砂石或草地，一般来说，砂石的声音传播要好于黏土，草地对声音的传播效果更差。这种声音的频率一般低于400Hz，且其衰减度很大，一般情况下，不会成为测漏中的主要监听声音。

3. 漏水点周围被侵蚀的土壤孔洞中水回旋而形成湍流所产生的声音

这种声音只能传播很短的距离，因此，一般不在监听范围内，但如果能够被探测到，那这个声音就是漏水点的位置了。

综上，第一种管内水外溢与管壁摩擦所产生的声音，是管道漏水特有的声音，它具有传播距离远、衰减程度低、频率较稳定的特点，也是漏水检测中最主要的监听声音。

(三)漏损探测常用方法

地下管道输送的自来水，时间久了就会发生漏水问题，并且会发现，漏水发生时地表未必有迹象，即使水从地表渗出，渗出点也未必就是漏点，特别是地面有水泥等覆盖层时，更是如此。目前，管道漏损控制探测方法很多，如听音法、声振法、相关检漏法、区域泄漏噪声自动监测法和分区检漏法、雷达探测法等。听音法是利用漏水引发振动和发声效应，是国内外应用最普遍而有效的方法。下面主要介绍听音检测法：听音检测法分为阀栓听音、路面听音、钻探定位三种，前一种用于查找漏水的线索和范围，简称漏点预定位；后两种用于确定漏水点位置，简称漏点精确定位。

1. 阀栓听音法

阀栓听音法一般是用听音杆搭在管道暴露点（如消火栓、阀门及暴露的管道等）监听由漏水点产生的漏水声，从而确定漏水管道，缩小漏水检测范围。金属管道漏水声音频率一般在300～2500Hz之间，而非金属管道漏水声音频率在100～700Hz之间。一般情况下，听测点越靠近漏水点，漏水声音越大。反之，漏水声音越小，说明漏水点越远。

2. 地面听音法

当通过阀栓听音法确定漏水管段后，用测漏仪在地面探测地下管道的漏水点，并进行精确定位。监听方式为沿着漏水管道走向以间距50～70cm左右逐点监听比较，异常点处要求小于20cm，并在异常点处反复进行听音分析，以确定异常点位置。当测漏仪的地面拾音器靠近漏水点时，听测到的漏水声音越强，在漏水点上方达到最大。为了避免干扰，一般在晚上11:00至凌晨5:00内进行作业效果最好。

3. 钻探定位法

当路面听音完毕，确定异常点后，用管线定位仪定准异常点附近管线，在管线正上方用冲击钻钻探，然后利用听音杆直接接触管体听音和取水。利用此方法可进一步对漏点进行精确定位。当“供水管道表计数据异常、在漏水点附近探测到声音、钻探取到水”三者条件同时满足时，基本上可以确定漏水点位置，这样就可以进行开挖维修了。

（四）漏损探测工作中应注意的几点问题

(1)首先要清楚地下管线走向、材质、管径、水压、年限，接口形成及土质结构等。

(2)要了解检漏现场是否有其他管线。如电力线缆、通信电缆、下水管道、燃气管道等。

(3)在检漏过程中，有部分漏水点听起来非常困难，原因主要是漏水声音传不到地面上来，地下情况可能是：

①管道埋设太深，漏水声能量被泥土吸收。

②漏口被水淹没，漏水声能量被水吸收。

③水压太低，导致漏口处产生的漏水声音很微弱。

④漏点上方的土层与混凝土路面分离引起隔音。

⑤管道接口渗漏，几乎无漏水声。

总之，地下管道漏水情况十分复杂，有时候可凭经验判断，有时候要依靠查漏仪加上人的经验去判断，才能取得最佳效果。积累经验是十分重要的，要求每次检漏都要记录，把有关数据记录下来，数据积累到一定数量后，可用统计分析法找出其规律性，以便提高测漏效率。

五、管网漏损控制措施

为了加强校园供水管网漏损控制、提高水资源利用效率，可从以下几个方面入手：

（一）建立管网更新改造计划

在地下管网中，不管采用哪种材质的管道，都是长期埋设在地下，受地基下沉，环境交通负荷及地质条件等的影响，管道的腐蚀与破损往往是不可避免的，因此对部分埋设年代久远的地下管网，进行有目的，有计划地选用新型管材更新改造，减少管网漏水。新敷设的管道选择管材的原则是：承压能力强、刚性和塑性适中，性能稳定可靠，内壁光滑，输水能力稳定。

（二）加强供水施工质量和日常巡查

供水管道施工必须严格按照施工工艺规范进行，尤其是对管沟开挖，回填土的质量等一系列工序要严把质量关。日常管理还应当设立专门的巡查人员，负责对供水管线的巡查工作。

（三）主动定期进行漏水探测

管道漏水探测就是要组建专门的漏损控制技术团队（“金耳朵”队伍），利用各种检测仪器，对地下管道进行有计划，有目的地主动漏水探测，并找出漏点。漏水探测对控制和减少地下管道漏水十分有效。采用无损检测方式检漏，将漏水点水平定位在 1 米范围内，精准定位并修复漏水点，可以有效节约水资源。

（四）建立 DMA（计量分区）漏损控制管理

通过对校园管网进行分区，实时监测各区管网用水数据，从而对各分区用水量进行水平衡测试分析，根据流量差别来确定流量差量区域，进而查找造成差量的原因，并提出有效的解决方案，快速进行漏损控制，持续降低供水损失。

（五）建设智慧管网监测平台

随着新一代信息技术的迅速发展，依托先进高科技手段，建立智慧管网监测管理平台，推动供水管网智能化更新改造，实现精准化科学化管控，提升精细化智慧化运管能力和水平，是加强校园供水管网漏损控制的重要抓手。通过智慧管网监测平台对供水设施运行状态和水量、水压、水质，夜间最小流量等信息进行实时监测，精准定位管网漏损点位，进行管网压力区域智能调节，逐步提高校园供水管网管理水平，达到控制管网漏损、节约水资源的目的。

六、结束语

管网漏损控制涉及多个方面，是一项长期而艰巨的系统工作，需要逐步推进长期坚持。运用管网更新改造、定期检漏、DMA 漏损控制管理、建设智慧管网监测管理平台等多种手段，从原有的被动检漏模式，变成为主动检漏控制，让校园供水管网管理更加精细化，各个分区的供水情况实时共享，为及时发现漏损区域、检测维修管网提供有效支持，能够有效地降低管网漏损、节约水资源，保障广大师生员工的教学科研和生活所需。

高校校园供电保障的实践和思考

——以浙江大学为例

乔鹏华

(水电保障中心)

【摘　要】 可靠的校园供电保障是高校后勤保障服务中的基础性工作,也是重要的一个环节。随着学校双一流建设的加速推进,对校园供电保障提出了更高的要求。本文分析了高校供电的特点,以浙大为例介绍了浙大供电保障上采取的措施,同时介绍了对提高校园供电保障服务质量的思考和建议。

【关键词】 供电;一流;可靠性;人才

安全可靠的电力供应是高校开展各项工作的基础,一旦电力供应出现故障,除了所有活动都要暂停外,多年积累的科研成果也可能会毁于一旦。因此本文将如何提高高校供电的可靠性进行分析。

一、校园供电的特点

(一)供电规模庞大

高校校园内分布着教学楼宇、科研楼宇、行政办公楼宇及生活楼宇等,随着高等教育事业的发展、科研体量的增加以及生活条件的改善提升,校园的用电需求量明显增大,因此基本上在每个楼宇都建有单独的变电所。以浙江大学紫金港校区为例,紫金港校园内已建成的共有 85 个变电所、177 台变压器,总装机容量超过 18 万千伏安。紫金港校区采用高压环网供电模式,共有 18 条电力专线,300－400 方的主高压电缆长度达到近 10 公里。

(二)供电可靠性要求高

高等学校具有三种职能:培养专门人才,发展科学知识,为社会服务。与之相对应的是面向学生的教学与教育工作;开展科学研究,提高国家科学技术水平;面向社会提供多种形式的社会性服务工作,这些工作中不乏一些对供电要求较高的。如作为国内一流高校,2022 年学校预算经费高达 261.03 亿元,科研体量巨大。学校共拥有 10 个全国重点实验室,位居全国第二,承担了多项国家科研攻关项目,特别是部分实验在一段时间内需持续性进行,实验过程不能中断,这就对供电的可靠性提出了非常高的要求。每年学校将承办多个国家级考试,如全国硕士研究生统一招生考试、全国大学英语四六级考试、国家公务员考试、军队文职人员考试等;近年来,学校还承办了多项国家级的重要活动,如习近平夫人彭丽媛和出席二十国集团领导人杭州峰会外方代表团团长夫人共同出席的"美好青春我做主——艾滋病防治宣传校园行"活动、第十三届全国学生运动会闭幕式、第五届互联网＋大学生创新创业大赛,以及即将举行的杭州第 19 届亚运会的篮球赛等。

(三)供电负荷季节性明显

高校由于寒暑两个假期的存在,供电负荷存在 2 个低谷。由于浙江大学的科研体量大,暑假期间留校做科研的师生较多,相较于其他高校,浙江大学在暑期的用电负荷下降不是特别明显,寒假期间负荷下降量较为显著。

二、浙大在校园水电管理上的做法和经验

(一)突出党建作用,增强员工政治意识

坚持加强党的建设,突出党建引领是浙大水电做好校园水电保障工作的制胜法宝。

1. 强化组织,保障有力

习近平指出:"党要管党,才能管好党;从严治党,才能治好党。"浙大水电共有党员 55 人,共有 1 个党总支、4 个党支部。为了更好地做好党建业务工作相融合,党支部书记均由校区水电分中心主任担任,党员同志来自于各个班组,且都是各班组的技能好手。加强基层党组织是构建一流水电支撑服务体系的组织保障。

2. 健全制度,规范管理

浙大水电党总支严格组织生活制度,推动"三会一课"、组织生活会、民主评议党员、主题党日活动等制度落到实处。根据形势变化不断完善中心的各类规章制度,按照现代企业要求严格执行内控制度,出台各岗位的安全生产和操作制度,持续提升组织能力、运营能力、风险防控能力,做到规范管理,经营有道。

3. 政治过硬,冲锋在前

水电保障中心作为学校自办事业后勤,永远坚持学校利益第一位。在选人用人时,把人员的政治方向放在首位;在党团日常学习中,强化意识形态教育;树立先进典型,发挥榜样的模范作用。因此,我们拥有一支政治素质过硬的员工队伍,每当校园内遇到危难险重的事件,现场都少不了水电人的身影,凭借水电人专业的技术能力、负责任的职业精神、有担当的政治意识,都能快速、有效地化险为夷,做好保障工作。如三年抗疫过程中,充分发扬了水电人"关键时刻冲得上去,危难关头豁得出来,敢于责任担当"精神。2020 年疫情初期,水电人在疫情形势不明朗的情况下,组织了党员先锋队,不惧危险、义无反顾奔赴新冠患者定点收治医院——浙一之江院区,帮助医院做好新病区的水电查验工作;疫情进入常态化防控后,党员带头多次参与核酸采集志愿活动,做好常态化核酸检测点的水电保障工作;校园内发生疫情时,水电人做到了有令即来,来之即战,战之必胜。特别是 2022 年 11 月 27 日的发生在紫金港校区的疫情,由于疫情发生在周日,校内只有值班人员,当接到指令后,多名党员、员工主动请缨,带上衣物,做好战斗一段时间的准备回到校区内,投入疫情防控的水电保障工作中。拥有这样一支政治过硬,本领高强的水电员工队伍,是给学校师生做好强有力的水电保障的保证。

(二)体制创新,融合互促

以水电保障板块为例,浙江大学在校园水电管理过程中探索出了"中心+公司"的服务模式,即水电保障与修建工程中心(下称水电保障中心)和杭州浙大同力水电安装建设有限公司(下称同力水电)是两个实体之间是独立运行又相互协作的关系。水电保障中心属于学

校自办事业后勤，主要承担校内设备运行保障、零星维修服务、计量收费、重大活动保障等基础性保障服务工作；同力水电拥有独立法人资质，拥有建筑机电安装工程专业承包二级资质、建筑装修装饰工程专业承包二级资质、城市及道路照明工程专业承包三级资质、承装（修、试）电力设施许可证，并获得了行业质量管理体系认证、环境管理体系认证、职业健康安全管理体系认证、AAA级信用企业等。这种运行模式拥有以下几个优点。

1.参与市场竞争，利于开拓市场

高校后勤社会化改革以来，越来越多的学校后勤服务保障项目，修缮工程以及设备采购等都需要通过公开招投标流程，这就要求承担单位具有独立法人资质，而水电保障中心是浙江大学的一个部门，不是独立法人，有些原来可以承担的项目就无法承担，空有一群技术过硬、对现场状况熟悉的服务人员。而同力水电的存在就很好地解决了这一难题。同力水电拥有多项企业资质，能与市面上同类公司参与市场竞争，同时与水电保障中心之间相互协作，能更好地做好校内水电服务保障工作。以浙江大学为基地，以全力做好校园水电保障为基础，打响浙大水电管理服务品牌。依托浙大水电管理服务经验，同力水电有效开拓了水电运维服务市场，托管了杭州西溪湿地1—3期变配电运维项目、浙大宁波理工学院水电运维项目。

2.利于员工队伍稳定和补充

高校后勤员工收入偏低，导致高校后勤普遍存在着既有员工留不住、新员工难招的问题。随着社会的进步、学校的发展，对后勤服务的要求也越来越高，这就急需补充高素质的专业技术和管理人才到后勤队伍中去。水电保障中心属于自办事业后勤，受限于资金来源，无法给予高素质的专业技术和管理人才相匹配的待遇，而同力公司就可以通过参与校内外的社会服务项目的竞争，积极壮大自己。把公司做大做强后，就会吸引更多的专业技术和管理人才加入进来，留下来，形成良性循环。

3.利于专业化发展

为了更好服务学校，同力水电拥有承装修试四级的资质，因此浙大水电组建了自有的预防性试验团队，承接校内外预防性试验工作、变电所的安装工作。针对校内难停电的问题，利用寒暑假2个用电低谷时间，制定校内变电所的周期检修和预防性试验计划，有助于了解校内变配电设备的运行状态，保持设备的良好运行。供电管理是一项经验比较重要的工作，有了专业的预试团队，才有更多维修保障经验，对故障进行分析讨论，避免同类故障在校园内发生。

（三）深化人才培养，提升专业技能水平

浙大水电在水电安装、零星维修、运行维护、计量收费、工程管理等方面都是由自招员工来完成的。员工素质水平和专业技能水平的高低直接影响到为师生提供的水电服务质量，为此浙大水电深入实施能人选育计划，推进“党员＋能人”递进培养，全力打造一支素质高、技术强、应用面广的人才队伍。浙大水电利用老带新、师徒跟班、导师制等形式做好技术传承，帮助新员工快速成长；开展职工“业”校，拓宽员工的知识面，培养综合性技术人才；搭建员工经验交流平台，有效避坑，集思广益解难题；举办各工种的技术比武，在员工内部形成一种“比赶超”的良好氛围。

三、在提升校园供电管理服务上的一些建议

（一）强化基层党组织建设，推动党建业务互融互促

党的二十大报告提出，增强党组织政治功能和组织功能。坚持大抓基层的鲜明导向，把基层党组织建设成为有效实现党的领导的坚强战斗堡垒，激励党员发挥先锋模范作用，保持党员队伍先进性和纯洁性。

党建工作是思想引领，要引领水电员工要树牢忠诚意识，确保政治立场鲜明，与党中央时刻保持一致。要引领水电员工提高大局意识，自觉把讲全局、顾大局作为一种思想观念来进一步强化，坚持立德树人，三服务两育人的宗旨，水电管理工作一切以为学校的建设目标，师生对美好生活向往的需求为目标，提供强有力的支撑保障。要引领党支部党建业务一起抓，互融互促发展。党支部要围绕水电业务发展的同时抓好党建，抓好党建工作促进业务发展，让党建工作为业务工作引领方向、激发动力、提供保障，以党建工作的高质量提升水电各项业务工作的高水平，做到党建和业务两手抓、两手硬。

（二）构建水电专业人才队伍，促进学校发展

习近平总书记在党的二十大报告中强调，必须坚持科技是第一生产力、人才是第一资源、创新是第一动力，凸显了人才的重要性。但目前高校后勤水电人才欠缺，年轻人才匮乏已是普遍问题，随着学校双一流建设处于关键时期，高校后勤必须解决这一问题，才能促进学校及自身的发展。

一是善于识才。对于高校水电管理的选才，不能只关注学历，更应关注解决实际问题的专业能力，关注服务师生的主动性，关注作出贡献的大小等。我们要善于发现既有员工中人才并加以重用之。二是筑巢引才。除了开具有竞争力的待遇条件外，还要通过高校工作的人文、环境、使命等软实力来吸引那些在社会上工作多年、经验丰富、技术精湛、又愿意到高校后勤工作的人才。三是培养人才。建立职工培训制度，成立培训学校，通过外出和内部培训相结合、多岗位历练、鼓励提升学历水平和职称水平等措施将现有员工培养成人才。

（三）加大信息化力度，提升水电服务效能

随着高校办学规模的不断扩大、建设一流大学对高校后勤提出的更高要求，高校后勤水电管理工作面临新的挑战，再沿用传统的、以人工为主的水电管理模式已不能适应、满足新时代高校发展的需要，技术换人、技术提效已成为高校后勤水电管理的必经之路。

高校后勤水电的信息化建设须有连贯性、整体性。首先定位要清晰，水电信息化建设的目的是要能提高学校水电管理的能力，对于现有工作开展具有便利性、实操性。其次选择了解高校需求、具有丰富高校信息化建设经验的供应商，避免出现系统五花八门、生命周期短的困境。最后，信息化系统建好后就要去使用，只有使用了才能知道系统的缺陷，才能提出改进措施，才能符合高校水电管理的实际需求。

建设世界一流高校离不开一流后勤，一流后勤中必有一流水电做支撑保障，一流水电必定是讲政治的水电，讲专业的水电，讲服务的水电。

浙江大学水电保障服务的若干思考

胡俊海

（浙江大学后勤团水电保障与修建工程中心）

【摘　要】 本文以浙江大学后勤集团水电保障与修建工程中心在后勤服务板块中的工作为主线，在梳理和总结经验的同时，对新时期后勤服务需求和工作提升方向进行了探讨。本文认为，后勤水电保障服务模式的创新应“软硬皆抓”，兼顾“软件”“硬件”建设和“人”的建设。

【关键词】 服务提升；智慧建设；人才建设

在学校迈向世界一流大学发展的今天，浙江大学后勤集团不断提升服务品质与创新发展，服务模式呈现多元化、社会化和信息化的发展趋势。后勤人也始终从师生需求的角度出发，立足本职，开拓进取。后勤集团向着“一流管理、一流服务”的目标，着力推进落实后勤服务保障体系建设。以服务师生为主线，力争科学、高效地满足各校区师生员工服务需求。

水电保障服务是后勤服务体系的重要组成部分，为学校教学科研正常运作提供管理、保障和服务。稳定高效的保障服务是浙江大学后勤集团水电保障与修建工程中心（以下简称“水电中心”）一直以来的目标和宗旨。水电保障工作是学校发展能源使用的基础，教学科研生活中对水、电、气（暖）能源的需求如氧气一般不可或缺。水电工作在校园日常生活中感知度较小，很多时候师生并不一定了解水电暖供应的来龙去脉，对于学校管理服务单位的总务处和后勤集团来说，却是一项专业而又重要的服务需求。因为一旦感知到时，涉及面较广。这也充分说明了保障服务的重要性。

一、紧密响应师生需求，提升服务质量

对水电一线管理者来说，常规保障服务内容有设施设备管理、计量收费管理、修缮及零星维修服务等几个方面。其中前者与师生接触较少，而最多与师生接触，有直观感受的就是零星维修服务。例如，在教室或实验室里，灯管不亮、插座没电、水龙头漏水等问题发生时，师生们第一时间就想到报修找师傅处理。如何高效地完成，同时让报修师生体验“从接受→满意→感动”的服务，我们必须做好零修各项环节工作，不断提升工作水平做到精准、细致、高效。

（一）报修来源分析

需求的产生才有了任务的来源，现有的零修接待涵盖了线下报修、电话报修、网络报修等。不同的师生通常会选择他们习惯的报修方式，主要原因还是方式不同体验感也不同。如何减少差距提升体验感将是努力的方向。

（1）线下和电话报修对接待人员业务能力有一定要求，其优点是信息传递迅速，能让接

待人员快速知晓，应急事件多为电话联系。缺点是对表达能力要求较高，需求传达不够直观，反馈难以及时处理。

可提升方向有：

①建立院系用户信息库，来电来访识别迅速匹配相关信息，不用反复询问报修人基础信息。

②建立接待“话术”培训机制，可以实现相关报修反馈、咨询信息收集、专业回复反馈内容。

③建立客服中心，搭设报修咨询“一号通”，实现管家式服务。

(2)网络报修对平台运维要求较高，其优点是可集成多平台报修，信息齐全直观、全过程反馈，可批量化操作。缺点是报修人需要一定的信息化操作能力，有一定的接单响应时间。

可提升方向有：

①报修渠道在平台搭建后可以多“接口”流转，信息共享互通。

②在不改变底层操作逻辑的前提下，不断优化完善报修入口，达到越来越好用的目标。

③完善反馈形式与评价体系，反向促进提升服务质量。

(二)任务流转分析

收到用户的报修信息后，任务流转是服务的关键要点，迅速高效的服务质量就体现在流转过程当中。如何管理配合好团队中人、材、机的使用尤为关键。

1.人员提升

(1)在海量的维修任务面前，根据需求的数量，合理配置调度各个工种的维修人员。

(2)特殊工种需持证上岗，做好人员技能培训，形成“比、学、赶、帮、超”的良好氛围。

(3)定期开展业务交流，提升员工问题解决能力和与用户沟通反馈能力。

(4)重视工作形象和环境形象，匹配高素质一流后勤员工形象和作业形象。

2.材料提升

(1)摸排各区域维修需求材料特点，提前备足相应规格型号材料。定期统计消耗数量，盘点库存，及时采购补充。考虑仓储位置距离，缩短材料领取地点距离。

(2)严把材料质量关，维修前分析材料通用性和便利性，减少非标品材料使用，确保美观统一。

(3)了解新材料新工艺，秉承绿色低碳理念，选用环保减碳材料配件。

(4)活跃思维，从用户需求出发，适应个性化需求，辅助完成更新维修。

3.机械及辅助提升

(1)合理配置相应数量的工器具，做好工器具的维护、保养、保管，确保正常使用。

(2)提倡使用高效辅助工具，如电动用具、液压用具、各类登高提升设备等。

(3)学习新工艺，适应行业发展趋势，淘汰老旧工艺设备。

(4)安全辅助用具落实到位，做好作业区域围护、警示、防护等安全流程。

4.制度提升

维修任务属于非标准需求，不同环境不同状态处理方式也不同。因此管理人员还需有针对性和适应性制度，如应急抢修预案、工器具管理制度、材料采购制度、出入库管理制度、维修绩效考核制度等。

(三)管理闭环分析

维修任务完成过程的时效、结果的好差,直观反映了服务水平,同时也是师生满意程度的晴雨表。

维修工作在实施过程中,维修组通过班组长,负责现场组织、调配、安全管理和与其他部门、系统之间的协调、动态信息的反馈等,以保证所有维修工作正确实施、按时完成。对维修过程中的一般故障、缺陷等,维修人员应该按照工作要求程序和步骤进行操作,并在任务单上记录所完成的人工和材料。若暂时无法完成或材料缺失,则应按照相关管理工作要求执行,做好沟通解释并登记反馈,由管理人员跟进处理。管理人员应定期对维修任务数据进行统计分析:完成数量、时长,完成率,耗材量,评价反馈情况,报修需求内容情况等。这些数据可直观反映维修质量和薄弱环节,有助于提升精细化管理水平。

同时,沟通反馈对用户非常重要。可能因为工具、设备、人员等原因有些维修项目无法按时完成时,维修人员必须提前、及时将情况通知或联系相关人(部门),只有在得到其同意后,方可暂时取消或延迟工作项目的完成。如果工单停工待料后,涉及人员应该按照首问责任制做好交接程序。由管理人员负责流转,待条件具备后,应尽快下发实施。

维修工作项目完成后,应按工作要求完成签署确认,并由管理人员全面审核,保证全部维修工作已经完成,工单信息齐全、签署正确,根据报修类别、经费来源流转至审核结算环节。同时,业务人员进行登记跟踪,完成经费收取后将资料登记归档,按档案管理要求进行归类存档。

二、适应发展趋势,着力智慧校园的建设

随着社会发展,各种各样采集、控制、管理等设备和系统的应用让数据流转快、信息集成度高、应用越来越广泛。浙江省"十四五"规划里也提出:"以数字核心技术突破为出发点,推动人工智能、区块链、5G/6G 等技术应用……推进大数据、人工智能、物联网等技术应用……推动'互联网+'技术与制造业深度融合。"近年来,随着学校对基础设施提升,新设备新技术在各个校区场景中也有许多应用。

(一)绿色校园现状

浙江大学各个校区基础设施情况新旧不一,在新世纪的快速发展中,建成了海洋学院舟山校区、海宁国际校区等。通过顶层设计和前期基础建设,最新的海宁国际校区有了集成度较高的基础设施。不仅为师生开展教学科研生活提供了舒适、便利条件,同时也一定程度降低了资源消耗,做到了绿色低碳。

(1)海绵校园与中水系统:通过透水性铺装材料的使用,对雨水进行收集汇聚至中心湖,调节周围水系控制。中水机房抽取中心湖水源,通过处理后专用管道供给绿化喷灌、卫生器具清洗等。

(2)可再生能源:根据不同的建筑功能类型,针对性地设置可再生能源应用系统,启用了包括太阳能光伏系统、太阳能光热系统、地源热泵系统和空气源热泵及其组合的可再生能源系统。

(3)智慧安防系统实现了校园全覆盖,集成了视频监控、门禁管理、车辆道闸、红外报警、宿管考勤、电子地图等。

(4)智慧能耗监测平台实现校园建筑、设施能耗分类、分项、分部门动态监测。联通了空

调控制系统、远程监测系统、中央空调群控系统等。

(5)教学楼宇BA控制系统实现了对教学楼内大多数机电设备进行全面有效的监控和管理,确保教学楼内所有设备处于高效、节能、合理的运行状态。系统整合了室内场景的照明设备的监控,集水井设备等运行、工况的监控,空调系统中空调设备、通风设备及环境监测设备等运行工况的监制。

在此基础上,未来还有很多智能场景添加,如增加对电梯、自动扶梯设备运行工况的监视,通过自控软硬件实现对教学楼内上述机电设备的监控与管理,这样可以节约能源和人力资源,为师生创造更舒适安全的环境等。

(二)智慧后勤场景设想

信息化时代的来临让信息的整合和处理产生了历史性的变革,同时也让信息化资源管理在后勤服务中占据一席之地。在日益加快的工作节奏中,无论是在后勤服务内容层面,还是在后勤管理服务质量层面,都需要将信息化和传统的管理方法有机融合在一起,这不仅是提升后勤保障服务水平以及效率的有效措施,更是行业发展趋势。

1.统筹规划,分步实施

以高效服务为导向,制定后勤服务信息化发展规划,结合各板块工作特性进行顶层设计。以创建大平台集成为基础,按层分布,模块化管理,分步骤实施。

2.需求主导,重点突破

把后勤服务信息化和学校及后勤的发展战略、发展目标、工作任务等紧密结合起来,面向管理和服务一线,以应用需求为主导和驱动,让使用者愿意用、主动用,提高工作效能。同时考虑选择重要领域进行智慧建设与改造。

3.规范标准,资源共享

统一技术标准,系统地进行。实施时考虑系统模块开发的互通性,在系统编码和技术上要统一规范。要重点解决“信息孤岛”现象,把分散的资源整合起来,实现数据资源的共享,以利于集团层面的决策与管理。

4.协调发展,相互支撑

坚持系统开发理念,着眼于整体水平的提高,以实现后勤集团管理水平、竞争能力、服务流程和规范标准等多方面的协调发展;实现包括资源、技术、产业、人才等要素的相互支撑、深度融合。

5.服务为本,安全实用

坚持以提高后勤管理、服务、决策的效率和水平为目的,根据学校、师生等用户的要求不断地调整、完善信息化建设方向和内容;满足相关安全技术要求,确保后勤信息系统的安全运行。

6.先试先行,推广示范

业务板块内有许多新技术应用,如能耗采集管理平台、设施设备的RBA管理、零星维修平台、ERP仓储管理等,通过磨合试用,成熟一个推广一个,达到好用、高效的预期效果。

三、谋未来,加强人才队伍建设

人才是最具活力的发展要素,后勤事业发展离不开人才的支撑。在当今知识经济时代,人才更是创新驱动之源，是推动产业结构调整、加快转变经济发展方式的核心力量。

智慧化应用在校园场景中，为各个层级使用者提供高效的工作支撑。从初始的顶层设计，到使用需求的完善，直至后期的平台维护，离不开各专业技术人员支撑。由此可见，专业技术人员队伍尤为重要。在集团社会化改革过程中，水电保障中心在后勤服务工作中锻炼出了一支专业化队伍，支撑了应急保障、节能减排、修缮维修、设施设备运行等几方面的工作内容。专业技术人才是水电人才队伍的重要组成部分，在单位发展中发挥着极其重要的作用。随着浙江大学快步发展、后勤集团的服务延伸，我们需要建设一支与之相适应的结构合理、素质优良、敬业奉献的专业技术人才队伍。但目前我们专业技术人才队伍在给排水、暖通、弱电智能化、工程管理等方面专业人才还是比较缺乏，人才队伍有一定老化，活力不足。为此，建议后勤集团从人才管理上进行顶层设计，更新观念，创新机制，进一步加强专业技术人才队伍建设。

（一）创造条件，激发动能

努力构筑专业技术人才发展平台。各级部门切实加大培训教育投入，增强对专业技术人才的服务功能。拓宽渠道，积极创造条件，注重优秀青年人才的培养。开展形式多样化的技能培训，促进"学中干，干中学"。鼓励专业技术人才深入基层，贴近一线，引导增强创新能力，提高综合素质。

（二）突破限制，提升归属感

结合后勤服务产业特点和人力资源现状，规划晋升通道，突破编制限制，为吸纳优秀专业技术人才提供有利条件。后勤集团内部相应专业可考虑人才交流，实现优化配置，确保人尽其才，才尽其用。实施双向兼职、短期工作、项目合作等灵活多样的人才流动政策，引导人才合理有序流动。

（三）改革创新，强化保障

扎实推进分配制度改革，积极探索适合后勤服务体系的绩效考核制度，科学合理设置KPI考核目标。适当向基层专业技术人员倾斜，体现"一流人才、一流贡献、一流报酬"理念。克服困难，优化环境，建立健全专业技术人才保障机制。

水电保障服务工作是后勤工作的重要组成部分，后勤集团肩负着为学校发展服务，为教学科研服务，为师生员工服务的重任，更直接关系到学校的稳定和发展。因此，所有后勤服务一线管理者应清醒地认识到工作质量决定着后勤工作能否顺利开展与高效运行。世界上唯一不变的就是变化，我们应清晰地认知和勇敢地适应。最后借用诚如"苟日新，日日新，又日新"这句古训所言，改革和创新是保障后勤服务工作与时俱进、顺应新时期新变化和新要求的必由之路。

高校超市标准化建设对策研究

——以浙江大学求是生活超市为例

黄雪峰

（浙江同力信息科技有限公司）

【摘 要】 高校超市经过二十多年的发展，已经逐渐形成一定的规模，在高校后勤服务中发挥了重要作用。但由于体制、机制等原因，高校超市在标准化建设上与社会连锁超市存在一定的差距，遇到了发展瓶颈。本文以浙江大学求是生活超市为例，介绍了高校超市标准化建设的对策、过程和成效。

【关键词】 高校超市；超市管理；标准化建设

随着高校后勤社会化改革的不断推进，为了适应高校扩招的需要以及满足日益增长的高校师生的消费需求，各高校逐步重视校内商业网点的布局和建设，高校超市如雨后春笋般快速成长，逐步在高校后勤服务实体中占据一定的体量。特别在上海、江苏、浙江、武汉等高校，高校教育超市已经实现了品牌化、连锁化、规模化，取得了较好的社会效益和经济效益。虽然高校超市在其发展过程中取得了一系列成绩，在服务、经营、管理上积累了丰富的实践经验，但与社会超市相比仍存在相当大的差距，且由于高校超市是适应后勤社会化改革的产物，起步较晚且多为经验创办，在发展过程中摸着石头过河，缺乏专业的管理人员，各高校间超市的经营管理水平也参差不齐。加强高校超市标准化、专业化、规范化管理，对提升高校后勤服务水平，增强校园超市的竞争力具有重要意义。

一、高校超市的主要特征

高校超市属于零售企业，在经营主体上一般是独立注册，具有法人资格，因此高校超市首先属于独立核算自负盈亏的经济实体。但由于服务对象的特殊性以及高校后勤的服务属性，高校超市又承担着一定的后勤保障和服务育人功能。

（一）经营管理需遵守学校体制及政策

高校教育超市需在不违背市场经营规律的前提下，遵守学校各种体制、机制相关政策。大部分高校的后勤实体是由原后勤机关改革形成，许多事业性质行政性质的管理机制依然存在。要合理地将现有的后勤体制和有效管理机制相结合，发挥员工的主观能动性，以便更好地管理和经营教育超市。

（二）经营定位凸显服务保障功能

服务是后勤的本职工作，高校教育超市的经营定位多以“服务”为主，提倡以服务求生存、以师生满意为宗旨，突出后勤保障服务的功能，努力为学校师生做好各种商品经营服务。特别是在大型会议、军训、开学、毕业季等时节，作为物资保供部门，不仅需要超市提供特定的商品，并对商品品质、送货上门等各项服务有着更高的要求。高校超市一般开在生活区或家属区，有着得天独厚的便利性，环境优美、商品品类齐全、价格适中、服务周到的高校教育超市就成了在校师生日常消费的理想场所。

(三)经营服务融合校园特色文化

高校超市虽然是后勤经营网点，但因地处大学校园内，商业氛围不宜太浓。在装修布置中要更多地体现文化气息，要成为校园文化的宣传阵地。在确保环境整洁的前提下，经营环境中融入适当的与校园文化相关的照片、文字、标志等，突出校园特色、大学生特色等校园文化。同时要求员工对校园文化、服务理念具有较深的了解，倡导“四优一满意”的服务理念，即“优美的环境、优质的商品、优良的作风、优质的服务，让全校师生满意”，也是从根本上确定了为全校师生服务的指导方针。

(四)消费主体单一、消费结构较集中

在高校市场中，消费的主体是在校大学生和教职工及其家属，他们的消费心理和消费特点与社会一般的消费者有所不同。高校消费者更加注重消费体验，追求生活品质，对服务水平的要求更高，更加注重商品的质量和品牌。大学生在高校市场的消费主体中占有较大的比重，虽然有较强的购买欲望，但经济能力有限，所以比较青睐物美价廉的产品。

二、高校超市存在的问题

高校超市经过20多年的发展，已经逐步形成了一套既符合经济规律又能融合高校体制的经营机制，但跟目前社会上头部的连锁超市相比，在规范化管理、标准化建设上还是存在一定的差距。

(一)门店形象不突出、不统一

很多高校没有针对门店形象进行专业设计，在字体、色彩、用材上没有做到统一规划；并且由于建设经费的限制，门店招牌制作简单，难以达到醒目、新颖的视觉效果，因此品牌化效果不佳。

(二)超市布局缺乏专业性

由于高校超市面积大小不一，部分超市存在过道偏窄，布局拥挤；部分超市面积过大，造成同类商品陈列排面过大或者空间使用率不高，给人造成商品不丰富的感觉。缺乏科学合理的客流动线设计规划，在遇到短时间大客流的情况，容易造成拥挤。没有合理利用黄金位陈列，造成投入产出比不高。

(三)超市的配套设施现代化专业化程度不高

由于场地或者资金投入限制，部分高校超市的饮料冷柜采用供应商的冷柜，整体性、美观性不佳。货架、堆头架、购物篮等道具款式老旧，感官上不协调，缺乏经营活力，影响顾客的消费欲望。部分超市内部灯光缺乏专业的配置，造成色温偏冷色调，不够温馨；灯具数量不足造成灯光偏暗，不符合经营场所照度标准。

(四)零售POS系统适应性差

大部分的校园超市使用成品的POS软件，成品软件虽然价格便宜，但缺乏个性化的功能。如前台多样化的促销功能、后台团购销售功能、校园卡支付接入、与财务系统对接等。这些功能的实现需要进行软件定制或者二次开发，由于缺乏专业的技术人员支撑，校园超市在POS系统完善上还有待加强。

（五）职工文化素质不高，管理人员专业性不强

校园超市职工大部分是校内职工家属，普遍文化素质不高或者年龄偏大，往往经过短暂的实习就正式上岗，缺乏专业系统的培训。由于体制、规模等原因，校内超市管理人员很难引进社会上的专业人员，往往是通过行政任命或者内部提拔，因此管理存在一定的局限性。

（六）食品安全管理缺乏专业性

校园超市食品安全是超市经营工作的重点，目前大部分校园超市依然通过人工检查来排除临期食品，索证停留在纸质化，难免会出现管理漏洞。对热加工速食类商品缺乏有效的安全管理措施，容易造成食品安全事故。

（七）经营决策过程缺乏市场敏感性

由于校园市场的相对封闭性和稳定性，造成部分高校超市商品只局限于满足基本日常生活需求，未能发掘潜在消费需求。品类更新不及时，价格及促销未及时跟进市场行情，对师生热衷的产品缺乏市场调研，不能抓住网红产品的销量爆发期，超市销售额增长乏力。

（八）管理效率不高

部分高校超市由原行政性后勤单位组建，在管理上偏行政化，内部机构设置臃肿，决策效率低，沟通成本大。部分高校超市还承担着安置部分学校事业编制职工的职能，在内部管理上容易造成因人设岗、人浮于事的现象，不利于打造精干的员工队伍。

目前高校超市由于地域因素、规模因素、历史因素，或多或少都存在着以上这些问题。随着各高校的发展，对后勤服务越来越重视，对后勤服务的要求也越来越高，亟须通过标准化建设提升高校超市管理水平，使之能够满足发展、跟上发展步伐。

三、高校超市标准化建设的意义

后勤工作是学校教学和管理工作的重要保障。为满足高校师生对后勤保障的需求以及后勤社会化的要求，规范化建设必须贯彻到后勤管理体系中。随着校园市场的逐步开放，许多社会零售实体逐步进入校园，给校园超市带来了竞争压力。加强校园超市标准化、专业化、规范化管理，对于促进校园超市健康发展，使之在与社会同行业竞争中立于不败之地，具有重要意义。

（一）标准化管理是高校后勤管理的客观要求

后勤保障服务涉及面广、工作量大，需要制定完善的规范化标准，用规范化标准管理工作，使员工思想统一、形成合力，确保工作规范有序开展。

（二）标准化管理是实现科学管理的必然途径

后勤员工有做好本职工作的愿望，后勤管理需要设定规范化管理标准，使员工明确工作目标、工作质量和考核标准，并在工作中自觉遵守和严格执行。如果没有规范化管理标准，员工无法按照规范化标准操作，也无法衡量员工的工作质量，工作中会出现管理不规范、标准不统一、考核不严谨等现象，影响员工的积极性和主动性。

（三）标准化管理是提升员工素质的迫切要求

规范使员工明确工作要求和工作标准，能有效形成员工的自我管理和监督，促进后勤管理效益和服务质量的提升。

(四)标准化是提升效益、企业长久发展的生存之道

在发展遇到瓶颈期时，只有向管理要效益，通过标准化的管理和流程，提高工作效率，降低成本，减少安全事故。

四、浙江大学求是生活超市标准化建设内容

(一)浙江大学求是生活超市简介

浙江大学求是生活超市隶属于浙江大学后勤集团下属浙江同力信息科技有限公司，目前有14家直营超市，其中10家分布在各校区，4家分布在家属区，营业面积从100～400平方米不等，年销售额1亿元左右。超市零售业务为公司主营业务，此外公司还负责部分自动售货机运营、线上商城运营、团体客户销售等其他业务。

从1997年成立第一家校园超市起，求是生活超市已经经过近25年的发展，规模逐渐扩大，但在超市管理规范化、科学化方面还有所欠缺。2022年公司以超市标准化建设作为重点任务，由超市管理部主导，全面推行标准化建设。

(二)浙江大学求是生活超市标准化建设内容

1. 塑造良好的企业形象

高校教育超市的主要服务对象为广大师生，这就要求我们的经营管理和服务以师生为关注焦点。求是生活超市按照“三服务、两育人”的后勤服务宗旨，以“四优一满意”为目标，切实做好校园商贸服务。

为树立统一的门店形象，公司将原有的“教育超市”“浙大超市”更名为“求是生活”，并设计了Logo，塑造出了鲜明而独特的企业形象。同时对部分门店的店招进行了设计更换，在形式和材质上做到统一，突出求是生活品牌，提升品牌识别度。

为了不断提高服务水平和服务质量，公司不定期举行学生代表座谈会，就商贸服务工作与同学们进行沟通和交流。我们以座谈会为载体，搭建了超市与学生之间的沟通桥梁。座谈会以学生会代表和学生权益服务中心代表为主，他们在前期进行充分收集意见和调研的基础上，就我们的服务工作谈出自己的心声，我们认真听取同学们的意见和建议，并对同学们提出的问题逐一进行答复，对工作中存在的不足积极改进，对同学们提出的合理化建议给予充分肯定，并在今后的工作中采纳实施。

2. 更新升级硬件设施

标准化建设对门店陈列要求美观整洁，在货架的选择上，采用钢木结构，总高度不超过1.35米，兼顾货架的实用性和耐久性。冷藏柜各门店统一采用一体式风幕柜，不仅增加了容量，而且提升了美观度。对门店监控设施进行整改，确保监控全覆盖，并且可联网实时查看。所有灯光采用LED长灯并加以暖色调射灯点缀，确保亮度的同时提升温馨感。在新门店的设计中，专门划出空间配备桌椅供顾客休息，顾客在购物的闲暇，可以坐下来喝杯咖啡小憩，为广大师生员工创造了优质舒适的购物环境，彰显校园服务特色。

3. 调整组织架构

原求是生活超市采取“公司—门店”直管模式，各门店之间沟通不畅、管理模式不一，在制度和政策的执行上存在一定的差距。2021年10月公司成立超市管理部，采用“公司—超市管理部—门店”的管理模式，超市管理部专门协调门店资源、统一营销策略、监督门店日常

工作，同时负责协调与其他部门的关系，使门店店长专注于门店管理。

充分利用超市管理部的资源协调功能，对各门店人员进行合理调配，根据门店面积、服务对象、营业情况进行定岗定编，合理控制门店职工数量，节约人力成本，提升管理效益。

4. 不断优化超市信息系统功能、拓展线上销售渠道

超市信息系统是支撑超市信息管理的关键，对提升管理效率和竞争力有着至关重要的作用。公司引进"捷码"POS 系统，并根据自身需求不断进行升级开发。前台销售支持校园卡、移动支付、数字人民币等多种支付方式，并与金税系统对接，可通过小票二维码自助开发票。在常规的降价促销模式上，新增了买赠、第二件半价等多样化的促销手段。后台管理具有门店间调拨、团购销售、对账结算、财务报表等功能，为门店经营决策提供科学依据，信息化工作成为超市经营管理者做好日常经营管理与服务工作的重要手段。

2022 年公司与"有赞"合作，通过微信公众号运营线上商城。线上商城主要经营学校文创产品、扶贫产品和定制商品。通过线上商城，服务对象由校内师生向校友延伸，大大拓展了客户群体，成为定制商品的主要销售渠道。定制商品销售有着单价高、销售数量不可控的特点，我们通过公众号提前宣传，并采取预购的方式，实时掌握数量，为定制提供决策依据。

5. 建立健全的管理制度

超市标准化的建立，除了先进设施设备的支持，还需要从根本上建立一套便于执行、行之有效的管理制度，以及规范各项工作流程，以达到内部管理的"标准化"。在对现有的管理制度和工作流程进行了梳理后，汇编了《浙江同力信息科技有限公司标准化管理手册》，对员工岗位职责、服务规范、工作流程、安全卫生等方面均作了详细规定，用于指导门店日常规范管理。

重新编制《员工手册》，发放到每位员工手中，让每位员工都能准确清晰地理解门店的各项管理制度和奖惩制度。按照 ISO9001 质量管理体系要求，加强了内部管理，将规章制度细化到每一工作流程，实现"责任到岗，责任到人"，并建立了相应的绩效考核机制，每月对每位员工进行考核，并将此作为改进服务质量的依据，此举使超市的经营管理更加规范化、具体化、专业化，并增强了员工的工作积极性，保证了制度的有效执行。

6. 创造具有高校氛围的企业文化

制度的执行、优质的服务都是需要高素质的员工来实现，如何通过良好的企业文化留住人、培养人，是校园超市面临的新课题。求是生活超市对思想品德优秀、业务能力突出的年轻员工重点培养，发扬"求是"精神，倡导工作中互相关心、互相合作，发扬互帮互助的好传统，真诚帮助有困难的同事，人际关系和谐稳定。在服务过程中，倡导把顾客当作自己的亲人一样对待，培养员工服务育人的成就感和高校后勤服务的荣誉感。工作之余，门店员工积极参加学校和公司组织的各项文体活动，陶冶情操。正是在这种氛围下，门店的凝聚力和战斗力都得到了显著的加强。

五、浙江大学求是生活超市标准化建设实施步骤

2022 年作为求是生活超市标准化建设年，整个实施过程贯穿全年，公司从上到下高度重视、全力支持、密切配合，分四步做好标准化建设工作。

(一)全员动员与制度建设

公司管理层召开标准化建设专题会议，进行标准化理念宣传和灌输，让全体员工清晰认

识到实施标准化建设的重要性和紧迫性，要求每位员工根据自身的岗位切实参与到标准化推进中去。

成立专项工作组，对原有制度进行梳理、修改、提炼，汇编成《标准化管理手册》和《员工手册》。《标准化管理手册》主要针对门店管理人员，对门店管理的制度和流程作详细规定；《员工手册》主要针对一线职工，对员工日常行为规范作出明确规定。

（二）针对性的培训与指导

公司采用管理部—店长、店长—员工的分级培训方案，将《标准化管理手册》和《员工手册》中的内容进行解读。利用暑期时间，组织店长进行了六场专题培训，培训内容涉及现场管理、品牌管理、速食操作、经营管理、陈列管理、安全管理六大方面，有效提升了一线管理人员的执行力。店长每周通过例会对一线员工进行日常操作和行为规范的培训，确保制度执行到位。

（三）利用 KPI 考核机制检验标准化管理成果

严格按照标准化管理手册进行考核，提炼出了 50 项量化考核指标，每年 2 次对各门店进行 KPI 考核。通过 KPI 考核，不仅能直观体现各门店的管理水平，更能促使门店店长严格执行标准化管理，形成你追我赶的良性竞争氛围。

（四）及时进行标准化管理反馈

在落实和检查过程中，及时听取店长和员工对标准化管理体系的反馈，并进行适当调整，使标准化管理更贴近实际工作，真正发挥标准化管理用于改进工作、提升效率的实质作用。

六、浙江大学求是生活超市标准化建设带来成效

一年的标准化专项建设，求是生活门店环境有了质的提升，“求是生活”品牌逐渐深入人心。在学校组织的第三方满意度测评中，各校区的求是生活超市得分均高于 95 分。全年有效投诉和网上吐槽明显减少，总务处年终考核结果较上年度有显著改进。

论校园超市的品牌建设与维护

——以浙江大学“求是生活”品牌为例

王海晓

（浙江同力信息科技有限公司）

【摘　要】 相对于其他商业超市，高校校园超市的品牌建设与维护具有一定的难度和特殊性，本文从高校校园超市品牌定位、品牌塑造、品牌传播、品牌维护等四方面以浙江大学“求是生活”品牌为例分析校园超市的品牌建设情况，找出相应的校园超市品牌建设的办法，并给出校园超市品牌建设方面的一些建议。

【关键词】 校园超市；品牌建设；求是生活；服务

品牌建设是指企业根据内部及外部的环境，为了确立品牌的优势并将此种优势持续下去，同时对品牌的目标以及实现目标所用的手段进行总体谋划。校园超市作为高校后勤服务的组成部分，承担着为学校教学、科研、生活等各项工作的正常开展提供保障与服务的功能，同时肩负着维护学校稳定、促进学校和谐发展的责任，其校园属性体现了其公益性。同时校园超市作为经营实体又具有公司的特质，应努力实现利益的最大化和品牌的保值增值，不断提升竞争力和实现可持续发展。基于对校园超市内外部环境的分析与理解，笔者认为校园超市在今后的发展方向和目标是：真正建立起校园品牌，成为质量好、服务优、活力强的代名词，适应高校校园师生的需求和市场竞争的需要，打造成在校园零售领域师生心目中的第一选择。

一、校园超市的品牌定位

品牌定位（brand orientation），是指企业对自己的产品有一个正确的判断，找准市场的位置，即某个品牌能做什么，不能做什么，企业要十分清楚。

这是一个多元化竞争的信息时代，消费者的选择空间越来越宽广，如何取得主流消费者的认同，是品牌定位面临的一个非常重要的问题。要取得认同，就必须要抓住消费者的想法，如消费者的价值观是什么，消费者的生活消费方式如何，消费者的偏好兴趣，消费者的购买动机是什么等，只有透析了消费者的真实想法，品牌定位才能正确。因此，我们在制定定位策略时，要将注意力集中在核心顾客的真正需求上，即在脑中要始终思索这几个问题，即谁是核心顾客，谁不是核心顾客，最想要什么，不想要什么，分析清楚核心顾客最想要的东西和不想要的东西。

品牌塑造是一项系统工程，需要起个好名字，定个好商标，做个好标志，企业品牌要具有丰富的内涵和品位，当人们提到该品牌，立即就能把产品企业和其消费群体联系起来。如浙江大学校园内的“求是生活”零售品牌，根植于高校土壤，带有姓“教”属性，因为身处校园，消费群体主要为朝气蓬勃的大学生，因此“求是生活”要包含年轻、时尚、文化等元素。“求是生活”前身是教育超市，在创建“求是生活”这个品牌时，充分考虑到新一代大学生的消费需求，在原有超市功能的基础上，对店内环境和布局设计上作了很大的改动，艺术墙绘、灯光、色彩，或时尚或炫酷，十分符合年轻人的审美。“求是生活”是融生活、休闲、便利于一体的新型高校便利店，符合高校市场定位。

为此，“求是生活”根据校园市场的竞争情况和自身的条件，重新进行市场定位，加强针对性，以适应某一部分顾客的需要和偏好，树立校园企业产品的形象和特点，形成自己的经营特色，吸引消费者，培养稳固的顾客群。第一，根据消费者不同层次的需求认真确定商品品种和档次定位。在经营中有所侧重，避免出现“大而全”的现象，这样有助于建立自己的品牌形象，以区别于其他竞争对手。第二，树立自己的服务特色。校园零售企业的产品其实就是服务，提高服务质量，改善服务态度，形成特色服务是校园零售企业立足市场，站稳市场，提高市场份额的关键所在。

二、校园超市的品牌塑造

（一）物质层面

校园超市作为服务性的零售企业，为消费者（主要是师生）提供质量保证、价格实惠的商品，是校园超市的义务和责任，否则不能称之为合格的校园超市。如何最大限度地实现此目标呢？唯一的办法就是销售顾客需要的、质量有保证的品牌商品。在这里，不得不重点提到的一个概念——品牌。随着社会的发展，消费者的消费观念由原来的“被动消费型”到现在的“主动消费型”过渡，师生也是如此，这种消费的观念转变反映在购买的商品一定要是品牌。

校园超市的经营除了引进品牌产品，还需要建立自有品牌。要保持自有品牌定位的统一性，避免定位混乱之外，还应着重思考以下几个问题：第一，自有品牌本身的风格是什么，能提供怎样的价值，自有品牌形象又是什么。第二，与竞争者相比，自有品牌的差异是什么。自有品牌具有风格独特、统一设计、统一货源、统一价格的优势，可以形成系列产品，尤其适合特定顾客的需要。校园零售企业走自有品牌之路主要是定制，即商家向厂家提出产品的性能、质量、规格、包装等具体要求，形成自有品牌，上架销售。

在对校园顾客的调查中，他们提到的最重要的是有自己需要的商品，并且有现货。简而言之，出售我需要的东西，并在我到来之前就摆在货架上。“求是生活”把学生购买率较高的商品作为主要陈列商品，营业时间依照学生作息时间而定，既方便了学生购买又提升了超市的经营效益。同时，在原有零售业态的基础上可根据学生需求在超市附近或超市内开设休闲吧等经营模式，为学生提供休息和聚会场所，还能带动超市常规销售。

（二）情感层面

提高顾客的情感依赖，就必须增加顾客让渡价值。顾客让渡价值一词来源于西方，即整体顾客价值和整体顾客成本之间的差额部分，而整体价值是指顾客从给定产品和服务中期望得到的所有利益。产品是既定的，而服务的范围与界定程度是无尽的。

校园超市的主要顾客是学生和老师，让顾客满意而归还是不够的，服务不是一成不变的，它应该随着社会的发展而变化。满意是人的感觉状态的水平，它来源于对一种产品的设想的绩效或付出与人们的期望所进行的比较。

向顾客提供优质服务，按销售时间分为三个部分：一是售前服务。主要是通过各种营销手段把商品信息及时通知给顾客，营销手段主要有广告促销、人员促销和一些活动营销，要灵活应用各种营销手段及其组合，近年来营销方已逐渐用公众号推文或网络直播等方式取代传统的散发宣传单的宣传模式。二是售中服务。主要是在搞好购物环境的基础上配备一定数量的导购员，以回答顾客的现场咨询和处理一些事先没有想周全的情况，方便消费者购物。有条件和有必要的企业还可以配备几名懂外语的导购员。三是售后服务。主要是负责使顾客购买的商品在实际生活中发挥应有的作用，包括商品的退换、调试、保修和处理消费者的投诉等。

在情感服务方面，"求是生活"区别于传统商超的特色产品就是浙大文创产品。浙江大学是国内著名高等学府，作为其校园超市有责任也有义务宣传好浙大文化。因此"求是生活"注重提升使命感，将浙大文创产品不仅作为商品，更为重要的是成为传播浙大的使者，让更多的人感受浙大文化的深厚渊博。

（三）价值层面

商品、环境、服务是构成零售业服务质量的三大要求，企业家始终致力于三要素的和谐统一。价值层面则是对三大要求的综合，是校园零售企业的最高境界。逐步提高卖场的档次，不仅包括商品的档次、装修的精美，还包括品牌文化的追求、对顾客消费趋势与习惯的引导，达到通过卖场购物提升校园师生生活学习质量的目的。

校园师生为什么舍电商或别的零售店而到校园超市来购物呢？答案很简单，师生到校园超市不仅仅购买的是简单的商品，而更多的则是购买购物环境和服务质量的统一体，这是一种信任。任何消费者的购买行为都是整体购买方案，不仅要求商品的性能、价格合适，更加需要增值性服务，特别是在商品同质化时代，服务竞争力已经成为校园超市竞争的关键。不管是以"天天平价"为驱动力的沃尔玛，还是以"精品百货"为差异化竞争力的高档商场，服务的内涵都是综合性的解决方案，它不仅仅包括服务商品、服务过程、服务标准、服务人员，还包括附加服务、顾客管理等内容。

"求是生活"经过多年的发展，在校园零售业中已占有一席之地，赢得了众多消费者的支持和青睐，靠的是什么？借用员工一句话就是"零售无大事，零售就是做细节。只要是把细节做好了，就把大事做好了"。正是因为全体"求是生活"人的不懈努力，坚持细节管理，把好商品质量关，努力改善购物环境，提升顾客满意度，逐步树立起在消费者心目中质量有保证、服务有特色、环境有温度的小型"综合体"。

三、校园超市的品牌传播

品牌传播是一种操纵性的实务，即通过广告、公共关系、新闻报道、人际交往、产品销售或服务等传播手段，最优化地提高品牌在目标受众心目中的认知度、美誉度、和谐度。

品牌传播是品牌塑造的主要途径，对品牌的塑造起着关键性的作用。市场分析基础上的品牌目标、品牌定位及一切品牌战略和策略都要在传播中实现。品牌主要是站在消费者的角度提出的，而要使有关品牌的信息进入大众的心智，就必须通过传播媒介。如果少了传播这一环节，那么消费者将无从对产品的品质、价值进行了解，忽略产品定位和特定目标市场，品牌文化和品牌联想的建立则几乎是不可能的[1]。

"求是生活"，经常策划一些校园文化浓厚，具有年轻朝气的品牌宣传活动。例如，①每年的教师节举办教师节礼品展销活动；②在学期期末考试期间，部分营养品和食品门类的促销活动；③在世界杯、NBA、羽毛球世锦赛等体育赛事期间以相关体育项目为主题，举办一些体育用品、运动饮料等商品有关的营销活动；④在每年的新生报到期间，以迎新为主题积极筹备新生必需的生活用品，联系厂家多做促销活动。通过这些营销活动，同学们感觉到自己生活中的方方面面都和校园超市联系在一起，增加了对校园超市的品牌亲切感，使校园超市成为同学生活中的一部分。

注重和传播服务质量，既是关系到“求是生活”是否让师生满意、客源稳定，同时也是关系到“求是生活”能否立足校内市场、向外拓展的根本。“求是生活”坚持企业品牌化、人文化，坚定地向标准化、样板化方向迈进，全面做好经营、管理、服务工作，认真打造和传播高素质、高品质的校园超市形象。

四、校园超市的品牌维护

随着校园经济的发展，校园零售也会面临激烈的竞争，提高校园超市的经营水平，使校园超市能够经得起来自校外的挑战和压力，并不是通过单方面策略就能解决的，需要对当前所遇到的问题进行综合的分析，加强营销活动和管理方法之间的相互配合，从而提升校园超市的总体经营水平，使校园超市真正成为广大学生服务的校园超市、满意超市[2]。从而维护好校园超市的品牌。

（一）校园超市品牌维护要实施科学管理

管理标准化是发展校园零售业尤其是连锁经营必须坚持的一个重要原则。以浙大“求是生活”为例，它的操作方式、技术和服务都有一套固定的模式，机构设置、职能划分、管理体制、商场陈列、人才理念以及视觉识别系统都是统一的，并且已经达到手册化，每开一个店，均可以通过公司手册及公司培训后达到与本店同样标准的复制结果，从而实现一变十、十变百的标准。管理标准化能够达到管理有效和简便、便于操作、降低管理成本的目的。管理决定企业成败，零售品牌的发展更是要依托完善的企业内部管理。

“求是生活”完善了所有超市门店的经营管理、劳动用工、货物盘存、安全防范、绩效考核、薪酬激励等各项规章制度。同时，对加强员工操作技能、服务礼仪、仪容仪表、货物验收、安全预案、理货知识等专业培训，并多次组织超市负责人和业务骨干赴江苏、上海等兄弟院校校园超市考察学习。“求是生活”作为一家连锁便利店，通过对商品、服务、管理能力的综合提升，持续保持盈利，稳定发展，通过科学管理增强品牌的活力。

（二）校园超市品牌维护要坚持姓“教”原则和服务宗旨

首先应明确校园超市的功能定位，校园超市归根到底是为高校的教学科研和师生服务的，做好服务与保障是后勤的基本任务，而校园超市是高校后勤的重要组成部分。校园超市实现全体师生的集体认可，这是校园超市的根本方向。因而校园超市应坚持为学校教学、科研和师生员工服务的宗旨，树立起全心全意为师生员工服务的牢固理念，确立以搞好服务为基础的发展观。即以优质服务、优良作风、优美环境去让师生员工满意，这是校园超市工作永恒的主题，如果不搞好服务，就会失去市场，失去生存的空间，更谈不上发展。所以校园超市必须坚持姓“教”原则和服务宗旨，这是校园超市品牌发展的起点和源头，也是校园超市商贸服务区别社会相关服务行业的一个重要标志，又是校园超市生存和发展的前提与基础。

（三）校园超市品牌维护要诚信经营、对师生负责

校园超市诚信自律不只是品牌维护问题，还是一个法律问题，也是校园超市品牌在激烈市场竞争中的立业之道、兴业之本。高校后勤社会化改革证明，高校零售服务企业由行政组

织转为经济组织即独立法人企业后，监督力不但不会减弱，而且关系更顺，并且直接纳入社会和政府的监督体系中，通过政府部门行政执法、市场准入和社会舆论监督，形成了多层次的重重检验和监督。校园超市应积极融入社会监督体系，依法经营、依法纳税、诚实守信、严格自律，自觉接受社会职能部门和公众的监督，对社会负责，对学校负责，对师生消费者负责，做强企业，服务社会，回馈社会。

（四）校园超市品牌维护要明确战略愿景、打造品牌个性

战略愿景核心是要解决未来我们要成为什么，未来我们要达到什么目标的问题，我们要制定一个科学而清晰的战略愿景。一是要持久坚持，品牌的内涵在于消费者的感受，感知需要时间来进行长期、持续不断的强化，所以"求是生活"校园品牌，从一开始就从长远考虑，请专家设计 logo，投入较多的人力、物力和财力，长期致力于品牌建设。二是要功能整合，企业品牌包括企业品牌和产品品牌，消费者是先感知到产品才进而从产品了解企业，只有产品品牌被认知，才能使企业品牌认可，因此，对"求是生活"来说，品牌和店内商品保持整体协调是商品陈列的原则。三是创造个性化，激烈的市场竞争导致产品的同质化越来越严重，个性化才能形成竞争优势，"求是生活"品牌建设结合自身优势从时尚、艺术、整洁、物美等方面打造品牌个性，赢得了师生的充分信任。

参考文献

[1] 蒋克."互联网＋"时代校园 O2O 便利商超探究[J].现代经济信，2016(16)：338.
[2] 吴劲.高校校园超市营销策略分析与建议[J].经贸论坛，2012(1)：97.

党建引领聚合力　融合联动促发展
全情构建新时代学前教育教师队伍

王　勍

（浙江大学后勤集团幼教服务中心）

【摘　要】 百年大计教育为本，教育大计教师为本。浙江大学后勤集团幼教服务中心在教师队伍的培养上始终坚持以服务学校为宗旨，坚持党建引领、以师德师风为教师评价第一标准，把立德树人作为教育的第一课，把良好的道德养成和综合素质能力培养紧密结合起来，立足培养德才兼备的新时代学前教育师资人才队伍。以维护基层党建工作地位、统筹资源整合为载体，探索"党建＋"模式，推进党建工作与业务工作互融互促，做实"浙大幼教"的内涵和品质建设，提振核心竞争力，促进浙大幼教高质量发展。

【关键词】 党建引领；党建＋；队伍建设；师德师风；品牌特色；教育情怀；高质量发展

百年大计教育为本，教育大计教师为本。教师是教育的第一资源，是建设高质量教育体系、实施高质量教育的根本力量。习近平总书记曾强调："有高质量的教师，才会有高质量的教育。"

浙江大学后勤集团幼教服务中心在教师队伍的培养上始终坚持以党建为引领、以师德师风为教师评价第一标准，把立德树人作为教育的第一课，把良好的道德养成和综合素质能力的培养紧密结合起来，立足培养德才兼备的新时代学前教育师资人才队伍。对标高质量学前教育，幼教中心始终锐意进取、大胆探索，在贯彻落实"一岗双责"，科学规范管理，教学科研探究等方面作了大量工作。在稳定教师队伍、培养新教师、提升骨干教师和明星教师的职业认同、带动老教师接受变革拥抱变化等方面不断探索前行，为党育人，为国育才。

幼教中心持续探索加强基层党支部党建工作的新思路、新办法。以维护基层党建工作地位、统筹资源整合为载体，探索"党建＋"模式，推进党建工作与业务工作互融互促，促进浙大幼教高质量发展。

一、党建＋园所文化

园所文化是幼儿园可持续发展的动力，是办学水平和品牌特色的体现。我们把党建的"德"文化浸润其中，通过宣传栏、党员之家、主题图片展等宣传社会主义核心价值观和习近平新时代中国特色社会主义思想，潜移默化地进行党性文化教育。

建立以爱为核心的文化家园。"爱"应该是贯穿于整个教育过程中，幼儿园文化建设中要凸显对孩子的爱、对家长的爱、对教职工的爱。

(一)不负专业全情投入

党建带团建、党建带群建,通过党员的率先垂范、身边的榜样引领,使团队具有宽容友爱、团结合作、积极进取、拥抱变化的能力,只有每一位教职工守秩序讲规矩、求真务实,才能具有播撒爱的能力和收获爱的可能。

(二)具有“仁爱”之心

用理智、公平、高尚的仁爱之心对待每一个孩子。善于发现每一个孩子的长处,用心、用脑、用眼、用耳去了解和温暖孩子。为家长提供有专业、有共情、有温度的学前教育服务。

(三)坚持以师德为准绳的制度文化

制度文化作为园所文化的内在机制,是维持单位正常秩序必不可少的保障系统。

1.健全管理制度

一个组织的科学健康发展,离不开完善的管理体制。明确分工,发挥各部门工作积极性,提高工作效率。同时,根据时代变革,不断顺应发展,调整完善制度,加强对制度执行的过程监控,不断完善考核办法,奖励先进和优秀。

2.坚守底线做好师德师风建设

“以德立人、以身立教”,幼儿园发展、理念的贯彻执行、孩子们健康活泼成长,都需要靠教师去实现。教师必须从自我做起,率先垂范,以高尚的人格、整洁的仪表、真诚的态度、丰富的学识、博大的胸怀去面对自己的职业,只有对职业充满热爱与敬畏、专业与精业,才能促进幼儿园高质量发展。

二、党建+业务发展

结合党史学习,用党建理论武装教师,提升归属感和奉献意识。以丰富多彩的活动为载体,将榜样带到全体教师身边。举办“优秀共产党员”故事微视频接龙、讲好“共忆党史,共话初心”“精神的力量”等党课,组织开展“浙里有我——教育故事”“身边好老师”演讲比赛等,为教师成长搭建舞台,把业务培训和党务培训相结合,优秀党员教师领衔工作室、工作坊,激励带动全体教师提升师德修养和教学业务能力,增强全体教职工为社会、为学校服务的意识。

坚持做好“事业之友”谈心谈话工作,关注每一位教师的专业成长和对中心文化价值的认同,让他们有认同感、归属感、获得感。根据不同学历、不同专业特长定制成长计划,帮助他们确定发展目标,扬长避短,提供机会发挥其长处,让其获得个人成功体验,形成良性教育展示氛围。

开展优秀教师“传、帮、带”,对新教师、青年教师进行培养,老教师“热爱高徒、传授高徒、磨炼高徒、成就高徒”,青年教师“尊重导师、学道导师、学技导师、点亮导师”,两者相辅相成,促进共同成长。

推进教师队伍培养三年规划的制定与实施,以《教师成长手册》为载体,在园长的指导下完成成长计划的制定,明晰自己一学期或学年的成长目标,密切关注教师发展需求,制定各层次教师发展梯度规划表,注重过程指导并及时谈心谈话,有效推动园区梯度式的教师培养模式,做到教师队伍建设心中有目标,发展有方向。

三、党建＋师德师风

师德师风是评价教师队伍素质的第一标准。将党建工作与师德师风建设紧密结合，加强制度建设，提高教师队伍的政治觉悟。习近平总书记在中国人民大学考察时强调：“培养社会主义建设者和接班人，迫切需要我们的教师既精通专业知识、做好‘经师’，又涵养德行、成为‘人师’。”构建高质量教育体系、建设教育强国，必须加强师德师风建设，着力打造一支政治素质过硬、业务能力精湛和育人水平高超的优秀教师队伍。

（一）师德教育标准化、制度化

制定《幼教中心师德师风考核细则》，从爱国敬业、为人师表、言行举止、专业合作等方面进一步规范教职工工作行为，与每年12月的教职工年度考核同步考核、同步评价。同时，与教职工签订《浙江大学幼儿园师德师风承诺书》《廉洁过节倡议书》和《廉洁从教承诺书》等，将教师十项行为准则落地见效，让师德建设走向标准化、制度化。

（二）涵养高尚师德，厚植教育情怀

玉泉分园退休教师程凤兮老师的两个小小心愿——“为幼儿园的孩子捐赠20万元购买图书玩具；过世后将遗体捐献给浙江大学医学院，用于科学研究”。这是一份崇高而美好的馈赠，党总支开展了向“最美教师”程凤兮学习系列活动，组织策划捐赠仪式、业务比武、总支书记做“最美教师”事迹报告会、青年教师座谈会、制作《最美教师大爱无疆》程凤兮老师捐赠活动纪念册等，将最美教师精神真学、落地，让全体教师感受老一辈浙大幼教人对职业的忠诚、对孩子的热爱。激励全体教师做“有担当、有作为、有责任”的新时代好老师。

（三）勤于思考，勇于创新

围绕学校双一流建设，紧扣后勤集团“一流后勤服务体系”向基层延伸的工作要求，结合幼教中心工作特点，全体教职员工积极开展“心目中的好老师”大讨论，从“我心中的好老师”“孩子心中的好老师”“家长心中的好老师”“同伴心中的好老师”等多维度组织调研交流等活动，最终形成具有共识的《我是老师》学习手册，规范教师言行，明确师德标准；结合《幼儿园保育教育质量评估指南》学习，围绕“懂、爱、思、生”等关键词，开展“什么是好幼儿园”的讨论和多元呈现，让“爱”伴随孩子们的一日生活各环节；让“懂”使我们真正走进儿童；让“思”使我们成为专业智慧的老师；让“生”助推我们和孩子携手前行。

（四）党史学习，教育落地

打造学习型党支部，筑牢对党忠诚的政治本色，带领全体教职工，多形式开展党史学习，看原著、听党课、观红色影片、讲述革命故事等，让教职工感受中国共产党在长期奋斗中铸就的伟大精神；通过党史学习抒发教职工爱国爱党爱校之情，争做“四有”好老师；通过党史学习，落实党风廉政建设教育，增强广大教师拒腐防变和廉洁从教的自觉性。强化纪检的监督作用，构筑防腐体系，营造风清气正的教育教学氛围。

四、党建＋品牌特色

打造具有显著浙大幼教标识的党建品牌与业务品牌，坚持党建与品牌建设相融合，充分挖掘校园文化资源、环境资源、地域文化资源等，把党建文化品牌建设与幼儿园办学特色深度融合，打造植根教育教学、具有时代特征、彰显幼儿园特点的党建文化空间。

(一)打造具有幼教特质的党建特色

以书导人、以书育人、以书聚人,采取多元学习模式,推进学习型党组织建设的“书香特色”;将党建优势转化为发展优势,党支部准确对标新时代、新形势、新要求,深化融合党建理念的“融合特色”;以廉为镜、以廉为美、以廉为荣的“廉洁特色”。

(二)“幼教中心学术月”活动

它是持续了十六届的高质量业务品牌,是教师成长路上展现自己的舞台。专家引领、座谈研讨、教学观摩、技术比赛……多维度推动教师专业水平提升,鼓励老师做“有文化自觉、儿童立场及专业精神的优秀教师”。激发教职工心有“大我”,建设有内涵、有情怀、有价值的教育课程。

(三)打造以优秀教师领衔的工作室、工作坊

以兴趣专长为基础、以问题为导向,发挥优秀教师示范引领作用,带领青年教师共同解决教育实践中的问题,促进教师团队专业发展,打造研究型、专业化幼教团队。

(四)落实“民呼我为”,办实事办好事

结合“浙江大学在新发展阶段的使命愿景”,全体党员结合本岗位工作特点展开讨论,将讨论、认识转化为实际行动,践行使命责任。为学校服务,为教职工排忧解难,凝心聚力促进发展。如开设爱心晚托班,为家长解决由于工作繁忙,下班不能及时接孩子的烦恼;为特殊儿童成长提供专业指导和帮助,签约特殊儿童学校,“请进来走出去”进行教师培训、家长个性化指导;举办“双减背景下的幼小衔接”各类讲座、现场交流,缓解家长焦虑情绪等。

教师是立教之本,兴教之源。幼教中心始终坚持服务学校的宗旨,不忘初心、牢记使命,以高质量党建引领浙大幼教高质量发展,努力培养“为学、为事、为人的大先生”,当好中华民族“梦之队”的筑梦人。用心用情用专业做实“浙大幼教”的内涵和品质建设,提振核心竞争力,努力朝着专业化、国际化、研究型的学前教育高质量服务迈进。

人工智能启蒙教育在幼儿园的探索与实施

——以浙江大学实验幼儿园为例

何晓勤

（浙江大学后勤集团幼教服务中心）

【摘　要】 随着人工智能技术的迅猛发展，人工智能教育逐步进入大众的视野，为了满足儿童认知发展的长远目标，人工智能启蒙教育对于学前教育阶段儿童的重要性已日益凸显。浙江大学实验幼儿园在此背景下，积极探索人工智能启蒙教育在园所的实施，通过人工智能赋能教育、人工智能课程教学两大维度，启蒙儿童的思维能力、提升教师的信息素养，形成浙江大学实验幼儿园有特色的"人工智能启蒙教育"范式。

【关键词】 人工智能；启蒙教育；大数据；AiS 课程

一、人工智能启蒙教育落地幼儿园的背景

（一）人工智能时代下的时代发展需求

2017 年，谷歌 AlphaGo 连续战胜世界围棋冠军，刷新了普通大众对人工智能技术的看法。2022 年 11 月，美国人工智能研究公司 OpenAI 发布了一款名为 ChatGPT 的聊天机器人，日前 ChatGPT 开启"狂飙"模式，月活跃用户上亿，火爆出圈，全球再度掀起了人工智能的热潮，引起新一轮的技术升级、产业重构与资本狂潮。

人工智能生态产业链的升级，离不开人工智能人才的供给。近年来，国家各部委推出多项人工智能教育政策，将人工智能公开正式地提高到国家战略的层面。2017 年 7 月，中共中央、国务院印发《新一代人工智能发展规划》，明确指出"实施全民智能教育项目，在中小学阶段设置人工智能相关课程，逐步推广编程教育……"[1]。2018 年 4 月，教育部印发《高等学校人工智能创新行动计划》和《教育信息化 2.0 行动计划》，用政策刺激、鼓励社会各界参与我国人工智能的建设与发展。人工智能教育的开展，既是培养新时代创新人才的重要手段，更是国家经济社会发展的需要。

（二）人工智能时代下的幼儿成长需要

2022 年 12 月，怀进鹏部长在 2022 国际人工智能与教育会议上指出，当前人工智能技术正在引领人类进入人机协同、跨界融合、共建分享的新时代。幼儿园教育作为学校教育和终身教育的奠基阶段[2]，在实现教育的现代化建设和人的现代化培养进程中起着无可替代的作用。2019 年 2 月，中共中央、国务院印发的《中国教育现代化 2035》提出"普及有质量的学前教育"这一发展目标，我国政府充分认识到了学前教育的质量直接关系到人力资源强国的建设和国际竞争力的提升[3]。而未来的人才需求已经从过去强调的知识储备转向"核心素

养”的培养,即需要人才具有终身学习新兴知识、解决复杂问题和熟练使用信息技术的能力。如何让出生在信息时代的数字原住民衔接现代社会需求,实现与智能技术的和谐共生,发展终身学习的能力,学龄前儿童的人工智能启蒙教育便具有举足轻重的意义[4]。

在幼儿园开展人工智能启蒙教育,对于拓展学前儿童的学习内容,革新学前儿童的学习方式,促进学前儿童全面、健康、个性化、创造性发展具有前瞻性的操作意义,为幼儿适应人机和谐共生的未来社会奠基。

二、人工智能启蒙教育在浙江大学实验幼儿园的探索与实施

(一)基于大数据的人工智能赋能教育

2022年11月,上海市十五届人大常委会第四十六次会议通过了《上海市学前教育与托育服务条例》,其中提及“推动人工智能、物联网、云计算、大数据等新一代信息技术在学前教育与托育服务领域的应用……”。人工智能赋能教育是人工智能技术在教育领域的应用和实践,是支持学、教、管、评等教育活动的技术手段。2020年,浙江大学实验幼儿园借园所改造提升的契机,升级园区互联网,增设手环、刷卡器、信标、晨检机器人等设备,设施设备交互集成、融合及分析幼儿活动大数据,依托“物联网+大数据+人工智能”,为每位幼儿建立动态、个性化的成长档案,为教师提供幼儿身心健康发展及个性化指导的合理建议,为家校“教”与“育”的联动提供支持与服务。

1.智能化信息校园的建设

浙江大学实验幼儿园配备的基础硬件包括智能手环、刷卡器、信标、晨检机器人等。其中,桌子、柜子、教具、玩具、植物等都可以装上信标成为信息收集的载体,而幼儿则通过佩戴专业手环成为物联网中的重要一员。这些底层设备之间通过通信交互形成数据,编织成一张人物互动、数据集成的立体物联网。从幼儿早上入园开始,各类硬件便开始发挥各自的作用——晨检机器人自动探测幼儿入园时的体温、口腔以及皮肤状况,只需几秒便能完成观测,一旦发现异常情况即刻预警;智能手环实时记录幼儿的运动、饮水、睡眠、排便情况,幼儿只需将手环与信标体进行碰触,在简单易行的操作中实现监测。

2.大数据的采集、分析与应用

只有人的独立性、创新性与机器的严谨、迅捷共同作用,智能化信息校园才有“智”的定义。浙江大学实验幼儿园的智慧系统被赋予人类思维模块,通过给采集的数据装上特定的演算模型,根据幼儿身心发展特征、浙江大学实验幼儿园教育行为等特点形成科学、全面又兼顾个性化的数据,更智能地服务幼儿、教师及家长。

如智能手环采集的“运动量数据”可以作为幼儿每日户外运动量的考核指标,教师可以根据数据适宜调整一日活动安排,充分保证幼儿的每日户外运动量;“区域游戏时间数据”可以为教师提供幼儿兴趣的趋向以及交往群体信息,作为教师开展因材施教的科学依据;“生活数据(如睡眠、饮水、排便等)”可以为教师提供个性化的保健方案参考,也为家长提供科学的教养建议。

数据取之于幼儿,用之于幼儿。幼儿不仅是数据的提供者,更是数据的“小主人”,具有对数据的知情权与掌握权。例如大班的小洪小朋友是个活泼的孩子,午睡比较困难,教师个性化对其减少午睡时间的照顾。有一天,她一入园就问老师:“我昨天是睡着的,为什么我的午睡表现只有1颗星?”老师向小洪解释,午睡的星星与午睡时间有关,你虽然睡着了但是时

间比较短，暂时只能拿到1颗星。激励性的数据对于幼儿来说是十分诱人的，于是小洪小朋友开始尝试挑战自己的午睡时间，希望获得更多的星星。这是幼儿自发了解数据，并积极探寻数据背后意义的表现，也尝试根据数据反馈改善自己的行为。

基于大数据的人工智能赋能教育通过数据采集分析，实现对幼儿个性化分析、以学定教，不断提升幼儿活动的效率与质量，为教学评价提供大数据的辅助决策与建议，为教学管理的科学化提供支撑。

(二)基于思维培养的人工智能课程学习

人工智能课程教学是指以人工智能为学习内容的教育，是提升个体人工智能素养的泛学科性教育。鉴于人工智能学科的特殊性，人工智能课程所教授的知识内容也是综合性的跨学科知识，更注重创新思维和实践能力的培养。

1. 人工智能启蒙教育 AiS 课程的诞生

J. D. 切斯洛夫(J. D. Chesloff)在《为什么 STEM 教育必须始于儿童早期》一文中，提及 STEM 的核心概念，包括好奇心、创造性、协作以及批判性思维，这碰巧也是儿童的天赋所在[5]。同时，STEAM 教育所呈现的多学科融合理念也切合了人工智能启蒙教育的需求。以此，促进人工智能启蒙教育与 STEAM 教育的双向赋能，AiS(Artificial Intelligence and STEAM)课程体系应运而生。课程基于西蒙·佩珀特的建造主义理论、伯斯的经济技术发展理论，融合人工智能启蒙教育和 STEAM 教育理念，遵循我国教育部《3～6 岁儿童学习与发展指南》以及 3～6 岁儿童认知发展特点，参考美国《K12 计算机科学框架》(K12 Computer Science Framework)，以积木基础件、智能积木互动件和机器人为特色，贯穿体验教育、项目学习、创新教育、DIY 思想，分三个年龄段设计并开展符合学龄前儿童年龄特征和认知规律的 AI & STEAM 启蒙教育，培养儿童的逻辑思维、编程思维以及人工智能思维[6]。

2. 人工智能启蒙教育的内容拓展

依托高校优质资源以及企业资源，浙江大学实验幼儿园作为 AiS 课题组的一员，已扎实开展 AiS 课程实践近 3 年，在此基础上，浙江大学实验幼儿园聚焦人工智能启蒙教育已有关键经验，基于趣味性、生活性、适宜性、层次性的设计理念，从智能感知启蒙、智能交互启蒙、智能思维启蒙三类递进式的人工智能启蒙教育内容出发，探索不同年龄段的内容体系和实施路径，启蒙幼儿的逻辑思维、编程思维和人工智能思维，实现幼儿与智能技术的和谐共生，形成幼儿园“人工智能启蒙教育”范式。

(1)智能感知启蒙

低龄儿童具有强烈的求知欲与认识新鲜事物的兴趣，喜欢探索和应用新事物。智能启蒙首先从智能感知启蒙开始，从视觉、听觉两个感官维度，感知图像和声音，做到能看会听，让幼儿通过智能机器和软件对外界事物进行识别，如人脸识别、语音识别和植物识别等。例如，借助浙江大学实验幼儿园已有基础智能硬件，通过“晨间机器人人脸识别签到”“智能晨检”“智能穿戴手表”等形式启蒙孩子对人工智能的初步认知，在日常的常规生活和活动中体验人工智能的有趣和“好玩”。将探索交给孩子，鼓励幼儿开展基于探究的实验类活动，比如引导幼儿使用智能设备解决问题，由此感知人工智能的特点及其技术和产品功能。

(2)智能交互启蒙

随着儿童认知能力进一步发展，启蒙幼儿与智能交互。智能交互技术建立在智能感知技术的基础上，需要以对语音、图像、触摸的理解为基础，从而通过语言、动作、表情等对外界作出反应，做到能说会唱、能动会走，让幼儿了解智能技术与人有相通之处，会作出类似于人类的反应。例如，基于浙江大学实验幼儿园近几年开展 AiS 课程的经验基础，结合幼儿对"Botzee 机器人"的认知，拓展幼儿对具备智能交互功能的智能机器人的探索（如聊天机器人、送货机器人、智能巡检机器人等），进而意识和初步理解包括人工智能的感知、行为、思维及记忆等方面的特征，增强智能应用的意识。

(3)智能思维启蒙

人工智能需要编写问题的解决方案，并将设计和计划的方案转化为计算机能准确执行的命令，并分析评估这些命令的结果。这一系列活动都脱离不开规划和设计、分析解决问题的策略与方法。幼儿智能思维的培养旨在引导幼儿通过任务的分解，让思维外化，使抽象的过程具体化，如通过专为幼儿设计的"不插电的"主题活动或者基于一些"插电的"程序工具的使用，给予幼儿思维和逻辑的启蒙，激发幼儿探究的好奇心和创造力，培养幼儿解决问题的能力。例如，借助卡片、纸、笔等道具设计生动有趣、容易的活动或者游戏，让儿童在参与游戏或活动的过程中理解人工智能的一些概念和原理，了解技术的多元化思想和方法，进而获得思维能力。又如，通过智能识别机器人、智能编程机器人等 AiS 课程系列活动的开展，让编程活动变得趣味而具象，助推幼儿思维的进阶发展。

3.人工智能启蒙教育的开展途径

人工智能启蒙教育活动的开展途径，除了集体活动之外，还包括日常活动、自主游戏、专用活动室、家园工作等多种形式，充分满足幼儿在不同场域探索的需求。

(1)日常区域活动

在班级的日常区角里开设人工智能启蒙教育活动区域渗透，孩子们可以进行个别学习、幼幼互动性学习。通过提供机器人操作材料包，以情境性的主题建构为主，并配有学习卡、任务卡，帮助幼儿自我检验，协助老师进行观察和适时地指导。

(2)专用活动室

专用活动室提供小、中、大不同年龄段的智能建构材料和机器人，孩子们通过搭建积木墙、操控巡线机器人与无屏机器人，完成各项具有挑战性的任务。除了可以在桌面上开展活动之外，还可以在墙面上、地面上尽情发挥创意，以不同的视角去建构表达，实现独立性创作以及合作性构建。

(3)集体活动

集体教学活动是开展人工智能启蒙教育活动的主要途径。教师以 AiS 课程体系内容为基础，开展融合五大领域的人工智能启蒙教育活动，教师承担设计者、促学者的角色，引导幼儿发挥创造性，通过"有形物"作品表达自己。

(4)家园渗透

家园共育是幼儿健康成长的重要一环，可以把幼儿园的人工智能活动延伸至家庭，让幼儿和家长分享自己爱的表达和创意，让机器人代表幼儿自己，使那些不容易说出口的话变得容易呈现，那些不善于表达的孩子多了一个展示的媒介，感受智能机器人活动带来的乐趣。

三、人工智能启蒙教育在浙江大学实验幼儿园的初步成效

(一)浙江大学实验幼儿园儿童思维能力有所提升

浙江大学实验幼儿园自开展人工智能启蒙教育活动以来，便委托高校心理系开展实证研究，对 AiS 课程对儿童能力发展的有效性进行考察验证。以大班儿童的逻辑思维能力为

例，研究选取浙江大学实验幼儿园82名大班儿童进行逻辑思维能力前测，并将其分为AiS课程组和控制组，AiS课程组的儿童在参与幼儿园日常活动之外，每两周会参与2个课时的AiS课程，半年参加10次共20个课时的AiS课程。半年后对两个组的儿童进行逻辑思维能力后测并进行数据分析。

研究通过韦氏儿童智力量表中的矩阵推理分测验来测量儿童的逻辑思维能力。对大班前后测的数据进行2(时间：前测、后测)×2(组别：AiS课程组、控制组)的重复测量方差分析，AiS课程组和控制组儿童的逻辑思维能力在半年中都有一定程度的发展，但AiS课程组儿童在经过半年的AiS课程学习后，逻辑思维能力的发展更为显著。此外，通过长期追踪研究及横断研究，测评还考察浙江大学实验幼儿园儿童的空间力、创造力、自控力、问题解决能力、合作/沟通能力、坚持性/抗挫力等认知及社会能力发展的作用。

(二)浙江大学实验幼儿园教师信息素养有所突破

人工智能启蒙教育在浙江大学实验幼儿园的顺利开展离不开一线教师的大力支持。浙江大学实验幼儿园教师在边学边探索边实践的基础上，于2020－2021年度组织开展了"人工智能启蒙教育"技能比武大赛，激发教师建构及编程灵感，争做有思考力、创造力，善协作性的人工智能启蒙教师；2021－2022年度组织开展了一场以"让儿童站在教育的中央"为主题的教职工特色课程及技能展评活动，项目组教师基于日常人工智能教育课程实践，通过公开课展示以及说课的形式参与活动，打磨技能，提升教师专业能力。

浙江大学实验幼儿园教师始终坚持扎实实践与创新探索齐头并进，人工智能启蒙教育相关成果在浙江省教育技术中心学前教育技术设备论坛进行经验的交流，创客机器人案例入选浙江省专用活动室优秀案例集，教师小课题"点亮智慧创意未来——大班AiS机器人活动的设计和实践研究"获西湖区教育教学成果三等奖，教师小课题"以"AI"机器人活动为载体培养中班幼儿问题解决能力的实践研究"申报为区课题。

2023年，浙江省教育科学规划领导小组办公室正式公布2023年浙江省教育科学规划课题名单，浙江大学实验幼儿园的省规课题"幼儿园人工智能启蒙教育活动的设计与实施研究"(2023SB102)成功立项重点课题。

人工智能启蒙教育在浙江大学实验幼儿园落地开花，丰富了幼儿园的课程形式，促进了幼儿的可持续发展。浙江大学实验幼儿园期待人工智能启蒙教育的种子在园所生根发芽，茁壮成长，结出硕果！

参考文献

[1] 国务院. 关于印发新一代人智能发展规划的通知(国发〔2017〕35号)[EB/OL]. (2017-07-12)[2023-01-01]. http://www.gov.cn/zhengce/content/2017－07/20/content_5211996.htm.

[2] 教育部. 教育部关于印发《幼儿园教育指导纲要(试行)》的通知[EB/OL]. (2002-07-02)[2023-01-01]. http://www.gov.cn/gongbao/content/2002/content_61459.htm.

[3] 黄瑾，熊灿灿. 我国"有质量"的学前教育发展内涵与实现进路[J]. 华东师范大学学报：教育科学版，2021，39(3)：15.

[4] 陈维维. 学龄前儿童人工智能启蒙教育的研究现状与实践路径[J]. 电化教育研究，2020，41(9)：88-92.

[5] Chesloff JD. Why STEM Education Must Start in Early Childhood[J]. Education Week, 2013(1)：134.

[6] 应晶，朱伟松，干红华. 易教易学的人工智能启蒙教程[M]. 杭州：浙江大学出版社，2021.

互联网时代家园沟通模式的实践

——以浙江大学紫金港幼儿园为例

石　英　邬晓艳

（浙江大学后勤集团幼教服务中心）

【摘　要】 2020年以来，由于疫情的原因，传统的家园沟通模式受到冲击。在互联网时代教育信息化的大趋势下，为了更好地服务家长，浙江大学紫金港幼儿园依托现代网络信息技术，通过“多元化E家园”沟通模式的建构，形成全覆盖、能对话、个性化，具有增值性的家园沟通渠道，提升家园工作的质量，形成有效的家园共育合力。

【关键词】 多元化E家园；沟通模式；幼儿园

著名教育家陈鹤琴先生说过：“幼稚园教育是一件很复杂的事情，不是家庭一方面可以单独胜任的，也不是幼稚园一方面能够单独胜任的，必定要两方面共同合作方能发挥充分的功效。”可见家园共育工作具有重要的作用。实现家园共育已经成为目前幼儿教育的主流趋势，实施家园共育能让幼儿在幼儿园与家庭的双重教育培养下，得到身心全面和谐的发展。在当前新时代互联网信息化背景下，教育改革的重要途径之一就是教育信息化，幼儿园也要紧跟时代步伐，把握这个教育契机，积极利用网络信息技术，将其转化为有效的工具，进一步优化家园共育合作模式，提升家园工作的质量，为幼儿创造良好的生活和学习环境而努力。

一、互联网时代家园沟通的变化和需求

随着时代、环境在变化，互联网技术有了飞速的发展，对人们生活方式也产生了很大的影响。2020年以来，由于疫情的原因，家长不能入园，使得传统的家园沟通模式受到冲击，家园沟通不管是在方式还是手段上都需要重新作出调整，以便于在疫情下能够顺利地、更好地做好教育服务。由此以互联网技术为支持的家园沟通模式成了我们探索的新途径。而互联网时代下，家园沟通的对象、方式和需求与以往相比也有很大的差别。

（一）家园沟通对象，从单一到多元

从目前幼儿家庭的组成情况来看，单纯的“两代三口之家”模式比较少，多是“三代同堂”的局面，并且由于父母工作比较忙，很多时候幼儿都由爷爷奶奶、外公外婆接送或者代管。而家园共育需要整个家庭成员和幼儿园共同参与，这就让家园沟通对象从二代向三代延伸，从原来的与父母沟通，变成了需要与父母以及爷爷奶奶甚至是保姆共同沟通。

（二）家园沟通方式，从面对面到多形式

随着信息技术的发展，网络覆盖的普及，智能手机的更新换代，社会已经进入互联网时代，网络通信已经成为人们了解世界、沟通交往的重要方式。互联网已经渗透到我们生活的

各个方面，同样也影响家园沟通的方式。现在80、90后的家长是多数，他们熟悉互联网的操作与学习。微信、钉钉、公众号、家校通等多种沟通途径，符合现代社会人生活的习惯，也成为家园沟通的重要工具和渠道。

（三）家园沟通需求，从普适化到个性化

互联网时代的信息量非常大，家长可以从网络中查询到大量的关于教育的资料，因而对于家园沟通不再满足于普适化的交流，而是希望看到更多有时效性、动态化、个性化的专业沟通。由此，在家园沟通中需要教师熟练掌握相关互联网技能，运用网络打破地域、时间的限制，为家园工作铺路架桥，做好及时、长效、增值性的沟通，建立相互的信任，运用多元化的沟通方式满足家园沟通的个性化需求，为幼儿的发展提供最大的助力。

（四）互联网技术的应用能有效促进家园沟通

互联网技术已经进入人们的生活，并影响着人们的生活方式，互联网技术所具有的特质能够更加有效地促进家园沟通。

（1）方便快捷：目前我们幼儿园比较通用的社交软件有“微信”“QQ”“钉钉”“公众号”“家校通”“宝贝起步”等，这些软件功能都比较强大，不管身在何处，何时都可以运用这些软件进行交流，能够实现时间、空间双域的便捷。

（2）实时互动：“钉钉”和“微信”都具有语音对话和视频对话的功能，“钉钉”还能够实现视频、会议功能。能够实现在线的家园互动，为家长提供及时、动态的信息资源，便于家长和教师双方了解家园的教育现场，有利于建立家园沟通的信任度。

（3）多元样态：在常用的社交软件上能够转载各种不同的信息，如视频、公众号、小游戏、文件等，可以进行大量的文字、语音、画面信息交流，使得家园沟通的信息、内容和形式更为多样化，能够满足现代家长家园沟通的多元需求。

二、“多元化E家园”建构的原则和模式

（一）概念界定

多元化E家园是指互联网时代背景下运用网络技术手段、实现多种形式、满足多种需求的线上家园交流模式。

（二）多元化E家园建构原则

1. 全面覆盖原则

这里的全面覆盖既是要面向全体幼儿家庭，又要面向不同群体、不同需求的家庭，以实现从面到点、从群体到个别的全面覆盖。

2. 互动性原则

家园沟通需要平等的对话、相互的沟通，因此在“E家园”的平台构建中必须考虑有互动性，以便于家园之间的有效交流和沟通。互动性既是家园双方信息交流的手段，也是双方理解和沟通的方式，更是双方合作促进的重要工具。

3. 增值性原则

我们看到当今时代背景下家长的沟通需求已经发生改变，他们不再满足于日常的交流，更希望看到个性化、有促进性的专业沟通。因而在“E家园”的构建中我们需要充分满足这样的沟通需求，为家园沟通提供个性化的、能够看到和促进幼儿成长的增值性服务。

(三)多元化 E 家园建构模式

多文化 E 家园建构模式如图 1 所示。

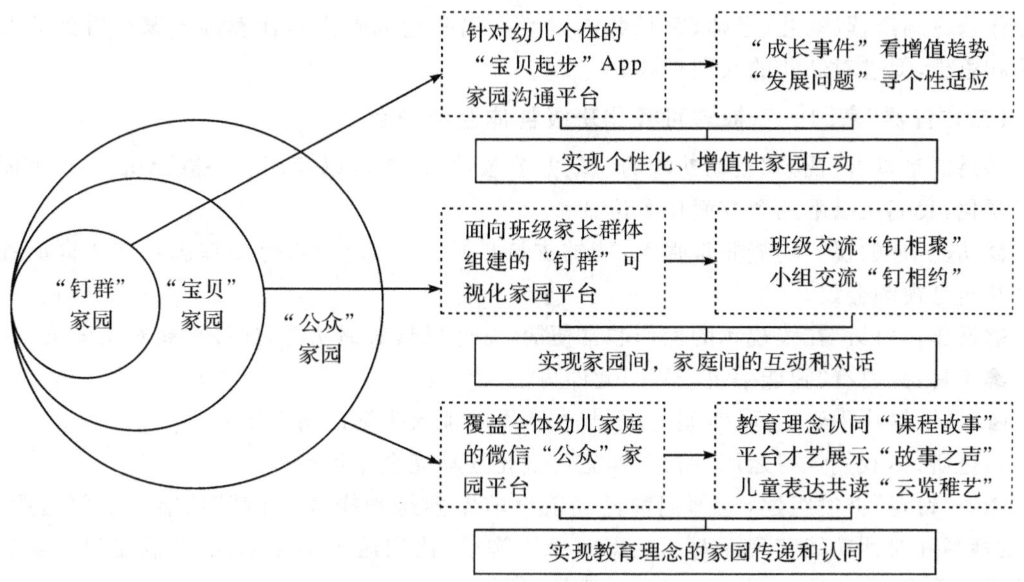

图 1 多文化 E 家园建构模式

三、“多元化 E 家园”沟通模式的实践

(一)“公众”家园——搭建理念传递的园级家园大平台

“公众”家园是覆盖全体幼儿家庭的“微信公众号”家园平台。通过“公众”家园的平台，实现教育理念的家园传递和认同。

1.“紫金港云课堂”——建设家园宣传窗口

“公众家园”首先是传递幼儿园教育理念的宣传窗口。我们需要将幼儿园的教育理念以具体的教育活动和教育行为向家长展示，也需要获得家长对我们教育理念、行为的回应和认同。

在“公众家园”的平台中，我们运用“紫金港云课堂”定期面向全体家长推送优秀的教育案例、课程故事和特色活动，将幼儿园最前沿的教育理念和教育行动以一篇篇公众号的形式向家长推送，让家长看到幼儿园的教育动向和真正落地的做法。

2.“故事之声”——搭建家园展示平台

在“公众家园”平台的构建中，我们不断地开发平台的作用，希望为这个平台赋予更多方面的功能，而不仅仅是幼儿园单方面的理念输出，让其也能够成为家园展示的一个平台。因此我们组建了“故事之声”栏目，定期向全园发出邀约，请家长、幼儿录制各种故事，在栏目中进行发送，为幼儿和家庭搭建面向全园进行才艺展示的平台，进一步加强家园的联系。

3.“云览稚艺”——形成“儿童表达”共读

除了以上两个方面，在“公众家园”平台的建构中，我们作了更为深层次的思考，我们需要向家长传递的不仅仅是理念、观点，还需要有真正能够抓得到、够得着的触点，来进行有益的家园互动，获得儿童理解的趋同。

“云览稚艺”就是通过对美术作品进行家园共读、赏析来促进幼儿理解的栏目。我们通过名画同读（幼儿、老师、家长同读一幅名画）、童画赏读（幼儿、老师、家长共同赏读一幅幼儿的画作）、趣画辩读（幼儿、老师、家长共同辩读一幅有趣的画作），让教师与家长看到幼儿的表达和思想，促进对幼儿的共同理解。

（二）“钉群”家园——构建可视化班级群体互动平台

“钉钉”是具有“视频”互动功能的一款办公软件，是否可以运用这一款 App 实现家园互动可视化，我们从以下几个方面作了论证：

●功能：它的视频功能非常强大，能够支持单独的个体视频，也能够满足多人同时在线视频甚至是视频会议。

●操作：“钉钉”在线视频的操作非常便捷，打开视频对话功能，选择视频对象即可。

●工具：只要有“智能手机＋Wi-Fi”即可。

●时空：操作不受空间、空间的限制（在不影响他人生活的情况下）。

通过研讨，我们觉得运用“钉钉”实施可视化互动完全是可行的。

随着“钉钉”群的组建，老师们都已经能够非常熟练地操作“钉钉”功能。如何运用“钉钉”的视频和对话功能实现面对面的即时家园沟通，让沟通更具互动性，并满足班级家长群体的不同需求，这是我们深入思考和实践的问题。

1.“钉相聚”让沟通“动”起来

“钉相聚”是以班级为单位的沟通平台，由教师发起可进行集体性的分享。主要用于发布主题、发起“钉”相约、链接话题、分享视频互动等的共享性话题，实现班级资源共享。

（1）钉群线上家长会，沟通无距离

教师定期开展线上家长会，让家长了解班级整体教育动向和实施情况、看到阶段性教育目标、幼儿在园的真情实景、讨论协商班级的重要事件。通过线上家长会增进家园之间的了解，特别是让家长对班级情况的概貌有所了解。

（2）家长小课堂，满足差异需求

家长小课堂是针对不同的家长群体开展的视频课堂。有针对三代家庭、保姆带家庭、二孩家庭、特需儿童家庭的专属小课堂，也有家长育儿经验分享的小妙招，力图让每一位家长都能够在这里分享到有用的资源。

（3）游戏小视频，增进互动妙招

教师还会在“钉群”平台定期分享一些亲子游戏小视频，为家庭提供有趣的亲子游戏，同时也邀请家长录制自己的亲子游戏，在“钉群”中进行分享或挑战。通过游戏小视频的传播，不仅增进了家庭中的亲子关系，也增进了“钉群”中各家庭之间的互动，营造了轻松、活跃的氛围。

2.“钉相约”让沟通“活”起来

“钉相约”是以话题组为单位的钉钉视频小群。每个“相约群”由 5～6 个选择相同话题的家庭组成，在这里由教师或幼儿发起交流主题。在“钉相约”中，如何来实现与幼儿的个性化互动，让家园沟通人人参与，我们提出“预约＋定制”的方法。

（1）预约——主题预设、时间约定

在“钉相约”中我们希望给幼儿更多话题选择的可能性，更多地参与自主权，让每个幼儿都有话可说，都能够发表自己的意见，开展交流。

●主题预设：教师提前将主题向家长和幼儿进行预告，便于幼儿选择自己想要参与的话题，也让家长更加清楚地看到主题的内容，了解主题走向，帮助幼儿一起预热话题。

●时间约定：参与视频的人员需要事先约定时间，做好时间的规划和安排，在“钉相约”开启时，同时进入“互动空间”（见图2）。

（2）定制——人员定量、话题报名制

一些有共同话题的幼儿组成一个小团体，在一定范围内进行互动，形成话题圈。这样的群体我们就可以为他们进行话题“定制”。

●人员定量：一个“互动空间”中的人数不宜太多，太多人员会造成嘈杂，也无法保证每个人的互动。5～6人能够保证互动活动小而精，是一个比较合适的人数（见表1）。

●话题报名制：幼儿可以根据自己的兴趣选择话题进行报名，在约定的时间里进入“钉相约”（见表1）。

表1　大一班“钉相约”预告（周一—周五只约晚上时间）

“钉相约”开启时间	周一（4月6日）	周三（4月8日）	周五（4月10日）	周六（4月11日）
上午：9:30—9:50	话题：准备好了吗？目标：了解自己为人小学做好了哪些准备。	话题：我的名字故事。目标：了解自己的名字的由来，感受父母对自己的爱和期望。	话题：设计作息表。目标：制定自己的作息和学习计划。	话题：采访哥哥姐姐。目标：了解小学生的生活。
下午3:00—3:20				
下午3:30—3:50				
晚上：7:00—7:20				

“预约＋定制”的实施让“钉相约”在时间、人员、空间、话题上获得了很好的保障，也让“钉相约”实现了家园网络沟通中共享和个性的兼具。“钉相约”的视频互动让幼儿的话题参与度和参与热情空前高涨，家长也积极参与到其中来进行助教（见图3）。“钉相约”的启动实现了家园沟通从静态到动态的模式转变。

图2　视频“互动空间”

图3　视频“钉相约”

（三）“宝贝”家园——形成个性化、增值性的个体互动评价系统

“宝贝启步”App既是一款个性化的幼儿电子成长档案，也是一个网络化的家园互动平

台。通过“宝贝”家园平台的设置与应用，让评价成为家园沟通的共同话题，让家园沟通实现个性化和增值性。

1.关注幼儿的生长过程，支持个体发展

(1)发现幼儿成长中的典型事件，看见增值的趋势

我们围绕五大领域发展情况，挖掘幼儿在领域学习中的典型事件，以软件功能勾勒出幼儿在不同领域中发展的线性轨迹。这样的记录不仅对于儿童的成长具有关键性的意义，也能够帮助家长理解儿童成长规律与跳跃性。从不同维度更全面分析评价幼儿发展情况，从比较单一领域的评价走向更多元评价，从而让家园互动从散点式交流向有依据的、更为理性的方向发展，让家长和老师看见幼儿的增值趋势，围绕幼儿的发展展开共同关注和话题。

(2)支持幼儿发展中的问题解决，寻找个性的适应

在高技术应用软件下辅助教师深度解析幼儿当下发展情况、聚焦幼儿问题解决和发展的症结问题，从原本单一浅层记录走向深度解析，针对幼儿的发展情况生成相应的量化评价表，生成个性化的评价。发现幼儿的薄弱点，进而有目的地支持幼儿薄弱的地方，鼓励幼儿发挥自己的优势，在家园通力合作中不断调整与优化教育过程，助推幼儿的个性化发展，促进个体更全面地进阶。

2.关注家长的评价支持，实现同频共育

“宝贝”家园的平台不仅仅只有教师的观察与评价，也需要家长的参与，家园同频的观察记录与评价能够形成幼儿完整的评价档案，实现真正的家园对话与沟通，共同为幼儿的成长助力。

对家长的指导力求“具体可操作”，因此，我们强调利用线上线下融合来进行专题讨论。

●技术支持：利用家长学校或者家长会活动进行聚焦研讨，帮助家长熟悉软件应用的方法以及具体可操作的内容。

●分享推动：定期线上交流经过家长同意分享的普遍问题、线上优秀案例，激励所有家长们积极参与互动沟通。

●阅读带动：带动家长们分享、阅读孩子们的“增值性成长档案”，增强了被推介家长的成就感，让家长看到孩子们的发展是如此的生动，从而真正提高了家长的参与积极性，打开了家园沟通的新路径。

家长、教师、幼儿三方面共同编织成一个比较完整的评价系统，形成“互动—教育—成长”的循环过程，深化增值性成长档案的教育和沟通功能。

四、“多元化 E 家园”沟通模式的成效与思考

(一)“多元化 E 家园”沟通模式的成效

1.网络技术手段构建了便捷灵活、有温度的家园沟通模式

(1)“多元化 E 家园”沟通模式运用多种网络技术手段，在线上建构起一个家园沟通平台。打破了传统的点到点、人到人的单线家园沟通模式，由公众号、钉钉、App 等技术形成了一个网、线、点结合的全信息化沟通复合模式，让家园沟通覆盖更广，操作更为便捷，信息交换更为快捷。

(2)“公众家园”“钉群家园”“宝贝家园”三个层级的沟通平台让家园沟通呈现出立体化、多元化的结构。全面性和个性化兼顾的沟通方式，让家园沟通更加灵活，更为顺畅有效，更

加符合新时代背景下家园沟通的需求。

(3)“故事之声”“钉相约”“宝贝起步”等个性化模块让家园沟通更加具有专业性和增值性,使得家园沟通的互动性得以很好发挥,让我们的家园网络沟通更加有温度和深度。

2.“多元化 E 家园”增强了服务实效

(1)在“多元化 E 家园”不同层级沟通平台的建构中,教师的沟通意识、为家长服务的意识增强了,沟通技术得到了提高,家园沟通工作也更为深入和专业了。

(2)通过“多元化 E 家园”沟通平台的参与,家长对于幼儿园的教育理念和教育动向有了更多的了解,不同的沟通需求能够得到满足,能够看幼儿的个体发展,对于这样的家园沟通模式家长们非常认同。

(3)在“多元化 E 家园”的沟通过程中,教师和家长都更加地关注幼儿的成长过程,使得幼儿的亮点被看到,薄弱点获得支持,从而有效地形成了家园共育的合力。

(二)有待优化和改进的思考

(1)在“公众家园”的平台中可以有更多展示和分享的项目,以便为更多家庭提供展示和经验共享的机会,形成良好的平台氛围。

(2)在“钉群家园”的实施中存在班级差异,需要加强带动,以实现全面优质的家园沟通,为在园幼儿家庭提供良好的教育服务。

参考文献

[1] 李季湄,冯晓霞.《3－6 岁儿童学习与发展指南》解读[M].北京:人民教育出版社,2013.
[2] 傅荣萍,沈颖洁.发现儿童[M].杭州:浙江教育出版社,2018.
[3] 孙黎黎.“互联网＋”家园联系机制创建[J].新课程(小学),2016(9).
[4] 沈荣.家校合作共育的若干思考[J].华夏教师,2017(15).

打造高素质幼教队伍　助力高品质幼教服务

——浙江大学幼儿园基于教研组建设的教师队伍培养新探索

冯文君

（浙江大学后勤集团幼教服务中心）

【摘　要】 在党的二十大新发展理念的引领下，浙江大学后勤服务系统开启了后勤服务保障体系和能力现代化的新征程。作为浙江大学的附属幼儿园，我们肩负着新时代的历史使命，同时也面临着很多新的挑战和机遇。在浙江大学幼教中心“做一名专业的幼儿园教师”成长要求的指引下，我们立足教育实践，聚焦关键问题，积极推进基于教研组建设的教师队伍培养新探索：“分层”“跨段”相融合，促进教师专业成长；“创新”“融合”促转型，开拓“链式”教研新模式。以“一流管理一流服务”为目标，努力打造一支高素质、善保教的幼儿教师队伍，促进不同层次教师专业成长，促进幼儿德智体美劳全面和谐发展，从而助力高品质的幼教服务。

【关键词】 高质量教育；创新融合；“链式”教研

浙江大学作为全国高校后勤社会化改革的先行者、探索者，始终走在全国高校的前列。浙江大学后勤集团坚定不移地推进一流后勤服务保障体系建设，在这个过程中，作为学校附属幼儿园，我们也同样肩负着新时代的历史使命。

一、对标对表，迎接新的挑战

党的二十大提出：“我们要办好人民满意的教育，全面贯彻党的教育方针，落实立德树人根本任务，培养德智体美劳全面发展的社会主义建设者和接班人，加快建设高质量教育体系，发展素质教育，促进教育公平。”随着社会的不断进步和发展，高质量的学前教育越来越被国家和社会重视。随着二孩政策的开放，家庭的入托需求大大增加，幼儿园的数量随之骤增。同时随着生活质量的提升，大家对子女的教育问题越来越关注，对幼儿园的要求也越来越高，各个幼儿园的办园理念和管理形式也日趋多样化。在这样一个飞速革新、充满挑战的时代，我们面临着一系列新的挑战和机遇。

（一）挑战1：如何紧跟浙江大学迈向“双一流”前列的步伐

推进“双一流”建设是以习近平同志为核心的党中央作出的重大战略决策部署，是新时代我国高等教育强国建设的引领性、标志性工程。目前，浙江大学正处在新一轮“双一流”建设起步的关键阶段。作为浙江大学的附属幼儿园，我们需要思考的是：该如何更好地紧跟浙江大学迈向“双一流”前列的步伐，以更高的标准、更优的品质对标“双一流”，用“双一流”的幼教服务去助力后勤改革创新发展，为学校迈向世界一流大学前列作出新的贡献。

（二）挑战2：如何满足家长群体对高质量的子女教育的需求

作为学校附属幼儿园，我们服务的对象基本上都是浙江大学教职工的孩子。家长群体都是高素质、高级知识分子人才，他们对子女的教育问题非常重视和关注。他们的需求不只是单纯解决入托问题，他们更关注教育的质量，关注教育能给他们孩子的未来发展带来些什么。家长群体对高质量的子女教育的需求越来越大，也就意味着对我们教师的要求也越来越高，这对教师的教育理念、教育行为、教育态度等都有着非常大的冲击和挑战。如何满足家长群体对高质量的子女教育的需求，是我们需要努力去突破的。

（三）挑战3：如何领跑区域教育优质均衡发展

在国家大力推进学前教育普及普惠的大背景下，政府对公办幼儿园各方面的支持力度都很大，公办幼儿园发展迅速，办园水平和教育质量不断提升。作为校办幼儿园，在硬件条件方面，已然不成为优势。在这样的大环境下，浙江大学幼儿园作为一个品牌幼儿园，该如何继续发挥自身的优势，在区域教育优质均衡发展中持续领跑。我们必须改革创新，以更加开放的姿态迎接全新的挑战。

以上我们面临的种种挑战，指向的就是幼儿教育的高质量发展，其最关键的核心就在于打造一支“高素质、善保教”的教师队伍。因为百年大计，教育为本；教育大计，教师为本。教师是教育事业的第一资源，教师队伍建设是一项具有战略意义的工作，是教育事业改革和发展的基础，是提高教育质量的根本保证。近年来，我们全面贯彻党的教育方针，落实立德树人根本任务，在浙江大学幼教中心“做一名专业的幼儿园教师”成长要求的指引下，立足教育教学实践，聚焦关键问题。基于儿童的学习方式和特点、教师思考和实践的方式，积极探索教研方式的转型，采用“链式”教研新模式，努力打造一支“高素质、善保教”的教师队伍，促进不同层次教师专业成长，从而促进幼儿德智体美劳全面和谐发展。

二、创新融合，寻求专业突破

（一）“分层”“跨段”相融合，促进教师专业成长

1.“四阶段”分层，“助推式”培养，促进教师专业化成长

近年来，我们在教师队伍培养过程中，逐步形成了“四阶段”教师分层培养机制。根据教师教龄结构，将教师队伍分成四个阶段：嫩芽期（1～3年）、绿叶期（4～10年）、繁花期（10～20年）、硕果期（20年以上）。

嫩芽期，教师通过“传帮带”“一期一赛”“细化备课制度”等措施规范一日保教工作，让他们尽快适应并胜任幼儿园的各项工作。

绿叶期，教师通过“研修展示”“推门课”“专业技能比武”等形式全面提升教师的专业能力，让他们成为幼教中心或区级骨干教师。

繁花期，教师借助“幼教中心名师工作室、工作坊”“中心学术月”等活动，让他们进行沉浸式的学习和实践，形成各自的保教特色，成为省市区骨干教师。

硕果期，教师通过“草根讲堂”“事业之友”等活动，充分发挥他们的示范引领作用，带动整个教师群体的发展。

2.“跨段式”抱团，“菜单式”选择，实现教师进阶式发展

我们推行了“跨段式”抱团助推。打破四阶段和年龄段限制，根据教师需求和特长以菜单式的方式自主抱团，分为“教学活动研修组”“游戏观察评价组”“语言核心经验研修组”“幼儿操编排组”等。在这些研修组群中，教师为了一个共同的目标，在执教、制作、撰写、编排等不同任务层面上发挥各自的能力和特长，最终实现互助共进的学习和成长。

与此同时，我们还针对某一阶段的教师进行有目标的培养，以团队助推个人发展，实现“进阶式”突破(见图1)。在这样一种进阶式教师培养模式下，教师队伍培养效果显著。

图1 “进阶式”教师培养模式

(二)“创新”“融合”促转型，开拓教研新模式

1. 行动链式教研——螺旋推动教师的理解、实践、反思

为了更好地推动教师对教研主题的理解、实践和反思，我们积极探索出了创新教研方式“行动链”。针对当下的教研主题，从解读入手，通过集体研修，梳理策略和经验，再让教师进行自主实践，在此基础上进行同伴间的分享、交流，生发新的问题和方法，再进行新一轮的理解、实践、反思。

(1)基于主题审议的行动链式教研

随着2017年《浙江省教育厅关于全面推进幼儿园课程改革的指导意见》的出台，在课程改革大背景下，各园都在努力构建适合本园的园本课程，让课程实施成为追随儿童成长的有效载体，成为支持儿童深度学习的有力推手。

我们着力以课程审议来推进幼儿园的课程改革，制定并认真落实了幼儿园“四级链式审议”，即“园区课程核心小组审议—园级集体审议—年级组审议—班级审议”循环审议模式。

在主题前审议中，由课程核心小组领衔，大教研组和年级组重点从梳理年龄段主题之间的经验链接、分析幼儿原有经验和兴趣需要，到主题目标、内容的调整、优化，再到各班级班本化的审议和调整，逐级细化，最终梳理并形成真正适宜、有效的园本课程和班本课程。

在主题审议中，从班级审议入手，寻找主题实施过程中出现的问题或困惑。通过年级组、课程核心小组、大教研组的力量，解决主题实施过程中的共性问题和个性问题，助推课程的实施。

在主题后审议中，继续从班级审议入手，思考整个主题实施的经验、亮点、后续优化的建议。通过年级组和大教研组的审议相互学习各班主题实施中的经验和方法，并为下阶段的年级组开展该主题提供方向。最后通过课程核心小组的审议，将整个主题的资料进行整理，形成主题审议资料集。

行动链式教研让“四级链式审议”有了自上而下和自下而上循环往复的过程，通过研读、实践、分享、反思，更好地推动了儿童在课程中的学习与发展(见图2)。通过行动链式教研推动“四级链式审议”，教师更加关注幼儿小中大年龄段的经验链发展；更加关注当下年龄段幼儿对该主题的原有经验和兴趣需要；更加关注这些原有经验和兴趣需要与后续主题审议、主题实施之间的链接；更加关注幼儿在主题中是如何学习的……

图 2　行动链式教研形式

（2）基于主题实施的行动链式教研

在课程审议的基础上，为了让主题实施更加有效，真正地追随儿童，我们大胆创新，积极探索了基于主题实施的行动链式教研。主题开启，教研组核心团队进驻班级，以观察半日活动的方式来了解主题实施的具体情况。半日活动结束后，我们就带领教师展开教研，针对当天主题实施过程中出现的问题进行研讨，并制定第二天的主题实施计划。“计划—实践—反思”如此循环往复地进行持续跟踪式的行动链式教研，让主题实施真正走向儿童，追随儿童。

（3）基于课改热点的行动链式教研

我们针对当下课改热点相关的主题开展行动链式教研。通过重点聚焦“游戏观察和评价”，开展深度的园本研修；通过寻找问题、剖析问题、解决问题的过程，引导教师的反思、实践，促使教师做有思考力的观察者、做有深度的解读者、做分享交流的实践者。

为了能真正帮助教师解决游戏观察中遇到的问题，我们采用了教师自查、同伴互看、管理层浸润三种方式。通过观摩游戏现场、查看游戏观察记录，逐步逐层地发现教师日常在进行游戏观察时出现的问题。针对问题，通过调查问卷、教师访谈、现场观摩、头脑风暴等形式，对问题进行深度剖析。寻找到问题后，我们从基础的认知、解读入手，通过集体的游戏实践研修，帮助教师了解如何制定游戏观察计划、如何分析幼儿的游戏水平、如何提供针对性的支持策略。再让教师在日常游戏活动中进行自主实践，在此基础上进行同伴间的分享、交流，生发新的游戏观察问题和方法，再进行新一轮的理解、实践、反思。通过一系列针对性的策略，切实解决教师在游戏观察时出现的问题，助推儿童在游戏中的学习与发展。

每月一次的游戏行动链式教研（见图 3），在不断地交流、梳理、实践、反思中，教师在游戏观察分析和评价方面有了显著的改变：观察计划更有目标性了；观察的点更聚焦了；观察分析更有理有据了；支持策略更有针对性了……这正是行动链式教研给教师带来的改变！

图 3　游戏行动链式教研形式

2. 活动链式教研——持续推动教师对幼儿经验的关注

为了让教师真正转向儿童、推动教师对幼儿经验连续性的关注，我们探索出了以“活动链”为载体的新型教研方式。针对某一个主题，在主题审议的基础上，以活动为点，探索依据主题目标与单元目标，提供相应的链式活动，促进幼儿的经验建构。

例如，中班主题“我的家乡”，前期我们带领教师开展了主题前审议，在此基础上又继续开展了活动链的研修。关于“邻居”这个经验点：语言活动“好邻居”帮助幼儿初步建立对“邻居”的认知；社会活动“邻居，你好”帮助幼儿理解邻里相处的礼仪；日常活动“拜访邻居”通过亲身实践，帮助幼儿进一步感受邻里的关系；最后通过分享“我和邻居的故事”，结合实践体验来表达对邻里关系的感受。通过这样一个“认知—理解—实践—分享”的活动链，幼儿对“邻居”的经验从无到有，由浅入深，得到了连续性丰富和拓展。执教以及观摩的教师通过这样一个活动链教研，更加清晰地了解了幼儿经验建构的过程，对日常的教育教学有一定的启发和借鉴。活动链式教研，持续推动了教师对幼儿经验的关注，更好地助推了幼儿的深度学习。

3. 整合链式教研——多形式提升教研的深度和广度

浙江大学幼儿园有着丰富的教研资源：浙江大学的深度支撑、中心教科室的专业引领、各园区的互助互学，多资源的整合链式教研让我们在开展教研活动时打开了教研的深度和广度（见图 4）。

浙江大学教育系、心理系等教授的讲座，让教师在理论、精神上得到提升，拓宽了教师的知识面；连续开展了 15 届的幼教中心学术月，不同教研主题下的分层研训，营造了开放、对话、快乐的学术研究氛围，让教师研学一体，深度研修；幼教中心名师工作室、工作坊活动，让教师可以参与到不同的团队中去学习、交流、获得成长；幼教中心下属 5 个直属园和 10 多个托管园的资源，搭建了广阔的教研平台，不同园区之间的教研观摩、半日活动视导、园际交流、课程环境观摩等，在相互的欣赏、肯定、剖析中，拓展了教研的思维。

正是这些多渠道、多层次、多形式的教研资源，让教师有了更多学习的机会、展示交流的平台。不管是幼教中心学术月“走进儿童　做有意义的课程环境”“看见儿童　发现成长的力量”“转向儿童　发展优先”等主题下的系列活动，还是跨园区的教研展示、课程环境观摩、教学活动展评等，教师都是百分之百参与。良好的学习共同体的营造，整合链式教研，大大提升了教研的深度和广度。

图 4　整合链式教研形式

三、锐意进取，提升服务品质

这几年来，我们依靠集体的力量，与时俱进、勇于探索、乐于实践。在基于教研组建设的教师队伍培养体系下，逐渐形成了“团结协作、锐意进取、努力钻研、彼此成就”的教研氛围。

幼儿园的大教研组被评为浙江省先进教研组，并培养出了一批有思想、会创新、能实践的智慧教师。教师在自身专业发展上收获丰硕成绩的同时，也在省市区中充分发挥了示范辐射作用。近五年来，就华家池一个分园，4 名教师进阶为区教坛新秀、2 名教师进阶为杭州市教坛新秀、1 名教师进阶为浙江省教坛新秀。另外，评上中小学高级教师 1 名、区特级教师 1 名、区兼职教研员 1 名，以及区优秀教师、区优秀教育工作者等共 17 名，取得了卓越的成绩（见表 1）。这些年来的努力和坚持，助推了幼儿和教师拾级而上、共同成长！

表 1　华家池分园近五年教师、幼儿获奖情况

省级奖项	市级奖项	区级奖项	出版、发表成果	幼儿获奖
6 项	9 项	70 项	10 项	20 项

在高素质幼教队伍的建设过程中，我们经受住了幼教服务改革过程中面临的种种挑战。并以此为契机，通过打造高素质的幼教师资队伍，助力高品质的幼教服务，赢得了幼儿和家长的高度认可和满意；在区域教育中持续领跑，擦亮了浙大幼教金名片。我们将继续砥砺前行、继往开来，谱写“浙大幼教”的新篇章！

基于绿色品牌发展的师资队伍建设新探索

——以浙江大学幼儿园西溪分园为例

王晓玲 葛杨婷

(浙江大学后勤集团幼教服务中心)

【摘 要】 审视当下幼儿园新阶段的发展规划,立足浙江大学幼儿园西溪分园绿色品牌的发展使命,我们尝试以教师队伍建设为抓手,融合渗透绿色制度文化、绿色环境文化和绿色课程文化,以师德师风、专业培养和激励机制为发展突破口,构绿色文化、塑岗位能手、激团队活力,为打造和谐创新型教师团队而努力实践,实现幼儿园整体工作的高质量发展。

【关键词】 绿色品牌;师资队伍建设;融合创新

浙江大学幼儿园西溪分园是一所国家级绿色幼儿园,曾多次被授予“国际生态学校”绿旗荣誉,主办并接待国际环保官员的莅临参观,多次受邀参加全国幼儿园环境教育研讨会活动展示,曾获得“可以作为中国幼儿园开展环境教育的代表面向全世界开放”的高度赞誉……多年来,幼儿园一直致力于“绿色教育”活动,从制度管理、环境创设、园本课程等方面注重根植绿色理念、融入绿色生态文明建设,依托浙江大学及周边可持续发展环境构建一个良好的教育生态系统。

新时代赋予了教育新的使命和价值内涵,浙江大学幼儿园西溪分园将“生态育人”理念融入办园文化,创设绿色文明园所环境,并逐渐形成亲自然园本课程。在积淀“绿色西溪”品牌文化底蕴的同时,审视当下的师资队伍建设,以新挑战、新思路、新探索为目标,围绕“师德师风、专业培养、激励机制”三项关键指标,探索绿色品牌发展理念下的高质量教师队伍建设新样态。

一、师爱铸魂 构建绿色文化

幼儿园的发展需要建设一支师德高尚、业务精湛的教师队伍,管理模式与管理制度上的改革与创新是新时代教师队伍建设发展的需要。浙江大学幼儿园西溪分园把绿色作为品牌文化建设的底色,通过园所文化的建设,塑造优良师风,实现融合创新,构建绿色文化。

(一)双融双促 守正气

师德师风是幼儿园发展的基石,加强政治建设,充分发挥党团的先锋模范作用,协同群众,共谋划、同落实,构筑思想堡垒,凝练品格操守,实现绿色品牌与师德师风的“双融双促”。

1. 养“品牌”内涵

每个学期,我们以师德师风专题教育周为切入点,坚定职业理想,进一步明晰新发展阶段的规划,注重教师队伍的爱国主义教育和绿色文化内涵学习。如各岗位深入研读《幼儿园保育教育质量评估指南》，结合“十四五”规划颂“师德感悟”，做新时代好老师，内化于心、外化于行。同时，以“树师表、修师德、铸师魂”为主题目标开展多轮“两岗三期”师德师风专题培训，针对教师岗和后勤岗，加强幼儿园教育政策与法规学习，分享绿色教育暖心小故事经验手册等。从关注绿色教育到弘扬师德风尚，树立“绿色品牌”的职业形象。

2. 树“绿色”清风

学习贯彻《新时代幼儿园教师职业行为十项准则》《未成年人保护法》等法律法规，落实《幼教中心师德师风考核细则》是每学期的“固定”学习内容。通过组织骨干教师、重要岗位教师参与为期两周的“廉洁故事大家说”，布置“师德感悟”“廉洁故事”“廉洁漫画”专栏等。注重弘扬廉洁教育，形成积极向上、实事求是、清正廉洁的文化生态。

3. 倡“勤勉”之行

“业精于勤，行成于思。”我们以“厚植绿色情怀，涵养师者匠心”为题，提升教职工专业素质与能力，要“敬”业，更要“精”业，以精益求精的态度对待自己的职业，勤学、勤思、勤做，善于学习，同时，在团队中汲取能量，不断进取，爱岗敬业，形成良好的勤勉之风。

(二)迭代创新　续发展

幼儿园文化建设是一切活动中积淀下来的全体教职工共同遵循的价值观和行为方式的总和。我们不断明晰新发展阶段的目标、愿景、使命，遵循儿童教育规律，迭代更新教育理念，引领幼儿园师资整体创新发展。

1. “卷入式”优化园所文化

近年来，我们深感园所文化引领的重要性，定期分阶段、分层面围绕“心目中的好幼儿园”话题，通过对关键词“爱、懂、思、行”的思考，以圆桌会、绘漫画的方式开展全园教师卷入式大讨论，最终结合“十四五”发展规划进一步完善了幼儿园使命愿景和价值观。明确“绿色西溪　创新育人”的幼儿园文化品牌定位，以“传承红色传统文化　深化绿色发展理念”为目标导向，朝着美好愿景——“与自然对话，与花鸟相伴，一路绿意相随，拥抱美好生活，成为更好的自己”共同奋斗。

2. “迭代式”创新活动载体

随着教育改革的不断深入，我们以挖掘教师队伍的专业特长为基点，分岗布局，迭代创新幼儿园活动载体。如将由青年教师团队主持的幼儿园特色大型活动“未来小明星”与传统文化项目“追梦小芽儿”“二十四节气社团”等活动相链接；携手浙江大学环境与资源学院专业团队共同打造“绿色学校生态文明教育”项目，将生态文明的“种子”植入幼小心灵；将系列环境教育节日活动课程通过公众号、小视频进行宣传和推送，向家长和社会传递可持续发展理念；疫情期间，还利用微信平台推出“西溪在线——温暖‘家’油站”栏目系列推文，创新家园线上互动新模式。

二、专业培养　塑造岗位能手

在幼教中心的引领下，我们进一步统筹分析本园师资队伍情况、分析职工个人三年职业规划，以教龄（新苗培养期、骨干助推期、经验续航期）、班组（主配班）和年级组等多重模式，激发创新干事激情，培养梯队“示范”能手。

(一)“圈”式计划——找准目标寻突破

教师队伍建设的创新模式之“圈”式计划，主要立足于发展目标和行动跟进有计划地寻求突破。

1. 确定发展目标圈

每个学期初，通过“期初调查表”统计，制定共同目标，以目标推动行动。不同层面的职工群共同学习上级与本园的工作计划，制定各部门、班组计划，制定出有针对性的目标。通过“个人教科研定制调查表”，分板块了解每一位教师的教科研需求。从个人优势的认识，大、小目标和相应活动的制定、预选，个人存在的困难等方面，整理数据，发现教师团队中自我要求的差异，园级层面有针对性地制定教师培养计划，实施精准化教研，更合理匹配教师需求。

2. 提升专业知识圈

各岗位共学新颁布的《幼儿园保育教育质量评估指南》，以理论加固行动底盘。组织教师通过“保教日志”的科学自评、高效互动，从“白描”到“多彩”的客观描述，从“笼统”到“聚焦”的理念递进，从“切分”到“整体”的儿童观转变，从“独立”到“关系”的良好师幼互动意识，全面促进教师专业成长。

3. 融入绿色生活圈

养成绿色教育的生活方式也是师资培养的内容之一，即将环境保护意识和绿色教育的影响落实到良好的生活方式，在园所、家庭乃至社会处处体现为自己的行为。我们创新设计了“绿色行动小贴士”，如在园所，严格执行垃圾分类，设专人监控执行情况，爱护花草树木宣导牌，使用空调的温度规定，节水、节电开关用语设计，环境纪念日与社区、社会人员互动宣导，环保使者征求金点子活动等，努力打造人与自然、社会和谐相处的绿色教育生态。

4. 复盘行动成长圈

每个学期末，回顾学年个人规划，结合“学期点评表”调研复盘，发挥团队协同力量，找亮点、寻突破。针对幼儿园保教质量评估指标体系，努力勾画有质量的幼儿园保教工作的基本样态。同时，引导教师重视日常的自我复盘和自我反思。教学反思和经验总结是教师在复盘自身活动后对自身教学工作的检查和反思，是教师检查教学效果、总结经验和反思提升最为行之有效的办法。

（二）梯队成长——循序渐进促发展

为了进一步推动不同年龄层教师的专业成长，制定教师队伍分层梯队成长计划以及相互扶持计划，在有“温度”的分层培养中，实现团队协作成长。

1. 专项打磨　助推年轻教师成长

在日常的教育教学上，我们以同伴互导的方式助推成长。如每学期开展五年以下年轻教师“亲自然课程背景下教学活动设计与实施”观摩或评比活动，提高教师团队基于审议背景下教学活动设计与实施的研修能力，探究并支持幼儿学习。鼓励以绿色品牌教育理念，基于儿童兴趣，走进自然课堂，构建亲自然课程。组织亲自然园本课程故事评比、班级绿色课程环境观摩，以评促研，鼓励教师凸显领域特色。

2. 骨干引领　提升中坚师资水平

重视发挥教坛新秀、明星教师、十佳教师的示范引领作用。如骨干教师半日活动引领——基于一日生活的优化，对标《评估指南》与绿色文化内涵，教学示范、听课评析、集体备课、小组教研等形式，以课程实施的前、中、后专题案例式教研跟进，共同把脉班本化课程的实践，推进课程实施和反思，提升科研能力。

3.跟岗视导点　面结合促发展

开展园长岗位视导，通过园长半日班级视导和跟岗视导（如推门听教研、推门看活动），关注、了解各层级教师的工作开展过程，关心需求和成长，扎实日常工作，加强过程性指导，夯实保教基石。每个学期末，对标《省一》《指南》《评估指南》，以示范岗展示三个年龄段班级一日活动、教研活动等推进日常教育教学质量。

4.平台拓展　凸显绿色教育特色

幼儿园作为国家绿色学校，推荐教师参加国家生态环境部组织的“美境行动暨国际生态学校项目交流会”，应邀到在杭州市环境教育师资培训班传递亲自然课程的实践经验等。杭州少儿频道“名校有约”栏目组来园拍摄亲自然课程等，各种平台的展示锻炼更凸显了幼儿园教师专业特色教育。

站在构建“美好教育”视角，为增强家园合作有效交流，我们结合课程评价通过创新设计、制作了突显原本特色的幼儿“绿色成长收藏夹”，在共建、共融、共享、共赢的理念下，促成教育服务合力，助力品质提升。

三、多点绽放　激发团队活力

以“专业培养＋激励机制”为双向指标，能有效地加强幼儿园高质量队伍建设，提升园所文化内涵。幼儿园核心管理团队统筹分析、优化顶层设计，采用多点绽放的机制，进一步激发团队活力。

（一）发展机制——制定个性方案

鼓励每位老师找到自己的特点和擅长领域，引导积极发展的动机，并采取有效的措施，不断帮助教师团队开拓新的成长空间。

如“期初调查表”和“期末复盘表”的推行，以制定共同目标推动行动，将园活动进行更有效、更细微的划分，生成教育教研、环境创设、宣传推介等不同项目，促进每一位教职工在各个岗位上发光出彩。

（二）双向考核——完善激励管理

以人为本，为教师搭建专业化成长的平台，提供个人发展空间和机会。激励教师积极参加各类业务比赛，在活动中获得成功感，推动自我价值的实现。将教师潜在能力转化成现实能力，促使不同层级的教师在原有水平上有所提升。

如根据幼教中心奖教金和年度业绩考核制度，细化园区的日、月、年度考核机制，持续创设各类园区评比机会，加大园区考核小组对各岗位实践工作实绩的年终积分。教师每月文本考核由园级考核小组“单向”考核转化为自评与他评相结合的“双向”考核，结合教师学期“成长自评”，列入年终积分项，加大“积分制”奖励考核力度，完善管理机制。

（三）岗位共融——提升绿色品质

围绕“绿色品牌”内涵及评估指南指标的要求，我们关注班级保教并重，组织教师与班级保育人员的同步教研，完善班级的保教管理策略。

调研幼儿园膳食需求，如保健室注重营养分析、制定孩子喜欢的每日食谱等。结合“二十四节气”教学主题，如“秋分”“寒露”“霜降”“立冬”等特点，结合孩子的口味改良杭帮菜。

后勤团队和教师代表一起参观杭帮菜博物馆，研制出了独具西溪特色的二十多道节气杭帮菜谱、点心。

聚焦当下最热门的话题"杜绝舌尖上的浪费"，做"光盘行动"课程，推动绿色行动。做"光盘小达人、光盘小老虎"。全园开展"光盘请亮灯"绿色活动。组建幼儿"小小膳食会"，吸收幼儿成员，协同"研究"幼儿健康饮食的营养结构，让幼儿主动参与幼儿园的饮食管理。在日常生活、家庭生活中，展开幼儿饮食安全和健康生活方面的教育。共融共研、同步研讨，提升保教质量。

在打造绿色品牌的探索之路上，我们努力以绿色文化彰显园所品牌教育的生命力，以优秀队伍建设丰厚亲自然教育课程，以师幼自觉的绿色理念和行动引领生态教育的先行，让绿色教育品牌建设在润物无声中滋养幼儿成长。

生命教育视角下的幼儿园环境创设

——以浙江大学幼儿园华家池分园为例

钱光丽

（浙江大学后勤集团幼教服务中心）

【摘　要】 幼儿园环境创设要立足于儿童生命成长的需要，做到保留儿童的自然属性、尊重儿童精神需求、促进儿童社会化发展。本文基于生命教育的视角，在实践基础上提出"回归本真、激扬生命、共享成长"的环境创设原则，把幼儿园打造成一个"充满阳光绿色的花草园、洋溢欢笑挑战的趣玩园、浸润关爱和谐的成长园"。让孩子在充满生命气息的幼儿园环境中主动建构生活经验，收获生命体验，让环境充分发挥教育价值。

【关键词】 幼儿；生命教育；环境创设

基于生命教育的视角，人同时具有自然、精神、社会三种属性。幼儿园环境创设要直面儿童的自然存在、精神存在和社会存在，立足于儿童生命成长的需要，做到保留儿童的自然属性、尊重儿童精神需求、直面儿童社会化发展。环境是无声的老师，幼儿园环境创设要直指儿童生活，与儿童生命产生互动，让儿童在"有准备的环境"中主动建构生活经验，收获生命体验，通过环境创设实现教育价值。

浙江大学幼儿园华家池分园一直以来重视生命教育，幼儿园的环境创设也是基于生命教育的理念，站在有利于儿童生命成长的立场上，以儿童为先，本着儿童的视角与孩子共同建构打造。让环境充分彰显幼儿主体性，满足幼儿的需要，激发幼儿的潜能，使幼儿的生命更具活力，让幼儿焕发生命的光彩、享受成长的快乐。基于对生命教育的理解，浙江大学幼儿园华家池分园在环境创设中兼顾儿童自然、精神和社会三方面成长的需求，本着"回归本真、激扬生命、共享成长"的创设原则，在环境中凸显自然性、游戏性、挑战性、开放性、探究性和生活性，努力把幼儿园打造成一个"充满阳光绿色的花草园、洋溢欢笑挑战的趣玩园、浸润关爱和谐的成长园"。

一、回归本真——打造充满阳光绿色的花草园

自然孕育并滋养着人的生命，同时也为人的生命体验提供了广阔的舞台。儿童是自然之子，意味着幼儿的成长要基于自然环境，对幼儿的教育也应该回归幼儿的本真。让孩子回归自然、回归本真是我们进行幼儿园环境创设时考虑的首要因素。在对幼儿园环境的创设中我们遵循绿色生态原则，尽量呈现生命多样和神奇，给幼儿丰富多样的生命体验。

（一）凸显绿色生态，让孩子投入自然的怀抱

沙、水、阳光和绿地是孩子生命成长不可或缺的重要元素，幼儿园环境创设要尽可能多

地保留自然元素,让孩子在自然怀抱中健康成长。

1. 保留大片草坪,让孩子能尽情游戏奔跑

草坪是生命教育珍贵的课程资源,在进行户外场地改造时我们首先是确保草坪面积有增无减,拆除部分老旧和低效用设施,挖掘改造角落利用,调整大型玩具的设置,使草坪最大化并保持完整性。同时充分考虑场地设置的安全性,如调整滑梯下口方向,保证动线合理性,减少对幼儿草坪游戏的干扰,避免活动中的冲撞。幼儿园开阔的绿色大草坪成了最受欢迎的活动场地,孩子们在自然的大草坪上开展各种游戏,探索草地秘密。

2. 开拓大沙水池,给孩子畅快玩耍的天地

有规划地调整幼儿园户外场地,拔除原有大面积的灌木丛,既减少了积水洼地和蚊虫侵扰,又拓展出大片空地。我们利用这片空地创设了宽敞的沙水区,保证幼儿有充分进行沙水游戏的空间,同时将遮挡阳光的树木进行修剪,保证了沙水池的阳光照射。此外维护好操场喷泉,给孩子一个亲密玩水空间,满足他们爱玩水的天性,让孩子在阳光、沙、水中充分享受自然游戏的乐趣。

(二)注重物种多样,让孩子感受生命的多彩

多样化的自然环境能引发幼儿的好奇,并给他带来丰富的体验。环境创设要体现生物多样化,让幼儿感受发现生命的神奇,引发支持幼儿进行无尽探究。

1. 树种多样:呈现四季变化,体验自然美好

我们对幼儿园的所有树种进行了统计,发现树种单一、色彩单调。对此,我们进行了树种调整,在园内种植了杉树、广玉兰、皂荚树、桑树、枇杷树、金桔、梨树、香泡树、无刺枸骨、红枫、榆树、珊瑚树、茶花、紫薇、桂花、樱花、含笑、红花檵木……既有常绿树,也有落叶树;有开花的树,也有结果的树。丰富的树种使园内环境一年四季更具活力多彩,让孩子们充分感受自然的五彩缤纷与生命的周而复始,体验着与植物一同成长的感觉。

2. 绿化丰富:凸显种类多样,感受生命多彩

为进一步让孩子感受到生命的多样化,我们从儿童的视角出发,在绿化上注意做到花样丰富,激发孩子的好奇心和探究欲。如门厅放置了鸭脚木、橡皮树、变叶木、金山棕等叶片形状、大小、厚薄不同,植株高矮粗细不同,颜色多样变化丰富;满天星、龙船花花型各具特色;银河欢毛茸茸软乎乎的叶片忍不住让人想亲柔抚触……草坪上利用原有的陶罐进行了花草艺术摆放,精心打造出美好的花园式环境,让一花一叶都成为孩子学习探究的源泉。

3. 资源增设:关注活动需求,丰富课程资源

关注幼儿活动需求,不断丰富创设,让环境成为宝贵的生命教育课程资源。根据孩子食育活动的需求,我们在小厨房的门口利用废旧轮胎增设了一个"香香园",孩子们在每个轮胎中种上自己收集的不同香料植物,如小葱、香菜、薄荷、罗勒等,既满足了幼儿厨房活动的需要,又激发起幼儿对植物探究的兴趣,感受自然与生活的关系。每年春季养蚕宝宝是生命课程中必不可少的内容,为此我们在园内加种了桑树,让蚕宝宝的粮食有了保障,孩子们在采桑喂蚕过程中直观生动地理解了环境中生命间的相互依存关系,从而学会尊重自然,珍惜敬畏每一个生命。

二、激扬生命——构建洋溢欢笑挑战的趣玩园

朱莉·布拉德在其著作《0—8岁儿童学习环境创设》中提出:"为帮助儿童在游戏中达

到学习目标，我们必须有目的地创设环境，为儿童提供材料、工具以及能促进他们发展的挑战。”幼儿园的环境创设需具备开放性和游戏性，要以促进幼儿的全面发展为价值目标，创设时不仅关注幼儿身心协调发展，还要重视幼儿获得发展终身学习和生活所需具备的各种品质和能力。在创设环境时我们精心设计，注重体现“挑战、野趣”原则，努力突破对幼儿身心发展领域的限制，为满足幼儿各种发展需求提供尽可能的条件支持，让生命在不断的挑战中得到激扬和成长。

(一)创设挑战空间，让幼儿在挑战中勇敢成长

1. 空中连廊：分层设置难度，鼓励挑战自我

幼儿游戏空间的创设要体现立体化和多层次。我们利用原有设施和地形，将游戏空间进行立体设置。经过观察分析孩子能力后，我们增设了一条空中连廊，将原先独立零散的游玩设置进行巧妙连接和贯通，在空中开辟了一个挑战空间。采用多难度分层设置，通过绳网爬筒的高低变化、间距长短为不同能力的幼儿提供多种挑战可能，让孩子们进行适度挑战。在空中连廊游玩中，我们发现孩子们会有胆怯、也会有退缩，但更多的是进行大胆的尝试和挑战自我，勇敢地坚持和不懈努力，锻炼培养了孩子坚毅的品格和勇于挑战的精神。同时在挑战过程中孩子也能收获众多同伴的关爱和老师的鼓励，体验到同伴和团队的温暖和力量。孩子在游戏中的探索、冒险、合作、反思行为正是幼儿生命自我展开的过程，可以使孩子更好地认识自我。

2. 多面山坡：多种可能空间，支持探索创新

多变的地形能丰富孩子的挑战，创新探索能带来多样体验。我们利用靠近围墙的低洼角落，堆起一个多面的山坡，既解决了积水潮湿问题，又丰富了多样挑战空间。山坡设置了不同缓急的坡面，每个坡面挑战内容和难度各异，有的坡面布置成光滑草坡，有的设置成轮胎山，有的装上攀岩点、有的则装上滑竿。多种不同坡面让孩子可以有多种选择，支持孩子进行多样探索，创新多种玩法。例如，安装在坡面上的两根滑竿，在成人眼里貌似贫乏无趣，但却是孩子们的最爱，玩法花样百出：有的抱住滑竿顺溜而下，有的撑在腋窝下飞速下滑，有的将两腿架在滑竿上平稳降落，还有的则抓住滑竿攀缘而上……此外，我们还在山坡下安置了不同弯曲和深度的山洞，利用枯树留下的柱坑设置高低不同的木平台，丰富游戏空间和多变地形，支持幼儿自主玩耍。不设限的多样空间激发起孩子的创造想象，不断进行创新和挑战，为孩子的发展提供了多种可能。

(二)强调多维野趣，让孩子享受自主游戏的快乐

1. 树屋攀爬：拓展多维空间，丰富观察体验

人需要学会从不同的视角观察世界，才能发现世界的精彩，收获不同的生命体验。孩子们喜欢爬高，在高处他们可以体验到不同视角、多方位的认知发现。高高的树屋是最受孩子欢迎的地方，我们将它进行了延展，通过连接高低不同的绳网爬筒，新增 2 个方位不同、高低相异的树屋平台；围绕门口的大树主干增设了攀爬架，拓展了幼儿多方位、多角度的观察体验空间，在多样变化中增加活动趣味。孩子们在穿行沙坑、绕过树林、跨过山坡的空中廊道和平台中自主选择，挑战体验，收获着多样快乐。

2. 野炊区域：崇尚野趣自然，实现自主发展

野炊和玩过家家是每个孩子乐此不疲的游戏，在幼儿园环境创设中为孩子保留一片野

趣自然的好玩之地，会让他们的童年充满欢声笑语。我们选择了幼儿园内一棵枝繁叶茂的大树，利用树下的小高地设置了一片野炊区，周边围了一道绿绿的树篱，在近旁香香的桂花树下放上一张圆桌、一个灶台，在草地上横躺放一截旧圆木、再放上几筐孩子自主收集的炊具，孩子们在野炊区忙得不亦乐乎，有的在精心烹制饭菜，有的忙着搜寻原料食材，广玉兰果实是大鸡腿、松果是红烧肉；绿叶是青菜、黄叶是胡萝卜；泥土当米饭，枯草做调料……拔几根野草当葱蒜，找到了一些小石子则立马吆喝“谁要买蘑菇呀？快来买蘑菇啰！”热闹的交易在吆喝声中开场；“你的蘑菇有毒吗？哪里找到的？”“蘑菇最鲜美了，我们做个蘑菇汤吧！”……老师是特邀的尊贵客人，请坐在圆木长凳上，好客的小主人轮番抢着把美食端上……在一片嘻哈欢笑声中孩子们不停地忙碌着。在快乐的野炊游戏中孩子们积极互动、尽情表达、创意无限、快乐发展，在自主玩耍中充分滋养了幼儿的生命力。

（三）体现兼顾开放，满足孩子的不同成长需求

游戏环境要重视幼儿的发展水平以及个体差异，每一位幼儿都是有自主活动能力和发展需求的生命个体。在游戏环境的创设中满足幼儿的个体化学习需要，对游戏场地以及游戏材料的功能做细致考虑，进行有效的组合优化，发挥游戏场对幼儿学习与发展的支持促进作用。

1. 多功能设置：全面功能兼顾，关注个体需求

适宜的环境能满足幼儿的多种发展。在户外游戏环境创设中，我们注重活动器械设置的多功能性和全面性，兼顾幼儿钻、爬、跳、悬挂、平衡、翻滚、攀登等各项能力的锻炼和发展。钻洞、爬网、软梯、吊环、秋千、滑梯、木墩、攀岩、轮胎山……多功能组合玩具让孩子有充分的选择，促进全方位的能力发展。在兼顾全面发展基础上，关注个体差异，设置不同难度、满足不同的需求。

2. 开放性创设：材料多样开放，按需自由选择

户外环境中游戏材料投放遵循开放原则：一是材料开放放置，便于幼儿取拿，玩法不设限，鼓励幼儿自主选用材料、自由组合调整，按需变化利用；二是投放材料具开放性，投放低结构材料。根据游戏需要师幼共同收集丰富多种辅助材料，拓展游戏空间，支持游戏发展。如玩野战游戏时，幼儿根据自己需要将方堡移位组合，遮上迷彩布作为大本营；在园内各处按需取拿木板、竹梯、轮胎、滚筒、绳子等设置障碍布置战场……把环境的调整权交还给幼儿，让幼儿在自我需要的驱动下创设环境，与环境产生互动，并根据需要不断对环境加以调整。

三、共享成长——营造浸润关爱和谐的成长园

生命教育渗透于幼儿一日生活，幼儿园的环境创设过程应成为彰显儿童生命的过程，真正实现与儿童真实生活世界的意义联结。在幼儿园的环境创设中要重视人际互动过程，满足儿童社会性发展的需要，促进儿童生命的成长与发展。

1. 种植园地：尊重支持，共探生命奥秘

开辟种植园地，让孩子走进自然去探究生命奥秘，是开展生命教育的重要途径。在种植观察过程中幼儿可以了解生命的生发成长，激发对生命的关爱之情与探究兴趣；在劳作收获中幼儿可以理解人与自然的关系，学会感恩自然和敬畏生命。种植活动收获的不只是果实，更给孩子带来了无限的发展可能。为让种植地更好承载起生命教育的重任，我们扩大了原

有种植地面积，采用迷宫形式巧妙分割并铺设行走小路，既让孩子便于近距离观察，又增添了游戏趣味。各班自主认领一块种植地，插上特有的自制班牌，根据孩子的意愿进行种植探究。鼓励孩子自主决定种植种类和多样化种植方式，如中三班孩子想把牵牛花和苋菜种在一起，老师给予充分支持，牵牛花穿行缠绕开放在苋菜间的景象给所有人一种前所未有的新鲜感。再如幼儿提出同心圆式种法，周边种一圈土豆，里圈种花菜，中心种番茄，菜地变成了艺术花园。教师鼓励引导孩子与各班互通协商，进行有规划的种植。经各班共同商讨后的种植地，蔬果品种多样，形态各异，呈现出一片勃勃生机。在满足各班幼儿不同需求基础上，我们根据活动需要，还特意改造出一块试验田，让孩子进行专项探究。如孩子们商定种下葵花籽后，精彩的探究故事在试验田中不断生发：向日葵什么时候播种合适？为什么不发芽？为什么同时播种的同样种子在1号和2号地长得矮，3号和4号地长得高？向日葵究竟要多久才会开花？想办法把倒掉的向日葵扶起来……

在小小的种植园中，孩子们去发现探索，去浇水施肥，从中体验生命的发展与流变，获得对生命的初步理解，涵养积极的生命情感。

2.小小园长：共建共管，爱护快乐家园

儿童是环境的主人，在幼儿园环境创设中要充分发挥小主人的作用，让孩子充分参与环境的共建共管，从小做生活的主人、做公共环境的主人。幼儿园定期征询全园孩子对环境的需求和改进建议，让孩子共同参与设计改造。在完成改造后，组织孩子们对新环境进行探究，发现新秘密，共同讨论使用方法和规则，制作安全提示牌等。开展大班“小小园长”活动，让小园长们参与日常环境的管理。如参与日常安全检查，检查玩具有无破损、螺丝凸起脱落等；每月和园安全小组一起进行环境卫生检查，发现可能存在的隐患、提出整改意见，关注整改过程；承包园内卫生责任区活动等。幼儿在共建环境、参与管理、自主改进环境过程中学会关爱周边环境，大胆交往合作，有效促进了孩子社会性的发展，培养孩子成为富有爱心、责任心和领导力的未来小公民。

3.课程长廊：展现活动，共享成长快乐

幼儿园环境作为重要的课程资源，不仅是课程创生的来源，也是课程实施的载体，更是课程实施的结果。通过创设公共环境中的课程长廊和班级主题墙等呈现幼儿的活动探索足迹，反映幼儿参与课程的过程及其发展变化，让幼儿的发展看得见。如我们在课程长廊中规划呈现孩子的生命教育活动，师幼共同参与，图文并茂地呈现孩子们在春播节、夏扬节、秋收节、冬享节项目活动中进行的多样探究和丰富感受，孩子们可以随时观看并回顾交流，在活动过程中看到自己的成长，分享着快乐和收获。

幼儿园环境创设要站在儿童的立场，从儿童生活和实际需要出发，满足儿童生命成长的需要。让儿童在自然开放、挑战互动、关爱和谐的幼儿园环境中度过一个多彩的童年。

提升园本研修质量　促进教师专业发展

——以“浙江省一级幼儿园评审”为契机展开的教师专业实践培训

张　忠

（浙江大学后勤集团幼教服务中心）

【摘　要】 在教育的实践中，如何借助日常园本化培训来提升教师的专业水平？本文以“浙江省一级幼儿园的评审”为契机，开展以“现实问题，实践改进”为内容载体的项目式园本教育实践的研训活动，不断优化研修前、研修计划、研修实践、研修后四个阶段的逐级逐层细致落实的实施途径，提高教师专业水平，推动教师队伍专业化的建设。

【关键词】 专业成长；视角；研修

教师的专业发展速度与专业提高程度关系着幼儿园优化办园质量。如何助推教师专业发展？如何搭建多元化的教师成长平台？如何提升日常园本化培训的质量与效果？这些都是幼儿园质量管理所必须解决的关键性问题。

教师的成长离不开教育实践，在教育的实践中教师的教育观、儿童观才能不断深化，专业素养和教育教学技能才能不断提高。以“现实问题，实践改进”为内容载体的项目式教育实践的研训活动是助推教师专业成长的最直接的也是最有效的途径之一。为此，我园以“浙江省一级幼儿园评比”（以下简称“省一级评比”）为契机，通过积极落实“省一级评比”各项指标，以“提升教师专业能力发展”为目标，以“解读指标内涵和教育实践落地”为内容载体，来实施这一研修项目，以促进园本研修的优质发展。

一、研修前：审思“省一级评比”之目的

（一）重新定位教师成长目标

提升教师专业素养和能力，是幼儿园管理的重要目标，也是“省一级评比”应有之义。关注每个年龄段教师的发展，帮助他们调整自己的职业发展方向，不断提升其价值感、认同感，这是教育管理永恒的追求。创建省一级幼儿园是全体教职工共同期盼的愿景，也是推动园所发展、提升发展质量、强化教师成长的重要途径。为此，我们将创建省一级幼儿园和推动教师发展有效结合起来，重新审视教师发展培训，将“省一级评比”过程转换成为一次有效的园本研修的实践培训，这样的转换为教师们成长和锻炼提供了一个崭新的实践舞台。在这个“实践舞台”上，每个教师都将在改变中学习。

（二）重看“省一级评比工作”在管理视角中的成长意义

从幼儿园的发展出发，每一轮的三年发展规划中应有更高的办园要求，园所规划更应从

文化沉积、课程建构、活动创新、特色形成、品质建设等多方面深植办园的理念，明晰发展的更高成长愿景，在宏观的视野中准确定位幼儿园的阶段发展。省一级评比是幼儿园一项工作，也是幼儿园发展中的一个预定的目标，更是幼儿园上升一个台阶的情景契机与成长阶梯。有效落实省一级的各项指标细则，也体现着幼儿园办园的规范化管理，而各项指标细则也是一种可以纳入的一种教育资源，它呈现的标准与要求为幼儿园和教师的发展可能性提供了强有力的支撑。

(三)重新链接“省一级评比指标”在课程视角中的融合实施

可以这样理解，省一级评比指标是纲，幼儿园的一日生活是实施纲的土壤，能有效地将指标与教育行为融合为一体，课程就是一个桥梁，也是一个十分显现的载体。因而将省一级评比指标落实到园本研修的实践之旅作为一项园本课程的规划来实施，每一项指标都可以成为一个研修的内容，每一个指标落实过程中出现的问题都可以成为讨论的话题，每一次的实践都可以当作微型的课程，如晨检体育锻炼如何凸显趣味性、运动性、挑战性、自主性，幼儿运动过程中流动性、运动量的把控，如何根据园所的现有场地在空间上做规划和挖掘，以发挥最大的利用潜能，如何建构以幼儿为主体的链式半日活动等。围绕各项指标的落实，可以创设丰富的可供幼儿参与建构的微型小课程，这样的课程不仅与指标要求吻合，也有因地制宜的班本化措施，也能体现幼儿课程参与的主体性，同时更具共同成长的意义。

二、研修规划：将“省一级评比”有效转接至“园本培训”

(一)“计划与内容”的构思，让培训有条不紊

其实省一级的评比对幼儿园来说是一项综合性的考评，要求硬件与软件的双达标，幼儿园现有硬件需要再投入与改建，软件也需要再优化与改进。这个调整过程充满着动态性的发展，这个调整过程周期多、时间长、跨度大，也需反复多次，耗时且耗力，有完善、细致的规划才能保证各项工作有序地开展和实时地推进，因而详细的规划推进方案也就成为我们作为培训项目展开的一个前期的计划书。

1.制定一份“推进式”研修计划

省一级评比工作是一项长远的工作，要合理规划，也要有一定的预见性，时间为多长，周期怎么订，哪些是细讲，哪些一带而过，既要全面部署与规划，也要划重点、划区块，既要以繁就简，还要以简驭繁。从整体上安排进程、把握节奏，关注工作推进的时间节点与工作质量的要点，才能分步去实施，做到有条不紊，让各项工作有头绪、有链接、可互补。因而完善的计划是工作开启的第一步，这份推进式的计划书就成为实践培训初期的规划。

2.落实一份“清单式”研修内容

省一级评比工作的推进不同于以往的工作开展，有的工作内容需要按部就班，有的工作内容需要开足马力全力攻克，考量的是幼儿园精细化与精粹化管理的实施过程，考验的是幼儿园综合的管理能力与管理效能。需推进的各项工作就是研修的内容，为了提高效率与效能，我们罗列了一份清单式的培训内容，按原有工作的分工，选择教师个人的专长优势供全体教师选看、选学和选用。细化后的内容让每个教职工目标清晰，工作数量明了，既做到了心中有数，又发挥了每个教职工术有专攻的特长。以“A级指标的落实”为思维框架，以幼儿园的硬件设施设备、园务管理、卫生保健、保育教育、幼儿发展、办园成效等为实施的内容的责任清单，让各部门的责任人成为参训人在定期的内审中达标。同样，这份清单式的项目也是研修的内容，让参训的老师介入这些“化整为零”式的内容学习，并分步实施。

（二）“内动与外动”的联合，激发教师成长的原动力

关于幼儿园的省一级幼儿园评比，每一个历经的老师，都有很多的话要说，其中成长、蜕变、挑战是专业发展，实际的工作状态则表述为忙碌、加班、煎熬、冲突、彷徨、犹豫、坚持……如何激发教师成长愿望？教师自身的内驱力与团队的引领同样重要。

1. 召开一次破冰动员会，解“被动而为”的内因

一般评比这项工作主要是来自园里的安排，教师只是被动地接受，这样的差异存在，让老师们并没有从内心建立起强烈“我愿意来做”的主动性。培训方式的开启，缓解了老师内在的被动，也在满满的仪式感中开启教职工的备战准备，从思想上明确自己的一份责任与当下应有的担当。在参与式的首个培训会上，在三个“自问与追问”中反复叩击自己的内心，即我为什么而学？我为实现自我价值而学，我为创建团队学习与成长共同体而学。我如何来学？我如何规划打造自己的班级？我如何兼顾幼儿园的公共工作？来自各班级的一份小计划书，是准备晋级上一个台阶的宣言。我如何闪亮并脱颖而出？在团队认同感和价值感中彰显个人的最大价值。动员会上，每个人手持心愿卡写下我的誓言与承诺，表达我即将做到的践行，教职工在感召中内心被唤醒，开始从这里再出发。

2. 开启一段专业修炼之旅，做“知行合一”的实践人

教师的专业修炼与专业化发展，需要不断内练基本功，也需要教师保持积极、乐观、向上的良好心态，也需要团队的引领与协作。本次的专业修炼之旅的主题思想，就是在学习与实践的过程中“重树团队风采，彰显个人魅力，闪亮自我价值”。因而支持教师改变，帮助教师树立信心，支持教师奋进，帮助教师成就自我，在正向引导的前期学习与后期实践中，渐渐建立不破不立、破中求立、立中变活的“思辨型”思维，愿意接受变化，接受挑战，在以工作内容为推进的研修实践中建立新的认知与教育观。虽然幼儿园以往也开展过关于省一级评比指标的实践研究，但在解读的过程中只是普遍阅读、普遍实施，理解性地解读与实践运用链接在一起的比较少，本次通过细致的、深度的逐项内容的研读，让老师的思考更深入，对指标的学习更具体，在多种、多层次的园本化研修的实践平台上，如“草根论坛”“草根研修”“草根课堂”“草根讲座”“草根特色”等系列研修活动中，不同程度地将学习内容、推进工作、研修话题融于一体，教师也在多次的研修中不断地蜕变成为一名有自己特色的“草根专家”。

三、研修实践中，一种“评、测、改”螺旋式提升的研修模式的运用

维果斯基的最近发展理论中指出，教师需要建立“支架式”概念框架，为幼儿搭建可攀升的“支架”，同样幼儿园的管理者也要根据教师的最近发展区来为教师的成长搭建“支架”，有效的园本培训就是支持教师专业成长的一个支架。在一年多的省一级幼儿园评比备战准备过程中，我们始终坚持教师“主体地位”的彰显和“主动性”的发挥，坚持教师成长性思维模式的建立与建构，以教研组为核心、以班级为单位设立了多个学习共同体，共同开启了“主动学习、积极思辨、主动改进”的实践研修模式。工作推进一步一个脚印，研修内容一项项突破，工作与研修有效融合，在步步跟进的系列培训中教师渐渐明晰了为什么而改？知道了如何改？最后达到了能够融会贯通地改？研修，让我们共同经历了这样一个由浅入深、由外到内、从书本走向实践的探寻学习过程。

(一)先“思”而后“做”,在规整达标的新范式中研修

在推进的过程中,我们将达标分成三个阶段,研修也是对应分阶段开展的(见图1)。以“一级、二级、三级”的进阶方式来推进日常的工作,力图让每月工作都能向前、向上呈螺旋式上升趋势,因此我们预设了规范的达标进阶图,让老师们的研修实践能看见预期,让研修变得有目标,有梯度、有阶段性。

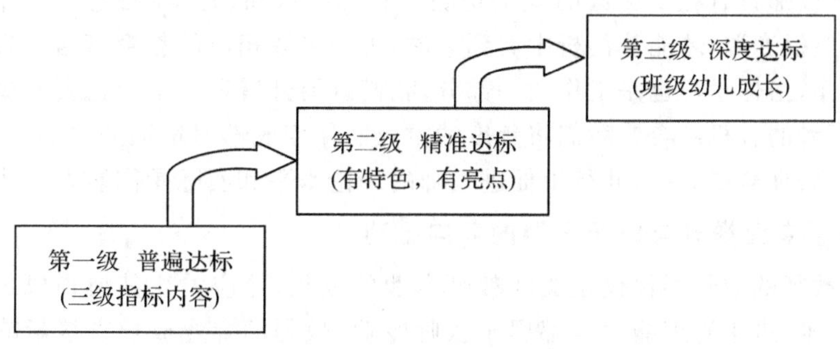

图1　规整达标的进阶范式

(二)“稳步”中“行走”,在推进达标的全过程中研修

1. 对照指标“自审自评”式学习,让每个教师对细则做到了然于心

班级工作的落实在老师,老师们通过学习和普及型培训,对指标的理解与掌握的程度仍然参差不齐,如何让老师们对指标有细致的认知,精读过后需要让老师们学着自审,让老师学会按照指标细则评测自己的班级工作。

2. 对照量化表“自查自改”式实践,让每个班级都做到全项规范

每一条指标,从内容到语言文字的表述,其涵盖的要求是多方面的,相互之间也是有链接的,不能单独脱开来运用。我们提供了各类的量化表,如美工区材料参考表、种植区种植与饲养的内容参考表、幼儿体育运动的能力发展与运动材料参考表、雨天运动组织方式参考表等,给老师们参照学习提供了依据的同时,也帮助老师以班级为学习小组能够按照量化表来开展自查、自改的实践。

3. 对比性评测,让学习实践走向深度

经过第一轮的学习实践,自我审视初级达标后,研修进入第二阶段,采用小组评测、园长评测、专家评测等多种评测方式,理出每一个班级存在的问题,在班级学习共同体的相互支撑下展开新一轮的改进实践。

4. 全园性评测,让学习实践各显亮点

通过前面两次的评测,各班级的亮点会脱颖而出,利用每一次进步来推进实践的深入,标识榜样、标识引领、标识目标,让老师们在成长中听见拔节的声音、看见拔节的力量。

统观教师实践培训,作为一个动态结构的学习,其运行的轨迹应是始于目标而又归于目标的一个闭环式的过程。培训应是一项综合的推进,理论知识的学习是寻找支撑,实践的运用才是专业的成长。在教育实践的培训中教师素养培育与专业成长能有机地串联融合成一个整体。可见,正确把握教师成长的主线是培训目标有效达成的关键。

四、研修后，培训实效中教师的成长与收获

（一）做到了理论与实践兼容，工作与学习并重

幼儿园教师现有的学习一般都是通过各类培训展开的，如校本培训、教师行动研究、教师案例课题研究、听专家讲座、观摩名师课堂等。实践中我们发现，要想提高教师专业的实践能力，更需要教师具有扎实深厚的理论功底。有理论认知、有实践经验，教师遇到教育的实际问题才能追根溯源，才能从剖析中看到本质，进而采取相应的教育策略。省一级幼儿园评审是日常工作，指标学习也是工作的一部分，我们既要开展理论学习也要开展教育实践提升，如何做到两者的有机结合？我们将年度的重点工作变成学习培训的主要内容，列成一个项目，将工作与研训合二为一，并行中促进教师的理论水平和实际操作能力的共同发展。

（二）促成了专业提升与成长发展的双向推动

我们认为教师的成长不仅仅是关注教师专业的成长，更应关注其精神成长。教师的学科素养、教学艺术、班级管理能力等都属于教师专业，教师的专业成长直接影响到幼儿园的教育质量。教师职业的幸福感、使命感、工作热情，缓解与应对压力的心理调节能力、教师个人的感召力，团队中的认同感等都属于精神层面的需求与能力。在现代的幼儿园管理中越来越重视教师精神层面的追求和价值认同，毕竟决定一所幼儿园发展的关键因素不仅需要教师的专业知识，同时更需要教师的职业价值感的体验与职业幸福感的获得。奋战浙江省一级幼儿园的评比工作过程虽然很辛苦，但也很幸福，团队共同的支撑与相互的扶植是多么强烈的一种体验，奋进无悔于自己的青春。

（三）关注了培训的系列化和差异化的两者结合

有效的园本培训应基于实际，从整体思考，系统化推进，浙江省一级幼儿园评比指标的保育与教育部分，就是针对一日活动的组织作了一系列的规范，在指标的落实中就是一次系统的学习。在一遍的普学的过程当中，根据教师的推进程度不一，可以开展差异化的重点学习。在实践培训操作中尊重教师的个人发展需求，注意教师学习程度的差异化。老师可以选择自己最需要理解和内化的单个发展项目，获取自己最需要的发展支撑。这充分体现了培训的自主性和个性化的兼顾。

（四）做到了管理目标与管理追求的统一

教育的目标是让每一个幼儿都得到成长，管理的目标是让每一个教师得到发展。办园质量的高低，取决于教师队伍的优质性，拥有一支高素质的教师队伍，是学校发展的生命力之所在。因而关注每个年龄段教师的发展，帮助教师调整自己的职业发展方向，适时发现教师的阶段“生长点”，这是对教师成长、教师专有独特性的一种尊重。让每一位教师成长，价值感、认同感得到提升，这是教育管理的追求。

在将省一级评比作为园本研修项目的实践中，教师成为一个学习者，更是一个学习的促进者和实践者，教师在亲身参与的三个阶段的研修中，就是在实践中自我发现、自我调整和自我提高，这样数个反反复复的过程，恰是专业成长的过程，这个亲历的过程让教师在专业之路上有了自己的建树，也让每个教师都沉积了自己的教育特色，这一点非常的重要。作为管理者能有效利用园本研修的平台，选择适切的内容开展研修活动，激活教师的发展动力，促进教师的专业成长尤为重要。

后 记

众所周知，自从 1985 年《中共中央关于教育体制改革的决定》中提出“高校后勤改革的方向是实行社会化”以来，高校后勤社会化改革就成为我国高等教育领域的一项重大改革，也成为高等学校后勤战线的一项长期、艰巨、复杂的系统工程。虽然经历了近四十年的探索、推进、深化，高校后勤服务主体组织机构、操作运行方式也几度变化，但是可以说，这场改革至今仍然还在路上，深化改革的任务依然十分艰巨。之所以这么说，一方面是因为这场改革本身具有长期性、复杂性，不可能一蹴而就，还需要一定的过程；另一方面是因为中国特色社会主义进入新时代，我们已经踏上了全面建设社会主义现代化国家的新征程，全面深化改革不断推进，深化教育领域综合改革箭在弦上，深化高校后勤社会化改革、加快高校后勤现代化建设、推动高校后勤事业高质量发展成为高校后勤战线的新使命和新课题。

浙江大学作为我国高校后勤改革的先行者、探索者，始终胸怀“国之大者”，奋力“走在前列”，始终坚定不移坚持社会化改革方向，坚持不懈推进深化社会化改革，不仅率先实现了后勤服务体系与行政体系的分离，而且成功实现了后勤服务企业从校内市场迈向了社会市场，走出了一条极具特色的高校后勤社会化改革之路，创造了高校后勤改革的“浙大模式”。党的十八大以来，特别是近五年多来，在习近平新时代中国特色社会主义思想指引下，广大后勤干部职工立足新发展阶段，贯彻新发展理念，锚定新发展目标，不失时机深化社会化改革、加快建设现代化后勤，推动后勤事业和服务产业高质量发展，为学校“双一流”建设提供了有力支撑和坚强保障，也为“浙大模式”赋予了新的内涵。如果说 2014 年浙江大学出版社出版的《从行政组织到经济组织》是对高校后勤改革“浙大模式”的初步梳理和总结，那么现在呈现在大家面前的《从服务社会化到体系能力现代化》则是对高校后勤改革“浙大模式”的再梳理、再总结，反映了近年来总务处、后勤集团在实践探索方面作出的新尝试，也一定程度上反映了总务后勤系统广大干部职工在理论探讨方面作出的新思考。我们真切期望该书的出版能够起到再梳理、再总结的作用，也由衷地希望该书的出版能够给正在或即将从事高校后勤管理和服务工作的同志们有所帮助。

该书主要由姜群瑛同志负责统稿和审改；高略、朱玥腾、蒋葵等同志参加了编撰和审校工作，为该书的整理汇编工作付出了大量艰辛的劳动，向他们表示诚挚的感谢。在该书的成书和出版过程中，得到了中国教育后勤协会副会长、《高校后勤研究》总编、中国政法大学原副校长张柳华，教育部发展规划司原高校后勤改革处处长朱宝铜、中国教育后勤协会专家委员会委员李英华等同志的关心指导和鼓励帮助，浙江大学出版社石国华副编审为书稿提出了许多指导性、建设性的意见，并为该书的出版提供了大力支持，在此一并向他们致以由衷的谢意和深深的敬意。

诚然，该书是集体创作的结果，书中各篇的观点、意见皆为作者个人的所思所作，只是代表一家之言，并不代表编委会和编者的一致观点、意见，有些观点、意见可能还很不成熟，甚至失之偏颇，加上编者水平的局限，不当之处和错误一定难免。恳请读到该书的各位专家、同事和读者批评、指正。

编 者

2023 年 4 月于浙江大学

图书在版编目(CIP)数据

从服务社会化到体系能力现代化:高校后勤改革的“浙大模式”新探/吴红瑛等主编. —杭州:浙江大学出版社,2023.10

ISBN 978-7-308-24254-7

Ⅰ.①从… Ⅱ.①吴… Ⅲ.①高等学校—后勤建设—改革—研究—浙江 Ⅳ.①G647.4

中国国家版本馆 CIP 数据核字(2023)第 179147 号

从服务社会化到体系能力现代化——高校后勤改革的“浙大模式”新探

吴红瑛　万春根　姜群瑛　**主　编**

责任编辑　石国华
责任校对　杜希武
封面设计　周　灵
出版发行　浙江大学出版社
（杭州市天目山路 148 号　邮政编码 310007）
（网址：http://www.zjupress.com）
排　　版　杭州星云光电图文制作有限公司
印　　刷　广东虎彩云印刷有限公司绍兴分公司
开　　本　787mm×1092mm　1/16
印　　张　33
字　　数　860 千
版 印 次　2023 年 10 月第 1 版　2023 年 10 月第 1 次印刷
书　　号　ISBN 978-7-308-24254-7
定　　价　145.00 元
